本书系安徽省人文社科基地重大项目《民国皖人诗文集总目提要》最终成果（批准号：2009SK197ZD）。

相山学术丛书

傅 瑛◎著

MIN GUO WAN REN WEN XUE SHU MU

民国皖人文学书目

中国社会科学出版社

图书在版编目(CIP)数据

民国皖人文学书目/傅瑛著. —北京：中国社会科学出版社，
2016.4
ISBN 978-7-5161-7332-9

Ⅰ.①民… Ⅱ.①傅… Ⅲ.①地方文学史—专题目录—安徽省—民国 Ⅳ.①Z88：I209.954

中国版本图书馆 CIP 数据核字(2015)第 300868 号

出 版 人	赵剑英	
责任编辑	郭晓鸿	
特约编辑	席建海	
责任校对	刘　娟	
责任印制	戴　宽	

出　　版	中国社会科学出版社	
社　　址	北京鼓楼西大街甲 158 号	
邮　　编	100720	
网　　址	http://www.csspw.cn	
发 行 部	010-84083685	
门 市 部	010-84029450	
经　　销	新华书店及其他书店	

印　　刷	北京君升印刷有限公司	
装　　订	廊坊市广阳区广增装订厂	
版　　次	2016 年 4 月第 1 版	
印　　次	2016 年 4 月第 1 次印刷	

开　　本	710×1000　1/16	
印　　张	51.75	
插　　页	2	
字　　数	848 千字	
定　　价	188.00 元	

凡购买中国社会科学出版社图书，如有质量问题请与本社营销中心联系调换
电话：010-84083683

目　录

凡　例

　　○本书收录对象为皖籍人物于 1912—1949 年所完成著、译、点、校、选、编、修订之文学创作及文学研究书目。

　　○诸书收录与否以实际内容为准，不独以名称决定。部分著作跨多个领域，凡有涉及文学内容者皆录。

　　○全书按作品出版年代排列，同一年度按照作品首字拼音顺序排列。凡出版时间不详者，或据著者生平、作品内容、序跋写作时间推论编年；或以媒体刊载年代为据；时间跨度较长者，一律以结束时间为准；各项无考者，统入"民国"卷。凡成稿于民国，刊于 1949 年后之书，入"1949 年后"卷。仅见于文献著录，且出版、收藏状况均不详者，收入附录以供参考。

　　○为便于读者了解本书所录之作发展情况，修订本、更名本皆附于初版书之下；未见初版书，但可确认初版时间之作，依初版时间收录，后附所见版本情况；未能确认初版时间者，依所见版本出版时间收录。

　　○民国期间皖人著、译、编、校丛书甚多，此类丛书，均一书一录，并于首见书目条末说明丛书整体情况。

　　○书目提要主要依据编者所见撰写，倘所见非初版书，则注明所见版本。凡引用他人介绍，均注明出处。少数未见图书系依据图书馆资料编写提要，特此说明。

　　○每书收藏单位大体注明一家，凡收藏单位不详者，注明资料来源。

　　○著译者生平简介列于每一著者首见图书之后，籍贯、地名悉依民国旧称。

　　○全书末附"作者索引""书名索引"。"作者索引"以作者姓名首字汉语拼音排序，凡以笔名署名者，均于括号内注通用名，姓名后列此作者著述在本书中所在位置。如：

A. A. Sofio（索非）	1927：27，62；1930：35；

　　其中"A. A. Sofio"为笔名，"索非"为通用名；"1927"为本书"1927 年"卷，"27""62"分别为此卷顺序号。同理，"1930"为本书"1930 年"卷，"35"为顺序号。

　　○"书名索引"以书名首字汉语拼音排序，凡一书多名者，多名均入检索条目；同名不同版本且内容有差异者，亦编入检索条目并注明版本时间；版本不同、内容相同者，不再入编。此书位于本书位置亦标注年代卷、顺序号。

1912 年(民国元年)

1. 不求安居吟草一卷　陈守吾著

民国木活字本　安徽省图书馆藏

陈守吾（？—？），字梅皋。怀宁人，居泰州。收藏名家。

此书内录著者自清光绪十六年（1890）至 1913 年诗作 130 余题 200 余首，多为述怀及皖省游历之作。

2. 陈烈士兴芝冤狱录　范光启等辑

民国刊本　超星数字图书馆收录

范光启（1882—1914），字鸿仙，别署孤鸿。合肥人。南社社员。清光绪三十四年（1908）加入同盟会，参与创办《民国日报》，任社长。又参与创办《民立报》，任总理。清宣统三年（1911）起历任南京中国同盟会本部政事部干事，同盟会中部总会评议员、候补文事部长，安徽分部负责人，江苏军政府参事会长。南京临时政府成立后，任铁血军总司令，袁世凯任临时大总统后辞职。二次革命时被推举为安徽都督，后随孙中山筹建中华革命党。1914 年任上海中华革命军司令长官，同年被刺杀。

此书内录《陈烈士被冤之通启》《陈兴华上程都督词附批》《范光启等上江北刘护军使词》《陈兴华上睢宁地方检查厅词附批》《陈士髦等上程都督词附批》等文 9 篇。

陈兴芝（1882—1911），睢宁人。辛亥革命烈士。

3. 闺秀词钞续补遗四卷　徐乃昌编辑

1912 年南陵徐氏小檀栾室刻本　中国国家图书馆藏

徐乃昌（1868—1943），字积余，号随庵。南陵人。清光绪十九年

(1893)举人，历任江苏候补知府，江南盐法道兼金陵关总督、江苏高等学堂总办、三江师范学堂监督、《安徽通志稿》总纂等。著者曾于清光绪年间撰有《锦瑟集》一卷、《皖词纪胜》；刻有《积学斋丛书》二十种、《小檀栾室汇刻闺秀词》十集百种百卷、《鄯斋丛书》二十种四十四卷、《随庵徐氏丛书》十种、《闺秀词钞》十六卷、《补遗》一卷、《续补遗》四卷、《怀豳杂俎》十二种十七卷。民国期间又刻有《南陵先哲遗书》五种二十三卷、《玉台新咏》十卷《札记》一卷、《永嘉四灵诗》四卷等。

此书卷一录李因、张启、沈纫兰、黄修娟、柴贞仪、章有娴等23人词作，卷二录杨芝、杨芬、黄幼藻、胥苓第、朱衣等42人词作，卷三录孟湛、黄御袍、蒋起荣、叶子眉、张小莲、查士英等35人词作，卷四录孔继光、叶素娘、陈纫兰、张联芳、程淑、柯绍慧等34人词作。每著者前均有小传。

4. 环翠续构文钞二卷诗钞三卷杂钞一卷　葛钟秀著
1912年刻本　安徽省图书馆藏

葛钟秀（？—1921后），字逸峰，又字逸岷。舒城人。清光绪十四年（1888）举人，曾任兵工学堂教授。戊戌变法时参与第二次公车上书。

此书前有张士珩、刘原道序各一，附录张氏文2篇、诗17首，并刘原道诗。因著者远祖葛闻孙有《环翠山房集》，故以"环翠续构"名集。

5. 见闻偶笔一卷　姚永朴著
素园丛稿本　中国国家图书馆藏

姚永朴（1862—1939），字仲实，号蜕私，晚号蜕私老人。桐城人。姚莹之孙，姚浚昌之子。清光绪二十年（1894）举人，官候选训导。历任广东起凤书院、山东高等学堂、安徽高等学堂、京师大学堂文科教员、北京大学教授，清史馆协修。1920年后任教于江苏东南大学、宏毅学会、安徽大学，抗战期间避乱内地。著者曾于清末撰有《国文学》四卷、《先正嘉言约钞》二卷；编纂《诸子考略》二卷卷首。

此书前记载清代学人名宦逸事，计有王夫之、梅文鼎、王士祯、江永、俞正燮、李威、魏源、何绍基、吴廷栋、倭仁、胡林翼、曾国藩、罗泽南、骆秉章、左宗棠、刘锦堂、沈葆桢、刘长佑、岑毓英、彭玉麟、李鸿章、刘铭传、刘坤一、莫友芝、汪士铎、李联琇、刘熙载、朱次琦、薛允升、郑皋、潘欲达、孙葆田 32 人；后有《乡先辈逸事》，记桐城方法、齐之鸾、左光斗、马孟祯、叶灿、张淳、张英、张廷玉、邓石如、汪志伊、方东树、戴钧衡、吴汝纶等人逸事；又有《先世遗事》，记姚氏家族自元末由余姚迁桐城后历代之事；还《外家遗事》，记光聪谐事。

素园丛稿　姚永朴著　1912 年石印本　中国国家图书馆藏

是编前有 1912 年 11 月姚永概序，称："吾兄仲实《素园丛稿》十六卷，曰《诗文钞》《读经记》，尚未写定，今所印者；曰《群书答问》一卷，客广东信宜起凤书院所作也；曰《经学举要》一卷，《国文学》二卷，《史学研究法》一卷，客安庆、京师教诸生所作也；曰《见闻偶笔》一卷，杂记先辈逸事也。"

又：旧闻随笔四卷　姚永朴著　1919 年铅印本　安徽省图书馆藏

此书前有 1918 年《旧闻随笔序目》，内增录明清两代学人名宦嘉言懿行，或记三五事，或录一二言。卷一录薛瑄、王守仁、海瑞、张居正、刘宗周、黄道周、王夫之、陆世仪、李颙、顾炎武、傅山、张履祥、魏禧、王熙、万斯同、梅文鼎、施闰章、伊桑阿、冯溥、熊赐履、李光地、张玉书、陈廷敬、王士祯、汤斌、于成龙、陈鹏年、陆陇其、张伯行、徐元梦、朱轼、严若璩、江永、汪煊、鄂尔泰、孙嘉淦、李绂、陈宏谋、傅恒、刘统勋、阿桂 41 人；卷二录松筠、钱澧、董诰、王杰、朱珪、刘墉、翁方纲、纪昀、阮元、程恩泽、戴衢亨、额勒登保、杨遇春、杨芳、罗思举、孙星衍、段玉裁、王念孙、张惠言、曹振镛、汪廷珍、董教增、赵慎畛、陶澍、林则徐、王鼎、邓廷桢、李威、魏源、梅曾亮、何绍基、邵懿辰、文庆、倭仁、吴廷栋、李棠阶 36 人；卷三录江忠源、胡林翼、曾国藩、曾国荃、罗泽南、骆秉章、左宗棠、沈葆桢、刘长佑、彭玉麟、李鸿章、多隆阿、刘铭传、李宗羲、刘坤一、郑珍、莫有芝、刘熙载、朱次琦、张裕钊、张之洞、张仁黼、周馥、乔树枏、郑杲 25 人；卷四录《乡先辈遗事》《先世遗事》《外家遗事》。

《序目》称，"是编所录以明清两朝为限，时代远者，不录"，"是编主于先辈懿行，间亦附载嘉言，但丰功伟业应入正史，或其人论说为世所习见者，不录"，"是编唯载闻是（见）所及，苟无所闻见，虽其人名在天下，则从阙如之例"。

又：旧闻随笔四卷　姚永朴著　1925 年铅印本　中国国家图书馆藏

此书前有自序，前三卷录明清两代学人名宦嘉言懿行，第四卷录《乡先辈遗事》《先世遗事》《先世遗书》《外家遗事》。

6. 经学举要一卷　姚永朴著

素园丛稿本　中国国家图书馆藏

著者生平已见《见闻偶笔》。

此书内有"诗"一章，介绍有关《诗经》研究之"四家""大序""小序""首序""后序""四始""六义""正变""篇什""十五国风次序""笙诗""商颂"诸问题。

7. 兰闺清课　寄尘编辑

1912年太平洋报社出版　中国国家图书馆藏

胡怀琛（1886—1938），原名有忭，字季仁；后名怀琛，字寄尘。泾县人。胡爱亭第三子，胡韫玉之弟。清光绪二十四年（1898）游学上海，后任《神州日报》编辑。清宣统二年（1910）加入南社，民国后与柳亚子共主《警报》《太平洋报》笔政。1916年辞京奉铁路科员职，后历任文明书局编辑、商务印书馆编辑、上海市通志馆编纂及上海沪江大学、中国公学、国民大学、持志大学、正风文学院等校教授。抗战爆发后忧愤逝世。著者曾于晚清著有《海天诗话》一卷。

此书前有高吹万、姚石子、高天梅等十六家题词并编者小识，内录闺阁七绝63首。

《编者小识》称："此编所辑闺词数十绝，作者非一人、非一时。末附己作若干绝，曩作闺中课本，壬子春寄王无生先生阅定，付之手民。"

又：**兰闺清课　寄尘编辑**　1930年上海广益书局铅印本　天津图书馆藏

此书前有重印自序，称此书所录之诗"是随手抄来的，忘记了来历，也没有写明作者的姓名。我是完全赏鉴诗的本身，更不必问是谁作的，只知道他作得好就是了"。

此书被辑入《文艺小丛书》。

8. 梨云影再续　剑云著

民初爱国白话报馆铅印本　超星数字图书馆著录

周剑云（1893—1960末），合肥人。早年就读于尚贤堂及江南制造局兵工中学，曾任上海爱俪园藏书楼主任、新民图书馆编辑。1922 年参与发起创办明星影片股份有限公司，任董事兼经理、文牍主任、发行主任、营业部部长等职，1928 年发起组成六合影戏营业公司，抗战期间曾于金星影片公司任职，抗战胜利后参与组织香港大中华影业公司。

此书为京剧名伶小传，包括尚小云、元元红、小翠花、小荷花、白牡丹等 12 人。

9. 萝月轩诗钞一卷　吴鼎云著

1912 年铅印本　安徽省图书馆藏

吴鼎云（约 1869—?），字曾圃。合肥人。曾入淮军盛军幕府。

此书前有刘朝叙序，末有著者自识。内录咏史、咏物、怀人、游记等诗作百余首。

10. 千仓诗史初编　李宗棠著

1912 年铅印本　苏州大学图书馆藏

李宗棠（1869—1923），字隐伯，一字荫柏，别号江南吏隐、千仓旧主、千仓犟隐、千仓醉翁。颍上人。李玉芳之子。曾任户部郎中、江苏候补道、安徽教育总会副会长、凤阳师范校长等职，自办千仓师范学校与千仓义塾。著者曾于清光绪间著有《东游纪念》十卷，清宣统年间著有《学诗堂经解》二十卷。

此书前有从父李汝振序及自序，内录著者自清光绪二十年（1894）迄1912 年诗作 434 首。

又：**千仓诗史**　李宗棠著　1923 年后铅印本　柯愈春《清人诗文集总目提要·中册》（北京古籍出版社 2002 年版，第 1971 页）著录

此书为著者卒后其子和溥编辑刊印，内录古近体诗 728 首，多有自注。

11. 群书答问　姚永朴著

素园丛稿本　中国国家图书馆藏

著者生平已见《见闻偶笔》。

此书就经、史、子、集诸书提问并回答，如"问读《诗》当宗序否"，"问《史记·孟子荀卿列传》大意"，"问《庄子》内七篇大旨"，"问《九歌》终于《国殇》何也"，等等。

12. 我师录四卷　姚永朴著

1912年安庆正谊书局石印本　安徽省图书馆藏

著者生平已见《见闻偶笔》。

此书为著者授课成达中学之讲义。卷一评述伏胜、韩婴、毛苌、董仲舒、刘向、陶渊明、王仲淹等唐以前人物；卷二评述陆贽、韩愈、李翱、范仲淹、韩琦、周敦颐、欧阳修、程颐、张载、苏轼等唐宋人物；卷三评述李纲、张九成、罗从彦、朱熹、吕祖谦、陆九渊、真德秀、魏了翁、吴澄等宋元人物；卷四评述方孝孺、薛瑄、胡居仁、王守仁、顾炎武、高攀龙、王夫之、汤斌、方苞、曾国藩等明清人物。

13. 西戍途中日记一卷　附民国元年五月率师至吐鲁番哈密镇抚途中日记一卷　刘雨沛著

民国排印本　南京图书馆藏

刘雨沛（1870—?），字尔霖，号炯公。桐城人。刘豁公长兄。早年入南洋将备学堂步兵科，后任广东第一标标统。清宣统年间因部下倡举革命发配新疆。

此书记著者因部下倡举革命发配新疆一路见闻。全书起自清宣统三年（1911）四月十九日，止于1912年六月初。内记著者自燕京启程，经卢沟桥，取道河北省定兴、新乐，入山西省闻喜、平遥、永济等县，再向陕西潼关进发，历甘肃、哈密、傍天山南麓行，抵新疆发配地历程。全书按日记事，有诗联之作，更有对于新疆地理形势、风物特产、地下蕴藏的关注。

此书被辑入《新游记汇刊续编》。

又：民国元年五月率师至吐鲁番哈密镇抚途中日记　刘雨沛著　游记丛抄本　中国国家图书馆藏

此书被辑入《游记丛抄》。

14. 西戍杂咏一卷　刘雨沛著

1912年油印本　安徽省图书馆藏

著者生平已见《西戍途中日记》。

此书前有叶华銮序及题诗6首，并著者绪言。内录诗作88首。

15. 新金瓶梅初二集　脱凡子著；治逸编辑；闻天主人校证

1912 年醉经堂书庄刊本　首都图书馆藏

治逸，名唐畴，字在田，号听泉居士、脱凡子，笔名治世之逸民、治逸。歙县人，居丹阳。著者曾于清末著有小说《现世之天堂地狱》《新聊斋》《金琴苏暗杀案惨剧记》《新笑林广记》初二集、《青楼镜》《龟中贵》《嫖赌现形记》《新七侠五义》《海上风流梦》等多种。

此书为言情小说，初、二集共二十六回，未完。前有清宣统二年（1910）朱斗南序，并绘图十六幅。

16. 辛亥抚新记程二卷　袁大化著

1912 年新疆官报书局铅印本　中国国家图书馆藏

袁大化（1851—1935），字行南。涡阳人。自清光绪三十二年（1906）始，历任山东徐州道、河南布政使、山东巡抚、新疆巡抚。民国后被袁世凯任为新疆都督，坚辞不就，旋率部入关。1917 年张勋复辟时任内阁议政大臣，后寓居天津。著者曾于清光绪年间撰有《光绪戊戌平定涡匪记事本末》。

此书记载著者赴新疆沿途所见所闻所感，末有徐翔采书后。上卷自清宣统三年（1911）正月初七自洛阳准备出发始，迄三月三十日行至张掖止；下卷始于四月一日，至五月十五日止。

17. 张李二君诗存　周学渊辑

1912 年铅印本　古籍善本网著录

周学渊（1877—1953），原名学植。字立之，号息庵。至德人。周馥第五子。清光绪二十九年（1903）经济特科二等第四十名，曾任山东候补道、军机处存记、山东大学校长。

18. 竹居外录一卷　张士珩著

1912 年刻本　中国国家图书馆藏

张士珩（1857—1917），字楚宝，号羧楼，晚号因觉，又号潜亭、冶山居士。合肥人。张绍棠之子，李鸿章外甥。清光绪十四年（1888）举人，入直隶总督李文忠幕，以道员领北洋军械局与武备学堂。后总办直隶赈捐局、上海制造局，清光绪三十三年（1907）任山东补用道。民国后为造币总厂监督。著者曾于清末撰有《竹居先德录》一卷，《竹居录存》一卷，《竹居小牍》十二卷，《济上鸿泥图题册录存》一卷、附《三石图题咏》一卷。

此书前有著者序，内录《复吴敬宣》《冶山居士之居碑记》《盘山语录序》《冶山居士传》等散文 40 篇。

《著者序》称："余光绪甲申筑书堂冶城山阴，为居稽地，颜曰'竹居'。"

19. 尊瓠室诗二卷　陈诗著

1912 年铅印本　安徽省图书馆藏

陈诗（1864—1942 后），字子言，号鹤柴。庐江人，清光绪二十六年（1900）后居上海。晚年入有正书局，曾编纂《安徽通志稿艺文考·集部》，清末编著《藿隐诗草》三卷，《据梧集》等，并为小说《曼玳琳》（〔美〕盘山克莱著；洗天客，西冷生合译）润色。

1. 前有自序，卷一诗作起自清光绪三十年（1904），迄于清光绪三十四年（1908），卷二诗作起自清宣统元年（1909），迄于 1912 年。多赠答感怀之诗。

此书曾有清光绪三十四年（1908）铅印一卷本，中国国家图书馆藏。

1913 年(民国二年)

1. 池阳光复记一卷　又名：贵池光复记　胡子正著

1913 年铅印本　安徽省图书馆藏

胡子正（1860—1923），字东溪。贵池人。清光绪二十二年（1896）任四乡公所所长，光绪三十年（1904）与邑人王源瀚、高炳麟等筹建贵池县立高等小学堂，任国文教师，次年任县立高等小学校长。清宣统三年（1911）以四乡公所所长身份，宣告贵池光复，同年被推为县临时议会议长。

此书前有王源瀚序、章兆鸿跋，末有著者自跋。内逐日记载自清宣统三年（1911）农历九月二十五日迄公历 1912 年 4 月 2 日贵池光复期间 104 天内大事要闻。

2. 初隐集一卷朝隐集三卷终隐集一卷　贺欣著

民国铅印本　安徽省图书馆藏

贺欣（1855—1924），名兴贤，字淡湖，又字筱舫，号松隐斋主人，归隐后自号终隐先生。宿松人。贺仕次子。清光绪十八年（1892）进士，曾任工部、吏部主事，直隶州知州。清宣统二年（1910）归乡。

此书前有吴梓楠、姜阴森序各一及自序，内录诗、文、词、联各体作品，多有表现清末民初士人心态之作，包括对变法、废除科举之认识，对自来水、电话、马车、人力车、火车、女学生等新生事物之观感。

《自序》写于 1913 年，称："题其名曰《初隐集》，是初归田里之作；曰《朝隐集》，是继入朝市之作；曰《终隐集》，是终身退休之作。"

3. 春雪庵词剩一卷　程松生著

1913 年铅印本　中国国家图书馆藏

程松生（1863—?），字筠甫，歙县人。清光绪十七年（1891）举人，曾供职礼部，后为南河（清江浦）税官。清宣统三年（1911）后流寓海滨。曾与吴承烜结藕香吟社唱和。

著者原有《春雪庵词》毁于兵火，此书存词 78 首。

4. 黛痕剑影录　胡寄尘著

1913 年上海广益书局铅印本　内蒙古大学图书馆藏

胡寄尘，名怀琛，生平已见《兰闺清课》。

又：**黛痕剑影录　胡寄尘著**　1914 年上海广益书局铅印本　中国国家图书馆藏

此书前有自序及题词。内录志怪笔记小说 95 篇。

《自序》称："子不见吾书乎？曰黛，曰剑，物也。曰痕，曰影，物之痕之影也。物之痕之影似有而无也。即吾之书似有而无也。"

5. 冻青集八卷　石寿龄著

1913 年刻本　安徽省图书馆藏

石寿龄，字与九，号松岚，又号是我、冻青老农。宿松人。清宣统初由廪贡授池州府训导，候补知县。

此书内录《诗在》四卷、《诗补》二卷、《留别集》一卷、《朋旧诗》一卷。

6. 古今体诗约选四卷笺释四卷　吴闿生评选；高步瀛笺释

1913 年京师国群铸一社石印本　中国国家图书馆藏

吴闿生（1878—1949），原名启孙，字辟疆，号北江。桐城人，吴汝纶之子。清光绪二十八年（1902）留学日本，清末任度支部财政处总办。北洋政府时期任教育部次长、国务院参议。1928 年后任奉天萃升书院教授、北京古学院文学研究员。晚年返乡。著者曾于清光绪年间编撰《桐城吴先生文集》四卷，《诗集》一卷、附录《联语》一卷，《左传文法读本》十二卷等。

此书前有吴闿生记。卷一录五言古诗 105 首，卷二录七言古诗 88
首，卷三录五言律诗 118 首，卷四录七言律诗 152 首。全书共选录 73 家
诗 463 首。

7. 国文教范二卷　吴闿生评解；高步瀛集笺

1913 年京师国群铸一社石印本　中国国家图书馆藏

吴闿生生平已见《古今体诗约选》。

此书前有王金绶序，高步瀛撰《缘起》。内上编选录庄子、韩非子、
苏代、乐毅、汉文帝、杨子云、汉光武帝、曹子建等诸家之文；下编选录
韩退之、柳子厚、欧阳永叔、王介甫、曾子固等诸家之文。全书共录 27 家
文 62 篇。

《缘起》称，此书辑录于"天下方摒弃故学"之际，意在"专取古人
研精造极之作录为一编，加以详说，……垂一线之传于将绝亦"。

又：古文范二卷　吴闿生纂　1919 年上海朝记书庄、宁波文明学社铅
印本　中国国家图书馆藏

此书前有王鼎序，内容基本同于 1913 年京师国群铸一社石印本《国文
教范》。

又：古文范四卷　吴闿生纂　1927 年文学社铅印本　中国国家图书馆藏

此书前有贺培新、吴兆璜序各一。目录后有《编者书》，称："凡《古
文范》上下编，都七代三十家，为文百三篇又十三节。民国纪元二年四月
录竟，十六年五月复加更定编次如右。"

与二卷本相较，此书上编增录庄子《庖丁为文惠君解牛》《楚狂接舆
之歌》《广成子说黄帝》《论扁鹊说桓公》《师金论孔子》5 节，韩非子
《难》14 篇，屈原《离骚》1 篇，《战国策》6 篇，淮南小山《招隐士》1
篇，贾生《鹏鸟赋》1 篇，司马子长《项羽本纪赞》《魏世家赞》《孔子
世家赞》《淮阴侯列传赞》等 12 篇；下编增收韩退之《进学解》《送穷
文》《平淮西碑》《柳州罗池庙碑》4 篇，曾涤生《欧阳生文集序》《五
箴》2 篇。

8. 贺先生文集四卷　贺涛著；贺葆真，吴闿生校订

1913 年京师国群铸一社石印本　中国国家图书馆藏

吴闿生生平已见《古今体诗约选》。

此书前有徐世昌、赵衡序各一；内录贺涛撰于清光绪八年（1882）至清宣统三年（1911）文174篇；末附《畿辅文学传·贺涛传》，徐世昌《贺先生墓表》，赵衡《贺先生行状》《祭贺先生文》，吴千里《祭松坡先生文》，贺葆真跋。

贺涛（1847—1911），字松坡，清光绪进士，官刑部主事。早年肄业保定莲池书院，师承桐城吴汝纶、武昌张裕钊，善古文，吴闿生曾师事之。

9. 洪水集　江亢虎著

1913年铅印本　北京师范大学图书馆藏

江亢虎（1883—1954），名绍铨，字亢虎，号洪水、亢庐，别号康瓠。祖籍旌德，生于江西弋阳。南社社员。清光绪二十七年（1901）东渡日本考察政治，后历任北洋编译局总办、《北洋官报》总纂、刑部主事、京师大学堂教习。民国后发起成立中国社会党，任上海本部部长。1922年于上海创办南方大学，自任校长。1927年任加拿大大学中国文学院院长及汉学主任教授，抗战爆发后出任伪国民政府委员和考试院院长。

此书前有著者三十岁像，《自寿》四律，并自序。内录《环游留别词》《忠告女同胞》《社会主义与女学之关系》《惜荫公会演说词》《社会星发刊词》《缚虎记剧本书后》等杂文、散文及中国社会党文件56篇，附录5篇。

《自序》称："癸丑六月望日，余三十一初度也，搜辑前此论著，关涉社会主义者，都十余万言，汇为一集，付印发行，非传文字也，传社会主义也。……三年前，余始演说社会主义于杭州，满中丞增韫君以祸甚于洪水猛兽电奏清廷。余欣然曰：江，洪水也。虎，猛兽也，不亦宜乎？因自号洪水，且以名是集。意者社会主义之在中国今日也，一如洪水之滔天而来，浩浩乎怀山襄陵，沛然其莫之能御也。"

10. 孟子文法读本七卷　高步瀛集解；吴闿生评点

1913年京师国群铸一社石印本　中国国家图书馆藏

吴闿生生平已见《古今体诗约选》。

此书前有高步瀛序，内吴闿生评语以提示文章写作方法为主。

又：重订孟子文法读本七卷　高步瀛集解；吴闿生评点　1921年北京直隶书局铅印本　首都图书馆藏

此书由高步瀛杂取诸家之注，缀于其后。

11. 捧腹谈　又名：新解颐语　胡寄尘编辑

1913 年上海广益书局铅印本　首都图书馆藏

胡寄尘，名怀琛，生平已见《兰闺清课》。

此书前有编者序，内录文言笑话 117 则。

《编者序》称，此书"事非幽怪，体有别乎齐谐；语属滑稽，意半在于讽刺。命曰'捧腹'，旨在是矣"。

12. 清封中宪大夫故城县训导贺苏生先生墓志铭　吴闿生著

民国北京文益印刷局铅印本　中国国家图书馆藏

著者生平已见《古今体诗约选》。

贺锡璜（1825—1913），字苏生。河北武强县人，贺涛之父。清同治举人，故城县训导。

13. 清季野史第一编　胡寄尘编

1913 年上海广益书局铅印本　中国国家图书馆藏

胡寄尘，名怀琛，生平已见《兰闺清课》。

此书内录罗惇曧《中日兵事始末》《庚子国变记》《拳变余闻》，蒋芷侪《都门识小录》，王无生《述庵秘录》，远生《清室轶闻》，刘识微《故宫漫载》，阙名《庆亲王外传》，末有附录 2 篇：胡韫玉《多铎妃刘氏外传》《二百六十年汉人不服满人表》。

14. 清资政大夫总理永定河道吕公行状　吕吉甫著

民国铅印本　中国国家图书馆藏

吕吉甫（？—？），旌德人。吕佩芬之子。

传主吕佩芬（1855—1913），清光绪年间进士，授翰林院编修。历任福建、顺天、贵州、湖南乡试主考官和同考官，京城经济特科收掌官，国史馆、武英殿、起居注协修，编修处总纂，功臣馆纂修，文渊阁校理，直隶永定河道员以及二品衔侍讲等职。

15. 容庵弟子记四卷　沈祖宪，吴闿生辑

1913年铅印本　中国国家图书馆藏

吴闿生生平已见《古今体诗约选》。

此书记袁世凯幼年至清宣统三年（1911）行事。卷一自清咸丰九年（1859）至清光绪二十年（1894）六月中日战争爆发前止，除记幼年、少年时活动外，以记中日战前有关朝鲜问题之史事尤为详尽，对壬午军变、甲申政变及朝鲜内部纷乱情况等均有记载；卷二自清光绪二十年（1894）七月至二十七年（1901）七月止，记中日甲午战争时清廷之军事部署、袁氏创练"新建陆军"及镇压义和团运动等事，尤以记新建陆军之创立、发展为详尽；卷三自清光绪二十七年（1901）九月至三十年（1904）十二月止，记袁氏任直督时之活动；卷四自清光绪三十一年（1905）一月至清宣统三年（1911）八月止，记袁氏清末筹饷练军等活动。

16. 邵节妇家传　姚永概著

民国铅印本　中国国家图书馆藏

姚永概（1866—1923），字叔节，号幸孙。桐城人。姚莹之孙，姚浚昌之子。清光绪十四年（1888）解元。戊戌变法后历任安徽高等学堂教务长、师范学堂监督。民国后任北京大学文科学长，兼志正学校教务，与其兄姚永朴同任清史馆纂修。著者曾于清光绪年间撰有《慎宜轩文》五卷。

传主刘葆贞（1847—1913），邵章之母。

邵章（1872—1953），字伯炯、伯绚，号倬安。浙江杭县人。清光绪进士，曾毕业于日本政法大学速成科；历任翰林院编修、杭州府学堂，湖北法政学堂及江三省法政学堂监督，奉天提学使，北京法政专门学校校长，北京政府评政院评事兼庭长、院长等职。著有《云缪琴曲》等。

17. 邵母刘太君墓表　姚永朴著

民国铅印本　中国国家图书馆藏

著者生平已见《见闻偶笔》。

传主刘葆贞，见《邵节妇家传》。

18. 孙武公传　陈澹然等著

1913 年天津华新印刷局铅印本　中国国家图书馆藏

陈澹然（1859—1930），字剑潭，一作静潭，号晦堂，又号晦庵、淮南渔隐、淮南病叟，别署晦僧，室名独倚楼。桐城人。清光绪十九年（1893）举人，官中书。后南下入湖南、江西学幕。民国后任袁世凯总统府参议、江苏通志局提调、安徽通志馆馆长，并于安徽大学讲授中国通史。1930 年病逝于安庆。著者曾于清末与方守彝同撰《方柏堂先生事实考略》五卷，又独撰《两江忠义传》四十卷、《晦堂全集》四种三十一卷、《晦僧文略》二卷、《彭嫣别传》《丹徒姚元懿先生家传》《石埭陈氏传志》《原学三编》三种三卷等，民国期间曾参修《江苏通志》。

此书录明末清初桐城孙临传记 17 篇，附题词、序、跋。

孙临，字克咸，后改字武公，桐城人，明诸生。抗清死难。著有《大略斋》《我恨集》《楚水吟》诸稿。《明史·卷二百七十七·列传第一百六十五·杨文骢》有传。

19. 芚父杂记　许承尧著

民国稿本　安徽省博物馆藏

许承尧（1874—1946），一名芚，字际唐，一字芚公，号疑庵、芚父，晚号疑翁、庵叟、婆娑翰林，室名眠琴别圃、晋魏隋唐四十卷写经楼。歙县人。清光绪三十年（1904）进士，授翰林院编修，次年任歙县新安中学堂校长。民国后历任甘肃省省长公署和督军公署秘书长、甘凉道尹、代理兰州道尹、渭川道尹。1923 年辞职回乡，晚年寓居上海，编修《歙县志》十六卷。著者曾于清末撰有《疑庵诗甲集》一卷附《黄海集》一卷。

此书封面题"癸丑居京师"，内为著者谈佛随笔。

20. 王状元集百家注编年杜陵诗史三十二卷附札记　　（唐）杜甫著；（宋）鲁訔编注；（宋）王十朋集注；刘世珩札记

1913 年玉海堂影宋元本　中国国家图书馆藏

刘世珩（1874—1926），小名奎元，字葱石，又字聚卿，号楄庵，别号楚园。贵池人。刘瑞芬之子。清光绪举人，曾任清政府道员，江苏候补道，江宁商会总理，湖北、天津造币厂监督，直隶财政监理官，度支部左

— 15 —

参议等职。历办江南商务官报、学务，民国后移居上海。著者曾于清光绪年间编著《聚学轩词稿》《国朝安徽词录》。

此书收入《玉海堂影宋元本》丛书。

玉海堂影宋元本丛书　刘世珩札记并影刻　清光绪年间至 1919 年贵池刘世珩玉海堂刻本

是编二十二种六百八十六卷，前有周馥、缪荃孙等人序各一。

《周序》称，"吾里刘京卿葱石先生，博极群书，留心校雠之学，于古籍之难致者，无论何种访得之，必校刊成善本，公之海内"，"见有赵宋孤本，辄寿之本"。

《缪序》称，刘氏选择尤精，校雠尤慎："一字之疑，必翻群书以证之，又不肯轻改原书，少则载入跋语，多则另编札记，则校雠尤慎也。"

21. 吴县王捍郑先生传略　阚铎著

民国铅印本　中国国家图书馆藏

阚铎（1875—1934），字霍初，号无冰。合肥人。历任民国临时参政院参政，内务部秘书、参事，司法部秘书、总务厅长，中国营造学社文献主任，伪满奉山路局局长、四洮铁路局局长等职。

传主王仁俊（1866—1913），一名人俊，字捍郑。俞樾弟子、张之洞门人。清光绪进士，曾任宜昌知府、苏州存古学堂教务长、京师学部图书局副局长兼大学堂教习。

此书被辑入《说林》。

22. 新州叶氏诗存一卷　叶舟著

1913 年铅印本　安徽省博物馆藏

叶舟（1867—1948），名叶为铭，字品三，又字盘新，号叶舟，室名松石庐。歙县人，居杭州。清光绪三十年（1904）与友人共创西泠印社。

此书内题"二十世为铭叶舟氏辑"。录自十四世菁公至十九世厚公、希明公，计六世 17 人诗作。末有著者识。

23. 游历蒙古日记　余培森著

1913 年铅印本　中国国家图书馆藏

余培森（？—1938），字嵩云，亦作崧筠。来安人。清末举人。曾任新疆参谋处提调、孚远奇台县知县、迪化府知府、都督府秘书、阿尔泰办事长官秘书等职。

此书为清光绪三十三年（1907）著者赴新疆就职记程之作。著者于此年三月二十八日自京起程，经归化转外蒙各地而入新疆孚远奇台以达迪化，时已八月十七日。又于1913 年九月二十日自迪化起程，十月二十七日到达阿尔泰。

24. 虞初近志六卷　胡寄尘编辑

1913 年上海广益书局铅印本　天津图书馆藏

胡寄尘，名怀琛，生平已见《兰闺清课》。

此书为虞初体小说，前有自序及例言，内六卷，辑录林纾、胡韫玉、蒋维乔、吴沃尧等人笔记69 篇。

又：虞初近志十二卷　胡寄尘编辑　1932 年上海大达图书供应社铅印本　中国国家图书馆藏

此书前有1913 年自序及1932 年《增订重编例言》。内十二卷，辑录梁启超、俞樾、易顺鼎、于右任、唐文治、李岳瑞、袁克文、陈三立、柳亚子、张謇、胡朴安、钱基博、吴汝纶、薛福成、章炳麟等74 人笔记121 篇，其中包括吕碧城、徐自华、朱苏华、张默君、杨令茀5 位女性作家作品。除大量传记外，尚有7 篇游记、1 篇考察记。

《例言》称，"是编继张山来、郑醒愚《虞初新志》《续志》而作，搜辑近数十年来名人之文，故曰《近志》"，"是编所辑文集为多，间及笔记"。

此书版权页著者标为"吴寄尘"，为"胡寄尘"之误。

1914年(民国三年)

1. 短篇小说　程善之著

1914年上海江南印刷厂铅印本　上海图书馆藏

程善之（1880—1942），名庆余，字善之，号小斋，别署一粟，斋名沤和室。歙县人，居扬州。早年加入同盟会、南社。辛亥革命时任《民报》编辑。1913年随孙中山讨袁，任秘书。后归扬州，任教于美汉中学，倡导成立扬州学生会。1928年创刊《新江苏报》，任主笔。1932年被聘为国难会会员。1942年随《新江苏报》迁至常州，病逝。

此书前有王钝根序。

2. 古今笔记精华录二十四卷　胡朴安著

1914年上海古今书局石印本（2版）　中国国家图书馆藏

胡朴安（1878—1947），名韫玉，字仲明、颂民，号朴安，别署有忭、半边翁。泾县人。胡爱亭第二子，胡怀琛之兄。清光绪举人，南社社员，同盟会会员。曾任福建省图书馆馆长、江苏民政厅厅长，上海大学、持志大学、国民大学、群治大学、正风文学院、光华大学教授及《民报》主笔等职。著者曾于晚清撰有《皖学者传》一卷。

此书前有编者序及《例言》。内卷一为《史谭》，录《骂贾似道之狂士》《明初重北人轻南人》《东林党人榜》《戴名世之狱》等笔记58则，多为明清事迹；卷二为《事原》，录《元旦朝贺之始》《活字排邸报始于明》《剪刀黄帝所制》《诸节缘起》等170则；卷三为《古迹（游记附）》，录《宁古塔本名宁姑特》《郑庄公望母台》《许由故居》《泾县山水记》等90则；卷四为《风俗》，录《汉中尚白之俗》《碉楼》《男子缠足》《妇人裸扑之俗》《燕俗纪略》等百余则；卷五为《谚语》；卷六为《方言》；卷七为

《豪侠》；卷八为《文士》；卷九为《神童》；卷十为《美人》；卷十一为《妓女》；卷十二为《优伶》；卷十三为《方技》；卷十四为《文艺》；卷十五为《武术》；卷十六为《音乐》；卷十七为《美术》；卷十八为《趣事》；卷十九为《歌谣》；卷二十为《仙佛》；卷二十一为《鬼怪》；卷二十二为《草木》；卷二十三为《禽兽（虫鱼附）》；卷二十四为《琐闻》。

《例言》称："是编搜集汉魏六朝及唐宋元明清以迄近人笔记，撷其精华、分类编纂，各以类从，不相羼越，可谓极笔记之精华，因题曰《笔记精华录》。"

3. 宦滇略存二卷　叶新藻著

1914 年武昌铅印本　安徽省图书馆藏

叶新藻，字沚生，号勿斋。黟县人。清优增贡生。历任云南富民、会泽、元谋知县，嵩明州知州。

此书前有自序。上卷录文 24 篇，除公文外，尚有"论"2 篇，"书后"1 篇，"记"4 篇，"演说词"5 篇；下卷录文 17 篇，内有"书"2 通。

《自序》称，此书之文主要撰于清光绪癸卯年（1903）至 1912 年任职云南前后十年间。

4. 洪秀全演义八卷　禺山世次郎著；唐在田编辑

1914 年锦章图书局石印本　安徽省图书馆藏

唐在田生平已见《新金瓶梅》。

此书前有唐在田序，《例言》，绣像图。

又：**绘图新编第五续洪秀全演义四卷　北平半痴生编著；歙县唐在田参订**　民国上海大成书局石印本　北京师范大学图书馆藏

5. 绘图昔柳摭谈八卷　（清）冯梓华编；汪人骥重辑

1914 年上海大声图书局铅印本　首都图书馆藏

汪人骥，字逸如。巢县人。曾任上海广方言馆教习。

此书封面为石道人题签。前有清光绪四年（1878）冬汪人骥序，绘图 8 幅。内录笔记小说 69 篇。

《汪序》称，此书原编者为平湖梓华生。原书"几经兵燹，坊版无存"，辑者于友人处借得旧本，"爰据臆见，缺者补之，讹者订之"。

6. 蕙娘小传附录冰天鸿影　春梦生，胡寄尘著

1914 年上海广益书局铅印本　南京图书馆藏

胡寄尘，名怀琛，生平已见《兰闺清课》。

《冰天鸿影》为胡寄尘作。

7. 寂照遗墨　又名：诗词存余　汪允宗著

1914 年红格稿本　安徽省图书馆藏

汪允宗（1872—1918），名德渊，以字行，笔名寂照、寂音、胜因等。歙县人。早年肄业中江书院，后入金陵高等学校。曾赴湖北佐张文襄公，旅沪期间加入光复会，清光绪二十八年（1902）游学日本，加入同盟会，三十一年（1905）参与创办上海《神州日报》，任主笔。

此书前有自序，内题《诗词存余》。内录诗词 66 题百余首，多涉时事政治。

8. 寄尘短篇小说　胡寄尘著

1914 年上海广益书局铅印本　南京图书馆藏

胡寄尘，名怀琛，生平已见《兰闺清课》。

此书录小说《女丈夫》《黄山义盗》《艺苑丛谈》《江湖异人传》《希腊英雄传》5 篇。其中《希腊英雄传》为翻译小说。

9. 睫暗诗钞十卷　裴景福著

1914 年铅印本　安徽省图书馆藏

裴景福（1855—1926），字伯谦，号睫暗。霍邱人。裴大中之子。清光绪十二年（1886）进士，授户部主事。先后任陆丰、番禺、南海知县。清光绪三十一年（1905）遣戍新疆，清宣统元年（1909）被赦，寓居无锡。民国后任安徽省政府秘书长、政务厅长。著者曾于清宣统元年（1909）撰有《河海昆仑录》四卷。

此书前有张隽、冒广生、姚永概、陈澹然序各一，内录诗 819 首，分为《吴船集》二卷、《岭云集》二卷、《西征集》二卷、《化成集》二卷、《东归集》一卷、《风泉集》一卷，依生平足迹记载所见所闻及个人情思。

10. 近人游记丛抄　胡寄尘辑

1914 年上海广益书局铅印本　南京图书馆藏

胡寄尘，名怀琛，生平已见《兰闺清课》。

此书前有著者序，内录赵国华《江宁山水记》、王葆桢《兰亭游记》、潘飞声《游萨克逊日记》、周实《岩石游记》、陈衍《登泰山记》、徐渊如《游云台山记》、宝青《庐山一日记》等游记 17 篇。

11. 倦云忆语　程善之著

1914 年上海江南书局铅印本　上海图书馆藏

著者生平已见《短篇小说》。

此书前有自序及胡朴安、寄尘所撰《新序》，并柳亚子题诗附识。内录笔记小说《趋庭》《坠欢》《师友》《杂记》《梦幻》5 篇。

《新序》称：此书为著者于民国纪元时撰于上海，逐日刊于报上，后结集，但"二十年来，久已绝版"，而"书中说到清末革命和清末学界的逸事，更足以供我们参考"。

12. 牡丹亭还魂记二卷　　（明）汤显祖著；唐在田编

1914 年石印本　苏州大学图书馆藏

编者生平已见《新金瓶梅》。

此书前有编者题词，署名"古歙在田氏"。

13. 朴学斋夜谈一卷　胡怀琛著

1914 年上海广益书局铅印本　中国国家图书馆藏

著者生平已见《兰闺清课》。

此书前有著者《小记》，内录《清文汇蓝本》《石达开诗》《戴古村诗》《安南诗人》《对山阁语录》《伊索逸事》《古代耶稣教风俗》等小品、诗话 16 则。

《小记》称，"甲寅春夜过家兄寓斋，纵谈竟夕，退而笔记所谈，存之以备观览。为友人谢砚縠索去，载之《夏星杂志》。兹复检阅，已不胜今昔之感，重为删订，补缀当日未记者如干则，附入昔日所记如干则，总命之曰《朴学斋夜谈》云"。

此书被辑入《古今文艺丛书》。

14. 清代野记一卷　坐观老人著

1914年野乘搜辑社铅印本　中国国家图书馆藏

坐观老人（1849—1917），名张祖翼，字逖先，又号磊庵、磊翁、局中门外汉。桐城人。清光绪九年（1883）赴英国游历近一载，后寓居上海。著者曾于清末撰有《伦敦竹枝词》一卷、《伦敦风土记》《张祖翼书札》。

此书前有著者《例言》，全书记清咸丰、同治、光绪、宣统四朝事，有重大历史事件、典章制度、宫闱秘事、官场逸闻。上卷52则，中卷46则，下卷28则。

《例言》称，"本记以咸、同、光、宣四朝之事居多，初名《四朝野记》，兹以四朝未能并包，故易今名"，"凡朝廷、社会、京师、外省，事无大小，皆据所闻所见录之，不为凿空之谈，不作理想之语"，"此记中近三十年事，所闻所见，当时有所忌讳而不敢记者，今皆一一追记忆而录之"。

15. 清季野史第二编　胡寄尘辑

1914年上海广益书局铅印本　中国国家图书馆藏

胡寄尘，名怀琛，生平已见《兰闺清课》。

此书内录阙名《铁路借款考》，胡适《美国退还庚子赔款记》，罗惇曧《中法兵事本末》《割台记》，阙名《三贝子花园记》，附录胡韫玉《胤禛外传》《发史》。

16. 清季野史第三编　胡寄尘辑

1914年上海广益书局铅印本　中国国家图书馆藏

胡寄尘，名怀琛，生平已见《兰闺清课》。

此书内录七舫河上钓叟《英吉利广东入城始末》、程善之《清代割地谈》、罗惇曧《德宗继统私记》《京师大学堂成立记》《中俄伊犁交涉始末》，丁立诚《王风百首》，附录2篇：胡韫玉《残山剩水录》《太平天国轶史》。

17. 瞿园诗草四卷　袁祖光著

1914 年武昌湖北官纸印刷局铅印本　中国国家图书馆藏

袁祖光（1868—1930），名蟫，字祖光，以字行。又字小俦，号瞿园。太湖人。清光绪进士，历任吏部文选司主事、直隶候补知州、湖北候补道尹。清光绪三十一年（1905）赴日本考察政治，加入同盟会。民国初年被选为安徽议员，任安徽省政府秘书长，后调任豫、鄂、皖三省帑捐局局长。著者曾于清末撰有《瞿园楚游草》三卷、《杂剧》一卷、《瞿园诗草》三卷、《瞿园杂剧》五种五卷、《瞿园杂剧续编》《绿天香雪簃诗话》七卷、《瞿园诗余》三卷。

此书前有黄云冕序、自序、朱国桢题词。内卷一为《辛亥集》，录古近体诗 180 余题近 300 首；卷二为《壬子集》，录古近体诗 90 余题 200 余首；卷三为《癸丑集》，录古近体诗 140 余题近 300 首；卷四为《甲寅集》，录古近体诗 80 余题近 200 首。全书诗作多表现时政及个人感慨。

18. 入陇琐记　许承尧著

民国稿本　安徽省博物馆藏

著者生平已见《苍父杂记》。

此书为著者 1914 年应陕甘筹边使张广建之邀，由北京赴兰州一月半行程中所作诗。全书录诗 60 余首。

19. 弱女飘零记　胡寄尘著

1914 年上海广益书局铅印本　首都图书馆藏

胡寄尘，名怀琛，生平已见《兰闺清课》。

此书封面标有"奇情小说"，前有著者序。

20. 书荆室谢宜人事略　吴葆森著

1914 年石印本　中国国家图书馆藏

吴葆森（？—？），字晓圃，室名友石山房。歙县人。

此书内录《谢宜人事略》，附悼亡诗及挽联。

传主谢氏（1860—1911），吴葆森妻。

21. 汪程二烈士哀挽录　洪汝闿等著

民国铅印本　吉林省图书馆藏

洪汝闿（？—1941后），字泽丞，笔名沤尹。歙县人。洪镔之子，洪汝怡之仲兄。曾任教于安徽公学、安庆龙门师范学校。民国后供职于京师警察总监。20世纪20年代初参与创建思辨社，20世纪30年代初参与沤社唱和。

据屯溪市地方志编纂委员会编《屯溪市志》（安徽教育出版社1990年版，第7页）称，此书所称烈士，为安徽省屯溪巡缉队正副队长汪孔璋、程万人。1914年7月20日晚，驻防屯溪华山禅院（今戴震公园内）徽州六邑巡缉队士兵突然哗变，击毙队长汪孔璋、副队长程万人，后向浙江开化逃散。

22. 文学研究法四卷　姚永朴著

1914年上海商务印书馆铅印本　京华书局铅印本　安徽省图书馆藏

著者生平已见《见闻偶笔》。

此书前有姚氏门人张玮《文学研究法总目》，末有著者《结论》。全书二十四目。卷一为"起源""根本""范围""纲领""门类""功效"；卷二为"运会""派别""著述""告语""记载""诗歌"；卷三为"性情""状态""神理""气味""格律""声色"；卷四为"刚柔""奇正""雅俗""繁简""疵瑕""工夫"。

张玮《文学研究法总目》称，先生"往岁主讲国立法政学校，著有《国文学》四卷，……今年，先生复应文科大学之聘，编订讲义，较《国文学》尤详。……颜曰《文学研究法》"。

2008年复旦大学出版社王水照编辑《历代文话》收录此书。

23. 文则一卷　胡怀琛著

1914年上海广益书局铅印本　中国国家图书馆藏

著者生平已见《兰闺清课》。

此书前有著者小记，内有"知用第一""立品第二""储材第三""养气第四""摹神第五""取势第六""乘机第七""循法第八"。

《小记》称："余弱冠时侍先君客上海，舍侄道吉自里中来，先君命教为文，草此篇示之。"

此书辑入《古今文艺丛书》。2008 年复旦大学出版社王水照编辑《历代文话》收录此书。

24. 喜闻过斋诗二卷　胡光国著

1914 年铅印本　南京图书馆藏

胡光国（1845—1924），字碧澄，号愚园灌叟。婺源人，居江宁。胡恩燮之子。曾任泰州泰坝监，任满调泰州盐运分司。清光绪十年（1884）与父开办徐州贾汪利国煤铁矿务局，民国后居上海。著者曾于清光绪年间编辑《义举合祀题咏汇编》一卷、《白下愚园集》八卷。

此书为郑孝胥题签。前有著者七十岁小照，黄宗泽、陈作霖、程先甲等人题词，邓亥序；内录古近体诗 300 余首；末有何允恕跋。

25. 戏迷梦　仙源苍园著

1914 年上海商务印书馆编译所铅印本　天津图书馆藏

仙源苍园（1876—?），名项翱，字渠川，号苍园、仓园、仙源苍园。太平人。南通师范毕业，清宣统元年（1909）举孝廉方正。曾任南通艺徒学校校长，后回乡任高等小学校长，创办常民初级小学。著者曾于清末撰有《梦平鬼奴记》《家庭现形记》《扬州梦》《新中国之伟人》（又名《工界伟人》）、《黔游记》等小说。

此书十回，分别为"黑甜乡快聆妙曲　戏迷梦演说来因"，"苦口婆心改良社会　借题寄慨唤醒愚蒙"，"谈戏剧追原祸始　论改革借证他邦"，"游天宫大开眼界　观世局别有心肠"，"铁拐李居然官派　金罗汉假作威风"，"天上天神仙怪状　梦中梦旧雨欢迎"，"话前缘天宫黑暗　叙往事人海沉浮"，"真权利高谈义务　鬼学生独占便宜"，"黄鹤楼平地遇险　诸葛亮舍命归山"，"六王爷饮点翠屏山　亡国奴惊醒满洲梦"。

此书 1913 年以"苍园"为笔名，连载于《小说月报》第 9—10 期，后辑入《说林》。

26. 香艳集第二辑　胡寄尘编

1914 年上海广益书局铅印本　首都图书馆藏

胡寄尘，名怀琛，生平已见《兰闺清课》。

此书封面为高吹万题签，内录蒋万里《丽情集》，杨慎《江花品藻》，樊增祥《琴楼梦》，易顺鼎《万古愁曲》，潘飞声《西湖杂诗》，胡怀琛《外国群芳谱》《冷香集》，林辉《贞女林芷娘传》等 19 人之作 20 篇。

《香艳集第一辑》由汪石庵编辑。

27. 小说丛刊　程善之著

1914 年上海江南书局铅印本　魏绍昌《鸳鸯蝴蝶派研究资料·上·史料部分》著录（上海文艺出版社 1984 年版，第 340 页）

著者生平已见《短篇小说》。

又：**小说丛刊　程善之著**　1922 年上海江南书局铅印本　中国国家图书馆藏

此书前有王钝根序，内录小说《儿时》《懊侬》《偶然》《可怜虫》《机关枪》《何妨》《热心》《隔壁戏》《好天气》《华环恨》《吹箫女》《健儿语》《鬼语》《自杀》《死声》《疑云疑雨记》《玉犀囊》《憨头陀》18 篇。

28. 野鸳鸯　治逸著

1914 年上海晋益书局刊本　首都图书馆藏

治逸，唐在田笔名，生平已见《新金瓶梅》。

此书题为"痴情小说"。全书十四回，述清末民初爱情故事。

29. 郑赞丞先生遗诗一卷　郑赞丞著

安徽省通志馆民国抄本　安徽省图书馆藏

郑赞丞（1877—1914），名芳荪，原名培育，字赞成，亦作赞丞。霍邱人。早年就读于安徽大学堂，加入同盟会。民国后历任江苏镇军参谋长、孙中山国民政府参议员、安徽内务司司长。二次革命失败后随孙中山流亡日本。

此书前有张之屏撰《郑赞丞墓志》，内录古近体诗 90 首，多咏史怀古之作。末一首为《绝命词》，附著者之子所撰《小识》。

《小识》称："癸丑政变，先君走东瀛，追随总理策划革命，忧劳以殁。临终之日成《绝命词》一首。"

30. 左传杂咏一卷　檀玑著

1914 年京华印书局铅印本　安徽省图书馆藏

檀玑（1851—1921），字汝衡、霍樵，号斗升，晚号蜷公。望江人。清同治十三年（1874）进士，授编修，官侍讲学士。清光绪二十六年（1900）任福建学政，次年被参革职。民国间任清史馆协修。著者曾于清末撰有《燕鸿集》一卷、《鄂游草》一卷、《菉竹斋戊申诗卷》二卷。

此书自署"望江檀玑补园氏"，前有自序，内录 1913 年冬所作咏《左传》律诗 108 首，末有著者 1914 年秋题词。

此书为《菉竹斋三种诗钞》之一种。

菉竹斋三种诗钞　檀玑著　1919 年铅印本　辽宁省图书馆藏

此编内录《史记杂咏》一卷，续一卷；《左传杂咏》一卷；《咏古全韵诗》一卷。

1915 年(民国四年)

1. 半隐山房诗草二卷　贺颀著

1915 年铅印本　中国社会科学院图书馆藏

贺颀（1847—1923），原名书贤，字卓瞻，号李侪，又号晤琴。宿松人。贺仕长子。清光绪六年（1880）进士，授刑部直隶司主事，以直隶州知州用，诰封中宪大夫，晋封通议大夫。清宣统三年（1911）致仕还乡，曾创办松滋维新学堂。

此书内有《前集》一卷，《后集》一卷。

2. 不起灰吟草一卷　舒景蘅著

1915 年铅印本　安庆市图书馆藏

舒景蘅（1863—?），字怡笙，号夷僧。怀宁人。曾任安徽建平县训导、教授。清宣统二年（1910）补建平知县，未赴任。1915 年纂修《怀宁县志》，任主任。

此书内录著者写于清宣统三年（1911）至 1915 年古近体诗近百首。

3. 春水沉冤记　胡怀琛著

1915 年上海进步书局铅印本　南京图书馆藏

著者生平已见《兰闺清课》。

此书为二十二章长篇小说。封面标有"哀情小说"，卷首题"蝶魂述意，寄尘遣词"。

4. 孤雏劫　瘦腰郎译，胡寄尘改编

1915 年上海进步书局铅印本　天津图书馆藏

胡寄尘，名怀琛，生平已见《兰闺清课》。

此书封面标有"奇情小说"，前有著者《弁言》。

《弁言》称："此书本系某君自西文译出，原书写孤儿之凄凉、奸人之阴险，颇能动人。固结构虽佳，而篇幅甚短，粗枝大叶，未能委屈描摹。余因本其意演为八章，得三万字。又以己意妄为增损，较原译更为曲折详尽，而移原译篇首置篇末，自谓格局亦复生动。"

5. 古今小说精华三十二卷　胡寄尘，金石辑

1915 年上海广益书局石印本　中国国家图书馆藏

胡寄尘，名怀琛，生平已见《兰闺清课》。

此书前有李剑痕、胡寄尘序各一及《例言》。全书分为国故类、地理类、人品类、文苑类、艳迹类、艺术类、神怪类、博物类八门，每门复分四种，录笔记小说若干。

《例言》称："是编所采上自汉魏，下迄近代，凡所搜罗，不下千种。"

6. 恨海鹃声谱　天僇王无生著

1915 年上海民权出版社铅印本　中国国家图书馆藏

王无生（1880—1914），名钟麒，字毓仁，又作郁仁，号无生，别署天僇、天僇生、僇民、大哀、蹈海子、一尘不染等，斋名述庵。原籍歙县，寄居扬州。清光绪三十三年（1907）入上海报界，先后为上海《神州日报》《民呼报》《天铎报》主笔，又曾参与筹办《民吁日报》《民立报》《独立周报》。清宣统二年（1910）加入南社。清末曾以黄民、一尘不染为笔名，著有《秋瑾再生记》《恩怨缘》（又名《黄剑血》，附录《轩亭复活记》）等。

此书内题"哀情小说"。全书二十章，文言。故事背景为瑞士，主要人物均为欧洲人，疑为翻译作品。

7. 红楼名号归一表一卷　忏玉生编

忏玉楼丛书本　南京图书馆藏

吴克岐（1870—1936 后），字轩丞，号忏玉生、红楼梦里人、庚午老人。盱眙人，居嘉山。早年供职新闻界。

此书辑录整理《红楼梦》中 600 余名人物所有不同称呼。

又：**红楼古人名号归一表一卷　忏玉生编　忏玉楼丛书本　南京图书馆藏**

忏玉楼丛书　吴克岐著　1909—1915 年稿本　南京图书馆藏

此编现存五十八种六十六册，每册均标明次第，已知至少第六十五册缺。内包括《红楼梦传奇》八卷，《红楼梦散套》十六卷，《红楼梦图咏》，《红楼梦广义》二卷，《红楼梦纪略》一卷，《孙渠甫红楼梦解提要》一卷，《桐花凤阁红楼梦评》十二卷等。除《红楼名号归一表》一卷，《红楼古人名号归一表》一卷为编者之作外，多为抄本，有题识。

邓子勉《吴克岐辑著的三部红学丛书》（载《中国典籍与文化》2000年第 2 期，第 2 页）称："这是吴克岐辑著一部较大的红学丛书，也可以说，至少是解放前所编的最大一部红学丛书，……据《忏玉楼丛书提要》中所著录的书目，其与《丛书》互有出入，其中《提要》著录的书，有二十二种未见现存的《丛书》中，这二十二种中有十五种为《红楼梦》原著的各种版本以及续、补类书，盖吴氏已有这些书，也不必再重新迻录，但至少可以知道《丛书》决不止五十八种，而是大大超过了这个数，吴氏随采随录，本无定数。五十八种中除最后两种为吴氏编著的外，其余均是迻录他人之作，其中四十余种末后有吴氏题识，所署年代为清宣统元年至民国四年不等，尤以清宣统二年居多。"

8. 侯魏汪三家文合钞　王文濡编

1915 年上海进步书局铅印本　1923 年上海进步书局铅印本（3 版）著录

王文濡（1867—1935），原名王承治，字均卿，别号学界闲民、天壤王郎、吴门老均、新旧废物、虫天子等，室名辛臼簃，祖籍安徽广德，迁籍浙江南浔。清光绪九年（1883 年）秀才，次年补博士弟子员。清光绪二十四年（1898 年）参与变法维新，二十六年（1900 年）主持明理学社校务，兼授浔溪书院，二十八年（1902 年）后任商务印书馆、中华书局、大东书局、文明书局、进步书局、鸿文书局、乐群书局及国学扶轮社编辑、总编。清宣统元年加入南社，晚年移居苏州，专事著述。著者曾于清末编辑《香艳丛书》二十集，《国朝文汇》二百卷，刊印《古今说部丛书》二百四十五种，编辑《古今说部丛书》十集；民国初年曾主编《笔记小说大观》，编印《香艳杂志》十二期。

又：**侯魏汪三家文合钞　王文濡编**　1923 年上海进步书局铅印本（3

版）首都图书馆藏

此书四册。前有《侯魏汪三家文合钞提要》，编者自序。第一册录侯方域撰《侯朝宗文钞》一卷，第二册录魏禧撰《魏叔子文钞》一卷；第三、四册录汪琬撰《汪尧峰文钞》二卷。

9. 胡云门先生荣衰录　胡远芬编著

民国铅印本　安徽省图书馆藏

胡远芬（1863—1938），字味兰，号履冰子。怀宁人。胡云门之子。清光绪十九年（1893）举人，历任浙江昌化、象山知县。民国年间任安徽南陵、湖北南漳、浙江东阳、浙江天台及安徽望江县知事，凤阳淮泗道尹公署科长。抗战期间流亡四川。

胡云门（1835—1915），名嗣运，字鹏南，号云门。绩溪人。晚年掌教东山学堂，任经学教员，并任安徽省通志绩溪采访员。

10. 黄金劫　胡寄尘编译

1915 年上海文明书局铅印本　首都图书馆藏

胡寄尘，名怀琛，生平已见《兰闺清课》。

此书封面标有"奇情小说"，故事发生在美国，书中未载原作者。

11. 绘图儿童诗歌　胡寄尘著

1915 年上海广益书局石印本　古籍善本网著录

胡寄尘，名怀琛，生平已见《兰闺清课》。

12. 寄尘短篇小说第二集　胡怀琛著

1915 年上海广益书局铅印本　超星数字图书馆收录

著者生平已见《兰闺清课》。

此书录短篇小说《电话因缘》《洞庭女子》《万里哀鸿》《罗霄女侠传》《华胥国游记》5 篇。

13. 明清八大家文钞八卷　王文濡选辑

1915 年上海进步书局石印本　中国国家图书馆藏

选辑者生平已见《侯魏汪三家文合钞》。

此书前有选辑者自序，《总目》。内录明清古文名家归有光、方苞、姚鼐、梅曾亮、刘大櫆、曾国藩、张裕钊、吴汝纶八家散文 386 篇。

14. 明清六才子文　王文濡选辑

1915 年上海进步书局石印本　1925 年上海进步书局石印本（5 版）著录选辑者生平已见《侯魏汪三家文合钞》。

又：**明清六才子文　王文濡选辑**　1925 年上海进步书局石印本（5 版）首都图书馆藏

此书四册。前有《明清六才子文提要》，编者自序，内录明代唐寅、祝允明、徐渭，清代金圣叹、蒲松龄、尤侗文。

15. 闽海巡记　许世英著

1915 年铅印本　中国国家图书馆藏

许世英（1873—1964），字俊人，一作静仁，号云楼，晚年别号双溪老人。至德人。拔贡出身，曾任清政府刑部主事、奉天高等审判厅厅长、山西提法使和布政使。民国后历任奉天民政长、福建巡按使、内务总长、交通总长、安徽省长、执政府内阁总理。1927 年因反对孙传芳被通缉，逃往香港。1940 年起先后担任全国赈灾委员会委员长兼全国财政委员会主席、中国驻日本大使、国民党政府委员、蒙藏事务委员会委员长。

此书前有著者及视察团全体人员与巡视舰照片及自序，内以日记体记载福建沿海诸县山川、险要及风土人情。

16. 藕丝记　胡寄尘著

1915 年上海文明书局铅印本　天津图书馆藏

胡寄尘，名怀琛，生平已见《兰闺清课》。

此书十八章，封面标有"言情小说"，内叙民国初年爱情故事。

17. 破涕录　李警众，肝若编

1915 年上海民权出版社影印本　南京图书馆藏

李警众（1878—1962），名铎，别号警众，室名红冰碧血馆，又号红冰碧血馆主。寿县人。曾任芜湖《皖江日报》主编、革命军政府总司令部参谋官，江南讨袁军第三军司令部参谋厅厅长，后于上海、芜湖、南京等地任报纸、杂志编辑。

此书前有徐枕亚、倦鹤、胡寄尘、李定夷、李铎序各一，内录文言幽默笔记小说若干，多篇以"共和"新政为题材。末附《破涕续录》一卷，署名"肝若"编。

《徐序》称："李子之著此书，盖别有深意，所谓哭不得而笑，笑有甚于哭者也。……中华民国共和之真种子，不速绝于此日；而支离破碎之山河，以一哭送之者，犹不如姑以一笑存之也。"

18. 趋庭拾遗录六卷　贺廷枢著

1915 年九江明新印所铅印本　安徽省图书馆藏

贺廷枢，字运之，号钧身。宿松人。贺欣之子。清光绪二十四年（1898）任安徽省求实学堂国文、数学教习，清光绪二十七年（1901）辞职返乡，筹建维新中学堂，任学堂总理、学监。

此书前有吴梓楠序，贺雾岑《弁言》。内《诡遇拾遗》《劣败拾遗》录著者论、说等文，多涉国家大计；《效颦拾遗（一）》《效颦拾遗（二）》《效颦拾遗（三）》《效颦拾遗（四）》，录寿文、序、墓志、祭文、联、挽词、诗作等。末有著者之弟贺庭桂、子贺光裕跋。

19. 拳师传　又名：技击家列传　胡朴安著

1915 年上海广益书局铅印本　首都图书馆藏

胡朴安，名韫玉，生平已见《古今笔记精华录》。

此书前有自序，胡怀琛序。内录《淮上壮士》《王山》《刘胜》《峨眉僧》《柳生》《蒋静》《俞明》《印月》《珍娘》等文言笔记 32 篇，述拳师故事。

《自序》称，此书"题为《拳师传》，非传人也，聊以传拳学之万一云尔"。

20. 说库　王文濡辑

1915 年上海文明书局铅印本　中国国家图书馆藏

辑者生平已见《侯魏汪三家文合钞》。

此书前有《例言》《说库提要》，内录自汉至清笔记小说一百七十种，其中清代四十三种，涉及诸子百家、文学艺术、历史地理、天文历算、博物技艺、医药保健、典章制度、社会风俗、戏典乐舞、人物杂记等。

《例言》称，此书纂辑主要原则是，"重事实，兼重广义，凡经史创解、朝野遗闻、诗文歌曲之源流，工艺游戏之琐屑，有关临文之用者，莫不甄采"。后人伪托之书，如《迷楼记》《开河记》等，则不收。

21. 天南鸿雪一卷　许世英辑

1915 年活字本　中国国家图书馆藏

著者生平已见《闽海巡记》。

此书前有编者序，内录姜可钦、姚绍崇、王善荃、陈嘉言、许世英、陶牧、马振理、王家俭、蒋莱、袁青选、胡韫玉、童益临、廖熙元、汪洋、许维瑜、孙世伟等十六人赠答、唱和诗作 149 首，先后以齿为序。

郑逸梅《瓶笙花影录·下卷》（上海校经山房书局 1936 年版，第 68 页）称，此书为胡朴安作。

22. 童子尺牍　胡怀琛著

1915 年上海广益书局铅印本　香港科技大学图书馆藏

著者生平已见《兰闺清课》。

此书二册。

23. 文字初桄　程善之著

1915 年上海有正书局铅印本　中国国家图书馆藏

著者生平已见《短篇小说》。

此书前有张樾亭序、自序。内录文言小品 70 篇，有评点。

24. 夏氏乔梓合稿二卷　夏慎大辑著

1915 年铅印本　中国国家图书馆藏

夏慎大（1856—1925），初名褒大，字湄生，号鞠隐。休宁人。夏文炳之子。清光绪十一年（1885）拔贡，官山西候补知府。后应聘入京，参赞戎务。先后任江防军总部参谋文牍、皖北镇守使署副官长等职。1912 年返乡，被推为临时县知事，后历任县议会议长、财政局局长、商会会长、农会会长。著者曾于清末编著《冰梅词》及《寸心知室诗草》一卷。

此书上卷录夏文炳《味秋馆诗钞》，下卷录夏慎大《鞠隐诗存》。

又：**鞠隐诗存　夏慎大编**　1915 年铅印本　中国国家图书馆藏

此书末有夏慎大跋，内录古近体诗 66 题近百首，部分诗作已见于《寸心知室诗草》。

《跋》称，此书"爰取昔年印本加入近作重排付印"。

25. 现代十大家诗钞十卷　进步书局编

1915 年上海进步书局石印本　首都图书馆藏

此书实际著者为王文濡，生平已见《侯魏汪三家文合钞》。

此书四册。前有《提要》《例言》、王文濡《弁言》，内录王闿运、樊增祥、陈三立、易顺鼎、郑孝胥、康有为、梁启超、章太炎、蒋观云、刘师培十人诗 688 首。

《弁言》称，"今庠序林立，欧学错杂"，此书之编，意在展示清代诗家成就。

26. 血巾案　宋紫瑚，胡寄尘编译

1915 年上海文明书局铅印本　首都图书馆藏

胡寄尘，名怀琛，生平已见《兰闺清课》。

此书二十章，封面标有"奇情小说"，内以文言叙发生于德国之侦探故事，原著者不详。

27. 瑶天笙鹤词二卷　汪渊著

1915 年铅印本　安徽省图书馆藏

汪渊（1851—1920），字时甫，号诗圃。绩溪人，寄籍休宁。清同治七年（1868）贡生，清光绪十五年（1889）优贡，授教职，后设馆教学。著者曾于清光绪年间撰有《藕丝词》四卷，《麝尘莲寸集》四卷、《卷末》一卷、《味菜堂诗集》四卷、《外集》二卷，《味菜堂诗删余稿》一卷、《诗剩稿》一卷、附《杂抄》一卷，《味菜堂迭次韵诗》二卷，《味菜堂骈散文略》一卷，《律赋抄存》一卷，《诗余稿》一卷，《诗续稿》一卷、《续抄》一卷、附《杂抄》一卷。

此书前有清光绪二十五年（1899）王咏霓序，1915 年吴承烜序，并休宁吴长荣题词。卷一录词 69 首，卷二录词 121 首。

28. 宜园诗稿一卷　舒鸿贻著

1915年沈阳仁和山房铅印本　安徽省图书馆藏

舒鸿贻（1867—1947），字冰茹，一字宾侣。怀宁人。清光绪二十一年（1895）进士，后任徽州书院山长、京师大学堂文课教习、授刑部郎中。清光绪三十二年（1906）赴日本考察警察行政，次年回国供职军机处。清宣统二年（1910）授天津巡警道，转直隶通永河道。民国后历任奉天新民税务总管、奉天都督府秘书长、北京政府司法部司长、安徽省烟酒印花税局局长，曾集资创建安庆电灯厂，创办农工银行、义丰织布厂、菱湖小学等。1925年出任安庆道尹。

此书前有自序，内录著者自清光绪二十一年（1895）至民国古近体诗百余首，多关乎时政。

29. 疑庵诗乙集　许承尧著

1915年甘肃政报局铅印本　中国国家图书馆藏

著者生平已见《苊父杂记》。

此书前有著者序，内录诗作80余题近200首，多描述自皖南至西北途中景观，并录酬答唱和之作。

30. 作文法四卷　谢慎修著

1915年广益书局石印本　安徽省图书馆藏

谢慎修（1895—1955），字永思。芜湖人。长期从事教育工作，曾创办大同邮票社。

此书前有1913年写于东吴大学之自序，内二十五章，分别为"储材""读文""析文""凝题""澄思""吐辞""聚神""写景""状物""运气""点趣""乐趣""成形""炼虚""用字""严章""论笔""问难""典故""修饰""仿古""存体""静动""从宜""生情"。

1916 年(民国五年)

1. 白狼扰蓼记　吕咎予著

1916 年上海民友社铅印本　中国社会科学院图书馆藏

吕咎予（？—？），六安人。

此书前有序、题词，内述 1915 年六安兵乱事。

2. 白云居士诗文集　金恩溥著

1916 年铅印本　安徽省图书馆藏

金恩溥（？—？），字博如。休宁人。金尧松之父。曾任上海出版业工会中华书局事务所候补干事。

此书前有 1916 年聂铭序、自序。内录古近体诗 89 首、文 16 篇，末附楹联。

3. 胆汁录　李警众著

1916 年上海泰东图书局铅印本　中国国家图书馆藏

著者生平已见《破涕录》。

此书前有自序及《例言》。内以语录体抒发对国家、时局、官场、言论、人生之见解。

《自序》称："藉此小册，抒我寸衷；颜曰'胆汁'，警己警人。"

4. 福尔摩斯探案全集第六册　　［英］柯南道尔著；独鹤、小青译

1916 年上海中华书局铅印本　超星数字图书馆著录

小青（1893—1976），乳名程福林，官名青心，又名辉斋，笔名小青、程小青，别署金铿，晚号茧翁，以笔名行世。安庆人，生于上海。

少时曾为钟表店学徒，十六岁入音乐学校，二十三岁迁居苏州。先后任教于东吴大学附属中学、景海女子师范学校。曾加入青社、星社，创办《太湖》杂志，编辑《侦探世界》半月刊、《新月》月刊，与徐碧波合编《橄榄》月刊。抗战胜利后任教于东吴大学附中。1946 年一度任《新侦探》半月刊主编。

此书译者署名独鹤、小青。内录侦探小说《孤舟浩劫》《窟中密宝》《午夜枪声》《偻背眩人》。

福尔摩斯探案全集　[英]柯南道尔著；周瘦鹃、程小青等译

此编为十二册文言本，前有《凡例》《英勋士柯南道尔小传》。

5. 福尔摩斯探案全集第七册　[英]柯南道尔著；独鹤、小青译

1916 年上海中华书局铅印本　超星数字图书馆著录

小青生平已见《福尔摩斯探案全集》第六册。

此书译者署名独鹤、小青。内录侦探小说《客邸病夫》《希腊舌人》《海军密约》《悬崖撒手》。

6. 福尔摩斯探案全集第十一册　[英]柯南道尔著；瘦鹃、小青、霆锐、渔火译

1916 年上海中华书局铅印本　超星数字图书馆著录

小青生平已见《福尔摩斯探案全集》第六册。

此书译者署名瘦鹃、小青、霆锐、渔火。内录侦探小说《魔足》《红圆会》《病诡》《窃图案》。

7. 福尔摩斯探案全集第十二册　[英]柯南道尔著；小青译

1916 年上海中华书局铅印本　超星数字图书馆著录

译者生平已见《福尔摩斯探案全集》第六册。

此书内录侦探小说《罪薮》。

8. 古诗评注读本三卷　王文濡评选；金熙，汪处卢注

历代诗评注读本本　广东省立中山图书馆藏

评选者生平已见《侯魏汪三家文合钞》。

此书上卷选汉、魏、晋五言诗；中卷选宋、南齐、梁、陈、北魏、北周、隋五言诗；下卷选汉、晋、梁七言诗。全书共录古诗 184 首。有注释及作者简介。

历代诗评注读本　王文濡编　1916 年上海文明书局铅印本

此编前有《编辑历代诗评注读本之缘起》《历代诗评注读本总序》，内包括《古诗评注读本》三卷、《唐诗评注读本》六卷、《宋元明诗评注读本》六卷、《清诗评注读本》七卷。

《缘起》称，"宣圣雅言，诗列于首。……男子十有三年，学乐诵诗，诗之列入教科，于古有明征亦。……而今坐拥皋比，自命能文者，至不知韵语为何物而于童蒙奚责焉？往岁不佞承乏南洋女师范文学专修讲席，多数学子以诗学请讲。检查坊刻，无一良本。姑就阮亭五言诗选节取授读，不三月，居然成章。以是知人人能诗之原理，实未尝一日稍绝于天壤焉。今岁主任本局，即以提倡此事自任，与张君荸荪、吴君润如商略，成《作诗初步》一书，于学诗之门径，作诗之义法，言之其详。复于其暇，选辑汉魏以来迄于清代古今体诗八百余首，命名曰《历代诗评注读本》"。

9. 龙山忆菊吟　鲍鸿著

1916 年铅印本　安徽省图书馆藏

鲍鸿（? —?），字雪汀，号龙山。歙县人。清光绪举人，不仕。

此书前有程锦稣写于光绪二十七年（1901）序及著者写于光绪二十六年（1900）之自序，并有汪叕庐、程世泽、洪汝恺、洪汝怡、程炎震、汪律本、许承尧、汪廷栋、程祚昌、朱则庆题词，内录咏菊诗 50 首。书尾小字云："丙辰新秋贺湖妹耸嘱为缮此，元祉谨识。"

10. 马通伯文钞二卷　马其昶著

1916 年上海中国图书公司铅印本　安徽省图书馆藏

马其昶（1855—1930），字通伯，晚号抱润翁。桐城人。马树章之孙，马起升之子。早年任庐江潜川书院山长及桐城中学堂、师范学堂教习。清宣统二年（1910）入京，授学部主事，京师大学堂教习。民国后任安徽高等学堂监督，主持京师政法学堂教务，充袁世凯政府参政院参政。1916 年任清史馆总纂，后以病归里。著者曾于清末撰有《桐城古文集略》十二卷、《屈赋微》二卷、《庄子故》八卷、《桐城耆旧传》十三卷、《抱润轩文》一卷、《马其昶文稿》《抱润轩文集》十卷等。

此书卷一录《荀卿论》《风俗论》《读艺文志》《读九歌》《桐城耆旧传序》《奉吴至父先生书》等论、序、传、书、墓表 39 篇；卷二录《先母行略》《郑东父传》《先太仆公逸事》《抱润轩记》《游冶父山记》《游紫蓬山记》等散文、墓志铭、行状等 40 篇。

此书为《当代八家文钞》之一种。

11. 漫与集二卷　何云藻著

1916 年铅印本　复旦大学图书馆藏

何云藻（? —?），字子翔，号蠖叟，又号睎愈子。凤阳人。清光绪年间国学生，官刑部郎中。清宣统元年（1909）刊有《漫与集》一卷。

此书前有自序及王宾题词，卷上为古体诗，卷下为清宣统元年（1909）至 1916 年所作诗并杂著 5 篇。

12. 南北朝文评注读本　王文濡评选；张廷华，江山渊注

历代文评注读本本　中国国家图书馆藏

评选者生平已见《侯魏汪三家文合钞》。

此书二册。第一册录论辩文 6 篇，序跋 10 篇，奏议 9 篇，书牍 20 篇；第二册录书牍 18 篇，诏令 4 篇，传状 3 篇，碑志 1 篇，杂记 1 篇，箴铭 5 篇，颂赞 4 篇，辞赋 8 篇，哀祭 8 篇。有注释及作者简介。

《自序》称，此书"自晋迄隋，取其骨气完者录若干首，以为初学之标准，俾知绾绮错绣者，仍须以散文之法行之"。

历代文评注读本　王文濡评选　1916 年上海文明书局铅印本　中国国家图书馆藏

此编前有《编辑历代文评注读本之缘起》，编者自序，《编辑大意》，内包括《清文评注读本》四册、《宋元明文评注读本》二册、《唐文评注读本》二册、《南北朝文评注读本》二册、《秦汉三国文评注读本》二册，共录文 570 余篇。

《缘起》列举时下选文之弊，称："不佞以为此非小故，文学之绝续，国粹之存亡，有绝大关系焉。今岁主任本局，提议及此，通函各校，广征意见，沆瀣之合，一律赞成，……命名曰《历代文评注读本》。首以清文，涂所由入也；继以宋元明文、唐文、南北朝文，殿以秦汉三国文，升堂入室，美富馨于此。"

13. 潘园评花留稿　潘保仁著

1916 年刊本　潘法连《铜陵历代人物·第十辑》著录（铜陵县政协文史资料委员会 2004 年版，第 183 页）

潘保仁（？—？），字莘庄，自号潘园主人。铜陵人。曾以贡生为本县儒学训导。1923 年前后出任本县财政局局长兼总商会会长。后退养家居，施医济人。

此书品评第讽咏自家园中花木，录古近各体诗 110 首。

14. 秦汉三国文评注读本　王文濡评选；王懋，郭希汾注

历代文评注读本本　中国国家图书馆藏

评选者生平已见《侯魏汪三家文合钞》。

此书二册。第一册录秦汉三国论辩文 15 篇，序跋 7 篇，奏议 18 篇；第二册录书牍 37 篇，诏令 6 篇，碑志 3 篇，杂记 3 篇，箴铭 3 篇，颂赞 2 篇，辞赋 8 篇，哀祭 2 篇。有注释及作者简介。

15. 清诗评注读本七卷　王文濡评选；王懋，郭希汾注

历代诗评注读本本　中国国家图书馆藏

评选者生平已见《侯魏汪三家文合钞》。

此书前有《编辑大意》，编者自序。卷一录五古；卷二录七古；卷三录五绝；卷四录七绝；卷五录五律；卷六录七律；卷七录五排。全书共录诗 451 首。有注释及作者简介。

《自序》称："有清一代，诗学鼎盛。……嗟乎，国粹凌夷，风雅凋丧，矜尚新学者至斥韵学为不急之务，瞻望前途，殷忧耿耿。剥极而复，或其时欤？因辑清诗而感慨系之。"

16. 清谈十卷　胡怀琛编

1916 年上海古今图书局铅印本　天津图书馆藏

编者生平已见《兰闺清课》。

此书封面标有"满清十三朝秘史"，前有著者《小识》，内分"宫闱""政治""军事""外交""权贵""风俗""文学""艺术""灾异""杂事"十卷。

《小识》称，此书"谈以清名，谈逊清之往事也"。

17. 清文评注读本　王文濡评选；沈秉钧，郭希汾注释

历代文评注读本本　首都图书馆藏

评选者生平已见《侯魏汪三家文合钞》。

此书四册，为《历代文评注读本》第一种，前有《编辑历代文评注读本之缘起》，编者自序，《编辑大意》。内第一册录论辩文 28 篇；第二册录序跋 16 篇、书牍 13 篇、赠序 5 篇；第三册录传状 25 篇、碑志 7 篇；第四册录杂记 37 篇、颂赞 1 篇、哀祭文 3 篇。有注释及作者简介。

18. 慎宜轩文集八卷　姚永概著

1916 年铅印本　安徽省图书馆藏

著者生平已见《邵节妇家传》。

此书前有林纾、王树枏序各一及清光绪戊申（1908）马其昶旧序。内卷一录论、说、读后等 14 篇，卷二录序、跋 15 篇，卷三录书、序 14 篇，卷四录传 23 篇，卷五录述略 4 篇，卷六录墓碣文、墓志铭等 19 篇，卷七录杂记 12 篇，卷八录吊文 9 篇。总计 110 篇。

此书曾有五卷本，清光绪三十四年（1908）灵萱室铅印，中国国家图书馆藏。五卷本前有著者序，末有清光绪三十四年（1908）恽毓龄跋。内卷一录论、说 3 篇，书后 8 篇；卷二录序 4 篇，书信 3 通，赠序 2 篇，寿序 2 篇；卷三录记事 5 篇，传 6 篇，状、述略 4 篇；卷四录墓碣 2 篇，墓表 2 篇，碑文 1 篇，墓志铭 8 篇；卷五录记 7 篇，吊文 1 篇，祭文 6 篇，哀辞 1 篇。总计 65 篇。

又：**慎宜轩文集十二卷　姚永概著**　1919 年安庆中江印书馆铅印本中国国家图书馆藏

此书前有王树枏序。卷一录《辛酉论》《商鞅论》《杂说》，卷二录《读秦风》《读封禅书》等 8 篇，卷三录序、跋等 25 篇，卷四录书、序等 25 篇，卷五、卷六录传 32 篇，卷七录《吴先生行状》《先大母行略》《先府君述》《伯兄行略》4 篇，卷八、卷九、卷十录墓志铭、墓表、墓碣文等，卷十一录《西山精舍记》《方氏读书楼小记》《慎宜轩记》《飞鸿留景记》等 13 篇，卷十二录哀辞及吊祭文。

张舜徽《清人文集别录》（华中师范大学出版社 2004 年版，第 587 页）

称："永概所为文，原有一九一六年铅字排印《慎宜轩文》八卷。及永概没，永朴及其门人旁搜广采，增益其所未备，厘为十二卷，雕板行世，即此本也。永朴又编次其读书批记考证之语，为《慎宜轩笔记》十卷，博及四部，语多精邃。有一九二六年活字本。其中论学之言，多与是集相表里，学者可参究焉。"

此书被辑入《续修四库全书·集部》。

又：**慎宜轩文稿附尺牍　姚永概著**　稿本　安徽省图书馆藏

又：**慎宜轩尺牍选钞七卷　姚永概著**　民国铅印本　安徽省图书馆藏

又：**姚叔节先生文存一卷　姚永概著**　民国抄本　中国国家图书馆藏

此书录清光绪三十三年（1907）以后所写《秦君诗序》《记仪征孝妇》《陈伟卿传》《汪贞女碑》《赠何生序》《方氏读书小楼记》《告伯兄文》《伯兄行略》《安庆同学录序》《镜心室记》等 29 篇。内有马其昶评。

19. 诗毛氏学三十卷　马其昶著

1916 年京师第一监狱铅印本　中国国家图书馆藏

著者生平已见《马通伯文钞》。

又：**诗毛氏学　马其昶著**　1918 年上海聚珍仿宋印书局铅印本　中国国家图书馆藏

此书前有 1918 年姚永概序，1917 年陈汉章序，1918 年自序。全书以集说形式释经、传之义，别下己意时，以按语标识。著者拣择子书、史书、三家、汉学、宋学等文籍与《毛传》意思相合者，以印证毛诗学。除引相关典籍，如《孟子》《墨子》《荀子》《左传》《大学》《晏子》《吕氏春秋》《孔丛子》《韩诗》《韩诗外传》《尔雅》《广雅》等外，于历代《诗经》注解各家说《诗》，亦能博观约取。

此书被辑入《续修四库全书·经部》。

又：**毛诗学三十卷　马其昶著**　1924 年铅印本　安徽省图书馆藏

20. 石埭陈序宾先生褒荣录　陈一甫辑

1916 年铅印本　天津图书馆藏

陈一甫（1869—1948），名惟壬，号恕斋居士。石埭人。陈黉举之子。早年以父荫官直隶，曾任江苏候补道，北洋海防、东海关监督，农工商部议员，北洋劝业铁厂坐办等职。民国后历任启新洋灰公司总事务所经理、驻津办事处坐办、开滦矿务管理局正主任董事、启新洋灰公司协理、总经理。1941 年纂修《石埭备志汇编》五卷。

陈黉举（1834—1884），字序宾。石埭人。陈惟壬之父。晚清淮军将领。

21. 朔南吟纪二卷　史德本著

民国抄本　柯愈春《清人诗文集总目提要·中册》（北京古籍出版社 2002 年版，第 1871 页）著录

史德本（？—？），字友柏。合肥人。史台懋之族孙，史次耘之祖父。清宣统年间举孝廉方正。

柯愈春《清人诗文集总目提要·中册》称，此书"前有民国二年李经方序，五年陈厚植题词，又王尚辰跋。尚辰谓其诗'自写性情，不假雕琢'"。

22. 宋元明诗评注读本六卷　王文濡评选；汪劲扶，沈镕注释

历代诗评注读本本　中国国家图书馆藏

评选者生平已见《侯魏汪三家文合钞》。

此书前有《编辑大意》，编者自序。卷一录五古 42 首；卷二录七古 41 首；卷三录五绝 17 首；卷四录七绝 61 首；卷五录五律 54 首；卷六录七律 77 首。有注释及作者简介。

《编辑大意》称："本编甄入之诗，概由《宋诗钞》《元诗选》《明诗综》诸大总集中选出。"

23. 宋元明文评注读本　王文濡评选；金熙，汪劲扶注

历代文评注读本本　中国国家图书馆藏

评选者生平已见《侯魏汪三家文合钞》。

此书二册。第一册录论辩文 18 篇，序跋 19 篇，书牍 19 篇，赠序 9 篇；第二册录传状 14 篇，碑志 12 篇，杂记 27 篇，箴铭 2 篇，颂赞 1 篇。有注释及作者简介。

24. 唐诗评注读本六卷　王文濡评选；汪处庐，金熙注释

历代诗评注读本本　中国国家图书馆藏

评选者生平已见《侯魏汪三家文合钞》。

此书前有《编辑大意》，编者自序。全书共选 62 家诗作 251 首，其中卷一录五古 62 首；卷二录七古 20 首；卷三录五绝 26 首；卷四录七绝 44 首；卷五录五律 47 首；卷六录七律 52 首。有注释及作者简介。

《自序》称，此书"《全唐诗》中，择其格律深稳、趣味浓郁者，得若干篇，附以评论，加以注释，以为古诗读本之后盾，而导宋元明清之先河焉"。

25. 唐文评注读本　王文濡评选；张廷华，沈镕，郭希汾注

历代文评注读本本　中国国家图书馆藏

评选者生平已见《侯魏汪三家文合钞》。

此书二册。第一册录论辩文 25 篇，序跋 9 篇，奏议 3 篇，书牍 23 篇；第二册录赠序 11 篇，诏令 3 篇，传状 15 篇，碑志 5 篇，杂记 13 篇，箴铭 3 篇，颂赞 2 篇，辞赋 1 篇，哀祭 6 篇。有注释及作者简介。

26. 弢楼腅录序一卷　张士珩著

民国冶山竹居抄本　南京图书馆藏

著者生平已见《竹居外录》。

此书前有 1916 年自序，称："予生平建两弢楼。一于天津西沽武库，为简庇军实所。归冶山，于竹居建一楼，取'弢晦'之义，复颜曰'弢'。……癸丑夏五，避地胶岛，已三年矣。……荟蕞畸残，丛腅细碎，抄胥伎俩，无当著述，故名曰《腅录》。"

27. 铁华诗钞一卷　徐经纶著

1916 年铅印本　安徽省图书馆藏

徐经纶（1879—1915），字铁华。石埭人。徐建生之侄。清光绪二十九年（1903）举人，拣选知县。后历任安徽高等学堂、师范学堂、池州六邑中学、怀宁中学国文教员，安徽全省教育会会长，安徽优级师范学堂校长。

此书前有怀宁胡远浚序、霍邱裴伯谦《致铁华书》，末有徐建生跋，言成书之经过。

28. 武汉阳秋　楚之梼杌著

1916 年湖北官纸印书局铅印本　中国国家图书馆藏

楚之梼杌（1886—1932），名查光佛，字竞生，号汇川，笔名楚之梼杌。英山人。清光绪二十九年（1903）考入武昌普通中学堂，清光绪三十一年（1905）赴日本留学，加入同盟会，任鄂支部特派员。回国后任《商务报》编辑兼发行人，参与创办《大江报》。清宣统三年（1911）参加武昌起义，任湖北军政府秘书，教育部副部长。1916年任湖北革命总司令部秘书长及驻汉特派员，参加倒袁护国运动。后历任护法军政府机要秘书、广州大本营秘书、《"中央"日报》总编辑、国民党汉口特别市党部宣传部部长、"中央"党史编纂委员会编纂兼秘书。

此书为笔记小说。前有《烈士遗孤教养所纪念图跋》及自序，内记述辛亥武昌起义之异闻、逸事，末有后序。

《自序》称："……第念彼无数先烈之掷头颅、流颈血，饮弹食丸，不惜牺牲其身命，以与垂死之国民争幸福者，其结局亦唯享有白骨荒丘，青磷蔓草之代价。……虽然，际一代之大变革，无论其孰为败寇成王，而其事实要自有不容泯没者，此私家之著述所以较馆阁之纂注而能垂信千古也。……无已，则取当日之遗闻逸事，笔之于篇，亦庶几乎他日考文献者之一助。"

29. 西泠异简记　寂寞程生著

1916年《甲寅》杂志社铅印本　安徽省博物馆藏

寂寞程生（1888—1955），名程演生，亦名衍生。谱名存材，字源铨，又字总持，别号天柱外史、寂寞程生。怀宁人。清宣统初肄业于安徽高等学堂，后留学英、法、日等国，获法国考古研究院博士学位，并任该院研究员。回国后参与编辑《新青年》杂志。1932年任安徽大学校长，兼任安徽通志馆副馆长。抗战胜利后出任安徽学院院长。著者曾于清末著有《天启黄山大狱记》。

此书为言情小说，首刊于1916年《甲寅杂志》1卷9—10号。

第一章有寂寞程生语，言及对言情小说看法及本书宗旨，称："果言情小说之有效力，有足以激我少年民族纯洁之血气，能钟于情，殉于情，吾方且祝之尸之。"可惜当下之言情小说"大都涂抹任笔，结撰肆意"，而"纠正其情爱之所止，……此吾《西泠异简记》之所以作也"。

30. 详注六朝文絜八卷　　（清）许梿著；吴承烜注释

1916 年上海国华书局铅印本　天津图书馆藏

吴承烜（1855—1940），一名子恒，字伍佑，号东园。歙县人，寓居江苏盐城。清末任蜚英书局编辑，民国初年任新安武军第七路军秘书，后以卖文为生。晚清著有传奇多种。

《六朝文絜》系清代许梿骈文选集，选入赋、诏、敕、令、书、序、论、铭等十八类体裁。

31. 小说名画大观　　胡寄尘辑

1916 年上海文明书局石印本　中国国家图书馆藏

胡寄尘，名怀琛，生平已见《兰闺清课》。

此书前有《提要》、天笑生序、周瘦鹃序及编者序，内分教育类、伦理类、道德类、家庭类、历史类、政治类、爱国类、外交类、军事类、科学类、冒险类、侦探类、言情类、哀情类、侠情类、奇情类、社会类、警世类、滑稽类、神怪类。

《提要》称："是编所辑短篇小说，为近今著名小说家译撰之作。自伦理、教育，以至侦探、社会、言情等凡二十类，类各十余篇，每篇附以精图，均倩时下名手为之，图与事合，惟妙惟肖，诸君既读小说，又玩名画，一举两得，趣味无穷也。"

32. 新编前后说唐鼓词全传六卷　　唐在田著

1916 年上海校经山房石印本　山西大学文学院藏

著者生平已见《新金瓶梅》。

此书卷首有嘉禾郑子序。

33. 新华春梦记：洪宪演义　　杨尘因著；张海沤批；张冥飞评

1916 年上海泰东图书局铅印本　天津图书馆藏

杨尘因（1889—1961），原名道隆，号雪门、烟生，早期斋号"曼陀罗庵"，后期斋号"匏系书屋"，用于剧评时，号"春雨梨花馆"。全椒人。杨攀龙之子。早年毕业于日本早稻田大学，加入同盟会。民国初任《申报》副刊编辑。1937 年回乡，先后出任县临时参议会秘书，省立三临中、霍邱师范教员。抗战胜利后任嘉山中学教师。

张海沤，太湖人。

此书为长篇历史小说。前有吴敬恒、陈荣广、张冥飞、张海沤、汪文鼎序各一，内十卷，共百回，描写袁世凯复辟帝制始末。有眉批，每回之后有张冥飞评。

《张海沤序》称，此书"初欲名为《洪宪外史》，继定今名。是书告成，庶几附会少，确实多，未始不可供将来修洪宪史者采择焉"。

又：缩本新华春梦记　杨尘因著　1922 年上海泰东图书局铅印本　首都图书馆藏

34. 续幽怪录四卷札记一卷佚文一卷　（唐）李复言著；徐乃昌札记并辑佚文

随庵徐氏丛书续编本　中国国家图书馆藏

徐乃昌生平已见《闺秀词钞续补遗》。

此书据宋书棚本影刻，末有徐乃昌跋。札记主要据《太平广记》校勘，佚文题为"宠姬侍坐"，录自《太平广记·宋人姬侍类》。

此书为《随庵徐氏丛书续编》十种之一。

随庵徐氏丛书续编十种　1916 年南陵徐乃昌刻本　中国国家图书馆藏

此编为续《随庵徐氏丛书》而编，所收亦为宋元刊本。

35. 学诗初步三卷　王文濡编

1916 年上海进步书局铅印本　中国国家图书馆藏

编者生平已见《侯魏汪三家文合钞》。

此书前有《例言》，内上卷有"诗之缘起""诗本乎天籁""学诗之益""作诗之难易""诗体之别异""学诗之次第""古诗白描之模范"七章；中卷有"四声之区分""四声之练习""调平仄法""古韵之通转""押韵法""换韵法""起承转合法"七章；下卷有"诗之大纲""学诗有数忌""诗之取材""诗之读法""变体与拗句"五章。

36. 颐生诗文摘存二卷　周尔润著

1916 年石印本　中国国家图书馆藏

周尔润（1856—?），字漱泉，号泽民，又号颐生。定远人。清光绪八年（1882）举人。清末曾任直隶补用知县、太平县教谕、宁国府教授。

此书前有臧增庆、谭启桂、杨寅恭、王寿炯题词，上卷有《颐生诗摘存》及自序，内录古近体诗 63 首，附联语若干，《读西书有感》《时事杂咏》等体现著者对西方文化观念之接受；下卷有《颐生文摘存》及自序，内录文 5 篇，其中《武丐兴学记》记武训办学事。

37. 隐社丛编　方佛生辑

1916 年苏州新明社铅印本　中国国家图书馆藏

方佛生（1859—1931），名泽久，别号在家僧。定远人，居扬州。曾创隐社、憩社、苔芩、冶溪等诗社。

此书前有辑者五十九岁小影及编者自题诗，并方虚生、方清严、丁雨琴、许文英等人题词，章恭樾《隐社序》。内《隐社第一集》录文 21 篇，诗 158 首，词 12 首；《绣余小品》录女性文 3 篇，诗 94 首，词 17 首。

38. 游滇纪事一卷　钱文选著

1916 年铅印本　安徽省图书馆藏

钱文选（1874—1957），字士青，号灿升，又号诵芬堂主人。广德人。清光绪二十九年（1903）入京师大学堂师范馆，旋即选送译学馆。清光绪三十四年（1908）毕业后历任清政府学部出洋留学生襄校监试官、驻英留学生监督，兼伦敦万国人种大会中国代表，海牙万国修身大会中国代表，外交部驻美国旧金山领事兼财政部驻美盐务调查员，国际巴拿马赛会中国监督处参议，滇、冀、浙、鄂、闽盐务稽核所所长，皖岸权运局总局长，两浙盐运使等职。

此书前有自序，内分《游滇纪事》《滇南名胜》《滇事调查》三部分。末附《调查云南腾龙各土司一览表》《调查云南普思各土司一览表》。

39. 岳麓钟声　方济川著

1916 年铅印本　天津图书馆藏

方济川（1877—1940），字驾舟。太湖人，方正廷第二子。清光绪二十九年（1903 年）毕业于安徽武备学堂，后旅居上海，为瑞澄幕僚。清光绪三十三年（1907）后历任北京陆军部陆军贵胄学堂教官，湖北陆军测绘学堂提调，参与武昌起义。民国后曾供职于北京陆军部，出任湘西大庸县、江苏泗阳县知事，镇江市税务局局长，河北成安县县长，山东省郓城县县长。著者曾于清末著有《理想谭》。

此书为对联集。

40. 诸家评点古文辞类纂七十四卷　　（清）姚鼐选；徐树铮集评

1916 年萧县徐氏都门印书局铅印本　中国国家图书馆藏

徐树铮（1880—1925），字又铮，号铁珊，自号则林。萧县人。清光绪二十七年（1901）被荐为段祺瑞记室，三十一年（1905）保送至日本陆军士官学校步兵科就学。归国后任段祺瑞军事参谋、总参谋，后历任军学司司长、军马司司长、将军府事务厅厅长、陆军部次长兼国务院秘书长、西北筹边使。1920 年被免职。1924 年任浙沪联军总司令。直奉战争结束后任考察欧美日本各国政治专使。1925 年被冯玉祥部刺杀。

此书前有林纾、马其昶、姚永概、吴闿生序各一，徐树铮所撰《钞古文辞类纂批点记》《校印诸家评点古文辞类纂后记》及《凡例》，末附《吴刻古文辞类纂记》《李刻古文辞类纂后序》。

《姚序》称："惜抱先生《古文辞类纂》有二本。康刻全载评点，吴刻承先生意，存评语、去圈点，而世顾多以康刻为便。而吴至父先生又自有评点，往往出于三家之外。徐君又铮既印行吴氏史记评点，复及此书，以姚氏为主，旁采诸家以翼之。"

《凡例》称："原书体例及插注一依康刻之旧，其篇数多寡、篇幅长短不一者，则校吴刻所益者补焉。"

41. 珠树重行录　　淮南张海沤著

1916 年民权出版部铅印本　上海图书馆藏

著者生平已见《新华春梦记》。

此书为章回体长篇小说，前有张冥飞序。内四十章。

42. 庄子发微二卷　　王传燮著

1916 年浦口美华纸号铅印本　安徽省图书馆藏

王传燮，字蘧园。怀远人。民国初年任职于安庆《民岩报》，曾参与筹办《长江日报》。

此书前有蔡卓勋序，钱育仁、张树屏题词，并自序，著者后序。内上编为《庄子教案》，下编为《读南华经诸篇书后》。末有成舍我、张树屏跋。

1917 年(民国六年)

1. 柏灵唱和诗　方泽久编

1917 年隐社铅印本　古籍图书网著录

著者生平已见《隐社丛编》。

2. 草堂雅集十二卷附札记　　(元)顾瑛辑；刘世珩札记

玉海堂影宋元本　中国国家图书馆藏

著者生平已见《王状元集百家注编年杜陵诗史三十二卷附札记》。

3. 忏因醒呓一卷　程善之编纂

1917 年上海有正书局铅印本　首都图书馆藏

著者生平已见《短篇小说》。

此书为封面题《忏因笔记》，内录笔记小说。前数篇无标题，后 15 篇标题分别为《天边羊》《金琴孙》《徐学功逸事》《吕甲》《李叟》《徐宝山琐事二则》《仇》《李金旸》《文正窃比曹操》《哥老会二则》《鄞儒》《栖霞两和尚》《陈国瑞逸事二则》《薄命女》《纪言》。全书以阐述佛理为主，兼涉清末民初民情、政事、中西文化并著者观点。

4. 春谜大观二卷　新旧废物编

1917 年上海进步书局铅印本　章品《中华谜典》（大连理工大学出版社 1999 年版，第 212 页）著录

新旧废物，王文濡笔名。生平已见《侯魏汪三家文合钞》。

又：**春谜大观二卷　新旧废物编**　1919 年上海进步书局铅印本（3版）　中国国家图书馆藏

此书前有编者自序，内上卷有《易经》《书经》《诗经》《礼记》《左传》《孝经》《尔雅》等谜目 14 类，下卷有字、地名、人名、国名、年号等 28 类，共录萍社社友 58 人及俞樾、徐家礼等人灯谜作品 5000 余条。

5. 春雨梨花馆丛刊　谯北杨尘因编

1917 年上海民权出版部铅印本　首都图书馆藏

著者生平已见《新华春梦记》。

此书二集，第一集前有蒋箸超、张冥飞、何海鸣、高语罕等人序各一，及汪笑侬、刘豁公、欧阳予倩、陈冷僧等人题词。每集分戏剧、剧评、剧话，共录戏剧《汪笑侬之玉门关》《黛玉葬花》《欧阳予倩之馒头庵》《张冥飞之秦廷匕》《藕官化纸》《红粉狼》《新拾黄金》7 部，剧评、剧话《谭叫天南来十日记》《刘豁公之歌场趣话》《菊丛人语》《戏评时慧宝之三顾茅庐》《余之梅语》《李陵碑》《梅花片片谈》等 8 篇。

6. 冬青树　程小青译述

1917 年上海中华书局铅印本　首都图书馆藏

译者生平已见《福尔摩斯探案全集》第六册。

此书 1 章，为文言翻译言情小说。

7. 独树草堂诗稿二卷　刘景武著

1917 年铅印本　安徽省图书馆藏

刘景武（？—1913），休宁人。晚清茂才，曾入幕府，由赣及沪、苏、陇，民国间曾管理休宁司法，后任休宁议会议长。

此书前有吴嗣箴、汪渊、夏慎大、汪锡来、金遵祖、谢筠亭序各一。卷一录古近体诗 69 题百余首，卷二录 63 题百余首。

8. 儿女英雄传鼓词六卷　又名：绘图新编儿女英雄传说唱鼓词六卷　唐在田著

1917 年上海校经山房石印本　上海图书馆藏

著者生平已见《新金瓶梅》。

9. 风流艳集第二集六卷　李警众辑；李养贤校订

1917 年上海泰东图书局铅印本　超星数字图书馆著录

编辑者生平已见《破涕录》。

此书选辑古今涉及风流艳事之诗或词、曲，并介绍成诗背景与故事。

10. 皋西唱酬诗集　王承祜辑；李肖峰，裴景福鉴定

1917 年同文书局铅印本　安徽省图书馆藏

李肖峰（1861—1945），名灼华。霍邱人。清光绪二十年（1894）进士，授翰林院编修、国史馆纂修，历任山东、福建、两广道监察御史、六科给事中、户部侍郎。民国后返乡。

裴景福生平已见《睫暗诗钞》。

此书为倪嗣冲题签。前有李肖峰、裴景福鉴定并撰序，内录百人诗作 256 首。除外籍在六安居官、任职、任教、经商者 44 人外，余皆为六安西乡绅士、文人、学生，并有白云庵 1 僧、紫竹庵 1 尼、城关 1 妓各律诗 2 首。

11. 宦游偶记二卷　陈惟彦著；徐建生编次

强本堂汇编本　中国国家图书馆藏

陈惟彦（1856—1925），字劼吾。石埭人。陈黉举第二子。清光绪十七年（1891）因办理海军有功，得李鸿章保举，署贵州婺川（今务川）县事，后历任开州知州、黎平府知府，官至两淮盐政。曾创设淮南公所，并与皖绅创设私立芜湖女子师范学堂，与弟陈惟壬兴办北洋实业。民国后曾任安徽财政司长，旋即辞职。

徐建生（1869—1940），字笠云，别署律昀，晚号迟庐老人。石埭人。清末寄居南京，民初定居安庆。曾任安徽省长公署秘书、参议，南京南洋方言学堂监学、国文教习，安徽高等学堂国文教习，安徽大学国文讲师。

此书前有自序，上卷录《办开州无教案》《断杨土司承袭事》《判婺川命案》《劝兴女学不缠足示》《记鸭贩案》等文 31 篇；下卷录《记美商造油栈事》《记日本购米事》《莅湘始末》《辞皖财政司长》等文 19 篇；末附《章心培记》《国是报记密查云贵总督案》《三弟惟庚书后》《四弟惟壬书后》。

此书曾有清光绪三十一年（1905）铅印本，南京图书馆藏。前有陈澹然、严修序各一及自序，后有其弟惟庚、惟壬跋。内卷上录《办开州无教案》《断杨氏承袭事》《记鸭贩事》等 11 篇；下卷录《记美商造油栈案》《记日本购米》《莅湘始末》等 11 篇；末附《国是报记密查云贵总督案》。

强本堂汇编　陈惟彦著；徐建生编次　1917 年白纸本　中国国家图书馆藏

此编前有陈澹然、严修、张謇、魏家骅序各一及自序，末有勘误表。内收录《宦游偶记》二卷、《著述偶存》一卷、《寿考》一卷。

12. 慧劫　［英］可林克洛悌原著；刘泽沛，高卓译
1917 年上海商务印书馆铅印本　中国国家图书馆藏

刘泽沛，字安农，号蛰叟，蛰庐。桐城人。刘雨沛弟，刘豁公次兄。早年入江南陆师学堂，曾任贵州兵备处暨陆军学堂总办。

此书为长篇小说，上卷九章，中卷九章，下卷二章。

中卷前有蛰叟（刘泽沛）注，称："此卷即可林克洛悌所得《老猿遗著》，自述其进化之历史，暨与罗平共营之事业。与前卷自有映照。书中所称为'予'者，即老猿自谓之词，幸读者稍留意焉。"

此书被辑入《说部丛书》。

13. 绘图新编五才子水浒说唱鼓词六卷　唐在田著
1917 年上海校经山房石印本　吉林省图书馆藏

著者生平已见《新金瓶梅》。

此书前有著者序。

高日晖，洪雁著《水浒传接受史》（齐鲁书社 2005 年版，第 255、258 页）称："《水浒鼓词》对小说的内容没有做很大的改动，只是个别地方与小说不同，如野猪林改成黑松林，孙立原名孙登，删去了石碣受天文的故事。散文部分一般是将小说原文稍作改动，许多地方则直接引用《水浒传》原文，韵文部分是据小说内容重新加工而成的。"

14. 绘图新编清宣统复辟梦说唱鼓词全传四卷　唐在田著
1917 年上海校经山房石印本　北京大学图书馆藏

著者生平已见《新金瓶梅》。

15. 绘图新编永庆升平说唱鼓词前传四卷后传四卷　唐在田著

1917 年上海校经山房石印本　古籍图书网著录

著者生平已见《新金瓶梅》。

此书前有郑杰序，称："夫《永庆升平》一书，何书也？说部记事之书也。记何事？记前清圣祖之逸事也。圣祖者何？康熙帝也。帝好游，因游而有种种不可思议之逸事，悉于此书传之，颇足供人遣兴。兹由歙县唐君在田，就其原本，编撰鼓词；则既有道白，复有词句，按腔合拍，可咏可歌，极合北方社会之性质。行见一弹再鼓之场，人将争先恐后之不遑矣。"

16. 绘图新编真正施公案说唱鼓词全集四卷　唐在田著

1917 年上海校经山房石印本　傅瑛收藏

著者生平已见《新金瓶梅》。

此书十回，尾页残损。

17. 烬余遗稿二卷　范康著

1917 年铅印本　柯愈春《清人诗文集总目提要·中册》（北京古籍出版社 2002 年版，第 1854 页）著录

范康，字小康，号拙夫。桐城人。同光间县学增生，候选训导。

柯愈春《清人诗文集总目提要·中册》称，著者"文集原稿五卷七十余篇，烧于火，其子续辑得二十篇，编为《烬余遗稿》二卷"。

18. 龙山楹联汇稿一卷　鲍鸿著

1917 年铅印本　安徽省图书馆藏

著者生平已见《龙山忆菊吟》。

此书末有著者甥许裕鉴、门人汪本楹跋。全书所录楹联除寿联、挽联、赠联外，尚有大量徽州社屋联、戏台联、神台联、祠联、戏联，多有借联寄意之作。

19. 论诗绝句百首一卷　方廷楷著

1917 年铅印本　南京图书馆藏

方廷楷（？—1929），号瘦坡山人，室名习静斋。太平人。南社成员。清末著有《习静斋诗话》八卷。

此书前有胡怀琛序，著者识。内录论吴伟业、钱谦益、龚鼎孳、施闰章、包世臣等 109 家诗百首。

《著者识》称："余于清代得一百七家，附以先师张亭，亡友陈蜕庵，共一百九家，成诗百首。其人存者不与，目所未见者不与。"

此书于 1916 年 6 月 30 日起连载于《民信日报》。

20. 梦醒斋诗草一卷　许恂著

1917 年合肥慈善堂刻本　安徽省图书馆藏

许恂（？—？），字桂森，号丹诚，亦号梦尼。舒城人。

此书前有自序，王鸣瑶序。内录诗作浅显易懂，有歌谣风。末有程埭、刘梦庄跋，王汉青、卧雪山人题词。

21. 南社小说集　南社社员辑

1917 年上海文明书局铅印本　中国国家图书馆藏

辑者生平已见《侯魏汪三家文合钞》。

此书实际编辑者为王文濡。前有王文濡跋，内录周瘦鹃《自由》、成舍我《黑医生》、程善之《儿时》、叶小凤《贼之小说家》、王钝根《予之鬼友》、赵苕狂《奇症》、胡寄尘《黄金》、闻野鹤《煤毒》、姜杏痴《蛇齿》、叶中冷《亏》、王钟德《红爪郎》、孙阿瑛《伤心人语》、贡少芹《哀川民》短篇小说 13 篇，及王文濡补白《废物赘语》。

《王跋》称："南社始于清季，而光大于民国，……而以文学家占其多数。诗文歌词，岁出二三册，万流镜仰，纸贵洛阳矣。往岁同人协议，佥谓裨通风气，棒喝社会，文字之最有力者，莫如稗官家言。社中颇多任务于此道者，商于社长，通函征集，不数月，裒然成帙。庄谐参半，撰译相兼。众腋之集，成千金之裘；一脔之尝，胜五鼎之味。以不佞之虱于社中有年，而以版权让诸本局，任刊行之责焉。"

22. 女学生　王理堂著

1917 年上海商务印书馆铅印本　中国国家图书馆藏

王理堂（1893—1923），名传燮，字理堂。凤阳人。王德柄之子。早

年就读于安徽官立实业中学农科及南京高师，1922 年于上海创办东南高等

师范专科学校，后赴日留学。

此书三十章，为文言中篇小说，封面书名前题"新小说"。1916 年连

载于《学生杂志》。

23. 清代骈文评注读本　王文濡评选；蒋殿襄，陈乃干注

1917 年上海文明书局铅印本　中国国家图书馆藏

编者生平已见《侯魏汪三家文合钞》。

此书内录吴兆骞、陈维崧、毛奇龄、蒲松龄、陆繁弨、袁枚、邵斋

焘、王太岳等人骈文 50 篇。有注释及作者简介。

24. 壬子回程记（民国六年四至九月）　袁大化著

民国北洋印刷局铅印本　安徽省图书馆藏

著者生平已见《辛亥抚新记程》。

此书记著者 1917 年农历四月至九月自迪化东归历程。

25. 寿考一卷　陈惟彦著；徐建生编次

强本堂汇编本　中国国家图书馆藏

著者、编者生平均已见《宦游偶记》。

此书内分寿言类、诔挽类、像赞类、传记类，其中传记类录家传、碑

文、行述、补述。

26. 铁血美人　胡寄尘译述

1917 年上海进步书局铅印本　天津图书馆藏

胡寄尘，名怀琛，生平已见《兰闺清课》。

此书为十六回弹词，封面标"侠情小说"。前有提要，内述俄国虚无

党两姊妹为父报仇故事。

此书 1920 年连载于《小说月报》。

27. 蜕私轩集五卷附读经记三卷　姚永朴著

1917 年北京共和印刷局铅印本　安徽省图书馆藏

著者生平已见《见闻偶笔》。

又：蜕私轩集五卷附读经记三卷　姚永朴著　1921 年秋浦周氏刻本
中国国家图书馆藏

此书前有 1917 年姚永概跋，1921 年周明泰识。内卷一录古体诗 50 首、近体诗 99 首；卷二录论说 3 篇、序跋 31 篇；卷三录议 2 篇、书 14 篇、赠序 5 篇；卷四录传状 18 篇；卷五录碑志 13 篇、杂记 6 篇、哀辞 1 篇。

《姚跋》称："仲实诗文驯雅，有法度可诵，皆有为而作。其《经说》凡屡易稿，多至数十卷，今存者三卷。既老，居京师，教授久，从游者众，人稍知之，而真窥其涯涘者亦罕。近汇其诗一卷、文四卷，合付印，将待其人而与之。"

28. 薇香馆诗钞一卷　戴寿昌著

1917 年刻本　南京图书馆藏

戴寿昌（？—？），字养轩。休宁人。曾为宦，后被罢官。

此书前有程庆章、俞钟颖序各一，并金廷桂、张同咏、程庆章、金宗曜、金鹤翔等人题词，末有跋，内录七言律诗 200 首。

29. 西湖四日记　汪洋著

1917 年铅印本　中国国家图书馆藏

汪洋（1879—1921），字子实，号影庐。旌德人，寄寓扬州。早年为小学教员，后主持《东三省日报》，任《中华民报》总编辑。民国后历任福建省教育科科长、上海电政局监督、卢永祥秘书。

此书前有著者湖滨小立之影及柳弃疾、胡韫玉序各一，内以日记体记西湖游览历程，并录诗若干。

30. 习静斋词话一卷　方廷楷著

1917 年刊本　谭新红《清词话考述》（武汉大学出版社 2009 年版，第 315 页）著录

著者生平已见《论诗绝句百首》。

此书原附于《习静斋诗话》，后从诗话中剔出别行，曾连载于 1917 年《小说海》第三卷第五至第六期。书前有自序，内品评对象以南社成员为主，包括程善之、庞树柏、刘师培、柳亚子、黄人、潘飞声、吴梅、王蕴章、陈巢南、姚鹓雏等人。

31. 习静斋诗话续编二卷　方廷楷著

1917年铅印本　南京图书馆藏

著者生平已见《论诗绝句百首》。

此书前有潘飞声、柳亚子、胡怀琛、彭玉梅序各一，内品评清末民初诗人之作，尤以对柳亚子、胡怀琛、彭玉梅、潘飞声、高吹万、王钟麒等南社同人品评为多。

32. 小说革命军第一辑　胡寄尘辑著

1917年上海波罗奢馆铅印本　中国国家图书馆藏

胡寄尘，名怀琛，生平已见《兰闺清课》。

此书前有《宣言书》，内录文言体小说7篇，其中6篇为胡寄尘自作，计有科学小说《狐》《山神马》，家庭小说《我儿小史》，爱国小说《少年之妻》，社会小说《老妓》，侦探小说《古瓶案》。

《宣言书》称，此书宗旨为："一改革浮泛之文辞，二改革秽亵之思想，实行教育，提倡优美之文学"。

33. 小说革命军第二辑　胡寄尘著

1917年上海波罗奢馆铅印本　超星数字图书馆收录

胡寄尘，名怀琛，生平已见《兰闺清课》。

此书录胡寄尘小说7篇，包括社会小说《富翁》，风俗小说《旅客夜话》，理想小说《一分钟之旅行记》《纸世界》，滑稽小说《热与冷》《试情表》。

34. 学文法二卷　谢慎修著

1917年上海广益书局石印本（修订版）　安徽省图书馆藏

著者生平已见《作文法》。

此书前有1913年自序，上编为《读文法》，有取材、传神、畅气、显情、谐声、思想、熟读、开合、存疑九章；下编为《析文法》，有审题、研字、识句、明节、成章、拈词、比较、寻脉、考证、释形、明性、窥法、探趣、会心、听讲十五章。

《自序》称："世界各国莫不以本国文字为最要。故文有读本，有文法，而中国独无之。《马氏文通》《章氏文典要》皆所谓词类之讲求，非论文章之学法、作法也。一般旧师老儒多以可意会不可言传为学文、作文唯一之妙诀，此我国之文学所以日渐衰落者欤。慎修有鉴于此，悯夫学文、作文之法世人不详，慨然欲成一书，以飨当世。后读《吴氏文谈》，实先得我心，苦其陈义太深，为高材说法，非所以导初进者也，爰于读书余暇乃成是集，颜曰《学文法》。"

35. 庸城杂咏　方济川辑

民国铅印本　天津图书馆藏

著者生平已见《岳麓钟声》。

此书为编者与友人酬唱诗集。前有编者序，写于1917年。

36. 枕流轩诗稿一卷　范康著

1917年铅印本　柯愈春《清人诗文集总目提要·中册》（北京古籍出版社2002年版，第1854页）著录

著者生平已见《烬余遗稿》。

柯愈春《清人诗文集总目提要·中册》称，此书民国六年铅印，安徽省图书馆藏。笔者查安徽省图书馆馆藏，未见。

37. 著述偶存一卷　陈惟彦著；徐建生编次

强本堂汇编本　中国国家图书馆藏

著者、编者生平均已见《宦游偶记》。

此书内录《开州节孝祠堂记》《忠诚书院记》《体仁堂记》《上合肥相国书》《致吴挚父世丈书》《先府君行述》《孝仆记》《义仆记》《读书杂述跋》《寄熙儿》等文56篇。

38. 庄子补注四卷　奚侗著

1917年江苏省立官纸印刷厂铅印本　安徽省图书馆藏

奚侗（1878—1939），字度青，号无识。当涂人。南社社员。早年毕业于日本明治大学，曾任江苏候补县丞。民国后任镇江审判厅推事、清河、吴县地方审判厅厅长。1914年考取知事，任职于海门、江浦、崇明等县。后历任海门县知事，江浦、崇明等县知事，总纂民国《当涂县志》。

此书前有高潜序、自序，末有戚扬跋。

《自序》称，"比岁旅居金陵，端忧多暇，辄复诠次，凡得四百一十四条，厘为四卷，名曰《庄子补注》"。

39. 庄子诠诂　胡远浚著

1917 年铅印本　安徽省图书馆藏

胡远浚（1869—1933），字渊如，号劳谦居士，晚号天放散人。怀宁人。胡云门之子，胡远芬之弟。清光绪十七年（1891）举人，历任怀宁县教谕、安徽高等学堂、师范学堂教员、国立中央大学哲学教授。1933 年病逝于南京。著者曾于清末撰有《劳谦室读易随笔》，与徐经纶同编《国文读本初编》。

此书 33 篇，前有 1917 年所撰《序目》《序例》，内皆顺文作解，眉栏录各家评语，各段末附以己意。书中引录前人注解及评语，计有司马彪、崔譔、向秀、郭象、李颐、支遁、陆德明、成玄英、黄庭坚、褚伯秀、王应麟、罗勉道、杨慎、归有光、焦弦、释德清、陆西星、陈治安、方以智、王夫之、钱澄之、卢文弨、王念孙、王引之、宣颖、姚鼐、俞樾、孙诒让、方潜、吴汝纶、王闿运、郭嵩焘、陈寿昌、李桢、王先谦、马其昶、杨文会、章炳麟、陈撄宁等数十家。

诸伟奇《〈庄子诠诂〉校点本前言》（载《古籍整理研究丛稿》，黄山书社 2007 年版，第 193 页）称，此书"基本上承袭马其昶《庄子故》之义例，且与马书同样具有训诂精详、章法明确、征引宏识、释义精微的优点。《诠诂》在马书的基础上，又采辑了其所未收的明陆长庚、清陈寿昌及较马书晚出的杨文会、章炳麟等四家诠释，并以注文和按语的形式附以己说"。

方勇《庄子学史》（人民出版社 2008 年版，第 667 页）称："远浚为桐城古文派大师吴汝纶的追随者，故引录桐城派学者评注《庄子》之语甚多，而其引录刘大樾、姚永朴、姚永概等学者的评注文字，则还颇有保存桐城派治庄成果之功。但此书（尤其在眉栏）所转引的所谓欧阳修、王安石、苏轼、苏辙、黄庭坚、秦观等宋代名公的批语，经笔者考证，多数乃出于刘辰翁《庄子南华真经点校》，而胡氏失于考察，以讹传讹，这就影响了此著的学术价值。"

1918 年(民国七年)

1. 哀恸录一卷　陈澹然著

1918 年排印本　安徽省图书馆藏

著者生平已见《孙武公传》。

此书内录《亡儿葆亮遗略》《亡儿遗略赘言》。前者述著者之子陈葆亮事迹；后者自称此前"未深知命数之严与鬼神之情状也，独至亡儿之死，始知命数之深，鬼神之著，实非新旧学所及知者"。书内阐述鸾坛之事，结语曰："一动一静一死一生皆若鬼神为之驱策，人奈何不思自返哉！"

陈葆亮（1888　1918），曾任安徽官纸印局局长。

2. 白下愚园题景七十咏二卷　　（清）胡恩燮，胡光国著

1918 年刻本　南京图书馆藏

胡光国生平已见《喜闻过斋诗》。

此书封面题《白下愚园前后七十景》。卷一为《愚园三十六咏》，署名愚园老人，末有胡光国、胡光煜跋；卷二为《愚园后三十四咏》，署名碧澄灌叟氏，前有自序。

"愚园老人"为胡光国、胡光煜之父胡恩燮别号。"碧澄灌叟氏"为胡光国别号。

3. 北游草一卷　胡朴安著

朴学斋集本　南京图书馆藏

胡朴安，名韫玉，生平已见《古今笔记精华录》。

此书录著者于 1916 年任职北京交通部期间所作古近体诗 70 余首。

朴学斋集四种四卷　胡朴安著　1918年铅印本　南京图书馆藏

此编前有梅豫枨、高燮、汪洋序各一并自序，末有胡怀琛跋。内录《歇浦咏》《闽海吟》《北游草》《和陶诗》各一卷。

《胡跋》称："兄为诗颇不收检，少年所作皆已散失，爰为编其三十以后十年间之诗，系之以地区，为四卷，为记其事如上。"

4. 毕公岐山荣哀录　毕绍鑫，毕绍森辑

1918年铅印本　安徽省图书馆藏

毕绍森，字玉堂，号一杯。太平人。毕岐山之子。曾为汉口国会请愿同志会会员。

毕绍鑫（？—？），太平人。毕岐山之子。

毕岐山（？—1918），太平人。清末至武汉经销外国颜料，后为武汉百货业中"太平帮"（亦称"下江帮"）代表人物。

5. 甘棠湖留别唱酬集一卷附梦蕉馆遗稿鹤圃嘤鸣余渖　朱萼甫征求，方佛生辑

1918年苏州毛上珍排印本　安徽省图书馆藏

辑者生平已见《隐社丛编》。

此书前有吴承炬、方佛生序各一。内《甘棠湖留别唱酬集》录诗172首；附集一《梦蕉馆遗稿》录鲁鹏遗诗11首，汪定执和诗1首；附集二《鹤圃嘤鸣余渖》录著者及友人和诗计31首。

6. 和陶诗一卷　胡朴安著

朴学斋集本　南京图书馆藏

胡朴安，名韫玉，生平已见《古今笔记精华录》。

此书前有潘兰史序，内录著者1916—1917年自北京返沪后所作诗，包括《形影神》3首，《归园田居》5首，《乞食》1首，《还旧居》1首，《饮酒》20首，《杂诗》12首，《咏贫士》7首，《读山海经》13首。

7. 浣花唱和集二卷　杜炳钧著

1918年安徽第一监狱石印本　安徽省图书馆藏

杜炳钧（？—？），字又牧。泗州人。民国初年任庐江知事、灵璧县县长，抗战期间任蚌埠伪教育厅民众教育馆馆长。

此书前有 1918 年庐江吴学固序，殷震、凌雯、周景镐、章竺山题词。内录古近体诗，多唱和之作。

8. 黄金崇　安吴胡寄尘著

1918 年上海文明书局铅印本　首都图书馆藏

胡寄尘，名怀琛，生平已见《兰闺清课》。

此书封面标有"侠义小说"，前有提要，内述清光绪初年一富翁藏金及其子寻金故事，有插图。

9. 绘图奇情小说最新多宝龟　治逸著

1918 年上海新新小说社石印本　王清原《小说书坊录》（北京图书馆出版社 2002 年版，第 176 页）著录

治逸，唐在田笔名，生平已见《新金瓶梅》。

此书十四回。

10. 汇印经传评点五种　徐树铮等选校

1918 年萧县徐氏都门印书局铅印本　中国国家图书馆藏

选校者生平已见《诸家评点古文辞类纂》。

此书内录《周易》《左传》《尚书》《四子书》《毛诗》之评点。

此书收入《续修四库全书总目提要·经部》。

谢国桢《续修四库全书总目提要·经部·汇编类》（中华书局 1993 年版，第 1433 页）称："是书以桐城吴汝纶所点勘诸书为主，其旨以六经诸传文字高古、义蕴闳美、见仁见智、各存乎性近，笺注纷沓、恐乱本真，兹编专载经传本文，附以各家评识。六经三传而外，并及周秦诸子、《离骚》《楚辞》等书，惟仅印五经四子、《书》《左氏传》而止。评点古籍，始于姚鼐，至桐城吴氏圈点之书尤繁，并据旧本取校古书，用力甚勤，足以启迪后学、教诲来者，遂为桐城文派所宗。然谓古人命意所在，悉于评点中见之，虽未可必，但以此诸书教授初学，实较高头讲章为善也。"

11. 剪淞留影集　吴芝瑛编著

小万柳堂丛刊本　安徽省图书馆藏

吴芝瑛（1866—1933），字紫英，号万柳夫人。桐城人。吴汝纶侄女，廉泉之妻。

此书前有贺涛《小万柳堂图记》，内录吴芝瑛、廉泉、郑孝胥、汪渊、陈诗、徐世昌、梁启超、易顺鼎、樊增祥、陈三立、方守彝、严复、傅增湘、袁克文等 49 人诗作 315 首。

小万柳堂丛刊五种　吴芝瑛辑　1918 年仿宋聚珍本　安徽省图书馆藏

此编内录《剪淞留影集》一卷，吴康之《鞠隐山庄遗诗》一卷附《禀稿》一卷，廉泉《南湖东游草》五卷、《潭柘纪游诗》一卷、《南湖集古诗》一卷。

12. 劫后吟一卷　吴广霈著

1918 年北平京华印书局铅印本　中国国家图书馆藏

吴广霈（1854—1919），字剑华，号瀚涛，又号泾剑道人、剑华道人、琴溪道士。泾县人。历任江苏候补道、驻日公使馆参赞。民国间协修《清史稿》。著者曾于清光绪间撰有《剑华堂续罪言》与《南行日记》一卷。

此书前有著者序，王伯恭序、题词，陈曾则序。内录著者清宣统三年（1911）至 1917 年诗作。

13. 鞠隐山庄遗诗一卷附禀稿一卷　（清）吴康之著；吴芝瑛辑

小万柳堂丛刊本　安徽省图书馆藏

辑者生平已见《剪淞留影集》。

吴康之（？—1889），名宝三，自号鞠隐山人。桐城人。系吴汝纶堂兄弟，吴芝瑛之父。

14. 鞠部丛刊　又名：菊部丛刊　周剑云编

1918 年上海交通印书馆铅印本　吴同宾、周亚勋主编《京剧知识词典》（天津人民出版社 1990 年版，第 436 页）著录

著者生平已见《梨云影再续》。

又：**鞠部丛刊　周剑云编　1990 年上海书店影印本　中国国家图书馆藏**

此书据上海交通印书馆 1928 年版影印，书口题名"菊部丛刊"，内容以京剧为主，兼及昆曲、话剧、曲艺。全书分为霓裳幻影、剧学论坛、歌台新史、戏曲源流、梨园掌故、伶工小传、粉墨月旦、旧谱新声、艺苑选

萃、骚人雅韵、俳优逸事、品菊余话十二部分，并录谭鑫培、汪桂芬、孙菊仙、汪笑侬、欧阳予倩等演出戏剧数种、照片 150 余幅。撰稿人有冯叔鸾、冯小隐、刘豁公、舒舍予、杨尘因、郑正秋、周剑云等。书中京剧史料包括演员传记、京剧源流、掌故、京剧班社、票房始末等。

其中周剑云《论戏剧改良》一文，对当时京剧状况及前途进行分析，并指明剧评之作用："一方面灌输戏剧知识于阅者，一方面监督伶人之艺术。"

15. 傀儡家庭　　［挪威］易卜生著；陈嘏译

1918 年上海商务印书馆铅印本　中国国家图书馆藏

陈嘏（？—1956），原名遐年。怀宁人。陈独秀长兄陈健生之子。早年留学日本，曾任《青年杂志》英文编辑。后任教于安庆高级工业学校、宣城师范学校、怀宁文课中学、怀宁中学、安徽大学。

此书为三幕剧，据英译本转译。

此书被辑入《说部丛书》。

16. 历朝经世文钞六卷　　姚永朴，姚永概选校

1918 年铅印本　安徽省图书馆藏

姚永朴生平已见《见闻偶笔》。

姚永概生平已见《邵节妇家传》。

此书为文学教材，共辑秦汉至清末经世致用之文 170 篇，所选文章多择文辞见长者，尤以历代疏议、书牍为多，每篇后有按语。

17. 孟子讲义十四卷　　姚永概著

民国正志中学手稿本　安徽省图书馆藏

著者生平已见《邵节妇家传》。

此书为姚永概 1918 年任教正志中学之讲稿。前有赵岐《孟子题辞》、朱熹《孟子序说》之解说，内分为《梁惠王章句》上、下，《公孙丑章句》上、下，《滕文公章句》上、下，《离娄章句》上、下，《万章章句》上、下，《告子章句》上、下，《尽心章句》上、下。每卷均由《孟子》原文、考证、注释、义理阐发及文法分析四部分组成。原文每节之后均援引赵岐、孔颖达、焦循等人考证与注释，列举赵岐、朱熹、戴震、吴汝纶等人有关《孟子》义理之评论，并阐述己见。

又：**孟子讲义七卷　姚永概著**　民国都门印书局铅印本　中国国家图书馆藏

18. **闽海吟一卷　胡朴安著**

朴学斋集本　南京图书馆藏

胡朴安，名韫玉，生平已见《古今笔记精华录》。

此书收录著者于1915年任福建省巡阅使许世英秘书兼教育科科长、图书馆馆长时所作诗40首。可见著者此期与管义华、汪洋、俞剑华、陶牧及许世英等人之密切往来。

19. **模范文选　程演生著**

1918年国立北京大学出版部铅印本　南京图书馆藏

著者生平已见《西泠异简记》。

此书前有《例言》，内录范文110余篇，分别选自《左传》《水经注》《荀子》等。

《例言》称："本编所选之文，共分三大类，曰叙述，曰描写，曰议论。每类又略分若干类。叙述类，曰叙事，曰述物，曰记人，曰记游。描写类，曰写景，曰绘神，曰表情。议论类，曰就理推论，曰就事推论，曰就人推论，曰就物推论。而叙事之文，又附以记典制之文，记风土之文。记人之文，又附以载语言之文。一变从前选家之面目。"

20. **南湖东游草五卷　廉泉著；吴芝瑛辑**

小万柳堂丛刊本　安徽省图书馆藏

辑者生平已见《剪淞留影集》。

廉泉（1868—1941），字惠卿，号南湖，又号岫云、小万柳居士。无锡人。吴芝瑛丈夫。

21. **南湖集古诗一卷　廉泉著；吴芝瑛辑**

小万柳堂丛刊本　安徽省图书馆藏

辑者生平已见《剪淞留影集》。

廉泉生平已见《南湖东游草》。

22. 蜷庐随笔五卷　王伯恭著

民国铅印本　中国国家图书馆藏

王伯恭（1857—1921），原名锡銮，后改名仪郑，字伯恭，号心潜，又号蜷庐，别署公之侨。盱眙人。王茵堂之子。清光绪八年（1882）赴朝鲜，入吴长庆幕。清光绪十四年（1888）中举，任国子监学正、湖北宜昌府通判，旋入张之洞幕。民国后任陆军部秘书。

此书前有阚铎《王伯恭先生传略》，对作者生平业绩予以评述，并称本书原分五卷，藏尹石公处，刊印本为节本，内录笔记103则。

此书初载1918年《小说月报》第九卷第七期，后由阚铎出版单行本。

郭建平《〈蜷庐随笔〉点校本导言》（山西古籍出版社1999年版）称，著者“相继入吴长庆、宋庆、张之洞幕，并以翁同龢、潘祖荫等朝中显要为师，与晚清重大事件亲历人物都有深切交往。故本书记述，什九为亲闻亲见，其中‘清光绪甲申朝鲜政变始末’、‘吴武壮’、‘袁项城’、‘潘文勤师’、‘家风记’数则，都是第一手数据，最为重要；……本书述及的清末名士尚有马眉叔、戴文节、张小浦、王壬秋、姚石泉、李莼客、易实甫、文廷式、李梅庵、张文襄、康有为、八指头陀等数十人，所述大多是王伯恭与之亲身交往的经历，弥足珍贵”。

23. 潭柘纪游诗一卷　廉泉著；吴芝瑛辑

小万柳堂丛刊本　安徽省图书馆藏

辑者生平已见《剪淞留影集》。

廉泉生平已见《南湖东游草》。

24. 唐诗易读六卷　王文濡编辑；王楚香注释

1918年上海文达社铅印本　1920年上海文达社铅印本（3版）著录

评选者生平已见《侯魏汪三家文合钞》。

又：**唐诗易读六卷　王文濡编辑；王楚香注释**　1920年上海文达社铅印本（3版）中国国家图书馆藏

此书前有编者自序，内卷一录五古，卷二录七古，卷三录五绝，卷四录七绝，卷五录五律，卷六录七律。有注释及作者简介。

25. 晚唐诗选八卷　王文濡编辑

1918 年上海文明书局铅印本　中国国家图书馆藏

评选者生平已见《侯魏汪三家文合钞》。

此书有野侯题签。前有编者自序及《编辑凡例》，内卷一录五古，卷二录七古，卷三录五律，卷四录七律，卷五录五绝，卷六录七绝，卷七录五言排律，卷八录七言排律。全书共录 136 位诗人千余首诗作，有著者小传。

《编辑凡例》称："入选之人自宣宗太和起至昭宗天佑止，本编虽以清定《全唐诗》为本，而五代末人概不厕入。"

26. 戏剧大观　刘达著；苦海余生编辑

1918 年上海交通图书馆铅印本　上海图书馆藏

刘达（1890? —?），字豁公，号梦梨，别署哀梨室主，以字行。桐城人。南社社员。早年毕业于保定陆军速成大学，辛亥革命时任南京铁血军马队营连长、福建警备队连长、都统副官。后历任安徽《民岩报》主笔、上海《心声》半月刊主任，相继主编《雅歌集特刊》《戏剧月刊》《时事新报·戏曲副刊》《神州日报·戏剧副刊》等。

此书前有《凡例》并朱天目、陈白虚、马二先生、罗亮、戚饭牛序各一，王钝根、张心芜、吕碧城等人题词，各舞台、剧社祝词，苦海余生（刘哲庐）所撰《发端》，汪笑侬、袁克文等人剧照数幅。内分《霓裳情影》《顾曲须知》《京剧术语》《俳优列传》《粉墨阳秋》《伶工趣事》《梨园琐记》《乐府新声》《京剧考证》九门。

苦海余生所撰《发端》称："……定其名曰《戏剧大观》，志实也。凡别为八类，曰霓裳情影，伶工之像片属之；曰顾曲须知，凡度曲之道，与夫辨声用音，言之靡详，不但顾曲者当奉为圭臬，即伶工名优，得此亦足以资借镜也；曰俳优列传，盛道伶人之历史；曰粉墨阳秋，评骘艺术之优次；曰伶工趣事、曰梨园琐记，寓庄于谐，为酒后茶余之谈助，而亦惩劝曲院子弟者也；曰乐府新声，豁公勾心斗角之院本也；曰京剧考证，考其事之原而纪之以文，使顾曲者得辨戏中人也。"

27. 闲闲斋寄抱吟草一卷　赵岳著

1918 年铅印本　安徽省图书馆藏

赵岳（？—？），字峻伯。合肥人。

此书前有自序，内录著者自十六岁起至四十岁后古近体诗作。末续近作《感事》《读史有感》《留别旧庐》3首。

28. 歙浦咏一卷　胡朴安著

朴学斋集本　南京图书馆藏

胡朴安，名韫玉，生平已见《古今笔记精华录》。

此书录著者于清光绪三十三年（1907）至1914年迁居上海后参加革命、任职报社时期所作诗27首，可见著者此期政治取向及与南社友人往来。

29. 新宦海潮　海阳白岳山人著；柳溪渔者点评

1918 上海益新书社铅印本　首都图书馆藏

白岳山人（？—？），名汪晦庵。休宁人。

柳溪渔者（？—？），名汪德轩。休宁人。

此书十六回，题为社会小说。前有1916年自序，汪德轩序。

又：**新官场现形记　白岳山人著；柳溪渔者点评**　1937年上海大通图书社铅印本　首都图书馆藏

此书内容同上书。

30. 信芳集诗一卷词一卷　吕碧城著

1918 年铅印本　中国国家图书馆藏

吕碧城（1883—1943），原名贤锡，字圣因，一字兰因，号遁天、明因，后改法号宝莲，别署兰清、信芳词侣、晓珠等。旌德人。吕凤岐、严士瑜第三女。南社社员。曾任《大公报》编辑，创办北洋女子公学，后一度出任袁世凯秘书。1930年皈依佛门。著者曾于清末与长姊吕湘、次姊吕美荪合著《吕氏三姊妹集》。

此书前有徐沅、沈祖宪、樊增祥、易顺鼎题词，末有王钝根《校信芳集竟即题其后》诗一首。内录古近体诗26题，词50首。

又：**信芳集三卷　吕碧城著**　1925年上海中华书局铅印本　中国国家图书馆藏

此书前有著者摄于天津、北京、美国哥伦比亚大学、纽约、上海之照

6帧，樊增祥题诗、词、致著者信，费树蔚题诗，易鼎顺题诗及致著者信，陈君完题词，李经羲题诗，徐君沅题词，吴佩孚致著者信，缪素筠题诗，沈祖宪题词及致著者信。内录诗一卷、词一卷、文一卷。其中诗卷录古近体诗 40 题，词卷录词 55 首，文卷录《北洋女子公学同学录序》《京直水灾女子义赈会通告》《说舞》《费夫人墓志铭》《访旧记》《横滨梦影录》《游庐琐记》7 篇。诗词二卷有樊增祥点评。

又：信芳集诗一卷词一卷增刊一卷文一卷鸿雪因缘　吕碧城著　1929年铅印本　中国国家图书馆藏

此书诗词二卷基本同于 1925 年上海中华书局铅印本；增刊一卷录词作103 首，多作于欧美游历之时；文卷内增录《报杨令茀女士书》。

《鸿雪因缘》前有 1927 年著者著于巴黎之《小序》。

又：信芳集　吕碧城著　1929 年铅印本　中国国家图书馆藏

此书内容基本同上书。书前照片分别摄于天津、北京、美国哥伦比亚大学、纽约、伦敦、巴黎、瑞士，增加吕碧城自造之宅照片。末附凌启鸿跋。

31. 学诗入门一卷　王文濡编

1918 年上海文明书店铅印本　浙江图书馆藏

编者生平已见《侯魏汪三家文合钞》。

32. 银楼局骗案　寄尘，蕙生著

1918 年上海文明书局铅印本　天津图书馆藏

著者生平已见《兰闺清课》。

此书为文言侦探小说。前有提要，内述清末京师一骗案，及相关一命案、一拐案。

33. 袁蒋赵三家诗选　王文濡选辑

1918 年上海文明书局铅印本　首都图书馆藏

选辑者生平已见《侯魏汪三家文合钞》。

此书前有 1917 年王文濡序，《袁检斋先生事略》《蒋心余先生事略》《赵瓯北先生事略》，内录清代袁枚、蒋士铨、赵翼诗作。

1919 年(民国八年)

1. 宾虹杂著　黄宾虹著

1919 年铅印本　歙县博物馆藏

黄宾虹（1865—1955），原名质，字朴存、朴人，亦作朴丞、劈琴，中年号宾虹，别署予向、虹叟、黄山山中人等。歙县人。南社社员。曾任职于新安中学堂、神州国光社、商务印书馆、有正书局、《上海时报》、《艺观》双月刊、《国画月刊》，后历任暨南大学中国画研究会、昌明艺术专科学校、新华艺术专科学校、上海美术专科学校、北平艺术专科学校教授，中国艺术专科学校校长。

此书内录《歙潭渡黄氏先德录》《任耕感言》《仁德庄义田旧闻》。其中《任耕感言》多记述乡土往事及个人经历。

2. 拆白伟人传　刘豁公著

1919 年新民图书馆铅印本　超星数字图书馆著录

刘豁公（？—？），刘达笔名，生平已见《戏剧大观》。

此书上、下册，为民国时期社会小说，共 14 回。

3. 翠微亭唱和集一卷附录一卷　方云耕编辑

1919 年倦还别墅天津华新印刷局铅印本　安徽省图书馆藏

方云耕（1851—1923），名汝霖，字云耕。贵池人。曾任河北平山县知县，直隶候补知州。

此书前有高寿恒、胡子正、赵荦序各一，并翠微亭照片及编者照，赵元礼、严复、周馥、胡子正题词，内录各家有关齐山翠微亭诗作，附录刘镐《重修翠微亭记》及各家题额、楹联，补录前代诗人如杜牧、周必大、杨万里等人有关齐山翠微亭诗作。末有方东跋。

4. 短篇小说第一集　　[法] 都德等著；胡适译

1919 年上海亚东图书馆铅印本　安徽省图书馆藏

胡适（1891—1962），原名嗣穈，学名洪骍，字希疆，后改名胡适，字适之，笔名天风、藏晖等。绩溪人。胡传之子。清光绪三十二年（1906）考入中国公学，清宣统二年（1910）考取"庚子赔款"留学生，先后就读于康乃尔大学农学院、文学院，哥伦比亚大学研究院。1917 年回国，加入《新青年》编辑部。历任北京大学教授、文学院院长，辅仁大学教授及董事，中华民国驻美利坚合众国特命全权大使，美国国会图书馆东方部名誉顾问，北京大学校长，"中央"研究院院士，普林斯顿大学葛思德东方图书馆馆长，中华民国"中央"研究院院长等职。有多种历史学、哲学等著述存世。

此书前有译者自序，内录 Daudet《最后一课》《柏林之围》，Kipling《百愁门》，Teleshov《决斗》，Maupassant《梅吕哀》《二渔夫》《杀父母的儿子》，Chekov《一件美术品》，Strinderg《爱情与面包》，Castelnuava《一封未寄的信》。书后附《论短篇小说》，此文系译者在北京大学国文研究所小说科之演讲材料，曾刊载于《北京大学日刊》。其中 3 篇小说系文言。

《自序》称："这些是我八年来翻译的短篇小说十种，代表七个小说名家，共计法国的五篇，英国的一篇，俄国的两篇，瑞典的一篇，意大利的一篇。……我这十篇不是一时译的，所以有几篇是用文言译的，现在也来不及改译了。近一两年来国内渐渐有人能赏识短篇小说的好处，渐渐有人能自己著作颇有文学价值的短篇小说，那些'某生，某处人，美丰姿……'的小说渐渐不大看见了，这是文学界极可乐观的一种现象。我是极想提倡短篇小说的一个人，可惜我不能创作，只能介绍几篇名著给后来的新文人作参考的数据。"

又：**短篇小说第一集　　[法] 都德等著；胡适译**　1920 年上海亚东图书馆铅印本　中国国家图书馆藏

此书增加 Garky《他的情人》一篇。

5. 怪话　　怪人著

1919 年上海广益书局铅印本　中国国家图书馆藏

著者生平已见《兰闺清课》。

又：**怪话　怪人著** 1921 年上海广益书局铅印本（3 版）　中国国家图书馆藏

此书封面标有"滑稽小说"。前有李定夷序及《怪话凡例》，内分怪谈、怪事、怪文、怪诗四类。

《李序》称："寄尘复辑一书，名曰怪话，自题名曰怪人，余益疑寄尘何复诙奇乃尔！寄尘曰：'子以我之书为怪乎？今天下之文章不今不古，不中不西，谁非怪话？何独责我？'"

《凡例》称，"编中所收，编者自著居多。间亦采取他人之作，亦于篇末书明"，"怪诗中所收如《新唐诗》《甲寅杂咏》《乙卯杂诗》《丙辰上海打油诗》等，均记一时教政风俗。他时读之，可作稗史观，可作采风记观也"，"怪事所记，多属实事，不敢臆造"。

6. 国文课外讲义　胡寄尘著

1919 年文艺丛报社铅印本　上海图书馆藏

胡寄尘，名怀琛，生平已见《兰闺清课》。

此书为中等学校作文教学讲义，分《组合法》《习惯法》《写景法》《譬喻法》等 23 篇。

7. 还山草　江峰青著

1919 年刻本　安徽省图书馆藏

江峰青（1860—1931），字湘岚，号襄楠。婺源人。清光绪十二年（1886）进士，后历任嘉善知县、江西道员、江西省审判厅丞。民国后为安徽省议会议员，并任本县紫阳学社社长兼商、农、教育会会长。曾总纂民国《婺源县志》。著者曾于清末编撰《莲廊雅集》二卷、《正续魏塘漱芳集》二卷、《新安宾馆八咏》《柳州亭折柳词》一卷、《谦山鸿印集》一卷、《重行行唱酬集》一卷、《丰乐园八咏》《味菜堂诗集》四卷、《魏塘南浦吟》二卷、《醉绿惜红吟草》一卷、《金川教案述略》一卷、《感秋吟》《浪游浪墨》《桃花村盖簪录》《魏塘楹帖录存》一卷、《魏塘署斋随笔》一卷、《石交吟》一卷、《林深吟唱和集》《紫云峰唱和集》《里居楹语录》一卷、《莳花小筑待删草》《莳花小筑牖蒙草》二卷、《蠡游唱和诗存》一卷、《楹帖》一卷及《江湘岚所著书》《蠡游草》等。

此书录古近体诗 189 首，为民国后数年所作。

8. 浣花刍稿　杜炳钧著

1919 年石印本　安庆市图书馆藏

著者生平已见《浣花唱和集》。

此书封面为旌德吕祖翼题签，前有吴学固辛甲、叶敬颐、霍泽绵题词。内录古近体诗 200 余首。

9. 齑盐词一卷　汪渊著

民国抄本　安徽省图书馆藏

著者生平已见《瑶天笙鹤词》。

此书前有 1919 年自序。内录词作 68 首。

《自序》称，此书"颜之曰'齑盐'，盖以齑盐送老之意"。

10. 伽园骈体文存一卷　郭熙楞著

1919 年铅印　安徽省图书馆藏

郭熙楞（? —?），字伽园。合肥人。清末民初任职于吉林。

此书前有林介弼序，内录《谢黎大总统赐白纱折扇文》《陆军同学为蔡松坡上将开公祭会启》《祭袁大总统文》等骈体文 15 篇。

11. 解园文集二卷　林介弼著

1919 年铅印本　安徽省图书馆藏

林介弼（1854—1935），字右丞，号遯石山人。怀远人。清光绪八年（1882）江南解元，授内阁中书、协办侍读、翰林院起居。后出使日本，任监督。归国后任江西宁都、直州、广信知府。徐世昌任总统时被委为顾问。著者曾于清光绪年间编著《三元合稿约编》一卷，与林之望合著《江左二林文集合钞》二卷。

此书前有遯石山人自识及自序，内录文皆序、书、传、记、跋及事略、行状等，包括散文 40 篇，骈文 4 篇。

12. 京国游草　方济川著

1919 年铅印本　天津图书馆藏

著者生平已见《岳麓钟声》。

13. 京剧考证百出　刘豁公著

1919 年上海中华图书集成公司铅印本　中国国家图书馆藏

刘豁公，刘达笔名，生平已见《戏剧大观》。

此书前半部为《歌曲探源》，杂论戏曲音乐唱腔、角色身段，及昆曲、梆子艺术特点，包括《角色定名之意义》《演戏之纲要》《昆曲概况》等；后半部为《京剧一百出考证》，实系剧评。所评有《空城计》《捉放曹》等七十七出传统剧目，内容涉及剧情故事、艺术特色、各派演员表演特点等。

14. 京锡游草四卷　胡朴安编著

1919 年铅印本　安徽省图书馆藏

胡朴安，名韫玉，生平已见《古今笔记精华录》。

此书前有王蕴章序，胡怀琛、李澄宇题词，并风景、文物、拓片照。内前录朴庵、吹万、屯良《自沪之京口车中联句》《京口三山联句》《自梁溪泛舟太湖联句》，继录胡韫玉、高燮、傅熊湘之《京锡游草》诗作。

15. 梁昭明太子文集五卷附札记一卷　（梁）萧统著；刘世珩札记

1919 年玉海堂影宋元本　南京图书馆藏

著者生平已见《王状元集百家注编年杜陵诗史三十二卷附札记》。

此书前有 1919 年刘世珩序，自题时间为"清宣统己未"。

《札记》前有刘世珩小识。称："余景刻宋郡刺史袁说友、仓史尤袤淳熙辛丑三月池阳郡斋所刻本《文选》毕，又从昭仁殿请出淳熙辛丑八月池阳郡斋刻本《昭明集》五卷附刻于后，以实吾池之故事。此本载于《钦定天禄琳琅书目》，后编有与明叶少泰《萧梁文苑》本、张溥《百三家集》本及国朝严可均辑《全梁文》本、盛宣怀刻《常州先哲遗书》本所不同处，略校一过，爰倩常熟丁君秉衡复核，经其同里庞君祝潮为之勘订成，考异、补遗、叙录、附录可谓详尽矣。余复稍加研寻，更有钻味于庞氏之外者，次为《札记》一卷，既取庞氏之说，其标举异同无关宏旨，与前之所校四本相同以无考订之语，并为删去。今又以善本书室藏明成都杨慎、周满，东吴周复俊、皇甫汸校勘本，艺风堂藏明辽国宝训堂重梓本再为比刊，两本均为庞氏所未见。丁氏善本书室与缪氏艺风堂两本一写一刻，系属一本，行款字数均不相同。今从丁写之周本，其异同则具录之。至如庞氏考异、补遗、叙录、附录，悉登此记，亦不参入鄙说，以示区别。"

16. 龙眠逸史六卷　潘田著

民国稿本　安徽省博物馆藏

潘田（1876—1950），原名毓麟，字九龄，后字筱林，号季野，晚年自号废翁。桐城人。清光绪三十年（1904）入安徽学务公所，后历任安徽中等工业学堂教习兼安徽女子师范学校教员、桐城中学国文教师、安徽法政学校国文教员、安徽大学文学院教授、安徽通志馆纂修。抗日战争爆发后回归故里，创办木崖小学。

此书前有1919年著者《序目》，内六卷，录张秉文、周日耀、胡如珵、孙临、钱澄之、方以智、光廷瑞等明清鼎革之际桐城人物传。

《序目》称："昔先木崖公辑《龙眠风雅》，清乾隆中被禁焚毁。先高祖鼎如公既收公集于灰烬之余，复有《耆旧传》之作，未及刊行而乱起，稿佚不存。小子不敏，窃惟文献所系，予先人之志在焉。因博采传记，推本先志，成《龙眠逸史》一书。"

17. 明史通俗演义　胡寄尘著

1919年上海广益书局石印本　安徽省图书馆藏

胡寄尘，名怀琛，生平已见《兰闺清课》。

此书二十二回。前有傅熊湘、叶楚伧、胡朴庵序各一及《凡例》。

《凡例》称："是书取材于《明史通鉴》《辑览》《本末》三书，间及野史，而以小说题材出之，虽有缘饰，不敢臆造。"

18. 南亭笔记十六卷　（清）李伯元著；胡寄尘校订

1919年上海大东书局石印本　中国国家图书馆藏

胡寄尘，名怀琛，生平已见《兰闺清课》。

此书录清代名人逸事691则。

周贻白《〈官场现形记〉索引》（载沈燮元编《周贻白小说戏曲论集》，齐鲁书社1986年版，第50页）称，此书"无序无跋，似为李氏身后，由胡寄尘集其遗稿而印行者。其书所载，多为清代名人逸事。即于同时显宦，亦毫无讳饰，而尤多官场'话柄'。其间颇有几则，同于《官场现形记》所叙，但姓名官位，俱已改换为谐声之置词，而刻画亦较为露骨。惜不知其书之撰成，与《官场现形记》谁为先后。假令笔记在前，则一切话柄之材料，当即先集于是书。设在《现形记》之后，则不啻作者自为注脚，藉以昭示读者，以明所叙各事，并非向壁虚造。但无论如何，《南亭笔记》与《官场现形记》，有一部分记载是可以视为互相表里的"。

魏绍昌编辑《李伯元研究资料》中《官场现形记》一节（上海古籍出版社 1980 年版，第 326 页）称，此书内"显然混有他人之作，如卷十二第八页记绍兴府贵福后任刘狱云：'以黄纸印成太皇太后牌位，饬差传谕居民，购买供奉。'按贵福因杀秋瑾调离绍兴府，此太皇太后牌位指光绪和慈禧，两人均死于一九〇八年。又如卷十四第二页记陈小石中丞'饰言某官所获太湖枭匪，其实徐锡麟类也'，按徐锡麟暴露革命党身份在一九〇七年。以上两则所记均为李伯元逝世（一九〇六年）以后之事。书内非李所作或不仅此两则，然因混杂在一起，已颇难一一甄别了"。

19. 欧美名家侦探小说大观第一集　周瘦鹃主编；周瘦鹃，程小青等译
1919 年上海交通图书馆铅印本　首都图书馆藏
程小青生平已见《福尔摩斯探案全集》第六册。
此书录 [英] 柯南道尔《黄眉虎》《双耳记》《死神》《艇中图》《槽中女》《岩屋破奸》。

20. 欧美名家侦探小说大观第二集　周瘦鹃主编；周瘦鹃，程小青等译
1919 年上海交通图书馆铅印本　首都图书馆藏
程小青生平已见《福尔摩斯探案全集》第六册。
此书录 [美] 亚塞李芙《墨异》《地震表》《X 光》《火魔》《钢门》《百宝箱》。

21. 欧美名家侦探小说大观第三集　周瘦鹃主编；周瘦鹃，程小青等译
1919 年上海交通图书馆铅印本　首都图书馆藏
程小青生平已见《福尔摩斯探案全集》第六册。
此书收录 [美] 维廉·莆利门《璧返珠还》《镜诡》《牛角》《飞刀》

《情海一波》。

22. 儒林新史初二集　　谯北杨尘因著

1919 年新民图书馆铅印本　首都图书馆藏

著者生平已见《新华春梦记》。

此书二集，为二十回社会小说。1921 年载于《春声日报》。

23. 三十六女侠客　　姜侠魂纂辑；杨尘因批评

1919 年上海振民编辑社铅印本　上海图书馆藏

批评者生平已见《新华春梦记》。

此书前有杨尘因序，内录冥飞《侠女救国锄奸记》、民哀《五娘子》、谿公《胡侠女》、耐簃《黄面姑》、襟亚阁主《秦绮玉》等文言小说 36 篇。

此书被辑入《武侠小说丛书》。

24. 上海民潮七日记　　谯北杨尘因著

1919 年上海公民社铅印本　南京图书馆藏

著者生平已见《新华春梦记》。

此书为纪实文学。所记为 1919 年 6 月 5 日至 12 日上海罢市事。书中概述上海罢市情况，并附上海国民大会与罢市图片 10 帧。

此书为五四运动重要史料。

25. 慎宜轩诗集八卷　　姚永概著

1919 年铅印本　中国国家图书馆藏

著者生平已见《邵节妇家传》。

此书前有柯劭忞、姚永朴序各一。内卷一录清光绪六年（1880）至十七年（1891）诗 58 首，卷二录清光绪十八年（1892）至二十二年（1896）诗 89 首，卷三录清光绪二十三年（1897）至二十九年（1903）诗 73 首，卷四录清光绪三十年（1904）至三十一年（1905）诗 46 首，卷五录清光绪三十二年（1906）至三十三年（1907）诗 49 首，卷六录清光绪三十四年（1908）至清宣统三年（1911）诗 71 首，卷七录 1912 年至 1914 诗 69 首，卷八录 1915 至 1919 年诗 70 首。

又：**慎宜轩诗集八卷续钞一卷　　姚永概著**　1931 年铅印本　桐城图书

馆藏

此书较前书增《续钞》一卷，录 1920 年至 1923 年诗 41 首。末有 1931 年著者之子姚安国跋。

26. 史记杂咏一卷续一卷　檀玑著

菉竹斋三种诗钞本　辽宁省图书馆藏

著者生平已见《左传杂咏》。

27. 疏园诗初编四卷　余谊密著

1919 年铅印本　安徽省图书馆藏

余谊密（1872—1935），字晷明，号咏南，晚号疏翁，又号疏髯。潜山人。余芳之长子，余协中堂弟。清光绪年间拔贡生，官山东单县知县。民国后历任怀宁、南陵、芜湖知事。民国间曾任安徽省政务厅厅长、财政厅厅长、代理省长，1935 年被红军杀死。

此书录著者写于清光绪三十二年（1906）至 1919 年间古近体诗千余首。

又：疏园诗存　余谊密著　抄本　中国科学院图书馆藏

28. 蜕龛词集二卷　龚元凯著

1919 年嘉平中澣秦州石印本　安徽省图书馆藏

龚元凯（？—？），字佛平，号君黼，又号蜕龛、鸥公。合肥人。清光绪二十九年（1903）进士，官编修。1922 年任职陇南。

此书甲卷录词 60 余首，乙卷录词 50 余首。

29. 蜕龛诗集八卷　龚元凯著

1919 年石印本　中国国家图书馆藏

著者生平已见《蜕龛词集》。

此书前有张广建、陆鹏举、慕寿祺、陈其殷、陈曾佑题词及自序。内分《湖乡骚屑》《潮市蛤棱》《秘馆蟫余》《仙瀛鲤唾》《都门蚤唱》《津桥鹃声》《辽海鹤尘》《陇山鹦语》八卷。

30. 五四：第一本五四运动史料　蔡晓舟，杨亮功编辑

1919 年刊本　杨亮功《早期三十年的教学生活》（黄山书社 2008 年版，第 97 页）著录

蔡晓舟（1885—1933），合肥人。清光绪三十四年（1908）参加安庆新军马炮营起义。民国初年曾任甘肃盐运官，后任职于北京大学总务处图书馆。1919 年参加五四运动后归皖，先后主办《黎明周报》《安庆学生》《洪水》《新安徽》旬刊、《"二·七"惨案特刊》，创办工读夜校、工商夜校、义务小学，并参与筹建安徽大学。1924 年加入中国共产党，1926 年成立"安徽讨贼军第四路军司令部"，任司令员。1933 年于北京出任"安徽中学"校长，返家途中被害。

杨亮功（1897—1992），巢县人。1920 年毕业于北京大学中国文学系，先后任天津女子师范学校教员、安徽省立一中校长。1922 年赴美国留学，1924 年获斯坦福大学教育硕士学位，入哥伦比亚大学师范学院研究院，1927 年获纽约大学哲学博士学位，次年回国后历任第四中山大学教授兼文科主任，上海中国公学副校长，安徽大学文学院院长兼代校长、校长，北京大学教授，北京大学教育系主任，并就任监察院监察委员。1938 年调任皖赣监察使，1944 年调任闽浙监察使，1945 年改任闽台监察使，1948 年复任安徽大学校长，1949 年去台。

此书前有蔡晓舟序，内六章，包括《五四运动之成因》《学生游行示威之始末》《全国各界对五四运动之响应》《当时各媒体的舆论》《全国各地支持五四运动的电文》《陈百朋及许绍獬的两篇文章》。

又：五四：第一本五四运动史料　蔡晓舟，杨亮功同编　1982 年台北传记文学出版社铅印本　上海图书馆藏

此书合刊杨亮功《早期三十年的教学生活》。

此书被收入《传记文学丛书》。

杨亮功《五四重印序》（黄山书社 2008 年版，第 97—99 页）称，"此一小书为记载五四运动最早出版的一本书。书中所载，皆系第一手资料"。

31. 武侠大观　病骸，闻野鹤，瘦鹃，襟亚，尘因等著

1919 年上海振民编辑社铅印本（2 版）　中国国家图书馆藏

尘因，杨尘因笔名，生平已见《新华春梦记》。

此书前有影印手迹及序文 18 篇，末有跋 2 篇。内分侠中仁、侠中孝、侠中智、侠中义、侠中勇、侠中趣等 10 类，录武侠小说 253 篇。

此书被辑入《武侠小说丛书》。

32. 徐公文集三十卷补遗一卷校记一卷　（宋）徐铉著；徐乃昌辑并撰补遗校记

1919 年上海中华书局铅印本　中国国家图书馆藏

徐乃昌生平已见《闺秀词钞续补遗》。

此书依据影写宋明州本付梓。编校者于《影刊宋明州本徐公文集跋》中称："因宋本而知钞本之讹脱，又因雠校宋本而知宋本之不能无讹脱。管窥所及，别为《校记》一卷。复从《宋文鉴》《会稽掇英集》《全唐文》等书辑得佚文六篇，并附刻焉。"

33. 血泪碑　罗霄女侠　胡寄尘著

1919 年上海广益书局铅印本　首都图书馆藏

胡寄尘，名怀琛，生平已见《兰闺清课》。

此书为弹词。前有著者《血泪碑罗霄女侠合刊序》，称《血泪碑》与《罗霄女侠》"丙辰夏秋间，分载《共和新报》及《申报》，今所合刊者是也"。

34. 燕云粤雨记四卷　谯北杨尘因著

1919 年上海公民社铅印本　首都图书馆藏

著者生平已见《新华春梦记》。

此书为二十回长篇政治小说。前有张冥飞、傅巆序各一及自序，并冯国璋、段祺瑞、徐世昌、曹锟等人小照，南北议和全体代表合影。内记载 1917 年至 1918 年南北战争史实，描写段祺瑞、孙中山等人之政治活动，与史实多有吻合之处。

35. 影庐唱和集　吴承烜等辑

1919 年铅印本　中国国家图书馆藏

吴承烜生平已见《详注六朝文絜八卷》。

此书前有"景溪三十"小影，汪赞纶题诗，汪赞纶、吴承烜、余端、顾福棠、吕复初序各一，诸家题词。内录多人唱和诗作。

36. 咏古全韵诗一卷　檀玑著

荥竹斋三种诗钞本　辽宁省图书馆藏

著者生平已见《左传杂咏》。

37. 再世为人　[英]汤姆·格伦原著；何世枚译述

1919 年上海商务印书馆铅印本　中国国家图书馆藏

何世枚（1896—1975），字朴忱，号澹园。望江人。何世桢之弟。1921 年毕业于上海东吴大学法学院，后保送至美国密歇根大学研究院，获法学博士学位。回国后任东吴大学、上海大学教授，次年与兄何世桢创办上海私立持志大学，任副校长兼教务长。后任和康地产公司经理，抗战胜利后，与兄在沪成立法律事务所。

此书为文言翻译长篇小说，原名 *Just as He Is Borm*。

38. 中外名人演说录二卷　胡怀琛编辑

1919 年铅印本　华中师范大学图书馆藏

编者生平已见《兰闺清课》。

此书分上、下卷。上卷录蔡元培《欧战后教育问题》、胡适《实验主义》等 45 篇，下卷录《美国大总统威尔逊在巴黎和会演说》等 11 篇，涉及政治、经济、教育、文艺、科技等领域。

39. 注释分级古文读本　吕佩芬编

1919 年上海中华书局铅印本　厦门市图书馆藏

吕佩芬（1855—1913），派名烈英，字筱苏，号羢庐，室名晚节香斋。旌德人。吕朝瑞第三子。清光绪六年（1880）进士，授翰林院编修。曾任福建、顺天、贵州、湖南乡试主考官及同考官，并历任京城经济特科收掌官、国史馆、武英殿和起居注协修，编修处总纂，功臣馆纂修，文处行走，文渊阁校理，直隶永定河道员以及二品衔侍讲等职。著者曾于清光绪年间撰有《湘轺日记》《特科记事》《东瀛参观学校记》及《采唐集》三卷。

此书录自战国至明代古文 40 篇。作者有屈原、司马相如、王羲之、韩愈、柳宗元、李觏、欧阳修、苏洵、苏轼、苏辙、王安石、方孝孺、罗洪先、王世贞、许獬。

1920 年(民国九年)

1. 白下愚园续集八卷　胡光国著

1920 年刻本　南京图书馆藏

著者生平已见《喜闻过斋诗》。

此书前有吴引孙、田庚、李保亮、沈启运、朱文鳌序各一，并自序，附录《书画社题名跋》，末有沈启运、魏业镇、朱文鳌、沈鼎甲、何寿崧跋。内录同人唱酬之作，分为《愚园杂咏》《孺慕亭题咏》《海燕楼题词》《瑞藤馆题词》《怀白楼题咏》《具并文社唱和集》《秦淮泛舟题咏》《愚园寿星会全录》八卷。

沈启运《愚园诗话序》（1920 年刊本）称，胡氏先有《白下愚园续集》之刻，载同人唱和之作，寓以诗存人之意。1920 年 4 月，复从沈之劝，将集中所遗与集外所得之稿，撰为诗话，"虽曰就诗立话，因话存诗，而其志则仍在存人已也"。

2. 草草堂随笔一卷　方大炽著

1920 年刻本　安徽省图书馆藏

方大炽（1847—1919 后），字子山。祁门人。授馆本县。

此书前有著者题记，内录自清光绪二年（1876）至 1919 年诗作 60 余首，联若干。

3. 尝试集　胡适著

1920 年上海亚东图书馆铅印本　天津图书馆藏

著者生平已见《短篇小说第一集》。

此书前有钱玄同序及自序，内分二编，录诗 52 首。末附《去国集》，录诗 20 余首。

《自序》称，"我这三年以来做的白话诗若干首，分做两集，总名为《尝试集》。民国六年九月我到北京以前的诗为第一集，以后的诗为第二集。民国五年七月以前，我在美国做的文言诗词删剩若干首，合为《去国集》，印在后面作一个附录"。"我实地试验白话诗已经三年了，我很想把这三年试验的结果供献给国内的文人，作为我的试验报告。我很盼望有人把我试验的结果，仔细研究一番，加上平心静气的批评，使我也可以知道这种试验究竟有没有成绩，用的试验方法，究竟有没有错误。"

又：**尝试集　胡适著**　1922 年上海亚东图书馆铅印本（再版）　中国国家图书馆藏

此书前有再版自序，内增录《示威》《纪梦》《蔚蓝的天上》《许怡荪》《外交》《一笑》6 首。

又：**尝试集　胡适著**　1922 年上海亚东图书馆铅印本（增订 4 版）中国国家图书馆藏

此书增加《湖上》《艺术》《例外》《梦与诗》《礼》《醉与爱》《双十节的鬼歌》等 14 首诗作，删除《一念》《人力车夫》《孔丘》《他》《虞美人》等 11 首，实存 48 首。书前有《五年八月四日答任叔永书》（代序一）及《尝试篇》（代序二）。所附《去国集》中删除初版中《去国行》《翠楼吟》《水龙吟》《水调歌头》等 6 首，实存 15 首。

4. 大鼓书词汇编初集　杨庆五辑述；姚民哀眉批；周剑云校正

1920 年上海新民图书馆铅印本　上海图书馆藏

周剑云生平已见《梨云影再续》。

此书前有序，并演员刘宝全、万人迷等人照片。全书三卷，内录京韵大鼓《昭君出塞》《古诚训弟》，牌子大鼓《全德报别女》，八角牌曲《一百单八将》，滑稽大鼓《得钞傲妻》，时调大鼓《林黛玉悲秋》等。另有时调岔曲、时调小曲共 27 篇。

5. 古今美人佚事大观　杨尘因，剑秋编

1920 年上海宏文图书馆铅印本　复旦大学图书馆藏

杨尘因生平已见《新华春梦记》。

此书前有杨尘因《古今美人佚事大观序》，剑秋序。内录自周至隋 62

位女性小传。

6. 环球日记　钱文选著

1920 年铅印本　中国国家图书馆藏

著者生平已见《游滇纪事》。

此书前有著者像，由云龙、袁嘉穀序各一及自序，内录著者清宣统二年（1910）至 1913 年《游英日记》《游美日记》《游日本日记》。

又：**环球日记　钱文选著　士青全集本　中国国家图书馆藏**

此书增录《重游美国日记》。

士青全集　钱文选著　1939 上海商务印书馆铅印本　中国国家图书馆藏

此编前有许世英、陈夔龙、齐耀珊、周学熙、章梫、黄岩喻、郑沅、姚安由、钱振锽序各一及自序。全书八集，第一集为《家乘》十四卷，内录序言、宸翰、像赞、图考、年表、家训、传记、遗文、诗集、古迹、逸事、世系、支派、祠产，举凡吴越国钱武肃王事迹，无不悉载；第二集为《述德》四卷，内录《武肃王功德史》《吴越钱氏传芳集》《百龄冥纪追庆录》《先德荣哀录》；第三集为《文稿》五卷，内录《诵芬堂文稿初编》《续编》《三编》《四编》《诵芬堂书札》；第四集为《诗稿》五卷，内录《吴越纪事诗》120 首，及杂诗、寿诗、挽诗、对联；第五集为《游记》十卷，内录《环球日记》《游滇纪事》《天目山游记》《金华北山游记（附诗）》《天台方岩游记（附诗）》《游苏纪事（附诗）》《黄山游记（附诗）》《善卷庚桑二洞游记（附诗）》《杭州白龙潭游记（附诗）》《游凤阳明陵纪事（附诗）》；第六集为《杂俎》十一卷，内录《盐务志要》《美国制盐新法》等应用文及《西藏纪略》《广德旱灾大事记》《留学生考试纪事》等纪事文；第七集为《闻见录》三卷，内录《天目山名胜志》《浙江名胜纪要》《游杭快览》；第八集为《亲友宠贶录存》二卷，内录《寿言汇编》《编年事略》。

7. 浣花香草一卷　杜炳钧著

1920 年石印本　安庆市图书馆藏

著者生平已见《浣花唱和集》。

此书前有 1920 年杨竞、辛甲、香云榭主序各一，并瞿世琬、刘公畏、吴霭航、吴学固、马景融等 20 人题词。内录古近体诗百余首，多酬答之作。

8. 浣花香草乙稿　杜炳钧著

1920 年石印本　安庆市图书馆藏

著者生平已见《浣花唱和集》。

此书前有钱佛花、何顾娟、马枚、孙嫣玉、申江秋心院主、香云榭主等题词，末有吴学固跋。内录古近体诗 200 余首，多赠答唱和之作。

9. 绘图爱国英雄泪　杨尘因著

1920 年上海益新书局铅印本　首都图书馆藏

著者生平已见《新华春梦记》。

此书为二十回长篇白话历史小说，前有王大错、张冥飞、张海沤序各一并自序。内以中日《马关条约》签署前后朝鲜一系列压迫与反压迫、侵略与反侵略事件为背景，描写 19 世纪末朝鲜亡于日本之历史。

《自序》称："我中华民国，今不患有李熙、李完用之流，而患无安重根之继起者，爰是国事蜩螗，乱流澎湃。此《朝鲜亡国演义》之所由而作也。"

又：**绘图朝鲜亡国演义　杨尘因著**　1920 年上海大成书局石印本　吉林大学图书馆藏

此书内容基本同于上书。

又：**英雄复仇记　杨尘因著**　1929 年上海益新书局铅印本　吉林大学图书馆藏

此书内容基本同于上书。

10. 绘图万花楼传六卷　唐在田著

1920 年上海书局石印本　上海图书馆藏

著者生平已见《新金瓶梅》。

又：**绘图万花楼传六卷　唐在田著**　1925 年上海沈鹤书局铅印本　中国国家图书馆藏

此书封面题"绣像万花楼全传"，内六十八回，述宋真宗时故事。

11. 家庭百怪录　仙源苍园著；半老评

1920 年上海沈鹤记书局石印本　吉林省图书馆藏

仙源苍园，项翱笔名，著者生平已见《戏迷梦》。

此书为滑稽小说，前有 1920 年著者弁言。

此书原名《家庭现形记》，清光绪三十三年（1907）上海华商集成图书公司初版本，后更名《家庭百怪录》。

《家庭现形记》前有著者弁言，称此书针对立宪、地方自治、改良家庭问题"刺取古者稗官称述之意，以小说体一畅言之"，文中有少量眉批。

12. 京兆游记　陈善祎撰；王文濡编

1920 年上海中华书局铅印本　首都图书馆藏

编者生平已见《侯魏汪三家文合钞》。

此书内录清末民初描写北京之游记 25 篇。

此书被辑入《新游记汇刊》。

13. 陵阳灾叹　方济川编

民国铅印本　安徽省博物馆藏

著者生平已见《岳麓钟声》。

此书前有 1920 年自序。内录著者据两次勘查南陵水灾见闻而作《南陵勘灾伤怀七绝》12 首，附章寄周等 53 人和诗。

14. 梅兰芳新曲本　又名：梅郎集、梅郎曲本　刘豁公编辑

1920 年中华图书集成公司铅印本　超星数字图书馆收录

刘豁公，刘达笔名，生平已见《戏剧大观》。

此书内录昆剧《狮吼记》《西厢记》《荆钗记》《牡丹亭》之剧情与唱词。

15. 梅郎集：兰芳逸事八卷　刘豁公编辑

1920 年上海中华图书集成公司铅印本　重庆图书馆藏

刘豁公，刘达笔名，生平已见《戏剧大观》。

此书前有刘泽沛、张冥飞序各一，并有《梅兰芳传》等，内介绍梅兰芳演出逸事。

16. 廿五朝艳史大观　又名：历代艳史大观　杨尘因，孙剑秋编纂

1920 年上海群明书局铅印本　中国国家图书馆藏

杨尘因生平已见《新华春梦记》。

此书书脊题为"历代艳史大观"，内辑周至清代之艳闻。

17. 欧美名家侦探小说大观第四集　周瘦鹃主编；周瘦鹃，程小青等译

1920年上海交通图书馆铅印本　首都图书馆藏

程小青生平已见《福尔摩斯探案全集》第六册。

此书录侦探小说《小金盒》《毒药罐》《金箱》《颈圈》《伪票》《黄钻石》《毒梳》，未署原著者名。

18. 欧美名家侦探小说大观第五集　周瘦鹃主编；周瘦鹃，程小青等译

1920年上海交通图书馆铅印本　首都图书馆藏

程小青生平已见《福尔摩斯探案全集》第六册。

此书录侦探小说《伪病》《贼妻》《化身人》《药酒》《狱秘》《幕后人》，未署原著者名。

19. 评校音注续古文辞类纂三十四卷　王先谦编；王文濡评校

1920年上海中华书局铅印本　中国国家图书馆藏

评校者生平已见《侯魏汪三家文合钞》。

此书前有评校者自序，王先谦原序，《评校音注例略》。内文后评语依旧，另增著者眉评。

20. 纫秋轩词钞　程松生著

1920年铅印本　中国国家图书馆藏

著者生平已见《春雪庵词剩》。

21. 儒林外史　（清）吴敬梓著；汪原放句读

1920年上海亚东图书馆铅印本　南京图书馆藏

汪原放（1897—1980），又名家瑾、麟书，笔名士敏、白石、严约、方泉等。绩溪人。清宣统二年（1910）入科学图书社为学徒，1913年入上海亚东图书馆。此后曾任《民国日报》经理、国际编辑，中共中央出版局局长，1927年后返回亚东图书馆。

此书前有胡适、陈独秀、钱玄同序各一，汪原放《本书所用的标点符号说明》《校读后记》，末附《幽榜》一回。内参照艺古堂本、齐省堂本、商务本、1914 年育文书局翻印增补齐本校改而成。

又：**儒林外史　（清）吴敬梓著；汪原放句读**　1922 年上海亚东图书
馆铅印本（4 版）　首都图书馆藏

此书前有胡适所撰《吴敬梓传》《吴敬梓年谱》，陈独秀、钱玄同序各
一，1922 年汪原放撰《四版校读后记》《标点符号说明》，内依据嘉庆年间
艺古堂本为底本，间用齐本校正，修改初版、再版之误，删除初版《校读
后记》和再版《后记》。末以"神宗帝下诏旌贤　刘尚书奉旨承祭"作为
附录。

22. 史氏诗联草一卷　史筱斋著

1920 年石印本　安徽省图书馆藏

史筱斋，名龙云，字筱斋。合肥人。清末供职于陆军部。

此书前有自序，内首录上陆军部书信 3 通，后分诗草、联草。

23. 述庵秘录一卷　王无生著

1920 年成都昌福公司铅印本（4 版）　中国国家图书馆藏

著者生平已见《恨海鹃声谱》。

此书记述清末宫廷秘闻 15 则，如《热河行宫之宝藏》《同治帝之逸事》
《孝贞后之暴薨》《瓦德西考试书院生》《珍妃坠井》等，尤以《清室轶闻》
记述隆裕太后事迹，为外界少见。

此书为《满清野史》第十四种。

24. 水浒　（明）施耐庵著；汪原放句读

1920 年上海亚东图书馆铅印本　中国国家图书馆藏

句读者生平已见《儒林外史》。

此书七十回。前有胡适《水浒传考证》，陈独秀《水浒新叙》，汪原放
《校读后记》《句读符号说明》，著者自序。

《水浒传考证》称："我的朋友汪原放用新式标点符号把《水浒传》重
新点读一遍，由上海亚东图书馆排印出版。这是用新标点来翻印旧书的第
一次。""这部书有一层大长处，就是把金圣叹的评和序都删去了。"

又：**水浒　（明）施耐庵著；汪原放句读**　1921 年上海亚东图书馆铅
印本（修订再版）　刘叶秋、朱一玄、张守谦、姜东赋等主编《中国古典

小说大辞典》（河北人民出版社 1998 年版，第 628 页）著录

此书增加胡适《水浒传后考》，汪原放《再版后记》。

又：**水浒** **（明）施耐庵著；汪原放句读** 1928 年上海亚东图书馆铅印本（重排 9 版） 中国国家图书馆藏

此书增加汪原放《九版重排校读后记》，删除《再版后记》。

25. 素庵文稿一卷 姚纪著

1920 年铅印本 安徽省图书馆藏

姚纪，字伯纲。桐城人。姚鼐来孙。

此书前有姚永朴、姚永概序各一，内录文 30 余篇，有姚永朴、姚永概评点。

26. 桐城马彦郇所著 马振仪著

1920 年铅印本 安徽省图书馆藏

马振仪（1871—1929），字彦郇，别号无町、畦圃。桐城人。马复恒长子。清光绪二十四年（1898）进士，任山东肥城县知县。民国后任肥城县知事、总统徐世昌秘书、交通部佥事。

此书前有马其昶序，弟马振理、马振宪所撰《原起》，内录著者民国以来所撰各体文 36 篇。

又：**马彦郇文稿一卷 马振仪著** 1923 年铅印本 安徽省图书馆藏

此书前有 1921 年齐燮元序，1922 年王瑚序，1917 年马其昶序，弟马振理、马振宪所撰《原起》，1923 年著者志。内收录文章基本同于《桐城马彦郇所著》，末有续作 16 篇。

27. 蔚云新语前编二卷正编六卷补遗一卷 陈澹然著

1920 年刻本 中国国家图书馆藏

著者生平已见《孙武公传》。

此书前有自序。《前编》卷一录《仙佛辨》1—10 节，卷二录《纯阳吕祖传》《南屏济祖传》《景忠烈公传》《建文遁迹考》《心鸾奇迹》，卷末有著者跋及江苏省省长齐震岩函。

《正编》以年代为序，述鸾坛之语。前有著者序，卷一录 1917 年之作，卷二录 1918 年之作，卷三、卷四录 1919 年之作，卷五、卷六录 1920 年之

作。末有蔚云轩弟子江宁李豫、傅钧跋。

《著者跋》述其信仰神佛之经历，特提及爱子由病至死期间鸾坛神异征验，并言"书此以志吾过，且告天下之为君子者"。

28. 文学概论　梅光迪讲，张其昀记

民国油印本　中国国家图书馆藏

梅光迪（1890—1945），一字迪生、觐庄。宣城人。南社社员。清宣统三年（1911）考取清华学校，后公费赴美，先后考入西北大学、哈佛大学文学院，获文学博士学位。1920 年回国，历任南开大学英语系主任、南京东南大学英语系主任、哈佛大学中文讲师、浙江大学文理学院副院长、浙江大学文学院院长。曾与吴宓等人创办《学衡》杂志。1945年病故。

此书为梅光迪 1920 年暑期于南京高师授课之讲义，由张其昀（误记为张其的）抄记。全书十五章，第一至九章为第一部分，主要论述文学之界说、文学之起源、模仿与创造、文学上之标准、文学的形式，以及文学与想象力、人生、情感、思想之关系；第十至十四章为第二部分，具体介绍文学体裁，并区分为论说、辩论、描写、记述四大类；第十五章概述中国文学的优缺点，总结中国文学的发展。

29. 文学社题名录　吴闿生纂

1920 年刻本　安徽省图书馆藏

吴闿生生平已见《古今体诗约选》。

此书前有编者《来学诸子题名记》，许恩冕、贾应璞、吴兆璜、贺培新、方福东、曾克端、李鸿翱、贺又新、王级 9 人序。后录文学社成员姓名、籍贯及通信处。

30. 倭刀记　又名：血匕首　程小青著

1920 年上海商务印书馆铅印本　中国国家图书馆藏

著者生平已见《福尔摩斯探案全集》第六册。

此书为文言小说，曾于 1919 年至 1920 年《小说月报》十卷十号至十一卷四号连载，后改编为白话小说《血匕首》（《霍桑探案》之一种），1941 年第 7、8 期与 1942 年第 9、10、12 期《乐观》连载。

此书被辑入《东方福尔摩斯探案》系列丛书。

《东方福尔摩斯探案》丛书，主人公皆为霍桑，故事大都以民初至 20 世纪 30 年代旧上海为故事背景。计有《倭刀记》（又名《血匕首》）、《江南燕》《铁轨上》《五福船》《顾博士》《窗外人》《箱尸》《歼仇记》等。

31. 西洋名著译读　胡适，周作人等译

民国河北女子师范学院铅印本　中国国家图书馆藏

胡适生平已见《短篇小说第一集》。

此书末附周作人 1920 年所写《空大鼓·旧序》，内录胡适译莫泊桑《杀父母的儿子》、柴甫霍《一件美术品》，周作人译柴甫霍《可爱的人》、安徒生《卖火柴的女儿》等 17 篇小说、戏剧、诗歌。

《周序》称："这一册里所收的二十一篇小说，都是近两年中——一九一八年一月至一九一九年十二月——的翻译，已经在杂志及日报上发表过一次的。……这几篇小说的两件特别的地方——一、直译的文体；二、人道主义的精神。"

32. 息六盦唱和集一卷　程筱鹏编

1920 年铅印本　安徽省图书馆藏

程筱鹏（？—1927 年后），名翼云，字筱鹏，号六庵居士。婺源人。

此书前有江峰青序。内录编者 1919 年季春所作《廿七初度感怀》诗，及江湘岚、余入馨、王尚之、胡尔如等诸家唱和之作。末附《过庭录存》。

33. 戏学大全附大鼓书　刘达著

1920 年上海生生美术公司铅印本　武汉大学图书馆藏

著者生平已见《戏剧大观》。

此书前有李浩然、严独鹤、黄忏毕、陈飞公等人序各一，孙雪泥、范君博等人题词，作者自序，演员小影。内包括《梨园常识》《度曲金针》《歌场笑史》《粉墨阳秋》《名优列传》《乐府新声》《剧余鳞爪》等。

34. 新辑加注古今名人楹联汇海八卷　唐在田辑注

1920 年上海校经山房石印本　沈阳图书馆藏

辑注者生平已见《新金瓶梅》。

35. 阳谷集　凤景良

1920 年铅印本　安徽省图书馆藏

凤景良（1900—1920），字淑民，号阳谷，又号今生。泾县人。曾就读于宛陵师范学校、赭山中学。二十一岁病故。

此书前有著者遗像，倪承纶、凤邦暄序各一，并《凤景良小传》。内录文 20 篇，古近体诗 23 题，赋 1 篇。末有编者识及胞兄凤运鳌跋。

36. 愚园诗话四卷　胡光国著

1920 年刻本　中国国家图书馆藏

著者生平已见《喜闻过斋诗》。

此书前有沈启运、吴引孙序各一及自序、沈鼎题词。书中记父子两代所交一时名士，诸如陈三立、端方、汪铎、冯煦、林寿图等人逸事，而以陈作霖事最为多见。著者之父胡煦斋于太平天国据金陵时与同人谋为内应，出入危城，撰有《内应本末》，书中载其事颇详。又记清亡后诸遗老之诗，并友人往来赠答之诗。

据《沈序》载，胡氏先有《白下愚园续集》之刻，载同人唱和之作，寓以诗存人之意。1920 年 4 月，复从沈之劝，将集中所遗与集外所得之稿，撰为诗话，"虽曰就诗立话，因话存诗，而其志则仍在存人已也"。

37. 玉山诗集四卷　周馥著

1920 年铅印本　安徽省图书馆藏

周馥（1837—1921），原名玉山，字兰溪。至德人。清咸丰十一年（1861）入李鸿章幕办理文案。清同治四年（1865）起历任直隶州知州衔、金陵工程局襄办、津海关道员、电报局会办等职。中法战争爆发后，赴渤海口编练民船团练，次年筹办天津武备学堂，后迁直隶按察使。中日甲午战争爆发后总理淮军前敌营务处，后历任四川布政使、直隶布政使、署理直隶总督兼北洋通商大臣、山东巡抚、两江总督、两广总督。晚年寓居天津。1917 年张勋复辟，被任为协办大学士。1921 年病故，谥悫慎。著者曾于清末撰有《负暄闲语》十二卷。

此书前有于式枚序，作者八十四岁自序。所录诗作起自清咸丰十年（1860），止于 1920 年，系编年体，为周馥自行删定。

又：**玉山诗集四卷**　周馥著　周悫慎公全集本　中国国家图书馆藏

此书被收入《周悫慎公全集》八种四十五卷。

此书以 1920 年、1921 两年诗 13 首附于卷后。

周悫慎公全集八种四十五卷　周馥著　1922 年秋浦周氏刻　中国国家图书馆藏

此编内录《周悫慎公奏稿》五卷，《电稿》一卷；《周悫慎公公牍》二卷；《玉山文集》二卷，《诗集》四卷；《易理汇参》十二卷、《卷首》一卷；《治水述要》十卷；《河防杂著》四种，包括《黄河源流考》一卷，《水府诸神祀典记》一卷，《黄河工段文武兵夫记略》一卷，《国朝河臣记》一卷；《负暄闲语》二卷；《周悫慎公自著年谱》二卷。

周学熙《师古堂家刻书目简评四十三则》（载中国社会科学院近代史研究所近代史数据编辑部编《近代史数据·总 78 号》，中国社会科学出版社 1991 年版，第 104 页）称："先公道德、文章、政治三者兼备，全书十种。《奏稿》《公牍》，崇论闳议，皆关国计民生；《文集》，《诗集》，清真雅正，诗用编年尤合诗史；《易理汇参》，晚年所著，精研义理，洞洽天人；《治水述要》，自唐虞以至晚清，集古今之大成，本生平之经验，语语著实，不涉空谈，洵河务绝无仅有之书；《河防杂著》，详于典制，搜辑完备，可资考证；《负暄闲语》，平正通达，布帛菽粟之谈，可与《颜氏家训》《聪训斋语》并称；《年谱》，则公一生阅历，多载清季大事，可供史料。"

38. 岳云集六卷　刘廷凤辑

1920 年铅印本　安徽省图书馆藏

刘廷凤（? —?），原名鸣岐，字梧冈。潜山人。清末曾任赣榆县知县、江苏候补道，创办官立安徽省女子师范学堂，民国后曾任安徽省民政司长。

此书收录古今文士歌咏潜山之作。前有《编者序》，内卷一录散文 53 篇，卷二录碑记 16 则，卷三录散文 10 篇，卷四录古体诗作 90 首，卷五录五七律 164 首，卷六录绝句 59 首，附录刘内翰著诗 24 首。

《编者序》称，潜山"新志分类一如旧式。旧志二十四卷，艺文占其九，碑刻书目只一卷，余皆诗文。既乖体例，详略又不得宜。……因略仿洪北江《泾县志》例，分诗文为六卷，别为单行本，附正志刊行。……潜在唐宋为州治，游踪宦辙多属名流，见于题咏记载者甚伙。即汉魏六朝，名贤著述，代有流传。凡旧志所载者，别择存之，亦所以增川岳之光也。《文集》中新增一卷，皆取山川游览或掌故，足资考证者"。

39. 贞泯不泐　方履中著

民国刊本　安庆市图书馆藏

方履中（1864—1932），字玉山，一字聘商。桐城人。清光绪二十九年（1903）进士，授翰林院编修。后离京外放，任两淮盐运史、四川提学史、安徽矿务总理。1914 年创办振冶铁矿公司，自任总经理。1930 年赴北京中国大学任教。

此书封面为 1920 年刘泽源题签，前有 1919 年编者识，内录编者所撰《亡妹小传》及姚孟振、史邦翰、张百城、李德星、李启光、张家骝、李大防、李德膏等人哀悼之作。

40. 中国文学评价　胡怀琛著

1920 年上海华通书局铅印本　华东师范大学图书馆藏

著者生平已见《兰闺清课》。

此书包括《关于批评自身的话》《批评文学当先解决的问题》《人生文学论者之批评中国文学》《纯文学论者之批评中国文学》《旧式文学作者的误点》《旧式文学批评之误点》六章。

著者于开篇称，此书"内容是把中国原有的文学批评一下，估定他的真价值"。

1921 年(民国十年)

1. 白话书信　高语罕著

1921 年上海亚东图书馆铅印本　中国国家图书馆藏

高语罕（1888—1948），原名高超，又名雨寒，笔名淮阴钓叟、戈鲁阳、戴博林、张其柯、王灵均、王灵皋等。寿县人。早年留学日本早稻田大学、德国哥廷根大学，曾协助陈独秀创办《安徽白话报》，加入共产主义小组，指导安徽国民党党部事务，担任黄埔军校政治教官，南昌起义中出任前敌委员会委员。

此书前有自序，内有绪论、家庭、社交、工商、论学 5 编，介绍书信写作，附有范例。

《自序》称，此书"每篇皆含有社会极切要、亟待解决的问题"。

中共芜湖市委党史研究室编《中国共产党芜湖地方史青少年读本》（安徽人民出版社 2006 年版，第 27 页）称，现在北京图书馆珍藏的《白话书信》，可以说是在安徽最早、最系统传播马克思主义的书籍。

王军《高语罕传》（中共党史出版社 2011 年版，第 52 页）称："这本书出版后虽屡遭查禁却再版 39 次，印刷 10 万册之多。"

2. 白话文谈及白话诗谈　胡怀琛著

1921 年上海广益书局铅印本　复旦大学图书馆藏

著者生平已见《兰闺清课》。

此书前有自序，内分《白话文谈》与《白话诗谈》两部分，前者包括《文字和图画的互助》《文字语言的界说和分类》《新文学建设的根本计划》《我对于"她"字的意见》《作文和题目》《写景文》（上、下）6 篇；后者包括《无韵诗的研究》《歌谣辑评》《诗的前途》《新派诗话》4 篇。

《自序》称，此书为"民国八年六月至九年十月研究白话诗文的成绩"。

3. 悲秋篇一卷修月女史遗稿一卷伤春篇一卷　汪定执，吴卯著

民国刻本　安徽省图书馆藏

汪定执（1872—1955），字允中，一字慕云，别署旷公。歙县人。曹崇庆外孙，汪邦录之父。早年课徒为生，间为留园管理处、茶商公所司笔墨，后皈依高僧印光。

此书前有邹弢、吴承烜、方宝铨序各一。《悲秋篇》录哀悼妻子吴卯（字修月）之作 30 首，《伤春篇》录哀悼继妻张庆云之作 30 首。

4. 词话丛钞　王文濡辑校

1921 年上海大东书局铅印本　广东省立中山图书馆藏

辑校者生平已见《侯魏汪三家文合钞》。

又：**词话丛钞　况周颐辑；王文濡补辑**　1924 年上海大东书局铅印本中国国家图书馆藏

此书内录（明）俞彦撰《爰园词话》，（清）沈雄撰《柳塘词话》，（清）邹只谟撰《远志斋词衷》，（清）彭孙遹撰《金粟词话》，（清）王士祯撰《花草蒙拾》，（清）贺裳撰《皱水轩词筌》，（清）刘体仁撰《七颂堂词绎》，（清）宋翔凤撰《乐府余论》，（清）孙麟趾撰《词径》，（清）蒋敦复撰《芬陀利室词话》。

5. 大江集：模范的白话诗　胡怀琛，陈东阜，新文学传习所著

1921 年上海国家图书馆铅印本　上海社会科学院图书馆藏

胡怀琛生平已见《兰闺清课》。

此书前有自序与东阜仲子序，内录著者写于 1919 年至 1920 年之《长江黄河》《自由钟》等白话新诗，以及《燕子》《百年歌》《花子》等译诗 11 首。末附《诗与诗人》《新派诗说》《诗学研究》。

《自序》称，此书命名《大江集》，因集中第一首诗的题目为"长江黄河"。

又：**大江集　胡怀琛著**　1923 年上海四马路印书局铅印本　同济大学图书馆藏

此书前有《再版自序》，称此书删去东阜仲子《大江集序》，是因为

"称我太过"。"初版印成以后我所作的诗，趁再版的机会，一并加入。"

6. 古本西游记 （明）吴承恩著；汪原放句读

1921年上海亚东图书馆铅印本　重庆图书馆藏

句读者生平已见《儒林外史》。

此书百回。前有胡适《西游记序》、陈独秀《西游记新叙》、张书绅《西游记总论》、汪原放《校读后记》及《西游记原本校勘表》《标点符号说明》。

又：**西游记**　汪原放，章希吕，余昌之句读　1925年上海亚东图书馆铅印本　上海图书馆藏

章希吕（1892—1961），行名恒望。绩溪人。早年任教于安徽省立二师、歙县省立三中。后至上海亚东图书馆任编辑，曾协助胡适工作，并编辑《独立评论》。

此书前有胡适《西游记考证》（附董作宾《读西游记考证》、胡适《后记二则》），陈独秀《西游记新叙》，张书绅《西游记总论》，汪原放《校读后记》及《西游记原本校勘表》《标点符号说明》。

7. 红楼梦　（清）曹雪芹原著；高鹗续著；汪原放句读

1921年上海亚东图书馆铅印本　南京图书馆藏

句读者生平已见《儒林外史》。

此书一百二十回。前有胡适《重印乾隆壬子本红楼梦序》、高鹗《红楼梦序》、胡适《红楼梦考证》、陈独秀《红楼梦新叙》、程伟元序，以及汪原放《校读后记》《标点符号说明》等。

汪原放《后记》称："我这一次最抱歉的就是开始标点时我不曾知道胡适之先生有一部乾隆壬子的程排本。等到我知道此本时，已太晚了，不及用来校改了。前半部虽有一些地方是承胡思永君用适之先生的程排本来校改的，但全书不曾用那个本子作底本，究竟是一件大不幸的事。我希望将来能有机会补正这一回缺陷。"

又：**红楼梦**　（清）曹雪芹，曹沾著；汪原放，胡鉴初句读　1922年上海亚东图书馆铅印本（3版）　中国国家图书馆藏

胡鉴初（？—1948？），绩溪人。亚东图书馆编辑。

此书前有胡适《红楼梦考证》，末有汪原放《后记》。

又：**红楼梦** （清）曹雪芹，曹沾著；汪原放，胡鉴初句读 1927 年上海亚东图书馆铅印本（8 版） 宋广波编注《胡适红学研究资料全编》（山东文艺出版社 1986 年版，第 370 页）著录

此书卷首加胡适《重印乾隆壬子本红楼梦序》；汪原放《重印乾隆壬子本红楼梦校读后记》，高鹗序、兰墅、小泉引言，又有胡适《考证》两文，附蔡子民《石头记索隐第六版自序》，陈独秀《红楼梦新叙》，程伟元原序；汪原放《标点符号说明》。

《后记》包括"重印的缘起""程乙本的说明及校读""新本与旧本的比较""从前读时疑问的解决""程乙本里的问题"五部分。内称："现在这部《红楼梦》是根据胡适之先生所藏乾隆五十七年壬子（一七九二）程伟元第二次排本翻印的。据他的考定，这个本子是用'程甲本'来校正修改的，这个本子可叫做程乙本"。

8. 胡适文存四卷　胡适著

1921 年上海亚东图书馆铅印本　安徽省图书馆藏

胡适生平已见《短篇小说第一集》。

此书前有《序例》，称："这四卷是我这十年来做的文章；因为有好几篇不曾收入，故名为文存。……卷一，论文学的文。这一卷删去最少；因为我觉得这些讨论文学的文章，虽然有许多很不配保存的，却可以代表一种运动的一个时代，也许有一点历史的趣味，故大部分都保存了。卷二和卷三，带点讲学性质的文章。我这几年做的讲学的文章，范围好像很杂乱——从《墨子·小取篇》到《红楼梦》——目的却很简单。我的惟一的目的是注重学问思想的方法。故这些文章，无论是讲实验主义，是考证小说，是研究一个字的文法，都可以说是方法论的文章。卷四，杂文。"

9. 华伦·哈定历史　杨尘因著

1921 年大陆图书公司铅印本　苏州大学图书馆藏

著者生平已见《新华春梦记》。

此书为传记文学。全书 3 编，介绍美国总统沃伦·哈定生平、政治社会观点及其逸事。书末附《哈定当选后之舆论》。

10. 建德周含曜女士诗画稿　周德蕴著并绘；周明焯编

1921 年影印本　中国国家图书馆藏

周德蕴（1903—1922），字含曜。至德人。周学熙之女，周明焯之妹。

周明焯（1898—1990），字志俊，号市隐，又号艮轩。至德人。周学熙次子。1918 年起历任青岛华新纱厂见习董事、常务董事，曾于上海开办信和纱厂、信孚印染厂、久安银行、久安保险公司等企业。

此书前有姚永朴题词，周明焯序。内录《载溪闲咏》10 首，国画 10 帧，末附周明焯撰三姊、四姊传。

11. 江南燕　程小青著

1921 年上海华亭书局铅印本　南京图书馆藏

著者生平已见《福尔摩斯探案全集》第六册。

此书内录《江南燕》《无头案》2 篇。末有作者所撰《霍桑的童年》。《江南燕》曾于 1918 年至 1919 年《先施乐园日报》连载，私家侦探霍桑形象首次出现。

此书辑入《东方福尔摩斯探案》系列丛书。

此书于 1932 年改编为同名电影，上海梅岩影片公司摄制，姜起凤导演。

12. 金磷叟先生七十寿序　赵世骏书，马其昶著

1921 年上海有正书局石印本　广东省立中山图书馆藏

马其昶生平已见《马通伯文钞》。

金磷叟，宁波府学教授，晚清书法名家。

13. 经历志略一卷　余之芹著

1921 年铅印本　安徽省图书馆藏

余之芹（1849—?），字鲁卿。黟县人。早年于江西经营杂货布业，后于上海开设典当行，并任典业公所董事。

此书前有著者七十四岁小照及手迹，绍林纪序、自序。内录《家世出身》14 篇，《徽州发匪乱时状况》9 篇，《善举公益》11 篇，《交际》16 篇，《杂记》43 篇，《时论》10 篇，《小言》20 篇。末有汪英宾、黄干生、余明德跋。并附著者绘画照 6 帧，书法照 1 帧。

书内《徽州发匪乱时状况》9 篇，生动再现太平天国时期徽州动乱之状。

14. 居鄛诗征十卷　刘原道辑

1921 年居鄛刘氏蛰园木活字本　安徽省图书馆藏

刘原道（1865—1938），字笠僧，巢县人。陈其五（刘毓珩）祖父。清光绪廪生，历任江南制造局主事、江南水师学堂监督、扬州十二坪盐务监督，襄助许世英办理扬子江赈务。著者曾于清光绪年间著有《栖然庐吟草》四卷。

此书辑录自元末明初迄清末巢县名流诗作 3000 余首，并附作者小传。

15. 联对大全　王文濡，王有珩编

1921 年上海中华书局铅印本　天津图书馆藏

王文濡生平已见《侯魏汪三家文合钞》。

此书内分二十类，辑录各类联语，所集以清代为主。

16. 六十述怀唱和集一卷　金恩灏编著

1921 年铅印本　安徽省图书馆藏

金恩灏（1862—?），字惠臣。休宁人。曾捐教职。

此书前有金恩灏原作七律 8 首，后录休宁戴寿昌、休宁夏慎大、休宁汪锡采、歙县江焕、常熟陆宝树、常熟顾邦瑞、歙县吴永涵、歙县许世球、休宁吴凯勋、休宁汪尚义、休宁金桢、休宁汪启恒、休宁汪启咸、休宁朱大倬、黟县胡绍书、休宁汪声瀚、黄作楷、休宁金遵祖、休宁吴嗣规、休宁程士蒂、休宁汪萃等人和诗，以诗到先后为序。末有编者《续唱酬谢》诗 8 首并《小志》。

17. 龙背塘诗钞　姚维桢著，史远岘编

1921 年刻本　中国国家图书馆藏

姚维桢（? —1915），字干臣。六安人。授徒为生。

史远岘（? —?），字慕山。六安人。

此书前有史远岘、史家楠序各一，及史远岘跋。内录古近体诗作 53 题百余首。

18. 庐江诗隽二卷　陈诗编

1921年铅印本　中国国家图书馆藏

编者生平见《尊瓠室诗》。

此书前有自序，内卷上录宋儒醇、金智、王凤翔、江开、钟崇基诗46首，卷下录陈昌文、计如张、吴保德、吴保初、吴保华（女）诗71首。每位作者前有小传。

又：**庐州诗苑八卷　陈诗编**　1926年庐江陈氏铅印本　安徽省图书馆藏

此书前有编者序，末有跋，内评语署"尊瓠楼诗话"。全书录清初至清末庐州作者221人，诗925首。卷一至卷三录合肥县作者71人，诗531首；卷四至卷五录庐江县67人，诗163首；卷七录无为州35人，诗130首；卷八录巢县27人，诗71首。间有作者轶闻逸事。

《跋》称："《庐州诗苑》者，继《庐江诗隽》而纂辑者也。予自辛酉刊诗隽毕，以遗漏滋多，复事征求，扩为此编。"

19. 蒙面女侠盗：福尔摩斯最新侦探案　柯南道尔；杨尘因，一飞著

1921年大成图书局铅印本（3版）　上海图书馆藏

杨尘因生平已见《新华春梦记》。

此书四册，上海图书馆藏二册，缺第一、三册。

又：**蒙面女侠盗：福尔摩斯最新侦探案　柯南道尔，杨尘因，一飞著**　民国上海三星书局铅印本　南京图书馆藏

20. 片羽　又名：水浒传改正　胡适著

民国铅印本　安徽省图书馆藏

著者生平已见《短篇小说第一集》。

此书录著者写于1920年至1921年之《水浒传考证》《水浒传后考》，末附《"致语"考》。

21. 浦口汤泉小志　龚心铭著

1921年铅印本　天津图书馆藏

龚心铭（1865—1931），合肥人。龚照瑗之子，孙家鼐侄婿。清光绪十八年（1892）进士，选翰林院庶吉士。曾任兵部候补主事，后致力于收

藏与经商。

此书前有吴俊卿题签。

又：**浦口汤泉小志一卷附录一卷　龚心铭著**　1925 年铅印本　天津图书馆藏

此书前有照片、自序。末附〔日〕山畸百治《江浦温泉化验成分表》（中英文对照）。内据旧《江浦县志》《江宁府志》《陈府志》等历史资料汇编有关浦口温泉记载；《龚氏汤泉别墅襟题》辑易顺鼎、陆文龣、陈宗彝、勒大鹏、杨毓瓒、刘文揆、章之汶、周学熙、金邦平等人留言、题诗；此外，本书尚辑入宋代秦观《汤泉赋》、孙觉《初至汤泉》等诗作，并附龚心铭记。

22. 清授光禄大夫建威将军头品顶戴陆军部尚书都察院都御史两广总督予谥悫慎先考玉山府君行状　周学熙等著

民国铅印本　中国国家图书馆藏

周学熙（1868—1947），字缉之，又字止庵，号卧云居士、松云居士，晚号砚耕老人。至德人。周馥第四子。清光绪举人，以道员入直隶总督袁世凯幕，后历任天津道、长芦盐运使、直隶按察使，民国后曾任财政总长，全国棉业督办。曾开办唐山启新洋灰公司、滦州矿务公司、秦皇岛耀华玻璃公司、北京自来水公司，天津、青岛、唐山、安阳华新纺织公司纱厂，投资江南洋灰厂、华新洋灰厂。著者曾于清末撰有《东游日记》。

周馥（1837—1921），字玉山，谥悫慎。安徽建德人。清光绪年间曾任兵部尚书，两江总督兼南洋大臣，两广总督。

又：**建德周悫慎公行状一卷　周学熙著**　1921 年铅印本　安徽省图书馆藏

23. 神州新泪痕四卷　谯北杨尘因著

1921 年上海清华书局影印本　复旦大学图书馆藏

著者生平已见《新华春梦记》。

此书为四十回文言小说，描写民国初年社会生活。

此书曾连载于《小说季报》1918 年第 1 期至 1920 年第 4 期。

24. 双忽雷本事　刘世珩编辑

1921年天津贵池刘世珩双忽雷阁石印本　中国国家图书馆藏

著者生平已见《王状元集百家注编年杜陵诗史三十二卷附札记》。

此书内分文、赞、诗、词4部。文部录《南部新书》《乐府杂录》《孔岸堂自记》《刘燕庭农部自记》、林纾《枕雷图记》中有关"双忽雷"之记载，镜荠居士所著《小忽雷传奇序》，桂馥撰《小忽雷记》，陈文述撰《小忽雷记》；赞部录柯培元《小忽雷赞为燕庭农部作》；诗部录孔尚任、张笃庆、柯名彦、田雯、陈文述等23人有关双忽雷之古近体诗；词部录谭敬昭、仪克中、张祖同、王闿运、邓嘉缜词作及岸堂主人之《博古闲情》，梦鹤居士之《传奇大意》。末附清宣统二年（1910）刘世珩所撰此书《缘起》及蒋湘南《小忽雷记》。

《缘起》称："呜呼！两忽雷制自晋公，藏之内府。时阅四代，屡更盛衰兴废之故，其间隐晦不显者，又不知几何年。乃聚而散、散而复聚，先后卒为延津之合。向者考古家求一见而不可得者，兹并得。摩挲叹赏，考其源流，亦自幸古缘之不浅耳。特影二器全角，并录题记诗词辑为本事，并记缘起。"

25. 唐人白话诗选　又名：评注白话唐诗三百首　胡怀琛选辑

1921年上海崇新书局石印本　天津图书馆藏

选辑者生平已见《兰闺清课》。

此书前有自序，称此书是"从《全唐诗》里选出七百多首诗来，又复选一遍，从七百多首中，选出二百九十多首来"，"这本书里所选的诗，都是言浅意深，很容易读，很有意味的诗。对于读者，要唤起高尚优美的感情，养成温和敦厚的风教"，"从前的选本，都是用作者时代先后分次序，这种法子，含有文学史的意味，在读本上很不适用。现在我这本书，是拿诗的长短深浅分次序，作者时代先后不去管他。但是卷首附录了一篇作者小传。这小传是照时代先后排列的"。

26. 晚吟草二卷　李汝振著

1921年颍州鸿文石印局石印本　中国国家图书馆藏

李汝振（？—？），原名玉珂，字筱山。阜阳人。邑庠生。中年捐官，后弃官归里。

此书前有利瓦伊源、林介弼序各一，内录古近体诗 400 余首，忧思、怀友之外，多感慨时事之作。

27. 卧沧诗草一卷　又名：金镜录　詹国瑞著

民国稿本　安徽省图书馆藏

詹国瑞（？—？），字廷珍，号卧沧。婺源人。

此书扉页题《金镜录》，编辑人卧沧山房，珍藏人卧溪草堂。内录 1912—1921 年诗作，其中《南北战争感赋》《再造共和纪事》《匡时·哀战祸也》等篇，表现作者忧国忧民之思，其余多歌咏乡村生活，或与汪渊等友人之唱和。

28. 新说部丛刊第二集　杰克著

1921 年北平清华书局铅印本　超星数字图书馆收录

杰克（1898—1983），原名黄天石，笔名杰克、黄衫客。祖籍安庆，生于广州番禺，后移居香港。历任《民权报》《大同报》《大光报》主编，《循环日报》《华宇日报》主笔，1921 年出任唐继尧顾问，任珠江日报社董事、南洋大霹雳埠中华晨报社社长。1927 年创办香港新闻学社，出任社长。后创办香港基荣出版社，任社长，并创办《文学世界》杂志。

此书录白话短篇小说《这样也过了一世》《摩托车里的人》《少奶奶的手》等 10 余篇。

29. 新文学浅说　胡怀琛著

1921 年上海泰东书局铅印本　南京图书馆藏

著者生平已见《兰闺清课》。

此书前有自序、《新文学浅说参考例言》，内分"文学定义""文法""伦理学与文学""修词学""美的文学""总结"六章。末附所引古今文章原文。

《自序》称，此书为著者于江苏省立第二师范学校任教时所作。

30. 易卜生集一　［挪］易卜生著；潘家洵译，胡适校

1921 年上海商务印书馆铅印本　天津图书馆藏

胡适生平已见《短篇小说第一集》。

此书卷首有译者所撰《易卜生传》，内录《娜拉》（三幕剧）、《群鬼》（三幕剧）、《国民公敌》（五幕剧），末附胡适所撰《易卜生主义》。

31. 警世桴鼓四卷　陈虞铎著

1921年上海商务印书馆铅印本　湖南省图书馆藏

陈虞铎（？—？），字振春，六安人。

此书前有毕树生、裴景福、冯梦煦、章恭樾、葛钟秀、金幼璋、张之屏等人序各一及题词，并著者序。全书记述佛界事迹及因果报应事。

又：**虞铎笔记　陈虞铎著**　1931年上海佛学书局铅印本　安徽省图书馆藏

此书系《虞铎笔记》更名再版。

32. 愚园楹联一卷续编一卷　胡光国辑

1921年刻本　南京图书馆藏

著者生平已见《喜闻过斋诗》。

此书内录著者所辑李鸿章、沈葆桢、刘铭传、薛时雨、俞樾、孙家鼐、冯煦等名家对联，末附《旧有名句楹联》，包括包世臣、邓石如、张船山等人之作。

33. 最近二十年目睹之社会怪现状　胡寄尘著

1921年上海新华书局铅印本　上海图书馆藏

胡寄尘，名怀琛，生平已见《兰闺清课》。

此书为十回白话小说，描写民初学校内知识分子生活。

1922 年(民国十一年)

1. 爱情花　胡怀琛著

1922年铅印本　〔美〕普林斯顿大学东亚图书馆藏

著者生平已见《兰闺清课》。

2. 程笃原传　洪汝怡著

民国油印本　中国国家图书馆藏

洪汝怡（1874—1936），字悌丞，号寄簃，别号撄宁道人。歙县人。洪镔之子，洪汝闿弟。居扬州授徒。

传主程炎震（1875—1922），字笃原，号病笃。歙县人。清光绪年间副贡生。民国后寓居北京，参加漫社、思误社活动。

3. 独秀文存三卷　陈独秀著

1922年上海亚东图书馆铅印本　安徽省图书馆藏

陈独秀（1879—1942），原名庆同，官名干生，字仲甫，号实庵，笔名由己、三爱。怀宁人。清光绪二十二年（1896）秀才，后毕业于求是书院，留学日本。清光绪三十一年（1905）创建岳王会，任总会长；1915年创办《青年杂志》（后改名《新青年》），翌年任北京大学教授。1920年建立中国共产党，任中国共产党中央局书记。后历任中共第二、第三届中央执行委员会委员长，第四、第五届中央委员会总书记。1927年离开中央领导岗位，后被开除党籍。1932年被国民党政府逮捕囚禁。抗战爆发后出狱，1942年病逝。著者于清光绪年间与苏子谷合译雨果名著《惨世界》。

此书前有陈氏自序，卷一为论文61篇；卷二为随感录160篇；卷三为通信 52 通，有关他人之信亦附其中。全书录文近 300 篇。

4. 复庵诗集二卷　许珏著

复庵遗集本　中国国家图书馆藏

许珏（1843—1916），字静山，晚号复庵、歙县人，居无锡。清光绪二年（1876）入山东巡抚丁宝桢幕，后随出使美、日、秘大臣张荫桓驻外。清光绪十六年（1890）后历任驻英、法、意、比大臣参赞，驻美、西、秘参赞。中日甲午战争爆发后辞职，于无锡设戒烟局。清光绪二十八年（1902）出任驻意大利出使大臣，三十二年（1906）回国，以道员衔赴广东候补。民国后隐居不出。著者曾于清光绪年间撰有《秋照轩感事述怀诗》。

此书内录清同治元年（1862）至 1915 年古近体诗。卷一录 40 余首，卷二录 50 余首。其中《晋中怀尹吉甫》《祁奚五古》《读文信国正气歌》《咏锡金古迹》《题邹壮节遗像》《自晋入都山行感怀五古》等，均为怀古思今、有关风教之作。

此书辑入《续修四库全书总目提要·集部》

复庵遗集二十四卷　许珏著　1922 年无锡许氏铅印本　中国国家图书馆藏

此编前有秦敦世序，著者照，陈宝琛题词，马其昶所撰《清故出使义国大臣许公墓志铭》，末有著者之子许同范等人跋。内录奏议三卷，出使公牍一卷，佐轺牍存二卷，禁烟牍存六卷，文四卷，诗二卷，书札五卷，家书节钞一卷。因文集之作均写于辛亥之前，本书未予收录。

又：**复庵先生集十卷附录一卷　许珏著；陶世凤编**　1926 年无锡许氏刻本　中国国家图书馆藏

是编前有唐文治、秦敦世序各一，著者像，陈宝琛题词。内卷一、卷二为奏议，卷三为公牍，卷四、卷五为文，卷六为诗，卷七、卷八、卷九为书札，卷十为家书节录，末有附录 5 篇。

5. 复庵书札五卷家书节钞一卷　许珏著

复庵遗集本　中国国家图书馆藏

著者生平已见《复庵遗集》。

此书《书札》录清光绪四年（1878）至 1914 年书札，多涉国政；《家书节钞》起自清光绪六年（1880），迄于1916年。

6. 广州纪游　高语罕著

1922年上海亚东图书馆铅印本　中国国家图书馆藏

著者生平已见《白话书信》。

此书为日记体。内记述广州文化、文物古迹、教育状况。末附广东省工会及市政法案3篇。

7. 国文作法　高语罕著

1922年上海亚东图书局铅印本　首都图书馆藏

著者生平已见《白话书信》。

此书前有自序，全书分通论、文体两编。通论编包括国文作法的意义、作文的初步、文字的要素、文字的戒律、文字的美质、文字的精神、文字的构造七章；文体编包括叙述文、叙述文的作法、描写文、解说文、论辩文五章。末附《书信的写法》《标点符号》。

《自序》写于1921年，称："此书强半为吾在上海平民女校之讲演，其余则今夏浪游西湖时续成之作也。"

8. 横山草堂联话　王揖唐辑

民国抄本　中国国家图书馆藏

王揖唐（1878—1948），名志洋，字慎吾，后更名王赓，字一堂，号揖唐、逸塘。合肥人，王锡元之子。清光绪三十年（1904）进士，授兵部主事，后入日本振武学校学习军事。清光绪三十三年（1907）回国，历任东三省督练处参议、吉林兵备分处总办、陆军协统等职。民国后历任内务总长、国会议长、安徽省省长，抗战爆发后任伪国民政府考试院院长、华北政务委员会委员长兼内务署督办、伪全国经济委员会副委员长、新国民运动促进委员会委员、中央政治委员会委员。1948年以汉奸罪被枪决。著者曾于1920年刊印《广德寿重光集》五种四十五卷，1943年辑刻《敬跻堂丛书》六种。

此书前有1922年著者小识，称："余弱冠即有拟联话之作，以后随处遇有佳联，辄喜录之，十余年来所积存者约三百联以上。己未匆匆南行，未及携入行箧。庚申之役，荡焉无存矣。顷养屙横山，长夏无事，就记忆所及者，随意记出。天若假我数年，或能衷然成帙也。壬戌小暑后三日。"

9. 红胡子：关东马贼秘闻　姜侠魂编；杨尘因评点；庄病骸批眉

1922年上海振民编辑社铅印本　中国国家图书馆藏

杨尘因生平已见《新华春梦记》。

此书录民哀《怜子》、海沤《孟家三侠》、子俊《杜力山逸事》、啸秋《盗隐》等40篇文言小说，每篇有眉批。

此书为《武侠小说丛书》第十种。

10. 湖畔　潘漠华，冯雪峰，应修人，汪静之著

1922年湖畔诗社铅印本　1983上海书店原本影印　安徽师范大学图书馆藏

汪静之（1902—1996），绩溪人。早年求学于屯溪茶务学校，1921年考入浙江省第一师范学校，参与创立湖畔诗社。后历任武昌旅鄂湖南中学、保定育德中学、安徽第二农业学校国文教师，北伐军总司令部政治部编纂人员，《革命军日报》《劳工月刊》编辑，上海建设大学、安徽大学、暨南大学中文系教授，商务印书馆特约编辑，国民党中央军校广州分校国文教官，江苏学院教授等职。

此书前有题词"我们歌笑在湖畔，我们歌哭在湖畔"，内录汪静之小诗6首。

11. 华胥赤子尺牍一卷　方铸著

华胥赤子遗集本　安徽省图书馆藏

方铸（1851—1919），字子陶，号剑华，自号盘陀盲叟，又号华胥赤子。桐城人。方奎炯第四子。清光绪九年（1883）进士，官至户部郎中、度支部郎。

此书内录著者与友人书信。

华胥赤子遗集二十卷　1922年桐城翰宝斋木活字本　安徽省图书馆藏

此编前有自序，内录《华胥赤子尺牍》一卷，《华胥赤子古近体诗》十卷，《华胥赤子文集》二卷，附《三经合说》一卷，《华胥赤子奏章》一卷，《周易观我》二卷，《论语传》二卷，卷首一卷，卷末一卷。

姚伯岳《北京大学图书馆藏清人自著丛书掇拾》（载《燕北书城困学

集》，岳麓书社 2010 年版，第 269—270 页）称："著者生于陕西蓝田，蓝田古为华胥渚，故自号华胥赤子。……由其所作《古近体诗》中，知其生平踪迹及于陕西、四川、河南、河北、北京、安徽、江苏、甘肃、新疆各地。又《奏章》一卷，皆光绪年间代新疆巡抚刘锦棠、甘肃提督董福祥、四川总督锡良所拟，盖其生前多任各省衙幕僚之职。……自谓其所作诸书纰缪尚多，因嘱其子孙，慎勿请要人作序题签，以重其过，故此丛书仅书首有作者自序，而他人序跋题字俱无。"

12. 华胥赤子古近体诗十卷　方铸著

华胥赤子遗集本　安徽省图书馆藏

著者生平已见《华胥赤子尺牍》。

此书卷一、卷二、卷三录古近体诗百余首，多旅次之咏、赠答之作；卷四录《襄城》《铜雀台》《秦岭》《曲江》等咏怀古迹诗作近百首；卷五录《苦旱行》《流民叹》《首阳城》《读史》等表现现实生活与读史之作；卷六录贺寿诗；卷七录《轮船》《铁路》《电报》等描写新事物诗作；卷八多录写于西北之作；卷九、卷十录友人赠答诗及《田家乐》《纪梦》《归藏颂》《华胥赤子歌》等晚年诗作。

13. 华胥赤子文集二卷三经合说一卷　方铸著

1922 年桐城翰宝斋木活字本　安徽省图书馆藏

著者生平已见《华胥赤子尺牍》。

此书卷一录《鲁隐公论》《陶渊明颂》《黄氏族谱序》《华胥赤子传》等论、颂、序、传、记 32 篇；卷二为《诗关雎》《南山》《七月》《生民》《孟子》《中庸》等说经之文。《三经合说》内录《金刚经》《心经》《净土阿弥陀经》《净土赞》4 篇。

14. 蕙的风　汪静之著

1922 年上海亚东图书馆铅印本　天津图书馆藏

著者生平已见《湖畔》。

此书前有朱自清序、胡适序、刘延龄序及自序，内四辑，共录新诗 165 首。

15. 旧读不厌斋诗钞十二卷　单溥元著

1922年铅印本　安徽省图书馆藏

单溥元（1864—1924后），字士惠，晚号老秃。合肥人。清光绪二十年（1894）进士，任内阁中书、江苏候补同知。民国后往江西应吴城税务。

此书前有刘启琳、江藻序各一，并王治训、蔡庆泽、程德釜题词，末有姚春魁跋。内卷一为《京口集》，录清宣统二年（1910）诗作43首；卷二为《淮津录》，录清宣统三年（1911）诗作46首；卷三为《转蓬集》，录1912年诗作69首；卷四为《飘蓬集》，录1913年诗作84首；卷五为《西江鸿雪编》，录1914年诗作66首；卷六为《里门集上》，录1915年诗作54首；卷七为《里门集下》，录1916年诗作72首；卷八为《妙吉祥室录赘上》，录1917年诗作61首；卷九为《妙吉祥室录赘下》，录1918年诗作54首；卷十为《倦羽卑飞集》，录1919年诗作35首；卷十一为《抱蜀吟》，录1920年诗作52首；卷十二为《直寄编》，录1921年诗作43首。全书录古近体诗作679首。末附补遗诗4首。

16. 旧读不厌斋己未诗稿　单溥元著

民国合肥启新印刷社铅印本　安徽省图书馆藏

著者生平已见《旧读不厌斋诗钞》。

此书前有1922年单濂撰《先大父诗序》，内录诗作59首。

17. 模范军人冯玉祥全书　半痴生著；唐在田参订

1922年上海公平书局石印本　重庆图书馆藏

参订者生平已见《新金瓶梅》。

18. 欧美名家侦探小说大观第六集　周瘦鹃主编；周瘦鹃，程小青等译

1922年上海交通图书馆铅印本　首都图书馆藏

程小青生平已见《福尔摩斯探案全集》第六册。

此书录《移尸案》《情人失踪》《牛蒡子》《一串珠》《错姻缘》《伪装》，未署原著者名。

19. 骈枝余话　程善之著

1922 年上海江南印刷厂铅印本　中国国家图书馆藏

著者生平已见《短篇小说》。

此书前有自序，内录《扶乩翁》《庄镜芬》《宣城老父》《秋云女士》《冯将军逸事》等文言笔记小说 75 篇。

20. 评注历代白话诗选　胡怀琛选辑

1922 年中原书局排印本　广东中山图书馆藏

著者生平已见《兰闺清课》。

此书前有编者自序，称此书所选"自从上古，直到现代，各朝的诗都选在内"，"第一卷是歌谣，第二卷是五言绝诗，第三卷是七言绝诗，第四卷是五言古诗，第五卷是七言古诗，律诗完全不选。……每卷之中，各人的诗，是照时代分先后。但是普通的选本，是由古而今；我今这书，为着便于诵读起见，乃由今而古，倒排而上"。

胡怀琛《文学短论》收录此书《自序》，名为《古今白话诗选序》。

21. 三国演义　（明）罗贯中著；汪原放句读

1922 年上海亚东图书馆铅印本　南京图书馆藏

句读者生平已见《儒林外史》。

此书百二十回。前有胡适、钱玄同序各一，汪原放《校读后记》及《本书标点符号说明》。

22. 慎宜轩日记　姚永概著

民国手稿　安徽省图书馆藏

著者生平已见《邵节妇家传》。

又：**慎宜轩日记　姚永概著**　2010 年黄山书社铅印本　沈寂整理标点 中国国家图书馆藏

此书《前言》称，此书"稿本凡三十六册，是姚永概十六岁至五十七岁的日记。第一册始自光绪七年（1881），作者时年十六岁；第三十六册止于民国十一年（1922）三月廿四日，作者时年五十七岁。日记基本以阴历纪年，唯第三十册后半册壬子年（民国元年，1912），迄第三十一册民国三年一月二十五日，是以阳历纪年。从第三十二册甲寅年起，仍沿用阴历纪年。日记内容多为个人经历、家庭要事，以及读书札记、社会见闻和时政消息。青年求学时记得详繁，头几年是一年两册，走上社会则记得简要，尤其到晚年，多为两年一册。最后的第三十六册自己未（1919）十月朔日起，至壬戌（1922）三月廿四日止，跨四年时间。《慎宜轩日记》的第十九册中缺庚子二月二十九日至六月三十日，第二十册中缺辛丑八月十五日至十二月除日，第三十册中缺辛亥九月至壬子五月初九日，第三十六册中缺庚申五月十九日至八月十一日、十一月二十四日至辛酉一月晦日、辛酉五月十五日至九月二十九日、十月初三日至壬戌二月二十八日，……壬戌三月廿四日以后即无日记"。

"《慎宜轩日记》的价值还在于记录了从光绪七年（1881）至民国十一年（1922）四十余年间所发生的诸多重大事件，诸如中法战争、中日甲午战争、义和团与八国联军以及在中国进行的日俄之战等大事的见闻与观感，有些是传闻，有些是亲历者的口述，还记有官方文献的摘抄与传闻相印证。作者自称'各事皆系得之有自，不同传闻之讹，实实可信'。可为史书参证。"

23. 弢楼遗集三卷　张士珩著

1922 年京师合肥张氏刻本　安徽省图书馆藏

著者生平已见《竹居外录》。

此书前有马其昶撰《四品卿衔张君墓志铭》，张继垕撰《先府君行述》，徐世昌序。内卷上录文 27 篇，卷中录文 23 篇，卷下录文 38 篇。末有刘朝望撰《弢楼遗集后序》，郭熙楞跋，张继垕识。

24. 小物件　〔法〕都德著；李劼人译；黄仲苏校

1922 年上海少年中国学会铅印本　天津图书馆藏

黄仲苏（1895—1975），原名黄玄，笔名更生、醒郎。舒城人。1918 年与李大钊等人组织少年中国学会，1921 年毕业于美国伊利诺斯大学文学院，1924 年获法国巴黎大学文学硕士学位。曾任《少年中国》《少年世界》主编，武昌师范大学、南京东南大学、上海大夏大学和光华大学教授，上海特别市政府秘书，国民政府外交部秘书，1931 年曾出任驻墨尔本领事。

25. 萱寿堂稿续编一卷　姚冠湖著

1922 年铅印本　南京图书馆藏

姚冠湖（1886—1926），字楚卿。贵池人，侨居盐城。庠生。晚年主讲景鲁学校。

此书前有自序、目录，内录《书孟尝君传后》《陈惕庵先生传》《海棠轩诗存序》《陈君念严墓志铭》《世母图真记》等散文 40 余篇。目录中有姚永朴、章兆鸿评点。末有章兆鸿跋。

26. 杨小楼一卷　杨尘因著

1922 年三益美术公司石印本　南京图书馆藏

著者生平已见《新华春梦记》。

传主杨小楼（1878—1938），名三元。潜山人，杨月楼之子。京剧武生演员，杨派艺术创始人。

27. 瀛海鳞鸿记二卷　林介弼著

1922 年刻本　安徽省图书馆藏

著者生平已见《解园文集》。

此书为作者游宦海外之作。前有清光绪二十年（1894）自序，遁石山人自题词，《纪梦》一则。上卷记宦游日本所见所闻所感，以及宦游途中与友人之交往。下卷记日本风俗、著者游历心得，末有《瀛海鳞鸿记文牍约存》，另属：壬戌重录。

28. 玉山文集二卷　周馥著

周悫慎公全集本　中国国家图书馆藏

著者生平已见《玉山诗集》。

此书收入《周悫慎公全集》八种四十五卷。

孙熊《周悫慎公全集提要》（载《国家图书馆藏古籍题跋丛刊·第二十三册》，北京图书馆出版社 2002 年版，第 602 页）称："（玉山）文集卷一，《兴学论》《儒释辨》《格致说》诸篇，探源立论，见道之言。《货币刍议》及卷二《书补救山东黄河事》，又《书补救永定河患》诸篇，均为经世之文。《游白鹿洞归偶书》一篇，尤为精要。大略为国而欲图富强，仍不外乎尊重孔孟之言，精研宋儒之论，以渐窥夫天地消长之道。则凡人情物理，无不贯彻，所谓本立而道生也。《书戴孝侯死事传后》及《提督聂忠节公传》二篇，抒愤褒忠，足补国史所未备。"

29. 中等简易作文法　胡怀琛著

1922 年武汉崇文书局铅印本　超星数字图书馆收录

著者生平已见《兰闺清课》。

30. 中国五千年全史　胡寄尘著

1922 年上海新华书局铅印本　山东大学图书馆藏

胡寄尘，名怀琛，生平已见《兰闺清课》。

此书讲述中国古代神话传说与历史故事。

1923年(民国十二年)

1. 八十自嘲一卷　胡光国著

1923年南京文翰斋石印本　南京图书馆藏

著者生平已见《喜闻过斋诗》。

此书回忆著者一生经历。

2. 百花亭畔　高语罕著

1923年上海亚东图书馆铅印本　中国国家图书馆藏

著者生平已见《白话书信》。

此书前有著者自序，称："发愿把我二十年前所亲见、亲闻及亲身参与的革命中的逸事，叙述出来，名曰《如此这般录》。《如此这般录》分三集，第一集《百花亭畔》，以徐锡麟刺杀恩铭的革命阴谋的事实为主要史料；即本书。第二集《病中》，以熊承基炮兵营起义事实为主要材料。第三集《青年军始末记》，以辛亥革命后的安徽独立运动为主要数据，而叙述则以青年军之产生、发展和消灭为线索。"

3. 包慎伯先生年谱一卷　胡朴安著

朴学斋丛刊本　中国国家图书馆藏

胡朴安，名韫玉，生平已见《古今笔记精华录》。

此书前有自序。内录《传》《年谱》。

谱主包世臣（1775—1855），字慎伯，晚号倦翁、小倦游阁外史。安徽泾县人。清代学者、书法家、书学理论家。

此书被辑入《朴学斋丛刊》第一册。

朴学斋丛刊十一种十一卷　胡朴安辑 1923年安吴胡氏铅印本　中国

国家图书馆藏

此编前有萧退暗序，自序，内录《包慎伯先生年谱》一卷、《周秦诸子学略》一卷、《周秦诸子书目》一卷、《笔志》一卷、《纸说》一卷、《奇石记》一卷、《律数说》一卷、《读汉文记》一卷、《历代文章论略》一卷、《论文杂记》一卷、《余墨》一卷。

4. 抱润轩文集二十二卷　马其昶著

1923 年京师刻本　中国国家图书馆藏

著者生平已见《马通伯文钞》。

此书前有 1919 年陈立三序。卷一、卷二录论、辨、议、释、读 24 篇；卷三至卷六录序、跋、题词 47 篇；卷七、卷八录哀祭、状、疏、书 7 篇；卷九、卷十录书 19 篇；卷十一、卷十二录传、行状 24 篇；卷十三、卷十四录碑文 10 篇；卷十五、卷十六录墓表 22 篇；卷十七至卷二十录墓志铭 41 篇；卷二十一、卷二十二录记、书事 26 篇，包括山水馆舍记与人物记等。全书共计 220 篇。

此书曾有十卷本，清宣统元年（1909）怀宁潘勋缮写印行。

5. 北江先生诗集五卷　吴闿生著

1923 年文学社铅印本　安徽省图书馆藏

著者生平已见《古今体诗约选》。

此书前有贺培新、吴兆璜序各一，著者自题，并姚永概、张伯英、姚孟振等 8 人评语。内录五七言古诗、律诗、绝句 444 首，附录 3 首。末有方福东跋。

又：**北江诗草五卷　吴闿生著**　1923 年桐城吴氏手抄本　中国国家图书馆藏

又：**北江先生集十二卷诗五卷　吴闿生著**　1933 年文学社刻本　中国国家图书馆藏

此书为吴兆璜、贺培新编次，天津徐世章、深泽王勤生等十余人集资刊行。前有曾克端序，内录著者文章 427 篇，诗 622 首，附录 5 首，起自 1896 年，终于 1933 年。

又：**北江先生诗集五卷　吴闿生著**　2009 年黄山书社铅印本　安徽省图书馆藏

此书前有编者所撰《北江先生小传》，点校者前言，1923 年贺培新、吴兆璜序各一及自序。内收录著者八岁至四十四岁诗作 444 首。末附《北江先生诗集作品年表》《北江著述目录》。

6. 尝试集批评与讨论　胡怀琛辑

1923 年上海泰东图书局铅印本　中国国家图书馆藏

著者生平已见《兰闺清课》。

此书前有编者序，上册录胡怀琛《尝试集批评》，胡适、张东荪、刘大白、胡怀琛、朱执信、朱侨、刘伯棠等人有关《尝试集》讨论书信，以及朱执信《诗的音节》、无名氏《对于胡适之通信的意见》、胡怀琛《批评尝试集到底没有错》；下册录胡怀琛《尝试集正谬》，吴天放《评胡怀琛的尝试集正谬》，井湄《评尝试集正谬》及《尝试集里的原作》，伯子《读胡怀琛先生的尝试集正谬》，以及胡怀琛致李石岑、王崇植、胡涣、胡适有关《尝试集》讨论书信及胡适答胡怀琛信。

《编者序》称："这本册子，是我批评《尝试集》，及和他人讨论《尝试集》的通信。""自从民国九年四月起，到民国十年一月止，共有半年多的时间，先后加入讨论的共有十多个人；各人的文章发表在三四种日报和杂志上，转载在五六种日报和杂志上。但除了这本册子，没一处是将各人的文章都搜集完全的。所以这本册子要算顶完备了。"

7. 窗外人　程小青著

1923 年上海大东书局铅印本　天津图书馆藏

著者生平已见《福尔摩斯探案全集》第六册。

此书被辑入《东方福尔摩斯探案》系列丛书。

8. 第二号室　［英］瓦拉斯著；程小青译

民国上海世界书局铅印本　南京图书馆藏

译者生平已见《福尔摩斯探案全集》第六册。

此书于 1923 年连载于《侦探世界》第 7—15 期。

9. 东游小草二卷　姚丽山著

1923 年五桂堂刻本　安徽省图书馆藏

姚丽山（？—？），名灼，字丽山。桐城人。清同治恩贡生，授直隶州判，不就，幕游为生。

此书前有方守彝、疏长庚序各一，及胡远芬、吴传绮等题词。内卷一录著者清光绪五年（1879）自桐城出发，东游芜湖、燕子矶、梅花岭、扬州、宿迁、兖州，终抵山东乐安之行程见闻；卷二录诗作 69 首。末有姚恩泽、姚荣泽跋。

10. 读汉文记一卷　胡朴安著

朴学斋丛刊本　中国国家图书馆藏

胡朴安，名韫玉，生平已见《古今笔记精华录》。

此书前有自序，内或专论某作家，评其文章风格、体例，或述作品版本、后人注疏，或专论某种文体、某篇作品及其在艺术上之相承关系。全书多引用史料、传说，文人趣闻逸事，并结合其文风格、内容加以评说。

此书被辑入《朴学斋丛刊》第四册。2008 年复旦大学出版社王水照编辑《历代文话》收录此书。

11. 哥仑布　刘麟生著

1923 年上海商务印书馆铅印本　上海图书馆藏

刘麟生（1894—1980），字宣阁，号茗边。庐江人。刘体蕃长子。早年毕业于上海圣约翰大学文科，后任上海商务印书馆及中华书局编辑、南京金陵女子文理学院国文系教授兼主任、上海交通大学及圣约翰大学教授等职。1947 年起先后于日本东京及美国华盛顿任外交职务。

此书为传记文学，简介哥伦布生平及四次航海探险活动。

此书被辑入《百科小丛书》。

12. 工三诗草一卷　江中清著

1923 年安庆光明印刷厂铅印本　安徽省图书馆藏

江中清（？—?），字工三。桐城人。课徒乡里。

此书前有张象贞序二，刘任远、李林鹤序各一，著者自序。内录著者 1914—1923 年古近体诗作 320 余题。末有陈绍武、张象贞跋。

13. 古今体诗约选四卷　姚永朴选编

1923 年油印本　天津图书馆藏

著者生平已见《见闻偶笔》。

14. 顾博士　程小青著

1923 年上海大东书局铅印本　天津图书馆藏

著者生平已见《福尔摩斯探案全集》第六册。

此书被辑入《东方福尔摩斯探案》系列丛书。

15. 淮南鸿烈集解二十一卷　刘文典著

1923 年上海商务印书馆铅印本　中国国家图书馆藏

刘文典（1889—1958），原名刘文聪，字叔雅。合肥人。清光绪三十二年（1906）入芜湖安徽公学，次年加入中国同盟会。清宣统元年（1909）赴日本东京留学，民国后历任上海《民立报》翻译，北京大学教授，《新青年》英文编辑，安徽大学文学院院长兼预科主任、校长，清华大学中国文学系教授、主任，西南联合大学教授。

此书前有胡适序、自序。

《胡序》称："唐宋类书征引淮南王书最多，而向来校注诸家搜集多未备；陶方琦用力最勤矣，而遗漏尚多，叔雅初从事此书，遍取《书钞》《冶要》《御览》及《文选注》诸书，凡引及《淮南》原文或许、高旧注者，一字一句，皆采辑无遗。辑成之后，则熟读之，皆使成诵。然后取原书，一一注其所自出；然后比较其文字之同异；其无异文者，则舍之，其文异者，或订其得失，或存而不论；其可推知为许慎注者，则明言之；其疑不能明者，亦存之以俟考。计《御览》一书，已逾千条，《文选注》中，亦五六百条。其功力之坚苦如此，宜其成就独多也。"

16. 慧镜智珠录传奇一卷　吴承烜著

1923 年香港中华圣教总会铅印本　复旦大学图书馆藏

著者生平已见《详注六朝文絜八卷》。

此书描写民国初年徐宝珍上将与其夫人孙阆仙事迹。前有自序。

17. 绘图新编大观园说唱鼓词四卷　唐在田著

1923 年上海校经山房石印本　辽宁大学图书馆藏残本

著者生平已见《新金瓶梅》。

18. 记实文范　胡怀琛编辑

1923年武汉崇文书局铅印本　胡小静《胡怀琛传略》（载晋阳学刊编辑部编辑《中国现代社会科学家传略·第八辑》，山西人民出版社1987年版，第361页）著录

编者生平已见《兰闺清课》。

19. 镜花缘　（清）李汝珍著；汪原放，章希吕句读

1923年上海亚东图书馆铅印本　中国国家图书馆藏

汪原放生平已见《儒林外史》。

章希吕生平已见《西游记》。

此书百回。前有胡适《镜花缘的引论》，许乔林《原序》，王韬序、孙吉昌题词，章希吕《校读后记》及《本书标点符号说明》。

20. 镜花缘的引论　胡适著

民国铅印本　中国国家图书馆藏

著者生平已见《短篇小说第一集》。

此书研究章回小说《镜花缘》及其作者。内录《李汝珍》《李汝珍的音韵学》《李汝珍的人品》《〈镜花缘〉是一部讨论妇女问题的书》4篇。

原著写于1923年5月。

21. 兰苏馆诗存一卷　周行藻著

1923年合肥启新印刷社铅印本　安徽省图书馆藏

周行藻（？—？），字俪平。合肥人。民国初年曾任湖北省阳新县知事。

此书前有自序，郭骏声序，葛钟秀、杨元鹤、萧楚女、傅岩、姚汝说、郭熙楞等人题词。内录古近体诗，多感怀、唱和之作。

22. 历代文章论略一卷　胡朴安著

朴学斋丛刊本　中国国家图书馆藏

胡朴安，名韫玉，生平已见《古今笔记精华录》。

此书《自序》称："兹篇所述，起自晚周，迄于近今，略论文章变迁之迹。而学问之盛衰，人品之隆污，悉于是乎见之。世之览者，亦可以知

吾国文章之价值矣。"

此书被辑入《朴学斋丛刊》第四册。2008 年复旦大学出版社王水照编辑《历代文话》收录此书。

23. 论文杂记一卷　胡朴安著

朴学斋丛刊本　中国国家图书馆藏

胡朴安，名韫玉，生平已见《古今笔记精华录》。

此书前有自序，内以笔记体简论各类文章之特点、行文技巧、作者文风，意在为初学者指示门径。

此书被辑入《朴学斋丛刊》第四册。2008 年复旦大学出版社王水照编辑《历代文话》收录此书。

24. 平斋雁字诗吟稿　叶宗尹著

1923 年石印本　安徽省图书馆藏

叶宗尹（？—?），字勋士。歙县人。曾参编民国《歙县志》。

此书前有姚佐廷、高湘、叶文瀚、叶德钦序各一，内录著者四次吟成"雁字"30 律，共 120 首。

25. 奇石记一卷　胡朴安著

朴学斋丛刊本　中国国家图书馆藏

胡朴安，名韫玉，生平已见《古今笔记精华录》。

此书前有自序，内录有关奇石之笔记 58 则。

此书被辑入《朴学斋丛刊》第三册。

26. 青山风雅集二卷　何养性，何宗严编辑

1923 年木活字本　安徽省图书馆藏

何养性（1900—1973），字子诚，晚号闲闲老人。桐城人。曾任姚永概家塾师，任教于铜陵藏修学院和宏实小学，创办聚芝学社，兼办青山小学。

何宗严，桐城人。

此书内录桐城何氏先辈 27 人遗诗 221 首，摘自《龙眠风雅》与《桐旧集》。末有何养性《后序》及何宗严《记青山风雅集后》。

《后序》称，此书"名之曰《青山集》，冠以青山者，以吾始祖迁居桐

城，卜宅青山之阳，世称青山何氏"。

27. 清赠内阁学士山东登莱青道刘公暨德配郝夫人合祀事迹汇编　周学熙编辑

1923 年石印本　中国国家图书馆藏

编辑者生平已见《府君行状》。

刘瑞芬（1827—1892），字芝田。贵池人。以诸生入李鸿章幕府，曾任代理两淮盐运使、太常寺卿、大理寺卿、驻外大使、广东巡抚等职。

此书内录刘瑞芬及夫人合祀神堂摄影 1 幅，事迹图咏 16 篇，咏篇为桐城姚孟振题。末有周学熙撰《烟台刘公祠祭产记》，赵世骏书丹，胶东道道尹陶思澄暨绅商致诰，附录《清赠内阁学士登莱青道刘公暨德配郝夫人合祠传记图咏》。

28. 清赠内阁学士山东登莱青道贵池刘公事迹图咏　姚孟振著

1923 年石印本　南京图书馆藏

姚孟振（1862—1940），字慎思。桐城人。清光绪县学生员，安庆敬敷书院课士。清宣统二年（1910）执教于芜湖安徽公学。民国初年任全皖图书馆经理、收掌等职。数月后辞职，相继于北京民国大学、浮山中学、安徽甲种工业学校任教。1928 年前后参与创办桐城县女子中学，任校长。

刘公，刘瑞芬（1827—1892），见上书。

29. 守黑山房诗草一卷　何则琳著

1923 年铅印本　安徽省图书馆藏

何则琳（1858—1938），字霞斋。桐城人。曾任桐城白鹤峰学校校长，民国后任地方议员。

此书前有阮强、王光鸾、何仁静、许同方序各一，内录古近体诗 150 余首。其中《挽渐西袁忠节公》《庚子遇拳匪乱屡受危险》《感时》等，皆表现时局动乱。

30. 泗滨汇唱　方济川辑

1923 年铅印本　南京图书馆藏

编著者生平已见《岳麓钟声》。

此书前有编著者序,内正文六卷,录诗 717 首,多唱和之作;附编一卷,录编者近作 83 首。

著者序称,著者于民国十年(1921)任泗阳知县,此书之作,大多成于泗阳任职期间。

31. 宿松文征正编四卷续编四卷末一卷　张灿奎纂

1923 年刻本　安徽省图书馆藏

张灿奎(? —?),字仪翙,号星池。宿松人。清光绪举人。曾任山西河东官盐副办,民国间纂修《宿松县志》《宿松文征》。著者曾于清末撰有《尘思》一卷。

此书前有《例言》,内录宿松县历代诗词文赋。正编卷一为征述编,卷二为奏议编,卷三为论说编,卷四为诗赋编,各编均有叙例。续编分类体例同正编。卷末有补遗,附录《增修宿松县志正讹》。

《例言》称:"是编之为书,因蒙上年出版之新修宿松县志而及。与《县志》相倚相辅,而非即《县志》之为书也。另名曰《宿松文征》,有独立之质焉","全书先各类古文辞,次古近体诗歌,次古体赋,次诸有韵之言,合共分正续二编,已见道光《邬志》及同治志稿《艺文》篇翰者,汇归正编,新入而合征者,归续编。"

32. 太平天国野史二十卷　凌善清,王文濡编

1923 年铅印本　首都图书馆藏

编者生平已见《侯魏汪三家文合钞》。

此书前有凌善清、王文濡序各一。内分本纪、职官、兵制、宗教、礼制、历法、刑法、科举、食货、文告、灾异、首事诸王传、殉国诸王传、国宗传、列传、文学传、方技传、女官传、幸臣传、贰臣传、载余等,以纪传体形式记述太平天国历史。其中《文学传》记何震川、卢贤拔、曾钊阳三人,《载余》70 余则,多记载太平天国逸闻。

《凌序》称:"辛酉夏,丁君辅之以姚氏所藏《洪杨纪事》抄本见示。著者不署姓字。书中所记,皆太平天国故实,而止于清咸丰五年(公元太平四年),传者只三十人,人各百余字。而独于职官兵制考订周详,分类极细,为他家记载所未见,爰搜群籍,厘订史例,缺者补之,讹者正之,略者详之,历一载而全书始告成功,虽存其原辞,不无秽芜,而本末兼

备，自成太平一代之书，或于异日之修史者有所裨益焉。"

33. 铁轨上　程小青著

1923年上海大东书局铅印本　天津图书馆藏

著者生平已见《福尔摩斯探案全集》第六册。

此书被辑入《东方福尔摩斯探案》系列丛书。

34. 童蒙养正诗选　（清）泽斋老人选；王揖唐补辑

1923年稿本　中国国家图书馆藏

王揖唐生平已见《横山草堂联话》。

泽斋老人，王揖唐之父王锡元别号。

又：**童蒙养正诗选　（清）泽斋老人选；王揖唐补辑**　1925年合肥王氏铅印本　中国国家图书馆藏

此书三集，前有泽斋老人遗像，王揖唐序及《凡例》，末附著者小传。

《凡例》称，"本编以对于儿童足以鼓舞其活泼进取之气概、发挥其忠实仁厚之天真、培养其高洁优美之情感为宗旨，否则文辞虽美，亦不滥录"，"本编分一二三集，由简人繁，取便循序诵习，且为注重实用起见，概不分体断代。虽不合向来选诗体裁，亦所不计"。

35. 蜕私轩诗说八卷　姚永朴著

1923年油印本　安徽省图书馆藏

著者生平已见《见闻偶笔》。

此书前有陈朝爵序，内为解读《诗经》之作。

36. 托尔斯泰与佛经　胡怀琛著

1923年上海世界佛教居士林铅印本　首都图书馆藏

著者生平已见《兰闺清课》。

此书前有显荫序，并自序二，末有著者跋。内六章，分别为"绪言""托尔斯泰寓言与佛经之比较""并非翻译""不是偶然相同""从佛经中得来的一部分思想""结论"。

《自序一》称，此书内容曾逐日载于《时事新报》，题名"托尔斯泰抄袭佛经"。

《跋》称："此书印成之后，据耿济之先生来信说：俄文原本，这几个寓言，注明了是取材于佛经的，只是译本上不曾注明。如此，抄袭一层，可以不成问题。但是我们所要研究的，是不是托氏学说，受了佛学的影响，抄不抄，犹在其次。"

37. 薇香馆诗存二卷　戴寿昌著

1923 年铅印本　安徽省图书馆藏

著者生平已见《薇香馆诗钞》。

此书前有邵松年、金廷桂序各一及自序，内录著者 1917—1922 年古近体诗作 176 首。

38. 文学评论之原理　［英］温切斯特（C. T. Winchester）著；景昌极，钱坤新译；梅光迪校

1923 年上海商务印书馆铅印本　安徽大学图书馆藏

梅光迪生平已见《文学概论》。

此书前有译者识，内八章，分别为"定义与范围""何谓文学""文学上之感情原素""想象""文学上之理智原素""文学上之形式原素""散体小说""结论"。

程正民、程凯著《中国现代文学理论知识体系的建构：文学理论教材与教学的历史沿革》（北京大学出版社 2005 年版，第 37 页）称，此书"是第一本翻译成书的西方文学基础理论原著，自然影响深远"。

39. 文艺因缘一卷　胡在渭编辑

1923 年六安师范油印本　安徽省图书馆藏

胡在渭（1892—1944），字景磻，号天石，又号补天石、恨海余生。绩溪人。胡广植之子。早年毕业于江淮大学，自 1915 年始，先后任教于安徽省立第二师范学校、芜湖省立第五中学、六安县立师范讲习所、宣城师范学校、徽州中学、徽州师范学校、绩溪县立初中。1920 年发起倡导各县组织天足会。1928 年前后任职于《三民导报》，并创办《新都晚报》。

此书前有 1923 年编者序，称此书编辑起因在于"诸同学转瞬修业期满，即赋别离。风雨晦暝，将何以慰相思的痛苦呢？于是选择诸同学平日所作的诗歌若干首，都为一集，题曰《文艺因缘》。……内容以新体诗居

首，以示提倡新文学的意思，旧体诗次之，以示一面提倡新文学，而一面不废旧文学的意思。卷末附以歌谣，以示新文学当以适应民众心理的民众文学为方针"。

40. 屋里青山诗钞二卷　章绹著

1923 年石印本　安徽省图书馆藏

章绹（1854—1922），字素五，号触虚。桐城人。

此书前有程丙昭、马振仪、许复、方彦恂、伍旭然、吴元麟、马翙题词，内录诗作多记家国之盛衰，感交游之聚散。末有马翙跋，附 1912—1914 年所作《屋里青山梦稿》。

《马跋》称，此书为著者友人集资所印。

41. 梧桐泪传奇　姜继襄著

1923 年石印本　左鹏军《晚清民国传奇杂剧文献与史实研究》著录

姜继襄（1859—1924 后），字曙东，号劲草词人，别署曙叟。怀宁人。清光绪二十年（1894）举人。历任广西罗田、湖北黄安、江陵、安徽宿县县令。清末寓居江南，民国后仍返湖北任职。著者曾于清光绪年间撰有《劲草堂文集》《劲草堂诗集》。

此书前有王树荣、张继高、黄防、裴世德、朱立均、沈际虞、黄蓬山樵诸人题词，另有癸亥冬日自序。内二十出，写戊戌政变事，部分有一粟评语、作者自记。

《自序》称："民国改治，仅十二载。逊清遗事，故老多亲历之。其时处专制淫威之下，缄口结舌，不敢多言。然心实诽之，其故事犹历历在目也。民国言论自由，且谈往尤无忌讳。坊间言清宫之书，或为译本，或为自编，比比皆是。然颠倒谩骂，失当时真迹远矣。余前清从政日久，习见章奏朝旨，聆当事之言甚悉。沧桑变后，故纸零落，不能详录原文，以成信史。惟于珍妃殉国事，每哀之而不能忘，拟谱作传奇。"

42. 五福船　程小青著

1923 年上海大东书局铅印本　天津图书馆藏

著者生平已见《福尔摩斯探案全集》第六册。

此书被辑入《东方福尔摩斯探案》系列丛书。

43. 西游记考证　胡适著

1923 年上海亚东图书馆铅印本　中国国家图书馆藏

著者生平已见《短篇小说第一集》。

此书前有自序，附录董作宾《读西游记考证》，末有《后记》两则。

《自序》称，《西游记序》写于 1921 年，此书是"把前做的《西游记序》和《考证》合并起来，成为这一篇"。

44. 箱尸　程小青著

1923 年上海大东书局铅印本　重庆图书馆藏

著者生平已见《福尔摩斯探案全集》第六册。

此书被辑入《东方福尔摩斯探案》系列丛书。

45. 新俄罗斯　〔日〕川上俊彦著；王揖唐译

1923 年上海商务印书馆铅印本　中国国家图书馆藏

译者生平已见《横山草堂联话》。

此书为著者游苏归国后所写介绍十月革命后苏俄情况之散文，末附《旅行琐记》。

46. 新俄游记　江亢虎著

1923 年上海商务印书馆铅印本（2 版）　首都图书馆藏

著者生平已见《洪水集》。

此书前有自序，内载作者于 1921 年赴苏旅行见闻，录《哈尔滨旅况》《中东铁路》《外蒙失守追述》《满赤道中》《赤塔见闻杂记》《西比利亚道中》《莫斯科皇宫》《第三国际第三代表大会》等文 70 余篇，末附《民国三十节在俄京感言》《游德感想见记》《荷兰五日记》《游法感想记》《回国宣言》等 8 篇。

又：**新俄回想录　江亢虎著**　中国国家图书馆藏

此书内容同上书。

47. 新诗概说　胡怀琛著

1923 年上海商务印书馆铅印本　安徽省图书馆藏

著者生平已见《兰闺清课》。

此书前有自序，内分"人为什么要作诗""诗是什么""新诗与旧诗的分别""新诗怎样做法""关于做诗应该读的书""和做诗有连带关系的科学""中国诗学史的大略·上""中国诗学史的大略·下"八章，末附《子夏诗大序》《白居易与元九书》《朱子诗序》《陈祖范诗集自序》《刘开读诗说上》。

48. 新文范　胡在渭著

1922—1923年六安师范油印本　安徽省图书馆藏

著者生平已见《文艺因缘》。

此书三辑，每辑前有自序，内分普通文、日用文、美术文三大类。普通文中再分说明、记述、表抒、议论四体；美术文录诗、词、曲、小说、戏剧。其中既有文言散文、传统诗词作品，亦有梁启超、蔡元培、陈独秀、胡适、邵力子、朱天民、黄炎培、俞平伯等人白话新文学之作。第一辑前附《字句符号》，内录新旧体诗、词、文29篇；第二辑首篇为《标点符号用法举例》，末附《白话文法表解》，内录新旧体诗、文、剧本27篇；第三辑内录新旧体诗、词、曲、文、剧本33篇。

第一辑《自序》写于1922年冬，称"余于民国十一年春，来膺六安师范讲习所之讲席，所选国文教材，悉本此旨"。

49. 修辞学要略　胡怀琛著

1923年上海大东书局铅印本　上海师范大学图书馆藏

著者生平已见《兰闺清课》。

此书前有著者序，内上、下两编，共十二章。上编为《文章之结构》，从用字、造句、措辞等方面讲述；下编为《文章之精神》，结合古文例，从声色、格律、神理、气味八字分析。

《著者序》称，此书"为教学者而作，草创于民国六年，脱稿于十二年"，下编体例取自姚鼐《古文辞类纂》。

50. 易卜生集二　［挪威］易卜生著；潘家洵译；胡适校

1923年上海商务印书馆铅印本　天津图书馆藏

校者生平已见《短篇小说第一集》。

此书内录三幕剧《少年党》和《大匠》。

51. 友古堂诗集二卷　李经钰著

1923 年铅印本　安徽省图书馆藏

李经钰（1867—1922），字连之，号庚余、耕余，又号逸农，室名友古堂。合肥人。李蕴章之子。清光绪十九年（1893）举人，官河南候补道。

此书前有陈诗、张文连序各一，内录著者自清光绪十六年（1890）至 1922 年诗作。

52. 余墨一卷　胡朴安著

朴学斋丛刊本　中国国家图书馆藏

胡朴安，名韫玉，生平已见《古今笔记精华录》。

此书前有自序，称此书写于沪上，为著者阅读笔记。

此书被辑入《朴学斋丛刊》第四册。

53. 正道居集二卷　段祺瑞著

1923 年铅印本　中国国家图书馆藏

段祺瑞（1865—1936），字芝泉，晚号正道老人。合肥人。清光绪十五年（1889）毕业于天津武备学堂，后赴德国学军事。回国后历任北洋军械局委员、威海营武备学堂教习、北洋军政司参谋处总办、练兵处军令司正使加副都统衔，清光绪三十三年（1907）调署第三镇统制，兼理北洋武备各学堂，民国后一度代理国务总理，为北洋政府皖系首领。

此书前有自序，内录《圣贤英雄异同论》《内感篇》《外感篇》《灵学要志叙》《灵学特刊序》《儒释异同论》《产猴记》《因雪记》8 篇；《砭世咏》《弱弟哀》《末世哀》《可怜吟》《时局幻化感》《正道咏》《先贤咏》等诗作 36 题。

54. 正道居诗　段祺瑞著

1923 年铅印本　中国国家图书馆藏

著者生平已见《正道居集》。

此书录《赋答修慧长老》及《砭世咏一》《砭世咏二》3 首。

55. 中国诗学通评　胡怀琛著

1923年上海大东书局铅印本　上海图书馆藏

著者生平已见《兰闺清课》。

此书前有《序目》《缘起》。内于《总叙》外，分别评论"屈灵均一派"7人，包括屈原、孟郊、李贺、温庭筠、李商隐、梅尧臣、黄庭坚；"陶渊明一派"7人，包括陶潜、王维、孟浩然、储光羲、韦应物、柳宗元、苏轼；"李太白一派"2人，包括李白、高启；"杜少陵一派"1人，包括杜甫；"陆放翁一派"2人，包括陆游、杨万里；"王渔洋一派"1人，包括王士祯；"白香山一派"1人，包括白居易。

著者于《缘起》中称，"右《中国诗学通评》一卷，为余民国十年在沪江大学所讲，于古今数千年，虽仅论及二十一人，然源流派别，一览了然。学者得此门径，不难自入堂奥。"

56. 中国文学通评　胡怀琛著

1923年上海大东书局铅印本　上海图书馆藏

著者生平已见《兰闺清课》。

此书原系著者1921年在沪江大学讲课之讲稿，分"孟轲庄周""左国史汉""唐宋八家""清初三家""桐城文"五部分，对先秦至清末作品进行评论。

57. 周秦诸子学略一卷　胡朴安著

朴学斋丛刊本　中国国家图书馆藏

胡朴安，名韫玉，生平已见《古今笔记精华录》。

此书前有自序、总论，内介绍儒家、道家、阴阳家、法家、名家、墨家、纵横家、杂家、农家、小说家各家源流、派别、学说。末有说明，称："十家学说，仅详八家。阴阳家言，其书不存。小说家虽有幸存者，亦无条理也。"

此书被辑入《朴学斋丛刊》第二册。

58. 最短之短篇小说　胡寄尘著

1923年晓星编译社铅印本　复旦大学图书馆藏

胡寄尘，名怀琛，生平已见《兰闺清课》。

此书前有自序，内录《他的积蓄》《可怜的同胞》《爱克斯眼镜》《无国之民》《死后的奋斗》等短篇小说 24 篇。

《自序》称："这几篇小说，是我三四年来研究小说的成绩，我这几年做的短篇小说，还不止这几篇。这不过一小部分罢了。因为他篇幅很短，所以名之为《最短之短篇小说》。"

59. 左传微十二卷　吴闿生，刘宗尧著

1923 年文学社刻本　安徽省图书馆藏

吴闿生生平已见《古今体诗约选》。

此书前有曾克端序，吴闿生所撰《例言》及《与李右周进士论左传书》。末有贾应璞跋。

《例言》称："圣门之学，有微言，有大义。《左传》一书于大义之外，微词眇旨尤多。此编专以发明左氏微言为主，故名《左传微》。""此编划分章卷，以马骕《左传事纬》为蓝本，而稍为之更定。马氏以事为主，今以文为主，事具则文之焉。""全书于《左传》原文无一字增损，但为之移易次第，分别连缀而已。……若夫训注疏释，古今诸家已详，不更赘及，以遵简易。""此书初稿系清宣统初元与同学刘君宗尧（培极）所合著。今鄙说既多所更定，刘说之善者亦仍录存之。"

此书又有清宣统元年刻本，题为"左传文法读本"。

1924年(民国十三年)

1. 北江先生文集七卷　吴闿生著

1924年文学社刻本　安徽省图书馆藏

著者生平已见《古今体诗约选》。

此书前有吴兆璜、贺培新序各一，内七卷，目录后有著者记。卷一录清光绪二十二年（1896）至二十八年（1902）文49篇，卷二录至清光绪二十九年（1903）至三十三年（1907）文47篇，卷三录清光绪三十四年（1908）至清宣统元年（1909）文43篇，卷四录清宣统二年（1910）至三年（1911）文31篇，卷四录1912—1915年文42篇，卷五录1916—1919年文43篇，卷六录1920—1923年文54篇。总计309篇。

又：**北江先生集十二卷诗五卷　吴闿生著**　1933年文学社刻本　中国国家图书馆藏

此书为吴兆璜、贺培新编次，天津徐世章、深泽王勤生等十余人集资刊行。前有1923年曾克端序，内录著者文章427篇，诗622首，附录5首，起自清光绪二十二年（1896），终于1933年。

又：**北江先生文集钞本　吴闿生著**　民国抄本　中国国家图书馆藏

2. 贲初先生传　胡元吉著

民国铅印本　中国国家图书馆藏

胡元吉（1870—1936），字敬庵。黟县人。清光绪二十二年（1896）后历任敬敷书院学长，湖北巡抚于荫霖文案，安徽大学堂历史教员，山东齐河县知县、菏泽县知县。晚年讲学于安徽省第二师范学校。著者曾于清末撰有《抑斋记闻》六卷。

传主方守彝（1847—1924），号贲初，桐城人。

3. 伯鹰诗录一卷　潘伯鹰著

民国怀宁潘氏抄本　中国国家图书馆藏

潘伯鹰（1898？—1966），名潘式，字伯鹰，号凫公、凫工、有发翁、却曲翁，别署孤云，以字行。怀宁人。潘雨林之子。1925 年北京交通大学毕业，入天津北宁铁路局实习，后游历日本，归而任教于济南大学、中法大学。1933 年主编《天津半月刊》，抗战期间任蒋介石行营秘书、实业部机要秘书，于重庆发起并主持饮河诗社。国共和谈时曾任国方代表章士钊秘书。

此书共录古近体诗 86 首。首篇为 1919 年之作《过姜颖生先生故居》；其中《梦范兴伯》《记怀郁文》等为怀友诗；《公子行》《女挽车行》等描写京城贫富不均现状；《浮云篇》则为 1922 年冬季观真光剧场影戏后所写长篇歌行体诗作。

末注："甲子七月合旧稿六册甄录迄。"

4. 蔡瀛壶遐龄集一卷　吴承烜等辑

1924 年铅印本　南京图书馆藏

吴承烜生平已见《详注六朝文絜八卷》。

蔡瀛壶（1865—1935），名卓勋，字竹铭。清末民初潮汕文化名人。曾自汇其诗文、词曲、传奇、笔记，加以删定，编成《壶史》。

5. 程笃原诗一卷　程炎震著

1924 年抄本　中国国家图书馆藏

程炎震（1875—1922），字笃原，号病笃。歙县人。清光绪年间副贡生。民国后寓居北京，参加漫社、思误社活动。著者曾于清末校注《世说新语》三卷。

此书录著者写于清光绪三十年（1904）至民国古近体诗作百余题，末附著者兄程谨原后序、题诗，张朝埔、陈士廉识语，内有评点。

6. 断肠草　程士苔著

1924 年铅印本　安徽省图书馆藏

程士苔（？—？），字杏园。休宁人。

此书前录嫡室汪女士在阁时遗像、《嫡室汪女士事略》《哭嫡室汪女士》诗 6 首；中录继室汪女士廿一岁遗像、《继室汪女士事略》《哭继室汪女士》诗 8 首；后录侧室冯女士十七岁遗像、《侧室冯女士事略》《哭侧室冯女士》诗 8 首。

7. 儿歌　胡寄尘编

1924 年上海中华书局铅印本　首都图书馆藏

胡寄尘，名怀琛，生平已见《兰闺清课》。

此书二册。

8. 二砚斋丛录　叶尧阶著

1924 年石印本　安徽省图书馆藏

叶尧阶（？—1930），字仙蓂。全椒人。清光绪二十年（1894）举人，拣选知县。二十九年（1903）参修《全椒县志》。1912 年被推为全椒军政分府参议会议员。1916 年任安徽省教育厅二科科长，一度代行厅长职。

此书前有砚台拓片 4 幅及《二砚斋记》。内录诗文。

《二砚斋记》称："戊午岁余在市肆购得闽中黄莘田先生端砚一，制钜且古越。癸亥又得其一，吴门顾二娘手制。皆十砚轩中珍品也，惊喜欲狂。延津之剑双双落吾手，殆有前缘焉？因取'二砚'以名吾斋，并略述得砚颠末，考证黄莘田及砚中铭者、镌者诸人事迹，征得诗词数十首，又将裒然成秩。"

9. 方家联语　方济川著

1924 年铅印本　南京图书馆藏

著者生平已见《岳麓钟声》。

此书前有自序，内录题联 15 副，贺联 10 副，祝联 16 副，挽联 51 副。

10. 疯人自述　胡寄尘编

1924 年上海商务印书馆铅印本　首都图书馆藏

胡寄尘，名怀琛，生平已见《兰闺清课》。

此书讲述疯人眼中金钱故事。

此书被辑入《平民小丛书》。

11．灌叟八十寿言集一卷　胡光国著

1924 年铅印本　南京图书馆藏

著者生平已见《喜闻过斋诗》。

12．溉园诗集三卷　林介弼著

1924 年铅印本　安徽省图书馆藏

著者生平已见《解园文集》。

此书前有遁石山人自题手迹，冯煦、杨洛鉴、晏蓳声序各一，并姜继襄、方泽久、檀家琼、廖椿龄题词，著者自题诗。内卷上有《淮麓集》古近体诗 32 首、《秣陵集》古近体诗 38 首、《芜城集》古近体诗 32 首、《颍水集》古近体诗 35 首、《北上集》古近体诗 37 首、《津门集》古近体诗 24 首、《宣南集》古近体诗 49 首、《薇省集》古近体诗 29 首；卷中有《东瀛集》古近体诗 107 首、《西江集》古近体诗 145 首、《明湖集》古近体诗 61 首、《鸠兹集》古近体诗 44 首、《归田集》古近体诗 94 首；卷下有《劫余集》古近体诗 360 首。附刻《都门竹枝词》335 首。

13．古白话文选　吴遁生，郑次川等编

1924 年上海商务印书馆铅印本　南京图书馆藏

吴遁生（？—？），怀宁人。"五四"时期参加芜湖学社，曾任教于上海沪江大学。

此书二册。内分书信、语录、诗歌、词、曲、小说六类。录范仲淹《与中舍》、卓文君《白头吟》、李清照《声声慢》《赖婚》（《西厢》节录）、《鲁智深》（《水浒》节录）等 360 余篇。

此书为《新学制高级中学国语读本》。

14．国学汇编第一集　胡朴安主编

1924 年上海国光书局铅印本　中国国家图书馆藏

胡朴安，名韫玉，生平已见《古今笔记精华录》。

此书集《国学周刊》发表文章而成，前有《国学研究社宣言》，内文学类录胡朴安《史记体例之商榷》《朴学斋读书记》，胡怀琛《中国文学史略》（未完），顾实《常州文学之回顾》，傅熊湘《中学适用之文学研究法》；杂俎类录傅屯良《美文之研究》、叶楚伧《诗学臆述》、胡朴安《研究国学之方法》；文录类录章太炎、汪精卫、陈三立、金天翮、黄宾虹、程善之、胡朴安、胡怀琛等人之论、书、说、序 34 篇；诗录类录汪精卫、胡汉民、章太炎、于右任、柳亚子、叶楚伧、黄宾虹、胡朴安等 21 人诗作81 题。

《国学周刊》为国学研究社社刊，旨在弘扬中国传统学术文化。该刊每半年满二十六期即合刊或合编为合订本，称作《国学汇编》。1924—1925 年，前后共出版三集，毛边纸铅字排印，每集四册。均按专著、杂俎、文录、诗录四部分编纂。

15. 国学汇编第二集　胡朴安主编

1924 年上海国光书局铅印本　中国国家图书馆藏

胡朴安，名韫玉，生平已见《古今笔记精华录》。

此书集《国学周刊》发表文章而成，文学类录胡朴安著《朴学斋读书记》，朱师辙著《史记补注》，胡怀琛著《中国文学史略（续）》；杂俎类录胡怀琛《诗之阳刚与阴柔》《文学之体相用》《燕游诗草汉译本》；文录类录汪精卫、柳亚子、吕天民、杨树达、闻野鹤、陈匪石、吴检斋、蒙文通、胡朴安、胡怀琛等人论、说、书、记、序等文 27 篇；诗录类录汪精卫、许静仁、于右任、闻野鹤、吕天民、黄宾虹、柳亚子、胡朴安、胡怀琛、胡渊等人诗作 110 题。

16. 汉江泪　姜继襄著

劲草堂传奇本　上海市文化局藏

著者生平已见《梧桐泪传奇》。

此剧二本，每本一出。卷首有作者《自记》两则及友人题词。

《自记》称，该剧作于 1912 年，取材于武昌起义。

劲草堂传奇三种三卷　又名：劲草堂曲稿　姜继襄著　1924 年石印本　上海市文化局藏

是编内录传奇《汉江泪》《金陵泪》《松坡楼》。

17. 鹤柴诗存　陈诗著

1924 年尊瓠室刻本　上海图书馆藏

著者生平已见《尊瓠室诗》。

此书前有郑孝胥题词，内录著者 1913—1924 年诗作，接续《尊瓠室诗》编卷。卷三自 1913 迄于 1917 年，卷四自 1918 年迄于 1923 年，卷五著于 1924 年。末附著者《后记》。

18. 胡适文存二集　胡适著

1924 年上海亚东图书馆铅印本，安徽省图书馆藏。

著者生平已见《短篇小说第一集》。

此书前有自序。第一、二卷为讲学之文，第三卷为政治论文，第四卷为杂文。杂文卷录《吴敬梓年谱》《西游记考证》、附录《读西游记考证》（董作宾）、《镜花缘的引论》《跋红楼梦考证》、附录《石头记索引第六版自序》（蔡孑民）、《水浒续集两种序》《三国志演义序》《高元国音学序》《赵元任国语留声片序》《再论中学的国文教学》《中古文学概论序》《评新诗集》《尝试集四版自序》《蕙的风序》《歌谣的比较的研究法的一个例》《北京的平民文学》《国语月刊汉字改革号卷头言》《读王国维先生的曲录》等。

《自序》称："《文存》的第一集，是十年十一月结集的。三年以来，又积下了五十万字的杂文，亚东图书馆里的朋友帮我编集起来，成为《文存》第二集。"

19. 胡思永的遗诗　胡思永著

1924 年上海亚东图书馆铅印本　中国国家图书馆藏

胡思永（1903—1923），绩溪人。胡洪驹之子。

此书前有胡适序，内分《闲望》《南归》《沙漠中的呼喊》三编，录《小船》《麦和草》《雨》《津浦车中杂诗》等新诗百余首。末附胡思永《初作诗时的自序》。

《胡适序》称："这是我的侄儿思永的遗诗一册。……这些诗，依他自己的分配，分作三组。第一组——《闲望》——是八年到十年底的诗。原稿本不多，我又替他删去了几首，所以剩下的很少了。第二组——《南归》——是十一年一月到七月的诗。这一组里，删去的很少。第三组——《沙漠中的呼喊》——是十一年八月到十二月的诗，没有删节。"

20. 绘图老残新游记四卷　杨尘因著

1924 年上海世界书局石印本　广东省立中山图书馆藏

著者生平已见《新华春梦记》。

此书为十六章长篇小说。

张纯《〈老残游记〉之续作》［载《苏州大学学报》（哲学社会科学版）1987 年第 2 期，第 63 页］一文称，此书"系《老残游记》初编之续作。所记者，皆为清鼎即革、民国兴起之初的史实。……此时的申子平已着西装，俨然一付革命党的模样，让人忍俊不禁。可惜作者未沿着刘鹗的原著发展趋向续写下去，不久便另起炉灶"。

21. 绘图新编江浙大战记　唐在田编述

1924 年上海大新书局石印本　浙江省图书馆藏

此书前有兵燹余生题签、自序，《苏皖闽赣浙五省战线一览表》，插图。内六章，记述齐卢之战的原因、和平运动、战事之酝酿、苏浙之开战、全局之牵动、战时之琐闻等。

22. 奸仇记　程小青著

1924 年上海世界书局铅印本　天津图书馆藏

著者生平已见《福尔摩斯探案全集》第六册。

此书曾于 1922 年《红杂志》第 6、7、16、17、20、21、24、25 期连载，为《东方福尔摩斯探案》系列丛书。

23. 今传是楼诗话　王揖唐著

1924 年铅印本　中国国家图书馆藏

著者生平已见《横山草堂联话》。

此书内录诗话 591 则，以记录近代诗坛掌故逸作为主。所涉诗人以及作品，多为作者师友、同窗、同僚、乡贤，又以郑孝胥、张之洞、陈衍、陈三立等为重。此外尚收录多位学者已佚诗作。

"传是楼"系清初昆山徐干学藏书之处。著者妻亦昆山人，其母家比邻楼址，后出资购得原楼旧址，建一新图书馆，定名为"今传是楼"。

24. 金陵泪　姜继襄著

劲草堂传奇本　上海市文化局藏

著者生平已见《梧桐泪传奇》。

此剧卷首有 1913 年 10 月自序，称该剧作于当年，取材于时事。

25. 近代戏剧家论　陈焜、孔常、雁冰合编

1924 年上海商务印书馆铅印本　上海图书馆藏

陈焜生平见《傀儡家庭》。

此书内录介绍西欧剧作家滋德曼、霍普特曼、梅德林克及邓南遮文章 4 篇，为《东方杂志》二十周年纪念发行。

此书为《东方文库》第三十六种。

26. 近人白话文选　吴遁生，郑次川等编

1924 年上海商务印书馆铅印本　安徽省图书馆藏

吴遁生生平已见《古白话文选》。

此书二册。内分评论、演讲、序传、记述、书信、小说、短剧、诗歌八类，录胡适、陈独秀、戴季陶、陈望道、叶楚伧、韩衍、梁启超、蔡元培、顾颉刚、徐志摩、郭沫若、周作人、叶绍钧、冰心、隐庐女士、刘半农等人白话文 70 余篇。

此书为《新学制高级中学国语读本》。

27. 苦丫头　胡寄尘著

1924 年上海商务印书馆铅印本　重庆图书馆藏

胡寄尘，名怀琛，生平已见《兰闺清课》。

此书为故事，被辑入《平民小丛书》。

28. 兰楼余　王世鼐著

1924 年铅印本　上海图书馆藏

王世鼐（1902—1943），字调甫，号心雪。贵池人。王源瀚之子。1916 年考入北京大学中国文学系，后留学美国爱阿凡大学、华盛顿大学，获经济学学士、政治学博士学位。1924 年回国，次年被委任为国务院参议，历任民国政府工商部商业司经营科科长、通商科科长，北平市政府参事，中国国际贸易局总务兼编纂，北平政务委员会专员和东北解交研究委员会常务委员。

此书前有樊增祥、曾春木、章盈五赠言，自序。内录古近体诗221首。

29. 懒人日记　胡寄尘编纂

1924年上海商务印书馆铅印本　首都图书馆藏

胡寄尘，名怀琛，生平已见《兰闺清课》。

此书讲述懒人故事，被辑入《平民小丛书》。

30. 李君颂臣五十寿言　马振宪著

1924年北洋印刷局铅印本　天津图书馆藏

马振宪（1876—1926），字冀平，号寄翁，又号无寄。桐城人。马复恒第三子。清光绪二十九年（1903）进士，选翰林院庶吉士，授检讨，充国史馆协修、编书处协修。曾奉派至日本考察政治，回国后历任京师地方审判推事，安徽高等审判厅厅长，京津铁路段段长，安徽财政厅厅长，国务院参议兼中国佛教协会会长、中国红十字会理事长。

李颂臣（1875—1958），名宝诚，以字行，天津人。天津"八大家"中李士铭之子。

31. 龙山吟稿一卷　鲍鸿著

1924年石印本　安徽省图书馆藏

著者生平已见《龙山忆菊吟》。

此书前有许承尧《叙言》，末有门人汪本楹跋，全书录诗133首，多为怀友、悼亲、品题之作。

32. 路曼尼亚民歌一斑　朱湘译

1924年上海商务印书馆铅印本　安徽大学图书馆藏

朱湘（1904—1933），字子沅。原籍安徽太湖，生于湖南沅陵。朱延熙之子。1920年入清华大学，参加清华文学社活动。1927年赴美国留学，先后于威斯康星州劳伦斯大学、芝加哥大学、俄亥俄大学就读。1929年回国，任教于安徽大学外文系，1932年去职，1933年自尽。

此书前有译者序，内录罗马尼亚民歌《无儿》《母亲悼子歌》《花孩子》《孤女》《咒语》《干姊妹相和歌》《纺纱歌》《月亮》《吉普赛的歌》《军人的歌》《疯》《独居》《被诅咒的歌》和《未亡人》14 首。末附《采集人小传》和《重译人跋》。

《译者序》称，此书选译自哀阑拿·伐佳列司珂（Elena Vacarescu）采集的《丹波危查的歌者》一书。

33. 律和声　刘豁公等编辑

1924 年律和票房铅印本　超星数字图书馆收录

刘豁公，刘达笔名，生平已见《戏剧大观》。

此书为律和票房纪念刊，该票房以研究戏曲为主。此书刊有票房章则、会员名录，并录有《文姬归汉》《饯春》《步飞燕》等戏剧。书前有票房会长、各部主任、会员的照片多幅，以及各界祝贺票房成立的贺词、祝词等。

34. 南社词选二卷　胡韫玉选辑

南社丛选本　南京图书馆藏

选辑者生平已见《古今笔记精华录》。

此书内录宁调元、傅熊湘、郑泽、黄钧、傅道博、汪兆铭、吕碧城、胡怀琛等南社社员 59 人词作 392 首，每家作品前均有作者小传。

南社丛选二十四卷　胡韫玉选辑　1924 年上海国学社铅印本　南京图书馆藏

此编包括文选十卷、诗选十二卷、词选二卷。前有汪精卫、傅熊湘、柳亚子序各一及选者自序。

《汪序》称："中华民国成立以来，十有二年矣。治未可致，而乱且日甚。……今日惟革命文学不能普及之是惧。……南社诸子，以气节文章相尚，其在当日，皆能皎然不欺其志。比年以来，丧乱弘多，遂稍稍有变节者。譬之于树，枝叶黄落，亦新陈代谢之常，执此以訾其根本，适自承其偾而已。嗟夫！死者已矣，其精神所寄，存于文字，常能发其光焰，以为后人导。其犹生存者，则负中华民国之重以前驱，不达其所蕲之境，必不蹶然以止。"

《柳序》称："要之承学之士，手此一册，十五年来文章政治之得失，亦昭然在心目中。"

《自序》称:"文章与时代有关系,一时代之文章,必感受一时代之影响而成。其影响也,有顺受,有反感。……南社之文章,一时代影响之反感也。……其发为文章也,固宜出于激昂之一途。惟其出于激昂也,掊击清廷,排斥帝制,大声以呼,振启聋聩。……兹所编录,存一时代之文章,用以推见一时代之反感之所及。至于文之美恶,人之贤否,则非兹编之所注意者也。"

35. 南社诗选十二卷　胡韫玉选辑

南社丛选本　南京图书馆藏

选辑者生平已见《古今笔记精华录》。

此书内录宁调元、郑泽、刘国钧、汪兆铭、张焘、谢无量、胡先骕、黄侃、徐自华、柳亚子、胡怀琛等167人诗作3037首。每著者前有简介。

36. 南社文选十卷　胡韫玉选辑

南社丛选本　南京图书馆藏

选辑者生平已见《古今笔记精华录》。

此书内收录宁调元、郑泽、傅熊湘、刘湘泽、刘谦、黄钧、宋教仁、张昭汉、周祥骏、柳亚子、范光启、胡怀琛等107人文398篇。每著者前有小传。

37. 培根书屋诗草九卷　孙熙鼎著

1924年铅印本　安徽省图书馆藏

孙熙鼎(?—?),字篆斋。休宁人。民国间曾任浙江临海、仙居、永康、东阳县知事、县长,主修民国《临海县志稿》。

此书前有1924年张謇、王宗海、吴嗣箴序各一,及1921年自序,姚梓芳、华其渊等人题词。内卷一为《拾剩集》,卷二为《旅怀集》,卷三为《游仙集》,卷四为《观海集》,卷五为《丽州集》,卷六为《雁归集》,卷七为《海沤集》,卷八为《湖隐集》,卷九为《知命集》。每集前有小记。

38. 前德皇威廉二世自传　　［德］Friedrich Viktor Albert Wilhelm Ⅱ 著；王揖唐译

1924 年上海商务印书馆铅印本　天津图书馆藏

译者生平已见《横山草堂联话》。

此书系威廉二世于第一次世界大战战败后，亡命荷兰期间所写回忆录，共十八章。末附《德皇最近之状况》。

39. 侨苏存稿四卷附录二卷　袁一清著

1924 年袁礼耕堂木活字本　安徽省图书馆藏

袁一清（1871—1930），字昌余，又名澄甫。宣城人。清光绪优贡生，民国后任安徽省参议员。

此书前有自序及著者所撰《侨苏说》。内录文稿二卷，诗稿一卷，赋稿一卷，附录杂稿一卷，文稿补录一卷，每卷前均有自序。

"侨苏"者，著者祖辈侨居苏庄之谓也。

40. 劝俗新诗　胡寄尘编

1924 年上海商务印书馆铅印本　首都图书馆藏

胡寄尘，名怀琛，生平已见《兰闺清课》。

此书内录《莫做寿》《莫吃鸦片烟》《莫借债》《莫赌博》《莫算命》《莫早婚》《莫贪懒》《莫买彩票》《莫爱阔》《莫大出丧》《莫坐汽车兜圈子》《莫说谎》《莫贪吃》《莫贪眠》《莫吃酒》《莫溺女》《莫虐奴婢》等新诗。

此书被辑入《平民小丛书》。

41. 三迁　胡寄尘著

1924 年上海商务印书馆铅印本　中国国家图书馆藏

胡寄尘，名怀琛，生平已见《兰闺清课》。

此书为故事，被辑入《平民小丛书》。

42. 世界十大成功人传　　［美］波尔登夫人著；刘麟生译

1924 年上海商务印书馆铅印本　上海图书馆藏

译者生平已见《哥仑布》。

此书前有著者《小引》，内录皮博带、伊资、华特、马孙、巴里赛、法拉台、白遂贸、夏夸德、康奈尔、爱迪孙 10 位西方人物传记。

43. 双复仇　胡寄尘辑

1924 年上海文明书局铅印本　天津图书馆藏

胡寄尘，名怀琛，生平已见《兰闺清课》。

此书封面标有"侠情小说"。

44. 双冈草堂文存二卷　章肇基著

1924 年铅印本　安徽省图书馆藏

章肇基（1865—?），字孟侯。庐江人。

此书前有叶文奎序，内卷上录文 30 篇，多为论、说、序、书；卷下录文 27 篇，多为传、墓表、墓志铭、记。

45. 说部精英：甲子花第一集　刘豁公，王钝根编辑

1924 年上海雕龙出版部铅印本，复旦大学图书馆藏。

刘豁公（? —?），刘达笔名，生平已见《戏剧大观》。

此书前有王钝根、刘泽沛序各一及照片若干，内录王西神、海上漱石生、严独鹤、李浩然、程小青等人短篇小说 35 篇。

《王序》称："今年春，藜青社同人议编，求名家小说单行集，以飨读者。即命余为纂辑。……适刘子豁公亦有《说部精英》之作，费时三月，竟求得名家作品数十篇。余惊叹其索稿本领之伟大，亟为介绍于藜青社同人，俾与《甲子花》合而为一。"

46. 水浒续集　胡适辑；汪原放，章希吕句读

1924 年上海亚东图书馆铅印本　中国国家图书馆藏

胡适生平已见《短篇小说第一集》。

汪原放生平已见《儒林外史》。

章希吕生平已见《西游记》。

此书为《征四寇》和《水浒后传》合集。前有胡适《水浒续集两种序》《宣和遗事中的水浒故事》，汪原放、章希吕《校读后记》《本书标点符号说明》及《水浒后传原序》《水浒后传论略》。

《校读后记》称："我们现在将《征四寇》《水浒后传》两种《水浒》

续书合并翻印，名为《水浒续集》。《征四寇》是用一百十五回本《水浒传》——即《英雄谱》本——里第六十七回以后的四十九回作底本，而用坊间石印本《征四寇》参校。"

47. 顺所然斋诗后集文后集　张云锦著

1924 年有正书局铅印本　安徽省图书馆藏

张云锦（1858—1925），字绮年，晚号渔村老人。合肥人。张树声从子。清光绪诸生，官至湖北候补道。清光绪十六年（1890）曾佐刘铭传军幕，晚年隐居。著者曾于清末撰有《顺所然斋诗集》四卷《文集》二卷。

此书《诗后集》前有自序，内录古近体诗百余首，附录七言排律 4 首，及春联、挽联、题咏。《文后集》前有自序，内录文 30 篇。

48. 松坡楼一卷　姜继襄著

劲草堂传奇本　上海市文化局藏

著者生平已见《梧桐泪传奇》。

此剧作于 1924 年除夕，写蔡锷为反袁世凯采取韬晦之计，与名妓小凤仙结为知音事。

49. 诵芬堂文稿三卷　钱文选著

1924 年铅印本　《安徽文献书目》（安徽人民出版社 1961 年版，第 374 页）著录

著者生平已见《游滇纪事》。

又：**诵芬堂文稿初编一卷　钱文选著**　1924 年广德钱氏铅印本　中国国家图书馆藏

此书前有 1924 年陆征祥序、自序。内录文 24 篇。前 10 篇多为公文，写于民国前。另有 1916 年后所写散文《游滇纪事自序》《环球日记自序》《家乘自序》《洪朗斋先生志略》等 10 篇；诗作《敬题武肃王画像》6 首、《步傅竹岩先生述怀诗七律原韵》8 首、《步高白叔先生重赴鹿鸣诗》8 首、《五旬初度自寿八章》。末附张载阳、张弧、蒋邦彦序及编年事略。

又：**诵芬堂文稿　钱文选著**　士青全集本　中国国家图书馆藏

此书前有陆征祥序、自序。内录散文《程洁荪先生事略》《洪朗斋先

生志略》等 10 篇，《游滇纪事自序》《环球日记自序》《家乘自序》未收录，无诗作及其他。

50. 田家谚　胡寄尘选辑

1924 年上海商务印书馆铅印本　重庆图书馆藏

胡寄尘，名怀琛，生平已见《兰闺清课》。

此书辑录种田谚语，被辑入《平民小丛书》。

51. 桐城张桐峰诗集　张桐峰著

1924 年铅印本　安徽省图书馆藏

张桐峰（？—？），名文谟，字桐峰。桐城人。

此书前有储乙然序，著者次子张蕴华述。内录自清同治至民国所作古近体诗 80 首。

《张述》称，此书所录系著者生前自 600 余首诗作中所选。

52. 晚清四十家诗钞三卷　吴闿生选

1924 年文学社刻本　中国国家图书馆藏

吴闿生生平已见《古今体诗约选》。

此书前有自序，曾克端、贺培新序各一。卷一录 7 家古近体诗 222 首，卷二录 13 家古近体诗 184 首，卷三录 21 家古近体诗 240 首。全书共录吴汝绳等 41 家古近体诗 646 首。选诗最多者为范当世，101 首。其他入选较多者为张裕钊、姚永概、柯邵忞、方守彝、易顺鼎、郑孝胥、王毓菁、秦嵩等，中有日本人永阪石隶诗和日本无名氏乐府 2 首。

又：**近代诗钞三卷　吴闿生评选**　民国抄本　中国国家图书馆藏

此书内题"近代四十家诗钞"，有目录，无序跋，系《晚清四十家诗钞》稿本。

又：**范无错等诗选三卷　吴闿生评选**　民国武强贺氏抄本　中国国家图书馆藏

53. 网旧闻斋调刁集二十卷附录一卷　方守彝著

民国铅印本　安徽省图书馆藏

方守彝（1845—1924），字伦叔，号贲初，又号清一老人。桐城人。

方宗诚第三子。曾任太常博士，民国后参与创建桐城中学。著者曾于清光绪年间与陈澹然同撰《方柏堂先生事实考略》五卷。

此书前有清光绪十年（1884）姚浚昌读卷一至卷三后题词，清光绪二十八年（1902）吴汝纶读卷一至卷四后题词，及清光绪三十二年（1906）魏繇题词、陈三立读卷一至卷五后题词，清宣统二年（1910）吴闿生读卷一至卷七后题词、陈三立读卷六至卷十后题词，1912 年胡远浚读卷一至卷十三后题词，1913 年沈增植、陈三立读卷十一后再题词，1914 年姚永概读卷十一至十三后题词，及著者小记。

卷一录清光绪六年（1880）至十九年（1893）诗 58 首，卷二录清光绪二十年（1894）至二十九年（1903）诗 95 首，卷三录清光绪三十、三十一年（1904、1905）诗 69 首，卷四录清光绪三十二年（1906）诗 64 首，卷五录清光绪三十三年（1907）诗 55 首，卷六录清光绪三十四年（1908）诗 53 首，卷七录清宣统元年（1909）诗 75 首，卷八录清宣统二年（1910）诗 82 首，卷九录清宣统三年（1911）诗 40 首，卷十录 1912 年诗 49 首，卷十一录 1913 年 81 首，卷十二录 1914 年诗 81 首，卷十三录 1915 年诗 95 首，卷十四录 1916 年诗 97 首，卷十五录 1917 年诗 28 首，卷十六录 1918 年诗 43 首，卷十七录 1919 年诗 75 首，卷十八录 1920 年诗 35 首，卷十九录 1921 年、1922 年诗 85 首，卷二十录 1923 年、1924 年诗 37 首。附录潘田《清封中议大夫太常寺博士方贲初先生墓志铭》、陈澹然《桐城方贲初先生墓表》、胡元吉《贲初先生传》、姚永朴《方君伦叔墓表》等。

54. 文学短论　胡怀琛著

1924 年上海梁溪图书馆铅印本　天津图书馆藏

著者生平已见《兰闺清课》。

此书前有自序，内录论文《文学界中的四个问题》《三个古文家中的小说家》《中国古代的白话诗人》《林黛玉葬花诗考证》《何谓小说》《林译小说的两种读法》《古文今译之管见》《人为什么要作诗》《诗歌与感情》等 37 篇。

《自序》称，此书为著者近三四年来研究文学的成绩，原在报纸上发表，现搜集整理为一册。

55. 吴回照轩家传　吴光祖编著

1924 年安庆桐城吴氏铅印本　安徽省图书馆藏

吴光祖（1881—1952），字述伯。室名回照轩。桐城人。早年就读于桐城中学堂、安徽法政专门学校、杭州浙江蚕学馆农科，上海理科专修学校。后参与创办江西景德镇安徽旅昌公学。历任贵州中等农业学校教员、桐城白鹤峰高等小学堂堂长、芜湖安徽公学理化教员、安徽第二农业学校蚕桑科主任、安徽第二甲种农业学校校长、安徽法政专门学校国文教员、安徽大学工学院秘书、《北平朝报》主笔、安徽省政府参议、安徽通志馆特约编纂、北平东北大学国文教授、北平外交研究会《外交大辞典》编纂。

此书前有自序、旧谱凡例、世系表、世纪、旧序，内录桐城高甸吴氏旧传 38 篇，新传 6 篇，哀辞 1 篇。

《自序》称，编著者为高甸吴氏二十世。

56. 五十年来中国之文学　胡适著

1924 年上海申报馆铅印本　安徽省图书馆藏

著者生平已见《短篇小说第一集》。

此书前有自序，内叙自清同治十一年（1872）至 1923 年中国文学发展状况，系 1923 年《申报》出版《最近之五十年》中一篇。

57. 喜闻过斋诗续集二卷　胡光国著

1924 年刻本　南京图书馆藏

著者生平已见《喜闻过斋诗》。

此书为邓邦述题签，前有 1924 年春陈澹然序，末有何允恕跋。内卷上录古近体诗 268 首，卷下录古近体诗 269 首。

《何跋》称，此书收录著者近十年诗作。

又：**喜闻过斋诗续录一卷　胡光国著**　稿本　南京图书馆藏

58. 新笑话　胡寄尘编

1924 年上海商务印书馆铅印本　首都图书馆藏

胡寄尘，名怀琛，生平已见《兰闺清课》。

此书二集，一集录短篇笑话 26 篇；二集录 32 篇。

此书被辑入《平民小丛书》。

59. 续古文观止八卷　王文濡选辑

1924 年上海文明书局铅印本　1991 年花山文艺出版社铅印本著录

补辑者生平已见《侯魏汪三家文合钞》。

又：**续古文观止八卷　王文濡选辑**　1991 年花山文艺出版社铅印本
中国国家图书馆藏

此书前有选辑者自序，《凡例》，内选清代及民初 65 位作家古文 174 篇。

《凡例》称，是书之选，"取便初学，文不求高，其孤僻晦拗者，读之既难领会，又非文家之正轨，概不入集"。

谭家健《中国古代散文史稿》（重庆出版社 2006 年版，第 653 页）称："《续古文观止》……上起明末清初，下迄清末民初。把活着的当代人作品选入，是一个创举。从选目看，可以说是众体皆备：有议论，有叙事，有抒情，信札较多，但没有奏章之类文牍。……编者还继承《古文观止》体例，有眉批而更具体，有注释而更翔实。文章之前还汇集作家小传——这是民国初年的习惯。本书还有一个突出特点是收录不少记录明末清初反清斗争的作品，如顾炎武、全祖望等人的文章。这和作者参加南社的思想基础一致。"

60. 夏天　朱湘著

1924 年上海商务印书馆铅印本　南京图书馆藏

著者生平已见《路曼尼亚民歌一斑》。

此书前有自序，内录《死》《废园》《春》《小河》《我的心》等新诗 26 首。

61. 详注十八家诗钞二十八卷　　（清）曾国藩编，（清）李鸿章审订；刘铁冷，胡怀琛等注释

1924 年上海中原书馆铅印本　中国国家图书馆藏

胡怀琛生平已见《兰闺清课》。

此书前有《例言》，内录魏晋南北朝曹植、阮籍、陶渊明、谢灵运、鲍照、谢朓 6 家，唐代王维、孟浩然、李白、杜甫、韩愈、白居易、李商隐、杜牧 8 家，宋代苏轼、黄庭坚、陆游 3 家，金代元好问 1 家诗，总计

古近体诗 6599 首，有评点与校注。

62. 小诗研究　胡怀琛著

1924 年上海商务印书馆铅印本　中国国家图书馆藏

著者生平已见《兰闺清课》。

此书前有自序，内十四章，讨论"诗是什么""中国诗与外国诗""新诗与旧诗""什么是小诗""小诗的来源""小诗与普通的新诗""小诗与中国的旧诗"等问题。

63. 小说的研究　胡怀琛著

1924 年上海商务印书馆铅印本　胡道静《先君寄尘著述目》（载胡朴安著《朴学斋丛书第一集·家乘》，安吴胡氏 1940 年版，第 15 页）著录

著者生平已见《兰闺清课》。

64. 小说学　陈景新，江亢虎，蒋达文著

1924 年上海泰东图书局铅印本　上海图书馆藏

江亢虎生平已见《洪水集》。

此书前有海上漱石生、徐卓呆、平江不肖生等人序 17 篇及编著者自序，胡寄尘等人题词。内五编，分述小说之沿革、体裁、本旨、作法等。

65. 新编中国名人小说卢永祥全史　唐畴著

1924 年上海大新书局石印本　南京图书馆藏

唐畴，唐在田笔名，生平已见《新金瓶梅》。

卢永祥（1867—1933），原名卢振河，字子嘉。济阳人。皖系军阀。

此书十二回。

66. 雅歌集特刊　刘豁公编辑

1924 年铅印本　复旦大学图书馆藏

刘豁公，刘达笔名，生平已见《戏剧大观》。

"雅歌集"为上海京剧票房之一，成立于清宣统元年（1909），前身为清末票房"市隐轩"。此特刊为"雅歌集"成立十五周年纪念刊，前有照片多幅，包括会长、副会长及工作人员照片，"雅歌集"成员合影、演出

照，朱葆三、袁履登、柏文蔚等人题字，黄忏华、冯叔鸾序各一，朱瘦竹、汪了翁、管鹤、刘束轩题词，刘豁公《雅歌集特刊缘起》，管西园《雅歌集大事记》；末附《雅歌集简章》及《会员姓名地址一览表》。全书录票友刘豁公、刘蛰叟、舒舍予、张静庐等人戏曲评论文章 23 篇。

67. 谚语选　胡寄尘编辑

1924 年上海商务印书馆铅印本　首都图书馆藏

胡寄尘，名怀琛，生平已见《兰闺清课》。

此书采录民间谚语，被辑入《平民小丛书》。

68. 一笑斋聊自娱诗草一卷　龚长钜著

1924 年合肥启新印刷社铅印本　安徽省图书馆藏

龚长钜（？—？），字季侯，室名一笑斋，自号淝上泥塑人侍者。合肥人。

此书前有鲁汝珍、丁运奎序各一，及龚镇湘、龚家簧、曹渊、刘朝瑞、刘朝刚、王德煦、李国蘅题词；内录古近体诗近 300 首；末有著者《一笑斋记》及《自识》。

69. 幽室品兰图题咏一卷　金恩灏辑

1924 年铅印本　华东师范大学图书馆藏

著者生平已见《六十述怀唱和集》。

70. 郁葱葱斋诗词稿二十二卷　汪韬著

民国抄本　柯愈春《清人诗文集总目提要·中册》（北京古籍出版社 2002 年版，第 1996 页）著录

汪韬（1874—1935），原名承继，字孝述，一字啸硕。合肥人。清光绪二十八年（1902）举人。江南陆军学堂肄业，曾任陆军部军械司科长。

柯愈春《清人诗文集总目提要·中册》称，是书内有"《郁葱葱斋诗稿》十四卷，《补遗》一卷，《梦余集》三卷，《词稿》一卷，《诗稿》二卷，附《词稿》一卷，钞本，《续修四库提要》著录。诗稿分《初学集》《蓉城集》《苕华集》《循陔集》《投笔集》《淮阴集》《北征集》《江行集》《秣陵集》《京尘集》，清光绪十六年至民国十二年所作。卷十五补遗，乃清光绪二十年至清宣统二年所作。《梦余集》为七律百四十篇，乃清光绪

十六年至三十年所作。词稿一卷，凡七十八阙，清光绪二十年至民国十三年作。又删录所作为诗稿二卷，凡三百七十九首。附词一卷，共二十六阕。内有自序，述其编辑始末"。

71. 中国文学史略　胡怀琛著

1924 年上海梁溪图书馆铅印本　上海图书馆藏

著者生平已见《兰闺清课》。

此书前有自序，内十一章。第一章为绪论，有"文学之界说与分类""文学之起源""文学与人生之关系""文学与他学科之关系"四节；第二章为上古，有"上古之文字"一节；其余九章为周秦、两汉、魏晋、南北朝及隋、唐及五代、宋、辽、金、元、明、清，每章分"此时代变迁之大势""此时代文学之特点""此时代文学家小传"等三节。附录八题。即：《中国文言分歧之原因》《所谓古文》《中国小说之源流》《中国之地方文学》《古今儿童读物之变迁》《四库全书之历史》《民间传说之故事》《民间流传之歌谣》。

《自序》称，"此书草创于民国十年秋季，成于同年冬季；十一年秋至十二年春，又略为订正一过"，"吾书体例，每一时期区为三部：一曰：此时代文学变迁之大势；二曰：此时代文学之特点；三曰：此时代文学家小传"，"吾编此书既成，而犹有零星史料，不及编入者；乃各为别著一篇，使之自成系统，附于此书之后。名曰附录云"。

72. 中国寓言集　胡寄尘辑

1924 年上海商务印书馆铅印本　超星数字图书馆收录

胡寄尘，名怀琛，生平已见《兰闺清课》。

此书录《农人拔稻》《邻人偷鸡》《农人等兔子》《虾蟆多言》《愚公移山》等 17 则。

又：**中国寓言　胡怀琛辑**　1933 年上海商务印书馆铅印本　首都图书馆藏

此书前有《例言》，称："一、中国古代的寓言，是极有名的，他确是有不朽的价值。二、本书是从经史子集中选出一百个寓言来，译成浅近的现代语，分订为四册，每册约二十五个。三、每个寓言的原出处，皆在各个的后面分别注明。四、因时代的关系，原文有不容易了解的地方，则只取原文的大意，……和逐字逐句的死译不同。"

全书第一册录《农夫等兔子》《卖酒人家的狗》《农人拔稻》《弓箭互助》《三人成虎》等 26 篇；第二册录《狐狸借老虎的威风》《屠牛吐拒婚》《子夏的胖和瘦》《郑人买珠》《扁鹊医病》等 24 篇；第三册录《疑人偷斧的故事》《杨朱谈治国》《偷鸡人的话》《重税比老虎还可怕》等 24 篇；第四册录《纪昌学射箭的故事》《孟子答梁惠王的话》《小儿争论太阳远近》《愚公移山的故事》等 26 篇。

此书各篇均选自《韩非子》《申子》《尹文子》《说苑》《庄子》《列子》《孟子》《孔丛子》《淮南子》《吕氏春秋》《战国策》《墨子》等古籍。封面题"新小学文库四年级国语科第一集"。

又：**中国寓言集　吕金录，胡寄尘**辑　1935 年上海商务印书馆铅印本　上海图书馆藏

此书上、下册，录《农人拔稻》《农人等兔子》《卖酒人家的狗》《弓箭互助》《三人成虎》等 33 则。字旁加注音字母。

1925 年(民国十四年)

1. 哀中国　蒋光慈著

1925 年上海新青年社铅印本　阿英《中国新文学大系史料·索引(1917—1927)》(上海良友复兴图书印刷公司 1936 年版，第 309 页) 著录

蒋光慈 (1901—1931)，原名蒋侠僧，笔名光赤、光慈、华维素等。六安人。1921 年赴莫斯科东方大学学习，加入中国共产党。回国后曾任上海大学教授，1927 年参与发起太阳社，编辑《太阳月刊》《时代文艺》《新流》《拓荒者》《海风周报汇刊》等文学刊物。

此书录《余痛》《我是一个无产者》《哀中国》《血花的爆裂》《哭孙中山先生》《血祭》等新诗 23 首。

2. 巢海棠巢壬戌集二砚斋诗集合刊　叶尧阶著

1925 年石印本　安徽省图书馆藏

著者生平已见《二砚斋丛录》。

此书前有王揖唐、潘田、柏青序各一，及李大防、方守敦、龚元凯、冯汝简、余谊密、陈朝爵、舒鸿贻、吴闿生题词。内《巢海棠巢壬戌集》录 1922 年寓斋海棠盛开所作长律 8 首，并辑和诗百余首，《二砚斋诗集》前有 1924 年自序及著者小识，内录 1923 年、1924 年之作。附录《二砚斋记》《二砚先生传》。

3. 尘海浮鸥馆诗集二卷　李从龙著

1925 年无为凌文阁石印本　安徽省图书馆藏

李从龙 (? —?)，字符之。无为人。曾入北洋海军幕，后任湖北大冶、江西矿局记室，北洋陆军学校一等书记官，晚年任教于芜湖第一女学。

此书前有方澍、卢自滨序，卷上录清光绪七年（1881）至二十年
（1894）诗 109 题；卷下录清光绪二十一年（1895）至 1912 年诗 94 题。

4. 澄园诗集六卷附补遗一卷　何雯著

1925 年中华书局铅印本　中国国家图书馆藏

何雯（1884—?），原名震，字筱石，一字雷溪，号雨辰，又号澄照居
士。怀宁人。清光绪举人。

此书内有《庐山吟》一卷，《天柱吟》一卷，《江上吟》一卷，《燕
尘前集》一卷，《燕尘后集》一卷，《累辞》一卷，《补遗》一卷，多长
篇诗作。

5. 订正新撰国文教科书　胡怀琛，庄适编纂；朱经农，王岫庐校订

1925 年上海商务印书馆铅印本　超星数字图书馆著录

胡怀琛生平已见《兰闺清课》。

此书八册。

6. 夺产奇谈　胡寄尘著

1925 年上海商务印书馆铅印本　首都图书馆藏

胡寄尘，名怀琛，生平已见《兰闺清课》。

此书为故事，辑入《平民职业小丛书》。

7. 儿女英雄传　（清）文康著；汪原放句读

1925 年上海亚东图书馆铅印本　中国国家图书馆藏

句读者生平已见《儒林外史》。

此书四十回，前有胡适《儿女英雄传序》及 3 篇原序，并有汪氏《校
读后记》。

此书据清光绪蜚英馆石印本标点排印。

8. 儿时影事　常任侠著

1925 年稿本《常任侠文集》第六册著录

常任侠（1904—1996），乳名复生，原名家选，字季青。颍上人。1922
年入南京美术专科学校。曾参加学生军北伐，后入中央大学文学院。1935

年留学日本东京帝国大学研究东方艺术史，回国后执教于中央大学。抗战期间历任中英庚款董事会艺术考古员、四川省立教育学院教授、国立艺专教授、昆明东方语言专科学校教授、印度泰戈尔国际大学中国文化史教授、北平国立艺专教授。

又：儿时影事　常任侠著　2002 年合肥黄山书社《常任侠文集》第六册收录　中国国家图书馆藏

此书前有著者写于 1925 年之《弁言》，末署名"常四任侠"。内分《儿时影事》与《村墅小言》，多描述颍上风情、家庭往事、幼年求学记忆。

1977 年 10 月 28 日著者称："此册 1924 年所书，转瞬五十余年，曾经百劫，尚未失去，今夜展视，真如一梦。"

9. 奉直大战记鼓词四卷　又名：新编绣像奉直血战说唱鼓词　唐在田著

1925 年上海公平书局石印本　辽宁大学图书馆藏

著者生平已见《新金瓶梅》。

10. 古灯　[法] 勒白朗著；程小青，周瘦鹃译

1925 年上海大东书局铅印本　上海图书馆藏

译者生平已见《福尔摩斯探案全集》第六册。

此书为《亚森罗苹案全集》之八。

11. 灌叟撮记一卷　胡光国著

1925 年铅印本　南京图书馆藏

著者生平已见《喜闻过斋诗》。

此书记述著者经办徐州贾汪煤矿和两淮盐运之经历。

12. 国学汇编第三集　胡朴安主编

1924—1925 年上海国光书局铅印本　中国国家图书馆藏

胡朴安，名韫玉，生平已见《古今笔记精华录》。

此编集《国学周刊》发表文章而成，文学类录胡朴安《诗经文字学》《诗经言字释》《朴学斋读书记》等；杂俎类录黄靖海《关雎新释》，胡怀琛《采访民间歌谣之管见》；文录类录朱少滨、唐蔚芝、张延华、吴承仕、王长公、胡朴安等 19 人传、序、书、墓志铭、记等文 31 篇；诗类录叶遐庵、汪精卫、吴昌硕、高吹万、叶楚伧、闻野鹤、胡朴安、胡怀琛等人诗作 51 题。

13. 红楼梦抉微　阚铎著

1925 年天津无冰阁铅印本　中国国家图书馆藏

著者生平已见《吴县王捍郑先生传略》。

此书前有著者序，内列 170 余题，比较《红楼梦》与《金瓶梅》。

《自序》称，《红楼梦》全自《金瓶梅》化出。

14. 胡适之白话文钞　胡适著；王文濡编

1925 年上海文明书局铅印本　中国国家图书馆藏

编者生平已见《侯魏汪三家文合钞》。

此书自《胡适文存》一、二集中辑选篇幅较短之论说文、传记、序跋而成。内录《答任叔永》《跋朱我农来信》《论短篇小说》《什么是文学》等 30 余篇。

15. 湖阴曲初集一卷　鲍筱斋辑

1925 年铅印本　安徽省图书馆藏

鲍筱斋（1882—1940），名实，字筱斋。祖籍徽州，生于芜湖。鲍世期之子。清优贡，民国间历任省教育科科长、定远县县长，1919 年总纂《芜湖县志》。

此书前有芜湖程湘帆题词及李士林、程徐瑞序各一，内录《罗梦》《扫秦》《寄信》《跪池》《劝农》《打子》《收留》《教歌》《莲花》《旅店》《扫松》《拷红》《花魁》《下山》《花鼓》《刺汤》《借妻》《学堂》18 出，间有眉批，末有点评。

《程序》称："'湖阴曲'者，我邑近百年来一种单行戏曲也，从昆曲所变化，为皮黄之滥觞。同治中兴，尚称鼎盛，光绪以降，渐就式微。今则遗韵流风，飘零冷落，大有江南花落，肠断龟年之慨。此鲍筱斋兄《湖阴曲》初、二集之所由辑也。"

16. 寄庐诗草二卷　姚鉴著；方澍评选

1925 年铅印本　安徽省图书馆藏

姚鉴（？—？），字镜波。桐城人。方澍弟子。

方澍（1857—1930），字六岳，号绣溪渔叟。无为人。方馨之弟。清光绪二十年（1894）举人，官浙江盐大使。民国后返乡，任无为县劝学所所长。1923 年倡建县图书馆，并兼任馆长。著者曾于清末撰有《岭南吟稿》二卷。

此书前有卢自滨序。卷上录古近体诗作 81 题，卷下录 64 题，各百余首。有方澍评点。

17. 家庭小说集　胡寄尘著

1925 年上海广益书局铅印本　上海图书馆收录

胡寄尘，名怀琛，生平已见《兰闺清课》。

此书录《先生的车夫》《快乐家庭》《可怜的家产》《两对无家之人》《债主》《三眼人》《封建式的家庭》《女仆与教师》等小说 19 篇。

18. 甲子稿乙丑稿　王揖唐著

民国抄本　中国国家图书馆藏

著者生平已见《横山草堂联话》。

此书为著者于 1924 年至 1925 年所作。《甲子稿》录古近体诗 90 余题，近 200 首，多写赴日见闻；《乙丑稿》录古近体诗 30 余题近百首，多写北戴河消夏事。

19. 快乐人　中华职业教育社，胡寄尘编纂

1925 年上海商务印书馆铅印本　首都图书馆藏

胡寄尘，名怀琛，生平已见《兰闺清课》。

此书为故事，被辑入《平民职业小丛书》。

20. 老残游记　（清）刘鹗著；汪原放句读

1925 年上海亚东图书馆铅印本　天津图书馆藏

句读者生平已见《儒林外史》。

此书前有胡适《老残游记序》，内有"作者刘鹗的小传""《老残游记》里的思想""《老残游记》的文学技术""尾声"四部分。另有原书《自叙》，汪原放《校读后记》。

21. 梁任公白话文钞　梁启超著；王文濡编

1925 年上海文明书局铅印本　中国国家图书馆藏

编者生平已见《侯魏汪三家文合钞》。

此书内录杂文《佛教之初输入》《清代学术概论序》《主张国民动议制宪之理由》《战地及亚洛二州纪行》《美术与科学》《趣味教育和教育趣味》等 22 篇。

22. 论语解注合编十卷附录一卷　姚永朴著

1925 年秋浦翰墨林铅印本　安徽省图书馆藏

著者生平已见《见闻偶笔》。

此书前有陈朝爵序，内录《论语》及历代《论语》注释精华，末附著者《叙录》，介绍"孔子世系及生卒出处""论语纲领及读法""论语名义""采录诸家名字时代"。

《叙录》称，有关《论语》，"大抵汉魏之说汇于《集解》，《皇疏》复取晋以来之说益之，《邢疏》就皇氏而芟其枝蔓。及《集注》出，因注疏以求义理，于唐人之说，颇有搜采，……是编于《集解》《两疏》，取十之四，于《集注》取十之八，而诸家及管窥所及者，亦附于后"。

又：**论语解注合编　姚永朴著；余国庆点校**　1994 年黄山书社铅印本
安徽省图书馆藏

此书前有点校者《前言》，末有吴孟复《姚先生永朴暨弟永概传略》。

《前言》称，姚永朴"所采取的诸家，据《叙录》所列共三百二十九人之多，其中汉魏诸家有不少出于《集解》所录之外，盖经过清及近代学者的搜辑整理，有些佚书的断简残篇颇出于世，复由姚先生的博闻强记，网络放矢，故汉唐遗说，入录甚多。至于宋明以来，尤以清人之说，搜采尤广，日本学者之说，亦复甄及。故此编实为中外古今学者治《论语》之总结账也"。

诸伟奇《皖人古籍简介四种》（载《古籍整理研究丛稿》，黄山书社2007 年版，第 331 页）称："作者荟萃贯串，并参以己见，堪称古今治

《论语》之结账。既体现汉儒名物、训诂之长，又汲取宋儒阐发思想内涵的特色，更选录历代诸名家之见解，博采众长，兼备异说，于诸家之聚讼未明或难分轩轾者，以案语的形式加以精确的论断，体现了作者明读音、明句读、明假借字、明文字错讹及以训诂疏通众说的学术见解。"

23. 梅瓣集　郑逸梅著；赵眠云编

1925 年上海图书馆铅印本　中国国家图书馆藏

郑逸梅（1895—1992），本姓鞠，名愿宗，后改姓郑，谱名际云，号逸梅，笔名冷香、纸帐铜瓶室主。原籍歙县，生于苏州。32 岁入上海影戏公司，并参加南社。1940 年后历任上海音乐专修馆教授，上海徐汇中学教师，上海志心学院教授，上海国华中学校长，上海诚明文学院教授，上海新中国法商学院教授，上海晋元中学副校长等职。

此书前有钱释云题词，陈莲痕、华吟水、徐碧波序各一。内杂记近代人物逸事、地方传闻、志怪、联语、诗话等，录有《沈红红》《赵云嵩》《朝报谰言》《尼弄狡狯》《生髭妇》《大小眼将军》《刘文正遗像》《黄莲集》等 270 篇笔记掌故。

24. 铭三诗存　查喻著

1925 年无为凌文渊堂刻本　安徽省图书馆藏

查喻（1844—1923），字铭三。号泾川岷山。泾县人，居无为。行医为生。

此书前有方澍序，内录古近体诗 78 首。末有方澍挽诗 4 首、姚鉴挽诗 3 首、许伯垓挽诗 4 首，及姚鉴跋。

25. 濡须诗选四卷　方澍辑

1925 年木活字本　安徽省图书馆藏

辑者生平已见《寄庐诗草》。

此书前有编者序。内录无为县诗人之作。卷一录季梦莲、吴元桂、谢凤毛、谢举安、谢裔宗诗；卷二录金之鹏、高学濂、吴毓麒诗；卷三录侯一鹤、侯坤、侯午、侯兰、侯歧、侯印、侯椿、侯林、侯桢、侯棻、侯樾、侯梁、侯焱、侯杰、侯锡封、侯承泽、侯先塈、沈桂、万玺图诗作；卷四录李从龙、倪钊诗。

《编者序》称，此书续清嘉庆《濡须诗志》后，为初集，"继此随收随刊，为二集、为三集"。

26. 三兄弟　中华职业教育社，胡寄尘编辑

1925 年上海商务印书馆铅印本　首都图书馆藏

胡寄尘，名怀琛，生平已见《兰闺清课》。

此书为故事，被辑入《平民职业小丛书》。

27. 上海竹枝词　刘豁公著

1925 年雕龙出版部铅印本　南京图书馆藏

刘豁公，刘达笔名，生平已见《戏剧大观》。

此书前有许奏云、李浩然、黄忏华、沈禹钟、唐伯耆、李次山、顾明道、刘炯公、郑青士序各一，刘蛰叟、胡寄尘等人题词及著者《自题》诗。内咏上海社会风俗，每诗前有说明，介绍其内容。末有周瘦鹃跋。

28. 少年飘泊者　蒋光慈著

1925 年上海书店铅印本，上海师范大学图书馆藏

著者生平已见《哀中国》。

此书为著者第一部中篇小说，描写少年汪中走上革命道路经过。书前有自序，末附《维嘉的附语》。

29. 深誓　章衣萍著

1925 年上海北新书局铅印本　南京图书馆藏

章衣萍（1902—1946），乳名灶辉，又名洪熙。绩溪人。早年先后就学于安徽省立第二师范学校、北京大学预科。毕业后参加左联，主编教育改进社杂志。后任上海大东书局总编辑，参与筹办《语丝》月刊。1928 年任暨南大学校长秘书兼文学系教授，抗战后任成都大学教授。

此书前有自序，内录新诗《深誓》《归去》《我的心》《不幸》《只愿》《途中的悲哀》《疑心》《津浦车中口占》等 28 首。附录散文《小别赠言》《悲哀的回忆》《怀烧饼店中的小朋友》3 篇。

章衣萍《我的自叙传略》（载章衣萍《樱花集》，北新书局 1928 年版，第 220 页）称："一九二三年我爱了一个北京大学的女学生，但是后来那个

可爱的女郎终于爱了旁的有钱的朋友去了，我于是十分悲哀，做了很多的情诗，在北京的报纸上发表。后来把这些诗搜集起来，刊行一本诗集，叫做《深誓》。"

此书被辑入《文艺小丛书》。

30. 石涛题画录五卷附补遗跋校勘记　　（清）释道济著；程霖生编辑

1925 年歙县程氏遂吾庐铅印本　朱良志《石涛研究》（北京大学出版社 2005 年版，第 20 页）著录

程霖生（1888—1943），又名源铨，字龄孙。歙县人。程谨轩之子。曾于上海经营房地产，并创设大新公司、根泰和合粉厂、永大金号、衡吉钱庄，辑印《新安程氏收藏吉金铜器影印册》一卷。

31. 双井堂诗集十卷　刘体蕃著

1925 年铅印本　安徽省图书馆藏

刘体蕃（1872—?），字锡之，号双井居士，室名双井堂。庐江人。刘秉璋之侄。清光绪诸生，曾任湖北补用知府，民国后寓居上海。

此书前有 1924 年自序，卷一录清光绪二十九年（1903）至三十一年（1905）之作；卷二录清光绪三十二年、三十三年（1906、1907）之作；卷三录清光绪三十四年（1908）之作；卷四录清宣统元年至三年（1909—1911）之作；卷五录 1912 年、1913 年之作；卷六录 1914 年、1915 年之作；卷七录 1916—1918 年之作；卷八录 1919—1921 年之作；卷九录 1922 年、1923 年之作；卷十录 1924 年、1925 年之作。全书多南北游历、感慨忧愤之诗。

32. 说部精英：乙丑花第一集　刘豁公，王钝根编辑

1925 年上海五洲书社铅印本　吉林省图书馆藏

刘豁公，刘达笔名，生平已见《戏剧大观》。

33. 亡弟未定稿　又名：李相钰遗稿　李相钰著；李相珏辑

1925 年铅印本　安徽省图书馆藏

李相钰（1900—1924），桐城人。李德膏之子，李相珏之弟。曾求学于清华大学，任孔教会补习学校校长、青年会夜校校长。

李相珏（1901—1981），字璋如。桐城人。李德膏之女，李相钰之姊，余光烺妻。1922 年肄业于省立芜湖二女师，后入国立北平师范大学。曾任金陵女子大学、南京大学教授。

此书前有李相钰遗像，李相珏《亡弟行述》，罗伦《李君相钰传略》，姚孟振《李君相钰权厝志铭》，殷兆元《记李相钰》，阮强、李耀奎、李则纲、李相珏等 7 人序、《书后》，胡远浚、沈尹默等 7 人题诗，冯汝简、潘田、吴光祖等 12 人挽诗，以及李耀奎、唐尔炽等 7 人哀词诔文。内录李相钰诗作 56 首，附词 1 首、文 29 篇、书牍 6 篇。

34. 无形的家产　中华职业教育社，胡寄尘编辑

1925 年上海商务印书馆铅印本　首都图书馆藏

胡寄尘，名怀琛，生平已见《兰闺清课》。

此书为故事，被辑入《平民职业小丛书》。

35. 吴庄生文稿二编　吴靖著

1925 年铅印本　安徽省图书馆藏

吴靖（1893—1913），字庄生。桐城人。曾就读于北京清河陆军第一预备学校，二十一岁病故。

此书前有方琛序，安徽同学序，及吴庄生传。上编录文 8 篇，下编录文 15 篇，末附陆军诸友悼词及弟仲英跋。

36. 啸乡剩草一卷　纪澹诚著

1925 年篆隐轩石印本　古籍图书网著录

纪澹诚（1875—1952），字伯侣。贵池人。毕业于北洋警校，曾任北伐军王天培部少将参谋长、五河县县长，后返乡教学。

此书前有周馥、王世萹题词。

又：**啸乡刟余集一卷　纪澹诚著**　1933 年铅印本　南京图书馆藏

此书前有周馥题词，王世萹、方雷、光开霁、陈澹然、王源瀚等序各一并自序，末有《自记》。内录各体诗作 200 余首，诗作内容可与著者生平经历相映照。附录《啸乡联语》35 副。

《自记》称，是书原名《啸乡剩草》，今改为《啸乡刟余集》。

37. 新梦　蒋光慈著

1925 年上海书店铅印本　中国国家图书馆藏

著者生平已见《哀中国》。

此书前有自序，高语罕序。内录著者于 1921—1924 年留学苏联诗作，分为《红笑》《新梦》《我的心灵》《昨夜里梦入天国》《劳动的武士》五辑，计有《红笑》《十月革命纪念》《新梦》《西来意》《我的心灵》《暴动》《中国劳动歌》《哭列宁》等 36 首，译诗 6 首。

此书于 1925 年因孙传芳查封上海书店而遭禁。

38. 雅古堂诗集六卷　方世立著

1925 年铅印本　上海图书馆藏

方世立（1865—?），字孝朗，号怡云居士。桐城人。清末举人。清光绪十四年（1888）任职于吉林督抚宪台衙门及建设厅，清宣统元年（1909）筹办饶河设治事宜，任饶河县知县。1916 年复任饶河县知事。

又：**雅古堂诗集六卷　方世立著**　民国石印本　桐城市图书馆藏

此书卷一录五言古诗，卷二录七言古诗，卷三录五言律诗，卷四、卷五录七言律诗，卷六录五七言绝句，共 349 首，多赠别、怀人、感时之作。

39. 意莲笔记二卷　潘镇著

1925 年撷华书局木活字印本　中国国家图书馆藏

潘镇（? —?），字端甫，号意莲。泾县人。授徒为生。清宣统元年（1909）著有《意莲诗钞》五卷。

此书前有曹肇绪序，内卷一录《读书》《二苏》《敕勒歌辨》等笔记文 14 篇；卷二录《狄裴范苏》《船以地名》等笔记文 10 篇。末有著者二子并长孙之跋。

40. 中国八大诗人　胡怀琛著

1925 年上海商务印书馆铅印本　湖南省图书馆藏

著者生平已见《兰闺清课》。

此书前有自序与题词，内介绍屈原、陶渊明、李白、杜甫、白居易、苏东坡、陆游、王渔洋 8 位诗人。

41. 中国民歌研究　胡怀琛著

1925 年上海商务印书馆铅印本　中国国家图书馆藏。

著者生平已见《兰闺清课》。

此书前有著者《中国民歌研究序》，介绍编辑经过及方法，附引用书目。全书八章，分别为"总论""古谣谚""古代抒情的短歌及其他短歌""古代叙事的长歌""叙事长歌递变为戏剧""近代抒情的短歌及其他短歌""近代叙事的长歌""补遗"。

42. 中山先生哀挽录一卷　汪承绪著

1925 年铅印本　安徽省图书馆藏

汪承绪（？—？），歙县人。曾任私立富溪国民学校校长。

此书前有《民国十四年歙县各团体联合追悼孙中山先生大会摄影》，汪承绪序。内录祭文、挽联、挽诗（词）、匾额、电唁及《追悼孙先生歌》。

43. 中学以上作文教学法　梁启超讲演；卫士生，束世征笔记

1925 年上海中华书局铅印本　南京图书馆藏

束世征（1896—1978），字天民，号秋涛。芜湖人。早年入安徽法政学堂，1920 年考取南京高等师范学校，1924 年后任教于南京金陵大学、中央大学，抗战时期为四川大学、安徽大学教授、历史系主任，安徽政治学院教授。

此书为梁启超在东大讲演笔记。附录《中国韵文里所表现的情感》。

44. 周止庵先生别传　周叔贞著

1925 年著者自刊　天津图书馆藏

周叔贞（？—?），女。至德人。周学熙孙女，周明焯之女。曾就读于燕京大学史地系。

又：**周止庵先生别传　周叔贞著** 1948 年著者自刊　中国国家图书馆藏

此书前有颜惠庆、周季华序各一及《凡例》《引言》。内六章，分别为"第一阶段：北洋实业之奠基""第二阶段：民营事业之创造""第三阶段：民国财政之肇建""第四阶段：华北棉业之提倡""第五阶段：社会福利与著书讲学时期""后记"。末附参考书目。

《引言》称："一、古今名人传记有一人而数传者，如罗斯福小传，种类甚多，各有其特著之点。是篇为吾先祖别传，侧重于创造北洋实业与建树民国财政两端，对于其他事迹比较简略。二、先祖一生建设，有关国家掌故，但官方文书已不易寻觅，加以历年迁徙，所有章则文字，私家亦罕存稿，兹所搜录皆有关经济财政者，以为异日考求文献者之资料。三、是篇原为作者攻读史地系之毕业论文，嗣以先祖逝世，遂加整理付印；别有先祖自著之年谱，另印行，与此互有详略。四、吾祖所为诗凡数千首，别有诗集刊行。兹择其与平生事迹有关者，略录数首，以见一斑。盖诗本性灵，藉此可以窥见个性与修养也。"

45. 作文研究　胡怀琛著

1925 年上海商务印书馆铅印本　天津图书馆藏

著者生平已见《兰闺清课》。

此书前有著者序，内题"中等学校国文科作文研究"，全书二十二章，讲授文言与白话文写作方法，并有《译文言为白话之研究》和《教学经验谈》。

1926 年(民国十五年)

1. 丙寅稿　王揖唐著

民国抄本　中国国家图书馆藏

著者生平已见《横山草堂联话》。

此书录著者于 1926 年所作古近体诗 200 余首。

2. 沧州诗抄十五卷　杨寅揆著

1926 年铅印本　安徽省图书馆藏

杨寅揆（1868—1941），字佑甫，号沧州。桐城人。清光绪二十年
（1894）进士，历仟四川荣昌、威远、江西大庾、南康知县。后辞官返乡，
先后主讲安庆陆军学堂、师范学堂、商业学堂。

此书前有马其昶序，许隽人、王子翔、方伯恺等人评语，王畹香、郑
肖伯、倪璞斋、蒋实之、王雪岑等人题词，末有杨敬锡跋。内录著者作于
1926 年前古近体诗 500 余首。

3. 池阳溃兵过境记一卷　徐传友著

1926 年石印本　安徽省图书馆藏

徐传友（？—？），字磊生，号约庵。池州人。曾任池州县知事。

此书前有高炳麟序，内记 1926 年 11 月，五省联军三万余人由南浔败
退，经过池州事。末附招待简章。

《高序》称："盖吾池弹丸地也，平日又无准备，骤过如许大军，稍一
不慎，即生事变，其不糜烂地方者，几希。迨兵已绝迹，邑人争相函告，
几称吾池地方之得免于难者，实赖县长徐公磊生勤慎从事，因应有方。"

4. 惆怅　黄仲苏著

1926 年上海中华书局铅印本　上海图书馆藏

著者生平已见《小物件》。

此书内录小说《惆怅》《了解》《童心》《楼外楼》《夜半呼声》《雁语与回忆》《此时此地》《批也尔罗地之死》等 8 篇。

此书被辑入《文艺小丛书》。

5. 春秋悯人之孔子　胡春霖著

1926 年中华诚进劳谦学会铅印本　吉林省图书馆藏

胡春霖（1882—1941），原名胡贤璋，字默青，曾用名春林、椿霖、茂青，笔名墨卿、墨成、墨成子。含山人。早年就读于上海师范学堂、安徽存古学堂，继入北京大学，加入光复会、同盟会。1913 年起历任安徽农业学校、中国大学、国立北京农业专门学校、北京民国大学教师，国务院国史编纂处编纂，京兆律师，《中华报》编辑，临时参议院参政，国民革命军总司令部参事兼法规编审委员会常务委员，黄埔军官学校政治教官，国民党广州政治分会秘书长兼党政机关职员训练班总队长。1927 年参与组织广州大学，任校董、教授。1928 年后历任安徽省政府委员、建设厅厅长，北平大学农学院教授兼院长。

此书内题为"一悯夫暴行者"，"二悯夫邪说者"，"三悯夫淫乱无耻者"，"四悯夫夷患僭窃者"，"五悯夫声色势利者"，"六悯夫诈欺谗毁者"，"七悯夫愤世派者"，"八悯夫厌世派者"。

6. 春之花：小说季刊　刘豁公，董柏崖编辑

1926 年上海青青社铅印本　苏州图书馆藏

刘豁公，刘达笔名，生平已见《戏剧大观》。

此书封面有吕碧城题签，前有铜版插图 8 帧，内录包天笑、何海鸣、严独鹤、毕倚虹、天虚我生、周瘦鹃、刘豁公等人小说 29 篇。

7. 芘湖赠答诗钞一卷　王裕承编著

1926 年阜阳王氏槐荫堂铅印本　安徽省图书馆藏

王裕承（1857—1918），字庄惠，号雨人。阜阳人。清末曾任职云南浪穹县。

此书前有施文熙、杜国梁序各一，自序，及江懋勋题词。末有《拾遗》4 首及编著者写于 1918 年之《后序》。内录清宣统元年（1909）编著者因调任所作《留别浪穹绅民》七律 4 首，及浪穹邑人和诗 150 余首。

8. 当代名人尺牍　王文濡编选

1926 年上海文明书局铅印本　首都图书馆藏

编选者生平已见《侯魏汪三家文合钞》。

此书内录王德钟、朱慕家、章炳麟、章士钊、蔡元培等 50 余人书信百余通。

9. 东方大同学案　刘仁航著；张明慈，阮明，储皖峰点校

1926 年上海中华书局铅印本　上海图书馆藏

储皖峰（1896—1942），字逸安。潜山人。储完轩子。早年就读于南方大学，后入北京大学为旁听生。南大毕业后入清华大学研究院，与陆侃如、谢国桢、姚名达等办立述学社，编印《国学月报》。1928 年毕业后，历任上海中国公学、复旦大学、浙江大学、辅仁大学教授，1941 年病逝。

此书前有《本书参考英日等文书目》《释太虚叙》《本书编订意趣纲领》《东方大同学案十诫》、刘仁航《总序》；内六卷，分为《孔孟大同小康学案》《老庄自然学案》《杨子兼利学案》《墨（侠）兼爱学案》《耶稣爱人学案》《佛福慧圆满学案》，附《孔子世家》《孟子列传》《老子庄子列传》《佛事迹略纪》《大同实现方略》。书末附刘仁航《东方大同学案结论》等文 3 篇。

作者认为大同世界是东西文化共同理想，故将中国先秦哲学、基督教、佛教合编为《大同学案》。

10. 东方福尔摩斯探案　程小青著

1926 年上海大东书局铅印本　超星数字图书馆收录

著者生平已见《福尔摩斯探案全集》第六册。

此书内录侦探小说《试卷》《怪别墅》《断指余波》《自由女子》《霍桑的小友》《黑鬼》《异途同行》7 篇。

11. 独秀文库　陈独秀著

1926 年上海亚东图书馆铅印本　超星数字图书馆收录

著者生平已见《独秀文存》。

此书四册。

12. 遁园酬唱集二卷附录一卷　刘盛芳编著

1926 年合肥启新印刷厂铅印本　安徽省图书馆藏

刘盛芳（1849—1930），字兰轩，号桂亭。肥西人。刘铭传之侄。清咸丰年间入淮军，曾任新会、香山县知县。

此书前有胡先春、刘世德、李世璜序各一，并周行藻、袁璞山、胡先春题词。内《酬唱集一》录遁叟刘盛芳 1913 年之作《遁园落成率赋二律征和》及诸家和诗，《酬唱集二》录各家题赠诗，附录赠序楹联。末有《补遗》及遁叟所撰《书后》。

13. 庚午老人修改本红楼梦　吴克岐辑

读红小识本　南京图书馆藏

著者生平已见《红楼名号归一表》。

此书百二十回。前有序，称："癸亥之秋，余在十二圩，假得三让堂本《红楼梦》一部，朱墨淋漓，惜多残缺。前者有庚午生小序一篇，余细加翻阅，喜其持论颇与余同，而考定年月尤极谨严，虽未窥全貌，不忍弃之，亟择录如左，以待有红癖者商榷焉。"落款为"东南第一山庚午老人识"。

又：**庚午老人修改本红楼梦　吴克岐辑**　民国抄本　中国国家图书馆藏

此书八十八回。清道光年间刊行三让堂刊本《绣像批点红楼梦》，凡百二十回。现存书七卷，为卷一至卷七，所录庚午生评语止八十八回，疑有缺。

读红小识五种　吴克岐著　1926 年稿本　南京图书馆藏

此编十四册，存十三册。此编前有总序，内录《红楼梦作者》一卷；《红楼梦八十回后佚文》一卷；《红楼梦原文补遗》一卷；《红楼梦正误》五卷，缺卷一、卷四；《庚午老人修改本红楼梦》七卷。

《总序》落款为"丙寅大暑后三日"。

14. 海上花列传　（清）韩邦庆著；汪原放标点

1926 年上海亚东图书馆铅印本　上海图书馆藏

标点者生平已见《儒林外史》。

此书前有胡适、刘复序各一，作者《例言》及汪原放《校读后记》，末附文言笔记小说《太仙漫稿》。

《胡序》称"《海上花》是吴语文学的第一部杰作"，"三百年中还没有一个第一流文人完全用苏白作小说的。……如果这一部方言文学的杰作还能引起别处文人创作各地方言文学的兴味，如果从今以后有各地的方言文学继续起来供给中国新文学的新材料、新血液、新生命——那么，韩子云与他的《海上花列传》真可以说是给中国文学开了一个新局面"。

汪氏《校读后记》专就书中吴方言疑难词语作简释，以助读者理解原文。

15. 汉碑文范四卷附编一卷补注一卷　吴闿生选辑

1926 年武强贺氏石印本　中国国家图书馆藏

选辑者生平已见《古今体诗约选》。

此书为徐世昌题签，前有自序与《例言》，内卷一录庙碑 12 篇，卷二录功德颂 13 篇，卷三录墓碑 21 篇，卷四录墓碑 26 篇，全书只录碑文，未作文辞评价。

《例言》称，此书之编，"以洪适《隶释》为蓝本，兼及近代诸家所录"，"专供文学之研究，冀辟文家未启之蹊径"。

16. 红楼梦八十回后佚文一卷　吴克岐辑

读红小识本　南京图书馆藏

著者生平已见《红楼名号归一表》。

此书前有序，称《红楼梦》原本相传有百二十回，苦不可得，难以澄清核实。清宣统末，上海有正书局影印戚蓼生序旧抄本，凡八十回，每回前后有总评，文中有夹评，始觉八十回后之佚文时时发现于诸评语中，蛛丝马迹，较之高鹗补本迥然不同，于是为之辑录，略附按语。

此书为《读红小识五种》之二。

17. 红楼梦原文补遗一卷　吴克岐辑

读红小识本　南京图书馆藏

著者生平已见《红楼名号归一表》。

此书前有序，称通行本《红楼梦》为广东徐氏广百宋斋排印本《增评补图石头记》，所据为王雪香评本，王本又是据高鹗补本，至于其他数种，类皆如此。如高鹗曾见过戚本，则其间修改增删，颇费匠心，始续成足本。然而其中也有不宜删而删者，兹就戚本中择其宜存者而补录，始成此书。

此书为《读红小识五种》之三。

18. 红楼梦正误六卷　吴克岐著

读红小识本　南京图书馆藏

著者生平已见《红楼名号归一表》。

此书存卷二、卷三、卷五、卷六。内以上海有正书局石印《红楼梦》戚序本为底本，对比徐氏本（即广百宋斋排印本），校出异文，略附按语，表明取舍。

此书为《读红小识五种》之四。

又：**红楼梦正误六卷　吴克岐著**　犬窝谭红本　南京图书馆藏

此书前有自序。内以徐氏本（即广百宋斋排印本）为底本，校以戚序本和著者购藏残抄本，附按语，说明正误。末有《识》。

《识》称："以上叙述均系极显明者，其他足正徐本之误处不可枚举，他日当详加校勘，再作补遗之录也。"

19. 红楼梦作者一卷　吴克岐著

读红小识本　南京图书馆藏

著者生平已见《红楼名号归一表》。

此书以考述曹雪芹家世及其生平和高鹗简况为主。

此书为《读红小识五种》之一。

20. 胡怀琛诗歌丛稿十卷　胡怀琛著

1926 年上海商务印书馆铅印本　安徽大学图书馆藏

著者生平已见《兰闺清课》。

此书前有胡朴安序，潘兰史、胡适、李叔同手写赠诗及胡怀琛答词，及"吾家故宅"照片 1 帧。内录《秋雪诗》《旅行杂诗》《四时杂诗》《新年杂诗》《天衣集》《神蛇集》《燕游诗草选译》《秋雪词》《新道情》《重编大江集》《春怨词》《词意》《放歌》及《今乐府》十四集，新旧体诗 400 余首，多有对现实生活之表现及作者与新旧文坛人物往来记载。其中《燕游诗草选译》为译作。书末附今乐府五线谱词 5 首。

此书辑入《朴学斋丛书第三集》第一、二册。

朴学斋丛书第三集　1983 年影印本　中国国家图书馆藏

此编内录《胡怀琛诗歌丛稿》。

胡道彦《朴学斋丛书第二集·前言》称："……计划编刊《朴学斋丛书第三集》，刊载先叔父译著，及道静弟著述之一部分。此外先堂兄惠生（先伯父之长子）在南社丛刊，载有诗十六首，将一并刊在第三集内。"

21. 黄海后游录三卷　汪律本著

1926 年抄本　安徽省博物馆藏

汪律本（1867—1931），字鞠卣、鞠友，号旧游。歙县人。汪宗沂第二子。清光绪二十年（1894）举人。曾任教于南京两江师范学堂、上江公学。清末加入同盟会，谋划军中起义。民国初年任参议院参议员。著者曾于清光绪年间撰有《从游小草》一卷。

此书录诗 64 首，词 11 首，为 1926 年著者携子游黄山所得。

22. 徽难哀音三卷　胡在渭编辑

1926 年油印本　安徽省图书馆藏

编辑者生平已见《文艺因缘》。

此书前有自序，内分三编：上编为《事略》，内有胡在渭编《太平军扰徽大事表》与《凤山笔记》；中编为《诗集》；下编为《杂记》。

《自序》称，1914 年新年，"我父假得《西谷随笔》抄本，内有乡先辈纪难诗十余首，嘱余录出，并嘱以后遇有关于此项资料均汇录之，用留纪念。余奉命广为搜集，凡见各家文集、笔记及其他著作中有关于太平扰徽纪难之作，辄录之。日积月累，所得事略、诗歌、杂记诸稿已盈寸，编次成册，题曰《徽难哀音》"。

23. 江亢虎南游回想记　江亢虎著

1926 年上海中华书局铅印本　中国国家图书馆藏

著者生平已见《洪水集》。

此书前有自序，内录作者于 1923 年至南洋游观百日之回想。共分《星加坡》《槟榔屿》《巴生》《柔佛》《仰光》《盘谷》《西贡》《马尼拉》《总评》等十编。

《自序》称，回想南洋旅游之事并介绍给读者之目的，"乃欲使知行间字里，实含有不少亡国灭种之血泪。二三十年前，爱国志士所号呼警告不祥之预言，乃一一实现而躬逢之。昔日戏言身后事，今朝都到眼前来。华侨现在之地位不可长保，未来之境遇更有难言。同胞听之，国亡种灭，海外并无避秦之桃源"。

24. 烈节陈何氏哀荣录一卷　陈香化编

1926 年木活字本　安徽省图书馆藏

陈香化（？—？），桐城人。

此书前有著者《弁言》，内录桐城县《请旌呈文》、何传真所撰《陈氏妹殉节事略》、陈澹然所撰《墓表》、何宗岩所撰《陈烈妇传》，及教育厅长旌德吕世芳等人诗作、挽联、悼词、诔言。

《弁言》称："自欧风东渐，自由平等之说中于人心，……所谓忠臣、义士、孝子、烈妇之风规几如麟角凤毛，慨乎未见，亦慨乎未闻矣。吾桐风俗醇厚，忠孝节义代有传人。近虽礼教凌夷，不免人欲横流之感，然典型尚在，矩矱犹存。"是文述汪、吴二女及陈何氏殉夫事。

25. 罗星集　郑逸梅著；顾明道编

1926 年潮音楼铅印本　上海图书馆藏

著者生平已见《梅瓣集》。

此书前有郑逸梅《罗星集卷首语》、姚民哀《题罗星集》。内录程小青《笑脸》，范烟桥《新发明的通行证》，郑逸梅《摘星录》，黄转陶《小说杂论》，屠守拙《灯下杂札》，蒋吟秋、范烟桥《雅集诗》等 28 篇。

《罗星集卷首语》称："壬戌之秋，范子烟桥自桐花里移家吴中。啸歌余暇，与赵眠云合辑一七日报，命名曰《星》，逸梅亦赞襄其间。一时名著琳琅，光芒焕发，计二十有五期。乃改为杂志曰《星光》，以文会友，俊彦纷集，因组一社，即以'星'为社名。……乙丑秋。逸梅与眠云曾辑一社刊，曰《星宿海》，以为纪念。同时顾明道亦拟辑一纪念刊物，曰《罗星集》。编已及半，忽应海上某书贾之请，赶撰《啼鹃续录》。《罗星集》乃搁而未竟，兹者商于逸梅，欲以纂务见委，俾竟厥志。逸梅允而谬为诠次，交海上潮音楼出版。"

26. 梦痕第一集　王天恨，曹梦鱼，钱化佛编

1926 年梦痕社铅印本　上海图书馆藏

曹梦鱼（？—？），徽州人。1923 年于上海创办华达药行，与赵苕狂合编《骆驼画报》三日刊。

此书录许瘦蝶《然脂泼黛录》、万娟红《红楼吟》、王天恨《双兔傍地走》、徐卓呆《盗贼学校》、范烟桥《昨梦》、程小青《虞游小记》、胡谷兰《梦吷》、徐公达《觉悟时》、顾明道《番僧》、丁伯平《梦痕吟》、曹梦鱼《新乱点鸳鸯谱》等 30 余人文言小说 73 篇。末附吴耳似《后序》及《吴陵少年诗略》。

27. 民国春秋：天下第一英雄传　杨尘因著

1926 年上海中南书局铅印本　东北师范大学图书馆藏

著者生平已见《新华春梦记》。

此书为六十回长篇演义小说，歌颂孙中山革命业绩。

28. 南北奇侠传　姜侠魂，杨尘因，许指严，庄病骸，黄退暗著

1926 年上海新新书局铅印本　上海图书馆藏

杨尘因生平已见《新华春梦记》。

此书第四册附钱锴重译阿拉伯原本故事《航海述奇》。

29. 鸥影词稿五卷　龚元凯著

1926 年刻本　安徽省图书馆藏

著者生平已见《蜕龛词集》。

此书前有自序。卷一为《换芳集》，卷二为《反袂集》，卷三为《檐语集》，卷四为《孤云集》，卷五为《峨冰集》。

30. 樵歌三卷　（宋）朱敦儒著；章衣萍校点

1926 年上海商务印书馆铅印本　中国国家图书馆藏

校点者生平已见《深誓》。

又：**樵歌三卷　（宋）朱敦儒著；章衣萍校点**　1930 年上海商务印书馆铅印本　中国国家图书馆藏

此书为词集。前有吴枚庵《关于樵歌考证及朱敦儒史料》、胡适《朱敦儒小传》，末有黎锦熙、林语堂等人跋并校点者后记。

张高宽、王玉哲、王连生、孟繁森等主编《宋词大辞典》（辽宁人民出版社 1990 年版，第 197 页）称，此书"从胡适嘱，校点印行。由胡适作序，并录其手注多则，又由钱玄同、黎锦熙作跋。因初印本校对不精，误植甚多，乃于 1929 年冬，借得胡适手校本，重新校改出版"。

31. 情书一束　章衣萍著

1926 年北京北新书局铅印本　中国国家图书馆藏

著者生平已见《深誓》。

此书前有自序，内录《桃色的衣裳》《红迹》《第一个恋人》《爱丽》《阿莲》《从你走后》《松萝山下》《你教我怎么办呢》8 篇小说。

又：**桃色的衣裳　章衣萍著**　1926 年北京北新书局铅印本　首都图书馆藏

此书前有自序，内录 8 篇小说，篇目同《情书一束》。

《自序》称："一书数名，古已有之。……然今以《桃色的衣裳》名此书，则又有其他不得已之苦衷。明眼人当能谅之。……然《桃色的衣裳》一篇，虽芜杂'不值一评'，正如其他拙作；而写作之时，颇费心力，以名此书，计亦良得。至如其他不得已之苦衷，人苟不知，余亦不言，非余不言，不敢言耳。鸣呼！著者自序，秋风起时。"

32. 穷人　［俄］陀思妥耶夫斯基著；韦丛芜译

1926 年北平未名社出版部铅印本　首都图书馆藏

韦丛芜（1905—1978），原名韦崇武，又名立人、若愚。霍邱人。早年先后求学于湖南法政学校、省立第三师范学校、湖南岳阳湖滨大学附中、北京崇实中学，1925 年参与创办未名社，1929 年毕业于燕京大学，任天津女子师范学校英文系教授。1933 年返乡办学，旋任国民党霍邱县长。抗战爆发后弃文经商。

此书据英译本转译。书前有鲁迅《小引》，英文版《引言》。

此书为《未名丛刊》之一。

33. 求是编四卷　王裕承编著

1926 年铅印本　安徽省图书馆藏

编著者生平已见《茈湖赠答诗钞》。

此书前有清光绪十三年（1887）自序，1926 年季春史序，1924 年宁元羲序，末有李和溥跋，及著者之子王普《书后》。内录笔记 75 则，涉及国家政治、经济、法律、军事、文学诸方面。

34. 慎宜轩笔记十卷　姚永概著

1926 年木活字本　安徽省图书馆藏

著者生平已见《邵节妇家传》。

此书前有 1925 年姚永朴、1926 年何养性序各一，内录著者读《易》《诗》《大学》《论语》《大戴礼》《史记》《前汉书》《后汉书》《南史》《管子》《老子》《庄子》《墨子》《吕氏春秋》《韩非子》《法言》《韩昌黎集》《朱子集》之笔记。末卷曰《杂》，内为随笔，多记亲友论诗、论文之言。

张舜徽《清人文集别录》（华中师范大学出版社 2004 年版，第 587 页）称："永概所为文，原有一九一六年铅字排印《慎宜轩文》八卷。及其既没，永朴及其门人旁搜广采，增益其所未备，厘为十二卷，雕板行世，即此本也。永朴又编次其读书批记考证之语，为《慎宜轩笔记》十卷，博及四部，语多精邃。有一九二六年活字本。其中论学之言，多与是集相表里，学者可参究焉。"

又：**姚永概笔记**　姚永概著　民国稿本　安徽省图书馆藏

35. 诗词学　徐谦著

1926 年上海商务印书馆铅印本　天津图书馆藏

徐谦（1872—1940），字季龙，晚年自署黄山樵客，英译名 George Hsu。歙县人。清光绪三十年（1904）进士，入翰林院仕学馆攻读法律，三十三年（1907）毕业，历任翰林院编修、法部参事，京师地方审判厅厅长，京师高等审判厅检察长。民国后历任内阁司法部次长，孙中山广州军政府秘书长，天津《益世报》主编，最高法院院长、司法总长，岭南大学文学系主任，中俄庚款委员会主席。1927年后寓居香港，任律师。抗战后任国防委员会委员、国民党北京分部主任、福建国民政府委员等职。

此书原系著者在岭南大学教授《诗词学》之讲义。前有自序及沈仪彬序，内论述起自《诗》三百篇，迄唐代李白、杜甫等。

《自序》称："余讲'诗词学'而不及白话诗，盖未尝以为今之白话诗之果为诗也。今之白话诗有二：一译文，由西诗以散文体译之；二拟译诗，由西诗之译文而仿效之。此二者之非诗，谅可不待烦言而解。吾国古者非无白话诗，亦非无无韵诗及长短句。其所以成为诗者，则诗思、诗境、诗笔、诗法，无不有一标准焉。如是则为诗，不如是，则为词、为曲、为韵文、为散文、为话。此余所欲对于新诗下一针砭者也。余于文学非提倡复古，尤非不注重创作，惟于今之白话诗或新体诗，终不列之于诗词学。"

36. 说部精英：丙寅花第一集　刘豁公，王钝根编辑

1926年上海五洲书社铅印本　复旦大学图书馆藏

刘豁公，刘达笔名，生平已见《戏剧大观》。

此书前有陈伯熙序，吕碧城《苏宁旅行诗》手迹及梅畹华等若干明星照片，内录严独鹤、周瘦鹃、包天笑、郑逸梅、恽铁樵、徐枕亚等人短篇小说28篇。

37. 太平天国史料第一集　程演生辑

1926年北京大学出版部铅印暨影印本，安徽省图书馆藏

著者生平已见《西泠异简记》。

此书前有朱希祖、程演生序。

《朱序》称："北京大学教授程君演生游学巴黎，由法兰西国立东方语言学校图书馆录得太平天国史料十种，曰《天父下凡诏书一》，曰《天父下凡诏书二》，曰《天命诏旨书》，曰《颁行诏书》，曰《天朝田亩制度》，曰《建天京于金陵论》，曰《贬妖穴为罪隶论》，曰《原道救世歌》，曰《原道醒世训》，曰《原道觉世训》，归国后将付北京大学出版部印行而自安徽迳书于余，命作序。余于民国五年得睹无名氏所撰《洪杨类纂史略》

抄本十二卷，其书所载止于太平天国四年，开国制度灿然。……后会李辈毁灭各诏书不遗余力，竟无人知太平天国有如此重要制度，其稀有又如此。留学法国者多矣，从未闻有谈及此书者，程君能识此珍贵之书，手录以归，其有功于吾国史学界巨矣。"

38. 外套　　〔俄〕果戈里著；韦漱园，司徒乔译

1926 年上海北新书局铅印本　　南京图书馆藏

韦漱园（1902—1932），又名素园。霍邱人。韦丛芜之兄。早年曾赴苏联学习，后主持未名社日常工作，1926 年接编《莽原》半月刊。

此书为中篇小说。前有译者序，介绍作者创作。

此书为《未名丛刊》之一。

39. 万里楼词曲合抄一卷　　朱清华著；朱师辙选

1926 年铅印本　　中国国家图书馆藏

朱清华（1884—1955），字绍云。别号云溪。颍上人。早年于南京高等学堂习中文，毕业后入日本早稻田大学学习，参加同盟会。清光绪三十三年（1907）回国，先后于阜阳清颍学堂、北京京师大学堂任教。民国后历任民国大学校长、阿尔泰办事处长官、孙中山总统顾问、安徽省财政厅长、北京自治委员会委员长、成都华西大学教授、安徽省临时政治学院代理院长、安徽学院院长。

此书内录清光绪三十二年（1906）至 1924 年词作 16 首及《亚陆风云传奇》残本。

40. 万里楼诗抄一卷　　朱清华著；尹炎武选

1926 年铅印本　　中国国家图书馆藏

著者生平已见《万里楼词曲合抄》。

此书为许世英题签。前有熊希龄、王源瀚、马振宪、尹炎武序各一，内录清光绪二十六年（1900）至 1922 年古近体诗作百余首，间有决盫、硕公评点。早年之作多写颍州风景，其后《宿州北洋募兵处作》《抵满洲里初见五色旗》《留别济南统一党支部同人》《四年八月将有塞外之游别蔡松坡将军时君将有川滇之行》等作，可见历史风云及作者游踪。

41. 往星中　　[俄]安特列夫著；李霁野译

1926年北平未名社铅印本　中国国家图书馆藏

李霁野（1904—1997），霍邱人。1927年肄业于燕京大学中文系，历任河北天津女师学院、辅仁大学、百洲女师学院、台湾大学外语系教授、系主任等职。

此书为四幕剧，据英译本转译。书前有韦素园序，介绍安特列夫，末有译者《后记》。

此书为《未名丛刊》之一。

42. 问淞诗存一卷附挽诗一卷　　李国枢著

1926年铅印本　安徽省图书馆藏

李国枢（1900—1925），字仲璇，号问淞。合肥人。李经钰第二子。

此书前有陈诗撰《别传》，及吴承烜、陈诗、蔡庆泽、杨开森、李国棣、李国瓒、李国榛、吴清丽题词。内录著者自1923年以来诗作，附录挽诗。

43. 惜抱轩诗集训纂十一卷　　（清）姚鼐著；姚永朴训纂

1926年木活字本　安徽省图书馆藏

姚永朴生平已见《见闻偶笔》。

此书前有目录及《著者识》，内卷一至卷五录古体诗215首，卷六至卷十录近体诗377首，卷十一录古体诗4首，近体诗91首，词8首。

《著者识》称："先兄闲伯尝欲为惜抱府君诗作注。甫属稿，得疾而止，未几，卒。今存箧仅数十首，中有精核语，惜未及整理。岁癸亥，永朴客建德，授经之余，思竟兄志，取囊所常诵者为之诠解。于原诗得其半，名曰《惜抱轩诗钞释》。先生来孙纪见之，深以能全解为快当。永朴之为'钞释'也，非敢有所去取，特因兹集为篇既富、事料复浓郁而难之耳。归里后，人事较简，乃不揣梼昧，逐篇搜讨。既成，仿惠定宇注渔阳诗，更名《训纂》。"

又：**惜抱轩诗集训纂　　（清）姚鼐著；姚永朴训纂；宋效永校点**

2001年黄山书社铅印本　安徽省图书馆藏

此书有编者《前言》，姚永朴序。

编者《前言》称："这本诗集的突出价值还在于：一、训纂作者姚永朴系姚鼐族玄孙，对族高祖行迹十分熟悉。训纂中，大量征引他人罕见的第一手资料，交代出每一首诗的写作年代和背景，这不仅有助于读者更好地理解诗的内容，也为我们提供了研究姚鼐及桐城派的珍贵资料。二、作为'训纂'，此书牵涉典实颇多，有助于人们读诗、学诗。三、就'训纂'体来说，此书之丰赡，又可与惠栋之《渔洋山人精华录训纂》合称双璧。四、姚鼐一生作诗颇多，但他出于对作诗的'自娱'的认识，往往是'手写付人，不自留稿'，而此书则由其子姚执雉'私录成编'，因而保留了其他版本所未有的不少诗作，这更是研究者所应注意的。"

吴孟复《书姚仲实先生〈文学研究法〉后》（载《吴孟复安徽文献研究丛稿》，黄山书社 2006 年版，第 52 页）称："先生以经学著名，向与井研廖君（平）并称两大经师。其《尚书谊诂》《论语解注合编》诸书，兼采汉宋，博而能精。其《惜抱轩诗集训纂》，殆可与惠氏渔洋诗注并传；书中'曹适百'一注，先生晚年自正其误，因而亟欲重刊。"

44. 夏之花：小说季刊　刘豁公，董柏崖编辑

1926 年上海青青社铅印本　南京图书馆藏

刘豁公，刘达笔名，生平已见《戏剧大观》。

此书前有杨云史手迹，张织云、林楚楚、梅兰芳等明星照片，内录包天笑、杨云史、徐枕亚、胡寄尘、刘豁公等人小说、随笔 40 篇。

45. 小说素　郑逸梅编辑；徐行素校正

1926 年上海竞新书局铅印本　吉林省图书馆藏

编辑者生平已见《梅瓣集》。

此书内录天笑、红蕉《无法投递》、瘦鹃《我想苏州》、胡寄尘《三个世界》、小青《精神病》、烟桥《归来》、双热《豆腐西施》、天台山农《桔中乐》、少芹《一个解放的女子》、天愤《临时疫院》、枕绿《两难》、民哀《悔之晚矣》、明道《某富豪之家庭》、逸梅《残余之照片》等 26 篇文言小说。

46. 新编戏学汇考　凌善清，许志豪编；徐慕云，刘豁公校阅

1926 年上海大东书局铅印本　上海图书馆藏

刘豁公，刘达笔名，生平已见《戏剧大观》。

此书十册。前有夏月润、言菊朋、梅兰芳等10人题字，何海鸣、舒舍予、欧阳予倩、汪优游等10人序各一，许志豪序，凌善清序，《刘豁公先生歌场识小录》。内分戏学编、戏曲编。戏学编包括名伶小影、脸谱、场面、皮黄工尺谱、戏装等，戏曲编选录名伶曲本百数十出，每剧前列有一表，注明本剧角色、服装、用具、名伶、情节等。

47. 新体女子白话尺牍五编　胡怀琛选辑
1926年上海大东书局铅印本　广东省立中山图书馆藏
选辑者生平已见《兰闺清课》。

48. 耶稣的吩咐　汪静之著
1926年上海文学周报社铅印本　南京图书馆藏
著者生平已见《湖畔》。

此书为中篇小说。前有自序、序后。此作品反映乡间严厉惩戒奸夫淫妇风俗。

49. 疑庵诗六卷　许承尧著
1926年铅印本　安徽省图书馆藏
著者生平已见《苋父杂记》。

此书前有自序，内甲卷录清光绪二十四年（1898）至三十四年（1908）之作，乙卷录清光绪三十四年（1908）至清宣统三年（1911）之作，丙卷录1912—1916年之作，丁卷录1916—1920年之作，戊卷录1920—1923年之作，己卷录1924—1926年之作。

《自序》称："余年五十有三，自次其所为诗，删二存一，分六卷，曰甲、乙、丙、丁、戊、己。"

又：**疑庵诗十一卷　许承尧著**　民国安徽省通志馆抄本　安徽省图书馆藏

此书前有1925年陈宝琛、汪青序各一及著者写于1937年之自序。内前六卷同上书，卷七录1927—1928年之作，卷八录1929—1931年之作，卷九录1932—1933年之作，卷十录1933—1935年之作；卷十一录1935—1937年之作。

《自序》称:"余年五十有三,自次其所为诗,删二存一,得六卷。年六十四更益之,得五卷。"

又:**疑庵诗十四卷 许承尧著;汪聪,徐步云点注** 1990 年黄山书社铅印本 安徽省图书馆藏

此书为作者晚年手定本,前有马其昶、吴承仕、陈宝琛、汪青序各一及著者写于 1943 年之自序。全书内分《甲集》至《癸集》凡十卷,《续集》四卷,录诗 1700 多首。《附录》二卷,录诗 25 首,文 7 篇。其中《寄庐泥饮》《沧海篇》《言天》《灵魂》《过菜市口》等均表现面对世事变迁之忧愤、叹息。

《自序》称:"余年五十有三,自次其所为诗,删二存一,得六卷。年六十二更益之,得四卷。年七十,又益之,得四卷。"

50. 友石山房吟草 吴葆森著

1926 年吴葆琳抄本 中国国家图书馆藏

著者生平已见《书荆室谢宜人事略》。

51. 元符诗草一卷附词 王天培著

1926 年石印本 安徽省图书馆藏

王天培(1880—1917)字元符。合肥人。清光绪三十一年(1905)于日本留学时加入同盟会。清宣统二年(1910)回国,任安徽学堂监督,翌年于安徽响应武昌起义,参与组织安徽独立活动,曾任军政府民军都督,南京临时政府参议员。

此书前有李家蓁、单麟序各一,柏文蔚撰《传记》,刘钊、张芝田赠诗 3 首。内录诗词 49 首,作品饱含爱国思想,风格雄健慷慨。

52. 张南通诗文钞八卷 张謇著;王文濡选辑

1926 年上海文明书局铅印本 上海图书馆藏

编者生平已见《侯魏汪三家文合钞》。

此书前有选辑者序,内卷一录五古 42 首;卷二录七古 21 首;卷三录五律 99 首;卷四录七律 89 首;卷五录五七言绝句 139 首;卷六录五言排律 4 首;卷七、卷八共录杂文 37 篇。

53. 正道居感世集一卷诗二卷续集一卷　段祺瑞著

1926年铅印本　中国国家图书馆藏

著者生平已见《正道居集》。

此书前有章士钊序。

54. 竹洲泪点图题咏一卷　吴瑞汾辑

1926年铅印本　安徽省图书馆藏

吴瑞汾（1873—1945），一名瑞芬，字子鼎，号颐道人。休宁人。南社社员。早年曾为陈夔龙幕宾，长于绘画。

此书前有吴瑞汾所撰《缘起》，吴庆坻所撰《族叔佐贤府君暨配洪太安人合葬墓志铭》，程澍所撰《佐贤先生传》，汪锡涛所撰《竹洲余泽记》，程澍、程锡丰所撰《竹洲泪点图序》各一，潘文熊、吕成宪跋各一。内录多家题咏，及《十二图画册征题》。

55. 紫云山房诗词稿　吴荫培著

1926年歙县吴保琳抄本　中国国家图书馆藏

吴荫培（1851—1930），字少渠，一字艮思；号颖芝、云庵，辛亥后自号平汀遗民。祖籍歙县，长于苏州。吴载勋之子。清光绪十六年（1890）进士，出任顺天府乡试同考官。清光绪十九年（1893）再次出任此职，二十一年（1895）任会试同考官，二十八年（1902）以编修出任福建乡试副考官，三十年（1904）出任会试同考官，三十一年（1905）自费赴日考察。回国后创办女子师范幼儿园、水利农林讲习所。此后历任镇远、廉州、潮州知府。辛亥后返苏州，1916年出任《吴县志》总纂。著者曾于清光绪年间撰有《止足斋诗存》三卷，《养年别墅图卷题咏》一卷，《丙午扶桑游记》三卷，《何义门先生家书》四卷，《义门先生集》十二卷附录一卷，《新安吴氏诗文存》，《吴氏言行录》二卷，《蜀抱轩文杂钞》，《新安吴氏艺文志略》，《岳云庵诗存》一卷、《文存》一卷。

此书前有白石山人等各家题词、金受申序二、《吴荫培历略》。内录著者自清光绪至民初古近体诗百余首，词5首，间有白石山人点评。

56. 作文津梁　胡怀琛著

1926 年上海大东书局铅印本　　［美］哈佛大学图书馆藏

著者生平已见《兰闺清课》。

1927 年(民国十六年)

1. 白话书信二集　高语罕著

1927 年铅印本　1933 年《青年书信·再版自序》著录

著者生平已见《白话书信》。

著者于 1933 年《青年书信·再版自序》中称,白话书信是五四运动时代的产物,《白话书信二集》是 1927 年大革命高潮中的产物。"它包含有当时极重要的历史文件,可惜因其他问题,当时第一版五千部两月而尽之后,就绝版了。就思想历程说,在我个人,比之《白话书信》,它是一个进步。"

2. 北游日记　马敦仁著

菉竹轩游记本　安徽省图书馆藏

马敦仁(1867—1934 后),字朴仙。涡阳人。清宣统二年(1910)恩贡生。1927 年参修《涡阳县志》。

此书录著者 1906 年自涡阳至北平京师皖学堂就学沿途见闻,并录诗作若干,末有陈坦平跋。

此书为《菉竹轩游记》四种之一。

菉竹轩游记四种四卷　马敦仁著　1927 年铅印本　安徽省图书馆藏

此编内录《北游日记》《南游日记》《梦中西湖游记》《西湖游吟草》。

3. 草莽集　朱湘著

1927 年上海开明书店铅印本　中国国家图书馆藏

著者生平已见《路曼尼亚民歌一斑》。

此书前有著者序诗《光明的一生》,内录新诗《热情》《答梦》《饮

酒》《情歌》及叙事长诗《猫诰》《月游》《还乡》《王娇》等 32 首。末有
尾声《梦》。

4. 词选　胡适选注

1927 年上海商务印书馆铅印本　吉林省图书馆藏

选注者生平已见《短篇小说第一集》。

此书前有著者序，内选五代词，标注为"新学制高级中学国语科用"。

《著者序》将宋词分为"歌者的词""诗人的词"和"匠人的词"三个
发展阶段，认为南渡以后所出现之"匠人的词"已经不是"活文学"，而
成了"羔羊之具"。著者并于此阐述了"文学的新方式都是出于民间的"
的观点。

5. 粗人与美人　章铁民著

民国上海北新书局铅印本　孔另境《现代作家书简》（生活书店 1936
年版，第 196 页）著录

章铁民（1899—?），别名章造汉，笔名古梦（或为号）。绩溪人。南
社社员。早年毕业于北京大学，1927 年为上海暨南大学事务处出版科主
任，与汪静之等组织秋野社，编辑《秋野》月刊。后仟教干青岛、汕头。

此书为小说。

孔另境《现代作家书简》有 1927 年 12 月 12 日章铁民致汪馥泉函，
称："我交小峯的《粗人与美人》，尚欠一篇序言，现在想写给你发表后再
交小峯。"

吴其敏《章铁民二三事》（载吴其敏著《园边叶》，三联书店香港分店
1986 年版，第 198 页）称："章铁民为秋野社成员，著有《粗人与美人》
一书（北新版）。"

6. 翠英及其夫的故事　汪静之著

1927 年上海亚东图书馆铅印本　南京图书馆藏

著者生平已见《湖畔》。

此书为长篇小说。前有题词："没有冻过没有饿过的人啊，这是你们
的羞耻——摘自本书未用的自序。"

7. 澹斋文钞八卷　章兆鸿著

1927 年刻本　2008 年台中县文听阁图书有限公司影印本著录

章兆鸿（1868—1926），字逸亭。贵池人。清宣统三年（1911）被推选为贵池县临时议会议员，1912 年任安徽省临时议会议员，1913 年任中华民国临时国会议员。后脱离政界，返归故里。

又：**澹斋文钞八卷　章兆鸿著**　2008 年台中县文听阁图书有限公司影印本　中国国家图书馆藏

此书据 1927 年刻本影印。前有许世英题签，王源瀚所撰《参议院议员章君逸亭行状》。内卷一录论辩文 15 篇，卷二录序跋 30 篇，卷三录书牍 6 篇，卷四录赠序 14 篇，卷五录传状 20 篇，卷六录碑志 4 篇，卷七录杂记 11 篇；卷八录箴铭、赞颂、哀祭 18 篇。

8. 丁卯诗稿二卷　王揖唐著

民国抄本　中国国家图书馆藏

著者生平已见《横山草堂联话》。

此书为著者于 1927 年所作古近体诗，上卷录 80 余首，下卷录近百首。

9. 定慧生诗草一卷杂记一卷　许镇藩著

1927 年铅印本　安徽省图书馆藏

许镇藩（？—？），字兰伯，号定慧生。桐城人。1918 年任县长，晚年寓居北平。

此书前有左熊祥、姚孟振、唐尔炽、吴汝澄题词，张广建评语，吴闿生记。《诗草》内录古近体诗 169 首；《杂记》录散文 15 篇；末有诗 5 首，记王心田异事。

又：**定慧生诗草六卷集禊帖二卷　许镇藩著**　民国铅印本　中国国家图书馆藏

此书前有题词，内卷一录五古 6 首；卷二录七古 11 首；卷三录五律 21 首；卷四录七律 154 首；卷五录五绝 6 首；卷六录七绝 116 首；末有张勋伯、吴北江、方常季、吴守一、陈剑潭等人评语。后附心田诗五、七绝 12 首；集禊帖诗 57 首，联语 32 副。

因卷六最末一首诗题为"丙子上巳前一日同友人游天桥"，故推断此集成书于 1936 年后。

10. 短裤党　蒋光慈著

1927 年上海泰东书局铅印本　天津图书馆藏

著者生平已见《哀中国》。

此书前有著者所撰《写在本书的前面》，内正面描写上海工人三次武装起义。

《写在本书的前面》称："法国大革命时，有一群极左的，同时也就是最穷的革命党人，名为'短裤党'（Des Sans-culottes）。本书是描写上海穷革命党人的生活的，我想不到别的适当的名称，只得借用这'短裤党'三个字。花了半个月的工夫，写成了这一本小书。当写的时候，我为一股热情所鼓动着，几乎忘记了自己是在做小说。写完了之后，自己读了两遍，觉得有许多地方很缺乏所谓'小说味'，当免不了粗糙之讥。不过本书是中国革命史上的一个证据，就是有点粗糙的地方，可是也自有其相当的意义。……当此社会斗争最剧烈的时候，我且把我的一支秃笔当做我的武器，在后边跟着短裤党一道儿前进。"

此书于 1929 年被查禁。

11. 俄罗斯文学　蒋光慈编著

1927 年创造社出版部铅印本　上海图书馆藏

著者生平已见《哀中国》。

此书有蒋光慈撰写之《书前》。全书上、下两卷，上卷题为"十月革命与俄罗斯文学"，介绍十月革命后的俄罗斯文学，下卷题为"十月革命前的俄罗斯文学"，介绍俄罗斯民间文学、古代文学、中世纪文学，直至 1905 年俄国革命时期的旧文学。

《书前》称："作者老早就想把俄罗斯文学详细地向国人介绍一下，……作者以为十月革命后的俄罗斯文学比较重要而且对于读者有兴趣些，故将它列在前面。""关于本书的下卷，我要深深地感谢我的朋友屈维它君，因为这是他的原稿，得着他的同意，经我删改而成的。"

屈维它，瞿秋白笔名。

又：**俄国文学概论　华维素著**　1929 年上海泰东图书局铅印本　上海图书馆藏

此书内容同《俄罗斯文学》。

12. 府山楼文钞三卷外篇一卷　潘田著

1927 年安庆东方印书馆石印本　桐城市档案局藏

著者生平已见《龙眠逸史》。

又：**府山楼集四卷　潘田著**　1937 年铅印本　安徽省图书馆藏二卷

著者生平已见《龙眠逸史》。

此书前有方守彝、姚永概、方远浚、朱师辙题跋，内卷一录清宣统元年（1909）至 1918 年文 34 篇；卷二录 1919—1926 年文 33 篇，包括《石庄小隐诗序》《龙眠逸史序》《方赍初先生墓志铭》等；卷三录 1927—1937 年文 40 篇，包括《丹抱轩诗钞序》《安徽艺文志稿序》等；卷四为外编，录文 43 篇。全书议论记载，多关乎教化。

《著者记》称："钞三十余年所为文为《府山楼文钞》，少作及代表作入外编，一题而有二篇者，其前篇亦入焉。都文百五十篇，编为四卷，卷四则外编也。"

13. 古垅之怪　［英］柯南道尔著；程小青等译

1927 年上海世界书局铅印本　天津图书馆藏

译者生平已见《福尔摩斯探案全集》第六册。

此书为《标点白话福尔摩斯探案大全集》第十一册。

14. 官场现形记　（清）李伯元著；汪原放，汪协如句读

1927 年上海亚东图书馆铅印本　上海图书馆藏

汪原放生平已见《儒林外史》。

汪协如，绩溪人。汪原放之妹。曾创办杭州新光蚕种场。

此书前有胡适序、《原序》，末有汪原放《校读后记》。

15. 归来记　［英］柯南道尔著；程小青等译

1927 年上海世界书局铅印本　天津图书馆藏

译者生平已见《福尔摩斯探案全集》第六册。

此书为《标点白话福尔摩斯探案大全集》第五、第六册。

16. 国语文学史　胡适著

1927 年北京文化学社铅印本　中国国家图书馆藏

著者生平已见《短篇小说第一集》。

此书前有黎锦熙《致张陈卿、李时、张希贤等书》（代序），内讲述汉魏六朝平民文学、唐代文学之白话化以及两宋白话文学，并附《五十年来中国之文学》一文。

17. 横溪草堂诗钞二十二卷　张良暹著

1927 年铅印本　河南省图书馆藏

张良暹（1855—1941），字晋芝，号横溪山人。金寨人。清光绪十二年（1886）进士，历任直隶同知、知州、丰润、怀安、衡水、清苑、邢台等县知县，天津府知府。清光绪二十七年（1901）参赞直隶总督幕府，后派为审检厅厅长，诰授通议大夫。晚年任河南省商城县文峰书院山长。

18. 红冰碧血馆笔记　李警众，李养贤著

1927 年上海震亚图书局铅印本　南京图书馆藏

李警众生平已见《破涕录》。

此书前有自序，内录《侠客》《袁世凯之狡诈》《纪王烈女血心事》《啊里吗》《两个荷包》《妙耳山冤狱》等文言笔记小说 55 篇，附评语。

19. 红花儿　又名：慧心灿齿集　郑逸梅著

1927 年潮音楼出版社铅印本　超星数字图书馆收录

著者生平已见《梅瓣集》。

此书前有胡石予、王蕴章、刘公鲁、程瞻庐、周瘦鹃、黄若玄、徐卓呆序各一。内《慧心集》录诙谐幽默的随感数百则，《灿齿集》录笑话数百则。

郑逸梅《敝帚小识》（载中华书局编辑部编《学林漫录·八集》，中华书局 1983 年版，第 245 页）称："该书所谓'慧心'，乃是仿《幽梦影》式的短语，凡数百则。所谓'灿齿'，乃是仿《广笑林》式的谐语，也有数百则。当时征集了许多题序，如胡石予师、王蕴章、刘公鲁、程瞻庐、周瘦鹃、黄若玄等，若玄这篇序，藻丽典雅，尤为特出。"

20. 湖边春梦卫女士的职业合刊　周剑云，宋痴萍编辑

1927 年上海明星影片公司铅印本　超星数字图书馆收录

周剑云生平已见《梨云影再续》。

此书内录影片《湖边春梦》《卫女士的职业》之剧情介绍、职员表、演员剧照等。

21. 胡寄尘说集　胡寄尘著

1927 年上海大东书局铅印本　上海图书馆藏

胡寄尘，名怀琛，生平已见《兰闺清课》。

此书录小说《心血与粪土》《不得了》《平而不等》《一册诗稿》《村姬的政见》《漂泊》等 14 篇。

22. 回忆录　〔英〕柯南道尔著；程小青等译

1927 年上海世界书局铅印本　天津图书馆藏

译者生平已见《福尔摩斯探案全集》第六册。

此书为《标点白话福尔摩斯探案大全集》第三、四册。

23. 寂寞的国　汪静之著

1927 年上海开明书店铅印本　天津图书馆藏

著者生平已见《湖畔》。

此书前有自序，内分《寂寞的国》《听泪》二辑，录著者自 1922 年至 1925 年诗作《悲苦的化身》《生命》《听泪》《我怎能不歌唱》《播种》等 91 首。

24. 纪念碑：宋若瑜蒋光慈通信集　蒋光慈，宋若瑜著

1927 年上海亚东图书馆铅印本　湖北省图书馆藏

著者生平已见《哀中国》。

此书为宋若瑜、蒋光慈恋爱通信集，前有著者序。

此书于 1934 年被查禁。

1931 年上海爱丽书店将此书更名为《最后的血泪及其他》出版，系盗版书。

25. 嚼舌录十卷　李警众著

1927 年上海震亚图书局铅印本　吉林省图书馆藏

李警众生平已见《破涕录》。

此书前有自序,内录古今诙谐笔记,附《补遗》。

《自序》称:"江山破碎,人孰无情?天下兴亡,匹夫有责。余不幸而生此浊世,见夫豺狼当道,魑魅横行,反复无常,良心已死,睚眦必报,战祸频仍,使无可告诉之小民奄奄无生气。苟不大声疾呼之,非但负此三寸舌,又何以惩奸邪,烛鬼蜮,洞人肺腑而察人善恶者乎?爰于愤恨之余,著《嚼舌录》。"

26. 君山　韦丛芜著

1927 年北平未名社出版部铅印本　首都图书馆藏

著者生平已见《穷人》。

此书写于 1923 年 2 月至 1925 年 7 月,为 40 节长篇爱情叙事诗,共600 余行。内有木版插图 9 帧。

27. 恐怖谷　〔英〕柯南道尔著;程小青等译

1927 年上海世界书局铅印本　天津图书馆藏

译者生平已见《福尔摩斯探案全集》第六册。

此书为《标点白话福尔摩斯探案大全集》第十二册。

28. 苦趣　A. A. Sofio 著

1927 年上海开明书店铅印本　上海图书馆藏

A. A. Sofio(约 1900—?),原名周益泉,笔名索非、余在学、AA、A. Sofio。绩溪人。早年学徒,并致力于推广世界语。曾任《微明》半月刊主编,1925 年参与发起组织无政府主义团体民众社,同年为《国风日报》编辑副刊《学汇》。1927 年前后入上海开明书店,任编辑、襄理兼上海总店主任。1939 年参与创办《科学趣味》杂志。又曾任立达学园讲师、劳动大学成人教育科教师,建设大学教授,并为索氏制药公司创办人,光华制药厂及怡中制药厂顾问。

此书为杂记,记述著者狱中生活和趣闻。内录插画"Invitu!",散文

《安乐窝》《刀》《珍品》《老没根》《牲口》《科学的手淫》《夹带》《拍卖》《官被》《打包》《运动》《洗澡》《囚医》等47篇。

29. 兰社特刊第一集　刘豁公，郑子褒编辑

1927年兰社铅印本　超星数字图书馆收录

刘豁公，刘达笔名，生平已见《戏剧大观》。

兰社为京剧业余演唱同人组织。是书前有兰社委员照片、剧照、题字，内录论戏剧杂文，以及兰社简章、职员表等。

30. 劳谦室文集三卷　胡远浚著

1927年铅印本　安徽省图书馆藏

著者生平已见《庄子诠诂》。

此书前有刘贻钰、方斌序，卷上录论辩文8篇，序跋28篇；卷中录书信22篇；卷下录赠序5篇、传志8篇、记1篇，及散文30篇。

31. 李义山恋爱事迹考　又名：玉溪诗谜　雪林女士著

1927年上海北新书局铅印本　北京大学图书馆藏

雪林女士（1897—1999），女。学名小梅，字雪林，笔名瑞奴、瑞庐、小妹、绿漪、灵芬、老梅等，以字行。太平县人。早年求学于安庆省立初级女子师范学校，"五四"期间就读于北京女子高等师范学校国文系，1921年赴法就读于海外中法学院。1925年归国，先后执教于苏州景海女师、东吴大学、沪江大学、安徽大学、武汉大学、台湾省立师范大学、成功大学。

此书前有著者序、引论，内有《与女道士恋爱的关系》《与宫嫔恋爱的关系》两部分。末附《李义山的诗》与《参考书举要》，

《自序》称："我这编文字，大半是由义山诗中考证出来的。旁证还苦太少。错误自然不免。即说全篇种种假设，都是错误的，也说不定。不过千余年来对于李义山无题诗已有许多种不同的解释，我这种解释算聊备一格罢了。"

《引论》题为"李义山无题诗的解释"，将前人关于李义山无题诗解释分为三种："第一派，以为义山诗的隐僻，可以不解解之。而且义山诗的优美，便藏在这暧昧隐僻之中。……第二派，直率地断定义山诗的隐僻，

是他才力不足的表现。……第三派，以为义山无题诸作，晦涩难解之词，正如楚辞中的美人香草，古诗的托夫妇以喻君臣。"并称："千余年来义山的诗，被上述三派的人，闹得乌烟瘴气，它的真面目反而不易辨认。"

32. 六朝尺牍　王文濡编选

历代名家尺牍本　天津图书馆藏

编选者生平已见《侯魏汪三家文合钞》。

此书前有《例言》，编者自序，作者《小传》。内录孙权、王羲之、谢安、鲍照、陶弘景、沈约等人书牍 90 余篇。

历代名家尺牍　王文濡编选　1927 年上海文明书局铅印本　天津图书馆藏

此编前有《例言》，称："本编之选，注重文学。"每书前另有编者自序，作者小传。全编包括《周秦两汉尺牍》《魏晋尺牍》《六朝尺牍》《隋唐尺牍》《宋金元尺牍》《明代尺牍》《清代尺牍》。

33. 冒险史　〔英〕柯南道尔著；程小青等译

1927 年上海世界书局铅印本　天津图书馆藏

译者生平已见《福尔摩斯探案全集》第六册。

此书为《标点白话福尔摩斯探案大全集》第一、二册。

标点白话福尔摩斯探案大全集　〔英〕柯南道尔著；程小青等译

此编十三册。卷首有〔美〕威尔逊序，程小青序，以及《柯南道尔小传》《关于福尔摩斯的话》，内录侦探小说 54 篇。第一、二册为《冒险史》，第三、四册为《回忆录》，第五、六册为《归来记》，第七、八册为《新探案》，第九册为《血字研究》，第十册为《四签名》，第十一册为《古坻之怪》，第十二册为《恐怖谷》，最后一册为插图集。

34. 梦中西湖游记　马敦仁著

箓竹轩游记本　安徽省图书馆藏

著者生平已见《北游日记》。

此书前有待清居士达夫序，利瓦伊题词，汤积泗等人题诗及自序，内录著者梦游西湖经历及诗作。

35. 明代尺牍　王文濡编选

历代名家尺牍本　天津图书馆藏

编选者生平已见《侯魏汪三家文合钞》。

此书前有《例言》，编者自序，作者小传。内录方孝孺、王守仁、归有光等 50 余人书牍 90 余篇。

36. 南游日记　马敦仁著

隶竹轩游记本　安徽省图书馆藏

著者生平已见《北游日记》。

此书前有 1918 年自序，称此书内录著者"因赴蚌浦水利协会之约，兼往沪购涡阳修志参考书，便道至杭"所见所闻，兼录诗作。末有黄佩兰、李毓岱跋各一。

37. 孽海惊涛　刘豁公著

1927 年上海大亚影片公司铅印本　超星数字图书馆收录

刘豁公，刘达笔名，生平已见《戏剧大观》。

《孽海惊涛》为无声电影，1926 年上海大亚影片公司出品，此书为《孽海惊涛》专题介绍。

38. 沁香阁诗集五卷附文一卷　李涵秋著；李警众校订

1927 年上海震亚图书局铅印本　首都图书馆藏

李警众生平已见《破涕录》。

此书前有诸家题词，李警众、施眷年等 5 人序各一，及著者写于清光绪十八年（1892）之《自序》，末附《涵秋荣哀录》，录著者 17～36 岁诗作及自传体散文《小沧桑志——自十六至二十五岁》。

39. 沁香阁游戏文章　李涵秋著；李警众校订

1927 年上海震亚图书局铅印本　上海图书馆藏

李警众生平已见《破涕录》。

此书前有李警众序，内录文言体幽默、滑稽小品文 60 篇。

《警众序》称，此书系涵秋弟镜安"朝夕搜求，从事撮录"所得。

40. 清代尺牍　王文濡编选

历代名家尺牍本　天津图书馆藏

编选者生平已见《侯魏汪三家文合钞》。

此书前有《例言》，编者自序，作者小传。内录金人瑞、张风、龚自珍、林则徐等百余人书牍百余篇。

41. 人海潮　网蛛生著；郑逸梅校订

1927 年上海新村书社刊本　南京图书馆藏

郑逸梅生平已见《梅瓣集》。

又：**人海潮　网蛛生著；郑逸梅校订**　1991 年上海古籍出版社铅印本 安徽大学图书馆藏

此书前有郑逸梅所撰《前言》，1927 年袁寒云、钱芥尘、程小青、张秋虫序各一，杨了公、王小逸、顾佛影、赵眠云、范君博、郑逸梅、范烟桥题词，及著者自序。内五十回，记述上海及附近乡村人生百态。

42. 少女日记　章衣萍，铁民译

1927 年上海北新书局铅印本　复旦大学图书馆藏

章衣萍生平已见《深誓》。

铁民，章铁民笔名，生平已见《粗人与美人》。

此书前有《原序》及章衣萍《小记》，内分上下卷。

《原序》称，此日记是"一个属于文明社会当青春发动期的少女的心灵"。

《小记》称，此书在《语丝》第 80 期周作人文章中见到，在翻译过程中，亦得到周作人先生恳切的指教，翻译目的在于"使中国的道学家教育家和正直的绅士们长些见识"。

43. 诗歌原理　汪静之著

1927 年上海商务印书馆铅印本　上海图书馆藏

著者生平已见《湖畔》。

此书五章，介绍文学艺术的产生、发展，诗歌的性质、特点，诗歌之感情、想象、思想与形式等。

此书辑入《百科小丛书》。

44. 诗义会通四卷　吴闿生著

1927 年文学社刻本，中国国家图书馆藏

著者生平已见《古今体诗约选》。

此书前有曾克端序，贺培新后序，著者记。内以《国风》《小雅》《大雅》《颂》分卷，注释采用小字夹注，分写于有关诗句下，末以按语阐述诗篇大义，介绍历代学者说《诗》见解及吴氏本人断语。

45. 史记　胡怀琛等选注

1927 年上海商务印书馆铅印本　天津图书馆藏

选注者生平已见《兰闺清课》。

此书前有《序言》《编例》，内选《秦始皇本纪》《项羽本纪》《孔子世家》《陈涉世家》《萧相国世家》《留侯世家》，及列传 18 篇，各篇均有详细注释。

《序言》介绍《史记》之史学价值与文学价值。

46. 四签名　［英］柯南道尔著；程小青等译

1927 年上海世界书局铅印本　天津图书馆藏

译者生平已见《福尔摩斯探案全集》第六册。

此书为《标点白话福尔摩斯探案大全集》第十册。

47. 宋金元尺牍　王文濡编选

历代名家尺牍本　天津图书馆藏

编选者生平已见《侯魏汪三家文合钞》。

此书前有《例言》、编者自序、作者小传。内录范仲淹、司马光、许衡、黄庭坚、苏轼、陈师道等 40 余人书牍 80 余篇。

48. 隋唐尺牍　王文濡编选

历代名家尺牍本　天津图书馆藏

编选者生平已见《侯魏汪三家文合钞》。

此书前有《例言》、编者自序、作者小传。内录隋炀帝、唐太宗、李

密等 50 余人书牍 90 余篇。

49. 孙中山演义　庄病骸著述；杨尘因参订

1927 年上海环球图书公司铅印本　广东省立中山图书馆藏上编

杨尘因生平已见《新华春梦记》。

　　又：**铁血男儿传　庄病骸，杨尘因，文公直，姜侠魂著**　1929 年上海三民书店铅印本　上海图书馆藏

此书为现代长篇武侠小说。初版题为"孙中山演义"，再版更名"铁血男儿传"。书题又有"中华民族武侠历史演义小说"。前有杨杏佛、文公直、乌一蝶、杨尘因序各一，并庄病骸自序。

50. 谭心第一集　黄仲苏著

1927 年上海光华书局铅印本　上海图书馆藏

著者生平已见《小物件》。

此书为诗、散文、外国作家评传合集。前有 1925 年诗作《问心》（代序），内录《忠告》《林琴南先生》《晨星》《过去与未来》《同情》《长空独嘹唳》《沈寂中的细碎声响》《作品与作家》《纱衣别墅的主人翁》《诗人那马第勒评传》《诗人微尼评传》《最近五十年来文学之趋势》12 篇。末附《太戈尔诗选译》。

51. 陶园春永集续编　胡在渭编辑

1927 年油印本　安徽省图书馆藏

著者生平已见《文艺因缘》。

此书前有陶园逸叟与舒夫人合影，及《陶园偕隐图》。内录编者之父胡广植（字树滋）自寿诗、联，胡在渭、胡在瀛兄弟《家严六秩征求寿章行略》，及各家寿序、寿诗、寿词等。

52. 魏晋尺牍　王文濡编选

历代名家尺牍本　天津图书馆藏

编选者生平已见《侯魏汪三家文合钞》。

此书前有《例言》、编者自序、作者小传。内录曹操、曹丕、曹植、陈琳、阮籍、嵇康、陆机等人书牍 70 篇。

53. 西湖游吟草　马敦仁著

崇竹轩游记本　安徽省图书馆藏

著者生平已见《北游日记》。

此书前有自序，称此书内录著者"甲子四月将望，以皖淮水利会约之便"，前往杭州沿途之作及西湖游览诗作 71 题百余首。末有马春华后序、何质跋。

54. 侠风奇缘号　周剑云，宋痴萍编辑

1927 年上海明星影片公司铅印本　超星数字图书馆收录

周剑云生平已见《梨云影再续》。

此书录电影《侠风奇缘》全部字幕及宣传文字，及电影研究文章。

55. 新探案　[英] 柯南道尔著；程小青等译

1927 年上海世界书局铅印本　天津图书馆藏

译者生平已见《福尔摩斯探案全集》第六册。

此书为《标点白话福尔摩斯探案大全集》第七、八册。

56. 新撰国文教科书第八册　胡怀琛，沈圻编

1927 年上海商务印书馆铅印本（第 40 版）　广东省立中山图书馆藏

胡怀琛生平已见《兰闺清课》。

此书前注：新学制小学校初级用。

57. 雪压轩集一卷附录一卷　（清）贺双卿著；张寿林辑校

1927 年北京文化学社铅印本　南京图书馆藏。

张寿林（1907—?），字任父、仁甫、任甫，室名浮翠室、雪压轩。寿县人。燕京大学国学研究院毕业，历任燕京大学文学院、北京民国学院文学系、河北省立女子师范学院中文系、北京女子师范学院中文系讲师、教授，《世界日报》编辑。1927 年受聘编纂《续修四库全书总目提要》。

此书分为《雪压轩词》《雪压轩诗》，内录贺双卿诗 30 首、词 14 首，附录《贺双卿及其词》。

58. 血泪碑　真假千金合刊　周剑云，宋痴萍编辑

1927 年上海明星影片公司铅印本　超星数字图书馆收录

周剑云生平已见《梨云影再续》。

此书介绍影片《血泪碑》《真假千金》之演员、剧旨本事，并有字幕等。

59. 血字研究　［英］柯南道尔著；程小青等译

1927 年上海世界书局铅印本　天津图书馆藏

译者生平已见《福尔摩斯探案全集》第六册。

此书为《标点白话福尔摩斯探案大全集》第九册。

60. 鸭绿江上　蒋光慈著

1927 年上海亚东图书馆铅印本　天津图书馆藏

著者生平已见《哀中国》。

此书前有著者自序诗，内录小说《鸭绿江上》《碎了的心》《弟兄夜话》《一封未寄的信》《徐州旅馆之一夜》《橄榄》《逃兵》《寻爱》8 篇。

此书于 1934 年被查禁。

1930 年上海爱丽书店将此书更名《碎了的心与寻爱》出版，系盗版书。

61. 野祭　蒋光慈著

1927 年上海创造社出版部铅印本　上海师范大学图书馆藏

著者生平已见《哀中国》。

此书前有《书前》，称此书"在现在流行的恋爱小说中，可以说是别开生面"。

62. 游艺集二卷　郑逸梅著

1927 年潮音楼出版社铅印本　吉林省图书馆藏

著者生平已见《梅瓣集》。

此书前有程瞻庐题签，许瘦蝶题词，范培萸、徐碧波、胡亚光、胡戴季梅序各一。上卷《游戏诗话》录文人掌故 26 则，《游戏文库》录笔记 47 篇。下卷录《游戏杂俎》25 篇；《说林佳话》4 则；《集锦小说》5 则；《飞觞醉月》（各色酒令）6 则。另有《古人奇号志》与《春灯谜屑》。

63. 狱中记　A. A. Sofio 著

1927 年上海开明书店铅印本　上海图书馆藏

A. A. Sofio，周益泉笔名，生平已见《苦趣》。

此书内录无标题散文 26 篇，记著者狱中生活与见闻。第一篇称："我们为了社会的缘故，从今日始，虽至求乞，坐狱，被枪毙而不怨。""我这篇文字的目的，是想从被捕之日起，直到出狱的日子，略写些所遭所遇所见闻的形形色色和那些断片的简单的感想，作一回忆录。现在就此开始了。"

64. 赵声小传　李警众编辑

1927 年上海震亚图书局铅印本　吉林省图书馆藏

李警众生平已见《破涕录》。

传主赵声（1881—1911），原名毓声，字伯先，号百先，江苏丹徒人。革命党人。

65. 中国文学辨证　胡怀琛著

1927 年上海商务印书馆铅印本　安徽大学图书馆藏

著者生平已见《兰闺清课》。

此书前有著者序，内录《国风入乐辨》《国风非民歌本来面目辨》《诵诗歌诗弦诗舞诗辨》《楚诗正名》《和诗辨》《再辨和诗》《文笔辨》《赋辨》《明清以来文学家之创见》等 17 篇有关中国文学之论文。

《著者序》称："余尝研究中国文学史，窃以此为一极困难之事。其最大之原因：即数千年来，未尝划清文学界限，且未尝规定专门名词是也。……划界之说，今已渐有之，正名之作，似尚付缺如。窃不自量，欲致力于斯。数年之间，先后得文十数篇，其中颇有近于正名者，辑而存之，或可以备参考也。"

66. 周秦两汉尺牍　王文濡编选

历代名家尺牍本　天津图书馆藏

编选者生平已见《侯魏汪三家文合钞》。

此书前有《例言》、编者自序、作者小传。内录公子归生、范蠡、文种、燕惠王、鬼谷子、张仪、汉武帝、东方朔、扬雄、蔡邕、孔融、诸葛亮等 60 余人书牍 80 余篇。

此书为《历代名家尺牍》之一种。

1928 年(民国十七年)

1. 爱日轩诗草一卷　窦以燕著

窦氏四隐集本　安徽省图书馆藏

窦以燕（1874—1915），字子翼。霍邱人。窦怿祁第九子。曾任山东补用知县，清宣统三年（1911）病归。

此书前有小传、著者《爱日轩诗草小引》，内录诗作 86 题，末有窦贞光后序。此书为《窦氏四隐集》之四。

窦氏四隐集七种十卷附一卷　窦贞光辑　1928 年商南蔡会文堂刻本
安徽省图书馆藏

此编前有吕璜序、窦荫蒸序，内录窦氏四兄弟诗集，即窦以蒸《颍滨居士集》，窦以煦《潜庐集》，窦以譬《存诚山房集》，窦以燕《爱日轩诗草》。

窦贞光，霍邱人。窦以燕之子。

2. 跋宋刻本白氏文集复印件　胡适等著

民国铅印本　中国国家图书馆藏

胡适生平已见《短篇小说第一集》。

此书为校勘书跋合集，内录胡适写于 1927—1928 年论文《跋宋刻本白氏文集复印件》等 11 篇。

3. 白话文学史上卷　胡适著

1928 年上海新月书店铅印本　安徽省图书馆藏

著者生平已见《短篇小说第一集》。

此书前有自序，内分唐以前和唐朝（上）两编，阐述中国白话文学产生之背景，汉、唐两代白话文学之演变、发展（至元稹、白居易止）。

此书原系著者于1921年于第三届国语讲习所讲授国语文学史讲稿，印前有修改。

《自序》称，初稿作于1921年，六年后因著者见解的进境、国内外文学史料的增加，此书有了较大的修改。现在的体例是："第一，这书名为'白话文学史'，其实是中国文学史，……白话文学就是中国文学史的中心部分。……第二，我把'白话文学'的范围放得很大，故包括旧文学中那些明白清楚近于说话的作品。……第三，我这部文学史，每讨论一人或一派的文学，一定要举出这人或这派的作品作为例子。故这部书不但是文学史，还可算是一部中国文学名著选本。……第四，我很抱歉，此书不曾从《三百篇》做起。这是因为我去年从国外回来，手头没有书籍，不敢做这一段很难做的研究。"

4. 暴风雨的前夜　钱杏邨著

1928年上海泰东图书局铅印本　《阿英文集·阿英著作目录》（生活·读书·新知三联书店1981年版，第949页）著录

钱杏邨（1900—1977），原名钱德富，又名钱德赋。主要笔名阿英、钱谦吾、张若英、阮无名、徐衍存、黄英、鹰隼、魏如晦、戴叔清、黄锦涛、寒星等。芜湖人。1926年加入中国共产党，次年年底参与发起组织太阳社，倡导无产阶级革命文学，先后当选为中国左翼作家联盟常务委员、中国左翼文化同盟常务委员，担任《救亡日报》《文献》杂志主编。1941年后历任《新知识》《盐阜日报》副刊主编，华中文协常委，《江淮文化》主编，华中大学文学院院长，华东局文委书记。

此书为叙事长诗，记"七·一三"汪精卫叛变经历。

此书在1929年被指为"煽惑工农，宣传暴动"，遭查禁。

5. 表现的鉴赏　胡梦华编辑

1928年上海现代书局铅印本　上海图书馆藏

胡梦华（1903—1983），原名昭佐，字圃荪。绩溪人。1924年国立东南大学毕业。历任上海商务印书馆编译，安徽第五中学校长，国立中央大学讲师。1933年任国民党河北省党部委员，1935年任国民党中央组织部党员训练处处长，庐山暑期训练团干事。抗战爆发后历任战地服务

团主任、政治部设计委员、河北省政府委员兼秘书长、行政院秘书。抗战胜利后先后担任天津市社会局局长兼民食调配处处长、国民党天津市党部委员。

此书前有著者前言《我们的自记》，内录论及鲁迅、郁达夫、汪静之及吴芳吉诸家文章 25 篇。

《我们的自记》称："《读了汪静之君的〈蕙的风〉以后》发表后，颇引起一时文坛之辩难。"

6. 波斯故事　章铁民译

1928 年上海北新书局铅印本　北京大学图书馆藏

著者生平已见《粗人与美人》。

此书前有译者《小序》，内录民间故事《狼和羊》《乌有城》《卜卦者》《燕子石》《摩须吉儿加沙》《妒忌的姊姊》《王子和神女》《豌豆先生》《傻孩子做国王》《小孩变百灵》《狼姑母》等 30 篇。

此书所录篇章据英国罗利谟兄弟所辑《波斯传说》*Persian Tales* 上部《可马尼传说》译出。

7. 裁判官的威严　［苏］高尔基等著；朱溪译

1928 年上海北新书局铅印本　南京图书馆藏

朱溪（1906—1952），名程朱溪，行名家丁。绩溪人。程修兹第五子。早年就读于安徽省立第二师范、南开中学，1925 年入中国大学学习。1928 年与刘天华等人创办《音乐杂志》，任编辑。后曾任国民党全国慰劳总会总干事、党部书记长、空袭服务总会总干事、国民党重庆市党部书记长、安徽省党部委员、安徽省第十区行政督察专员兼保安司令、南京社会部总务司司长等职。

此书前有《译者小言》。内录小说［苏］高尔基《我的旅伴》、［法］法郎士《裁判官的威严》2 篇。

此书为《欧美名家小说丛刊》之一。

8. 草原上　［苏］高尔基著；朱溪译

1928 年上海人间书店铅印本　上海图书馆藏

译者生平已见《裁判官的威严》。

此书前有译者序，内录小说《裁判官的威严》《伙伴》《一个秋夜》《我们二十六人同另外一位》。

《译者序》以散文笔调记载决定翻译此书之原因及译者之艰辛，并介绍高尔基其人。

9. 茶熟香温录　郑逸梅著

1928 年上海益新书局铅印本　浙江省图书馆藏

著者生平已见《梅瓣集》。

此书前有许瘦蝶《洞仙歌——题茶熟香温录》、金芳雄序，内录笔记小说《袁世凯题画诗》《爱国烈女》《席佩兰之书扇》等 216 篇。

10. 陈英士　李警众编辑

1928 年上海震亚图书局铅印本　中国科学院国家科学图书馆藏

李警众生平已见《破涕录》。

陈英士（1878—1916），名其美，字英士，浙江湖州人。近代民主革命志士，青帮代表人物，同盟会主要骨干之一。

11. 词女初录二十卷　吴克岐辑

1928 年稿本　南京图书馆藏

著者生平已见《红楼名号归一表》。

此书《初录》一卷，录隋 1 人、唐 14 人、五代 4 人；《二录》三卷，录宋 96 人；《三录》一卷，录辽 1 人、金 1 人、元 20 人；《四录》三卷，录明 105 人；《五录》十卷，录清及民国 517 人。

此书以汇辑女词人有关生平典事、词学资料为主，间有吴氏按语。

又：**词女词钞十四卷　吴克岐辑**　民国稿本　南京图书馆藏

此书卷一录隋 1 人、唐 18 人、五代 4 人；卷二至卷五录宋 91 人；卷六录辽 1 人、元 12 人；卷七至卷九录明 89 人；卷十至卷十四录清 145 人，共计 361 人。每位作家列小传、词作、诸家评说，词作间附吴氏按语。

12. 存诚山房集十一卷　窦以嶑著

窦氏四隐集本　安徽省图书馆藏

窦以嶑（1863？—1917），字子立。号存诚山房主人。霍邱人。窦怿祁第八子。曾任吏部司务。

此书前有1917年吕璜序、窦荫蒸序及小传。内有《诗集》四卷，录古近体诗174首，附录楹联若干；《文集》七卷，录各体文70余篇。

此书为《窦氏四隐集》之三。

13. 达夫代表作　钱杏邨，杨邨人，孟超辑

1928年上海春野书店铅印本　广东省立中山图书馆藏

钱杏邨生平已见《暴风雨的前夜》。

此书前有作者画像、自序，内录小说《银灰色的死》《采石矶》《还乡记》《还乡后记》《离散之前》《春风沉醉的晚上》《薄奠》《小春天气》《烟影》《过去》《微雪的早晨》《致一个青年的公开状》《一个人在途上》13篇，末有钱杏邨所作《后序》。

钱杏邨《后序》长达万字，从"时代病的表现者——性的苦闷与故国的哀愁——社会苦闷与经济苦闷的交流——社会怀疑论的展开——政治苦闷与革命行动的冲激——在方向转移的途中——农民文艺的提创——表现的技巧——作者的性格——技巧的转变与幻灭情绪的余留—时代反映的三部曲"诸方面对郁达夫作品进行批评。

此书因钱杏邨作《后序》，于1931年遭查禁。

14. 地之子　台静农著

1928年北平未名社出版部铅印本　中国国家图书馆藏

台静农（1902—1990），字伯简，笔名青曲、孔嘉等。霍邱人。1925年参加未名社。先后执教于辅仁大学、齐鲁大学、厦门大学、山东大学、重庆白沙女子师范学院、台湾大学。

此书录短篇小说《我的邻居》《天二哥》《红灯》《弃婴》《新坟》《烛焰》等14篇。

此书为《未名新集》第三辑。

15. 电影讲义　周剑云，陈醉云，汪煦昌著

1928年上海大东书局铅印本　南京大学图书馆藏

周剑云生平已见《梨云影再续》。

此书前有汪煦昌《赘言》，全书分《影戏概论》《导演学》《编剧学》

《摄影学》四编。

汪煦昌《赘言》介绍此书问世目的，在于为"昌明电影函授学校"提供讲义，故付印于 1924 年，而发行于 1928 年。

16. 妒杀案　程小青编译

1928 年上海文明书局铅印本　陕西省图书馆藏

著者生平已见《福尔摩斯探案全集》第六册。

程小青于《侦探小说的多方面》（载吴福辉编辑《二十世纪中国小说理论资料第三卷　1928—1937》，北京大学出版社 1997 年版，第 227 页）中称："我在好几年前，写了一篇霍桑探长篇，取名叫做《冤狱》，写的是一件因恋爱争妒的凶案，后来经某书局的编辑先生的好意，给我改了一个题目，叫做《妒杀案》，那就变得一览无遗，味同嚼蜡了！"

17. 饿人与饥鹰　钱杏邨著

1928 年上海现代书局铅印本　北京大学图书馆藏

著者生平已见《暴风雨的前夜》。

此书前有自序，内两卷，录新诗 29 首，为 1925—1927 年所作。

《自序》称："这两卷诗代表了我的两个时代。前一卷大都是在极困窘时写定的，其间多经济苦闷的喊叫。后一卷则系逃亡途中所成，大半是失败后的悲愤心情的表演。"

此书于出版次年被指为"宣传反动"，遭查禁。

18. 儿童书信　钱杏邨著

1928 年上海新民图书馆铅印本　《阿英文集·阿英著作目录》（生活·读书·新知三联书店 1981 年版，第 948 页）著录

著者生平已见《暴风雨的前夜》。

据作者自述称，此书"为余 1921 年在安徽六安义务学校教书时所编讲义"。

19. 发须爪：关于它们的迷信　江绍原著

1928 年上海开明书店铅印本　中国国家图书馆藏

江绍原（1898—1983），旌德人。江绍铨之弟。曾任北京大学及中山

大学教授、系主任、文学院院长，国民党政府教育部特约编纂。

此书前有周作人序及自序、导言，全书介绍中国自古以来关于发、须、甲之礼仪、习俗、传说、迷信等。末附《世界他处的关于发须爪甲的迷信》。

20. 格里佛游记一集　　［英］斯伟夫特著；韦丛芜译

1928 年北平未名社出版部铅印本　中国国家图书馆藏

译者生平已见《穷人》。

此书前有译者《小引》，评介著者及其作品，并称此书据 Lond-un. G. Bell and Sons, Ltd. 出版的 Bohn's Popular Library 版本翻译。

21. 革命的故事　　钱杏邨著

1928 年上海春野书店铅印本　上海图书馆藏

著者生平已见《暴风雨的前夜》。

此书录短篇小说《秘书长》《飞机场》《胡桃壳》《老军务》《涅暑大诺夫》《当代英雄》《革命家的一群》7 部。

此书为《太阳小丛书》第一种。

22. 孤鸣吟　　李宗邺著

1928 年铅印本　南京图书馆藏

著者生平已见《彭玉麟梅花文学之研究》。

此书前有孤鸿小影，诗作《放歌》（代序），及龚自珍句"落花不是无情物，化作春泥更护花"。内录诗作《自题小照》《红花岗》《黄花岗》《赤壁军次》《烈士墓》《鸠江月夜》《吊五卅烈士》《致失业者》《读革命的先驱》等 61 首。末录石达开句"亿万生灵齐一哭，此心唯有故人知"。

23. 关于革命文学　　蒋光慈等著

1928 年上海光华书局铅印本　北京大学图书馆藏

蒋光慈生平已见《哀中国》。

此书内录果青《给诗人》、穆木天《告青年》、郭沫若《革命与文学》、蒋光慈《关于革命文学》、郭沫若《艺术家与革命家》、成仿吾《革命文学与他的永远性》、郭沫若《文艺家的觉悟》、郭沫若《文艺上之社会的使命》、郁达夫《无产阶级专政和无产阶级文学》、成仿吾《艺术之社会的意义》、蒋光慈《现代中国文学与社会生活》11 篇论文。

24. 光慈诗选　蒋光慈著

1928 年上海现代书局铅印本　天津图书馆藏

著者生平已见《哀中国》。

此书录新诗《我的心灵》《海上秋风歌》《昨夜里梦入天国》《怀拜伦》《怀都娘》《也或者你太过于丰艳了》《我要回到上海去》《北京》《在黑夜里》《血祭》《鸭绿江上的自序诗》等 11 首。

25. 归有光文　胡怀琛选校

1928 年上海商务印书馆铅印本　华东师范大学图书馆藏

著者生平已见《兰闺清课》。

此书前有《学生国学丛书编例》、编者序，内录归有光文 30 篇。

《编者序》介绍归有光其人、其文、文学源流、文学特点及本书选注的标准，认为"归有光的文学，上承《史记》、欧阳修，下启方、姚，为'桐城文'之远祖"。而本书选注特点为"关于家庭、朋友间的琐事的作品，选得最多。其他能够表现他的性格的作品，也酌选了几篇。无谓的作品，一概不选"。

此书被辑入《学生国学丛书》。

26. 黑假面人　［俄］安特列夫著；李霁野译

1928 年北平未名社铅印本　南京图书馆藏

译者生平已见《往星中》。

此书为二幕剧，据英译本转译。前有译者序，介绍安特列夫的戏剧观，并称此剧翻译得到韦素园和鲁迅帮助。

此书为《未名丛刊》之一。

27. 胡寄尘近作小说　胡寄尘著

1928 年上海会文堂新记书局铅印本　湖南省图书馆藏

胡寄尘，名怀琛，生平已见《兰闺清课》。

此书录小说《滑稽的世界末日》《催眠术大家》《茶博士之见闻录》

《未来的学术界》《这是更确的消息》等 22 篇。

28. 怀宁汪母寒机课子图诗文集一卷　汪松年著

1928 年铅印本　安徽省图书馆藏

汪松年（? —?），怀宁人。

此书前有汪母太孺人遗容，潘陛题词，袁祖光撰《汪母查太孺人像赞》，《寒机课子图》、徐惠栋撰《汪母查太孺人寒机课子图赞》及 1926 年周士吉、孙振魁、安徽省省长高世读题词，1927 年前怀宁县知事胡汝霖题词。内录汪松年撰《先妣行述》，潘陛撰《汪母查太孺人传》，王乃祁等 5 人《汪母查太孺人寒机课子图序》各一，及诸家题诗、题词、联语等。

29. 欢乐的舞蹈　钱杏邨著

1928 年上海现代书局铅印本　中国国家图书馆藏

著者生平已见《暴风雨的前夜》。

此书录短篇小说《白烟》《人生》《大衣》《下等动物》《那个委员》5 篇及独幕剧《欢乐的舞蹈》。

此书于出版次年被指为"纯系共产党宣传刊物"，遭查禁。

又：**白烟　钱杏邨著**　1930 年上海现代书局铅印本　内蒙古大学图书馆藏

此书录短篇小说《白烟》《人生》《大衣》《下等动物》《那个委员》5 部。

30. 今镜花缘　胡寄尘著

1928 年上海商务印书馆铅印本　天津图书馆藏

胡寄尘，名怀琛，生平已见《兰闺清课》。

此书前有著者序，内二十回，叙述多九公等三人环游儿童国、大鼠国、长眠国、数学国、阶级国等十八国故事。

此书被辑入《小说世界丛刊》。

31. 菊芬　蒋光慈著

1928 年上海现代书局铅印本　天津图书馆藏

著者生平已见《哀中国》。

此书描写女主人公菊芬经历 1927 年重庆"三·三一"大屠杀和武汉

"七·一五"大屠杀之后，采取暗杀手段复仇，终至牺牲之经过。

又：**汉江潮　蒋光慈著**　1930 年上海现代书局铅印本（4 版）　广东省立中山图书馆藏

此书原名《菊芬》。

32. 哭诉　蒋光慈著

1928 年上海春野书店铅印本　超星数字图书馆收录

著者生平已见《哀中国》。

此书副标题为《写给母亲》。内为 5 节长篇抒情诗，末有著者后记，称："我知道我的诗同我自己本身一样，太政治化了，太社会化了。但是又有什么办法呢？这不是我的过错，这是我的时代的过错！"

此书后收入《乡情集》，删去 33 行，个别文字也有改动，题目改为"写给母亲"。

此书被辑入《太阳小丛书》。

33. 琅琊山志八卷　章心培著

1928 年铅印本　安徽省图书馆藏

章心培（1866—1942），字仲如，中如。滁县人。章家琼之子。清光绪二十三年（1897）优贡，曾任清河知事。

此书包括"形势""胜迹""建制""高僧传""塔铭""文集""古诗集""醉翁、丰乐二亭集""近诗集""楹联"10 节。

34. 李杜研究　汪静之著

1928 年上海商务印书馆铅印本　上海图书馆藏

著者生平已见《湖畔》。

此书分"李杜比较论""李白之流浪生活""李白之颓废思想""李白抒情之笔""杜甫之穷苦身世""杜甫之博爱襟怀""杜甫之写实工夫"七章。

35. 林颂亭　李警众选辑

1928 年上海震亚图书局铅印本　超星数字图书馆著录

李警众生平已见《破涕录》。

林述庆（1881—1913），字颂亭。福建闽侯人，辛亥革命起义先驱。此书包括其祭文、遗诗、传略等。

36. 留痴堂诗草二卷　李元著

1928 年铅印本　安徽省图书馆藏

李元（？—？），原名元英。蒙城人。清光绪县学生。

37. 流离　寒星著

1928 年上海亚东图书馆铅印本　上海图书馆藏

寒星，钱杏邨笔名。生平已见《暴风雨的前夜》。

此书为著者 1927 年 4 月至 11 月漂泊生活之日记，内分《这一千里的艰苦的旅途》《七·一三以后的武昌》《柘涧山的山居生活》《又是几番的漂泊》四部分。

38. 柳宗元文　胡怀琛选校

1928 年上海商务印书馆铅印本　天津图书馆藏

著者生平已见《兰闺清课》。

此书前有《学生国学丛书编例》，《编者序》，内录柳宗元文 48 篇。《编者序》介绍柳宗元及其作品。

此书被辑入《学生国学丛书》。

39. 龙慧堂诗二卷　刘慎诒著

1928 年铅印本　安徽省图书馆藏

刘慎诒（1874—1926），字逊甫。贵池人。历任直隶布政使、德州制造局总稽查，民国安徽省烟酒公卖局局长。

此书前有李国松、金天羽序各一，陈三立、陈诗、周达、李家煌题词。全书存作者自清光绪二十二年（1896）迄 1926 年所作诗 400 余首，多记京都、扬州名胜。

40. 庐山游记　胡适著

1928 年长沙商务印书馆铅印本　中国国家图书馆藏

著者生平已见《短篇小说第一集》。

著者于书中称："我作庐山游记，不觉写了许多考据，归宗寺后的一个塔竟费了我数千字的考据！那自然是性情的偏向，很难遏止。庐山有许多古迹都很可疑：我们有历史考据癖的人到了这些地方，看见了多捏造的古迹，心里实在忍不住。"

41. 绿天　苏雪林著

1928 年上海北新书局铅印本　天津图书馆藏

著者生平已见《李义山恋爱事迹考》。

此书录小说散文《绿天》《鸽儿的通信》《小小银翅蝴蝶的故事》《我们的秋天》《收获》《小猫》6 篇。

42. 麦穗集　钱杏邨著

1928 年上海落叶书店铅印本　中国国家图书馆藏

著者生平已见《暴风雨的前夜》。

此书分上、下两编，内录文艺短论和随笔《革命文学与革命情绪》《新旧与调和》《谈谈冰庐的短篇》《介绍一部革命的歌集》《贫非罪》《折尔卡士》《两篇神话》《到民间去》等 20 篇。

43. 玫瑰花片　曹梦鱼著

1928 年上海玫瑰书店铅印本　上海图书馆藏

著者生平已见《梦痕第一集》。

此书末有 1928 年夏著者之弟恩藩跋，称："吾兄梦鱼，以文名著上海，往年编《梦痕》一集，人争诵之。其二集迁延年余，积稿未发。近忽更名《玫瑰花片》，新篇旧作，炳炳琅琅，不日付刊。蔚然巨制，不知者以为好事，其知者以为好名。一二挚友，则曰梦鱼才子也，能荟萃群才以存国粹，非为一人留名之计。"

44. 玫瑰花：中国女侦探案　杨尘因，琴石山人著

1928 年上海会文堂新记书局铅印本（6 版）　北京图书馆《民国时期总书目 1911—1949 文学理论·世界文学·中国文学》（书目文献出版社1992 年版，第 788—789 页）著录

杨尘因生平已见《新华春梦记》。

219

又：玫瑰花：中国女侦探案 杨尘因，琴石山人著 1930 年上海会文堂新记书局铅印本（8 版） 上海图书馆藏

此书为二十章侦探小说。

45. 梅轩笔记六卷 胡止澄著

1928 年抄本 中国国家图书馆藏

胡止澄（1870—1934），名晋接，一名石坞，字子承、止澄，号梅轩。绩溪人。早年随父就读于绩溪东山书院，清光绪二十九年（1903）创办仁里私立思诚小学校。1912 年任安徽省督学，主管徽州教育。次年受命创建省立第五师范学校（后更名为省立第二师范学校）。1927 年退休返乡。晚年为安徽省通志馆特约编纂。1933 年出任《绩溪县志》总纂。

此书为笔记杂著。前有自序，内卷一录杂文 58 篇，多谈佛学；卷二录学术研究文章 11 篇；卷三录经学笔记 75 篇；卷四录文化地理杂文 16 篇；卷五为地理研究；卷六为玄学笔记。

《自序》称，此书"除谈地理各条为三十年前笔记外，余皆录自壬戌以来，即最近七年之心影也"。

46. 模范夫妻 王理堂著

1928 年上海泰东图书馆铅印本 安徽大学图书馆藏

著者生平已见《女学生》。

此书为批判旧家庭之中篇小说，前有 1920 年自序。

47. 盘庵诗钞二卷 周家谦著

1928 年紫蓬山房刻本 安徽省图书馆藏

周家谦（1853—1925），字六皆，号盘庵，晚号盘叟。合肥人。周盛波之长子。清同治十二年（1873）举人，曾任内阁中书。

此书前有冯煦、李恩绶序各一，末有张文运跋。内录著者自清同治十二年（1873）迄 1920 年诗作。

48. 贫女和王子 程本海编译

1928 年铅印本 聂光甫《山西公立图书馆目录初编》（太原晋新书社1933 年版，第 423 页）著录

程本海（1898—1980），绩溪人。早年为上海亚东图书馆店员，后任中华书局新文化部编辑。1923 年参与发起徽社，出版《微音》月刊。1927 年入晓庄学校，后创办浙江省立湘湖乡村师范学校、劳山中学，主持和平学园、广东龙川简易师范学校、百侯中学。1935 年始，任安徽省教育厅辅导室主任等职。抗战胜利后任职于浙江温州国立英士大学训导处，并曾任教于上海育才中学、储能中学、敬业中学。1948 年赴台湾任教育厅督学。

又：**贫女和王子　程本海译**　1933 年上海中华书局铅印本（9 版）　上海图书馆藏

此书为《儿童文学丛书小说》之一种。

49. 仆人　汪原放译

1928 年上海亚东图书馆铅印本　中国国家图书馆藏

译者生平已见《儒林外史》。

此书前有《译者的话》，内录［俄］西梅亚乐甫《仆人》，［俄］托尔斯泰《只有上帝知道》，［俄］契诃夫《赌东道》，［法］莫泊桑《过继》《一个女疯子》，［俄］梭罗古勃《捉迷藏》6 部短篇小说。俄国各篇曾刊载于《学灯》杂志，法国各篇曾刊载于《觉悟》杂志。

50. 潜庐集　窦以煦著

窦氏四隐集本　安徽省图书馆藏

窦以煦（1863—?），字子溥，号潜庐居主。霍邱人。窦怿祁第七子。曾任湖北藩司经历。

此书为《窦氏四隐集》之二。

51. 秋瑾　李警众编辑

1928 年上海震亚图书局铅印本　吉林省图书馆藏

编者生平已见《破涕录》。

秋瑾（1875—1907），原名秋闺瑾，别号竞雄，自称"鉴湖女侠"。浙江绍兴人。1907 年与徐锡麟等组织光复军，后就义。

52. 若邈玖衷新弹词　　［英］莎士比亚著；邓以蛰译

1928 年上海新月书店铅印本　北京大学图书馆藏

邓以蛰（1892—1973），字叔存。怀宁人。邓艺孙之子，邓稼先之父。早年留学日本、美国，后任教于清华大学、北京大学、燕京大学、厦门大学。

此书系五幕悲剧《罗密欧与朱丽叶》中之一段。曾于 1924 年 4 月 25 日、26 日连载于《晨报副刊》。书前有演出剧照及《著者识》。

《著者识》称，此书创作源自五六年前初次观看《罗密欧与朱丽叶》之后。"当时悦慕之情，数日如狂……不得已，只得翻开莎翁原作，朗诵数过，兴还不止：乃摇笔将'园会'一段，演绎出来……"

53. 三余札记二卷　　刘文典著

1928 年上海商务印书馆铅印本　　中国国家图书馆藏

著者生平已见《淮南鸿烈集解》。

又：**三余札记四卷　　刘文典著**　1928—1938 年上海长沙商务印书馆铅印本　中国国家图书馆藏

此书前二卷于 1928 年 9 月出版，后二卷于 1938 年 5 月出版。卷一录《帝尧三眸》《梧鼠》《闲情赋》《标点》《伟滂每们》《同善社》《胡安道》《宣和遗事》《类书》《淮南子校补》；卷二录《韩非子简端记》《庄子琐记》《蛮蛮距虚》《吕氏春秋斠补》《论衡斠补》《卢辑说苑逸文之疏谬》《淮南子逸文》；卷三录《读文选杂记》；卷四录《淮南子校录拾遗》。

54. 诗经学　　胡朴安著

1928 年上海商务印书馆铅印本　　安徽省图书馆藏

胡朴安，名韫玉，生平已见《古今笔记精华录》。

此书前有著者《绪言》，内录《命名》《原始》《作诗采诗删诗》《大序小序》《六义》《四始》《诗乐》《诗谱》《读诗法》《春秋时之赋诗及群籍之引诗》《两汉诗经学》《三国南北朝隋唐诗经学》《宋元明诗经学》《清代诗经学》《诗经之文字学》《诗经之文章学》《诗经之礼教学》《诗经之史地学》《诗经之博物学》《研究诗经学之书目》等文。

《绪言》提出《诗经》学三条定义：第一条按照学术研究的特征提出

衡量《诗经》学的判断标准；第二条突出《诗经》学的学术价值，尤其是《诗经》的思想研究与《诗经》学的思想史研究价值；第三条独倡《诗经》学分类和统系化研究。

此书被辑入《朴学斋丛书第二集》第十册。

朴学斋丛书第二集十七种三十卷　胡朴安著；胡道彦编辑　1985 年安吴胡氏影印本　中国国家图书馆藏

此编前有 1983 年胡朴安长子胡道彦所撰《前言》，次子胡道彤所录《朴学斋所著书目》。内录《周易古史观》《儒道墨学说》《庄子章义》《古书校读法》《丛刊》《诗经学》《中国习惯法论》《易经学》《周易人生观》《尚书新义》《中庸新解　大学新解》《皖学者传》《五九之我》《病废闭门记》《古今笔记精华录》《墨子学说》《和寒山子诗》等。

55. 始奏集一卷　李家煌著

1928 年常熟杨氏铅印本　安徽省图书馆藏

李家煌（1898—1963），字符晖，号骏孙、弥龛。合肥人。李经羲之长孙。肄业于上海复旦大学，1949 年后迁居香港。

此书前有自序，马其昶、龙慧、张运、陈三立、郑孝胥、周达、陈曾寿、袁思亮评语，内录 1915—1928 年占近体诗作 200 余首。

56. 漱芳山馆诗钞四卷　胡粲著

1928 年活字本　安徽省图书馆藏

胡粲（1867—1928 后），字兆乐，号熙堂。桐城人。教学乡里。

此书前有李师亮《重刻漱芳山馆诗钞序》、毛洁序，1922 年唐言、唐子畏、彭骏厚序各一，末有甥方榕邺跋及同刊门人名录。卷一录清光绪十八年（1892）至二十九年（1903）诗 73 首；卷二录清光绪三十年（1904）至 1913 年诗 52 首；卷三录 1914—1926 年诗 123 首；卷四录 1927—1928 年诗 23 首。

57. 宋人话本八种　又名：京本通俗小说　汪乃刚句读

1928 年上海亚东图书馆铅印本　中国国家图书馆藏

汪乃刚，原名家谦。绩溪人。汪原放之兄。上海亚东图书馆编辑。

此书前有胡适《宋人话本八种序》，附录《灯花婆婆》（节本），汪乃刚《校读后记》。全书内录《碾玉观音》《菩萨蛮》《西山一鬼窟》《志诚张主管》《拗相公》《错斩崔宁》《冯玉梅团圆》《金虏海陵王荒淫》等话本 8篇，末附郎园（叶德辉）跋与《再记》，以及《金史·海陵诸传》。

汪乃刚《校读后记》称："我们标点这部书是拿庚申年（1920）南陵徐刻《烟画东堂小品》中的宋人小说残本——《京本通俗小说》来做底本的。"

又：**宋人话本七种　汪乃刚句读**　1935 年上海亚东图书馆铅印本（重订 3 版）　中国国家图书馆藏

此书较前本少录《金虏海陵王荒淫》1 篇。末附〔日〕长泽规矩著、汪乃刚译《京本通俗小说与清平山堂》。

58. 宋渔父　李警众编辑

1928 年上海震亚图书局铅印本　中国科学院国家科学图书馆藏

李警众生平已见《破涕录》。

宋教仁（1882—1913），字遁初，号渔父，湖南桃源人。民国初期第一位倡导内阁制之政治家，中华民国临时政府唐绍仪内阁农林部总长，国民党主要筹建人。1913 年被暗杀于上海。

59. 天鹅集　程朱溪著

1928 年上海人间书店铅印本　南京图书馆藏

译者生平已见《裁判官的威严》。

此书内收著者散文诗 60 篇，仅标篇次，未题篇名。

60. 恬园诗集四卷　汪祖荃著

1928 年武汉印书馆铅印本　安徽省图书馆藏

汪祖荃（？—？），字云樵，号恬园。太平人。

此书前有盛鲁序，末有汪士琦跋。内卷一录古近体诗 41 首；卷二录古近体诗 41 首；卷三录古近体诗 50 首；卷四录古近体诗 52 首。所录诗多怀古之作，大量诗篇描述安徽名胜古迹。

61. 桐城吴先生日记十六卷　（清）吴汝纶著；吴闿生编

1928 年莲池书社刻本　中国国家图书馆藏

吴闿生生平已见《古今体诗约选》。

此书所载为作者出任州郡、退主讲院，至避乱乡野、视学异国等事，依类编辑。始自清同治五年（1866），迄于清光绪二十九年（1903）正月临逝前六日。分为经学、史学、文艺、考证、时政、外事、西学、教育、制行、游览、品藻等部分纂录。

62. 威将军孟公树村七旬正寿文荟　张敬尧等著

1928 年铅印本　天津图书馆藏

张敬尧（1871—1933），字勋臣。祖籍霍邱，居颍上。清光绪二十二年（1896）投身行伍，曾入北洋新军随营学堂，清光绪三十二年（1906）入保定军官学校第一期，毕业后历任陆军第六师十一旅二十二团团长、北洋军官第三混成旅旅长、江西南昌镇守使、陆军第七师师长、护国军第二路军司令等。1917 年任苏皖鲁豫四省交界剿匪督办，旋调任察哈尔都统。1918 年始任湖南省督军。1932 年参加伪满洲国政府，拟任伪平津第二集团军总司令，策应关东军进占平津。次年 5 月 7 日被蓝衣社刺杀。

孟树村，曾任吉林督军。

63. 文学与革命　［俄］特罗茨基著；韦素园，李霁野合译

1928 年北平未名社出版部铅印本　安徽省图书馆藏

韦素园生平已见《外套》。

李霁野生平已见《往星中》。

此书前有原著者《引言》，末有李霁野所撰《后记》。全书八章，分别介绍《十月革命以前的文学》《十月革命底文学"同路人"》《亚历山大·勃洛克》《未来主义》《诗歌底形式派与马克斯主义》《无产阶级的文化与无产阶级的艺术》《共产党对艺术的政策》《革命的与社会主义的艺术》。《后记》介绍本书著者托洛茨基。

64. 文艺丛说　胡寄尘著

1928 年上海商务印书馆铅印本　中国国家图书馆藏

胡寄尘，名怀琛，生平已见《兰闺清课》。

此书内录《中国戏是什么》《隐语诗考》《隐语与神话》《推敲余谈》

《作文莫用典》《文学鉴赏法》《中国文人结社考源》《中国民间文学之一斑》《琉球神话》《一本很好的平民文学》《女诗豪薄少君》《归有光的小说文学》《柳宗元的小说文字》《侯方域的小说文字》《古书中之诗句》《中国小说中之龙王》《骰子牙牌之来历》《松江田家月令诗》《新送郎歌》《虞山艳景诗》20 篇有关中国文学之论文、资料，均曾于《小说世界》上登载。

此书被辑入《小说世界丛刊》。

65. 戊辰诗稿　王揖唐著

民国抄本　中国国家图书馆藏

著者生平已见《横山草堂联话》。

此书录著者于 1928 年所作古近体诗 58 首，多首诗作涉及孤桐、孙文恳、觉庵等友人。

66. 希腊神话 ABC　汪倜然编著

1928 年上海 ABC 丛书社铅印本　中国国家图书馆藏

汪倜然（1906—1988），原名绍箕，笔名倜然、华侃、杨健、周人、洪广。黟县人。1923 年考入上海大同大学英文专修科，毕业后历任上海私立泉漳中学国文、英文教师，中国公学大学部国文教授，中华艺术大学英文及西洋文学教授，世界书局编辑。"九·一八"事变后历任《大晚报》要闻编辑、编辑主任、代主笔、总主笔，启明书局编辑。

此书论述希腊神话之价值、特色、流传与保存等，并分别介绍 10 则希腊神话故事。

67. 牺牲者　戈鲁阳著

1928 年上海亚东图书馆铅印本　南京图书馆藏

戈鲁阳，高语罕笔名，著者生平已见《白话书信》。

此书前有著者写于 1917 年 12 月的《书前》，称此书为"自传的第一篇序言"。内分"牺牲者""炉边""三十晚上""乡下佬""义子""膏药""玉搬指""馒头""苗沛霖造反"九章。

68. 现代中国文学作家第一卷　钱杏邨著

1928 年上海泰东图书局铅印本　中国国家图书馆藏

著者生平已见《暴风雨的前夜》。

此书前有自序，内录论鲁迅、郭沫若、郁达夫和蒋光慈文章各一篇：《死去了的阿 Q 时代》《诗人郭沫若》《〈郁达夫代表作〉后序》《蒋光慈与革命文学》。

此书于 1934 年被查禁。

69. 献心　黄天石著

1928 年香港受匡出版部铅印本　中国国家图书馆藏

著者生平已见《新说部丛刊第二集》。

此书前有冰子、星河、天石三人序，分别为《作者与献心》《短促中的永恒》《灵光》。内录散文《在呈贡原野》《在翠湖之滨》《神圣劳动的意义》《离开现实社会所谓做人之路》《在西山三清阁》《半晴半雨的湖山》《西山归后》《慈善是不健全社会的痕迹》《痛绝底民族的慵惰》《在日本目白文化村》《在日本长崎村》《在日本横滨》《在太平洋舟中》13 篇。末有实秀《校订之后》。

70. 绣像绘图江湖廿四侠　杨尘因，张冥飞，姜侠魂，文公直著

1928 年上海时还书局校经山房书局铅印本　首都图书馆藏

杨尘因生平已见《新华春梦记》。

此书前有张之江、戴传贤、潘公展、郑孝胥、包天笑、严独鹤等 13 人题字、题词，孙玉声、陈公哲、周瘦鹃、卢伟昌等 15 人序各一，姜侠魂《出版宣言》。内有张冥飞批注、姜侠魂评点、文公直参校。正文前附参考书目百余种，每回后连载姜侠魂所作《读武侠小说之人生观》。

姜氏《出版宣言》称，此书"第一回曾披露于民七出版《武侠大观》之末"，并称本书以明末复社诸子及郑成功等历史人物为反清复明运动之革命先觉，以二十四侠为主角、十奇人为主中主、三十义士为主中宾，写明末清初江湖侠义故事。

71. 一粟楼遗稿二卷　李家孚著

1928 年铅印本　安徽省图书馆藏

李家孚（1909—1927），字子渊。合肥人。李国璜之子。1927 年自尽。

此书前有江藻《李子渊传》，李家献、李家恒序各一，及李家煌题词。内卷上录文 21 篇，卷下录 1922—1927 年诗 84 首，多描述合肥风物。

72. 一条鞭痕　钱杏邨著

1928 年上海泰东书局铅印本　上海图书馆藏

著者生平已见《暴风雨的前夜》。

此书为中篇小说，描写保加利亚知识青年白尔森涅夫革命经历。前有自序诗，末有著者《后记》。

73. 艺兰吟草二卷　金恩灏著

1928 年铅印本　华东师范大学图书馆藏

著者生平已见《六十述怀唱和集》。

74. 艺术家的难关　邓以蛰著

1928 年北平古城书社铅印本　天津图书馆藏

著者生平已见《若邈玖裒新弹词》。

此书内录文学艺术研究随笔《艺术家的难关》《诗与历史》《戏剧与道德的进化》《戏剧与雕刻》《中国绘画之派别及其变迁》《观林风眠的绘画展览因论及中西画的区别》《对于北京音乐界的请求》《民众的艺术》等 8 篇。

75. 义冢　钱杏邨著

1928 年上海亚东图书馆铅印本　中国国家图书馆藏

著者生平已见《暴风雨的前夜》。

此书内录短篇小说《石膏像》《义冢》《穷人的苦恼》《人坑》《自杀》《一个青年的手记》《贫民窟日记》《家书》《银汤匙》9 部。

此书 1934 年被指为"内容多含挑拨阶级感情，鼓吹阶级斗争"，遭查禁。

76. 樱花集　章衣萍著

1928 年上海北新书局铅印本　南京图书馆藏

著者生平已见《深誓》。

此书末有著者跋，内录杂文《东城旧侣》《记所遇》《中国的情歌》《过年》《小别赠言》《悲哀的回忆》《怀烧饼店中的小朋友》《月老和爱神》《关于"无常"》《吊品青》《无聊杂记之一》《寒窗琐记》《病中随笔》《在灯下》等 21 篇。

77. 影　李霁野著

1928 年北平未名社影印本　南京图书馆藏

李霁野生平已见《往星中》。

此书内录小说《露珠》《革命者》《回信》《生活》《嫩黄瓜》《微笑的脸面》6 篇，末有《题卷末》。

此书为《未名丛刊》之一。

78. 颍滨居士集十卷　窦以蒸著

窦氏四隐集本　安徽省图书馆藏

窦以蒸（1863 前—1920 后），一名荫蒸，字子厚，号颍滨居士。霍邱人。窦怿祁第六子。曾任繁昌县训导、山东单县知县。著者曾于清光绪年间编辑《述善堂诗存》。

此书前有江瑞图序，窦荫蒸自记及序目。内录《痴园草》二卷、《东楼草》二卷、《繁昌草》《还山草》《北地草》《清音草》二卷、《话旧草》。末附《杂著》一卷、《窦氏家范》一卷。所录诗作自清光绪八年（1882）迄 1920 年，共 900 余首。

此书为《窦氏四隐集》之一。

79. 语体文作法　又名：作文与人生　高语罕著

1928 年上海亚东图书馆铅印本　超星数字图书馆收录

著者生平已见《白话书信》。

又：语体文作法　又名：作文与人生　高语罕著　1933 年黄华社出版

部铅印本　南京图书馆藏

此书录文 7 篇，分别论述《语言文字的起源与进化》《语体文与文言文》《文字写作之必备的条件》《文字的要素》《文字的戒律》《文字的质力》《文字的内容》。

80. 玉兰花　程小青著

1928 年上海社会新闻社铅印本　超星数字图书馆收录

著者生平已见《福尔摩斯探案全集》第六册。

此书录霍桑探案小说《爱之波折》《惊人之话剧》《棋逢对手》《玉兰花》4 篇。

81. 云山散人和陶诗存　江朝宗著

1928 年北平惠华印刷局铅印本　首都图书馆藏

江朝宗（1863—1943）行名世尧，字雨丞、宇澄，道号大中，又号云山散人，斋名"四勿轩"，世称"四先生"。旌德人。清光绪年间曾以武卫右军入卫京畿，清宣统年间出任陕西汉中镇总兵。民国后晋封迪威将军、一等男爵，历任北京步兵统领、代理国务总理、正黄旗满洲都统。1928 年后隐居北京。抗战期间出任伪北平治安维持会委员长兼北平市市长、伪临时政府议政委员会委员。

此书前录著者着道服肖像，著者自题词，1928 年潘元玫、崇岱序各一及自序；内录和陶诗百余首；末有王潜刚跋。

82. 郑板桥评传　陈东原著

1928 年上海商务印书馆铅印本　中国国家图书馆藏

陈东原（1902—1978），合肥人。1929 年毕业于北京大学教育系，历任南京国民政府安徽省教育厅督学、安徽省立图书馆馆长。1935 年留学密歇根大学、哥伦比亚大学，回国后历任安徽大学教授、中央教育部督学兼社会教育学院教授、重庆女子师范学院院长兼教授。

此书介绍郑板桥之生平，并分析研究其诗、词、书、画、世界观。

83. 中国妇女生活史　陈东原著

1928 年上海商务印书馆铅印本　首都图书馆藏

此书前有自序，末附《二十四史中之妇女一览表》。内首章为绪论，第二章开始介绍自古代至近代的妇女生活。其中第四章"晋代女子之风雅"、第六章"旷世女文人李清照"、第八章"妇女文学之盛"，阐述古代妇女文学创作状况。

《自序》称，此书的撰写，经过胡适的点拨、陈独秀文章的启迪。并称此书有两点希望："第一个希望，希望趋向新生活的妇女，得着她的勇进方针。第二个希望，希望社会上守旧的男男女女——自信旧道德极深的人们，能明白所谓旧道德是怎样一种假面啊。"

84. 中国神话　胡怀琛著

1928 年上海商务印书馆铅印本　　［日］早稻田大学图书馆藏

著者生平已见《兰闺清课》。

此书被辑入《儿童世界丛刊》。

又：**中国神话　胡怀琛著**　1933 年上海商务印书馆铅印本　南京图书馆藏

此书改编中国古代神话《黄帝游华胥国》《龙伯国大人钓鳌》《穆天子见西王母》等 25 篇。

此书被辑入《小学生文库》。

85. 种树集　章衣萍著

1928 年上海北新书局铅印本　吉林省图书馆藏

著者生平已见《深誓》。

此书前有自序，内分《种树集》《归去集》《朝朝集》三部分，录诗作《种树》《只愿》《归去》《无字的信》《朝朝一阕》《寄曙天》等 39 首。

86. 最后的光芒　　［俄］契诃夫等著；韦漱圆译

1928 年上海商务印书馆铅印本　上海师范大学图书馆藏

译者生平已见《外套》。

此书为俄国短篇小说集。前有译者《小序》，内录契诃夫著《渴睡》《恐怖》《无名》，科罗连珂著《最后的光芒》，戈理奇著《人之诞生》，安特列夫著《小天使》《笑》《马赛曲》，梭罗古勃著《往绮玛忏斯去的路》

《邂逅》《伶俐的姑娘》，扎伊采夫著《极乐世界》。

著者《小序》称，安特列夫 3 篇为李霁野译。

87. 最后的微笑　蒋光慈著

1928 年上海现代书局铅印本　上海师范大学图书馆藏

著者生平已见《哀中国》。

此书描写大革命失败后青年工人阿贵的复仇经历。

又：**胜利的微笑　蒋光慈著**　1932 年上海新文艺书店铅印本　北京师范大学图书馆藏

此书为《最后的微笑》更名再版。

1929 年(民国十八年)

1. 砭俗纪闻三卷　胡之灿评辑

1929 年石印本　首都图书馆藏

胡之灿（？—?），字少拙，号玉梅居士。太平人。早年就读于安徽敬敷书院，曾任浙江盐政事。清光绪十五年（1889）后赴京，民国后寓居汉口，1932 年还乡。著者曾于清光绪年间撰有《玉梅弦歌集》六卷。

此书封面为谭宗迟题签，内有陈维远题"砭俗纪闻"，陈铭枢题"玉梅居士别集"。前有编辑余言、著者六旬小影、余鹤俦《麻川玉梅居士小传》，及黄质胜、余瑞瑛、余鹤俦、明珠题字。卷上有伟略、新政、法制、外交、军事、教育、图书、科学篇；卷中有良吏、爱国、礼教、音乐、经济、实业、市政、交通篇；卷下有卫生、体育、娱乐、家庭、婚嫁、遗产、废疾、珍闻篇。每篇内录著者见闻若干则，如《总理诞日纪念总理之事迹》《银幕上和平之神》《李将军解甲经商》《宇宙中心之最近发现》《何夫人捍卫党国》《老佣妇保护小主人》等，多则后有玉梅居士评赞。

《编辑余言》称，此书所录为著者 1924—1929 年之作。

2. 冰块　韦丛芜著

1929 年北平未名社出版部铅印本　中国国家图书馆藏

著者生平已见《穷人》。

此书录新诗《冰块》《荒坡上的歌者》《诗人的心》《绿绿的灼火》等 12 首。末附〔美〕惠特曼自由诗 2 首，并介绍惠特曼其人其诗。

3. 波斯传说　章铁民译

1929年上海亚东图书馆铅印本　安徽省图书馆藏

译者生平已见《粗人与美人》。

此书前有《译者的话》，内收《神鸟》《两个金兄弟》《猎人和白蛇》《牧牛童弄醒公主》等故事28篇，系依据英国罗利谟兄弟所辑《波斯传说》下部《巴克第里亚传说》译出。

4. 不幸的一群　李霁野译

1929年北平未名社铅印本　中国国家图书馆藏

译者生平已见《往星中》。

此书内录〔俄〕陀思妥耶夫斯基《诚实的贼》，〔俄〕安特列夫《马赛曲》，〔俄〕但兼珂《善忘的伊凡底命运》，〔波〕式曼斯基《一撮盐》《木匠科瓦尔斯基》《从鲁巴托夫来的斯罗尔》，〔波〕什朗斯基《预兆》，〔美〕F. B. 哈提《扑克滩氏被逐者》等8篇小说。末附译者《后记》，称此书最初翻译动机来自狱中生活。

此书为《霁野译丛》之一。

5. 苌楚斋随笔十卷续笔十卷三笔十卷　刘声木著

直介堂丛刻初编本　安徽省图书馆藏

刘声木 (1876—1959)，原名体信，字述之，入民国后易名声木，字十枝，室名直介堂、苌楚斋。庐江人。刘秉璋第三子。曾任分省补用知府，山东、湖南学务，民国后居上海。

此书前有著者序，内容涉及目录版本、金石、学术源流、著述体例、诗文词评、时政及宦途内幕等方面，为文史杂谈性史料笔记。

直介堂丛刻初编十二种　1929年庐江刘声木直介堂铅印本　安徽省图书馆藏

此编内录《清芬录》二卷；《桐城文学渊源考》十三卷，引用书目一卷，名氏目录一卷；《桐城文学撰述考》四卷；《续补汇刻书目》三十卷；《续补寰宇访碑录》二十五卷；《寰宇访碑录校勘记》十一卷；《补寰宇访碑录校勘记》二卷；《再续寰宇访碑录校勘记》一卷；《苌楚斋随笔》十卷、《续笔》十卷、《三笔》十卷；（清）方苞撰，刘声木辑《望溪文集再续补遗》四卷。

6. 苌楚斋四笔十卷苌楚斋五笔十卷引用书目一卷目录一卷　刘声木著

直介堂丛刻续编本　中国国家图书馆藏

著者生平已见《苌楚斋随笔》。

此书为文史杂谈性史料笔记。

直介堂丛刻续编六种　1929 年庐江刘声木直介堂铅印本　中国国家图书馆藏

此编内录《御批通鉴辑览五季纪事本末》二十一卷，《苌楚斋书目》二十二卷，《直介堂征访书目》一卷，（清）曾国藩撰、刘声木辑《曾文正公集外文》一卷，《苌楚斋四笔》十卷，《苌楚斋五笔》十卷，《引用书目》一卷、《目录》一卷。

又：直介堂丛刻续编十三种九十一卷　铅印本　安徽省图书馆藏

此编除收录上述书目外，尚收录《桐城文学渊源考补遗》十三卷，《桐城文学撰述考补遗》四卷；《望溪文集三续补遗》三卷，《鼻烟丛刻》四种：（清）赵之谦撰《勇庐闲诘》一卷、（清）周继煦撰《勇庐闲诘评语》一卷、（清）唐赞衮撰《勇庐闲诘摘录》一卷、（清）张义澍撰《士那补释》一卷，刘声木辑《引用书目》一卷，目录一卷。

7. 窗下随笔　章衣萍著

1929 年上海北新书局铅印本　中国国家图书馆藏

著者生平已见《深誓》。

此书前有著者序，末有跋，内录《江慎修与戴东原的故事》《烈士邹容》《鲁匪纪闻》等随笔百篇。

8. 春明外史　张恨水著

1926—1929 年北京世界日晚报社铅印本　中国国家图书馆藏

张恨水（1897—1967），名心远，笔名恨水。潜山人。历任芜湖《皖江日报》编辑、《皖江报》总编辑、《世界日报》编辑、北平《世界日报》编辑、上海《立报》主笔、南京人报社长、北平《新民报》主审兼经理。

此书为长篇小说，1924 年 4 月 12 日至 1929 年 1 月 24 日于北平《世界日报》副刊《明珠》连载。前有 1925 年《前序》、1927 年《后序》、

1929 年《续序》。

9. 东坡生活 胡怀琛著

1929 年上海世界书局铅印本 北京大学图书馆藏

著者生平已见《兰闺清课》。

此书介绍北宋文学家苏东坡政治、文艺、家庭、恋爱等各方面情况，末附《东坡别号表》《东坡著述表》《苏门弟子表》。

10. 冬天的春笑：新俄短篇小说 ［苏］索波里等著；华维素译

1929 年上海泰东图书局铅印本 上海图书馆藏

华维素，蒋光慈笔名，生平已见《新梦》。

此书录短篇小说 8 篇，计有：索波里《寨主》，爱莲堡《冬天的春笑》，谢芙林娜《信》，谢廖也夫《都霞》，里别丁斯基《一周间》，曹斯前珂《最后的老爷》，弗尔曼诺夫《狱囚》，罗曼诺夫《技术的语言》。

此书被辑入《世界文学丛书》。

11. 蠹鱼生活 雪林著

1929 年上海真美善书店铅印本 上海图书馆藏

著者生平已见《李义山恋爱事迹考》。

此书录古典文学研究论文《九歌与河神祭典的关系》《陆放翁评传》《孔子删诗问题的讨论》《文以载道》《蝉之曲序》《魔窟序》《写在现代作家的前面》7 篇。

12. 俄国文学 ABC 汪倜然著

1929 年上海 ABC 丛书社铅印本 中国国家图书馆藏

著者生平已见《希腊神话 ABC》。

此书前有《例言》，内录文 17 篇，分别介绍《俄国与俄国人》《传说与史记》《俄国文学的开始》《普希金》《哥郭尔》《"自然派"文学》《阿克沙珂夫》《屠格涅夫》《龚察洛夫及其同时代者》《陀斯妥以夫斯基》《托尔斯泰》《戏剧家》《诗人》《批评家与政论家》《柴霍夫及其他》《高尔基及其他》《新俄文学》。末附参考书目。

又：**俄国文学 汪倜然著** 1935 年上海世界书局铅印本 上海图书馆藏

此书内容同上书。

此书被辑入《西洋文学讲座》。

13. 佛学寓言　胡寄尘译著

1929 年上海世界佛教居士林铅印本　胡小静《胡怀琛传略》（载晋阳学刊编辑部编辑《中国现代社会科学家传略·第八辑》，山西人民出版社 1987 年版，第 361 页）著录

胡寄尘，名怀琛，生平已见《兰闺清课》。

又：**佛学寓言　胡寄尘译著**　1933 年上海佛学书局铅印本　上海图书馆藏

此书前有《著者识》，内录《近视的医生》《不自知的狂人》《痴呆的王子》《农人的苦恼》《蛇之自杀》等寓言 30 篇。

《著者识》称："我前回曾做了佛学寓言十多条，登在报纸上。我的意思是要将佛学妙理，拿极普通的文字写出来，使一般的人，都能领会，并不是专门给研究佛学的人看的。凡是关于佛学的专门名词，一概不用。又间引周秦诸子中的寓言，互相对证。……世界佛教居士林同志，复从佛经中抄录许多寓言，叫我照前例演为普通之文，我自然是很愿意干这件事。下面所述，便是我的文字。至其大意，大概是照原意，没有改变。按语和原来的说明，略有出入，见仁见智，这是不必相同的。"

14. 浮浪者　程碧冰著

1929 年上海文艺书局铅印本　复旦大学图书馆藏

程碧冰（? —?），徽州人。大学毕业后久居上海，与徐志摩、郁达夫、赵景深、邵力子等均有往来。

此书为长篇小说。前有著者《后序》，内述乡村青年汪柯坦自专门学校毕业后赴上海谋生故事。

15. 父与女　汪静之著

1929 年大江书铺铅印本　湖南省图书馆藏

著者生平已见《湖畔》。

此书录小说《父与女》《北老儿》《人肉》《火坟》4 篇。

16. 给青年的十二封信　朱光潜著

1929 年上海开明书店铅印本　南京图书馆藏

朱光潜（1897—1986），笔名孟实、盟石。桐城人。先后就读于桐城中学、武昌高等师范学校、香港大学文学院、英国爱丁堡大学、伦敦大学、法国巴黎大学、斯塔斯堡大学，1933 年回国，曾分别任教于北京大学、四川大学、武汉大学。

此书前有夏丐尊序，内 12 封信分别为《谈读书》《谈动》《谈吃》《谈中学生与社会运动》《谈十字街头》《谈多元宇宙》《谈升学与选课》《谈作文》《谈情与理》《谈摆脱》《谈在露弗尔宫得的一个感想》《谈人生与我》。末附《无言之美》《悼夏孟刚》《再说一句话》（代跋）。

17. 古庙集　章衣萍著

1929 年上海北新书局铅印本　中国国家图书馆藏

著者生平已见《深誓》。

此书前有著者序，插图 5 幅。内录散文《古庙杂谈》《记濮文昶的词》《春愁》《鲁彦走了》《萌芽的小草》《零零碎碎》等 29 篇。

18. 海涯　许幸之著

1929 年上海乐群书店铅印本　上海图书馆藏

许幸之（1904—1991），学名许达，笔名冤路、天马、屈文、丹沙，歙县人，生于江苏扬州。早年入上海美专与东方艺术研究所学习，1924 年赴日勤工俭学，入川端画会学习素描，翌年考入东京美术学校，1927 年春至北伐军总政治部宣传科从事美术工作，后赴东京参加中共东京支部社会科学研究会和青年艺术家联盟，1929 年任上海中华艺大西洋画科主任、副教授，次年参与发起左翼美术团体时代美术社，并被推选为中国左联美术家联盟主席，1940 年赴苏北解放区，参与筹建鲁艺华中分院并任教，后历任中山大学师范学院、上海剧专、南京剧专、苏州社教学院教授。

此书为书信体中篇小说，前有稚麋序。

19. 合肥诗话三卷　又名：庐阳诗话　李家孚著

1929 年苏州李伯琦铅印本　安徽省图书馆藏

著者生平已见《一粟楼遗稿》。

此书三卷，专录安徽合肥地区诗人诗事，肇自清初，下及民初，计207 人。体例仿吴伟业《梅村诗话》，以人为序，每人名下先记事，后录诗，略加评语，所评有誉无毁。

20. 湖山味　张慧剑著

1929 年上海世界书局铅印本　中国国家图书馆藏

张慧剑（1906—1970），原名张嘉穀，笔名辰子、余苍等。石埭人。1925 年后历任北京、南京、重庆、南昌、金华等地报纸副刊编辑，上海《新民报》编辑、主笔、编委。

此书内分《写于扬州》和《写于南京》两部分。共录小品文《晓发》《永生》《塔之趣》等 14 篇。附录《晚踱》一文。

21. 幻园诗稿一卷　产绍泗著

1929 年铅印本　安徽省图书馆藏

产绍泗，字幻舟。怀宁人。清光绪举人。毕业于直隶法政学堂，曾任直隶补用知县、安徽省议员。民国后出任审判厅厅长，并参与发起铜官山煤矿抵制会。

此书前有著者序，内多感时、述怀、赠友之作，末补录 1920 年省议会复选投票时所作《选佛场》及《孙总理周年诔词》等 7 首。

22. 荒土　钱杏邨著

1929 年上海泰东图书局铅印本　上海师范大学图书馆藏

著者生平已见《暴风雨的前夜》。

此书前有《自序诗》，末有后记。共录新诗 26 首。

《自序诗》称，本集所录的诗大多是"不健全的个人的情绪"，"残余的靡靡的绮语"，故而要把它"埋入荒土"。

此书于 1931 年被指为"普罗文艺"，遭查禁。

23. 黄花集　韦素园译

1929 年未名社出版部铅印本　上海图书馆藏

译者生平已见《外套》。

此书为北欧诗歌小品集。前有译者序，内分三部分。其一为散文，录［俄］契诃夫《献花的女郎》，［俄］勃洛克《孤寂的海湾》2篇；其二为散文诗，录［俄］都介涅夫《门坎》《玫瑰》《马莎》，［俄］科罗连珂《小小的火》，［俄］戈理奇《海莺歌》，［俄］安特列夫《巨人》，［俄］契诃夫《冢上一朵小花》，［波］解特玛尔《幸福》，［丹麦］哈漠生《奇谈》等17篇；其三为诗歌，录［俄］玛伊珂夫《诗人的想象》，［俄］蒲宁《不要用雷闪来骇我》，［俄］梭罗古勃《蛇睛集选》，［俄］名思奇《我怕说》等8首。

24. 棘心　绿漪著

1929年上海北新书局铅印本　中国国家图书馆藏

著者生平已见《李义山恋爱事迹考》。

此书为十五章长篇自传体小说，以歌颂母爱为中心。

25. 金粟斋遗集八卷卷首一卷　蒯光典著

1929年江宁合肥蒯氏刻本　安徽省图书馆藏

蒯光典（约1858—1912），字理卿，一作礼卿。合肥人。清光绪九年（1883）进士，授翰林院检讨，旋充会典馆图绘总纂。后任尊经书院讲席及两湖书院监督。清光绪二十四年（1898）以道员发江南，创江宁高等学堂，三十二年（1906）官淮扬道候补，加按察使衔。三十四年（1908）赴欧洲，任留学生监督，归国后任京师督学局局长。清宣统二年（1910）赴南洋提调劝业会。

此书卷首载著者传、神道碑、墓志铭、行状、公禀、事实册、事略等8篇，卷一至卷六录文23篇，卷七、卷八录古近体诗93首，附录载词4首。

26. 近代文评注读本三卷　王文濡评选；沈镕注释

1929年上海文明书局铅印本　中国国家图书馆藏

评选者生平已见《侯魏汪三家文合钞》。

此书卷一录论辩文9篇；卷二录序跋35篇，卷二录书牍17篇，赠序11篇，传状14篇；卷三录碑志11篇，杂记19篇，辞赋2篇，颂赞5篇，箴铭6篇，哀祭文5篇。有注释及作者简介。

27. 近代文艺批评断片　李霁野译

1929 年北平未名社铅印本　中国国家图书馆藏

译者生平已见《往星中》。

此书内录 A. France《吹笛者底争辩》，J. Iemaitre《批评中的人格》《传统与爱好》，R. de Gourmont《文学的影响》《视觉与情绪》，F. Hebbel《艺术箴言》，W. Dilthey《经验与创造》，R. M. Meyer《近代的诗人》，R. Mueller-Freienfels《生活中的创造艺术》，J. Galsworthy《艺术》《六个小说家底侧影》，A. Clutton-Brock《艺术家和他底听众》，H. L. Mencken《清教徒与美国文学》13 篇文艺论文。其中 11 篇译自美国 L. Lewisohn 所辑的 *A. Modern Book of Criticisms*。因该书已有傅东华的全译本，故本书名后加"断片"二字。

此书为《未名丛刊》之一。

28. 决斗　〔俄〕契诃夫著；张友松，朱溪译

1929 年上海北新书局铅印本　中国国家图书馆藏

朱溪，程朱溪笔名，生平已见《裁判官的威严》。

此书内录张友松译短篇小说《猎人》《凡卡》《一个没有结局的故事》《一件事情》《活动产》5 篇，朱溪译中篇小说《决斗》。全书据英译本转译。

29. 力的文艺　钱杏邨著

1929 年上海泰东图书局铅印本　上海图书馆藏

著者生平已见《暴风雨的前夜》。

此书前有自序，内录文艺批评文章 14 篇，分别评论〔苏〕塞门诺夫《饥饿》，〔苏〕高尔基《曾经为人的动物》，〔俄〕普希金《情盗》，〔苏〕阿志巴绥夫《朝影》《宁娜》《血痕》，〔德〕米伦《劳动儿童故事》，〔德〕席劳《强盗及尼拔龙琪歌》，〔英〕高尔斯华绥《争斗》，〔英〕萧伯纳《华伦夫人之职业》，〔日〕林房雄《牢狱的五月祭》，〔日〕藤田满雄《波支翁金》，〔日〕金子洋文《地狱与火鸡》，〔法〕大仲马《苏兰殊》等作品。

《自序》称："这一集文艺批评的名称，本来是题做'力与争斗'的。所以然题做这个名字的原因，是被批评的各部名著，不是代表了人间的伟大的力，就是描写斗争的。因为怕'争斗'这一名词易于引起误会，尤其

是在这百不自由的时候，所以我把它改了。"

又：**现代文艺研究　若英著**　1929年上海泰东图书局铅印本　上海图书馆藏

此书前有自序，称："此书为余1928年在《小说月报》上发表有关外国文学批评之总集。初版题'力的文艺'，遭禁后，易此名，改署若英。"

30. 莉萨的哀怨　蒋光慈著

1929年上海现代书局铅印本　北京大学图书馆藏

著者生平已见《哀中国》。

此书采取主人公自述形式，描写贵族少妇莉萨十月革命后流亡上海，在生命线上苦苦挣扎的悲惨过程。

31. 莲心室遗稿　俞富仪著

1929年刻本　安徽省图书馆藏

俞富仪（1901—1927），字宝娥。婺源人。俞祖馨之女，郎传仁妻。夫、子逝后自尽。

此书前有胡廷圭序，《崇芬录》，江峰青、俞振书等题词，江峰青所撰著者传，弟俞庸升所撰《节略》，末有俞祖馨跋。内录诗99首，绝命词12首，多哀怨之音。书眉有评语。

32. 流水集　徐碧波著；郑逸梅校勘

1929年上海益新书社铅印本　首都图书馆藏

郑逸梅生平已见《梅瓣集》。

此书前有著者小照、自序，黄太玄、沈禹钟、周瘦鹃、程小青、顾明道、姚民哀、郑逸梅、吴明霞、高亚魂序，内录笔记小说40篇。

33. 论诗六稿　张寿林著

1929年北平文化学社铅印本　中国国家图书馆藏

著者生平已见《雪压轩集》。

此书录《诗经的传出》（曾连载于1926年9月18日、20日、25日北京《晨报副刊》），《三百篇是不是孔子所删定的》（曾发表于1926年11月《北京大学国学门月刊》），《释"四诗"（南、风、雅、颂）》（曾连载于 1929 年 3 月 12 日、19 日《华北日报》），《释赋、比、兴》（曾连载于 1929 年 3 月 16 日、23 日《认识周报》），《三百篇之文学观》（曾连载于 1927 年 9 月 22 日、23 日、24 日、26 日《晨报副刊》），《三百篇所表现之时代背景及思想》（曾连载于 1927 年 4 月 9 日、10 日、11 日、12 日、13 日、14 日《晨报副刊》）6 篇论《诗经》文章。

34. 吕碧城集五卷　吕碧城著；费树蔚校阅

1929 年上海中华书局铅印本　安徽省图书馆藏

著者生平已见《信芳集》。

此书前有著者 1929 年摄于维也纳万国保护动物大会照片两帧，摄于瑞士、美国哥伦比亚大学、纽约、上海、北京、天津《大公报》照片 7 帧。内卷一录文 11 篇；卷二前有樊增祥题诗 9 首、题词 2 首、手书 2 则，费树蔚题诗 7 首，易顺鼎题诗 7 首、手书 1 则，陈君完题词 1 首，李经羲题诗 2 首，徐君沅题词 1 首，吴佩孚手书 1 则，缪素筠题诗 2 首、手书 1 则，沈祖宪题词 4 首、手书 1 则。内录诗作 47 题；卷三录词作 55 首；卷四为《海外新词》，录著者写于欧美词作 101 首；卷五为《欧美漫游录》，又名《鸿雪因缘》，录文 84 篇，此卷卷首题曰："余此行只身重洋，翛然远往。自亚而美而欧，计时周岁，绕地球一匝。见闻所及，爰为此记，自志鸿雪之因缘，兼为国人之向导。不仅茶余酒后消遣已也。"

此书卷二、卷三有樊增祥评点。

35. 墨子救宋　张寿林著

1929 年中华平民教育促进会总会铅印本　天津图书馆藏

著者生平已见《雪压轩集》。

36. 契诃夫随笔　[俄] 契诃夫著；章衣萍，朱溪译

1929 年上海北新书局铅印本　南京图书馆藏

章衣萍生平已见《深誓》。

朱溪生平已见《裁判官的威严》。

此书前有章衣萍所撰《译者前记》，内录契诃夫 1892—1904 年所撰琐记，全书据英译本转译。末附《短文、思想、杂记、断片》。

37. 清芬录二卷　刘声木辑

直介堂丛刻初编本　安徽省图书馆藏

著者生平已见《苌楚斋随笔》。

此书前有自序，称此书系将"先祖考光禄公等四人事迹编为二卷，排印行世，或亦为读先公遗集者之助云"。

此书为《直介堂丛刻初编》第一册。

38. 情天奇侠传　曹梦鱼著；赵苕狂评点

1929年上海南方书店铅印本　天津图书馆藏

著者生平已见《梦痕第一集》。

此书为长篇香艳武侠小说。前有序，写于1928年冬。

39. 人海微澜　凫公著

1929年天津大公报馆铅印本　天津图书馆藏

凫公，潘伯鹰笔名。生平已见《伯鹰诗录》。

此书为长篇小说，前有吴宓序，内叙都市男女恋情和知识分子情感。

此书于1933年搬上银幕，易名《春水情波》，郑正秋导演，蝴蝶主演。

40. 赏雨草堂稿五卷　胡景程著

1929年刻本　安徽省图书馆藏

胡景程（？—?），桐城人。

此书内录诗稿三卷，文稿二卷。

41. 少妇日记　［英］娜克丝著；章铁民译

1929年上海北新书局铅印本　安徽省图书馆藏

译者生平已见《粗人与美人》。

此书前有译者序与原序。

译者序称，此书原名为《一个时髦的少妇从一七六四年到一七六五年的日记》。

42. 蛇蝎　程碧冰著

1929 年上海真美善书店铅印本　中国社会科学院图书馆藏

著者生平已见《浮浪者》。

此书为长篇小说。

43. 诗歌学 ABC　胡怀琛著

1929 年上海 ABC 丛书铅印本　安徽省图书馆藏

著者生平已见《兰闺清课》。

此书前冠《ABC 丛书发刊旨趣》及《例言》，内分《何谓诗歌》《中国诗歌形式上的变化》《中国诗歌实质上的变化》三编。

此书被辑入《ABC 丛书》。

44. 诗人生活　胡怀琛著

1929 年上海世界书局铅印本　中国国家图书馆藏

著者生平已见《兰闺清课》。

此书前有著者《弁言》，内论述"诗人的感情与气节""寻诗""捉诗""苦吟""诗人的革命性""诗人的爱国心""诗人与酒""诗人与恋爱""诗人与痴人""诗人与狂人""诗人的主观""诗人的梦""诗人爱自然"等问题。

45. 疏园诗二编二卷　余谊密著

1929 年宣城铅印本　南京图书馆藏

著者生平已见《疏园诗初编》。

此书前有李大防序。卷一录著者写于芜湖之诗，卷二录著者写于安庆之诗，各百余首。

46. 睡美人　〔法〕贝罗著；韦丛芜译

1929 年上海北新书局铅印本　山西省图书馆藏

译者生平已见《穷人》。

此书录童话故事 7 篇。

47. 诵芬堂课草二卷　钱若洋，钱若锦著；钱文选编

1929 年铅印本　安徽省图书馆藏

钱若洋（? —?），钱若锦，广德人。钱文选之子。

钱文选生平已见《游滇纪事》。

此书前有章梫、吴士鉴、王宗炎序各一，及钱文选序。内卷一录钱若洋撰《屈原论》《淮阴侯论》《陶渊明论》《振兴国货论》《论小说之害》《弱国无外交论》等文 69 篇；卷二录钱若锦撰《张良论》《鲍叔论》《论女教之重》《论白话文之利弊》《论西湖博览会之效果》等文 54 篇。每篇后有简要评点。

《钱序》称："余虽通晓外国语言文字，而于学问之道，平素以中学为根本，西学为辅助，不宜醉心欧化，自蔑国粹。……余既以此自励，并督课诸子，期其铸经锻史，权古扬今，不为无本之学。爰聘名宿，遥授命题，课文不拘一格，日积月累，汇若干首，付诸剞劂，留为儿辈后此进益之征。"

48. 汤显祖及其《牡丹亭》　张友鸾著

1929 年上海光华书局铅印本　重庆图书馆藏

张友鸾（1904—1990），字悠然，笔名白云、悠悠、牛布衣、草厂、傅遽。安庆人。1922 年考入北京平民大学新闻系，后历任《民生报》总编辑、《新民报》总编辑、《立报》第一任总编辑、《南京人报》副社长兼总编辑。抗战期间任《新民报》主笔，参加重庆《新民报》与成都《新民报》创刊筹备工作，一度兼重庆《新民报》经理。抗战胜利后自办《南京人报》。

此书前有任二北序和著者《写在任序后面》。末附《明史·汤显祖传》及《玉茗先生传》。内有《绪言》《汤显祖之思想与作品》《〈牡丹亭〉在文坛上之地位》《〈牡丹亭〉本事》《〈牡丹亭〉之音谱与词句》《〈牡丹亭〉之女读者》。

49. 唐代文学　胡朴安，胡怀琛著

1929 年上海商务印书馆铅印本　北京大学图书馆藏

胡朴安，名韫玉，生平已见《古今笔记精华录》。

胡怀琛生平已见《兰闺清课》。

此书十章，简述唐代诗歌、小说、戏曲、抒情散文、杂文，及唐代文人逸事、唐代文学与外国文学关系等，第十章列有研究唐代文学书目。

50. 桐城文学渊源考十三卷引用书目一卷名氏目录一卷　刘声木著

直介堂丛刻初编本　安徽省图书馆藏

著者生平已见《苌楚斋随笔》。

此书前有著者序及《例言》。

《著者序》称："声木……生平所欲编辑之书甚多，编辑未能成卷帙者亦多。今特检生平差堪自信者，为《桐城文学渊源考》十三卷、《引用书目》一卷、《名氏目录》一卷，先行排印，以代钞胥，将以求正于世。"

《例言》称："此编专记师友授受、文学渊源，略序名氏、籍贯、出身、官职，他不复载；撰述亦择要录入。……此编约六万余言，所录约六百四十余人，内有女士二人，日本人二人。……此编录自明归有光，所以穷源；终之以私淑桐城者，所以溯流。……自弱冠即好考查桐城文学师友渊源，历三十余年，搜书遍皖、苏、赣、浙、楚、湘、鲁、燕、闽、广等十役，因考查渊源所在，非各家诗文集不可，亦有见于他家诗文集及记载者，总以桐城文家诗文集所载为独多，方以类聚，物以群分，理固然也。"

此书为《直介堂丛刻初编》第二、三册。

2008 年复旦大学出版社王水照编辑《历代文话》收录此书。

又：**桐城文学渊源考补遗十三卷　刘声木著**　民国铅印本　安徽省图书馆藏

此书前有自序，内录 999 人，其中 425 人为前书之重出者，但内容或增或异。

《自序》称："《桐城文学渊源考》及《撰述考》既成之后，余复以十年之力聚书八百二十余种，为之增辑考证。凡前编漏未及载及已载而名字、籍贯、科名、官职、撰述卷数或有错误遗失，胪列证明，以昭详慎。虽仍有未尽，尚冀炳烛之明续行增辑，不禁喟然而叹。"

此书为《直介堂丛刻续编》之一种。

51. 桐城文学撰述考四卷　刘声木著

直介堂丛刻初编本　安徽省图书馆藏

著者生平已见《苌楚斋随笔》。

此书前有著者序及《凡例》。全书重在考察桐城文派作家之撰述,上自明归有光,下至近代,列作者 230 余人,录书目 2300 余种,包括日本著作,且并非限于古文,经、子、诗、词皆在其中。

《著者序》称:"予既撰《桐城文学渊源考》十三卷、《引用书目》一卷、《名氏目录》一卷,兹复撰《撰述考》四卷,庶足以见桐城文学诸家,本经纬史,涵泳百氏,不株于一先生之言以自锢。"

《凡例》称,"……制艺亦撰述之一种,且为我朝取士制度,一代抡才大典,不容以后来言论诋诬及此,故此编仍录之","……评点诸书实于文章大有裨益,从无有见之著录者。曾国藩目之为评点学,是亦不可轻废。此编略举其所知者录之,挂一漏万在所不免。……晚近钞录前人或时人评点校勘之书,通谓之'过'。屡见于评点校勘书中,记得始于康、雍之时,由来已久,此编亦沿用之"。

此书为《直介堂丛刻初编》第四册。

又:桐城文学撰述考补遗四卷　刘声木著　民国铅印本　安徽省图书馆藏

此书列作者近 300 人,录书目 1800 余种。

此书为《直介堂丛刻续编》之一种。

52. 托尔斯泰生活　汪倜然著

1929 年上海世界书局铅印本　湖南省图书馆藏

著者生平已见《希腊神话 ABC》。

此书十九章,叙述列夫·托尔斯泰一生。有专章介绍托尔斯泰与屠格涅夫关系,以及《战争与和平》《安娜·卡列尼娜》两部小说创作情况。

53. 皖雅初集四十卷　陈诗编

1929 年上海美艺图书公司铅印本　安徽省图书馆藏

编者生平见《尊瓠室诗》。

此书前有陈三立序及自序,王潜、夏敬观、袁思亮、黄式叙等人题诗。内录清初至清末安徽八府、五直辖州、五十五县诗人 1200 余家、诗作 3700 余首。全书按行政区划编排。卷一至卷十录安庆府作者 365 人;卷十一至卷十八录徽州府 266 人;卷十九至卷二十二录宁国府 167 人;卷二十三至卷二十五录池州府 88 人；卷二十六至卷二十七录太平府 51 人；卷二十八录广德州 11 人；卷二十九至卷三十四录庐州府 322 人；卷三十五录凤阳府 36 人；卷三十六录颍州府 32 人；卷三十七录滁州 32 人；卷三十八录和州 30 人；卷三十九录六安州 14 人，卷四十录泗州 36 人。每位作者皆附小传，间有评论。编者之评署名"静照轩笔记"，多记作者遗闻逸事。

54. 望溪文集再续补遗四卷　方苞著；刘声木辑

直介堂丛刻初编本　安徽省图书馆藏

辑者生平已见《苌楚斋随笔》。

此书前有编辑者序，称："予于甲子正月购得《望溪集》旧钞本，不知为当日何人藏本，编中尚言其中改定之字为侍郎亲笔。以戴孙二本校之，仍多未刊之文。又……搜得文三十三篇，诗十三首，编为《望溪文集三续补遗》四卷。"

又：**望溪文集三续补遗三卷　方苞著；刘声木辑**　直介堂丛刻续编本安徽省图书馆藏

55. 文学论集　胡适，郁达夫等著

1929 年上海亚细亚书局铅印本　吉林省图书馆藏

胡适生平已见《短篇小说第一集》。

此书有编者题记，内辑《艺林》杂志所发表文艺论文 31 篇，其中有胡适《谈谈诗经》，郁达夫《文学上的殉情主义》，张资平《文艺上的冲动说》，刘大杰《红楼梦里性欲的描写》，黄侃《文心雕龙札记》等。

56. 吴君婉女士遗诗一卷　吴肖萦著

1929 年铅印本　安徽省图书馆藏

吴肖萦（1898—1928），字君婉。桐城人。吴复振长女，光大中之妻。

此书前有姚永朴、方守敦、苏行均、陈朝爵、冯汝简、李大防、孙闻园、杨大钧、刘念曾、李启光、陈永熙、胡远芬、郑宗侨、胡远浚、叶铮、潘启锋、刘瑞麟题词，方侃《贤妇吟》并序，金天羽《桐城光铁夫妻吴氏墓碣》，慕巢老人《闵述》；内录诗作 12 题；末有光大中悼亡诗 13 首。

57. 吴芝瑛夫人诗文集　吴芝瑛著

1929 年铅印本　柯愈春《清人诗文集总目提要·中册》（北京古籍出版社 2002 年版，第 1976 页）著录

著者生平已见《剪淞留影集》。

柯愈春《清人诗文集总目提要·中册》称，此书为民国十八年铅印本，国学图书馆藏。

58. 现代情书　张其柯著

1929 年上海亚东书局铅印本　吉林省图书馆藏

张其柯，高语罕笔名。著者生平已见《白话书信》。

此书为反映社会问题的书信体作品集。全书 3 集。

59. 新俄大学生日记　［苏］N. Ognyov 著；江绍原译

1929 年上海春潮书局铅印本　北京师范大学图书馆藏

译者生平已见《发须爪》。

此书前有《英译者的引言》、重译者序。

60. 新社会之怪现状　曹梦鱼著；章育春绘图

1929 年上海南方书店铅印本　上海图书馆藏

著者生平已见《梦痕第一集》。

此书为五十回长篇写实社会小说。全书四册，现存第二册。

61. 新时代国语教科书　胡怀琛等编

1928—1929 年上海商务印书馆铅印本　首都图书馆藏三、五、六册

编者生平已见《兰闺清课》。

62. 一百二十回的水浒　（明）施耐庵著；胡适整理

1929 年上海商务印书馆铅印本　安徽省图书馆藏

胡适生平已见《短篇小说第一集》

此书前有胡适《水浒传新考》，李贽《出像评点忠义水浒全书发凡》，杨定见《小引》，以及《宣和遗事》《水浒版本源流沿革表》。

《水浒传新考》论述"水浒版本出现的小史""十年来关于水浒传演变的考证""我的意见""论百二十回本"。

63. 伊所伯的寓言　汪原放译

1929 年上海亚东图书馆铅印本　北京大学图书馆藏

译者生平已见《儒林外史》。

此书前有《译者的话》《原序》节译、《伊所伯传》、音译专名释义，内录寓言 300 余篇。

《译者的话》称："我现在这个译本是依据乔治弗莱棠生（Gorge Fyler Townsend）的英文译本译成的，他这个译本，我承认他是一个最完善的译本，一个'集大成'的译本。"

64. 英国近代短篇小说　朱湘译

1929 年上海北新书店出版　安徽大学图书馆藏

译者生平已见《路曼尼亚民歌一斑》。

此书内录怀特《卫推克君的退股》、加涅忒《哑的神判》、史提文生《马克汉》、吉辛《一个穷的绅士》、雅考布斯《猴爪》、莫里生《楼梯上》、阑白恩女士《圣诞节的礼物》、摩亨《大班》、布拉玛《孙衡的磨炼》、艾尔文《稳当》短篇小说 10 篇。

65. 幽光集四卷　宁澍南辑

1929 年阜阳宁双桂堂铅印本　安徽省图书馆藏

宁澍南（？—1929 后），阜阳人。

此书前有当涂金柱塔照片，系清咸丰年间烈女戴瑶宾殉节处。另有程珍庚、宁澍南序各一，吴承烜题词，戴瑶宾女士遗诗。内均为各家题咏烈女戴瑶宾诗词，以皖籍文人为多。

66. 友竹堂诗钞二卷　王舒著

民国抄本　安庆市图书馆藏

王舒（1871—？），字鸣迁。怀远人。

此书前有无名氏著《王舒传》，1923 年李绪成序，1924 年陈桂山序，1925 年江彦芳序，1927 年蔡竹铭序，1929 年董薅序，1922 年及 1928 年自序。内卷上录古近体诗 150 余题近 200 首；卷下录古近体诗 160 余题 160 余首。诗作多写友朋交往、家乡风情。

67. 羽翠鳞红集　又名：杂作小记　郑逸梅著；顾明道编

1929 年上海益新书社铅印本　中国社会科学院图书馆藏

著者生平已见《梅瓣集》。

此书版权页书名题为"杂作小记"，前有著者照，《美之宫》铜板插图 14 幅，内录笔记《同居》《看花小识》《虚伪的死》《槎溪访墓记》《纸帐铜瓶室联话》等近 30 篇。

68. 语体应用文范本　戴叔清编

1929 年上海亚东图书馆铅印本　上海师范大学图书馆藏

戴叔清，钱杏邨笔名。生平已见《暴风雨的前夜》。

此书分日记、小品、书信三编。共录鲁迅、冰心、郭沫若、胡适、王独清等人应用文 32 篇。

69. 语体应用文作法　戴叔清编

1929 年上海亚东图书馆铅印本　天津图书馆藏

戴叔清，钱杏邨笔名。生平已见《暴风雨的前夜》。

此书前有编者序例，内四章，介绍日记、小品、书信写作方法、文艺上的自然描写法。附录周作人《日记与尺牍》，郁达夫《日记文学》，夏丏尊、刘熏宇《小品文》，冯三昧《小品文与现代生活》。

70. 曾文正公集外文一卷　（清）曾国藩著；刘声木辑

直介堂丛刻续编本　中国国家图书馆藏

辑者生平已见《苌楚斋随笔》。

71. 战鼓　蒋光慈著

1929 年上海北新书局铅印本　中国国家图书馆藏

著者生平已见《哀中国》。

此书上、下两卷，前有高语罕序及自序。上卷录 1921—1924 年诗作，下卷录 1924—1927 年诗作，计有《红笑》《十月革命纪念》《无穷的路》

《我应当怎样呢》《梦中的疑境》《余痛》《我们所爱者一定在那里》《罢工》《寄友》等 57 首，末 4 首为译诗。

此书大部分作品曾收录于《新梦》《哀中国》,《寄友》为增补之作。

72. 张的梦　〔俄〕蒲宁著；韦丛芜译

1929 年上海北新书局铅印本　北京大学图书馆藏

译者生平已见《穷人》。

此书前有译者《小引》,介绍著者生平创作。内录小说《张的梦》《轻微的唏嘘》《儿子》3 篇。

此书为我国最早发行的蒲宁作品单行本。

73. 贞惠先生碑　吴闿生著

民国铅印本　中国国家图书馆藏

著者生平已见《古今体诗约选》。

徐世光 (1857—1929)，字友梅，私谥贞惠，徐世昌之弟。

74. 枕上随笔　章衣萍著

1929 年上海北新书局铅印本　首都图书馆藏

著者生平已见《深誓》。

此书前有自序,内为著者 1929 年病中仿《世说新语》体所著笔记杂感,多记文人作家逸闻趣事及作者对师友评价。末有跋,及《衣萍著译校点书籍》。

75. 枕云山斋集三卷　方焜著，方治璋辑

1929 年铅印本　复旦大学图书馆藏

方焜 (1865—1915)，字梅侪。歙县人，居苏州。

此书内有《枕云山斋诗稿》《画中诗》《枕云词钞》各一卷,末附吴佶撰《白云遗稿》一卷。录多位文人题词、唱和之作。

76. 知行书信　陶行知著

1929 年上海亚东图书馆铅印本　安徽省图书馆藏

陶行知 (1891—1946)，原名文睿，曾用名知行。歙县人。早年先后就读于歙县崇一学堂、杭州广济医学堂、金陵大学文学系。1914 年赴美国伊利诺大学主修市政学，后转入哥伦比亚大学攻读教育学。1917 年后历任南京高等师范学校教授、东南大学教育系主任、北京中华教育改进社主任干事、南京安徽公学校长等职。1923 年发起组织中华平民教育促进会，1927 年创办晓庄师范。1930 年受国民党政府通缉逃亡日本。次年回国于上海先后创办自然学园、山海工学团、生活教育社和国难教育社。1935 年参与发起上海文化界救国会，1939 年于合川县创办育才学校。1944 年参加中国民主同盟，当选为中央常委和教育委员会主任，主编《民主教育》杂志和《民主》周刊。1946 年与李公朴等人创办社会大学，并担任校长。

此书录作者致友人信及家信 91 通，末附文言书信 6 通。

77. 知足斋遗稿一卷　蔡云瑞著

1929 年石印本　安徽省图书馆藏

蔡云瑞（1860—1919），字蓬仙，晚号知足翁。合肥人。清末诸生，课徒乡里。

此书前有张文运、江藻序各一，称此书为先生长子蔡沛霖所辑遗稿。

78. 中国万岁　又名：中国人　唐绍华著

1929 年铅印本　唐绍华《唐绍华自选集·小传》（黎明文化事业股份有限公司 1980 年版，第 1 页）著录

唐绍华（1909—2008），笔名南巢父、华尚文。巢县人。早年毕业于南京国立中央大学，曾任《中央日报》记者，创办《文化杂志》《中国人》《良心话》《新世纪》等杂志。1945 年后任编剧、导演。抗战胜利后于上海成立中国第一影业公司及群星影业公司。

此剧于 1929 年元月刊于《朝霞月刊》，1938 年更名为《中国人》，公演于四川成都。

79. 中国文学 ABC　刘麟生著

1929 年上海世界书局铅印本　北京大学图书馆藏

著者生平已见《哥伦布》。

此书内分导言、散文及韵文、诗、词、戏曲、小说等六章，介绍中国文学（讫清代）基本知识。

此书被辑入《ABC 丛书》。

80. 中国文艺论战　李何林编辑

1929 年上海中国书店铅印本　河南省图书馆藏

李何林（1904—1988），原名竹年。霍邱人。早年随军北伐并参加"八一"南昌起义，后加入未名社。先后任教于河北省立女子师范学院、中法大学、华中大学等高校。

此书前有编者序，内录论文百余篇，分为"语丝派及其他""创造社及其他""小说月报及其他""现代文化及其他"四部分。作者有鲁迅、郁达夫、李初梨、成仿吾、冯乃超、彭康、茅盾、梁实秋等。

《编者序》称，这些文字"可以显示中国文艺进程上一个重要时期"，"对于留心文艺的人也可以从这些文字里面知道一点中国文艺界的现形——了解这代表中国文艺界的几个主要文艺集团对于文艺究竟是怎样的态度"，"不过这里所收集的也不是这一次所谓'革命文学'和'非革命文学'文献的全数，这里收集的是与这一次论战有关的各方的'论'而且'战'的文字；凡是泛泛的一般论文艺而不对着或影射着对方的'战'的文字，都统统割了爱"。

81. 中国小说研究　胡怀琛著

1929 年商务印书馆铅印本　安徽省图书馆藏

著者生平已见《兰闺清课》。

此书四章，包括"绪论""中国小说实质上之分类及研究""中国小说形式上之分类及研究""中国小说在时代上之分类及研究"。

82. 紫葡萄　曹梦鱼主编；汪放庵编辑

1929 年南方书店铅印本　超星数字图书馆著录

主编生平已见《梦痕第一集》。

又：紫葡萄　曹梦鱼主编；汪放庵编辑　1932 年铅印本（再版）　超星数字图书馆收录

此书内题《文艺小说集第一种》，录张慧剑《离弦箭》、曹梦鱼《茉莉桥畔》、汪放庵《重逢》、张碧梧《河畔哀音》、周瘦鹃《离婚的尝试》等文言小说 14 篇。

83. 作品论　钱杏邨著

1929 年上海沪滨书店铅印本　中国国家图书馆藏

著者生平已见《暴风雨的前夜》。

此书分"现代日本文艺的考察""关于俄罗斯文艺的考察""中国新兴文艺考察的片断""各国文艺考察的片断"四部分，分别收录著者写于 1928—1929 年评论各国影戏、小说之作 34 篇。书后附所评篇目索引，末有《附记》。

此书于 1931 年被指为"言论谬误"，遭查禁。

1930年(民国十九年)

1. 白门秋柳记：新京野史　张悠然著

1930年南京晚报社铅印本　超星数字图书馆著录

张悠然，张友鸾笔名，生平已见《汤显祖及其牡丹亭》。

此书十回。描写1927年前后南京国民党政府初成立时官场状况。

2. 白雪遗音续选集　汪静之编

1930年上海北新书局铅印本　南京图书馆藏

著者生平已见《湖畔》。

此书前有编者序。封面书名为"白雪遗音续选"，卷首书名为"白雪遗音续集"。

《白雪遗音》为清嘉庆、道光年间俗曲总集，（清）华广生辑录。该书收入彼时流行十一种小曲曲词710首。1926年，郑振铎从此书选录曲词131首，名为"白雪遗音选"，开明书店排印出版。汪静之复从书中选录曲词212首，侧重民间情歌，题为"白雪遗音续选"。

3. 餐霞仙馆诗存三卷　李国楷著

1930年三让堂铅印本　安徽省图书馆藏

李国楷（1886—1953），字荣青，号少崖，别号餐霞。合肥人。李经世第三子。历官江西候补道、江西南饶九广兵备道兼九江关监督、安徽省议会议员。清光绪年间著有《餐霞仙馆诗存》一卷。

此书前有江峰青、雷鹏飞、李德星序各一，著者《自识》，及李德星、陆鹏举、江忠赓、蔡庆泽、丁景尧等人题诗。内卷一录自清光绪二十三年（1897）至清宣统三年（1911）后古近体诗近200首；卷二录

1912—1926 年后古近体诗 180 余首；卷三录 1928 年后古近体诗 29 首。末有李恩绂跋，彭淑士、陈秉淑、孔茜霞题诗，及著者写于 1930 年之《自识》。

4. 冲出云围的月亮　蒋光慈著

1930 年上海北新书局铅印本　上海师范大学图书馆藏

著者生平已见《哀中国》。

此书描写知识分子大革命前后心理状态及出路。

1933 年上海新文艺书局将此书更名为《一个浪漫的女性》出版，系盗版书。

5. 愁斯丹和绮瑟的故事　〔法〕柏地耶著；朱孟实译

1930 年上海开明书店铅印本　广东省立中山图书馆藏

朱孟实，朱光潜笔名，生平已见《给青年的十二封信》。

此书为爱情小说。前有原序节译与译者序。

6. 储光羲诗集五卷　（唐）储光羲著；储皖峰辑校

储氏丛书本　中国国家图书馆藏

辑校者生平已见《东方大同学案》。

此书系辑校者依文津阁《四库全书》本校刊。

7. 储嗣宗诗集一卷　（唐）储嗣宗著；储皖峰辑校

储氏丛书本　中国国家图书馆藏

辑校者生平已见《东方大同学案》。

此书系辑校者依文津阁《四库全书》本校刊。

储氏丛书二种　1930 年上海述学社出版部铅印本　中国国家图书馆藏

此编内录《储光羲诗集》五卷，《储嗣宗诗集》一卷。

8. 春明新史全一册　张恨水著

1930 年辽宁新民晚报铅印本　首都图书馆藏

著者生平已见《春明外史》。

此书为十回长篇小说，1928 年 9 月 20 日至 1930 年夏于沈阳《新民晚报》连载。前冠自序，称："予作《春明外史》将毕，钱芥尘先生适创《新民晚报》于沈阳，遂以逐日发表小说相嘱，且代为题曰《春明新史》。"

1939 年上海良友书屋出版《满城语》，系《春明新史》之盗版。

9. 词絜　刘麟生著

1930 年上海世界书局铅印本　北京大学图书馆藏

著者生平已见《哥仑布》。

此书前有《卷头语》《例言》。

《卷头语》称："本书所选，悉以自然为宗旨，不立宗派。每词之后，有注解，有纪事，有评语，间以考证。词家皆列有小传，以便检查。全书共分为三篇，第一篇，唐五代词，共八十首。第二篇，北宋词，共一百四十二首。第三篇，南宋词，共一百四十七首。总共选出三百六十九首。悉加新式标点，有韵之句则加圈，以便初学。"

10. 读庄随笔　葛怀民著

潜庄丛著本　安徽省图书馆藏

葛怀民（？—1926），字曼生，号潜庄。怀宁人。清光绪拔贡。

葛世平于《潜庄丛著跋》中称："庚午秋不肖旅食并门，取《潜庄丛书》而付诸梓，盖先君子之没已五年矣。《潜庄丛著·读庄随笔》本之怀宁胡氏《庄子诠诂》作解。所有论列参以三教真谛为会归焉。"

此书为《潜庄丛著》之一种。

潜庄丛著三种　1930 年怀宁葛氏石印本　安徽省图书馆藏

此编前有汪吟龙、金梁、王湖、胡远浚、郭象升序各一，冯汝简序三篇，李大防题诗三首，并冯汝简所撰《葛潜庄先生行状》，末有著者之子葛世平跋，内录《读庄随笔》《鸣道篇》《潜庄诗偈》。

11. 短篇小说丛存　胡寄尘著

1930 年上海广益书局铅印本　复旦大学图书馆藏

胡寄尘，名怀琛，生平已见《兰闺清课》。

此书录小说《临别》《闽风小记》《弟弟的猫》《慈母与炮弹》《黄太太的儿子》《湖滨生活》《赴会归来》等 31 篇。

12. 断肠词　（宋）朱淑真著；胡朴安，胡寄尘选校

1930 年上海广益书局铅印本　天津图书馆藏

胡朴安，名韫玉，生平已见《古今笔记精华录》。

胡寄尘，名怀琛，生平已见《兰闺清课》。

此书据第一生修梅花馆刻本略加改动重印。

此书被辑入《文艺小丛书》。

13. 饿　［挪威］哈姆生著；章铁民译

1930 年上海水沫书店铅印本　天津图书馆藏

译者生平已见《粗人与美人》。

此书为自传体长篇小说，前有译者《前言》，简介作者。

14. 冯玉祥诗钞　冯玉祥著

1930 年北平东方书社铅印本　中国社会科学院图书馆藏

冯玉祥（1882—1948），原名基善，字焕章。巢县人，寄籍河北保定。清光绪二十二年（1896）入保定五营当兵，后改投武卫右军，历任哨长、队官、管带等职。武昌起义爆发后，参与发动滦州起义；1914 年起历任旅长、湘西镇守使、师长，陕西、河南督军。1924 年任直军第三军总司令，后改所部为中华民国国民军，任总司令兼第一军军长。与张作霖、段祺瑞组成北洋政府后，所部改称西北边防军，任甘肃军务督办仍兼西北边防督办。1926 年下野，赴苏联考察，回国后出任广州国民政府委员、军事委员会委员、国民军联军总司令，率部参加北伐战争。1927 年任国民革命军第二集团军总司令、行政院副院长兼军政部长。1933 年与方振武、吉鸿昌等在张家口组织察哈尔民众抗日同盟军，被推举为总司令，后出任国民政府军事委员会副委员长，第三、第六战区司令长官。抗战爆发后任第三、第六战区司令长官，不久离职。抗战胜利后退役。1948 年当选为中国国民党革命委员会常务委员和政治委员会主席，后遇难。

此书前有王承曾、孟宪章序各一，内录诗作 49 首，另附军歌《早起歌》《吃饭歌》等 6 首。

此书被辑入《国民军丛书》。

15. 古今诗范十六卷　吴闿生评选

1930 年北平文学社刻本　中国国家图书馆藏

吴闿生生平已见《古今体诗约选》。

此书为萃升书院讲义。

又：**古今诗范　吴闿生评选；贺培新笺注**　民国抄本　中国国家图书馆藏

又：**古今诗范十六卷卷首一卷　吴闿生评选**　民国沈阳萃升书院铅印本　中国国家图书馆藏

16. 合肥词钞四卷　李国模选辑

1930 年宜城慎余堂铅印本　安徽省图书馆藏

李国模（1884—1930），字方儒，号筱崖，别号吟梅。合肥人。李经世第二子，曾任山东候补道。著者于清光绪年间撰有《吟梅吟草》一卷。

此书录清初至民国间合肥籍词人 52 家，词作 692 首。

17. 胡笳十八拍及其他　胡朴安选录

1930 年上海广益书局铅印本　天津图书馆藏

胡朴安，名韫玉，生平已见《古今笔记精华录》。

此书被辑入《文艺小丛书》。

18. 胡适文存三集　胡适著

1930 年上海亚东图书馆铅印本　安徽省图书馆藏

著者生平已见《短篇小说第一集》。

此书前有自序，称："这一集的文字共分九卷。第一卷是几篇代表我对于国中几个重要问题的态度的文字。第二卷至第四卷都是整理国故的文字，其中卷二的几篇文字可以表示我近年来对于整理国故的意见，卷三的三篇只是治学方法的三个例子，卷四是整理佛教史料的文字。第五第六两卷都是考证旧小说的文字，也可以说是整理国故的一部分。第七卷是我的读书杂记。第八卷是关于中国文学的几篇序跋。第九卷是一些杂文。这十万字，除了卷一和卷九发表我的一点主张之外，其余七卷文字都可算是说明治学方法的文字。"

19. 胡适文选 胡适著

1930 年上海亚东图书馆铅印本 中国国家图书馆藏

著者生平已见《短篇小说第一集》。

此书前有著者《介绍我自己的思想》，内录杂文、专论 22 篇。

《介绍我自己的思想》一文称："我选的这二十二篇文字，可以分作五组。第一组六篇，泛论思想的方法。第二组三篇，论人生观。第三组三篇，论中西文化。第四组六篇，代表我对于中国文学的见解。第五组四篇，代表我对于整理国故问题的态度与方法。"

书内第四组录《建设的文学革命论》《尝试集自序》《文学进化观念》《国语的进化》《文学革命运动》《词选自序》，第五组录《国学季刊发刊宣言》《古史讨论的读后感》《红楼梦考证（改定稿）》《治学的方法与材料》，附录一为《跋红楼梦考证》、附录二为《考证红楼梦的新材料》。

又：**胡适文选 胡适著；芸丽氏，筱梅辑** 1936 年上海仿古书店铅印本 安徽省图书馆藏

此书选录著者戏剧、游记、书信及文学评论等作品 29 篇。有《不朽》《科学与人生观序》《谈新诗》《欧游道中寄书》《归国杂感》《什么是文学》《国语与国语文法》《论短篇小说》等。

又：**胡适文选 胡适著** 1942 年长春大陆书局铅印本 首都图书馆藏

此书内录著者书信、文学论文、传记、剧本等作品 29 篇，有《寄陈独秀》《文学改良刍议》《历史的文学观念论》《许怡荪传》《终身大事》等。

20. 虎邱百咏 王政谦，李伯琦，王炳三著

1930 年苏州毛上珍铅印本 安徽省图书馆藏

王政谦（？—？），字季和。合肥人。

李伯琦（1887—1958），名国璎，号伯琦、漱荪，别号瘦生，晚号器器子。合肥人。李鸿章侄孙，李经钰之子。曾任天津造币总厂总收支主任、南京造币厂会办、苏州安徽同乡会会长、安徽公学校长。

此书前有王政谦自序，及汪定执、汪己文、汪邦钟、顾艺兰、杨开森、赵守廉、李家恒、吴鸣麒等 30 余家题词。内录著者咏虎邱名胜遗迹二百余处诗，附考注。

21. 浣花嚼雪录上下卷　郑逸梅著

1930 年上海益新书社铅印本　吉林省图书馆藏

著者生平已见《梅瓣集》。

此书前有自序，内分上、下卷，上卷《灯下清谈》为笔记，下卷《梅龛杂碎》为杂文。文言语体，各得其半。

22. 黄立庵遗著二卷　黄敦礼著；程希濂辑录

1930 年铅印本　中国国家图书馆藏

黄敦礼（？—？），字纬仁，号立庵。黟县人。程朝仪弟子。

程希濂（？—？），字澹人。黟县人。1943 年曾出资办黟县连云小学。

此书前有著者小传，胡元吉序，1930 年程希濂跋。内卷上为《切近录》，卷下为《抑抑斋记闻》。

23. 黄仲则评传　章衣萍著

1930 年上海北新书局铅印本　中国国家图书馆藏

著者生平已见《深誓》。

此书介绍清诗人黄仲则生平及诗歌创作。

24. 回忆陀思妥耶夫斯基　　［俄］陀思妥耶夫斯基夫人著；韦丛芜译

1930 年上海现代书局铅印本　中国国家图书馆藏

译者生平已见《穷人》。

此书为著者关于陀思妥耶夫斯基 1871 年、1872 年间生活之回忆。末附《陀思妥耶夫斯基致兄书》，及契希金编《陀思妥耶夫斯基年谱》。

25. 寄傲庵遗集三卷　黄寿曾著

1930 年铅印本　安徽省图书馆藏

黄寿曾（1887—1913），字念耘，一作砚耘。休宁人，居浙江钱塘。曾任浙江两级师范学堂附属模范小学校长，辛亥革命后任职于浙江教育司。

此书前有周嘉烈所撰《黄寿曾小传》及题词，魏友枋、张宗祥题诗，上卷录诗 50 题 70 余首，内有译作，如美国诗人朗费罗（Longfellow）之《白羽红么曲》；又有《咏西史》3 题，分别咏斯巴达王李奥尼达，波斯王

戴赍士及鲁意锡亚那。中卷录词作 9 首，下卷录歌 15 题 27 首，末有堵福
诜跋。

26. 剑胆琴心 又名：天外屠龙记 张恨水著

1930 年北平《新晨报》营业部铅印本 首都图书馆藏

著者生平已见《春明外史》。

此书为长篇小说，前有自序。1928 年 10 月 1 日北平《新晨报》始连载。
《自序》述祖父习武从军事，称："年来既以佣书糊口，偶忆先人所
述，觉此未尝不可掺杂点缀之，而亦成为一种说部。予不能掉刀，改而托
之于笔，岂不能追风于屠门大嚼乎？意既决，而《剑胆琴心》遂以名篇，
未敢以小道传先人余绪，而我所痛于不能学先人者，或得稍稍快意云耳。"

27. 建塔者 台静农著

1930 年北平未名社铅印本 中国社会科学院图书馆藏

著者生平已见《地之子》。

此书录小说《建塔者》《昨夜》《死室的慧星》《历史的病轮》《遗简》
《铁窗外》《春夜的幽灵》《被饥饿燃烧的人们》《井》等 10 篇。

28. 睫暗诗钞续集七卷附裴景绶梦痕集一卷 裴景福著

1930 年铅印本 安徽省图书馆藏

裴景福生平已见《睫暗诗钞》。

裴景绶（1860—1913 后），字仲若。霍邱人。裴大中之子，裴景福之
弟。清光绪十五年（1889）举人。

此书前有叶恭绰序，金保权所撰《裴伯谦先生小传》。内录《风泉集》
下卷，为 1918 年后所作，计 53 首；《耕淮集》卷一 94 首，为 1921 年后所
作，卷二 80 首，卷三 99 首，卷四 89 首；《淮隐集》卷上 92 首，卷下 78
首。末附《梦痕集》一卷 27 首。

29. 陆放翁生活 胡怀琛著

1930 年上海世界书局铅印本 中国国家图书馆藏

著者生平已见《兰闺清课》。

此书述宋代诗人陆游生活。前有《生活丛书发刊旨趣》《例言》，末附

《陆放翁著述考》及关于研究陆游文学创作专辑。

30. 玛露莎 钱杏邨著

1930 年上海现代书局铅印本 上海图书馆藏

著者生平已见《暴风雨的前夜》。

此书收著者写于 1928 年之短篇小说《玛露莎》《一个朋友》《小兄弟》《阿罗的故事》。

此书 1935 年被指为"鼓吹阶级斗争",遭查禁。

31. 描写人生断片之归有光 胡寄尘编著

1930 年上海广益书局铅印本 天津图书馆藏

胡寄尘,名怀琛,生平已见《兰闺清课》。

此书前有著者序,称:"这本书除了介绍归有光的生平,并说明他文学源流、文学作品的好处而外,再把他重要的几篇散文,并小简、小诗等,都选在里面。"

著者于《绪论》中称:"我这本书说得很明白,是希望研究新文学的人,对于旧文学,也能够了解;研究旧文学的人,对于新文学,也能够了解。"

此书被辑入《文艺小丛书》。

32. 墨梭利尼生活 刘麟生编著

1930 年上海世界书局铅印本 中国国家图书馆藏

编著者生平已见《哥仑布》。

此书卷首有编著者《引言》,说明原书著者 Vifforio do Fiori 为《意大利民众报》记者、墨索里尼好友。本书译自意大利人 Maeio pei 之英文本。全书五编二十二章,介绍墨索里尼生平。附录《生活丛书提要》。

33. 女子技击大观:国术新著 胡寄尘编著

1930 年上海广益书局铅印本 天津图书馆藏

胡寄尘,名怀琛,生平已见《兰闺清课》。

此书为笔记小说,后附《黛痕剑影续录》。

34. 契庵纪述五卷卷首一卷　陈澹然著

1930 年刻本　中国国家图书馆藏

著者生平已见《孙武公传》。

此书为徐建生题签。前有自序，内卷一录《记清世祖努尔哈赤谋哈达灭叶赫》《记清太宗继后吉特尔氏下嫁摄政王》《记清世祖伤董小宛为僧》《记清德宗载湉时宫闱事》等 14 篇；卷二录《晚清纪略》《清孝贞显皇后纪》《清孝钦显皇后那拉氏纪》《记钱田间先生兵略》等 10 篇；卷三录《记胡文忠公救左文襄事》《庚子南北乱事纪略》《甲子冬蚌军独立事纪略》《记戴名世方孝标文字之狱》等 11 篇；卷四录《法共和往事纪》《拿破仑本纪》《清大将军年羹尧纪事》《胡雪岩纪事》《记升允张勋复清事》等 7 篇；卷五录《建文遁迹考》《扬州何氏园记》《金陵贡院遗迹记》《京都桐城试馆记》《记二盗侠》等 20 篇。

35. 潜庄诗偈一卷　葛怀民著

潜庄丛著本　安徽省图书馆藏

著者生平已见《读庄随笔》。

此书内录古近体诗 55 题百余首，《大水叹》《禁烟歌》等状写现实生活。

葛世平《潜庄丛著跋》称，著者诗作中"《无题》四首，为刺清廷，《寓物》《梵修》，则入道次第，此趋庭所习闻者"。

此书为《潜庄丛著》之一种。

36. 囚人之书　A. A. Sofio 著

1930 年上海开明书店铅印本　中国国家图书馆藏

A. A. Sofio，周益泉笔名，生平已见《苦趣》。

此书收书信体散文 25 篇，叙说狱中见闻。

37. 生命的火焰　荪荃著

1930 年北京孤星社铅印本　上海图书馆藏

荪荃（1903—1965），女，原名孙祥偈，字孙泉，又字荪荃，号逸斋。桐城人。谭平山之妻。1927 年毕业于北京女子师范大学国文研究科，历任北平女一中校长、北平师范大学国文系讲师，《朝报》《新晨报》副刊主编,河北大学和山西民族革命大学教授,中国民主宪政促进会常务理事兼妇女委员会主任委员等职。

此书录新诗《生命的火焰》《辜负》《飘零》《夜幕》等 40 首,多数曾署名"孤星"发表于《新晨报》副刊。

38. 失业以后　蒋光慈编

1930 年上海北新书局铅印本　复旦大学图书馆藏

编者生平已见《新梦》。

此书前有编者前言,内录刘一梦《失业以后》、冯乃超《Demoustration》、黄弱萍《红色的爱》、洪灵菲《在洪流中》、杨村人《小三子的故事》、戴平万《村中的早晨》、华汉《马桶间》、钱杏村《阿罗的故事》、建南《甲子之役》9 篇小说。

此书为《中国新兴文学短篇创作选》之一。

39. 漱玉词　　(宋)李清照著;胡朴安,胡寄尘选校

1930 年上海广益书局铅印本　天津图书馆藏

胡朴安,名韫玉,生平已见《古今笔记精华录》。

胡寄尘,名怀琛,生平已见《兰闺清课》。

此书被辑入《文艺小丛书》。

40. 诵芬堂文稿续编一卷　钱文选著

1930 年广德钱氏铅印本　中国国家图书馆藏

著者生平已见《游滇纪事》。

此书前有吴士鉴序、自序。内录《五王世家勒石弁言》《吴越银龙简记》《诵芬堂课草自序》《北戌草序》《华人入欧美记》《感怀诗小引》等文 31 篇;《浦口温泉小志怀古》诗 12 首,《步李咏霓同学六旬自寿诗原韵》诗 4 首,《感怀》七古诗 1 首。末附楹联、颂词等杂著汇编。

又:**诵芬堂文稿续编一卷　钱文选著**　士青全集本　中国国家图书馆藏

此书内录《诵芬堂课草自序》《北戌草序》《五王世家勒石弁言》《浦口温泉记》等文 22 篇。

41. 唐储光羲集存目及所见版本一卷　储皖峰辑

1930 年上海述学社出版部铅印本　中国国家图书馆藏

辑者生平已见《东方大同学案》。

42. 唐人传奇选　胡朴安，胡寄尘选校

1930 年上海广益书局铅印本　天津图书馆藏

胡朴安，名韫玉，生平已见《古今笔记精华录》。

胡寄尘，名怀琛，生平已见《兰闺清课》。

此书前有选辑者小记，内录传奇小说《柳毅传》《虬髯客传》《南柯记》《枕中记》《会真记》5 篇。

此书被辑入《文艺小丛书》。

43. 陶渊明生活　胡怀琛著

1930 年上海世界书局铅印本　中国国家图书馆藏

著者生平已见《兰闺清课》。

此书八章，介绍诗人陶渊明家庭生活、县令生活、田园生活、闲适生活、悲愤生活、旷达生活、文学生活。附录《陶集纪略》等 3 篇。

44. 啼笑因缘　张恨水著

1930 年上海三友书社铅印本　吉林省图书馆藏

著者生平已见《春明外史》。

此书为二十二回长篇小说，前有李浩然题词、严独鹤序及自序，内有肖像及照片，末有《作完啼笑因缘后的说话》。

此书 1930 年 3 月 17 日至 11 月 30 日连载于上海《新闻报》副刊《快活林》。1932 年明星影片公司据此书拍成同名电影。

45. 皖溪别墅诗　程皖溪著

1930 年安庆东方印书馆铅印本　安庆市地方志编纂委员会《安庆地区志》（黄山书社 1995 年版，第 1081 页）著录

程皖溪（？—?），潜山人。

46. 文二十八种病　　〔日〕遍照金刚著；储皖峰校

1930 年中国述学社出版部铅印本　　北京大学图书馆藏

校者生平已见《东方大同学案》。

此书卷首有校者《引论》、杨守敬《文镜秘府论提要》，末附校者《校勘记》及日本铃木虎雄作、校者译《文镜秘府论校勘记》。

47. 文艺批评集　　钱杏邨著

1930 年上海神州国光社铅印本　　上海图书馆藏

著者生平已见《暴风雨的前夜》。

此书前有作者题记，内分五部分："从浪漫主义到写实主义""新兴创作与日俄文坛""新文艺与女性作家""新兴文艺与中国（及其他）""文艺批评集（辑附）"，录有关嚣俄、佐拉、霍甫德曼、罗曼诺夫、丁玲、凌叔华、陈衡哲、冯沅君、茅盾、李别金斯基等作家文学评论以及《批评与分析》《1929 年中国文坛的分析》《大众文艺与文艺大众化》《一九三〇年一月创作评》等有关文学发展态势评论文章。

《题记》称："这里所收将近三十篇文字，主要的是包括了我对于六个国度十五个作家的批评与介绍。"

此书 1934 年被指为"站在马克思主义文艺批评的立场，批评一切文艺作品，为纯粹宣传普罗文学之作品"，遭查禁。

48. 文艺与社会倾向　　钱杏邨著

1930 年上海泰东图书馆铅印本　　上海图书馆藏

著者生平已见《暴风雨的前夜》。

此书录《中国新兴文学中的几个具体的问题》《安特列夫与阿志巴绥夫倾向的克服》《关于南国社的戏剧的批判》《高尔基与一九〇五年》《涅维洛夫与饥馑时代》《蟹工船与日本新兴阶级》《革命的儿童与农民的新姿态》《关于中国文艺的断片》论文 8 篇，附录《关于几个文艺运动者》。

此书 1935 年被指为介绍"普罗文艺理论"，遭查禁。

49. 吴门弟子集十四卷　　吴闿生编

1930 年莲池书社刻本　　中国国家图书馆藏

编者生平已见《古今体诗约选》。

此书卷首为编者自序，内录吴汝纶弟子著作，计78人。

《自序》称，其父吴汝纶曾主讲保定莲池书院十余载，门人后进"各乘时有所建树"，于是闇生"广约同人，分途征集，历时两载，凡得诗文若干"，遂成此书。

50. 先德荣哀录　钱文选辑

1930年铅印本　中国国家图书馆藏

著者生平已见《游滇纪事》。

又：**先德荣哀录　钱文选辑**　士青全集本　中国国家图书馆藏

此书前有《引言》，内录《林富公暨戴宜人诰命》《旌表事略》（附钱文选自述）。

51. 现代女文学家　汪倜然著

1930年上海新学会社铅印本　超星数字图书馆收录

著者生平已见《希腊神话ABC》。

此书前有女作家肖像，内介绍〔法〕诺阿伊、〔瑞典〕拉绮尔洛孚、〔挪威〕恩得塞、〔意大利〕但莱达、〔爱尔兰〕格莱高列夫人、〔英〕曼殊菲尔、慧白、〔美〕华登、盖尔、〔西班牙〕巴桑、〔俄〕柯仑泰11位外国女作家。

52. 现代文学读本　张若英编

1930年上海现代书局铅印本《阿英文集·阿英著作目录》（生活·读书·新知三联书店1981年版，第951页）著录

张若英，钱杏邨笔名，生平已见《暴风雨的前夜》。

编者自述："1930年，余试编《无产阶级文学读本》二册，交现代书局印行。第一册出版后，不一周而因'普罗文艺'罪名被禁售，第二册遂未印。"

53. 现代中国文学作家第二卷　钱杏邨著

1930年上海泰东图书局铅印本　中国国家图书馆藏

著者生平已见《暴风雨的前夜》。

此书内录论叶圣陶、张资平、徐志摩和茅盾文章各一篇：《叶绍钧的创作的考察》《张资平的恋爱小说》《徐志摩先生的自画像》《茅盾与现实》。末有《写在后面》。

《写在后面》称："对于这一本旧作充分的感到不满，虽然听到出版在即的消息，自己是丝毫也不感到愉快。为着当时的步调，以及环境的关系，我不能用着统一的态度来批评，而又刊印成集，现在我实在是自觉孟浪，所以二卷送出以后，我决计把它终止，不再续写下去了。"

此书与第一卷同时于 1934 年被查禁。

又：**批评六大文学作家　钱杏邨编辑**　1932 年上海亚东图书局铅印本中国国家图书馆藏

此书内录 1928 年上海泰东图书局同名书第一卷的全部及第二卷中的后两篇。

54. 乡情集　蒋光慈著

1930 年上海北新书局铅印本　上海师范大学图书馆藏

著者生平已见《哀中国》。

此书内录长诗《牯岭遗恨》《乡情》《给某夫人的信》《我应当归去》《写给母亲》5 首，末附译诗 2 首。

55. 新文艺粹选　蒋光慈辑

1930 年上海南强书局铅印本　超星数字图书馆收录

选辑者生平已见《新梦》。

此书录短篇小说《屎坑老鼠》《欢迎》《离开我的爸爸》《帝国的荣光》《长蛇》《某月某日那一天》《一月十三》《两种不同的人类》《潭子湾的故事》《有什么话好对人家说》《黄莺与秋蝉的传说》11 篇。作者有甘茶、顾仲起、郑伯奇、森堡、冯宪章、祝秀侠、孟起等。

又：**两种不同的人类　蒋光慈著**　1930 年上海北新书局铅印本　南京图书馆藏

此书内容同《新文艺粹选》，为《中国新兴文学短篇创作选》之二。

56. 新文艺描写辞典　钱谦吾编

1930 年上海南强书局铅印本　中国国家图书馆藏

钱谦吾，钱杏邨笔名。生平已见《暴风雨的前夜》。

此书按季节、光与影、天象、海洋、动物描写、都市与乡村、人物描写、动作与表情等类辑录有关文章片断。

57. 阳复斋诗偈集一卷　江谦著

1930年铅印本　安徽省图书馆藏

江谦（1876—1942）。字易园，号阳复居士。婺源人。历任安徽省咨议局议员、京都资政院议员、安徽省议会副议长、国民政府众议院议员、南京高等师范学校校长、江苏省教育司司长。中年归里，创办佛光社。

此书前有《缘起》并谛闲题词。内有《大乘》《融通》《颂赞》《题赠》《感托》5部，《大乘》标为"二"，未见其一。末有《婺源八十二老人汪序昭居士生西记》。

《缘起》称此书"有韵或无韵，亦诗亦非诗。志在达意义，不在攻文辞。志在启妇孺，不在干举司"。

58. 一千零一夜　汪原放译

1930年上海亚东图书馆铅印本　贾植芳、俞元桂《中国现代文学总书目》（福建教育出版社1993年版，第727页）著录

译者生平已见《儒林外史》。

又：一千零一夜　汪原放译　1931年上海亚东图书馆铅印本（3版）　中国国家图书馆藏

此书前有原序、楔子，末附《译后题记》，内录阿拉伯民间故事20篇，据A.L.Lane英译本译出。

59. 一周间　［苏］U. Libedinsky著；华维素译

1930年上海北新书局铅印本　中国国家图书馆藏

华维素，蒋光慈笔名，生平已见《新梦》。

60. 鹧鸪巢诗存　沈恩燎著

1930年铅印本　首都图书馆藏

沈恩燎（1857—1930前），字芟良。石埭人。监生。清宣统年间任四川试用通判，后任洛水县知事，1920年任平政院练习书记官。

此书前有江东杨坼序，又自序。内录古近体诗 269 首。

61. 异邦与故国　蒋光慈著

1930 年上海现代书局铅印本　湖北省图书馆藏

著者生平已见《哀中国》。

此书前有著者序，内录著者 1929 年在东京养病时日记。

62. 隐刑　凫公著

1930 年北平《世界日报》铅印本　中国国家图书馆藏

凫公，潘伯鹰笔名。生平已见《伯鹰诗录》。

此书为长篇小说。

63. 印度七十四故事　　［印度］萧野曼·升喀（Shyama Shankar）著；汪原放译

1930 年上海亚东图书馆铅印本　首都图书馆藏

译者生平已见《儒林外史》。

此书前有译者序、原作者序，系依据编者编译之英文本译出，内录印度民间故事 74 篇。

《译者序》称："这是一部印度的民间故事，也可以说是一部印度的大众文艺，也可以说是一部印度的方言文学。……《印度的聪明才智》是这书的正名，《印度朝野滑稽故事集》是这书的副名。我译成之后，把所有的故事数了一数，一共是七十四个，我觉得不如老老实实的侧重数目，叫它做现在这个名字的好。"

64. 英国文学：拜伦时代　韦丛芜译

1930 年北平未名社出版部铅印本　北京大学图书馆藏

译者生平已见《穷人》。

此书据 R. Garnett 和 E. Gosse 合著之 *An illustrated history of English literature* 一书第四册译出，内容包括拜伦时代 30 多名英国文学家评传。

65. 友情　章衣萍著

1930 年上海现代书局铅印本　复旦大学图书馆藏

著者生平已见《深誓》。

此书为长篇小说。前有著者序，称："原书共上中下三卷，计三十章。斯十章为上卷，或不足以窥全书之人物乎？烽火连天，哀鸿遍野。此时代也，实为中国之最悲惨时代。茹苦既多，余怀落寞，支离病骨，呐喊无声。舍假笔墨以代痛苦外，复有何法以自存？……《友情》中下卷，将于最短时期内草成，以飨海内一切幸而'留住头颅'的人们。"

此书后辑入《衣萍半集》。

衣萍半集　章衣萍著　1934年上海现代书局铅印本　中国国家图书馆藏

此编收录《友情》《随笔三种》。

66. 渔矶脞语　（元）吴悰著；吴保琳辑校

1930年铅印本　中国国家图书馆藏

吴保琳（1879—1954后），字林伯，别号山野。祖籍歙县，居苏州。吴荫培长子。早年就读于京师法律学堂，曾任江苏同知、江西高等审判厅统计科主任和民事科主任。1928年任山东平原县县长，1944年参修《歙县丰南志》。

此书为文言散文。

67. 阅微草堂笔记约选　卧云居士著

1930年铅印本　天津图书馆藏

卧云居士，周学熙笔名，生平已见《府君行状》。

此书前有编者序，内选《阅微草堂笔记》200余则。

《编者序》称，编选此书目的，在于"使士人读之，知凡事无论如何诡诈，如何机变，皆有所以处之之道。苟不得其道，鲜不失败，而得其道，亦无不可以自立者"。

68. 怎样研究新兴文学　钱谦吾著

1930年上海南强书局铅印本　中国国家图书馆藏

钱谦吾，钱杏邨笔名。生平已见《暴风雨的前夜》。

此书论述新兴文学性质、产生、发展、技术形式、与大众关系和研究方法，同时介绍［俄］李别金斯基《一周间》等新兴文学代表作。末附相关文学作品与文艺理论书目。

此书于 1934 年遭查禁。

69. 中国文学精要书目　王浣溪著

1930 年北平建设图书馆铅印本　北京大学图书馆藏

　　王浣溪（1869—1929），名造五，字凤楼，号浣溪。潜山人。早年于私塾执教，后任教于粹新高小、潜山初中。曾被聘为《潜山县志》采访员、安徽省志编辑员。

　　此书分参考、文学史、小学、史、文、诗、诗文全集、别集、词、曲、小说、新文艺 12 大类，每大类内再分若干小类，每小类内均以时代为序，并区别"正书"和"参考书"。著录项目包括著（编）者、书名、版本及附注（或为提要或为评语）。

70. 中国寓言研究　胡怀琛著

1930 年上海商务印书馆铅印本　南京图书馆藏

　　著者生平已见《兰闺清课》。

　　此书分为"何谓寓言""寓言的效用如何""全世界寓言的产生地""中国寓言产生的时代""战国前后寓言的传播""汉魏以后寓言的变迁""汉魏以来的韵文的寓言""近二十年来寓言的复活"八章。

　　王友胜等《民国间古代文学研究名著导读》（岳麓书社 2010 年版，第 159 页）称："该著为 20 世纪中国寓言文学研究的第一本专著，开了中国系统研究寓言文学的先河。"

71. 子夜歌　胡朴安，胡寄尘选校

1930 年上海文艺小丛书社铅印本　首都图书馆藏

　　胡朴安，名韫玉，生平已见《古今笔记精华录》。

　　胡寄尘，名怀琛，生平已见《兰闺清课》。

　　此书前有丰子恺插图，内于《子夜歌》外，尚收录齐、梁间拟作之《子夜四时歌》《大子夜歌》《子夜警歌》《子夜变歌》等。

　　此书被辑入《文艺小丛书》。

72. 子云诗词六卷　汪吟龙著

1930 年山西教育学院石印本　中国国家图书馆藏

汪吟龙（？—？），字子云，别署江南汪大，室名铁砚斋，亦署铁砚斋主人。桐城人。民国初年就读于清华研究院，后任教于山西教育学院中文系。1934 年任教于河南大学，发起成立中华儒学研究会，抗战期间曾任安徽省伪教育厅厅长。

此书内录 1915—1924 年所作《铁砚斋稿》古近体诗 152 首；1925—1926 年所作《清华集》古近体诗 35 首；1927 年所作《塞外集》古近体诗 35 首；1928 年至 1930 年 5 月所作《于悉庐稿》古近体诗 36 首；1930 年 6 月至 10 月所作《幽并集》古近体诗 73 首；另有《阳春词》18 首。

73. 子云文笔一卷　汪吟龙著

1930 年山西教育学院石印本　安徽省图书馆藏

著者生平已见《子云诗词》。

此书内录《东征赋》《废园赋》《惜余春赋》《文中子考信录序》《安徽省第十中学同学录序》等文 25 篇。

74. 罪与罚　［俄］陀思妥耶夫斯基著；韦丛芜译

1930 年南京正中书店铅印本　南京图书馆藏

译者生平已见《穷人》。

此书据英译本转译，并参照俄文原本。卷首有译者序。

75. 作文讲话　章衣萍著

1930 年上海北新书局铅印本　上海图书馆藏

著者生平已见《深誓》。

此书前有著者序，内分"作文的意义和功用""作文与读书""观察与想象""论用字""论造句""论结构""记事文""叙事文""解说文""议论文"十章。

1931年(民国二十年)

1. 安特列夫评传　钱杏邨著

1931年上海文艺书局铅印本　中国国家图书馆藏

著者生平已见《暴风雨的前夜》。

此书前有《写在安特列夫评传前面》，称："这一部评传，不仅是要介绍这个俄罗斯的主要的作家的一生，并且是想尽可能的指出这些伟大的经验怎样的反映在他的作品里面，以及他对于这些主要的事件具着怎样的态度。"末附《中译本安特列夫主要著作目录》。

此书1934年被指为"以马克思主义文艺批评者之态度，批评旧俄作家安特列夫之思想及其作品"，遭查禁。

2. 百龄冥纪追庆录　钱文选辑

民国铅印本　中国国家图书馆藏

选辑者生平已见《游滇纪事》。

此书书签题："钱公林富配戴太夫人百龄冥纪追庆录"。

又：**百龄冥纪追庆录　钱文选辑　士青全集本　中国国家图书馆藏**

此书前有张载阳、章梫序各一并自序，内录宋子文等七律44首；许世英等七绝33首；汪承祖等七古32首；朱庭祺等五律21首；龚新湛等五古32首；王祖耀等颂赞54首；费相蕃等歌词8首，陶镛等书后9篇。

3. 北风集　唐绍华著

1931年镇江朝霞社铅印本　唐绍华《唐绍华自选集·小传》（黎明文化事业股份有限公司1980年版，第1页）著录

著者生平已见《中国万岁》。

此书为诗集。《唐绍华自选集·小传》称："……第一本诗集《北风集》，于二十年三月由朝霞社出版。"

4. 病院中　程碧冰著

1931年上海神州国光社铅印本　中国国家图书馆藏

著者生平已见《浮浪者》。

此书前有自序，内录小说《归宿》《病院中》《苏生》《咖啡店里》《友人》《叛徒》6篇。

5. 柴霍夫书信集　　[苏] 柴霍夫著；程万孚译

1931年上海亚东图书馆铅印本（2版）上海图书馆藏

程万孚（1904—1968），原名家甲，字广濑。绩溪人。程修兹第四子。早年就读于省立二师、北京今是中学、北京大学。1930年创办上海人间书店，出版《人间》，次年赴法国巴黎留学。1933年归国后任职于福建省建设厅，后任豫鄂皖边区清剿总指挥部秘书处处长。西安事变后任安徽大学图书馆职员、教授。抗战期间任安徽省教育厅督学、皖报社社长、皖南粮食管理处副处长、公路养路处处长。抗战胜利后任西北民生实业公司业务处处长。

此书据英译本转译，前有《译后志》与《柴霍夫小传》，内录著者1876—1904年所写书信百余通。

6. 磁的把戏　丁柱中著；陶知行校订

1931年上海儿童书局铅印本　1932年上海儿童书局铅印本（3版）著录

丁柱中（1892—1940），怀宁人。1917年考取安徽省立第一师范学校，1922年考入上海震旦大学，次年保送赴法国里昂留学，攻读电机工程。1927年任南京晓庄师范学校物理教师。1931年返乡创办世则小学。1936年任安庆高级工业专科学校教导主任，1938年任怀宁县动员委员会指导员。

陶知行，又名陶行知。生平已见《知行书信》。

又：磁的把戏　丁柱中著；陶知行校订　1932年上海儿童书局铅印本（3版）　首都图书馆藏

此书分上、中、下三册，以文艺笔调向儿童介绍磁的知识。

此书被辑入《儿童科学丛书》。

7. 当代文粹　汪倜然编辑

1931 年上海世界书局铅印本　北京大学图书馆藏

编者生平已见《希腊神话 ABC》。

此书前有编者序，内分论文、小品、小说、戏剧、诗歌、批评六部分，上册录胡适之、钱玄同、蔡元培、顾颉刚、梁启超、周作人论文，周作人、鲁迅、陈西滢、冰心小品；下册录鲁迅、郭沫若、张资平、茅盾小说，熊佛西、欧阳予倩戏剧，胡适之、刘大白、郭沫若诗歌，周作人、成仿吾、宋春舫、吴宓批评。全书共录 18 人代表作品 60 篇，每部分前有评述及作者简介。

《绪言》称："我们不想作文学史，对于潮流、作家和作品，自无加以论叙的必要。但站在现在，对过去的文坛略加搜索，选取若干作家底作品，集为一书，藉以略示新文坛由创始到创造中底大概，却是我们所想尝试的事。这样的工作虽然简陋，但在供给读者以历史的和文学的鸟瞰这一点上，似乎还不是毫无意义的事情。"

8. 电的把戏　丁柱中著；陶知行校订

1931 年上海儿童书局铅印本　1932 年上海儿童书局铅印本（3 版）著录

著者生平已见《磁的把戏》。

陶知行，又名陶行知。生平已见《知行书信》。

又：**电的把戏　丁柱中著；陶知行校订**　1932 年上海儿童书局铅印本（3 版）　首都图书馆藏

此书内分上、中、下三册，以文艺笔调向儿童介绍电的知识。

此书被辑入《儿童科学丛书》。

9. 洞天山房诗稿一卷　王泽溥著

1931 年安庆安徽印刷店铅印本　安徽省图书馆藏

王泽溥（1882—?），字访陆，号洞天山房主人。潜山人。清光绪三十四年（1908）入政法学堂，1912 年创办合肥审检厅。后历任河南林县、获嘉、封邱知事，1922 年归里教授生徒。

此书前有自序，内录古近体诗 190 余首，多有生平经历感慨。

10. 风尘琐语一卷续语一卷　葛南著

1931年铅印本　安徽省图书馆藏

葛南（？—？），字谔生，又字乐三。潜山人。清光绪举人，曾任合肥、庐江训导。

此书前有《弁言》，甥王泽溥序，1904年龚镇湘序。《琐语》内录《中路》《京城》《京市》《梨园》《炉灶》《举场》《往拜》《小车》《武科》《扬河》《马车》《东路》《西路》《轮船》《长江》《运河》16则，述赴京考试路途及京城见闻；《续语》内录《京官》《挂珠》《著貂》《九卿》《六部》《北闱》《折卷》《墨汁比格》等25则，述京城官场及考场见闻。

《弁言》称，此书"就细民俚语雅人所不足挂齿者，至反其道而形之笔墨，亦惟留示后人，俾知读书之苦，行路之难"。

《龚序》称，此书"叙地叙事则仿佛诗中之柳枝、竹枝等体，方言谚语并采兼收，剀切详明，沉郁中亦间饶风趣"。

11. 歌女红牡丹　周剑云编辑

1931年上海华威贸易公司铅印本　超星数字图书馆收录

编者生平已见《梨云影再续》。

《歌女红牡丹》为中国第一部对白歌唱有声电影，此书介绍该片之本事、对白、摄制经过等。有剧照。

12. 故小说家的诗选　胡寄尘选编

1931年上海广益书局铅印本　复旦大学图书馆藏

胡寄尘，名怀琛，生平已见《兰闺清课》。

此书收王韬、吴沃尧、王钟麒、苏玄瑛、李应璋、毕振达、林纾7家诗作。

13. 怪家庭续集　李涵秋，李警众著

1931年上海震亚图书局铅印本　上海图书馆藏

李警众生平已见《破涕录》。

此书为章回体社会小说。上册前有李警众序，下册末有车耀午《读怪家庭续集书后》。内上册第一至十回，下册第十一至二十回。

《李序》称:"《怪家庭》一书,分正续两集,共计四十四回。涵秋第二杰作也。其价值不亚于《广陵潮》。……《正集》二十回,发行以来,迄今四版矣。惟《续集》二十回,久藏震亚书局朱挹芬处。……经余转商于纬文,汇送残编,请其整理,暂在《新中华报》逐日披露,不半年间,即以告竣,亦使读者诸君先睹为之快意也。兹余复为之校订,继续问世。"

14. 胡适文选二集　胡适著

1931 年上海亚东图书馆铅印本　首都图书馆藏

著者生平已见《短篇小说第一集》。

此书内录散文、专论《清代学者的治学方法》《读吕氏春秋》《梁任公墨治校释序》《论墨学》《祝白话晚报》《词的起源》《元人的曲子》《读北史杂记》《孙行者与张君劢》《评新诗集》《蕙的风序》《北京的平民文学》等 43 篇。

15. 蒋光慈全集　蒋光慈著

1931 年上海沪滨图书馆铅印本　北京大学图书馆藏

著者生平已见《哀中国》。

此书内录短篇小说《红色的爱》《在洪流中》《小三故事》(内标题为"小三子的故事")、《夜话》(内标题为"弟兄夜话")、《未寄的信》(内标题为"一封未寄的信")、《徐州之一夜》(内标题为"徐州旅馆之一夜")、《逃兵》,以曼英为主人公之中篇小说一部(目录分别为《月亮》《窗外的雨》《曼英感觉着》《曼英到了上海》《一不做二不休》),以维嘉为收信人、汪中为写信人之书信体中篇小说一部(目录为《一封长信给你》,无内标题),另有诗歌《乡情》《给某夫人的信》。

16. 蒋光慈小说全集　蒋光慈著

1931 年上海爱丽书店铅印本　上海师范大学图书馆藏

著者生平已见《哀中国》。

此书内录小说《情书一束》《弟兄夜话》《一封未寄书信》《旅馆之一夜》《橄榄》《逃兵》《鸭绿江上》《洪水》《捉蟋蟀》《碎了的心》《寻爱》《浪漫女性》12 篇。

又有《蒋光慈小说全集》,1931 年上海新文艺书店铅印本。此书系盗版，封面标有"中国新兴文学名著丛书"。

17. 看月楼书信　吴曙天，章衣萍著

1931 年上海开明书店铅印本　上海图书馆藏

章衣萍生平已见《深誓》。

此书内录吴曙天致母亲《海边的信》16 通，章衣萍致妹妹《秋冬的信》4 通，章衣萍致铁民书信《谈卓别灵》（附章铁民译《访卓别灵记》），章衣萍致林语堂书信《论冰莹》。

18. 梨园话　方问溪著；张次溪校

1931 年北平中华印书局铅印本　安徽大学图书馆藏

方问溪（？—?），名俊章，合肥人，方星樵孙。

此书封面为时慧题签，扉页有程艳（砚）秋再题书名。前有谢苏生、林小琴、张翏子、关士英、郑琬、张次溪序，自序，谢苏生、刘豁公、蔡天囚、刘谷僧、吴又园等诸家题词及例言。内录平、津、沪京剧戏班中专有名词术语 400 余条，按笔画顺序排列，逐条注解，加附记。

张次溪序称，该书初拟定名为"京班术语"或"皮黄戏班术语"，但因编入该书的不仅是术语，还有许多名词。几经斟酌，最后作者认为无论是名词还是术语，统可谓为"梨园话"，遂以"梨园话"名之。

19. 莉萨集　蒋光慈著

1931 年上海北新书局铅印本　超星数字图书馆收录

著者生平已见《哀中国》。

此书内录《野祭》《莉萨的哀怨》《鸭绿江上》3 篇。

20. 蓼辛词一卷词外集一卷　石凌汉，仇采，孙浚源，王孝煃著

1931 年刻本　南京图书馆藏

石凌汉（1871—1947），原名承熙，字云轩，号韬素，自号淮水东边词人。原籍婺源，居南京。1925 年参与创办培明女子中学，1935 年参与创办如社。著者曾于清光绪年间为《沧桑艳》正拍。

此书前有夏仁虎序，内为四人居白下时唱和词集，共录词百余首 57 调，取"习蓼之虫，忘其辛也"之意，名之曰"蓼辛词"。复辑录后来之

作编为《外集》一卷。

21. 落霞孤鹜　张恨水著

1931 年上海世界书局铅印本　南京图书馆藏

著者生平已见《春明外史》。

此书为三十六回长篇小说。前有自序，称："有人明知才不可逞，而环境逼之不能不逞；功不可贪，而环境诱之不能不贪；机不可投，而环境逆之不能不投。盖利害当前，即可几亦无从别辨之矣。此老子所谓'造化不仁，以万物为刍狗者也'，岂仅社会之罪恶而已哉！吾于是乎作《落霞孤鹜》。"

此书 1932 年由明星影片公司拍摄成同名电影。

22. 满江红　张恨水著

1931 年上海世界书局铅印本　超星数字图书馆收录

著者生平已见《春明外史》。

又：满江红　张恨水著　1937 年上海世界书局铅印本　重庆图书馆藏

此书为四十回长篇小说，前有自序，称："《满江红》何为而作也？为艺术家悲愤无所依托而作也。……物不得其平则鸣，世之艺术家，而贫，而病，而卒，至佯狂玩世，为社会疾病而无所树立，岂无故哉？此艺术界之所以多穷人也，亦艺术界之所以多异人也，亦即穷人异人之多奇遇也。"

此书 1933 年由明星影片公司拍摄成同名电影。

23. 靡依志痛录　胡在渭著

1931 年铅印本　安徽省图书馆藏

著者生平已见《文艺因缘》。

此书前有张继良、邵曙序各一，舒太夫人遗像，邵曙、王正廷、王伯群、朱培德、许世英等人题词，及墓园图。内录胡在渭、胡在瀛《先母行述》，胡晋接《家传》，邵曙《墓铭》等，及诸家挽联、诔词。

24. 葹丽园诗一卷　吕美荪著

1931 年铅印本　中国国家图书馆藏

吕美荪（1879—1945?），原名贤钐，后改眉孙、眉生，又易美荪，字清扬，号仲素，别署齐州女布衣。旌德人。吕凤岐、严士瑜第二女。历任天津北洋女子公学监督、奉天女子师范学堂总教习，女子美术学校、安徽第二女子师范学校校长。著者曾于清末著有《辽东小草》，并与长姊吕湘、三妹吕碧城合著《吕氏三姊妹集》。

此书为叶恭绰题签，前有著者照及自序，内录古近体诗作 369 首。其中《重至京师》《追哭季妹坤秀》《感义诗上樊樊山先生》等作述及生平往事。

25. 慕云集八卷附录一卷　汪允中编著

1931 年铅印本　安徽省图书馆藏

汪允中，名定执。生平已见《悲秋篇》。

此书前有自序，及金天翮、费树蔚、王蕴章、周庆云、许承尧等人题词，末附吴承烜、方泽久、鲍典龙、吴其昌、徐公辅、吴荫培、汪邦录、李国瓅、李国棣金天翮等人题词。内有《汪祠谱序》《逸园诗稿》《蓉裳文稿》《兆芝誉玉》《吉光片羽》《赠言萃珍》《雁帛鱼笺》《攀鳞附翼》。其中《攀鳞附翼》录编著者诗百余首，文十余篇。

《自序》称，此书内"曰《逸园诗稿》，先外祖曹公逸园著；曰《蓉裳文稿》，先师周山门稿，师著述宏富，此其最少数；曰《兆芝誉玉》，先兄兆芝天性率真，下笔千言，惜不自留稿，随作随弃；曰《吉光片羽》，各处搜集而得；曰《赠言萃珍》，曰《雁帛鱼笺》，频年赠答之作；曰《攀鳞附翼》，此拙作也，拉杂成编"。

26. 青年集　章衣萍著

1931 年上海光华书局铅印本　首都图书馆藏

著者生平已见《深誓》。

此书内录《青年应该读什么书》《我的读书经验》《暮春之夜》《我的伤痕》《关于猺》《我的作品》等杂文、小说、诗歌、剧本、书信 19 篇。其中《儿子》与《黛丝戴儿情诗抄》为诗歌译作，《一首译诗》《关于霓裳续谱》为致胡适信，《同病相怜》《填词》为致章铁民信，《饭碗》为致汪静之信，《关于随笔》为致林语堂信，《若子女士之死》为致周作人信。

27. 青年文学自修读本第二册　钱谦吾编

1931 年上海湖风书局铅印本　河北师范大学图书馆藏

钱谦吾,钱杏邨笔名。生平已见《暴风雨的前夜》。

此书录鲁迅《示众》、冰心《爱的实现》、郭沫若《菩提树下》、莫泊桑《战祸》、契诃夫《快活》等中外短篇文学作品 33 篇。篇末附作者简介与作品分析。

又:**当代模范文选第二集　钱谦吾编**　1931 年复兴书局铅印本　超星数字图书馆收录

此书内容同上书。

28. 青年文学自修读本第三册　钱谦吾编

1931 年上海湖风书局铅印本,山东师范大学图书馆藏

钱谦吾,钱杏邨笔名。生平已见《暴风雨的前夜》。

此书内录鲁迅、屠格涅夫等中外作家的诗、散文、小说、戏剧 27 篇,篇末附作者简介。

29. 清代文粹　汪倜然编辑

1931 年上海世界书局铅印本　安徽大学图书馆藏

编者生平已见《希腊神话 ABC》。

此书前有编者《绪言》,内分散文、诗词、小说、戏曲、文学评论五部分,上册录顾炎武、魏禧、侯方域、汪琬、朱彝尊、方苞、刘大櫆、姚鼐、恽敬、章学诚、梅曾亮、袁枚、龚自珍、曾国藩、吴敏树、严复、林纾、章炳麟、康有为、梁启超 20 人散文;下册录钱谦益、吴伟业、宋琬、王士禛、查慎行、袁枚、蒋士铨、赵翼、黄景仁、郑燮、黄遵宪、纳兰性德 12 人诗词;曹沾、吴敬梓、李汝珍、刘鹗、吴沃尧 5 人小说;李渔、孔尚任、洪升 3 人戏曲;李渔、章学诚、王国维 3 人批评。每部分前有评述及作者简介。

《绪言》称:"清代文粹是继当代文粹而编,选集有清一代散文、律文上重要作家底作品,藉以略示清代文学之梗概。近世中国文学底成就、流派,及变革,从这本书里是可以略略看到的。"

30. 清照词　张寿林编著

1931 年上海新月书店铅印本　北京大学图书馆藏

著者生平已见《雪压轩集》。

此书上卷前有冷衷重摹之"易安居士三十一岁之照"，内录编著者所撰《李清照评传》《易安居士年表》；下卷录《漱玉词》54 首，《编者怀疑的词》24 首，并《校勘记》及诸家词话若干则汇辑。末附题词和俞正燮之《易安居士改嫁事辨集》。

31. 屈宋文钞　吴闿生辑

民国铅印本　中国国家图书馆藏

吴闿生生平已见《古今体诗约选》。

此书选录屈原、宋玉骚赋之作。目录后有 1931 年吴闿生记。

32. 全线　又名：暴力团记　〔日〕村山知义著；华蒂译

1931 年上海文艺新闻社铅印本　超星数字图书馆收录

华蒂（1911—1966），原名叶元灿，又名叶华蒂，笔名以群、华蒂。歙县人。1929 年留学日本东京法政大学经济系。1931 年回国参加中国左翼作家联盟，任组织部部长。次年加入中国共产党。1945 年主编文学期刊《文哨》，次年赴上海创办新群出版社。

此书为反映中国工人"二七"大罢工的四幕九场话剧，系《曙星剧社脚本丛刊》之一种。

此剧 1929 年发表于《战旗》杂志，并曾于东京左翼剧场演出。

33. 诗的作法　胡怀琛著

1931 年上海世界书局版　南京图书馆藏

著者生平已见《兰闺清课》。

此书前有自序，内分"作诗的基本知识""如何写诗""杂论"三章，共 23 节，论及新旧诗区别及鉴赏方法。末附《旧诗话的目录》。

34. 世界名家侦探小说集　〔美〕来特辑；程小青译

1931 年上海大东书局铅印本　南京图书馆藏

译者生平已见《福尔摩斯探案全集》第六册。

此书前有译者自序,内录〔美〕哀迪箔挨伦坡《麦格路的凶案》,〔英〕奥塞柯南道尔《父与子》,〔英〕奥斯汀福礼门《血证》,〔美〕麦尔维尔达维森波士德《草人》,〔英〕夫勒拆《市长书室中的凶案》,〔英〕亨利贝力《小屋》,〔法〕毛利司勒勃朗《雪中足印》,〔俄〕安东乞呵甫《瑞典火柴》等15篇作品,均附作者小传。

35. 视昔轩遗稿五卷　徐树铮著

1931年朱印刻本　中国国家图书馆藏

著者生平已见《诸家评点古文辞类纂》。

此书由著者之子编刻。内录《视昔轩文》二卷,凡28篇;《兜香阁诗》二卷,凡92首;《碧梦盦词》一卷,凡60首。末刊王树楠撰《远威将军徐府君家传》,段祺瑞撰《陆军上将远威将军徐君神道碑》,柯劭忞撰《远威将军陆军上将萧县徐公墓志铭》。

36. 抒情文作法　胡怀琛著

1931年上海世界书局铅印本　南京图书馆藏

著者生平已见《兰闺清课》。

此书前有自序,内分本体论、预备论、方法论三编,共十四章,末附叹词表,有《文言之部》与《白话之部》。

37. 搜神记　(晋)干宝著;胡怀琛标点

1931年上海商务印书馆铅印本　华东师范大学图书馆藏

标点者生平已见《兰闺清课》。

此书依据崇文书局百子全书本标点,前有原序及标点者序。

38. 天才底努力　汪倜然著

1931年上海良友图书印刷公司铅印本　上海图书馆藏

著者生平已见《希腊神话 ABC》。

此书录12篇传记,分别为《巴尔扎克的刻苦》《天才底努力》《梅礼爱与嘉尔曼》《柴霍甫怎样写小说》《安徒生之札记簿》《摆伦与〈唐琼〉》《文坛怪杰邓南遮》《清教徒萧伯纳》《说到史文朋》《伊本纳兹的遗产与遗嘱》《佐拉的魄力》《梅特林克的憎与爱》。

39. 通俗谜语　胡寄尘编纂

1931 年上海商务印书馆铅印本　首都图书馆藏

胡寄尘，名怀琛，生平已见《兰闺清课》。

40. 文学方法总论　戴叔清主编

1931 年上海文艺书局铅印本　上海图书馆藏

戴叔清，钱杏邨笔名。生平已见《暴风雨的前夜》。

此书上、下两册，前有《编辑例言》，内六编，介绍文艺创作的基本态度、文章的美质以及小说、诗歌、戏剧作法。附录《短篇小说的研究》。

此书分别为《青年作家 ABC 丛书》第三、四册。

41. 文学家人名辞典　戴叔清主编

1931 年上海文艺书局铅印本　南京图书馆藏

戴叔清，钱杏邨笔名。生平已见《暴风雨的前夜》。

此书前有《编辑例言》，内收录英、美、法、俄、德、日等国文学家简历、主要作品与评论。全书分国排列，中译名后均附外文原名。

此书为《青年作家 ABC 丛书》第十册。

42. 文学描写手册　戴叔清主编

1931 年上海文艺书局铅印本　上海图书馆藏

戴叔清，钱杏邨笔名。生平已见《暴风雨的前夜》。

此书前有《解题》，内三编，分别为"描写总论""描写文范""描写特辑"。第三编录郁达夫之自然描写文（断片），郭沫若讴歌自然之诗。

此书为《青年作家 ABC 丛书》第八册。

43. 文学术语辞典　戴叔清主编

1931 年上海文艺书局铅印本　上海图书馆藏

戴叔清，钱杏邨笔名。生平已见《暴风雨的前夜》。

此书前有《编辑例言》，内录文艺方面名词术语，每一条目以中文为主，后附外文名称。

此书为《青年作家 ABC 丛书》第九册。

44. 文学原理简论　戴叔清主编

1931 年上海文艺书局铅印本　上海图书馆藏

戴叔清，钱杏邨笔名。生平已见《暴风雨的前夜》。

此书前有《解题》，内分文学的"定义""特质""起源""要素"，以及"诗歌""小说""戏剧的原理"，"文学的批评"八章。

此书为《青年作家 ABC 丛书》第二册。

45. 文艺丛说第二集　胡寄尘编著

1931 年上海商务印书馆铅印本　中国国家图书馆藏

胡寄尘，名怀琛，生平已见《兰闺清课》。

此书内录《识宝回子和江西人（阿拉伯化的中国神话）》《读搜神记》《郑板桥的田家诗》《谈社会小说》《河伯娶妇志疑》《南社掌故》《有意味之俗语》《文坛秘录》等 13 篇有关中国文学之论文及资料。

此书被辑入《小说世界丛刊》。

46. 吴敬梓年谱　胡适著

1931 年上海亚东图书馆铅印本　中国国家图书馆藏

著者生平已见《短篇小说第一集》。

此书前称："我的朋友汪原放近来用我的嘉庆丙子本的《儒林外史》标点出来，作为《儒林外史》的第四版。这一番工夫，在时间上和金钱上，都是一大牺牲。他这一点牺牲的精神，竟使我不能不履行为吴敬梓作新传的旧约了。因此，我把这两年搜集的新材料整理出来，作成这一篇年谱。古来的中国小说大家，如《水浒传》《金瓶梅》《红楼梦》的作者，都不能有传记：这是中国文学史上一件最不幸的事。现在吴敬梓的文集居然被我找着，居然使我能给他做一篇一万七八千字的详传，我觉得这是我生平很高兴的一件事了。"

此文最初发表于 1922 年 12 月 3 日至 1923 年 5 月 13 日《努力周报》。

47. 西藏的故事　［英］谢尔顿编；程万孚译

1931 年上海亚东图书馆铅印本　中国国家图书馆藏

译者生平已见《柴霍夫书信集》。

此书前有原编者序与译者序，内录《聪明的蝙蝠》《老虎和蛙儿》等民间故事 49 篇、民歌 1 首，均据编者收集英文译本转译。

48. 戏考大全　刘豁公辑

1931 年上海文华美术图书印刷公司铅印本　中国国家图书馆藏

刘豁公，刘达笔名，生平已见《戏剧大观》。

此书 6 册，辑录百代、高亭、开明、胜利、蓓开、大中华六家唱片公司所出唱片之曲词，分为京戏、大鼓、昆曲、秦腔、申曲、舞蹈等。

49. 现代中国女作家　黄英著

1931 年上海北新书局铅印本　上海图书馆藏

黄英，钱杏邨笔名。生平已见《暴风雨的前夜》。

此书介绍现代文学女作家 9 人：谢冰心、庐隐、陈衡哲、袁昌英、冯沅君、凌叔华、绿绮、白薇、丁玲。每篇文章后，附有该作家著作目录及与作家和作品相关之信息。

50. 写给青年创作家　戴叔清主编

1931 年上海文艺书局铅印本　南京图书馆藏

戴叔清，钱杏邨笔名。生平已见《暴风雨的前夜》。

此书前有编辑例言，内 12 节，末附［俄］万雷萨夫《什么是作文学家必须的条件》，［法］罗丹《留给青年艺术家们的几句话》，［法］波特莱尔《给青年文学家的商量话》。

此书为《青年作家 ABC 丛书》第一册。

51. 新文艺描写辞典续编　钱谦吾编

1931 年上海南强书局铅印本　中国国家图书馆藏

钱谦吾，钱杏邨笔名。生平已见《暴风雨的前夜》。

此书前冠《序例》，鉴于初编时对乡村的描写举例较多，此编举例侧重于都市和人物的描写。

52. 新文艺描写作文法　钱谦吾编

1931 年上海南强书局铅印本　首都图书馆藏

钱谦吾，钱杏邨笔名。生平已见《暴风雨的前夜》。

此书前有编者自序。内八章，分别为"文艺的描写""怎样描写季节""怎样描写光影""怎样描写天象与地象""怎样描写河流""怎样描写动物与花卉""怎样描写乡村与都市""诗歌与自然"。

53. 新斩鬼传　张恨水著

1931 年上海新自由书局铅印本　中国国家图书馆藏

著者生平已见《春明外史》。

此书为十四回长篇小说，1926 年 2 月 19 日至 7 月 4 日于北平《世界日报》副刊《明珠》连载。书前有自序及来岚声、钟吉宇、许廑父序各一。

《自序》称："早十余年，我看到市上流行的石印本九才子《捉鬼传》，每每大笑不止。后来我以作小说为业，偶然又看到这部书，便觉这不光是开玩笑的书，常和朋友谈起。我的朋友张友鸾，也极赞成这部书，并说这书不叫《捉鬼传》，叫《斩鬼传》。因此我收了两部木刻本来研究，果然是《斩鬼传》。前面还有一篇黄越飞康熙庚子年序。我于是知道明末清初的书了。我以为这部书，虽不有能象《儒林外史》那样有含蓄，然而他讽刺的笔调，又犀利，又隽永，在中国旧小说界另创一格，远在学界所捧的《何典》之上。"

54. 新撰普通文范四卷　谢慎修著

1931 年上海广益书局石印本（22 版）1936 年上海广益书局石印本（56 版）版权页著录

著者生平已见《作文法》。

又：**新撰普通文范四卷　谢慎修著**　1936 年上海广益书局石印本（56版）　中国国家图书馆藏

此书内题"国民学校适用"。前有著者《弁言》《凡例》，内四卷，录文 80 篇。

《弁言》称，此书名"曰'普通'者，取其浅近也，曰'范'者，可以资为模范也。余之为是书也，盖求为小学作文之范耳，非敢谓文章之范，止于是也"。

《凡例》称，"本编文题皆取材于小学课本"，"本编行文浅近，立意高超，非特为初学之津梁，兼可为立身之模范"。

55. 醒世姻缘传考证　胡适著

1931年上海亚东图书馆铅印本　中国国家图书馆藏

著者生平已见《短篇小说第一集》。

此书着重考证《醒世姻缘传》作者问题，认为该小说刻本卷首所题辑著者"西周生"即蒲松龄。末有著者后记及附录7篇，包括张元《柳泉蒲先生墓表》、蒲松龄《元配刘孺人行实》、孙楷第《一封考证醒世姻缘的信》等。

56. 修辞的方法　胡怀琛著

1931年上海世界书局铅印本　湖南省图书馆藏

著者生平已见《兰闺清课》。

此书内分"修辞的基本知识""修辞的方法""杂论"三章。

全书结束段称："我们现在再有几句关于修辞的口号把他写在下面：修辞是文学的衣服，而不是文学的生命。生命有时候要衣服来保护或点缀，也有时候赤裸裸的，不要衣服。倘然只有衣服，而没有生命，那就是泥塑木雕的偶像。我们要讲修辞，不可被修辞所讲了。"

57. 绣月轩集陆联语　李家恒著

1931年苏州毛上珍铅印本　中国国家图书馆藏

李家恒（1907—1999），字孝琼。合肥人。李国璟长女。曾应香港文学社邀请讲课。

此书前有集者《小序》，内集陆游诗为联，共170副，均注明陆诗篇目。

58. 一般作文法　胡怀琛著

1931年上海世界书局铅印本　中国国家图书馆藏

著者生平已见《兰闺清课》。

此书前有自序，末附作文练习题。内分"作文的基本知识""作文的技术""杂论"三章。

59. 疑庵诗庚集一卷辛集一卷　许承尧著

1931 年铅印本　南京图书馆藏

著者生平已见《苊父杂记》。

此书前有曹经沅题签，汪青剑序。内庚集录 1927—1928 年古近体诗 130 余首；辛集录 1929 年后古近体诗作百余首。

60. 倚枕日记　章衣萍著

1931 年上海北新书局铅印本　浙江大学图书馆藏

著者生平已见《深誓》。

此书收作者 1928 年 6 月至 8 月卧病期间所写日记。

61. 银汉双星　张恨水著

1931 年上海大众书局铅印本　北京师范大学图书馆藏

著者生平已见《春明外史》。

此书为十回长篇小说，封面为主角紫罗兰女士照，前有内容提要及朱石麟序。

此书曾于 1928 年至 1929 年连载于天津《华北画报》。1931 年由朱石麟改编为同名电影，联华影业公司制作。

62. 予且随笔　予且著

1931 年上海良友图书印刷公司铅印本　上海图书馆藏

予且（1902—1990），名潘序祖，字子端，笔名予且、潘予且、水绕花堤馆主。泾县人。早年入上海圣约翰大学、光华大学，毕业后任教于光华大学附中，后任中华书局编辑。

此书前有著者《卷头语》及赵家璧序，内录格言语录式杂文 273 则，其中 217 则曾刊载于《中国学生》。

《赵序》称：“予且先生从他的随笔在《中国学生》杂志上开始发表后，许多读者，都写信来要求出单行本，三年以来，一边在杂志上陆续刊登，一边在筹备如何去酬答读者的好意。此次得作者允许，除了汇合所有已刊者二百十七首外，又加了六十余首新创作的。合订成这样的一厚册。”

63. 语体日记文作法　钱谦吾著

1931 年上海南强书局铅印本（2 版）　中国国家图书馆藏

钱谦吾，钱杏邨笔名。生平已见《暴风雨的前夜》。

此书分"日记文的意义及其作者""日记文的分类""日记文的形式与内容""日记文的作法""日记文与生活记录""日记文与心理解剖""日记文与自然描写""读书日记的作法"八章。末附《曼殊斐尔日记抄》等 5 篇。

64. 语体书信文作法及文范　钱谦吾著

1931 年上海南强书局铅印本　中国国家图书馆藏

钱谦吾，钱杏邨笔名。生平已见《暴风雨的前夜》。

此书分"作法"和"文范"（上、下）三编。"作法"编讲述书信的意义、分类、作法等；"文范"包括契诃夫、托尔斯泰、尼采等七位外国名人书信 43 通，周作人、谢冰心、鲁迅、郁达夫等六位中国作家的书信 22 通。

65. 语体文学读本　戴叔清主编

1931 年上海文艺书局铅印本　复旦大学图书馆藏

戴叔清，钱杏邨笔名。生平已见《暴风雨的前夜》。

此书前有《编辑例言》，内录叶圣陶、丰子恺、朱自清、梁启超、刘复、凌淑华、鲁迅、高尔基、屠格涅夫、徐志摩、郭沫若、郁达夫、周作人、契诃夫、左拉、胡适、田汉等人作品。

此书三册，分别为《青年作家 ABC 丛书》第五、六、七册。

66. 玉霄双剑记　郑逸梅著

1931 年上海益新书社铅印本　郑逸梅《郑逸梅自订年表》（载《郑逸梅选集第三卷》，黑龙江人民出版社 1991 年版，第 782 页）著录

著者生平已见《梅瓣集》。

67. 中国民间传说　胡寄尘辑

1931 年上海商务印书馆铅印本　香港大学图书馆藏

胡寄尘，名怀琛，生平已见《兰闺清课》。

此书收入《小说世界丛刊》。

68. 中国文的过去与未来　胡怀琛著

1931 年上海世界书局铅印本　南京图书馆藏

著者生平已见《兰闺清课》。

此书前有著者序，内录《韵语的种类及其影响》《纵横文的内容及其影响》《论中国古代文字中的译音字》《关于文法的种种问题》《改造文字的种种计划》5 篇。附录《上大学院请规定国语及文法标准书》等 4 篇。

《绪言》称，此书编写的目的，在于"说明中国的字和中国文法过去的情形是怎样，将来改革的方法是怎样"。

69. 中国文学史概要　胡怀琛著

1931 年上海商务印书馆铅印本　首都图书馆藏

著者生平已见《兰闺清课》。

此书前冠《屈子行吟泽畔图》《江妃二女神图》、贾谊故居照、司马子长像、潮州韩昌黎祠照、古琵琶亭照、天一阁照，及陶渊明、李太白、杜少陵、苏东坡、姜白石、袁海叟、王渔洋绘图肖像，姜白石歌曲之一页，自序。内十二章，前十章按朝代叙述自先秦至清代之中国文学史，最后二章分朝代讲述文学作者故事。全书自第三章以后，每章各分出二部，一为文学变迁的大势，二为文学的特点。其中"清代文学变迁的大势"谈到"满洲蒙古人的中国化""中国文学对日本高丽及安南的输出""西洋文学的输入"。

《自序》涉及划界、搜罗材料、审别材料、文学史分期、行文、附图表诸问题。关于文学史分期问题，胡怀琛称："我的意见，另划时期，极不容易，所以还是以政治上的时代为大纲，再将文学作品分为若干细目去讲，比较的清楚，而且比较的完备。现在我就是采用这种法子。"

70. 转变后的鲁迅　钱谦吾编

1931 年上海乐华书店铅印本　首都图书馆藏

钱谦吾，钱杏邨笔名。生平已见《暴风雨的前夜》。

此书前有编者《前言》，内三卷，上卷为《鲁迅近作及其辩答》，录鲁迅文 11 篇；中卷为《拥鲁派言论集》，录郭沫若、侍桁等人的文 9 篇；下卷《反鲁派言论集》，录梁实秋文 6 篇和署名"阿 Q"文 1 篇。

又：**转变后的鲁迅　黎炎光编**　1931 年北京东方书店铅印本　河南大学图书馆藏

此书同上书，署名黎炎光。

71. 祖国　唐绍华著

1931 年稿本　唐绍华《唐绍华自选集·小传》（黎明文化事业股份有限公司 1980 年版，第 1 页）著录

著者生平已见《中国万岁》。

《唐绍华自选集·小传》称："……第一部电影戏剧《祖国》写于二十年五月，由上海天一公司制成电影。"

1932 年(民国二十一年)

1. 爱的分野　[苏] 罗曼诺夫著；蒋光慈，陈情合译

1932 年上海亚东图书馆铅印本　上海图书馆藏

蒋光慈生平已见《哀中国》。

此书前有译者序，称："本书……主旨是在于描写新旧恋爱观的冲突。这不是普通的恋爱小说可比，它实在含有伟大的意义，我们由此不但了解革命后的男女关系，而且了解革命的趋向。读了这一部书之后，那我们就可以看见我们中国现今的恋爱小说，是如何地无聊，是如何地浅薄了。"

2. 八家闲适诗选　周学渊选编

1932 年北平至德周氏师古堂刻本　中国国家图书馆藏

选编者生平已见《张李二君诗存》。

此书内录陶潜《渊明闲适诗》一卷，韦应物《苏州闲适诗选》一卷，杜甫《少陵闲适诗选》一卷，朱熹《朱子闲适诗》一卷，白居易《香山闲适诗》一卷，苏轼《东坡闲适诗》一卷，邵雍《击壤集闲适诗》一卷，陆游《剑南闲适诗》一卷。

周学熙编《师古堂家刻书目简评四十三则》(载中国社会科学院近代史研究所近代史数据编辑部编《近代史资料　总 78 号》，中国社会科学出版社 1991 年版，第 107 页)中称，此书"本曾湘乡之意，取陶渊明、白香山、韦苏州，杜工部、苏东坡、陆放翁六家诗，专录其意境闲适者，以消名利好胜之心，益以朱文公、邵康节，合为八家。学者读之，师其襟怀，旷达冲淡，自然品行高洁，于持身涉世大有裨益，而为诗之道，亦超然出群矣"。

3. 百喻经浅说　胡寄尘译述

1932 年上海佛学书局铅印本　复旦大学图书馆藏

胡寄尘，名怀琛，生平已见《兰闺清课》。

此书前有唐大圆序、自序。正文前有："尊者信伽斯那撰，萧齐天竺三藏求那毗地译，泾县胡寄尘浅说。"全书录佛经故事百篇。

《自序》称："百喻经者，释氏之寓言也，托物寓意，以醒世人，丰于兴趣，而用意至深。此类寓言，多由梵文译为西文。近十年来，复由西文译为汉文，读者未察，以为俄国之创作，而不知其由印度来也，更不知中国旧有译本也。六七年前，余偶以此意公之于世，读者颇有以为然，而知印度寓言者遂多矣。"

4. 贝森血案　〔美〕范达痕著；程小青译

1932 年上海世界书局铅印本　南京图书馆藏

译者生平已见《福尔摩斯探案全集》第六册。

此书前有《译者序》，介绍著者。

此书为《斐洛凡士探案》之一。

5. 餐霞仙馆诗增刊一卷本　李国楷著

1932 年三让堂铅印本　安徽省图书馆藏

著者生平已见《餐霞仙馆诗存》。

此书前有冯汝简、余粲题诗，蔡庆泽序。内录清光绪二十八年（1902）至 1932 年后古近体诗 260 余首。

6. 创作与生活　钱杏邨著

1932 年上海良友图书印刷公司铅印本　上海图书馆藏

著者生平已见《暴风雨的前夜》。

此书 14 小节，以书信形式论述作家所必备的基本修养，包括深入生活、深入民众、坚持现实主义道路和读书学习等方面问题。末附小说《千人针》。

此书被指为宣传"普罗文艺理论"，于 1934 遭查禁。

7. 春台谜稿 李皋如著

1932 年铅印本 六安市职工灯谜协会藏

李皋如 (？—？)，六安人。

此书录灯谜佳作 1000 余则。

8. 道咸以来梨园系年小录 周明泰著

几礼居戏曲丛书本 首都图书馆藏

周明泰 (1896—1994)，字志辅，别号几礼居主人。至德人。周学熙
长子。1918 年起历任北洋政府秘书、农商部参事、内务部参事等职。后从
事实业，任青岛华新纱厂董事、天津元安信托 (银行) 常务董事及董事
长、青岛华新纱厂董事长、上海信和纱厂董事长、上海茂华商业银行常务
董事等职。

此书辑录清嘉庆十八年 (1813) 至 1932 年北京戏曲界的资料。

《自序》称此书"取往日所手录者一一分年排列，并取近年梨园事实
附诸篇末，其中叙述或以文言，或以俚语，各仍其旧，未遑为之润色修饰
也。至于书中琐事间有矛盾之处，盖有时所录来处不同，未知孰是，然皆
小节，非关宏旨，姑并存之，以供异日编梨园史者之参考焉"。

此书为《几礼居戏曲丛书》第三种。

又：**京戏近百年琐记 周明泰著** 1951 年铅印本 中国国家图书馆藏

此书为《道咸以来梨园系年小录》续补至 1944 年而成。

几礼居戏曲丛书 周明泰著 1932—1933 年铅印本 南京图书馆藏

此编录《都门纪略中之戏曲史料》《五十年来北平戏剧史材》《道咸以
来梨园系年小录》《清升平署存盘事例漫抄》四种。所谓"几礼居"，乃著
者室名。

9. 都门纪略中之戏曲史料 周明泰著

几礼居戏曲丛书本 首都图书馆藏

著者生平已见《道咸以来梨园系年小录》。

此书封面为刘半农题签，内分"引子""都门纪略之缘起""都门纪略
之版本""都门纪略中之戏班""都门纪略中之角色""都门纪略中之戏剧"
"都门纪略中之戏园""尾文"。

《都门纪略》为清代杨静亭编，共二卷十一类。包括"都门纪略之缘起""都门纪略中之戏剧""都门纪略中之戏园"等。本书著者简述杨静亭所编《都门纪略》一书之缘起与版本，并以图表形式，列举自清道光二十五年（1845）之初刻本至清光绪三十三年（1907）后人增补、重刻6种版本中所记载的北京地区戏班、角色、剧目、戏园资料。

此书为《几礼居戏曲丛书》第一种。

10. 儿童诗歌　胡寄尘，吕云彪编著

1932年上海大东书局铅印本　1935年上海大东书局铅印本（9版）著录

胡寄尘，名怀琛，生平已见《兰闺清课》。

又：**儿童诗歌　胡寄尘，吕云彪编著**　1935年上海大东书局铅印本（9版）　首都图书馆藏

此书二册，前有编者自序，内录《洋囡囡》《放学》《国旗》《地图》《火车飞艇》等儿歌30首。每首儿歌均配有插图。

11. 近代法兰西文学大纲　黄仲苏著

1932年上海中华书局铅印本　上海图书馆藏

著者生平已见《小物件》。

此书内分上、下卷，分"古典主义""近代法兰西文学之先觉者""马丹德司达哀尔与夏朵百里昂""浪漫主义""浪漫派诗""写实主义""写实派小说""1850年至1880年间之诗人""戏剧之革新""历史与文学批评之演进"十章，论述近代法国文学。

12. 高尔基印象记　黄锦涛编

1932年上海南强书局铅印本　上海图书馆藏

黄锦涛，钱杏邨笔名。生平已见《暴风雨的前夜》。

此书前有编者序记，高尔基近影、木刻像、《母亲》电影场面2幅，内录《高尔基自传》《高尔基论》《高尔基的艺术》《最近的高尔基》《高尔基在苏联的地位》《高尔基访问记》《高尔基与警察》《高尔基在美国》。末附《高尔基著作年表》《高尔基著作中译本表》。

《序记》称："这部小书的内容，是分做几方面的，第一，是关于他的历史；第二，是关于他的作品的批判与介绍；第三，是关于他的生活的印

象；第四，是关于他的作品的统计。"

此书被指为介绍"普罗文艺理论"，于 1935 年遭查禁。

13. 孤芳集　郑逸梅著

1932 年上海益新书社铅印本　上海图书馆藏

著者生平已见《梅瓣集》。

此书前有自序，内二编，甲编录笔记掌故 85 则，乙编录散文小品 58 篇。

14. 古文笔法百篇：言文对照　胡怀琛著

1932 年上海大东书局铅印本　首都图书馆藏

著者生平已见《兰闺清课》。

此书前有例言，内分三十二类，诸如"事理辩驳法""一字立骨法""感慨生情法""抑扬互用法""逐层推理法""严婉并用法"等，介绍各类古文写作方法。每类均选古文若干，有今译白话对照，间附林西仲点评。全书选文上起周秦，下迄明代。

15. 古文辞类纂约选十三卷　　（清）姚鼐著；周学熙选编

1932 年周氏师古堂刻本　中国国家图书馆藏

选编者生平已见《府君行状》。

周学熙《师古堂家刻书目简评四十三则》（载中国社会科学院近代史研究所近代史数据编辑部编辑《近代史数据·总 78 号》，中国社会科学出版社 1991 年版，第 107 页）称此书为"就姚惜抱原书选约二百四十余篇，皆义旨纯正、词气充沛、最易领会、最可效法之作，为初学者所必读，宜家置一编"。

16. 光慈遗集　蒋光慈著

1932 年上海现代书局铅印本　上海图书馆藏

著者生平已见《哀中国》。

此书录《老太婆和阿三》《异邦与故国》《莉萨的哀怨》《汉江朝》《野祭》《最后的微笑》6 篇小说、散文，《我的心灵》《昨夜里梦入天国》《海上秋风歌》《怀都娘》等新诗 13 首。

17. 国文评选　王灵皋编辑

1932年上海亚东书局铅印本　上海图书馆藏

王灵皋，高语罕笔名。著者生平已见《白话书信》。

此书前有《自序》，内第1集录［法］拉萨尔（刘半农译）、郑燮、［俄］托尔斯泰（耿济之译）、胡适、［法］左拉（刘半农译）、程浩、［苏］高尔基（胡适译）、［法］莫泊桑（胡适译）、［犹太］白倍尔（徐调孚译）、［俄］克鲁泡特金（杨人楩译）、李一尘等人文章及长篇小说《三国演义》《官场现形记》《水浒传》《西游记》《儒林外史》片段共23篇；第2集录胡适、张孝若、汪精卫等人文章，及日、德、俄、法作家译作及王实甫、刘鹗、冯梦龙等人作品节选共13篇；第3集录胡适、曾国藩、鲁迅、章士钊、梁启超等人文章，以及法国作家福楼拜、雨果作品及《红楼梦》片段共12篇；末有《书后》。

《自序》言及编者对中国国文教学的意见；《书后》称，在日本帝国主义者占领东三省的今天，"我这三集《国文评选》在这个时候出而问世，或许不是无聊之作罢"，因为其中"所包孕的批评精神，所暗示的批评方法，至少可以帮助大家一臂之力"。

18. 鹤斋诗存二卷　方旭著

1932年美信印书局铅印本　首都图书馆藏

方旭（1852—?），号鹤斋，又号华胥黎。桐城人。方铸之弟。清光绪年间授四川蓬州知县。清光绪三十二年（1906）署四川提学使，清宣统元年（1909）开缺，以道员仍留原省补用。

此书前有孟孚题签，著者肖像、自序。内录著者六十岁以后所著古近体诗作400余首。

19. 鸿渐轩诗集二卷　徐方泰著

1932年徐氏敦本堂铅印本　安徽省图书馆藏

徐方泰（1852—?），字阶平，号幼穆。庐江人。清同治十二年拔贡，考取八旗教习，官至湖南道州知州。1912年任道县知事，后出任安徽省立第一中学校长。

此书分《南征诗》《都门杂诗》《湘中杂诗》《皖江杂诗》《凤阳杂诗》

诸集，附文 4 篇。

20. 霍桑探案外集　程小青著

1932 年上海大众书局铅印本　重庆图书馆藏

著者生平已见《福尔摩斯探案全集》第六册。

此书六册，前有范烟桥、顾明道序各一及自序。内录小说《江南燕》《无头案》《黑面团》《无罪之杀手》《白纱巾》《灰衣人》《紫信笺》《两粒珠》《轮痕与血迹》《怪房客》《误会》《酒后》《新婚劫》《霍桑的童年》等 16 篇。

21. 几点钟？时钟的故事　〔苏〕伊林著；董纯才译；丁柱中校

1932 年上海正午书局铅印本　华东师范大学图书馆藏

丁柱中生平已见《电的把戏》。

此书据英译本转译，封面及书脊著者译名为伊林。内以文艺笔调面向儿童介绍时钟用途及特点。

22. 阶级　胡底著

1932 年红军十二军政治部翻印本　汪木兰、邓家琪编《中央苏区戏剧集》（百花洲文艺出版社 1992 年版，第 387 页）著录

胡底（1905—1935），原名百昌，又名胡北风，化名胡马、裳天、伊语等。舒城人。1925 年加入中国共产党，与李克农、钱壮飞等长期从事谍报工作。1931 年赴江西苏区，任职于保卫局，并从事宣传工作。1935 年任红一方面军保卫局执行部部长时被杀害。

此书为独幕剧。

23. 金粉世家　张恨水著

1932 年上海世界书局铅印本　超星数字图书馆收录

著者生平已见《春明外史》。

此书六册，为五十六回长篇小说，述北洋军阀时期国务总理之子金燕西与平民女子冷清秋恋爱、结婚至婚变故事，曾于 1927 年 2 月 14 日至 1932 年 5 月 22 日在北平《世界日报》连载。

第一册前有自序。

此书经程小青改编为电影，1941 年上海国华影片公司摄制，张石川导演。

又：**足本金粉世家　张恨水著**　1947 年上海世界书局铅印本（7 版）上海图书馆藏

24. 金丝雀　[美] 范达痕著；程小青译

1932 年上海世界书局铅印本　南京图书馆藏

译者生平已见《福尔摩斯探案全集》第六册。

此书前有译者序。

此书为《斐洛凡士探案》之二。

25. 看月楼词草　章衣萍著

1932 年上海女子书店铅印本　中国国家图书馆藏

著者生平已见《深誓》。

此书前有著者《小序》，内录著者词作 22 首。末附吴曙天诗作。

《小序》称：“虽然不过是‘而立’之年，自己总觉得颓唐得很，人老，心也老了。……我的悲哀和烦恼，都只有寄托在我的伤感的词中，大多数的词，只在这样可怜而又浪漫的心情中写下的。本来是不值得留稿的，写过也就丢了，但现在不知为了何故，却把剩下的集成一册，而且付刊了。曙天的诗也附在卷末，表示我的抱歉与罪恶。然而，天下的人尽可放心，我们俩，仍旧是相爱的。感谢柳亚子先生，教正了我一些谬误。”

26. 孔子　胡怀琛著

1932 年上海商务印书馆铅印本　中国国家图书馆藏

著者生平已见《兰闺清课》。

此书 22 节，讲述孔子一生事迹，并简要介绍孔子学说及儒家流派。

27. 孔子的一生　张寿林著

1932 年中华平民教育促进会铅印本　中国国家图书馆藏

著者生平已见《雪压轩集》。

28. 劳动的音乐　[苏] 高尔基著；钱谦吾选译

1932 年上海合众书店铅印本　上海图书馆藏

钱谦吾，钱杏邨笔名。生平已见《暴风雨的前夜》。

此书由高尔基自传体三部曲及其他短篇小说中节录编成。计有《劳动的音乐》《巴士金》《棕色马》《可笑得很》《读书班》《我的教育》等。

此书被国民党以介绍"普罗意识"为由，于 1935 年遭查禁。

又：**母亲的结婚**　[苏] 高尔基著；钱谦吾译　1935 年上海龙虎书店铅印本　中国国家图书馆藏

此书内容同上书。

又：**高尔基名著精选**　又名：**我的教育**　[苏] 高尔基著；钱谦吾选译　1947 年上海新陆书局铅印本　上海图书馆藏

此书内容同上书，1948 年再版时更名为《我的教育》。

29. 劳谦室诗集一卷　胡远浚著

1932 年铅印本，安徽省图书馆藏。

著者生平已见《庄子诠诂》。

此书前有方守彝、方守敦题词。内录著者自清光绪三十二年（1906）至 1921 年之古近体诗作。多篇作品记载著者与皖籍名流徐铁华、姚永概、吴传绮、马其昶、潘田、方守彝等人之交往。

30. 落英　冷泉著

1932 年西安日报社铅印本　陕西省图书馆藏

冷泉（1901—1980），原名曹赞卿，字襄忱，曾用名曹一民，别名向辰、冷翁、公羽等。颍上人。1923 年入南京国立东南大学，参加"五卅"大罢工，历任东南大学共产党负责人、中共南京市临时领导小组成员，冯（玉祥）系陕西省党部宣传部秘书、"西安各界讨蒋委员会"主任委员，陕西中山日报社社长。1931 年参与策动吉鸿昌起义，同年协办《西北文化日报》，兼任西安师范学校教师、新加坡《星洲日报》国内特约记者。

此书前有蒋听松《序落英》。末有《尾声》。内录《春》《自然之灵》《忆》《夏之焰》等诗作 22 首，另有译诗 3 首，为《曾没有美丽的姑娘》《给茜莉亚》《酣眠的美》。

31. 履冰子吟草三卷　胡远芬著

1932 年铅印本　安庆市图书馆藏

著者生平已见《胡云门先生荣衰录》。

此书有初、二、三编各一卷，附诸家题词。内早期诗作多述宦海曲直及乡野名胜；中期退居乡里，悉记庭帏孺慕、亲友祝挽及乡土之兴；晚期因遇国难，多写抗战纪实、寄望后昆之爱国篇章。

32. 明代文粹　汪倜然编辑

1932 年上海世界书局铅印本　广西师范大学图书馆藏

编者生平已见《希腊神话 ABC》。

此书前有编者《绪言》，全书分散文、诗词、戏曲、小说四部分。上册录宋濂、刘基、方孝孺、高启、唐寅、王守仁、王慎中、唐顺之、归有光、茅坤、王世贞、徐宏祖、史可法、张岱 14 人散文；刘基、高启、袁凯、李梦阳、何景明、唐寅、李攀龙、王世贞、陈子龙 9 人诗词。下册录高明、朱权、施惠、梁辰鱼、沈璟、徐复祚、汤显祖、阮大铖 8 人戏曲；吴承恩、佚名 2 人小说。每部分前有评述及作者简介。

《绪言》称："本书对于明代戏曲小说较为偏重，即因此乃明代文学特色及精华之所在。"

33. 欧美之光　吕碧城编译

1932 年上海开明书店出版　中国国家图书馆藏

著者生平已见《信芳集》。

此书前有凌楫民序及《例言》。内记述著者参加世界动物保护大会、国际蔬食大会及游历欧洲各国见闻；编译涉及生物、医学、政治、教育、风俗等方面欧美书刊文章 29 篇；录著者于维也纳世界动物保护大会上之演说。

34. 欧洲近代文艺　李则纲编

1932 年上海华通书局铅印本　北京大学图书馆藏。

李则纲（1892—1977），桐城人。1917 年毕业于武昌高等师范学校，曾任中、小学教员。1927 年后历任国民革命军总政治部秘书，暨南大学、中国公学、安徽大学等校讲师、教授，安徽省动员委员会委员兼文化事业委员会委员，安徽省文化工作委员会委员、史料征辑委员会副主任委员、文献委员会副主任委员，安徽学院教务长、史地系主任。

此书前有《编辑大意》，内六编，分别为"萌芽时代""拟古时代""解放时代""唯物思潮澎湃时代""反唯物主义的时代""新世纪欧洲文学鸟瞰"。每编均有对该时代作家之深入介绍。

《编辑大意》称："年来出版界，关于欧洲文艺，或为作品的介绍，或为理论的传述，不为不多，但能备学校讲本用者，殊为多睹；本书编辑动机，为撰者在暨南学校担任欧洲近代文艺，难得合用之本，乃不自量力，勉成此册。"

35. 钱母丁夫人荣哀录　钱文选辑

民国铅印本　中国国家图书馆藏

选辑者生平已见《游滇纪事》。

钱母丁夫人：丁宪贞（1877—1932）。

36. 青年创作辞典　钱谦吾编

1932 年上海光明书局铅印本　北京大学图书馆藏

钱谦吾，钱杏邨笔名。生平已见《暴风雨的前夜》。

此书自世界名著中摘录文艺描写片断 238 则，分节季、天象、日和夜、河流与海洋、山岩与平野、都会与村镇等十卷，按类编排。

37. 青年书信　高语罕著

1932 年上海现代书局铅印本　1933 年上海现代书局铅印本《再版自序》著录

著者生平已见《白话书信》。

此书内录书信 44 通。

《再版自序》称，《青年书信》"是我脱离显著的政治生活以后"所著，"是通俗地叙述唯物史观的文字"。

又：**青年书信　高语罕著**　1933 年上海现代书局铅印本（2 版）　复旦大学图书馆藏

38. 清逸录一卷　洪恩寀著；洪润编辑

1932 年铅印本　安徽省图书馆藏

洪恩寀（？—?），歙县人。

洪润（？—?），歙县人。

此书前有叶宗伊、胡兆熊、许翼序各一，末有洪润跋。内录颜回、嵇康、陶渊明、皮日休、辛弃疾、张虚白等 110 位古代清逸人物逸事。

39. 三曾年谱三卷　周明泰著

1932 年秋浦周明泰文岚簃铅印本　安徽省图书馆藏

著者生平已见《道咸以来梨园系年小录》。

此书内录《曾子宣年谱稿》《曾子开年谱稿》《曾子固年谱稿》。

40. 上海事变与报告文学　南强编辑部编并序

1932 年上海南强书局铅印本　上海图书馆藏

此书实际编者为钱杏邨，生平已见《暴风雨的前夜》。

此书前以《从上海事变说到报告文学》《一·二八之夜》两篇代序。内分"几番大战""火线以内""士兵生活""战区印象""十字旗下""新线印象及其他"等八辑，录有关上海"一·二八"事变等抗战报道 29 篇。

41. 歙事闲谭三十卷　又名：歙故，歙事征　许承尧著

民国抄本　安徽省博物馆藏

著者生平已见《疻父杂记》。

此书前有自序，内记徽歙地区的人物、艺文、史事、世风、山川、名胜、掌故、逸闻多种。

著者《自序》称，此书始撰于 1930 年，至 1932 年春已得二十一卷。

诸伟奇《古籍整理研究丛稿·歙事闲谭考述》（黄山书社 2008 年版，第 121 页）称："从这部手稿的写作过程看，该书先后有六个书名。其一为《歙事徵谭》。从手稿中的《自序一》（亦即全稿首页）看，许氏最初题写的书名是'歙事徵谈'四字。其二为《歙事徵》。还是在那页《自序》手稿上，许氏抹去'谈'字，书名遂成'歙事徵'。卷十五亦题作'歙事徵'。其三为《疑庵随笔·歙故》。从手稿卷一、卷二两卷之首页看，许氏曾将书名题作'疑庵随笔·歙故',后抹去,改为'歙事闲谈'。其四为《疑庵随笔》。手稿卷三之首页,许氏曾题写'疑庵随笔'四字,后抹去,改为'歙事闲谈'。其五为《歙故》。手稿中,书名题'歙故'者,凡三卷(卷一、卷二、卷三十一)。石国柱《〈歙县志〉序》:'其时《汪辟疆文集》,许先生疑庵方治《歙故》,尽萃五年,撰述甚博。'又,许氏好友黄宾虹曾题写书名'歙故'二字以赠许氏(见本书书影)。再,罗长铭曾撰有《续歙故》,以继武许氏。作者之孙许克定所撰《许疑庵先生年表》云:'先生辑著之《歙事闲谈》一书,积数十年之功,至是完成,三十一卷。改定书名曰《歙故》。'其六即《歙事闲谭》。除上面提到那些卷外,其余诸卷许氏皆题作'歙事闲谭'。需要稍加说明的是,书名中的'谭'字,作者亦题作'谈'。综上可知,作为稿本,本书最初名《歙事徵谈》或《歙事徵》;后拟作为作者笔记《疑庵随笔》之一种,名之《歙故》,再后则名之为《歙事闲谭》。故今之学人论及此书,多称《歙事闲谭》,一名《歙故》。"

又:**歙事闲谭　许承尧著;李明回等校点**　2005 年合肥黄山书社铅印本　安徽省图书馆藏

此书为札记式散文作品。全书三十一卷,共 874 篇,以漫记方式反映歙县历史文化、山川风物和逸事趣闻。书中涉及书目达 1000 余种,所称引书目 300 余种,重点摘抄文献 60 余种。

42. 书信讲话　章衣萍著
1932 年上海沪江书店铅印本　南京图书馆藏
著者生平已见《深誓》。
此书先述书信之意义、写法、分类,后按抒情、议论、叙事等类列举书信范例 50 通。

43. 谁是你们的母亲　胡寄尘著
1932 年上海新中国书局铅印本　中国国家图书馆藏
胡寄尘,名怀琛,生平已见《兰闺清课》。
此书为诗集。封面印有"小学校文艺读物"。

44. 似水流年　张恨水著

1932 年上海中国旅行社铅印本　张纪《我所知道的张恨水：张恨水长孙解读大师》（金城出版社 2007 年版，第 236 页）著录

著者生平已见《春明外史》。

此书为二十四回长篇小说。曾于沈阳《新民晚报》连载，名为《黄金时代》。1931—1932 年上海《旅行杂志》五卷一期至六卷十二期易名《似水流年》转载。

此书 1934 年由著者改编为同名电影，天一影片公司拍摄。

又：**似水流年　张恨水著**　1934 年上海南洋大书店铅印本　吉林省图书馆藏

此书前有自序及后序。

45. 啼笑因缘的批评　张恨水著；朱通孺批评

1932 年北平平化合作社铅印本　北京师范大学图书馆藏

著者生平已见《春明外史》。

此书前有朱通孺《弁言》《凡例》。内于原文间有评点，末有结评，及《非批评的批评》。

《弁言》称："新小说多矣，余何为而批评《啼笑因缘》哉？有一日，授课毕，梁生在堂中看此小说，同学讥之。余曰：小说亦文章也，好小说即好文章也。汝等不尝观《三国》《水浒》乎？金圣叹批评，称为才子妙文。……诸生解此，何患国文之不通？刘生曰：先生试为及门讲解此小说可乎？余曰可。乃取而阅之，略为批评，以授门弟子。此余批评《啼笑因缘》之因缘也。"

此书刊出后，张恨水指责其为"变相翻版"，登报反对出版。批评者于《非批评的批评》文末称："以上《非批评的批评》系本批评发刊时，由张恨水方面，发生小小的波折。故附录双方刊报之词。"

此书为《明月清风我斋丛书·文艺类》之五。

46. 缇萦救父　张寿林著

1932 年中华平民教育促进会铅印本（2 版）　中国国家图书馆藏

著者生平已见《雪压轩集》。

47. 天人唱和集诗文十三卷　江朝宗著

救世新教铅印本　首都图书馆藏

著者生平已见《云山散人和陶诗存》。

此书前有著者着道服肖像、自题词，吴佩孚《题诗集并像赞》，摩诃牟尼《题云山散人道装图》，《癸亥年姚姬传真人赠江将军序》，田步蟾、杨圻、卷沈大静王锦藻序各一，及著者 1932 年自序。内卷一至卷六、卷十一卷、十二录各类古近体诗；卷七录《梅花杂咏三百首》及 1932 年序；卷八、卷九为补遗，内录《听雨轩诗草自序》及古近体诗；卷十为《天人莲池修禊诗文集》；卷十三录《题蓝君佑晋美洲博士作中国历史叙文》等杂著与诗作。

《自序》称："自庚申迄庚午十有一年，得诗文若干篇。于是编辑成卷，名曰《天人倡和集》，以志天人契合之缘。"

48. 田野的风　蒋光慈著

1932 年上海湖风书局铅印本　中国国家图书馆藏

著者生平已见《哀中国》。

此书描写中国中部乡村 1927 年前后之农民运动。

蔡宗隽《咆哮了的土地》（载刘中树等著《中国现代百部中长篇小说论析·上》，吉林大学出版社 1986 年版，第 226 页）称："《咆哮了的土地》一九三〇年十一月五日完稿于上海。全书五十六章，十六万余字。书名原拟为《父与子》，一九三〇年年初在《拓荒者》第一卷第三期及第四、五期合刊上发表了前十三章。全书完稿后，《咆哮了的土地》刚刚打好纸版，广告一注销，立即就被国民党反动派查禁停止出版，直到作者逝世后，一九三二年春在钱杏邨（阿英）的说明下，易名《田野的风》，才由上海湖风书店首次出版。"

49. 托尔斯泰印象记　黄锦涛编

1932 年上海南强书局铅印本　上海图书馆藏

黄锦涛，钱杏邨笔名。生平已见《暴风雨的前夜》。

此书前有编者序记、托尔斯泰肖像及手迹，内录《托尔斯泰小传》《托尔斯泰论》《托尔斯泰论托尔斯泰》《托尔斯泰自己的事情》《托尔斯泰孙女回忆录》《怀托尔斯泰》《关于托尔斯泰的一封信》《托尔斯泰在苏联的地位》。末附《托尔斯泰著作中译本编目》。

50. 蜕私轩续集三卷　姚永朴著

民国油印本　安徽省图书馆藏

著者生平已见《见闻偶笔》。

又：**蜕私轩续集三卷　姚永朴著**　1932年铅印本　安徽省图书馆藏

此书为先生晚年之作。前有李大防序。内卷一录古近体诗百余首，多赠友、怀人之作；卷二为序跋、书、赠序；卷三为传状、碑志、记、祭文。

51. 弯弓集　张恨水著

1932年北平远恒书社铅印本　天津图书馆藏

著者生平已见《春明外史》。

此书前有自序，内录小说《九月十八》《一月二十八》《仇敌夫妻》，戏剧《热血之花》，诗作《健儿诗七首》《咏史诗四首》，散文12篇。末有《著者跋》。

《著者跋》称："恨水陋人耳，乌足以言主张？……顾其环境有时而变，则文字上所发表之思想，遂亦未能生平一律。今人方盛谓文字为生活之反映，则其思想任何变迁，固有说以自解者已。……第以非战之人而作是战之篇，则其踌躇考虑，实不始于《弯弓集》。在吾方发表于报端之作，如《太平花》《满城风雨》二篇，已不惜推翻全案，掉其笔锋以是战矣。"

52. 望远镜　白桃编；陶行知校

1932年上海儿童书局铅印本　重庆图书馆藏

校者生平已见《知行书信》。

此书为《儿童科学丛书》之一种。

53. 我的童年　章衣萍著

1932年上海儿童书局铅印本　天津图书馆藏

著者生平已见《深誓》。

54. 我的祖母　章衣萍著

1932 年上海儿童书局铅印本　中国国家图书馆藏

著者生平已见《深誓》。

此书前有著者《小序》，内录"祖母是一个无名农人""祖母的幼年吃过人肉""出嫁后连男带女生了十四个""做婆婆有子有孙""我家的中落""祖母的爱劳动""我的回忆和我的悲哀"七章。

《小序》称："祖母逝世之信，到已半月。……写此小书，聊记个人之哀思。"

55. 我们的地球　丁柱中著

1932 年上海儿童书局铅印本　中国国家图书馆藏

著者生平已见《电的把戏》。

此书六册，面向儿童，以文艺笔调介绍地球知识。

56. 五十年来北平戏剧史材二编　周明泰编

几礼居戏曲丛书本　中国国家图书馆藏

著者生平已见《道咸以来梨园系年小录》。

又：**五十年来北平戏剧史材二编　刘半农，周明泰编**　1932 年石印本　南京图书馆藏

此书前有刘半农序。内前编为影印之手抄本，记录自清光绪八年（1882）至清宣统三年（1911）北京几十个戏班所上演九百余出剧目，部分剧目注明主要演员；后编照录北京各戏园演出戏单。附录《戏名班数统计表》《戏名通检》。

《刘序》称："数年前偶于厂肆得旧时戏目一册，不知何人所录，目起光绪初迄于清末，前后三十年，都一千余事。复生长南中，未睹往日北地梨园之盛；又禀性拙朴，不娴艺事，时闻友人品论当世伶人工夫技巧，往往不解，独以此册足为北平社会旧史之一叶，意颇珍之，便于课业之余，稍稍整理，人事多忙，未能毕业。适友人周志辅君，抄摘民元以后报端戏目，意在汇订成篇，为近二十年来北平剧事荣衰之铁证。复念两目年代恰相衔接，合之则双美，离之则两偏，便以所藏假付周君，并举整理未竟之纸片归之。周君便名书曰《五十年来北平戏剧史材》，仍别为前后两编，

不以分划时期，且以示两目来处之不同也。周君深明音律，熟悉梨园掌故，偶有评述，都精微中肯，顾不以此自炫，独孳孳于文史考订之学，今编此书，即以其治学之手腕为之，取径既殊，斯其书所有异于时下谈艺捧角诸贤之所作也。"

此书为《几礼居戏曲丛书》第二种。

57. 喜　胡寄尘著

民国上海大众书局铅印本　天津图书馆藏

胡寄尘，名怀琛，生平已见《兰闺清课》。

此书为二十回长篇章回体滑稽小说。

喜怒哀乐：四大小说名家杰作　1932 年上海大众书局铅印本　天津图书馆藏

其中胡寄尘著《喜》，何海鸣著《怒》，包天笑著《哀》，徐桌呆著《乐》。

58. 现代英吉利谣俗及谣俗学　［英］瑞爱德等著；江绍原译

1932 年上海中华书局铅印本　中国国家图书馆藏

译者生平已见《发须爪》。

此书前有周作人序及著者序，内录"导言""生婚丧葬""业务与工作"（习惯法与各业谣俗）、"时令""动植物和无生物""鬼和超自然存在""占卜，征兆，和运气"（吉凶趋避）、"厌殃法，便方，和黑白巫术""尾论"九章。末附瑞爱德《英国谣俗学的新领土》，妥玛斯《谣俗学的由来和分部》（附书目），哈黎戴《晚近谣俗学研究的趋势》（附书目），《各辞典中的谣俗学论》，《书目拾遗》，《谣俗学诸次国际大会》，《关于 Folklore. Volkskunde 和"民学"的讨论》，《关于民间文学的改造》。

59. 小说概论　李何林著

1932 年北平文化学社铅印本　上海图书馆藏

著者生平已见《中国文艺论战》。

此书为作者在河北省省立女子师范学院国文系讲授小说时所用教案。全书八章，介绍小说的发生、意义、结构、人物，中外小说的研究以及近代小说研究之唯物史观的应用等问题。

60. 晓珠词一卷　吕碧城著

1932 年铅印本　中国国家图书馆藏

著者生平已见《信芳集》。

此书前有陈完、徐沅题词，内录词作 53 首，有樊增祥评点。增刊录 1928—1932 年写于欧洲词作 160 余首。末有著者 1932 年秋末写于瑞士日内瓦之跋。

《著者跋》称："右词一卷，刊于己巳岁杪，迨庚午春，予皈依佛法，遂绝笔文艺。然旧作已流海内外，世俗言词，多违戒律，疚焉于怀，乃略事删窜，重付锓工，虽绮语仍存，亦蕴微旨；丽情托制，大抵寓言，写重瀛花月、故国沧桑之感。"

又：**晓珠词四卷　吕碧城著** 1937 年铅印本　中国国家图书馆藏

此书为叶恭绰题签，前有陈完、徐沅、樊增祥题词，卷一录词作 48 首，有樊增祥评点；卷二多为作者欧游词作，计 30 首；卷三前有著者自记，内录词作 26 首，末附美国摩克当纳氏作《鹿冢诗》。全书末有著者 1932 年秋末写于瑞士之跋。附录吕湘《惠如长短句》。

此书系于《信芳集》基础上删订并增加后作。

61. 新十八扯　胡底著

1932 年红军十二军政治部翻印本　汪木兰、邓家琪编《中央苏区戏剧集》（百花洲文艺出版社 1992 年版，第 394 页）著录

著者生平已见《阶级》。

此书为独幕剧。

62. 醒世姻缘传　　（清）西周生著；汪乃刚句读

1932 年上海亚东图书馆铅印本　1933 年上海亚东图书馆铅印本著录

句读者生平已见《宋人话本八种》。

又：**醒世姻缘传　　（清）西周生著；汪乃刚句读** 1933 年上海亚东图书馆铅印本　中国国家图书馆藏

此书前有徐志摩《醒世姻缘传序》，胡适《醒世姻缘传考证》《考证后记》，及汪乃刚《校读后记》。

胡适《考证》认为，此书作者为蒲松龄。

63. 衣萍书信　章衣萍著

1932 年上海北新书局铅印本　复旦大学图书馆藏

著者生平已见《深誓》。

此书收作者致孙伏园、刘复、胡适、林语堂等人书信及作者情书 30 余通，并附刘复、章铁民、岂明致作者复信。

64. 隐秘的爱　[苏]高尔基著；华蒂，森堡译

1932 年上海湖风书局铅印本　上海图书馆藏

华蒂，叶元灿笔名，生平已见《全线》。

此书据外村史郎的日译本转译，前有译者《译序》，内录小说《隐秘的爱》《英雄的故事》《嘉拉莫拉》《逸话》4 篇。

又：**英雄的故事　[苏]高尔基著；华蒂，森堡译**　1941 年重庆上海杂志公司再版　安徽大学图书馆藏

此书系上书更名再版。

65. 语体小品文作法　钱谦吾著

1932 年上海南强书局铅印本　中国国家图书馆藏

钱谦吾，钱杏邨笔名。生平已见《暴风雨的前夜》。

此书前有自序，内分《语体小品文作法》《语体小品文范（上）》《语体小品文范（下）》三编。《文范》上编录俄国作品 26 篇；下编录现代中国作品 27 篇。

66. 语体写景文作法　钱谦吾著

1932 年上海南强书局铅印本　中国国家图书馆藏

钱谦吾，钱杏邨笔名。生平已见《暴风雨的前夜》。

此书前有自序，内八章，以有关文章片断为例，指导青年读者用语体文描写季节、光景、天、地、河流、动物、花卉、乡村与都市等自然景象。

67. 玉梅遗书初集四种　胡之灿著

1932 年石印本　安徽省图书馆藏

著者生平已见《砭俗纪闻》。

此四种包括《中庸注疏笺义》一卷、《朱子敬斋箴集解》一卷、《玉梅居士自传》一卷、《达道主敬录》一卷、《郑氏周易爻辰图说》一卷，附录《爨后琴声》一卷，《绛账莺声》一卷。

68. 元明乐府套数举略　周明泰选辑

1932 年石印本　南京图书馆藏

著者生平已见《道咸以来梨园系年小录》。

此书前有朱希祖及赵万里序各一。内辑录元明乐府套数，排列其宫调格式、曲牌次序，以为初学写作套数者之准则。全书分为北曲、南曲、南北合套三部分。

周维培《曲谱研究》（江苏古籍出版社 1999 年版，第 236 页）称，此书"专辑元明散曲联套格式，主要取资文献为《雍熙乐府》《盛世新声》《词林摘艳》《北宫词纪》《吴骚合编》诸曲选。共辑北曲套数 922 种，南北合套 71 种。该书可贵处在于作者对某一宫调联套规则依首曲为标准，进行归纳统计"。

69. 斋夫自由谈　不除庭草斋夫著

1932 年上海申报馆铅印本　天津图书馆藏

不除庭草斋夫，陶行知笔名。生平已见《知行书信》。

此书录著者 1931 年 9 月至 1932 年 1 月于《申报·自由谈》所发表杂谈，包括《不除庭草斋夫》《胡适捉鬼》《比牛顿大一倍》《世上三等人》《生难杀易》等 104 篇。

《不除庭草斋夫》一文称，"不除庭草斋夫"笔名来自曾国藩对联"不除庭草留生意　爱养盆鱼识化机"。

70. 稚莹　凫公著

1932 年北平《世界日报》铅印本　南京图书馆藏

凫公，潘伯鹰笔名。生平已见《伯鹰诗录》。

此书为长篇小说。前有《自记》，写于 1930 年 12 月。

71. 中国文学史　刘麟生著

1932 年上海世界书局铅印本　北京大学图书馆藏

著者生平已见《哥仑布》。

此书前有著者《叙言》，全书十编，分别为"概说""上古文学""两汉文学""魏晋文学""南北朝文学""唐五代之学""宋代文学""元代文学""明代文学""清代文学"。

"概说"四章，包括"研究文学的途径""文体概观""中国文字的特质"与"文学书简目"。

著者《叙言》称，此书系于金陵女子文理学院教授中国文学史之讲义。

72. 姊妹花　　［美］范达痕著；程小青译

1932年上海世界书局铅印本　　南京图书馆藏

译者生平已见《福尔摩斯探案全集》第六册。

此书前有《译者序》。

此书为《斐洛凡士探案》之三。

1933 年(民国二十二年)

1. 案中案 程小青著

1933 年上海文华美术图书公司铅印本《魔力》（文华美术图书公司1933 年版）扉页广告著录

著者生平已见《福尔摩斯探案全集》第六册。

此书为《霍桑探案汇刊二集》之七。

又：**案中案 程小青著** 1945 年上海世界书局铅印本 重庆图书馆藏

著者生平已见《福尔摩斯探案全集》第六册。

此书内录《案中案》和《险婚姻》2 篇。

此书为《霍桑探案袖珍丛刊》之二十一。

2. 白话三字经一卷卷首一卷 又名：蒙钥 方燕年著

1933 年铅印本 中国国家图书馆藏

方燕年（1873—?），字祈叔，号鹤人。原籍休宁，寄籍定远。方浚益之侄孙。清光绪十六年（1890）进士。曾任户部主事，山东省候补道署提学使，山东政法学堂、师范学堂监督，先后两次出国考察教育。民国后任山东省财政视察员。清光绪二十九年（1903）撰有《瀛洲观学记》。

3. 宾虹诗草三卷附补遗一卷 黄宾虹著

1933 年石印本 南京图书馆藏

著者生平已见《宾虹杂著》。

此书内录《粤西纪游》32 首，《雁荡纪游》14 首，《池阳纪游》2首，《新安江纪游》20 首，《黄山纪游》32 首，《江行杂咏》32 首，《周浦纪游》18 首，《白岳纪游》6 首，《九华纪游》3 首及黄宾虹手书补诗 5 首，共 164 首。

4. 宾虹蜀游草一卷　黄宾虹著

民国写刻本　安徽省图书馆藏

著者生平已见《宾虹杂著》。

此书前有 1933 年潘飞声、许承尧序各一。内录著者自皖至川路途所作古近体诗 57 题。

5. 残水浒　程善之著

1933 年镇江新江苏日报馆铅印本　　［美］斯坦福大学图书馆藏

著者生平已见《短篇小说》。

此书前有包明叔序，秋风《小引》，内有秋风、湘亭点评。全书继施耐庵《水浒》之后，自七十一回起，至八十六回终。

《包序》称，此书"书成，明叔请以载本报副刊，署名一粟。善师四十以后学佛，于世事一切淡泊，尤不欲以著述鸣。明叔以为方今善师求以忘世，而世未尽忘善师也。则剞劂之际，自以真姓名相见为宜，遂不请而刻之"。

6. 残羽：凫公短篇小说集　凫公著

1933 年天津书局铅印本　天津图书馆藏

凫公，潘伯鹰笔名。生平已见《伯鹰诗录》。

此书录小说《婚夕》《死后》《残羽》《病燕》《街头之泣》《凉宵故友》《惠候桥》7 篇。

7. 沧海归来集十八卷　姚倚云著

1933 年铅印本　安徽省图书馆藏

姚倚云（1863—1944），字蕴素。桐城人。姚莹之孙女，姚浚昌之女，南通范当世继妻。清光绪三十二年（1906）任南通女子师范学校首任校长，后返乡主管红十字会。

此书前有弟子徐昂所撰《姚太夫人家传》，曹文麟、顾公毅、徐昂、姚毓序各一。内录《沧海归来集》十一卷，《词》一卷，《续集》

一卷，《选余》二卷，《消愁吟》二卷，《文》一卷。内录诗词多思亲、怀人、悼亡、题赠之作，少数作品涉及办学之事。文集中收录序、跋、传、传后、记、寿言等 10 篇，另有《胎教》《论为继母之义》2 篇。末有姚毓跋。

8. 陈一甫先生六秩寿言　陈汝良辑

1933 年影印本　中国国家图书馆藏

陈汝良（1898—1952），字范有，石埭人。陈惟壬之子。1917 年入天津北洋大学土木系，1925 年起先后任启新洋灰公司工程师兼经营科科长、启新公司协理。1935 年创办江南水泥公司。抗战胜利后重建江南水泥厂，任常务董事兼总经理。

陈一甫（1869—1948），名惟壬，号恕斋居士。石埭人。陈汝良之父。曾任江苏候补道、北洋海防、东海关监督、农工商部议员、北洋劝业铁厂坐办、启新洋灰公司总事务所经理、驻津办事处坐办、开滦矿务管理局正主任董事、启新洋灰公司协理、公司总经理。

9. 弹之线路　程小青著

1933 年上海文华美术图书公司铅印本　上海图书馆藏

著者生平已见《福尔摩斯探案全集》第六册。

此书为《霍桑探案汇刊一集》之三。

10. 第二张照片　程小青著

1933 年上海文华美术图书公司铅印本　吉林省图书馆藏

著者生平已见《福尔摩斯探案全集》第六册。

此书为《霍桑探案汇刊一集》之二。

11. 读书乐趣约选二卷　（清）伍涵芬著；周学熙节录

1933 年周氏师古堂刻本　中国国家图书馆藏

节录者生平已见《府君行状》。

此书前有原序，内卷上为"荡胸""澄心""澹缘""怡情"，卷下为"论文""励业""品诗"。

12. 毒与刀　程小青著

1933 年上海文华美术图书公司铅印本　吉林省图书馆藏

著者生平已见《福尔摩斯探案全集》第六册。

此书为《霍桑探案汇刊一集》之六。

13. 短篇小说第二集　［美］哈特，［俄］契诃夫等著；胡适译

1933 年上海亚东图书馆铅印本　安徽省图书馆藏

译者生平已见《短篇小说第一集》。

此书前有译者自序，内录 Francis Bret Harte《米格儿》，O. henry《戒酒》，Chekov《洛斯大奇尔德提琴》《苦恼》，Arthur Morrison《楼梯上》6 篇小说。

《自序》称："这几篇小说本来不预备收在一块的。契诃夫的两篇是十年前我想选一部契诃夫小说时翻译的，三篇美国小说是我预备选译一部美国短篇小说用的。后来这两个计划都不曾做到，这几篇就被收在一块，印作我译的《短篇小说第二集》。"

14. 儿童作文讲话　章衣萍编著

1933 年上海儿童书局铅印本　首都图书馆藏

编著者生平已见《深誓》。

此书前有自序，内分"为什么要作文""用字和造句""普通文讲话""应用文讲话""诗歌讲话""剧本讲话"等 6 讲。

《自序》称，此书"根据二十一年十月教育部颁行的小学课程标准作"。

此书辑入《儿童学术丛书》。

15. 二十四孝图说　胡怀琛编著

1933 年上海大东书局铅印本　首都图书馆藏

著者生平已见《兰闺清课》。

此书以白话讲述二十四孝故事，每故事配一图。

16. 烦恼三部曲　程景颐著

1933 年上海华通书局铅印本　中国国家图书馆藏

程景颐（? —?），初名景铸，号鼎九。凤阳人。1927 年加入中国共产党，次年脱离，入南京铁道部任职员。

此书封面题"人生研究社出版"。内录小说《幻变》《迷惘》《凄惶》3 篇。

17. 凡民谜存二卷卷首一卷补遗一卷　薛宜兴著；顾震福辑

1933 年铅印本　中国国家图书馆藏

薛宜兴（1859—1932），字少卿，晚号凡民。寿县人。薛南卿之子。先后授徒于扬州、广东、上海、天津、北京及家乡阜财学堂。

此书与《跬园谜稿》《商旧社友谜存》合印，为顾氏《跬园谜刊》三种之一。前有方焕经、顾震福序各一及方燕年《薛宜兴传》，内录谜作 700 余则。

18. 饭后谈话　予且著

1933 年上海良友图书印刷公司铅印本　南京图书馆藏

予且，潘序祖笔名，生平已见《予且随笔》。

此书为散文集。副标题为"良友杂感选"。内录《饭后谈话》《吃饭的艺术》《何以解忧》《司饭之神》《茶之幸运与厄运》《福禄寿财喜》《淡巴菰》《龙凤思想》《酒色财气》《医卜星相》《天地君亲师》11 篇。

19. 房龙世界地理　［美］房龙著；陈瘦石，胡淀咸译

1933 年上海世界出版合作社铅印本　中国国家图书馆藏

胡淀咸（1910—1990），谱名朝渤，字解湄。芜湖人。胡稼胎之弟。曾任江苏国学图书馆编校，后任教于四川乐山中学、四川大学、安徽大学、安徽师范大学。

此书四十七章，前有著者序、译者序，内介绍世界各个地区和国家地理概况。

《著者序》称，此书为"一本以地理为纬的人类生存史"。

《译者序》称："作者赋有文学天才，一经他的渲染，寻常的山水草木便显得栩栩欲活，过去的历史事实亦仿佛在眼前重演，……这不能不算冶文学与科学于一炉的创举。"

20. 凤台山馆诗钞四卷附遗诗一卷　陈诗著

1933 年铅印本　上海图书馆藏

著者生平见《尊瓠室诗》。

此书录著者自 1924 年至 1933 年诗作，接续《鹤柴诗存》编卷。卷五自 1924 年止于 1928 年，卷六自 1929 年止于 1930 年，卷七自 1931 年止于 1932 年。以上三卷又题"静照轩集"；卷八为 1933 年诗作，又题"杖国集"。《补遗》多录著者七十寿言诗作。末附著者后记。

21. 福尔摩斯新探案大全集　［英］柯南道尔著；杨尘因译

1933 年上海三星书局铅印本（3 版）　上海图书馆藏

译者生平已见《新华春梦记》。

此书内录《黑衣女怪侠》《蒙面女侠盗》《侠女复仇记》。

22. 父与女　程小青著

1933 年上海文华美术图书公司铅印本　上海图书馆藏

著者生平已见《福尔摩斯探案全集》第六册。

此书为《霍桑探案汇刊二集》之六。

23. 格言注释　胡怀琛著

1933 年上海商务印书馆铅印本　首都图书馆藏

著者生平已见《兰闺清课》。

此书前有编者序，内录格言 100 句，每句注明出处，并有翻译解释。

《编者序》介绍何为"格言"，并进行分类评说。编者称："我这里是从古书中选出一百句来，虽然所选的不多，但是没有意义重复的，且都是合于现代思潮的。"

此书被辑入《小学生文库》。

24. 给青年朋友们的信　方与严著

1933 年上海儿童书局铅印本　中国国家图书馆藏

方与严（1889—1968），原名昌，字禹言，又字竹因。歙县人。1912 年加入中国国民党，1927 年考入南京晓庄师范，一年毕业后赴湘湖师范任教。1929 年返回晓庄任校务主任、山海工学团主任。1935 年加入中国共产党，历任中共南宁市委委员、宣传部部长。1947 年赴解放区工作。

此书前有《我的自白——代序》，内录著者寄青年朋友信，计有《幼儿教育》《婚姻自由吗》《影响与反应》《愿看破红尘》等 140 余篇。

25. 古庙敲钟录　陶知行著

1933 年上海儿童书局总店铅印本　天津图书馆藏

陶知行，又名陶行知。生平已见《知行书信》。

此书为中篇小说，以敲钟人笔记方式，表现社会生活。

此书被辑入《晓庄丛书》。

26. 关云长　章衣萍著

1933 年上海儿童书局铅印本　南京图书馆藏

著者生平已见《深誓》。

此书内分"恩若兄弟""辞曹还刘""威振华夏""遗恨千秋"4 节，讲述关云长故事。

此书被辑入《中国名人故事丛书》。

27. 观复堂诗文集　张学宽著；林散之校

民国刊本　含山县档案馆藏

张学宽（1870—1931），字栗庵。含山人。清光绪三十年（1904）进士，任山东知县。辛亥革命后弃官返乡。

林散之（1898—1989），原名以霖，号散之，笔名散耳、左耳、聋叟、江上老人、半残老人。和县人，生于江苏江浦。早年师从张青甫学工笔人物画，后从范培开学书法，随张栗庵习诗文，三十岁后师从黄宾虹。

原郁《林散之传·年表》（中国文联出版公司 1994 年版，第 229 页）中称："1933 年（36 岁）。校印张栗庵遗著《观复堂诗文集》，书成。"

28. 癸酉述怀诗一卷　汪咏沂著

1933 年誊写印本　上海图书馆藏

汪咏沂（1859—1938），字鲁门。歙县人。盐商。后捐任通判，升同知、知府、江苏补用道。

此书前有元玄居士《未是草》3首，内录《癸酉述怀诗三十韵》。

29. 黑地牢　程小青著

1933年上海文华美术图书公司铅印本　《魔力》（文华美术图书公司1933年版）扉页广告著录

著者生平已见《福尔摩斯探案全集》第六册。

此书为《霍桑探案汇刊一集》之四。

又：**黑地牢　程小青著**　1945年上海世界书局铅印本　吉林省图书馆藏

此书内录小说《黑地牢》《古钢表》《黑脸鬼》《王冕珠》《打赌》《一个绅士》《毋宁死》《试卷》8篇，末附《论侦探小说》等文8篇。

此书为《霍桑探案袖珍丛刊》之三十。

30. 黑女寻神记　[英]萧伯纳（G. B. Shaw）著；汪倜然译

1933年上海读书界书店铅印本　上海图书馆藏

译者生平已见《希腊神话 ABC》。

又：**黑女寻神记　[英]萧伯纳（G. B. Shaw）著；汪倜然译**　1937年上海启明书局铅印本　超星数字图书馆收录

此书为中篇小说。前有1937年译者小言，称此书为萧伯纳小说"精心之作，宛如他著作中的一件'珍品'，不但足以表现他的一切特点，抑且充分泄露他的思想意见。所以我觉得，译出此书以介绍于读者，不但能使读者认识文学家萧伯纳，还能使读者认识思想家的萧伯纳，这当然是一举两得之事"。

31. 黑棋子　[美]范达痕著；程小青译

1933年上海世界书局铅印本　南京图书馆藏

译者生平已见《福尔摩斯探案全集》第六册。

此书前有《译者序》。

此书为《斐洛凡士探案》之四。

32. 湖亭惨景　程小青著

1933年上海文华美术图书公司铅印本　重庆图书馆藏

著者生平已见《福尔摩斯探案全集》第六册。

此书为《霍桑探案汇刊二集》之一。

33. 沪渎同声集　郁葆青辑；陈诗选

1933 年铅印本　安徽省图书馆藏

陈诗生平见《尊瓠室诗》。

此书前有陈诗序，内录夏敬观、周庆云、姚洪淦、袁天庚等 32 人诗作 246 首。作者前均有小传。

34. 淮南耆旧小传初编　张之屏著

民国抄本　安徽省博物馆藏

张之屏（1866—1935），字树侯，室名晚菘堂。寿县人。清光绪二十四年（1898）参与创办强立学社，二十九年（1903）参与谋划安庆起义，次年考入安庆武备练军学堂。三十二年（1906）参加同盟会，并赴吉林、上海等地活动。寿州光复时曾参与淮上军军务。民国成立后曾协助孙毓筠督皖，后任教于南京、合肥、六安等地。

此书前有谢允升、耿清序各一，1933 年冬自序，及六安谢芸皋题词《树侯自撰小传》。内分"侠义""独行""文学""书家""画家""技艺""武术""方外"诸卷。"文学"卷录清初至民国汤鼎、赵互中、方震孺、龚鼎挚、李天馥、刘允谦、吴敬梓、汪乔年、熊一本、史半楼、张瑞墀、王尚辰、陈獬、周元辅、徐子苓、余荆南、方长华、方希梦、裴景福、邵匀、葛荫南、朱炎昭、周家谦、薛宜兴、刘平、耿清、吕美荪、王秋士等 28 人小传。其余各卷人物小传亦颇具文学色彩。

35. 灰色之家　徐衍存著

1933 年上海良友图书印刷公司铅印本　吉林省图书馆藏

徐衍存，钱杏邨笔名。生平已见《暴风雨的前夜》。

此书回忆 1929 年 7 月作者与其他 26 位革命者一同被捕、受审、关押之经过，详述在提篮桥西牢囚禁九天情况。

36. 寄儿童们　章衣萍著

1933 年上海儿童书局铅印本　1934 年上海儿童书局（3 版）著录

著者生平已见《深誓》。

又：**寄儿童们　章衣萍著**　1934 年上海儿童书局铅印本（3 版）　南京图书馆藏

此书前有 1932 年自序，内录书信体散文《春》《夏》《秋》《冬》《天》《地》《太阳》《月亮》《爱中国》《爱智识》《小朋友爱生》《爱生的婶母》《我的小毛毛》《从奥特华说到我的儿时》《忆北京的一个小朋友》《人生第一件要事》，向少年儿童介绍大自然知识与做人道理。

37. 寄簃诗存四卷　洪汝怡著

1933 年上海商务印书馆铅印本　安徽省图书馆藏

著者生平已见《程笃原传》。

此书前有程善之序、自序，及陈诗等 11 人题词。内录著者自清光绪二十年（1894）至 1923 年诗，共 398 首。

38. 江慎修先生弄丸图遗象题赞附年谱　江兆槐著

1933 年油印本　安徽省图书馆藏

江兆槐（？—？），婺源人。江永裔孙。

江永（1681—1762），字慎修，清代著名经学家、音韵学家、天文学家和数学家，皖派经学创始人。其斋曰"弄丸"，又自称弄丸主人。《弄丸图》为江永遗像二种：其一为乾隆七年（1742）歙县徐曙东所绘，一为乾隆十六年（1751）杭州廖盛林所绘。是书录江永《弄丸图题记》，为第一次绘像时作；又《弄丸主人自题小影》诗，为第二次绘像时题。此一诗一文为江永《善余堂文集》所未收。末有阮元、陶澎、窦煦、江学谦、许承尧诸人题识，附《年谱》一卷。

39. 蒋观云先生遗诗　蒋智由著；吕美荪辑

1933 年铅印本　中国国家图书馆藏

吕美荪生平已见《葂丽园诗》。

此书前有陈三立序，另有夏敬观、袁思亮、周达、徐乃昌、黄孝纾、吕美荪、叶恭绰题诗，内录诗作约百首。末有吕美荪跋，称此书据作者手定稿辑成。

40. 今古奇观　（明）抱瓮老人辑；汪乃刚句读

1933 年上海亚东图书馆铅印本　北京大学图书馆藏

句读者生平已见《宋人话本八种》。

此书前有孙楷第序、姑苏笑花主人《原序》，内四十回。

41. 金粉世家续集　张恨水著

1933 年上海世界书局铅印本　重庆图书馆藏

著者生平已见《春明外史》。

此书六册，自五十七回始，至百二十回止，续写金燕西与冷清秋故事。

42. 孔子　章衣萍著

1933 年上海儿童书局总店铅印本　南京图书馆藏

著者生平已见《深誓》。

此书前有著者序，全书分"孔子的幼年""观周去齐""回鲁任教"
"从鲁到卫""孔子的晚年"等章。

此书被辑入《中国名人故事丛书》。

43. 苦儿努力记　［法］莫内德著；林雪清，章衣萍译

1933 年上海儿童书局铅印本　南京图书馆藏

译者生平已见《深誓》。

此书为上下册翻译小说。前有蔡元培题词及《本书的总评》，上册二
十五章，下册二十三章。

44. 两个罗曼司　刘麟生，伍蠡甫合译

1933 年上海黎明书局铅印本　中国国家图书馆藏

刘麟生生平已见《哥仑布》。

此书内录刘麟生译《俄卡珊和聂珂莱》、伍蠡甫译《阿密士和阿密力
士》两篇恋爱故事。

45. 六裁判　汪原放译

1933 年上海亚东图书馆铅印本　上海图书馆藏

译者生平已见《儒林外史》。

此书卷首有译者序。内录小说《六裁判》《一只小小的猪》《富翁的客》《穷人和富人》《旅行人和斧子》《母亲的遗念》《红箱子和绿匣子》《没了亲娘的女儿》《王子开森》《伊文和怪兽》10篇。

《译者序》称："这十个故事，有的是从英美的儿童读物里译来的，有的是从俄国的儿童读物里译来的。……这十个故事，只有《一只小小的猪》是民国十二年译的，其他都是民国十年一年中译的。"

此书被辑入《儿童故事译丛》。

46. 篛竹斋诗集十二卷　马敦仁著

1933年安庆文美印刷店铅印本　安徽省图书馆藏

著者生平已见《北游日记》。

此书前有黄自芳、王大球、刘纶阁、马向荣、何质序各一及自序。内录《义院集》《击壤集》《北游集》《蔬笋集（上、下）》《南游集》《汗青余沈集（上、下）》《围炉集》《悼亡集》《西湖游吟集》《捻髭集》《印志泥爪集》《啸园集》。

47. 猫博士的作文课：儿童作文指导第一册　胡怀琛著

1933年上海少年书局铅印本　超星数字图书馆收录

著者生平已见《兰闺清课》。

又：**民国大师教作文·猫博士的作文课**　胡怀琛著　2012年首都经济贸易大学出版社铅印本　广东省立中山图书馆藏

此书内有"作者自己的介绍""猫博士第一次上课""监察作文及发现抄袭""这条鱼是谁画的""怎样翻译古文为白话文""怎样描写一枝桃花""用数目字要斟酌"等41节。

48. 猫眼宝　程小青著

1933年上海文华美术图书公司铅印本　吉林省图书馆藏

著者生平已见《福尔摩斯探案全集》第六册。

此书为《霍桑探案汇刊一集》之一。

49. 蕺丽园诗续　吕美荪著

1933 年铅印本　中国国家图书馆藏

著者生平已见《蕺丽园诗》。

此书前有自序，内录 1931 年秋至 1933 年冬古近体诗 278 首，多怀念亲友之作。

50. 模范书信文选　戴叔清编辑

1933 年上海光明书局铅印本　首都图书馆藏

戴叔清，钱杏邨笔名。生平已见《暴风雨的前夜》。

此书前有《题记》，末有著者《论书信文学》。内三编：第一编为“地方通信”，录老舍、鲁迅、孙福熙、周作人、茅盾、钟敬文、孙伏园、于成泽、谢冰莹之作；第二编为“生活通信”，录郁达夫、谢冰心、徐祖正、田汉、庐隐、曹礼吾、徐志摩之作；第三编为“论学书信”，录鲁迅、胡适、夏丏尊、梁实秋、茅盾、巴金、周作人之作。

51. 魔力　程小青著

1933 年上海文华美术图书公司铅印本　上海图书馆藏

著者生平已见《福尔摩斯探案全集》第六册。

此书内录《魔力》《堕落女》2 篇。

此书为《霍桑探案汇刊二集》之三。

52. 沤社词钞　沤尹等辑

1933 年铅印本　中国国家图书馆藏

沤尹，洪汝闿笔名。生平已见《汪程二烈士哀挽录》。

此书为清末民初词人聚咏之作，前有《沤社词集同人姓字籍齿录》，内录朱孝臧、潘飞声、周庆云、程颂万、洪汝闿、林鹍翔、谢抡元、林葆恒、杨玉衔、姚景之、许崇熙、冒广生、刘肇隅、夏敬观、高毓浵、袁思亮、叶恭绰、郭则沄、梁鸿志、王蕴章、徐桢立、陈祖壬、吴湖帆、陈方恪、彭醇士、赵尊岳、黄孝纾、龙沐勋、袁荣法 29 人词作。全书按词社集会聚咏分卷，每次一集，共二十集。每集参与者人数不等，得词少则五七首，多则十余、二十余首，二十集共录 284 首。卷末有附录和诗 16 首，及

《和作同人姓字籍贯录》。

53. 祈祷 [日]洼川绮妮子著;华蒂译

1933年上海光华书局铅印本 超星数字图书馆收录

华蒂,叶元灿笔名,生平已见《全线》。

此书为描写日本女工生活之小说,曾于1931年连载于《读书月刊》1931年第1—2期,4期。书前有森堡所著《洼川绮妮子访问记》,曾发表于《读书月刊》1931年第1—2期。书末有署名森堡之《日本新兴文学战野里的女斗士们》。

54. 钱士青都转六十自述诗 钱文选著

1933年拓本 中国国家图书馆藏

著者生平已见《游滇纪事》。

55. 清升平署存档事例漫抄六卷 周明泰编著

几礼居戏曲丛书本 中国国家图书馆藏

著者生平已见《道咸以来梨园系年小录》。

升平署为清代后期宫廷伶官常设机构。

此书前有著者序,内详述自乾隆南巡,召江南伶工入京供奉内廷,至四大徽班进京,皮黄大兴,清咸丰帝后酷嗜俗乐,同光之际因慈禧更嗜皮黄,宫廷演剧出现"本"(宫内太监)、"府"(升平署学生)、"外"(外边戏班)三足鼎立局面,以及清代宫廷自制诸大传奇事。

著者先于序中陈述因果,作详尽之概述,而后移录大量档案史料。卷一共十六目,为一年中不同节日之演出活动;卷二共十四目,为皇室各种寿辰及婚丧典礼演出活动;卷三共九目,为南府、升平署有关史料;卷四共二十五目,为宫内演出活动各种细节;卷五共十六目,为戏曲音乐史料;卷六共十一目,为演出剧目史料。附录《乐器折一》《乐器折二》《安设乐器次序单》《清升平署存档释名》《清升平署存档详目》。

《著者序》称:"去年冬余得尽观北平图书馆所收海盐朱氏旧藏清升平署档案五百余册,其中有嘉庆年间南府之档案若干册,自道光七年,改南府为升平署,历年档案除光绪三十四年几全散佚,其余鲜有阙者。探本溯源,对于清廷演剧之情状,可略得其梗概矣……"

此书为《几礼居戏曲丛书》第四种。

56. 清映轩遗稿一卷　又名：季妹遗稿　吕贤满著

1933 年旌德吕氏铅印本　中国国家图书馆藏

吕贤满（1888—1914），字坤秀，一作昆秀。旌德人。吕凤岐、严士瑜第四女。曾任教于天津、吉林女子学校、厦门女子师范学校。

此书刊附吕凤岐《静然斋杂著》，共录诗 9 首，末附吕美荪哭季妹诸诗。

57. 秋风集　章衣萍著

1933 年上海合成书局铅印本　上海图书馆藏

著者生平已见《深誓》。

此书前有自序，内录小说《暮春》《随笔》《倚枕日记抄》《夜莺与玫瑰》《论冰莹》《春秋感言》《大学教授》7 篇，随笔杂感若干。其中《夜莺与玫瑰》为翻译童话。

58. 劝戒录节本　　（清）梁恭辰著；吕美荪编

1933 年铅印本　中国国家图书馆藏

此书为（清）梁恭辰《劝戒近录》一书节本。内记清代知名人士善恶果报事，并附编者记叙今人神鬼感应之事短文数篇及《自记三生因果》等。

59. 热河血　胡底著

1933 年红军湘赣军区政治部翻印　汪木兰，邓家琪编《中央苏区戏剧集》（百花洲文艺出版社 1992 年版，第 140 页）著录

著者生平已见《阶级》。

此书为五幕话剧。前有题记，称此剧"描写民族革命战争中光荣伟大的牺牲以及北方群众抗日反帝可歌可泣的事迹，激发群众抗日反帝的精神"。

60. 日记文学丛选·文言卷　阮无名编辑

1933 年上海南强书局铅印本　首都图书馆藏

阮无名，钱杏邨笔名。生平已见《暴风雨的前夜》。

此书前有编者长篇序记，内辑录范成大、陆游、流衲木拂、黄淳耀、王士祯、姚鼐、陆陇其、王壬秋等历代名人日记 18 篇。有作者简介。

《序记》谈及中国最早之日记，中国日记特点等，并称此书所收名人
日记选自编者收藏，并对每一名人日记作出简介。

61. 日记文学丛选·语体卷　阮无名编辑

1933 年上海南强书局铅印本　南京图书馆藏

阮无名，钱杏邨笔名。生平已见《暴风雨的前夜》。

此书前有编者序记，末附张资平《岁望小农居日记》。内录鲁迅、巴
金、郁达夫等十余人日记多篇。

62. 社会之敌　程小青著

1933 年上海文华美术图书公司铅印本　上海图书馆藏

著者生平已见《福尔摩斯探案全集》第六册。

此书为《霍桑探案汇刊二集》之二。

63. 申报读者顾问集第一集　王灵均著

1933 年上海申报馆铅印本　广州中山图书馆藏

王灵均，高语罕笔名，著者生平已见《白话书信》。

此书前有自序，内录 71 篇文章，前附读者来信，后为答复，曾发表于
《申报》。主要涉及婚姻、恋爱、妇女问题、社会腐败、教育、文学、心理
等问题。

64. 诗歌概论·曲之部　储皖峰选录

1933 年浙江大学油印本　首都图书馆藏

著者生平已见《东方大同学案》。

此书内录关汉卿《感天动地窦娥冤》，杨显之《郑孔目风雪酷寒亭》，白
朴《唐明皇秋夜梧桐雨》，马致远《破幽梦孤雁汉宫秋》等元曲 10 出。每出
前有著者小传，并介绍研究界对此作品之研究状况，多取王国维之说。

目录后有《附记》，依照王国维《宋元戏曲史》将元曲家时代分为三
期，并列出三期人物。

65. 瘦蝶词一卷附一卷　李国模著

1933 年苏州毛上珍铅印本　安徽省图书馆藏

著者生平已见《合肥词钞》。

此书前有李国璋、蔡杰序各一，及陈诗、王政谦、李国楷、李国璋、张荣培、杨鸿年、杨德炯、杨开森、李经筵题词。内录词作 70 余首。末附《李筱崖先生哀挽录》。

66. 抒情文作法范例　胡怀琛著

1933 年上海大华书局铅印本　苏州大学图书馆藏

著者生平已见《兰闺清课》。

此书供初高中教学参考用，分"何谓抒情文""抒情文与非抒情文的辨别""发表情感的方法""关于修辞方面的方法""作抒情文与读抒情文"等十二章。

67. 水浒传　胡怀琛改编

1933 年上海商务印书馆铅印本　中国国家图书馆藏

改编者生平已见《兰闺清课》。

此书为节写本，以七十回本为底本，改编为六十八回。

此书为《小学生文库》第一集。

68. 四十自述　胡适著

1933 年上海亚东图书馆铅印本　安徽省图书馆藏

著者生平已见《短篇小说第一集》。

此书前有自序，称："我的《四十自述》，只是我的传记热的一个小小的表现。这四十年的生活可分作三个阶段，留学以前为一段，留学的七年（1910—1917）为一段，归国以后（1917—1931）为一段。我本想一气写成，但因为种种打断，只写成了这第一段的六章。现在我又出国去了，归期还不能确定，所以我接受了亚东图书馆的朋友们的劝告，先印行这几章。这几章都先在《新月》月刊上发表过，现在我都从头校改过，事实上的小错误和文字上的疏忽，都改正了。……关于这书的体例，我要声明一点。我本想从这四十年中挑出十来个比较有趣味的题目，用每个题目来写一篇小说式的文字，……因为这个方法是自传文学上的一条新路子，并且可以让我（遇必要时）用假的人名、地名描写一些太亲切的情绪方面的生活。但我究竟是一个受史学训练深于文学训练的人，写完了第一篇，写到了自己的幼年生活，就不知不觉的抛弃了小说的体裁，回到了谨严的历史叙述的老路上去了。"

69. 松鼠　又名：红色间谍　胡底著

1933年工农剧社总社刊本　汪木兰、邓家琪编《中央苏区戏剧集》（百花洲文艺出版社1992年版，第326页）著录

著者生平已见《阶级》。

此书为四幕滑稽剧。

70. 随笔三种　章衣萍著

1933年上海神州国光社铅印本　中国国家图书馆藏

著者生平已见《深誓》。

此书前有著者《随笔三种小记》，内录《枕上随笔》《窗下随笔》《风中随笔》。

此书为《衣萍半集》之一种。

71. 孙中山先生　章衣萍，吴曙天著

1933年上海儿童书局铅印本　超星数字图书馆著录

著者生平已见《深誓》。

又：孙中山先生　章衣萍，吴曙天著　1937年上海儿童书局总店铅印本　上海图书馆藏

此书内分"故乡""幼年""家属""从经商到求学""做医生""准备革命""在伦敦""革命的从失败到成功""打倒袁世凯""广州之护法与蒙难""遗嘱"11节，讲述孙中山生平经历。

此书被辑入《中国名人故事丛书》。

72. 太平花　张恨水著

1933年上海三友书社铅印本　上海图书馆藏

著者生平已见《春明外史》。

又：太平花　张恨水著　1946年上海三友书社铅印本（订正本）　清华大学图书馆藏

此书为长篇小说，1931年9月1日至1933年月26日上海《新闻报》

副刊《快活林》连载。全书三十回，前有自序。

《自序》称："太平花者，国家之瑞征，将以此物反映国家之不太平也。乃属成七回，而'九·一八'难作，举国方盛唱秣马厉兵，与敌人一决。乃愚书发于报端者，则仍为炮火凄惨之言。读者疑之，群以责难，盖不知文成于国难之前，而发表在国难之后也。然愚以是故，自八回起，辄改其非战之说，而为主战之论。争城争地之人物，尽为执戈卫国之健儿。苛捐杂税之穿插，亦改为外人铁蹄蹂躏之事实。……至全书末节，仍归到非战。盖从消极的人道言之，积极的推翻帝国主义言之，吾人苟有世界之远大眼光，非战终必有此一日。"

著者于《写作生涯回忆》（人民文学出版社 1982 年版，第 60 页）中称："自《太平花》改作起，我开始写抗战小说。"又称："后来书作完了，自己从头到尾，审查过一遍，修订过一遍，居然言之成理，二十二年，也就出版了。抗战期间，后方也要出版，但到出版的日子，日本人又投降了。在日本人又投降之后，我们还要提倡战争，也觉得不对。于是我又来了个第二次订正。三十四年，我到上海，将订正本交给书局，言明以后出版，以此为准，原版给它消灭了。"

73. 谈美：给青年的第十三封信　朱光潜著

1933 年上海开明书店铅印本　中国国家图书馆藏

著者生平已见《给青年的十二封信》。

此书前有著者序，内十五章，论及"艺术和实际人生的距离""美的作用""美与自然的关系""如何创造美""人生的艺术化""美感与快感""美的联想""创造与想象"等问题。

74. 唐诗概论　苏雪林著

1933 年上海商务印书馆铅印本　中国国家图书馆藏

著者生平已见《李义山恋爱事迹考》。

此书包括"唐诗隆盛之原因""唐诗变迁之概况""初唐四杰""沈宋与律诗""初唐几个白话诗人""开天文学之先驱""开天间诗人与乐府新词""战争和边塞作品""隐逸风气和自然的歌唱""浪漫文学主力作家李白""写实主义开山大师杜甫""大历间的诗人""险怪派领袖诗人韩愈""韩派诗人""功利派首倡者白居易""白派诗人""唯美文学启示者李贺"

"诗谜专家李商隐""李商隐同时诗人""唐末诗坛"二十章。

此书被辑入《万有文库》。

75. 陶渊明　章衣萍著

1933 年上海儿童书局初版　首都图书馆藏

著者生平已见《深誓》。

此书前有自序，全书三章，分别为"壮志""游宦""隐居"。

《自序》称，本书陶渊明生卒年采用梁启超考证。

此书被辑入《中国名人故事丛书》。

76. 啼笑因缘续集　张恨水著

1933 年上海三友书社铅印本　复旦大学图书馆藏

著者生平已见《春明外史》。

著者于《写作生涯回忆》（人民文学出版社 1982 年版，第 65 页）中提及此书写作，称："在我结束该书的时候，主角虽都没有大团圆，也没有完全告诉戏已终场，但在文字上是看得出来的。我写着每个人都让读者有点有余不尽之意，这正是一个处理适当的办法，我决没有续写下去的意思。可是上海方面，出版商人讲生意经，已经有好几种《啼笑因缘》的尾巴出现，尤其是一种《反啼笑因缘》，自始到终，将我那故事，整个的翻案。执笔的又全是南方人，根本没过过黄河。写出的北平社会，真是也让人又啼又笑。许多朋友看不下去，而原来出版的书社，见大批后半截买卖，被别人抢了去，也分外的眼红。无论如何，非让我写一篇续集不可。我还是那话，扭拗不过人情去，就以半月多的工夫，写了短短的一个续集。"

77. 铁血情丝　张恨水著

民国铅印本　北京图书馆书目编辑组《中国现代作家著译书目·续编》（书目文献出版社 1986 年版，第 578 页）著录

著者生平已见《春明外史》。

此书为三十六回长篇小说，分上、下册，曾于 1933 年 5 月 10 日至 11 月 27 日连载于上海《金刚钻》报。

78. 童茂倩先生诗一卷 童揔芳著

1933 年安徽通志馆抄本 安徽省图书馆藏

童揔芳（1859—1932），字茂倩，晚号养园老人，室名存吾春馆。肥西人。戊戌变法中被举荐为顺天中学堂监督，不久返乡，任皖北教育总会会长。清光绪三十二年（1906）任安徽教育总会会长、安徽咨议局局长，兴办芜湖安徽公学、安庆尚志学堂、安庆高等学堂等。民国后返乡，创办庐阳私立正谊中学、安庆安徽大学。

此书前有张树侯序，内录四言古诗 35 题，七言古诗 9 题，杂言古诗 13 题，五言律诗 10 题，七言律诗 12 题，七言绝句 38 题，五言绝句 17 题，诗余 17 题。

《张序》称："合肥童茂倩先生残诗一卷，乃其族侄孙君逸手录者，虽非其全，亦可为豹之一斑。尚有七十寿同人祝文，并诗数联，并其挽联、祭文，当并录之，合为一卷，以便刊印，以存其人。"

79. 瓦鸣诗钞一卷 李正清著

1933 年铅印本 安徽省图书馆藏

李正清（1877—1944），号十湖。庐江人。1913 年旅居上海，授徒为生。1919 年任职湖南，1921 年至当涂县署主管文墨，后客居吴长植军中，五十岁返乡。

此书前有光明甫、郎鸿钧序各一。内录古近体诗 120 余首，另有《瓦鸣文存》10 篇。

80. 王阳明 章衣萍著

1933 年上海儿童书局总店铅印本 南京图书馆藏

著者生平已见《深誓》。

此书分"少年时代""初次做官""学仙学佛""龙场的生活""功业盖世""他的教训"等章。

此书被辑入《中国名人故事丛书》。

81. 文艺创作概论 华蒂著

1933 年上海天马书店铅印本 中国国家图书馆藏

华蒂，叶元灿笔名，生平已见《全线》。

此书据日本川口浩《新兴文学概论》编成，全书七章，依次论述"文学发展之历史的途径""文学创作的基本问题""文学底本质与特性""创作方法论""事实的记录与艺术的概括""文艺作品的新样式""文艺批评的几个问题"。

82. 文艺古老话　胡怀琛著

民国稿本　胡怀琛《萨坡赛路杂记·序》（广益书局1937年版）著录

著者生平已见《兰闺清课》。

此书前有著者《绪言》，称："最近我撰《中国文学史概要》，其中一部分是'历代文人的故事'，约三四万字，而为篇幅所限，所搜集的还是不多。……这里，我把比较少见的再搜集来，供给读者。"

此书曾以《文坛老话》为名，连载于1933年《珊瑚》杂志第1、2、3、30期。

83. 文章及其作法　高语罕编著

1933年上海光华书局铅印本　中国国家图书馆藏

著者生平已见《白话书信》。

此书选曹雪芹、胡适、李一尘、托尔斯泰、高尔基、柴霍夫、莫泊桑、克鲁泡特金等人17篇作品为范文，于篇后进行段落分析、讲述结构、说明文章大意，以帮助读者掌握基本写作方法。

又：**文章评选　高语罕编著**　1935年上海大光书局铅印本　中国国家图书馆藏

此书系《文章及其作法》一书改名出版。

84. 文章模范第二册　汪静之，符竹因编

1933年上海神州国光社铅印本　天津图书馆藏

汪静之生平已见《湖畔》。

此书共录诗文101篇，以旧体诗、白话文为主，兼录译作。作者有鲁迅、蔡元培、胡适、梁启超、郭沫若、朱自清等。

85. 我的儿时日记　章衣萍著

1933 年上海儿童书局铅印本　周锦《中国现代文学书名大辞典》（智燕出版社 1987 年版，第 525 页）著录

著者生平已见《深誓》。

此书录作品 35 篇，记载著者儿时生活。

86. 吴芝瑛夫人遗著一卷附哀荣录一卷　吴芝瑛著；惠毓明编辑

民国铅印本　南京图书馆藏

著者生平已见《剪淞留影集》。

此书前有吴东园、杨佑甫序，宗子威、张健荪、吴绛珠、王玉佩题词，惠毓明所撰《编者言》，吴芝瑛照片 4 幅，惠毓明作《吴芝瑛夫人传略》，并著者遗墨。内录诗作 20 首，《挽秋瑾女侠》联一副，散文《祭女烈士秋瑾文》《记秋女士遗事》《秋女士传》《秋瑾遗著序》等。附录《吴芝瑛夫人荣哀录》录 126 家诗、词、联等。末有廉建中跋，胡介昌作《尾言》。

87. 五福党　程小青著

1933 年上海文华美术图书公司铅印本　吉林省图书馆藏

著者生平已见《福尔摩斯探案全集》第六册。

此书为《霍桑探案汇刊一集》之五。

又：**五福党　程小青著**　1945 年上海世界书局铅印本　吉林省图书馆藏

此书内录侦探小说《五福党》《双殉》《魔刀》3 篇。

此书为《霍桑探案袖珍丛刊》之二十三。

88. 舞女血　程小青著

1933 年上海文华美术图书公司铅印本　吉林省图书馆藏

著者生平已见《福尔摩斯探案全集》第六册。

此书内录侦探小说《畸零女》《舞女血》2 篇。

此书为《霍桑探案汇刊二集》之四。

89. 现代名家随笔丛选　阮无名编辑

1933年上海南强书局铅印本　南京图书馆藏

阮无名，钱杏邨笔名。生平已见《暴风雨的前夜》。

此书前有自序，内录刘复《南归杂话》、高一涵《皖江见闻记》、顾颉刚《进香琐记》、徐志摩《天目山中笔记》、徐祖正《山中杂记》、许钦文《元庆纪念室笔记》、钟敬文《羊城风景片题记》、郁达夫《移家琐记》、施蛰存《无相庵随笔》、凌叔华《解闷随记》、陶行知《不除庭草斋夫谈荟》、林语堂《有不为斋随笔》、刘大白《白屋联话》、夏丏尊《文艺随笔》、冯沅君《论文小纪》、顾颉刚《读书杂记》、鲁迅《新秋杂识》、茅盾《社会随笔》、陈子展《蓬庐絮语》、苏曼殊《燕子龛随笔》、刘复《灵霞馆笔记》21篇。

《自序》称："这部随笔编选的基准，是强调在富有社会性的，实用的文字上面。……只有这样的作品，才有力量把青年读者只注意'青青的天空'的眼拉回人间来。"

90. 现代中国文学论　钱杏邨著

1933年上海合众书店铅印本　上海图书馆藏

著者生平已见《暴风雨的前夜》。

此书前有著者《题记》，内录《现代中国文学论绪章》《上海事变与鸳鸯蝴蝶派文艺》《上海事变与大众歌曲》《上海事变与资产阶级文学》《上海事变中的北方作家》《革命的罗曼谛克》6篇论文。

《题记》称：1932年"由于'生活'与'论争'的影响，我是用了绝大的努力，把自己从过去的泥沼中拔出了。……这里的七篇文字，都还是旧作。《现代中国文学论绪章》，是原名《新兴文学论》一书里的首章，以下的五篇，也是《上海乃变与文艺》一书中的一部分；因为自己比较的进步，不愿照旧的赓续下去；所以把这些稿件，连同另一篇短文，印成这一个册子；一是由于不忍散弃了许多可以供给大家参考的宝贵的文学史料，也是想用它来作为我初期批评的一个最后的纪念的意思"。

此书被指为"宣传普罗文学理论"，于1933年遭查禁。

91. 小娇娘　章衣萍著

1933年上海黎明书局铅印本　上海图书馆藏

著者生平已见《深誓》。

此书前有著者序，内录《小娇娘》《花小姐》《阿顺》《初恋》《疯了的父亲》《过年》6 篇小说。

著者序称，《疯了的父亲》"为内人曙天所作"。

92. 小品文作法范例　胡怀琛著

1933 年上海大华书局铅印本　胡小静《胡怀琛传略》（载晋阳学刊编辑部编辑《中国现代社会科学家传略·第八辑》，山西人民出版社 1987 年版，第 376 页）著录

著者生平已见《兰闺清课》。

93. 心灵电报：世界短篇杰作选　汪倜然译

1933 年上海现代书局铅印本　中国国家图书馆藏

译者生平已见《希腊神话 ABC》。

此书前有译者前言，内录 ［波］显克微支《忠于艺术》、［法］都德《打弹子》、［波］伯鲁士《心灵电报》等 13 篇短篇小说，系自英译本转译。

《前言》称："这是一本世界短篇小说选择集，共代表九国十三个国家。我在一九二九年以后所译的小说都在这里了。"

94. 新文艺诗选　蒋光慈编辑

1933 年上海南强书局铅印本　倪墨炎《现代文坛灾祸录》（上海书店出版社 1996 年版，第 147 页）著录

编者生平已见《哀中国》。

此书被指为"宣传普罗文艺"，于 1933 年遭查禁。

95. 婴砧觞咏集　邢松阳编著

1933 年铅印本　安徽省图书馆藏

邢松阳（？—?），字生白。无为人。

此书前有"贞姊肖像"，周栋题词，道济《灵济真君宝训》及寿联。内录邢松阳作《征文启》，卢自滨作《邢贞女事略》，王耀、郑文卿作《邢贞姑传》各一，以及诸家贺文、贺诗、贺词、赞、歌、寿联等。

96. 养性轩诗集二卷　沈曾荫著

1933 年铅印本　中国国家图书馆藏

沈曾荫（1885—1971），字仰放，号龙岩居士，室名养性轩。石埭人。清末北京实业专门学校毕业，曾任京师大学堂监学、北京大学学监、财政部会计司主事、平汉铁路局事务科科长、铁道部专员等职。清光绪年间著有《龙岩诗钞》一卷，《龙岩诗词合钞》二卷。

此书为刘希淹题签，徐世昌序。卷一、卷二各录古近体诗作百余题，约 300 首。

著者于《养性轩诗词合刊自序》中称："鼎革以还，岁无宁日。自壬子至辛未二十年间剩百二十首，刊曰《养性轩诗存》，自壬申至丁丑侨寓琴岛，依山傍海，吟兴益增，又得三百首，刊上下两卷，曰《养性轩诗集》。"

97. 一个妇人的情书　〔奥〕斯奇凡·蔡格著；章衣萍译

1933 年上海华通书局铅印本　中国国家图书馆藏

译者生平已见《深誓》。

此书为中篇小说，原题为"一个陌生女人的来信"。

此书著者今译"斯蒂芬·茨威格"。

此书被辑入《文艺春秋社丛书》。

98. 一个平凡的少年　胡怀琛著

1933 年上海少年书局铅印本　湖北省图书馆藏

著者生平已见《兰闺清课》。

99. 衣萍文存　章衣萍著

1933 年上海乐华图书公司铅印本　上海图书馆藏

著者生平已见《深誓》。

此书前有著者《怎样写文章》，内录散文《胡适先生给我的印象》《刘海粟先生》《记所遇》《我的伤痕》《青年应该读什么书》《中国的情歌》《在灯下》等 27 篇。末有著者所撰《我的自叙传略》。

100. 衣萍小说选　章衣萍著

1933 年上海乐华图书公司铅印本　中国国家图书馆藏

著者生平已见《深誓》。

此书前有著者序《我怎样写小说》，内录小说《第一个恋人》《爱丽》《暮春之夜》《小娇娘》等 9 篇。

101. 逸园杂咏一卷冶溪诗集续编一卷　方寿昌著

1933 年抄本　中国国家图书馆藏

方寿昌（1873—1934），字筱亭。定远人，居合肥。

此书前有自序并《逸园记》，内录《逸园杂咏》七言诗 58 首，以咏花木为主。《冶溪诗集续编》录《读吴烈士禄贞遗诗题数字》《合肥大火》等古近体诗 40 余首。

102. 萤火集　宁华庭著

1933 年上海大中月刊社铅印本　上海图书馆藏

宁华庭（1903—1949），笔名明宇。青阳人。早年先后就读于上海光华大学文学系、东吴大学法学系。1931 年始，先后任教于上海东吴大学、上海政法学院、上海惠中中学，1935 年任上海律师事务所律师，曾主编《争鸣》杂志。1936 年随首席律师出庭为七君子辩护，其后历任国民政府军委会政治部第二队农干班副主任，国民党二十三集团军司令部中校秘书，徽州中学、省立池州师范学校教务主任兼国文教员。行政院最高经济委员会经济督察专员。1948 年秋辞职返乡，次年病逝。

此书分诗、文两部分，录诗 55 首，并录政治时事、教育等论文 22 篇。

103. 由泰山到张家口　冯玉祥著

1933 年铅印本　北京大学图书馆藏

著者生平已见《冯玉祥诗钞》。

此书记著者"九·一八"事变后由泰山到达张家口之经过及往来函电。全书分"应付国难的新逻辑""在泰山中""沪战协议前后""养病中之忧国情绪""汪张辞职中之态度""由泰山到张家口""关怀抗日将士"等十部分。

104. 蕴素轩诗集十一卷蕴素轩词一卷　姚倚云著

1933年铅印本　安徽省图书馆藏

著者生平已见《沧海归来集》。

此书前有姚永概、顾公毅序各一。

著者于清末刊有《蕴素轩诗》四卷，刊附《范伯子诗集》十九卷后，此书复裒辑民国所作，合为十一卷。

105. 真西游记二卷　胡寄尘著

1933年上海佛学书局铅印本　复旦大学图书馆藏

胡寄尘，名怀琛，生平已见《兰闺清课》。

此书二十六回。前有著者《真西游记序例》，称："原有《西游记》及《三藏取经诗话》两书，流传甚广，几乎妇孺皆知，虽亦恢奇可喜，然多凭空结撰，绝非事实。彼托名为玄奘之事，当为玄奘所不许也。今此书一以三藏法师为本，与原有《西游记》凭空结撰者不同，故称《真西游记》。此书仍用宋人平话体裁，以便通俗能解，而易于流传。取材除《三藏法师传》而外，以《大唐西域记》为多，其他如《南海寄归传》等，间亦采及。书中多有涉及神怪之处，然皆据《法师传》及《西域记》。藉以考见印度民间传记之一斑，并保存佛书中神话之本来面目，不敢随意增添，以陷原有《西游记》之故辙。书中亦有以己意添造以资点缀者，然必在情理之中。"

106. 知行诗歌集　陶知行著

1933年上海儿童书局铅印本　中国国家图书馆藏

陶知行，又名陶行知。生平已见《知行书信》。

此书前有《献诗》，内《荒郊集》录白话新诗12首；《枯树集》录白话新诗13首；《幼苗集》录白话新诗46首。全书以儿歌为主。

《献诗》写于1931年，系著者追悼父亲之作。

107. 中国诗词概论　刘麟生编述

1933年上海商务印书馆铅印本　北京大学图书馆藏

编述者生平已见《哥仑布》。

此书十二章,分别为"中国诗的鸟瞰""论诗经""五古诗的演进""乐府诗的盛时""七古诗与近体诗的完成""诗的散文化时代""诗的模仿时代""词的萌芽时代""词的极盛时代""词的衰落与复兴""诗话与词话"。

此书收入《中国文学八论》。

中国文学八论　刘麟生主编

此编前有《中国文学八论编辑旨趣》,内录刘麟生《中国文学概论》《中国诗词概论》,方孝岳《中国散文概论》《中国文学批评》,瞿兑之《中国骈文概论》,卢冀野《中国戏剧概论》,胡怀琛《中国小说概论》,蔡正华《中国文艺思潮》。

108. 中国文法浅说　胡怀琛著

1933 年上海商务印书馆铅印本　湖南省图书馆藏

著者生平已见《兰闺清课》。

此书十六章,从"文法的来历及其效用""怎样研究中国文学""九种词性的名称",讲到各种词类的特点及其使用方法,最后介绍句子的构成。

此书被辑入《小学生文库》。

109. 中国新文坛秘录　阮无名著

1933 年上海南强书局铅印本　中国国家图书馆藏

阮无名,钱杏邨笔名。生平已见《暴风雨的前夜》。

此书有作者前记,内录现代文坛掌故、趣事及文学运动史事片断,计有《周作人与阿 Q 正传》《文字之狱的黑影》《〈读书杂志〉与〈努力〉》《老章又反叛了》《在博士所说的而外》《梁任公的晚年生活》《幸福的连索》《孤山的梅花全文》《郭著小品六章序》《周作人与革命文学》《林琴南先生的白话文》《英雄若是无儿女》《北京诗刊的终结》《新月派的戏剧运动》《小说月报和创作论特辑》《最小的问题与最大的发现》16 篇。

110. 中国艺文学常识　李西溟著

1933 年石印本　安徽省图书馆藏

李西溟(1892—1957),字启光。太湖人。早年毕业于公立法政专科学校,曾任无为县县长。1932 年后历任安庆六邑联立中学教员、校分部主任和安庆市高级中学、安庆专科师范、安徽大学文史教员。

此书前有著者引言，探究"国学"之含义及本书题目之由来。此引言曾刊载于《学风》四卷七期。末有《编者识》。

《编者识》称："太湖李西溟君上年执教安庆联立六邑中学，编有《中国艺文学常识》一书以飨学者。条畅清晰，极合中学生需要。爰录其首章于此俾见一斑。"

111. 赘叟词稿一卷　李从龙著

民国抄本　安徽省图书馆藏

著者生平已见《尘海浮鸥馆诗集》。

此书前有癸酉（1933）秋道人抄毕之《识》及《附记》。

112. 醉月山房诗草一卷　胡晋文著

1933年绩溪胡礼义堂铅印本　安徽省图书馆藏

胡晋文（1835—1916），字焕章。绩溪人。教读乡里。

此书前有胡晋接、胡在渊序各一。内录古近体诗52题近百首，多写景述怀之作。末有胡运中跋。

113. 作文概论　胡怀琛编著

1933年上海大华书局铅印本　广东省立中山图书馆藏

编著者生平已见《兰闺清课》。

此书十六章。介绍初学作文之基本知识。

114. 作文门径　胡怀琛著

1933年上海中央书店铅印本　广东省立中山图书馆藏

著者生平已见《兰闺清课》。

此书分"对于'文'的认识"和"关于'文'的作法"两部分，末附"小品文选读"，录周作人、孙福熙、徐志摩、鲁迅、朱自清等人散文及两篇译作。

1934年(民国二十三年)

1. 安徽佛门龙象传二卷　江谦纂修

1934年安徽通志馆铅印本　中国国家图书馆藏

纂修者生平已见《阳复斋诗偈集》。

此书为传记散文。全书九科，有安徽籍高僧及在安徽弘法之高僧及居士、善女人共179人小传。

2. 安徽通志稿艺文考集部提要三十六卷　安徽通志馆编

1934年安徽通志馆铅印本　安徽省图书馆藏

此书实际编者为潘田。编者生平已见《龙眠逸史》。

《安庆地区志·人物》（黄山书社1995年版，第1270页）称，潘田"在安徽通志馆撰写的《安徽通志艺文考集部提要》三十六卷，遍访公私藏书五百余种，对前志著录的集部千余种中的讹误，一一为之考订。书存者，评拟提要，亡者亦参考他书，识其梗概。并增录未收及后出之书，仿《四库全书》体例，历数年艰辛而书成。后由志馆印行，一时颇具影响"。

3. 白纱巾　程小青著

1934年上海大众书局铅印本　天津图书馆藏

著者生平已见《福尔摩斯探案全集》第六册。

此书十二章。

4. 班超　章衣萍著

1934年上海儿童书局总店铅印本　首都图书馆藏

著者生平已见《深誓》。

此书 6 节,讲述班超自投笔从戎到去世所建功业。

此书辑入《中国名人故事丛书》。

5. 被侮辱与被损害的　[俄]陀思妥耶夫斯基著;李霁野译

1934 年上海商务印书馆铅印本　安徽省图书馆藏

译者生平已见《往星中》。

此书为长篇小说。

6. 程善之先生时评汇刊　程善之著

1934 年镇江新江苏报铅印本　中国国家图书馆藏

著者生平已见《短篇小说》。

此书录杂文《一个建设的难题》《国技考试》《西班牙招华工》《外人法权之下如是如是》《官邪》《不用愚民政策》《失业与无业》《报仇》等200 余篇。末附《新江苏报六周年纪事提要》。

7. 川游漫记　陈友琴著

1934 年南京正中书局铅印本　北京大学图书馆藏

陈友琴(1902—1996),笔名珏人、静岩。南陵人。1923 年肄业于上海沪江大学文学系,历任上海建国中学、敬业中学、务本女中语文教师,《中央日报》副刊编辑,安徽屯溪柏山皖中、建国中学、江苏临中教员,杭州之江大学国文讲师,杭州《东南日报》副刊编辑,浙江临安杭州幼师副校长等职。

此书二十二章,前有著者《小识》,称此书"仅为游览留念而写者也。间亦涉及建设与工商情形。至于政治军事及讨赤前线等之详细陈述,另有《川北赤区视察记》在,于此中不复赘,幸读者分别览之"。

8. 东皋诗存四卷补遗一卷文存一卷　刘兴诗著

1934 年石印本　安徽省图书馆藏

刘兴诗(?—?),字子正。亳县人。

此书前有《东皋吟咏图》,李廷桂、李传璋序各一,内卷一录诗42 题,卷二录诗41 题,卷三录诗23 题,卷四录诗9 题。多酬答之作。《补遗》录《困亳纪念》,述1930 年南北构兵,亳州民难事。附录文一卷23 篇,多为序、跋、传等。末有著者跋。

9. 东游纪略　王揖唐著

1934 年天津大公报社铅印本　首都图书馆藏

著者生平已见《横山草堂联话》。

此书前有李盛铎序，后有门人沈曾迈跋，内记著者于 1934 年 4 月至 6 月游历日本之见闻，对日本佛教作详细介绍。

10. 读书作文的故事　胡怀琛著

1934 年上海新中国书局铅印本　中国国家图书馆藏

著者生平已见《兰闺清课》。

此书以故事体裁讲述修辞及写作知识。

11. 儿童节歌曲集　陶知行作词；赵元任作曲

1934 年上海商务印书馆铅印本　超星数字图书馆收录

陶知行，又名陶行知。生平已见《知行书信》。

此书内录《儿童节歌》《儿童工歌》《小先生歌》等 6 首，有五线谱。

12. 儿童音乐故事　胡怀琛，宋寿昌编著

1934 年南京正中书局铅印本　首都图书馆藏

胡怀琛生平已见《兰闺清课》。

此书前有《卷头语》《例言》，内录中国古代音乐故事《伯牙和钟子期》《音乐为婚姻的媒介》《昭君出塞的故事》《嵇康的广陵散》等 13 篇，外国音乐故事《两种乐器的发明家》《月下偷抄琴谱》《皮鞋上的梵华林》《唱歌救国王》等 12 篇。

13. 风雨飘摇　程碧冰著

1934 年上海光明书局铅印本　上海图书馆藏

著者生平已见《浮浪者》。

此书内述乡村来上海求生知识青年生活遭际，表达了著者对于"小资产阶级劣根性"的抨击和对于革命的向往。

此书于 1934 年 12 月以"宣传共产，鼓吹赤化"为由，被国民政府西

南政务委员会查禁。

又：**饿殍　程碧冰著**　1937 年上海希望出版社铅印本　安徽大学图书馆藏

此书前有《弁言》，基本内容同《风雨飘摇》。

14. 古甲虫　[美] 范达痕著；程小青译

1934 年上海世界书局铅印本　南京图书馆藏

译者生平已见《福尔摩斯探案全集》第六册。

此书前有译者序。

此书为《斐洛凡士探案》之五。

15. 故事剧　胡怀琛著

1934 年上海商务印书馆铅印本　首都图书馆藏

著者生平已见《兰闺清课》。

此书四册。第一册录《晏婴使楚》（独幕剧）、《邹忌比美》（独幕剧）、《借米》（四幕剧）；第二册录《戚将军》（四幕剧）、《苏武牧羊》（四幕剧）；第三册录《投笔从戎》（四幕剧）、《车夫之妻》（四幕剧）；第四册录《吴宫教战》（独幕剧）、《放贼》（独幕剧）、《优人仗义》（四幕剧）。

此书被辑入《小学生文库》。

16. 癸巳类稿十五卷诗文补遗一卷　（清）俞正燮著；王立中补遗

1934 年安徽丛书编印处铅印本　中国国家图书馆藏

王立中（1882—1951），幼名康荣，字叔平，别号城南老人。黟县人。清光绪三十四年（1908）考入安徽高等学堂，毕业后一度经商。民国年间曾参与安徽省通志馆工作。

此书为《安徽丛书》第三期。

17. 海滨别墅与公墓　[保] 斯塔玛托夫著；[保] 克勒斯大诺夫世译；金克木汉译

1934 年中国世界语书社铅印本，中国国家图书馆藏。

金克木（1912—2000），字止默，笔名辛竹。寿县人，生于江西。1930 年赴北平求学，曾任北京大学图书馆职员。1941 年至印度任报纸编辑，于鹿野苑研习佛学、梵文和巴利文。1946 年回国，出任武汉大学哲学系教授。

此书为世汉对照短篇小说世界语书名：*Vilao apud la maro kaj en la tombejo*。本书据世译本转译，内录《海滨别墅》《公墓》两篇。

18. 海外寄霓君　朱湘著

1934 年上海北新书局铅印本　中国国家图书馆藏

著者生平已见《路曼尼亚民歌一斑》。

此书录著者于国外留学期间与妻书 90 通。

19. 韩王二公遗事　周学熙编辑

1934 年周氏师古堂刻本　中国国家图书馆藏

编辑者生平已见《府君行状》。

此书辑录（宋）韩琦、王曾遗事。

20. 胡适日记　胡适著

1934 年文化研究社铅印本（再版）　安徽省图书馆藏

著者生平已见《短篇小说第一集》。

此书录著者早年留学美国日记 70 余篇，不著年月，仅为日记内容摘录，多写美国社会生活与学界见闻。

又：**藏晖室札记四卷　胡适著**　1939 年上海亚东图书馆铅印本　中国国家图书馆藏

此书前冠自序，内录著者清宣统二年（1910）至 1917 年在美国留学期间之日记、杂记。

《自序》称："这十七卷札记是我在美国留学时期（1910—1917）的日记和杂记。我在美国住了七年，其间大约有两年没有日记，或日记遗失了。这里印出的札记只是五年的记录：1910 年 8 月以后，有日记，遗失了。……这些札记本来只是预备给兄弟朋友们看的，其实最初只是为自己记忆的帮助的，后来因为我的好朋友许怡荪要看，我记完了一册就寄给他看，请他代我收存。到了最后的三年（1914—1917），我自己的文学主张，思想演变，都写成札记，用作一种'自言自语的思想草稿'。"

又：**胡适留学日记　胡适著**　1948 年上海商务印书馆铅印本　安徽省

图书馆藏

此书前有《重印自序》，内容同《藏晖室札记》。

《重印自序》称："这十七卷《留学日记》，原来题作'藏晖室札记'，民国二十八年上海亚东图书馆曾排印发行，有民国二十五年我写的自序，说明这七年的日记保存和付印的经过。这书出版的时候，中国沿海沿江的大都会都已沦陷了，在沦陷的地域里我的书都成了绝对禁卖的书。珍珠港事件之后，内地的交通完全断绝了，这部《日记》更无法流通了。"

"去年我回国之后，有些朋友劝我重印这部书，后来我同亚东图书馆商量，请他们把全书的纸版和发行权让给商务印书馆。这件事现在办好了，这十七卷《日记》就由商务印书馆重印发行了。"

21. 黄山揽胜集　许世英著

1934 年上海良友图书印刷公司铅印本　安徽省图书馆藏

著者生平已见《闽海巡记》。

此书前有自序及 8 幅照片，分别为邵禹襄、郎静山、罗穀荪、叶浅予、马国亮、陈万里、钟山隐、陈嘉震等拍摄。末附《黄山初步建设三个月计划》《黄山六日游程安排》《游山应携物品表》。内录 5 月 19 日至 29 日 11 篇日记记述黄山胜景，并以古诗文配照片。

22. 鸡冠集　予且著

1934 年上海四社出版部铅印本　南京图书馆藏

予且，潘序祖笔名，生平已见《予且随笔》。

此书内分《访问记及其他》《男与女》《鸡冠集》《三人行》四部分，录小品文、杂感、随笔等作品。

此书为《四社文库》乙部第十辑。"四社"系《时事新报》《大陆报》《大晚社》《申时电讯社》。

23. 吉诃德先生　汪倜然编著

1934 年上海新生命书铅印本　中国国家图书馆藏

编著者生平已见《希腊神话 ABC》。

此书系塞万提斯著长篇小说《堂吉诃德》之故事概要。

24. 纪晓岚　章衣萍著

1934 年上海儿童书局铅印本　苏州图书馆藏

著者生平已见《深誓》。

此书前有著者序，内分"纪晓岚的小史""纪晓岚的抽烟故事""纪晓岚不轻于著书""纪晓岚的巧对""纪晓岚的滑稽诗""纪晓岚自作挽联""纪晓岚所述的故事"等十四章。

《著者序》称此书写作参考《清代野史大观》《阅微草堂笔记》。

此书被辑入《中国名人故事丛书》。

25. 寄尘杂著丛存　胡寄尘著

1934 年上海新民书局铅印本　首都图书馆藏

胡寄尘，名怀琛，生平已见《兰闺清课》。

此书内录神话、寓言、散文、故事、诗歌、小说、传记等体裁作品《吾乡之神话》《螺屋记》《移居琐记》《泥水匠王承福》《姓张的乞儿》《补鞋子的先生》《种芋芳的老人》《寓言》《小品文存》《生活诗册》《贝叶诗册》《东南劫灰录》《东南劫灰绪录》《东南劫灰录附录小说》《今游侠传》《朝鲜英雄传》《越南义士传》《新七侠传》《猎人一夕谈》等 24 种。

《吾乡之神话》内录《活马》《石乌龟》《金鸡》3 篇；《寓言》内录《渔父》《动静》《蛮语》《园丁》《无弦琴》《庄子游梁》《瘦人》7 篇；《小品文存》内录小品《宜社小启》《剑考序》《石菖蒲谱序》《金鱼谱序》4 篇；《生活诗册》内录诗作《苦热》《卖书》《苦兵》《买菜》《寄曹民父永嘉》《枪声》6 首，均写现实人生；《贝叶诗册》录题释迦如来应化事迹诗 19 首；《东南劫灰录》《东南劫灰绪录》《东南劫灰录附录小说》记 1924 年江浙战事；《新七侠传》记清末民初 7 位侠士。

26. 蹇安五记　释蹇安著

1934 年怀宁潘氏暨止斋铅印本　中国国家图书馆藏

释蹇安，潘伯鹰笔名。生平已见《伯鹰诗录》。

此书前有自序，内录《玄玄记》《拾书记》《拾书后记》《归燕记》《琐骨记》。

《自序》称：曾于故都见"五记"中《玄玄记》和《归燕记》，又于上海见"蹇安"之《琐骨记》，"与前二记同辞，尤诡丽悲痛"，但恨不知"蹇安"为何许人。后"凫公"于长江轮船上得识一人，自称"蹇安"之友，告知"蹇叔字安，谯国人"，"弃功业而为僧"。分别后，"蹇安的朋友"给"凫公"寄来"蹇安"《拾书记》和《拾书后记》等余稿，"凫公""恐复散佚，因为校印"。

27. 快乐之水　胡怀琛著

1934 年上海少年书局铅印本　中国国家图书馆藏

著者生平已见《兰闺清课》。

此书副标题为"胡怀琛创作寓言集"。内录寓言《快乐之水》《动物赛跑》《水晶人》《小孩子与魔术师》《苍蝇吃糖》《长臂巫人》《棉花鸡雏》《不自量的蜘蛛》《金蛇》《爱虚荣的虫类》《聪明的龟》《四面人》《欺骗同类的老鼠》《迎合人家心理的雄鸡》14 篇。

28. 李伯元评传　阿英著

民国刊本《阿英文集·阿英著作目录》（生活·读书·新知三联书店 1981 年版，第 956 页）著录

阿英，钱杏邨笔名。生平已见《暴风雨的前夜》。

作者自述：此书 1934 年所写，由振铎交上海生活书店。

29. 辽金元文学　苏雪林著

1934 年上海商务印书馆铅印本　安徽省图书馆藏

著者生平已见《李义山恋爱事迹考》。

此书简介辽文学、金代作家、元曲种类与构造、南北曲作家与作品，以及元人小说等。

30. 林则徐　章衣萍著

1934 年上海儿童书局铅印本　首都图书馆藏

著者生平已见《深誓》。

此书内分"勤学的少年""政治生活""禁止鸦片""鸦片之战""林则徐被谪""王鼎重荐林则徐"6 节。

此书被辑入《中国名人故事丛书》。

31. 莍竹斋文集四卷　马敦仁著；王大球辑

1934 年安庆东方印书馆铅印本　安徽省图书馆藏

著者生平已见《北游日记》。

王大球（1905—1964），字鸣盛，号雪庵。涡阳人。多年执教，曾参修《涡阳县志》。

此书前有黄自芳、刘鸿庆、何质、马向荣、聂聚箕序各一及王大球《编辑例言》。内录序、跋、书、记、传、墓表、碑文、事略、律赋、经义、史论、策、案，总计 63 篇。末附王大球《历代帝王功罪案后序》。

32. 马援　章衣萍著

1934 年上海儿童书局铅印本　南京图书馆藏

著者生平已见《深誓》。

此书内分"少年时代""初次的政治活动""劝说隗嚣""出守陇西""平定交趾"等 7 节。

此书被辑入《中国名人故事丛书》。

33. 满城风雨　张恨水著

1934 年汉口大众书局铅印本　张占国、魏守忠编《张恨水研究资料》（天津人民出版社 1986 年版，第 689 页）著录

著者生平已见《春明外史》。

又：**满城风雨　张恨水著**　1936 年上海大众书局（3 版）　安徽省图书馆藏

此书为十回长篇小说。1931 年 1 月 4 日至 1932 年 10 月 8 日于北平《晨报》副刊连载。

34. 猫博士的作文课：儿童作文指导第二册　胡怀琛著

1934 年上海少年书局铅印本　胡道静《先君寄尘著述目》（载胡朴安著《朴学斋丛书第一集·家乘》，安吴胡氏 1940 年版，第 16 页）著录

著者生平已见《兰闺清课》。

35. 美人恩　张恨水著

1934 年上海世界书局铅印本　安徽省图书馆藏

著者生平已见《春明外史》。

此书为二十四回长篇小说。

此书 1945 年由天一影片公司拍摄成同名电影。

36. 孟子　胡怀琛著

1934 年上海商务印书馆铅印本　湖南省图书馆藏

著者生平已见《兰闺清课》。

37. 孟子　章衣萍著

1934 年上海儿童书局铅印本　南京图书馆藏

著者生平已见《深誓》。

此书分"孟子所受的家庭教育""孟子以为人性是善的""孟子的教育方法""孟子的政治学说""孟子的辩证方法"等节。

此书被辑入《中国名人故事丛书》。

38. 模范日记文选　戴叔清编辑

1934 年上海光明书局铅印本　北京大学图书馆藏

戴叔清，钱杏邨笔名。生平已见《暴风雨的前夜》。

此书前有题记，末有编者《论日记文学》。内录胡适、鲁迅、周作人、冰心、郭沫若、郁达夫、张资平、田汉、周全平、沈从文日记。

39. 模范游记文选四卷　戴叔清编辑

1934 年上海光明书局铅印本　天津图书馆藏

戴叔清，钱杏邨笔名。生平已见《暴风雨的前夜》。

此书前有题记，内每卷录文 5 篇。第一卷侧重自然景物，第二卷侧重风土人情，第三卷侧重历史遗迹，第四卷为抒发感想之作。共录巴金、郁达夫、庐隐、郑振铎、俞平伯、朱自清、胡适、徐志摩、梁启超、沈从文、叶鼎洛等人游记 20 篇。末附厨川白村《作家的外游》。

40. 木偶游菲记　　[意]契勃尼（Cherubini）著；江曼如译；汪倜然校订

1934 年上海开明书店铅印本　谢天振、查明建主编《中国现代翻译文学史》（上海外语教育出版社 2004 年版，第 529 页）著录

校订者生平已见《希腊神话 ABC》。

又：**木偶游菲记　　[意]契勃尼（Cherubini）著；江曼如译；汪倜然校订**　1937 年上海读书界书店铅印本　首都图书馆藏

此书为童话，据 A. Patri 的英译本转译。

书前有译者序。

41. 木足盗　　[英]柯南道尔著；杨尘因译

1934 年上海三星书局铅印本（5 版）　重庆图书馆藏

译者生平已见《新华春梦记》。

此书为《福尔摩斯新探案》之七。

42. 泡沫集　汪蔚云著

1934 年上海大东书局铅印本　山西省图书馆藏

汪蔚云（1910—1981），歙县人。早年就读于安徽省立第二师范学校，曾任小学教师、歙县《徽声日报》主编、国民党歙县县党部干事、《皖报》编辑、南京《大刚报》编辑、歙县紫阳中学教师等职。

此书有后记，内录新诗《献诗》《林中之夜》《暮春》《秋深了》《向光明之歌》等 64 首。

此书为《新文学丛书》之一种。

43. 骈文学　刘麟生著

1934 年上海商务印书馆铅印本　中国国家图书馆藏

著者生平已见《哥仑布》。

此书前有序，内三编：第一编为"骈文之渊源与进展"；第二编为"方法论"，包括对偶、用典、炼字、音韵等；第三编为"作家与作品"，选录历代骈文家之作。

44. 戚继光　章衣萍著

1934 年上海儿童书局铅印本　绍兴图书馆藏

著者生平已见《深誓》。

此书辑入《中国名人故事丛书》。

45. 青年女子书信　高语罕著

1934 年上海亚东图书馆铅印本　南京图书馆藏

著者生平已见《白话书信》。

此书分"家庭""学校""社会"三编，录书信范本 47 篇。

46. 清华集一卷　又名：子云文笔　汪吟龙著

1934 年石印本　南京图书馆藏

著者生平已见《子云诗词》。

此书封面为江瀚题签"子云文笔"，扉页有《子云文笔》总目；内页为吴闿生题签"清华集"。前有房孟爵题词，内录 1925—1926 年在北京所作《废园赋》《与章太炎论文中子书》《读旧唐书王勃传》《文中子考信录》等文 6 篇，《清华园即事》《京津道上》《赠章行严时甲寅杂志续刊于天津》《清华学校十五周年纪念时战事方殷》《呈梁任公先生四十韵》等古近体诗 27 首，《伤春怨》《清平乐》等词作 8 首。

47. 清泉诗草一卷　刘清泉著

1934 年铅印本　安徽省图书馆藏

刘清泉（？—?），合肥人。

此书前有自序，内录著者自晚清至民国古近体诗作 230 首，末有集句诗 16 首。

48. 情书二束　章衣萍著

1934 年上海乐华图书公司铅印本　上海师范大学图书馆藏

著者生平已见《深誓》。

此书内录散文《给璐子的信》《痴恋日记》《夜遇》。后有著者跋。

《痴恋日记》为吴曙天所作。

49. 如意珠　予且著

1934 年上海中华书局铅印本　天津图书馆藏

予且，潘序祖笔名，生平已见《予且随笔》。

此书前有著者致××先生信（以书代序），内 22 节。

《代序》称，"本篇全体角色都没有姓名"，"通篇弃实就幻，轻事理重玄想，轻激烈事实重内心的变态"，"上部写幻想的内倾性，中部写幻想的外倾性，下部写幻想受外界刺激而产生的升华性"，"全书以幻起以幻终。初以理智作陪笔，次以事实作陪笔，末以情感作陪笔"。

此书辑入《新中华丛书·文艺汇刊》。

50. 申报读者顾问集第二集　王灵均编辑

1934 年上海申报馆铅印本　广州中山图书馆藏

王灵均，高语罕笔名，著者生平已见《白话书信》。

此书内录《如何解决失业问题》《由农村问题说到青年之出路》《要回农村应该先有办法》《中国农村问题应采何种部分来解决》等 47 篇文章。文章前附读者来信，提出各方面的问题，由记者王灵均一一答复。

51. 神秘的宇宙　[英]琼司（J. H. Jeans）著；周煦良译

1934 年上海开明书店铅印本　中国国家图书馆藏

周煦良（1905—1984），笔名舟斋、贺若璧。至德人。周学海之孙，周明达第二子。1924 年毕业于上海大同学院，1928 年毕业于光华大学化学系，1932 年毕业于英国爱丁堡大学文学系，获硕士学位。归国后历任暨南大学、四川大学、光华大学、武汉大学教授等职。

此书为科普散文。前有译者序，内分"消逝着的太阳"，"近代物理学下的新世界"，"物质与放射"，"相对论与以太"，"知识的深渊"五章。

《译者序》称："金斯是现今很少数的，能用新兴物理学题材，写成轻快文学的人。《神秘的宇宙》写来有如一部科学的童话，作者使我们如艾丽斯一样，身历相对论和量子论所揭示的宇宙的奇境，同时很愉快地把握着物理学在哲学上引起的许多重要问题，这些也是现在科学界和哲学界讨论得最生动的问题。"

52. 沈阳号炮　胡底著

1934 年工农剧社总社印发　汪木兰、邓家琪编《中央苏区戏剧集》（百花洲文艺出版社 1992 年版，第 387 页）著录

著者生平已见《阶级》。

此剧表现东北抗战生活。

53. 生活的书　汪达之著；陶知行校订

1934 年上海儿童书局铅印本　上海图书馆藏

汪达之（1902—1980），黟县人。早年就读于晓庄师范，后受陶行知委托，任晓庄师范苏北特约中心学校新安小学校长，1933 年创建领导新安旅行团，1944 年加入中国共产党。抗战胜利后，任苏皖边区政府教育厅督学，华中、华东干部子弟学校校长。

陶知行，又名陶行知。生平已见《知行书信》。

此书多为致陶行知信。末附《陶知行先生校阅后的一封信》。

54. 诗学讨论集　胡怀琛编辑

1934 年上海新文化出版社铅印本　南京图书馆藏

此书录郭沫若致李石岑信，胡怀琛致郭沫若信，胡怀琛《胡适之派新诗根本的缺点》，刘大白与胡怀琛有关"双声叠韵"和"句里用韵"问题之讨论，王无为、胡怀琛《改诗的问题》等 10 篇有关诗歌问题之书信、文章。

55. 石门集　朱湘著

1934 年商务印书馆铅印本　中国国家图书馆藏

著者生平已见《路曼尼亚民歌一斑》。

此书为新诗、散文诗及诗剧合集。全书五编，第一编录新诗《死之胜利》《悲梦苇》《岁暮》《泛海》《雨》《柳浪闻莺》等 33 首，第二编录叙事长诗《收魂》，第三编录西洋诗体模拟诗作 96 首，第四编录散文诗 3 篇，第五编录诗剧《阴差阳错》。

56. 石庄小隐诗集八卷　光开霁著

1934 年桐城光氏铅印本　中国国家图书馆藏

光开霁（1872—1930），字孟超，号慕巢。桐城人。光聪谐之孙，光秉仁长子，光大中之父。清光绪年间入湖广总督张之洞幕。

此书前有 1919 年龚敬钊、潘田、钱祖宪序各一，1924 年金天翮、陈朝爵序各一，1933 年光升序。内录古近体诗作 554 首，多写政坛风云感慨，游子思乡之情，民情风俗变迁。末有 1934 年光大中跋。

又：**石庄小隐诗集四卷　光开霁著**　民国铅印本　安徽省图书馆藏

57. 史可法　胡道静，赵景源，喻飞生著

1934 年上海商务印书馆铅印本　上海图书馆藏

胡道静（1913—2003），泾县人，胡怀琛之子。曾任上海市通志馆编辑、上海《通报》主编、《正言报》总编辑。

58. 史可法　章衣萍著

1934 年上海儿童书局铅印本　南京图书馆藏

著者生平已见《深誓》。

此书分"少年时的不凡""流寇横行""崇祯惨死""可法尽忠"等节，介绍史可法事略，并述明朝灭亡之因。

此书被辑入《中国名人故事丛书》。

59. 司马光　章衣萍著

1934 年铅印本　首都图书馆藏

著者生平已见《深誓》。

此书讲述司马光生平故事，辑入《中国名人故事丛书》。

60. 随园诗选　胡寄尘选辑；朱太忙标点；胡协寅校阅

1934 年上海大达图书供应社铅印本　首都图书馆藏

胡寄尘，名怀琛，生平已见《兰闺清课》。

此书前有朱太忙序，内选录袁枚诗作 300 余首。

61. 随园文选　胡寄尘编

1934 年上海大达图书供应社铅印本　重庆图书馆藏

胡寄尘，名怀琛，生平已见《兰闺清课》。

此书前有朱太芒序，蒋士题词，内选录袁枚各体文 120 篇。

62. 孙不二女功内丹次第诗注　陈撄宁著

1934 年上海翼化堂善书局刻本　中国国家图书馆藏

陈撄宁（1880—1969），原名元善、志祥，字子修，后改名撄宁，号圆顿子。怀宁人。陈镜波子。曾创办《扬善半月刊》《仙学月报》及仙学院。

此书前附《孙不二仙姑事略》及原诗；卷端题"仙道丛书"第二种单行本。

63. 天目山游记附录金华北山游记　钱文选著

1934 年铅印本　安徽省图书馆藏

著者生平已见《游滇纪事》。

此书前有许世英序、自序，内分东、西天目山名胜两部分，录《东天目名胜七绝十五首》《西天目名胜七绝十五首》，末附和诗 244 首。《金华北山游记》记双龙洞、冰壶洞、朝真洞与金华大桥，附诗 5 首。

64. 晚明十八家小品　阿英编辑

1934 年上海时代图书公司铅印本　中国国家图书馆藏

阿英，钱杏邨笔名。生平已见《暴风雨的前夜》。

此书前有编者《晚明十八家小品序》，卷一录（明）袁伯修、袁中郎、袁小修三家小品。余卷未见。

《晚明十八家小品序》称，此书与陆云龙选本之不同，是仅选入陆本的前八家，即屠赤水、徐文长、袁中郎、袁小修、钟伯敬、陈眉公、王季重、汤若士，另增加李卓吾、罗毂苏、袁伯修、陶石篑、江进之、谭元春、刘侗人、张大复、李流芳、张岱。

65. 晚明文学笔谈　阿英著

1934 年稿本　　《阿英文集·阿英著作目录》（生活·读书·新知三联书店 1981 年版，第 955 页）著录

阿英，钱杏邨笔名。生平已见《暴风雨的前夜》。

《阿英文集·阿英著作目录》称："作者自述：此为余一九三二至三四年间所写关于晚明文学研究论稿之总集，约十数万言。原稿当年已交上海

时代图书公司。未见出书。"

66. 王安石　章衣萍，吴曙天合编

1934 年上海儿童书局铅印本　1937 年上海儿童书局铅印本（14 版）著录

章衣萍生平已见《深誓》。

又：**王安石　章衣萍，吴曙天合编**　1937 年上海儿童书局铅印本（14 版）　首都图书馆藏

此书内分"安石的少年""安石的政治主张""安石的朋友""安石的学术"4 节，讲述王安石生平故事。

此书被辑入《中国名人故事丛书》。

67. 未来世界　［英］威尔士著；章衣萍，陈若水译

1934 年上海天马书店铅印本　上海图书馆藏

章衣萍生平已见《深誓》。

此书为长篇科幻小说。前有译者《前记》与《导言》。全书二卷，分别为"今天和明天""明天以后"。原著共五卷，本译本为前二卷。

《前记》称，此书"是从世界的历史、政治、经济、社会、工业各方面精密研究的预言书。……他所预言的，是从 1929 年到 2105 年的世界"。

68. 文学论　汪祖华著

1934 年南京拔提书局铅印本　中国国家图书馆藏

汪祖华（1911—?），字餐英。芜湖人。早年先后毕业于日本东京大学、东京帝国大学院，回国后历任中央警官学校特警班、国民政府军事委员会西南运输处、中缅运输总局暨交通警察总局政训处处长，兵役部役政司副司长、司长，南京市民政局局长，行宪国民大会代表，南京市政府参事，军委会交通研究所、浙江省警官学校、中央军校特别训练班教官。

此书七章，论及文学定义、特质、元素、形式、功能、起源、文学与其他学科关系等问题，末附参考书目。

69. 文学闲谈　朱湘著

1934 年上海北新书局铅印本　中国国家图书馆藏

著者生平已见《路曼尼亚民歌一斑》。

此书录论文《为什么要读文学》《文学与消遣》《文学与年龄》《古典与浪漫》《文以载道》《异域文学》《地方文学》《禁书》《翻译》《领域共有》《分类》《贵族与平民》《文化大观》13篇。附录《诗的产生》《谈诗》《说作文》《诗的用字》4篇。

70. 文章作法全集　胡怀琛著

1934年上海世界书局铅印本　南京图书馆藏

著者生平已见《兰闺清课》。

此书内分"抒情文作法""说明文作法""记叙文作法""论辩文作法""公文作法""修辞方法"等章。

71. 乌鸦：寓言儿歌　陶知行著

1934年上海儿童书局铅印本　1946年上海儿童书局铅印本著录

陶知行，又名陶行知。生平已见《知行书信》。

又：**乌鸦：寓言儿歌　陶知行著**　1946年上海儿童书局铅印本　首都图书馆藏

此书内题"小学中年级生和高年级生适用的补充读物"。内述乌鸦在百鸟仙子帮助下找回自信的故事，附图12幅。

72. 西柳集　吴组缃著

1934年上海生活书店铅印本　中国国家图书馆藏

吴组缃（1908—1994），原名祖襄。泾县人。历任冯玉祥国文教师，中央大学师范学院讲师，四川教育学院、南京金陵女子学校教授。

此书前有著者序，内录小说《离家的前夜》《两只小麻雀》《栀子花》《金小姐与雪姑娘》《官官的补品》《黄昏》《一千八百担》《天下太平》等10篇。

73. 现代青年　张恨水著

1934年上海摄影社铅印本　中国国家图书馆藏

著者生平已见《春明外史》。

此书为三十六回长篇小说。书名下题"社会哀艳小说"。前有自序。

此书 1933 年 3 月 27 日至 1934 年 7 月 30 日于上海《新闻报》副刊《快活林》连载，1941 年由上海艺华影片公司拍成同名电影。

又有《少年绘形记》，1938 年上海励力出版社铅印本，为《现代青年》之盗版书。

74. 小菊　予且著

1934 年昆明中华书局铅印本　南京图书馆藏

予且，潘序祖笔名，生平已见《予且随笔》。

此书为上、下册长篇小说，描写芜湖教会学校青年生活故事。

此书被辑入《现代文学丛刊》。

75. 小先生的信　侣朋著；陶知行校订

1934 年上海儿童书局铅印本　重庆图书馆藏

陶知行，又名陶行知。生平已见《知行书信》。

此书录一位十三岁少年致母亲信 41 通，为 1933 年参加工学团生活之记录。

76. 晓庄之一页　方与严著

1934 年上海儿童书局铅印本　中国国家图书馆藏

著者生平已见《给青年朋友们的信》。

此书录《师范生的出路问题》《湘湖教育建设》《晓庄战报的使命》《言为心声》等杂文 47 篇。

77. 阳春白雪词附菇丽园诗再续　吕美荪著

1934 年铅印本　中国国家图书馆藏

著者生平已见《菇丽园诗》。

此书前有陈诗序。《阳春白雪词》录吕美荪《甲戌二月既望青岛喜见春雪爰赋长句就正诗家并乞雅和》4 首，及 45 人唱和诗；《菇丽园诗再续》前有自序及于元芳《诗说赠吕美荪女士》，内录 1934 年正月至五月写于青岛诗作 58 首。

78. 异伶传　陈澹然著，张江裁辑

1934 年双肇楼铅印本　安徽省图书馆藏

著者生平已见《孙武公传》。

此书内收程长庚、简三、谭鑫培、汪桂芬传。

此书为《清代燕都梨园史料》之一，收入《双肇楼丛书》。

79. 逸梅小品　郑逸梅著；顾明道编

1934 年上海中孚书局铅印本　中国国家图书馆藏

著者生平已见《梅瓣集》。

此书前有漱六山房、王文濡、程瞻庐、许息庵、张恨水序各一，内录《清道人以画易蟹》《锦州之义马》《颐和园之西瓜灯》等笔记掌故 160 篇。

80. 逸梅小品续集　郑逸梅著

1934 年上海中孚书局铅印本　吉林省图书馆藏

著者生平已见《梅瓣集》。

此书前有金芳雄、陆士谔、刘铁冷、顾明道、范烟桥、周无住、范叔寒、蒋吟秋、邓铁造、朱天目、徐碧波、周瘦鹃、程小青序各一。另有胡石予、蒋梅星、王均卿、江亢虎、赵焕亭、谢玉岑、屠守拙、高天楼等题词。内录小品《夏日之乐事》《书南亭亭长》《二十四番花信谈》《蝉》《银鱼》等 119 篇。

81. 音乐之泪　黄仲苏著

1934 年上海商务印书馆铅印本　安徽大学图书馆藏

著者生平已见《小物件》。

此书前有自序，内录小说《音乐之泪》《血》《悠悠》3 篇。

《自序》称："此 3 篇小说均写作于八九年前。"

82. 俞理初先生年谱一卷谱余一卷诗文补遗一卷　王立中编；蔡元培订

1934 年安徽丛书编印处铅印本　中国国家图书馆藏

编者生平已见《癸巳类稿》。

谱主（清）俞正燮（1775—1840），字理初，黟县人。《清史稿·文苑三》有《俞正燮传》。

此书前有王立中撰《俞正燮先生年谱叙录》二千余言，评述俞正燮生平学术思想及成就，末有蔡元培跋，又附俞理初先生所著书目录、俞理初先生稿本及批校本目录。

83. 语体模范文学　汪倜然编著

1934 年上海广益书局铅印本　中国国家图书馆藏

编著者生平已见《希腊神话 ABC》。

此书内录周作人《乌篷船》、老舍《趵突泉》、库普林《一个海港》、刘复《稻棚》、冰心《别》、丁玲《我的家庭》、科洛连珂《春日》、叶绍钧《地动》、张资平《春联之类》等中外作家作品 47 篇。每篇前有作家及作品介绍，末附现代文坛漫话 34 则。

84. 玉祥诗集　冯玉祥著

1934 年著者自刊　中国国家图书馆藏

著者生平已见《冯玉祥诗钞》。

此书前有邓鉴三、张雪山序各一，内分"乱石岗""九·一八""觉悟""团体的斗争""赠邓鉴三先生""美俄复交感"等六辑，内录作者写于 1931—1934 年新旧体诗 159 首。

85. 袁中郎尺牍全稿五卷　（明）袁中道著；王英标点

1934 年上海南强书局铅印本　首都图书馆藏

王英，钱杏邨笔名。生平已见《暴风雨的前夜》。

此书前有标点者序及《公安县志·袁中郎传》。内五卷外尚有《去吴七牍》。末为标点者跋。

此书据清同治本《袁中郎全集》标点。

86. 越中吟草一卷　徐廷扬著

1934 年铅印本　安徽省图书馆藏

徐廷扬（1848—1920），字舜卿。庐江人。徐方汉之父。曾就读于杭州刘文庄公官署。

此书前有徐熙、陈朝爵序各一，及曹赤霞题词，末有著者之子徐方汉跋。内录诗 95 首。多写于 1885 年、1886 年游越之时，卷末 12 首为游越返乡后所作。

87. 岳传　胡怀琛著

1934 年上海商务印书馆铅印本　湖南省图书馆藏

著者生平已见《兰闺清课》。

88. 云片二编　赵眠云著；郑逸梅校

1934 年上海中孚书局铅印本　上海图书馆藏

郑逸梅生平已见《梅瓣集》。

此书前有范烟桥等人序 6 篇，内甲编为《心汉阁杂记》，乙编为《新辎
轩志》。

89. 张文端诗文约选二卷　（清）张英著；周学熙选编

1934 年至德周氏师古堂刻本　中国国家图书馆藏

选编者生平已见《府君行状》。

此书内录桐城张英诗文。

90. 郑成功　章衣萍著

1934 年上海儿童书局铅印本　南京图书馆藏

著者生平已见《深誓》。

此书前有著者序。内有"他的家族""立志反清""成功起义""遗恨
无穷" 4 节，讲述郑成功故事。

《著者序》称，此书以华鹏飞所编《清史》为蓝本，并参考日本稻叶
君山的《清朝全史》编辑而成。

此书被辑入《中国名人故事丛书》。

91. 郑和　章衣萍著

1934 年上海儿童书局铅印本　首都图书馆藏

著者生平已见《深誓》。

此书前有著者序，内分"郑和的家庭及其生平""郑和的航海生涯"
"郑和所经历的国家""郑和航海的许多故事""郑和航海的路线及其功业"
5 节，讲述郑和故事。

《著者序》称，本书以梁启超《祖国大航海家郑和传》为蓝本，参考

郑振铎《关于三宝太监下西洋的几种数据》完成。

此书辑入《中国名人故事丛书》。

92. 中国故事　胡怀琛著

1934 年上海商务印书馆铅印本　湖南省图书馆藏五、六、七、八、十册

著者生平已见《兰闺清课》。

93. 中国名将传　王敬著；束世澄校订

1934 年南京中国文化学会铅印本　南京图书馆藏

校订者生平已见《中学以上作文教学法》。

此书前有王敬撰《编者序》与《编辑凡例》。内上、下编及补编，依据历代正史列传，稍加删减，汇辑我国历代著名将领 115 人之传记。上起春秋管仲，下至清代曾国藩、胡林翼。

94. 中国文学概论　刘麟生著

1934 年上海世界书局铅印本　中国国家图书馆藏

著者生平已见《哥仑布》。

此书前有《中国文学丛书编辑旨趣》，内分"文字与文学""文体的分析"和"作风底概观"三编。

此书被辑入《中国文学八论》。

95. 中国文学讲座　刘麟生，胡怀琛，金公亮等著

1934 年上海世界书局铅印本　北京大学图书馆藏

刘麟生生平已见《哥仑布》。

胡怀琛生平已见《兰闺清课》。

此书录刘麟生《中国文学泛论》、胡怀琛《中国诗论》、金公亮《诗经学新论》、胡云翼《词学概论》、吴瞿安《元剧研究》、顾盖丞《文体论》，及周于候编《中国历代文选》。

胡怀琛所作《中国诗论》，内分三编，第一编为"何谓诗歌"，从诗歌产生的年代及产生的原因进行说明；第二编为"中国诗歌形式上的变化"；第三编为"中国诗歌实质上的变化"，分别从民族关系、哲学关系、政治关系三方面进行阐述。

96. 中国文学批评　方孝岳著

1934 年上海世界书局铅印本　上海图书馆藏

方孝岳（1897—1973），名时乔，又名乘，字孝岳，以字行。桐城人。方守敦之子，舒芜之父。1918 年毕业于上海圣约翰大学文科，次年任北京大学预科国文讲师，1920 年任上海印书馆编辑，旋赴日本东京大学进修。1924 年后历任北京大学、华北大学、东北大学师范学院、广州中山大学、上海圣约翰大学教授。

此书论述古代中国文学批评，包括《尚书中最早的欣赏谈》《周礼分别诗的品类》《三百篇后骚赋代兴的时候的批评》《司马相如论赋家之心》《金圣叹论"才子"李笠翁说明小说戏曲家的"赋家之心"》《随园风月中的"性灵"》等 45 篇。末有宣阁跋。

此书被辑入《中国文学八论》。

97. 中国小说的起源及其演变　胡怀琛著

1934 年南京正中书局铅印本　南京图书馆藏

著者生平已见《兰闺清课》。

此书六章，分别为"本书说到的范围""小说的起源及小说二字在中国文学涵义上之变迁""中国小说在'形'的方面的演变""中国小说在'质'的方面的演变""现代小说""研究中国小说参考的书目"。附录《今人搜集民间故事的专书目录》。

98. 中国小说概论　胡怀琛著

1934 年上海世界书局铅印本　中国国家图书馆藏

著者生平已见《兰闺清课》。

此书前有《中国文学丛书编辑旨趣》。内八章，分别为"绪论""中国古代对于'小说'二字的解释""古代所谓小说""唐人的传奇""宋人的平话""清人传奇平话以外的创作""西洋小说输入后的中国小说""总结"。

此书被辑入《中国文学八论》。

99. 中国新文学运动史资料　张若英选辑

1934 年上海光明书局铅印本　上海图书馆藏

张若英，钱杏邨笔名，生平已见《暴风雨的前夜》。

此书前有《序记》，内分"绪论""新文学建设运动""对旧作家的论争""对学衡派的论争""整理国故问题""对甲寅派的论争""文学研究会与创造社""革命文学运动"八编，辑录从五四运动到 1934 年间新文学史数据共 47 篇。作者有陈独秀、胡适、钱玄同、刘半农、林纾、严复、蔡元培、罗家伦、郑振铎、顾颉刚、成仿吾、郭沫若、周作人、徐志摩、沈雁冰等 22 人。

100. 中书集　朱湘著

1934 年上海生活书店铅印本　南京图书馆藏

著者生平已见《路曼尼亚民歌一斑》。

此书四辑。第一辑录《打弹子》《北海纪游》《咬菜根》《梦苇的死》《书》《空中楼阁》等散文 22 篇，第二辑录《三百篇的私情》《古代的民歌》《五绝中的女子》《王维的诗》等文学随笔 9 篇，第三辑录《评徐君志摩的诗》《评闻君一多的诗》《尝试集》《郭沫若的诗》《刘梦苇新诗形式运动》《杨晦》等文学评论 9 篇，第四辑录论文《说译诗》《谈〈沙乐美〉》《谈〈番女缘〉》3 篇。

又：**朱湘随笔　朱湘著**　1940 年上海三通书局铅印本　南京图书馆藏

此书内容同《中书集》。

101. 左传通论　方孝岳著

1934 年上海商务印书馆铅印本　中国国家图书馆藏

著者生平已见《中国文学批评》。

此书前有《略例》，所论以司马迁观点为主，而以刘向、刘歆、杜预、刘知几诸家为辅。全书分"文旨""源流""史意""释疑"四编二十五章。

1935年(民国二十四年)

1. 安徽先贤传记教科书初稿　陈东原等

1935年安徽通志馆、安徽省立图书馆铅印本　安徽省图书馆藏

陈东原生平已见《郑板桥评传》。

此书录安徽省自周至清名人管仲、周瑜、鲁肃、华佗、包拯、朱熹、朱元璋、左光斗、姚莹、李鸿章等30人小传，附录《安徽先贤传记教科书编纂经过》。

2. 包拯　章衣萍著

1935年上海儿童书局总店铅印本　安徽省图书馆藏

著者生平已见《深誓》。

此书叙述包拯一生以及有关传说。

此书被辑入《中国名人故事丛书》。

3. 抱瓮亭诗　王揖唐著

民国合肥王氏抄本　中国国家图书馆藏

著者生平已见《横山草堂联话》。

此书书衣题"抱瓮亭诗未删稿"。前后均有著者手书。内录1927年下半年至1933年诗作近400首，多有致孤桐、弢庵诗。抄本后注："以上《采风》第二辑钞讫（民国廿二年六月以前）。"

《著者手书》前者为："芋龛属某缀采之稿本也。《采风》第一二集已入刊者多已钞入。惜舛字太多，目次亦不书符合耳，中有近作数首亦集入。"

后者写于1935年夏："芋龛颇嗜余诗，索定稿不得，乃就《采风》一二集命人缀录之，成此集册。《采风》目次已与属稿时间不能吻合。此册

较之《采风》则更舛错矣。（中有散诗，系近作羼人，已加〇识之。）"

4. 春秋左传浅解　吴佩孚，江朝宗著；王锦渠编辑；田步蟾等附解

1935 年救世新教明经学会铅印本　中国国家图书馆藏

著者生平已见《云山散人和陶诗存》。

此书为吴佩孚题签。前有《绪言》，题"救世新教明经学会会长智玄吴佩孚慧济江朝宗讲著"。内分段引《左传》原文讲解，讲解文字均为白话。

5. 存吾春馆诗集二卷　童挹芳著

1935 年苏州毛上珍铅印本　中国国家图书馆藏

著者生平已见《童茂倩先生诗》。

此书前有江藻、陈诗序各一，并蔡庆泽、李国璘、杨开森、李家恒题词。内卷一录古体诗 51 首，卷二录近体诗 61 首。末有李国璘跋，高寿恒所撰《合肥童茂倩先生行状》。

6. 大众诗选　又名：大众诗选集　冯玉祥编

1935 年大众诗选社铅印本　北京师范大学图书馆藏

著者生平已见《冯玉祥诗钞》。

此书前有张雪山序、自序。内分农民、工人、妇女、徭役、其他五类，录古代、现代诗人所作古近体及白话诗。每类末有编者跋。

《张序》称："……冯先生这本专为大众呼冤，为大众鸣不平的大众诗选，并且依照诗中的含义，细分为农、工、妇女、徭役、其他五大类，这在国内是一种创见。"

7. 澹乐轩诗文稿十卷　唐尔炽著

1935 年安庆文华堂铅印本　安徽省图书馆藏

唐尔炽（1872—1950），字雨梅，一作庾梅，别号半禅。桐城人。先后执教于桐城中学、北京民国大学、萃升书院、奉天同泽女子中学、桐城浮山中学。

此书前有王树枏、吴闿生、姚永朴、方守敦、贾恩绂题词及自序。内录清光绪二十四年（1898）至 1935 年诗七卷、文三卷。卷一至卷七录诗 579 首，多写安徽、天津风物；卷八至卷十录文 66 篇。末有《补抄》

5 篇。

8. 二晏及其词　宛敏灏著

1935 年上海商务印书馆铅印本　中国国家图书馆藏

宛敏灏（1906—1994），字书城，号晚晴。庐江人。1934 年毕业于安徽大学中文系，历任国立女子师院副教授，安徽学院、国立音乐学院教授。

此书前有夏成焘序，内二十章，介绍北宋词坛一般情况，论述晏殊、晏几道于词坛之地位，介绍二晏故乡与家世、个性、交游、年谱，二晏词时代背景、历史根源、风格、影响等。末附《二晏逸事》。

9. 饭余集　吴组缃著

1935 年上海文化生活出版社铅印本　天津图书馆藏

著者生平已见《西柳集》。

此书前有著者《代序》，内录《樊家铺》《村居纪事二则》《谈梦》《柴》《女人》《悼鹿儿》《泰山风光》。

《代序》称："除了第一篇是小说，其余的都是些散文随笔之类。"

10. 夫妻工学团　秋平，曼雯著；方与严校订

1935 年上海大华书局铅印本　上海图书馆藏

著者生平已见《给青年朋友们的信》。

此书前有方与严《校订的话》，内 16 节，记述两著者自晓庄师范毕业后结为夫妻，边劳动边学习，于乡村创办夫妻工学团，实践陶行知教育理念，促进乡村教育之历程。

11. 福尔摩斯探案全集下册　　[英] 柯南道尔著；程小青等译

1935 年上海世界书局铅印本　重庆图书馆藏

译者生平已见《福尔摩斯探案全集》第六册。

此书内录《病侦探》《红圈党》《魔鬼之足》《潜艇之图》《石桥女尸》《吸血妇》《专制魔王》《网中鱼》《怪教授》等故事。

12. 歌场冶史　汪仲贤著

1935 年铅印本　魏绍昌、吴承惠《鸳鸯蝴蝶派小说选》（上海文艺出

版社 1990 年版，第 198 页）著录

汪仲贤（1888—1937），名效曾，字仲贤，笔名优游、陆明梅、UU、哀鸣等。婺源人。早年就读于江南水师学堂，辛亥革命前后参与组织文友会、一社、进化园、社会教育进行团等戏剧团体，并任上海九亩地新剧场演员。"五四"时期参与组织民众剧社，创办《戏剧》月刊。1922 年参与组织上海戏剧协社。曾任《戏剧》《时事新报》编辑。

此书为章回小说，前有海上漱石生序。

此书曾连载于《社会日报》上。

13. 庚子国变弹词　　（清）李伯元著；阿英编校

1935 年上海良友图书公司铅印本　上海图书馆藏

阿英，钱杏邨笔名。生平已见《暴风雨的前夜》。

此书前有编校者《重刊庚子国变弹词序》，介绍作品问世背景及著者生平，并对弹词和《庚子国变弹词》做出评价。认为《庚子国变弹词》是"代表了旧的弹词最高的发展，是突破了英雄美人、佳人才子一般固定的老套，走向广大的社会生活，历史上的特殊事变"。

14. 管仲　章衣萍著

1935 年上海儿童书局铅印本　安徽省图书馆藏

著者生平已见《深誓》。

此书前有著者序，内分"两个朋友""管仲为齐相""齐国的富强""管仲的武功与遗教"4 节，讲述管仲故事。

此书被辑入《中国名人故事丛书》。

15. 国学概论　胡怀琛著

1935 年上海乐华图书公司铅印本　广东省立中山图书馆藏

著者生平已见《兰闺清课》。

此书六章，介绍国学含义，研究目的、方法，经、史、子、集概况，整理国学并运用旧有学术创造新学术等。

16. 洪秀全　章衣萍著

1935 年上海儿童书局铅印本　南京图书馆藏

著者生平已见《深誓》。

此书讲述洪秀全生平故事。

此书被辑入《中国名人故事丛书》。

17. 红羊豪侠传电影特刊　汪仲贤，郑逸梅编

1935 年上海新华影业公司铅印本　超星数字图书馆收录

汪仲贤生平已见《歌场冶史》。

郑逸梅生平已见《梅瓣集》。

此书为影片《红羊豪侠传》专题介绍，内录太平天国资料 30 余则及剧照多幅。

18. 鸿雪集一卷　胡元吉编

1935 年南京铅印本　南京图书馆藏

著者生平已见《贲初先生传》。

此书前有余澄序，末有王立中跋，王扶生题诗，内录胡元吉、胡光钊、余澄、王立中、郑慧圆、胡光岳、陈永熙、汪雪如等酬唱之作。

19. 胡适论学近著第一集　胡适著

1935 年上海商务印书馆铅印本　安徽省图书馆藏

著者生平已见《短篇小说第一集》。

此书五卷，前有自序，内 49 篇，原是《胡适文存第四集》之一部分。卷一为"说儒"；卷二录关于佛教史料；卷三录有关小说史料；卷四录有关思想问题的文章；卷五录书信、序跋等杂文。

20. 花果小品　郑逸梅著

1935 年上海中孚书局铅印本　上海图书馆藏

著者生平已见《梅瓣集》。

此书前有周瘦鹃、朱天目序各一，蔡震渊绘花果小品图 4 幅。内录以 105 种花果为题之小品，末附"香国附庸"5 种：《二十四番花信谈》《花朝》《落花》《落叶》《草角花须》。

21. 黄梨洲　章衣萍著

1935 年上海儿童书局铅印本　首都图书馆藏

著者生平已见《深誓》。

此书前有著者序，内分"少年时代""政治生活""讲学著述""他的师友""亡国以后的生活"5 节，简介明末清初思想家黄宗羲之生平、著述、师友及亡国后的生活。

《著者序》称，此书参考《梨洲遗著汇刊》、黄斯大《梨洲先生世谱》等作。

此书被辑入《中国名人故事丛书》。

22. 甲戌广德旱灾大事记　钱文选著

1935 年铅印本　安徽省图书馆藏

著者生平已见《游滇纪事》。

此书记载 1934 年安徽广德旱灾情况。称"吾广自民国十六年后，土匪横行、苛税繁重，商民已凋敝不堪，农村实呈崩溃之象"，此次旱灾，"赤地千里，为近百年所未有"。

23. 柯柯探案集　［英］奥斯汀著；程小青译

1935 年上海世界书局铅印本　苏州图书馆藏

译者生平已见《福尔摩斯探案全集》第六册。

此书内录侦探小说《独眼龙》《验心术》《巴黎之裙》《女间谍》4 篇。

24. 珂雪斋近集四卷　（明）袁小修，袁中道著；章衣萍校点

1935 年上海中央书店铅印本　上海图书馆藏

校点者生平已见《深誓》。

此书据万历四十二年刊本排印，原书二十四卷，现编为游记、尺牍、文钞、诗歌四卷，末附《楚狂之歌》《小袁幼稿》《近游草》。

25. 鲁迅论　李何林编

1935 年上海北新书局铅印本　北京大学图书馆藏

编者生平已见《中国文艺论战》。

此书前有编者序，内录方璧、钱杏邨、画室、青见、陈源、张定璜、林语堂、锦明、尚钺、一声、宋云彬、雁冰、景宋、Y 生、西谛、冯文炳、任叔、成仿吾、孙福熙等人评论鲁迅文章 23 篇。

《编者序》称："……这二十多篇都是理论方面的批评文字；时间，从一九二三年到一九二九年的最近，一共有七年；代表的文艺集团，有'语丝派'、'新月派'、'创造社'和'文学研究会'……代表的刊物如以前的《文学周报》《语丝》《学灯》《创造》季刊和《现代评论》，以及最近的《小说月报》《北新》《当代》和《太阳月刊》等——在质量和时间性上讲，这或者是现时比较可供参考的一本，虽然不能说是应有尽有。"

26. 绿漪自选集　绿漪著

1935 年上海女子书店铅印本　天津图书馆藏

绿漪，苏雪林笔名。生平已见《李义山恋爱事迹考》。

此书内录散文《鸽儿的通信》《我们的秋天》《光荣的胜仗》《来梦湖上的养疴》《两位白发朱颜的雷女士》《无限制产儿的结果》《精神屠杀》《旧小说的魔力》《心里不安》《喝茶》10 篇。

27. 麻埠茶谣一卷书后一卷　赵曾槐著

1935 年铅印本　中国国家图书馆藏

赵曾槐（1862—1914），字燧冬，号遂遂道人。太湖人。赵畇之孙。清光绪十七年（1891）优贡，历任浙江丽水、黄岩、长兴等县知县等职。

此书前有著者写于 1913 年之自序。

28. 梅花草堂笔谈十四卷　（明）张大复著；阿英校点

1935 年上海杂志公司铅印本　上海图书馆藏

阿英，钱杏邨笔名。生平已见《暴风雨的前夜》。

此书据（明）梅花草堂原刻本排印，卷首有序及题词，末有《病居士自传》及阿英跋。内录笔谈 923 则。

29. 蒐丽园诗四续　吕美荪著

1935 年铅印本　中国国家图书馆藏

著者生平已见《蒐丽园诗》。

此书前有自序，内录著者 1934—1935 年写于青岛诗作 50 余首，多写青岛风光。

30. 明人日记随笔选　王英编校

1935 年上海南强书局铅印本　上海图书馆藏

王英，钱杏邨笔名。生平已见《暴风雨的前夜》。

此书前有自序，内摘录张大复《梅花草堂笔谈》，张宗子《陶庵梦忆》，李卓吾《寒灯小话》，祁世培《寓山注》，袁中郎《德山尘谭》等 10 部著作中之随笔、笔记、日记等。每篇均附作者小传。

31. 明史演义　胡寄尘著

1935 年上海大达图书供应社铅印本　吉林省图书馆藏

胡寄尘，名怀琛，生平已见《兰闺清课》。

此书二十二回。前有自序与《凡例》。

32. 南游杂忆　胡适著

1935 年上海国民出版社铅印本　安徽省图书馆藏

著者生平已见《短篇小说第一集》。

此书录作者自香港至广州、广西等地旅游杂记。末附胡政之所撰《粤桂游影》。

33. 霓裳续谱八卷　（清）颜自德选辑；王廷绍编订；章衣萍校订

1935 年上海中央书店铅印本　上海图书馆藏

校订者生平已见《深誓》。

此书前有岂明（周作人）、刘半农序各一，校订者《校刊后记》，及胡适题字、刘半农遗墨。书名页题"襟霞阁主人重刊"。内录西调、杂曲 622 首。

34. 女丹诗集　傅金铨，陈撄宁著

1935 年上海翼化堂善书局铅印本　上海图书馆藏

陈撄宁生平已见《孙不二女功内丹次第诗注》。

此书前有《读者须知》，内分前、后、续、补四编，《前编》有《吴采

鸾仙姑诗三首并事略》《樊云翘仙姑诗六首并事略》《月华君崔少玄诗六首
并事略》《唐广真真人诗四首并事略》《玄静散人周元君诗五首并事略》
《清净散人孙不二仙姑诗五首并事略》；《后编》又名《西池集》，有序及
《咏性功十八首》；《续编》录诗 18 首；《补编》录诗 24 首。

此书为《女子道学小丛书》之五。

35. 耦春山馆骈文一卷　许复著

1935 年安庆东方印书馆铅印本　安徽省图书馆藏

许复（1881—?），字难先。桐城人。曾参编民国《黟县志》。

此书前有自序，内录《上蒋委员长请恤詹军长文》《香山生日诗序》
《与杨佑甫唱和诗序》《四望楼诗序》等骈体文 32 篇。

36. 耦春山馆诗稿一卷　许复著

1935 年铅印本　安徽省图书馆藏

著者生平已见《耦春山馆骈文》。

此书前有自序，内录《忆昔》《与苏艺叔》《听客谈老河口战况恍然有
作》《闻段合肥誓师马厂喜作》《观新剧有感》等古近体诗 60 余首。

《自序》称："平生所作诗约六千首，往者丁巳船过均县石门滩，稿沉汉
水，追录不能记一字。甲子、乙丑间所作诸诗，家人惧祸，付之一炬，存者
遂荡然乌有矣。近岁里居与友朋唱和，多次韵和句，拟编酬唱集，别印成
书，尚未竣也。儿子孝远乃从他报章诗话中已载旧诗汇钞成册，请付梓人。"

37. 彭玉麟梅花文学之研究　李宗邺编著

1935 年上海商务印书馆铅印本　中国国家图书馆藏

李宗邺（1896—1993），又名李若梅、李誉三，化名杨海梅。霍邱人。
早年毕业于东南大学历史系，五四运动时曾为全国学生总会安徽省学生代
表，后加入国民党，曾任南京市党部委员，全国孙文主义学会中央委员，
中华法政大学、上海航业专校教授，中央军官学校政治教官，国民党安徽
省党部委员，军委秘书，广州市政府自治委员等。

此书前冠陶琴女士序，内分《画梅故事之考证》和《梅花情诗之分
类》两编，附录诗作 6 题。

38. 评校足本龚定庵全集　　（清）龚自珍著；王文濡编校

1935 年上海国学整理社铅印本　　南京大学图书馆藏

编选者生平已见《侯魏汪三家文合钞》。

此书内分文集、续集、文集补编、文集补续录、文集拾遗、诗集、词选等。

39. 菁伯遗著五卷序一卷　　韩衍著

1935 年上海铅印本　　中国国家图书馆藏

韩衍（1870—1912），原名重，字菁伯，别号孤云，笔名新婴、海若。原籍丹徒，后落籍太和。早年毕业于江苏高等学堂，任北洋幕府督练处文案。清光绪三十四年（1908）至安庆督练公所任职，参加岳王会。马炮营起义失败后参与创办《安徽通俗公报》。武昌起义爆发后任维持皖省统一机关处秘书长，与高语罕、易白沙等组建青年军。1912 年与陈独秀、易白沙创办《安徽船》报，同年于安庆被暗杀。

此书录《绿云楼诗存》73 首，《青年军讲义》（又名《孤云冷语》）及杂著若干。《青年军讲义》为韩衍训育青年军时所用，全文 14 讲，采宋人语录体。

40. 清人绝句选　　又名：清绝　　陈友琴编辑

1935 年上海开明书店铅印本　　中国国家图书馆藏

编辑者生平已见《川游漫记》。

此书由徐乃昌题签，柳亚子题字，前有王蕴章题词，查猛济、叶绍均序各一，《凡例》。内录自清顺治至光宣五绝诗家 110 名、七绝诗家 262 名，共千余首绝句。

　　又：**千首清人绝句　　陈友琴编著**　　1988 年杭州浙江古籍出版社铅印本中国国家图书馆藏

此书在原有选本基础上进行剔除、增订、注释。内容较原本增加约三分之二。

41. 清考吟稿一卷　　程寿保著

1935 年天津徐氏铅印本　　安徽省图书馆藏

程寿保（1843—1918），字恭甫，号清耆。黟县人。程鸿昭之子，程梦余之父。清光绪十五年（1889）举人，历任山西河曲知县、湖南辰州芦溪县知县，东三省总督署总文案，民政部参议。1912年解职返乡。清同治年间刻有《续苏和陶诗》一卷，1923年纂修《黟县四志》。

此书前有徐世昌题签，及徐世昌、曹秉章序各一，末有其子梦余之《识》。

42. 然藜奇彩录　刘炯公著

1935年上海新民印书馆铅印本（再版）　绍兴市图书馆藏

著者生平已见《西戍途中日记》。

此书前有王钝根、钱笙南序各一，自序，蒋屐影、范君博、陈啸庐题词；末有刘豁公跋。内录文言笔记小说《驼盗》《夺羊》《捕蛇》《义贼》《穷鬼》等29篇。

43. 生民有相之道解　于思泊毛诗新证序　吴闿生著

1935年《国立北平图书馆馆刊》九卷六号抽印本　中国国家图书馆藏

著者生平已见《古今体诗约选》。

此书论述《诗经》中两个问题。

44. 生之战争：绍华诗二集　唐绍华著

1935年镇江朝霞社铅印本　北京大学图书馆藏

著者生平已见《中国万岁》。

此书录新诗《生之战争》《我们的呼号》《我们的日子不远了》《长征》《进军前》《工人的夜》《未来的歌》《我们的笑声》等24首。

45. 诗经情诗今译　陈漱琴编著

1935年上海新中国书局铅印本　天津图书馆藏

此书署名陈漱琴，实为储皖峰、陈漱琴合著。储皖峰生平已见《东方大同学案》。

此书前有顾颉刚、汪静之、储皖峰、陆侃如序各一及自序。内录《诗经》情诗白话翻译27首，附录《伐檀》1首。译作者有储皖峰、顾颉刚、魏建功、刘大白、谢寒、陈漱琴、汪静之、钟敬文、吴景澄。

46. 十八家诗钞　吴遁生选注

1935 年上海商务印书馆铅印本　广东省立中山图书馆藏

选注者生平已见《古白话文选》。

此书自曾国藩辑本选录诗作 423 首。版权页加注:"中学适用。"

47. 始祖的诞生与图腾　李则纲著

1935 年商务印书馆铅印本　上海图书馆藏

著者生平已见《欧洲近代文艺》。

此书内有"绪言""始祖诞生的传说""传说的演进""从名号上观察始祖与图腾的关系""从图像上观察始祖与图腾的关系""结论"六部分。

刘凌、吴士余主编《中国学术名著大词典·近现代卷》(汉语大词典出版社 2001 年版,第 670 页)称:此书"根据法国涂尔干和美国穆尔甘的图腾理论,对中国古代的图腾制度和图腾神话进行较为系统的探讨。在论述始祖诞生的传说里,作者将祖先分为优存氏族的祖先、没落氏族的祖先、秦蜀二国的祖先及边裔各族的祖先四类。在'传说的演进'一章里,通过分析始祖与图腾的关系,寻求图腾制度在神话传说中演进的轨迹。作者主要从神话中去讨论始祖与图腾的关系,另外,也从名号和图像上去考察。结论中列一表,将书中所引各种传说之图腾记号与始祖的关系排出,计四十二项,是当时叙述图腾制度与图腾神话中资料丰富的一部著作"。

48. 市阴丛稿　薛元燕著

1935 年铅印本　宁波天一阁博物馆藏

薛元燕(? —?),字好楼。全椒人。薛时雨侄。曾任浙江省政府科长。

49. 漱芳轩丛稿一卷　汪应焜著

菜根集本　安徽省图书馆藏

汪应焜,六安人。清光绪进士,曾任六安县中学校长。

此书收入《菜根集》。

菜根集七卷六种附一种　1935 年铅印本　安徽省图书馆藏

此编为汪启英、汪蟠春、汪云锦、汪修之、汪世稀、汪应焜、汪嘉荃五代人诗文总集。前有秦庆霖、王遒序各一。内卷一录汪启英《亦爱庐存稿》；卷二录汪蟠春《砚香斋丛稿》；卷三录汪云锦《湖庄姑存稿》，汪修之《耕砚斋零稿》，汪奇来《昙华遗稿》；卷四录汪应焜《漱芳轩丛稿》；卷五录汪嘉荃《悠然轩遗稿》。末有王鼎泰、鉴湖跋各一。

《王跋》称："右《菜根集》五册，编仁、义、礼、智、信五目，乃汪氏先世自蕃园公以至蘅洲，凡五代诗文集之总名也。"

50. 思李叟　程善之著

1935 年镇江新江苏报馆铅印本　首都图书馆藏

著者生平已见《短篇小说》。

此书前有自序。内述著者青少年时代所识一武术高手之生平。末有著者评。

51. 宋词选注　吴遁生选注

1935 年上海商务印书馆铅印本　南京图书馆藏

选注者生平已见《近人白话文选》。

此书前有《本编作者传略》，内选注宋代 142 人词 300 余首。

此书被辑入《学生国学丛书》。

52. 苏东坡　章衣萍著

1935 年上海儿童书局铅印本　湖南省图书馆藏

著者生平已见《深誓》。

此书被辑入《中国名人故事丛书》。

53. 台游追纪　江亢虎著

1935 年上海中华书局铅印本　中国国家图书馆藏

著者生平已见《洪水集》。

此书前有自序，内录游记 60 篇，涉及台湾政治、经济、交通、城建、文化、社会团体、地理、名胜、古迹、乡情民俗等。

54. 天囚诗存放园词存　蔡颐著

1935 年铅印本　安徽省图书馆藏

蔡颐(1894—1969),原名蔡茂仙,字天囚,别号梦周。凤台人。清宣统三年(1911)参加淮上军起义,任管带。1919 年保定陆军军官学校第六期步兵科毕业,历任安徽陆军第二混成旅步兵团排长、连长,皖军第一师司令部参谋,冯玉祥所属革命军二军六师师长、军参谋长,方振武所属第六路军少将参谋长兼皖北警备司令、蚌埠水陆公安局局长。后赴日本士官陆军大学学习,归国后任安徽省保安副司令兼省政府秘书长。1938 年因其侄蔡效唐策动兵变,降任旌德县县长。1940 年任国民党中央炮校政治部主任兼总教官。1946 年授少将衔并退役。

此书为于右任题写封面,惠济题照,前有黄杰、张我华、臧卓序各一,著者《弁言》,吴闿生评题,廉泉、曹经沅、孙传瑗等 25 人题诗。内录自清光绪三十二年(1906)至清宣统二年(1910)之《投笔集》,自清宣统三年(1911)至 1913 年之《剑光集》,自 1914 年至 1916 年之《放楚集》,自 1917 年至 1918 年之《磨盾集》,自 1919 年至 1920 年之《蜀道吟》,自 1921 年至 1922 年之《归去辞》,自 1923 年至 1927 年之《中州集》,自 1927 年至 1928 年之《长征集》,自 1929 年至 1930 年之《淮海集》,自 1930 年至 1931 年之《燕尘集》,自 1931 年至 1932 年之《击筑集》,自 1932 年至 1933 年之《塞上吟》,自 1933 年至 1934 年之《吹剑集》,自 1934 年至 1935 年之《香草吟》,1935 年之作《皖江集》。全书共十五卷,录诗 3000 余首,并有《放园词存》一卷百首。

55. 天台方岩游记 钱文选著

1935 年铅印本 安徽省图书馆藏

著者生平已见《游滇纪事》。

此书前有自序,内分"天台"与"方岩"两部分,附《游天台七绝二十八首》《游方岩七绝十首》。末有《俞樾园先生题琼台双阙图》。

56. 晚明小品文总集选四卷 王英编校

1935 年上海南强书局铅印本 中国国家图书馆藏

王英,钱杏邨笔名。生平已见《暴风雨的前夜》。

此书前有编者序,内分《明十六家小品选》《明文奇艳选》《媚幽阁文娱选》《冰雪携小品选》四卷。作者有屠隆、陈继儒、李本宁、袁中郎、袁小修、徐文长等人。末有作家小传。

57. 王安石全集百卷　汪原放句读

1935 年上海大众书局铅印本　中国国家图书馆藏

句读者生平已见《儒林外史》。

此书前有（明）王宗沐序。

58. 忘忧草：绍华诗初集　唐绍华著

1935 年镇江朝霞社铅印本　首都图书馆藏

著者生平已见《中国万岁》。

此书为张融琛题签，前有著者小照及谢词，内录著者写于 1932—1934 年之诗作，计有新诗《周年》《我的忏悔》《我的生日》《蝉》《鸽子》《落花》《相对论》等 40 首。

59. 未明集　田间著

1935 年上海群众杂志公司铅印本，北京大学图书馆藏。

田间（1916—1985），原名童天鉴，笔名田间。无为人。1933 年考入上海光华大学外文系，次年加入左联，参加《文学丛报》《新诗歌》编辑工作，任《每周诗歌》主编。1937 年赴东京，年底至八路军西北战地服务团任战地记者。1938 年加入中国共产党，历任晋察冀边区通讯社战地记者，晋察冀边区文化协会副主任，新群众杂志社社长兼主编，中共雁北地委宣传部部长、秘书长，张家口市委宣传部部长等职。

此书前有王淑明序，著者所撰《我怎样写诗的——生命的叫歌》（代序），内录新诗《我厌恶这春天》《祭冬天》《这一天》《滴港》《铁工厂》《阿比西利亚颂》等 38 首，末有著者后记。

60. 温庭筠诗　吴遁生选注

1935 年上海商务印书馆铅印本　上海图书馆藏

选注者生平已见《近人白话文选》。

此书前有选注者引言，介绍著者生平及其著作。内选录温诗 100 余首，有注释。版权页加注："中学适用。"

此书被辑入《学生国学丛书》。

61. 我的歌　胡怀琛等著

1935 年上海商务印书馆铅印本　胡小静《胡怀琛传略》（载晋阳学刊编辑部编辑《中国现代社会科学家传略·第八辑》，山西人民出版社 1987 年版，第 374 页）著录

著者生平已见《兰闺清课》。

此书共四册，前二册编者为姜元琴，后二册编者为胡怀琛。

此书被辑入《幼童文库》。

62. 我们的旅行记　又名：新安小学儿童旅行团游记　陶行知校订

1935 年上海儿童书局总店铅印本　中国国家图书馆藏

著者生平已见《知行书信》。

此书前有陈之佛、陶行知题签，陶行知、潘公展、刘仁航、陈鹤琴题词，陶行知序，旅行团照片，各界题词，《宣言》，《团员一览》等。内录淮安新安小学儿童旅行团自淮河北岸赴上海旅行游记。

《陶序》称："《我们的旅行记》是淮安新安小学儿童旅行团七位小朋友心头滴下来的文字。这个旅行团是一个破天荒的尝试。他们没有父母照应，没有教师领导，从淮河北岸游到上海，以卖讲取得他们的旅费。这个小册子是他们的旅行生活的小影，亦即是他们在这伟大的社会大学里上课的笔记。……这的确是一本奇书。它是一本生活教育学，是一本儿童游记，是一本儿童文学，是一本创造儿童世界的宣言。"

63. 五杂俎：晚明笔记十六卷　　（明）谢肇淛著；章衣萍校订

1935 年上海中央书店铅印本　上海图书馆藏

校订者生平已见《深誓》。

此书前有《五杂俎序》。内分"天""地""人""物""事"五部分。

64. 毋忘草　常任侠著

1935 年南京土星笔会铅印本　中国国家图书馆藏

著者生平已见《儿时影事》。

此书录作者自 1932 年至 1934 年所作新诗《吴淞》《西风歌》《太湖》《低诉》等 30 首。

65. 现代青年模范　冯玉祥编

1935 年铅印本　超星数字图书馆收录

著者生平已见《冯玉祥诗钞》。

此书叙述 1933 年 5 月 20 日，二十九军宋哲元部刘汝明师医官赵傲时在北平日本兵营门口砍伤日本士兵经过，并介绍赵傲时出身、经历等。

66. 现代十六家小品　阿英编校

1935 年上海光明书局铅印本　天津图书馆藏

阿英，钱杏邨笔名。生平已见《暴风雨的前夜》。

此书前有著者序，内汇编周作人、俞平伯、朱自清、钟敬文、谢冰心、苏绿漪、叶绍钧、茅盾、落华生、王统照、郭沫若、郁达夫、徐志摩、鲁迅、陈西滢、林语堂所写小品。每位作家小品前有序，概述编者对此作家小品创作之评价。

《著者序》称，此书"……每家所收的小品文，都是从各家在一九三三年底以前出版的全著作里选出，……在各家小品文选之前，仿《皇明十六家小品》例，各写了一篇短序，并不想作什么批判，只是作一点介绍而已，不曾发展深入的加以探讨，是有之的，也是不得已。"

此书被指为"诋毁当局"，于 1935 年遭查禁。

67. 献睡莲姑娘　周天籁著

1935 年上海文光书店铅印本　中国国家图书馆藏

周天籁（1909—1983），曾用笔名万里云，晚年笔名周老夫。休宁人。早年赴上海学徒，曾与人合办文学刊物《跳跃》《小闲书》，后历任第三方面军属下《导报》副刊编辑，《大风报》《风报》《辛报》总编。

此书为长篇小说。

编者按：WorldCat 著录此书藏中国国家图书馆，检索国图目录未见。

68. 潇湘雁影附蕙娘小传冰天鸿影　春梦生，胡寄尘著

1935 年上海大达图书供应社铅印本（再版）　南京图书馆藏

胡寄尘，名怀琛，生平已见《兰闺清课》。

此书封面题"潇湘雁影附蕙娘小传冰天鸿影"，内实以《蕙娘小传》

为主，附录《冰天鸿影》《潇湘雁影》。书前有 1914 年胡寄尘《蕙娘小传序》，称此书为"吾友春梦生著"。《冰天鸿影》《潇湘雁影》为文言言情中篇小说，署名胡寄尘。其中《冰天鸿影》故事背景为英国某地滨海，《潇湘雁影》共十章，故事背景为中国。

69. 小品大观　郑逸梅著

1935 年上海校经山房书局铅印本　安徽大学图书馆藏

著者生平已见《梅瓣集》。

此书录小品文《吴下之莼》《李笠翁之李桃园》《西游记》《元旦》《新年新语》《黄摩西逸事》《京华旧俗之散灯花》《一世之雄而今安在》《伐毛之风尚》等 160 余篇。

70. 笑鸿短篇小说第一集　左笑鸿著

1935 年北平世界日报社铅印本　中国社会科学院图书馆藏

左笑鸿（1905—1986），原名左啸虹，曾用笔名凌澜、甘牛、江虹。泾县人。左坊之子。1924 年就读北平平民大学新闻系期间，为上海《新申报》编辑《文艺周刊》，后兼任北平《世界日报》《世界晚报》编辑，1927 年后历任《世界日报》《世界晚报》总编辑、采访部主任，北平《国民晚报》总编辑、采访部主任，北平新闻专科学校教师，香港《立报》副刊编辑，《新民报》北平分社主笔，北平市新闻记者公会监事兼《新民报》副刊《北海》和《北京人》主编。

此书录小说《老教授》《后庭花曲》《过年》等 10 篇。

71. 修辞学发微　胡怀琛著

1935 年上海大华书局铅印本　上海师范大学图书馆藏

著者生平已见《兰闺清课》。

此书前有著者《编辑大意》，内十四章，谈及"修辞学定义""修辞学在文学上所占位置""修辞学与风俗习惯之关系""修辞方法"以及"修辞杂话"等。

《编辑大意》称"本书注重说明'修辞学'的意义，'修辞'和'文法'、'作文'、'文学'等关系，非单讲'修辞'的格式。但'修辞'格式，亦大概讲到"。

72. 雪涛小书·晚明笔记　又名：亘史外纪　亘史外篇　（明）江进之著；章衣萍校点

1935 年上海中央书店铅印本　上海图书馆藏

校点者生平已见《深誓》。

此书前有章衣萍所撰《前记》《序二》，内录诗评及闺秀诗评 102 则，谐史 153 则。

《序二》转录《宇宙风》所刊《郑妥娘尺牍》4 则，称："查《雪涛小书》又名《亘史外篇》，余所得为残本，无郑妥娘与期莲生尺牍，今转录之，以该尺牍奇妙绝伦也。"

73. 哑谜文学论　阿英著

1935 年稿本《阿英文集·阿英著作目录》（生活·读书·新知三联书店 1981 年版，第 956—957 页）著录

阿英，钱杏邨笔名。生平已见《暴风雨的前夜》。

《阿英文集·阿英著作目录》称，此书为"一九三四至三五年所写杂文集。作者自述：交北新书局付印，后因经手人他往，未见出书"。

74. 演说选　刘达编

1935 年上海北新书局铅印本　宁波大学图书馆藏

著者生平已见《戏剧大观》。

此书汇编中外著名人士之演讲词，录章炳麟《今日青年界之弱点》、梁启超《治国学的两条大路》、蔡元培《科学之修养》、胡适《为什么读书》、鲁迅《老调子已经唱完》、杜威《品格之养成为教育无上之目的》等30 篇。

75. 阳复斋文集　江谦著

1935 年上海佛学书局铅印本　南京图书馆藏（上册）；中国国家图书馆藏（下册）

著者生平已见《阳复斋诗偈集》。

此书内分论议、传志、序跋、杂记、讲演、哀祭、疏、议述八类。

76. 杨椒山　章衣萍著

1935 年上海儿童书局总店铅印本　南京图书馆藏

著者生平已见《深誓》。

此书版权页题：著者贺玉波。全书 7 节，分别为"儿时故事""敬师爱友""勤学尽职""谏开马市""请杀奸臣""不幸入狱""椒山遗训"，记述明朝大臣杨椒山因弹劾严嵩被杀故事。

此书被辑入《中国名人故事丛书》。

77. 夜航集　阿英著

1935 年上海良友图书印刷公司铅印本　上海图书馆藏

阿英，钱杏邨笔名。生平已见《暴风雨的前夜》。

此书前有自序，内录著者于 1933—1935 年所作散文随笔，计有"小品文谈"14 篇，包括《小品文谈》《周作人》《俞平伯》《朱自清》《钟敬文》《谢冰心》《苏绿漪》《叶绍钧》《茅盾》《落华生》《王统照》《郭沫若》《郁达夫》《徐志摩》"文艺随笔"20 篇，"杂文杂考"等 20 篇，"杂考"5 题。

《自序》称："《小品文谈》，原稿是十七篇，现则略其三。有应补入而不及加进的，如《反山人文学》《灯市》《书市》等的续稿。也有字数较之初发表时为少，或有所改动的。"

78. 衣萍文存二集　章衣萍著

1935 年乐华图书公司铅印本　中国国家图书馆藏

著者生平已见《深誓》。

此书录《柏克赫司特女士》《古庙杂谈》《春愁》《修辞学的意义》《吊刘复先生》《读书杂记》《情书二束跋》《樱花集跋》《苦儿努力记序》《不如归新序》《春秋杂感》《倚枕日记前言》《倚枕日记》13 篇散文、序跋、日记。其中《春秋杂感》包括 31 则小品。

79. 逸梅丛谈　郑逸梅著

1935 年上海校经山房书局铅印本　中国国家图书馆藏

著者生平已见《梅瓣集》。

此书内录笔记掌故《冒雨看花记》《尚小云》《张学良往事再记》《云

南起义之一段逸事》《生活与艺术》等182篇。前半部为文言，后半部为白话。

80. 悠然轩遗稿一卷　汪嘉荃著

菜根集本　安徽省图书馆藏

汪嘉荃（1894—1929?），字蘅洲。六安人。汪应焜之子。曾从事教育工作。

此书内录古近体诗132首，词7首，文21篇，箴7则，题联6副，自述1篇，后序1篇。

此书被辑入《菜根集》。

81. 幽梦影：张潮散记　　（清）张潮著；章衣萍校订

1935年上海中央书店铅印本　复旦大学图书馆藏

校订者生平已见《深誓》。

82. 玉祥诗歌集：泰山民歌　冯玉祥著

1935年手稿影印本　上海图书馆藏

著者生平已见《冯玉祥诗钞》。

此书书眉及目录页题名为"冯玉祥诗集"。内录白话诗《中国的国民》《农夫》《柴夫》《柴夫的儿子》《农夫的儿子》《洋车夫的弟弟》《轿夫的兄弟》《石工》《木工》《小工》《肥城桃》等13首。

83. 袁小修日记　又名：游居柿录十三卷　　（明）袁中道著；阿英校点

1935年上海杂志公司铅印本　中国国家图书馆藏

阿英，钱杏邨笔名。生平已见《暴风雨的前夜》。

此书前有《袁小修传》，内录袁小修日记1571则，据明代原刻本排印。

84. 知行诗歌别集　又名：清风明月集　陶行知著

1935年上海儿童书局总店铅印本　中国国家图书馆藏

著者生平已见《知行书信》。

此书录诗歌《桃红三岁》《中国小孩子过新年》《放爆竹》《游牛首山》

等 130 首，内有部分旧体诗及译诗。

85. 知行诗歌续集　陶行知著

1935 年上海儿童书局总店铅印本　中国国家图书馆藏

著者生平已见《知行书信》。

此书录诗歌《贺安徽中学十周纪念》《留学生治国》《一对妖怪》《贺南开中学第一次会考失败》《下雨不上学》等 46 首，诗后有注释。

86. 中国散文概论　方孝岳著

1935 年上海世界书局铅印本　湖南省图书馆藏

著者生平已见《中国文学批评》。

此书论述古代散文形式、体裁，分"本体论"和"方法论"两部分。前者包括"散文的含义"和"散文学的演进"两节；后者包括"字句的格律""篇章的体裁"，"议论文的体裁""儒家的论""纵横家的论""名家的论""叙事文的体裁"等 13 节。

此书被辑入《中国文学八论》。

87. 中国新文学大系·导论集　蔡元培，胡适等著

1935 年上海良友复兴图书印刷公司铅印本　上海图书馆藏

胡适生平已见《短篇小说第一集》。

此书为《中国新文学大系》各集所载导言之汇编，包括：蔡元培之《总序》，胡适、郑振铎、茅盾、鲁迅、郑伯奇、周作人、郁达夫、洪深、朱自清等人所撰《导言》共 10 篇。

88. 中国新文学大系第十集·史料索引　阿英编选

1935 年上海良友图书公司铅印本　中国国家图书馆藏

阿英，钱杏邨笔名。生平已见《暴风雨的前夜》。

此书前有编者《序例》，内分"总史""会社史料""作家小传""史料特辑""创作编目""翻译编目""杂志编目"七部分，末附《中国人名索引》《日本人名索引》《外国人名索引》《社团索引》。

89. 中国新文学大系第一集·建设理论集　胡适编选

1935 年上海良友图书印刷公司铅印本　中国国家图书馆藏

编者生平已见《短篇小说第一集》。

《中国新文学大系》共十集，反映中国现代文学头十年概貌。本集为新文学建设理论集，分《历史的引子》《发难时期的理论》《发难后期的文学理论》等三辑，录胡适、陈独秀、钱玄同、刘半农、傅斯年、蔡元培、林琴南、周作人、康白情、周元、郭沫若、俞平伯、欧阳予倩共 13 人论文 51 篇。

90. 朱子　章衣萍著

1935 年上海儿童书局铅印本　首都图书馆藏

著者生平已见《深誓》。

此书分"朱子的小传""朱子的学术思想""朱子的学术批评""朱子的读书方法""朱子学派"等节，简述朱熹生平、学说、治学方法、学派，以及朱子对老子、庄子、王安石、苏东坡、陆九渊等人学术思想之评论。

此书被辑入《中国名人故事丛书》。

91. 注释中国民族诗选第一集：爱国诗　李宗邺编

1935 年上海中华书局发行所铅印本　天津图书馆藏

编者生平已见《彭玉麟梅花文学之研究》。

此书扉页题"不破楼兰终不还"，内录唐宋至民国名家爱国诗作，诸如王昌龄《从军行四首》、王维《平戎辞二首》、杜甫《黄河》、韩蓍伯《青年军》、张锡銮《中秋无月：甲午之战》、梁启超《读放翁集》等 179 题 280 余首，每诗后有解读。

92. 注释中国民族诗选第二集：爱国诗续　李宗邺编

1935 年上海中华书局发行所铅印本　天津图书馆藏

编者生平已见《彭玉麟梅花文学之研究》。

此书扉页题"不斩天骄莫议归"，内录唐宋至民国名家爱国诗作，诸如王维《赠斐昱将军》、岑参《胡歌》、秋瑾《杞人忧》、吴保初《马关》、宋教仁《出亡道中》、黄兴《题林烈士奎遗诗》等 178 题 220 余首，每诗后有解读。

93. 祝梁怨杂剧一卷　常任侠著

1935 年南京永祥印书局铅印本　中国国家图书馆藏

著者生平已见《儿时影事》。

此书前有卢前《祝梁怨叙》及著者写于 1933 年之自序，末附散套。

94. 尊瓠室诗话三卷补一卷　陈诗著

民国铅印本　中国国家图书馆藏

著者生平见《尊瓠室诗》。

此书内论清道、咸、同、光以来诗人遗事。末有谢国桢跋。

此书原载 1935 年《青鹤》第 3、4、5 期。

蒋寅于《清诗话考》（中华书局 2004 年版，第 686 页）中称："此书论本朝嘉、道间以来诗家，尤详于晚近，同、光间名家尽皆包罗。又多载皖人及寓沪上所识上海诗人。……所载人物皆确记其生卒享年，颇具史料价值。诗多录小篇，而数量颇富。同、光间世竞尚宋诗，而陈氏植根于中、晚唐，卓然自立，为时注目。"

1936 年(民国二十五年)

1. 安徽名媛诗词征略五卷补遗一卷　光大中，刘淑玲著

1936 年安庆东方印书馆铅印本　中国国家图书馆藏

光大中（1890—1970），字铁夫。桐城人。曾任安徽通志局编纂，省二临中及安庆第四中学教员。

刘淑玲，字瑞麟。桐城人。光大中之妻。

此书前有江暐、罗介邱、李国璪、杨开森、程孟林、光升序各一，自序，金天翮、汪定执、胡传楷、方守敦、潘田等 19 人题诗题词，并有《例言》。内以地域排列，共录明清安徽名媛 393 人诗词作品，每人前列小传。

此书原名《安徽才媛纪略初稿》，曾连载于《学风》1934 年 8 期至 1935 年 6 期。

2. 巴斯德传　　〔法〕Rene' Vallery-Robot 著；丁柱中译

1936 年上海中华书局铅印本　南京图书馆藏

译者生平已见《电的把戏》。

此书前有译者引言，介绍巴斯德生平、成就，并述及翻译动机和经过。内十四章，以时间排序为传。原著为法文，转译自英文本。

3. 抱润轩遗集一卷　马其昶著；吴常焘编辑

1936 年吴常焘铅印本　安徽省图书馆藏

著者生平已见《马通伯文钞》。

吴常焘（1919—1995），名孟复，别名常焘、山萝。庐江人。马其昶孙婿。1937 年毕业于无锡国学专科学校，曾任上海政法学院、暨南大学副教授、教授，上海古代文物管理委员会编纂等职。

此书录文 18 篇，包括史论 1 篇，寿序 4 篇，传 13 篇。

4. 北楼诗文钞一卷　乌以风编辑

1936 年刻本　南京图书馆藏

乌以风（1902—1989），字冠君，别号北楼旧主，晚年又号一峰老人、忘筌居士、天柱老人。原籍山东聊城，居潜山。早年考入北京大学预科，1928 年毕业于北京大学哲学系，历任浙江省图书馆编纂、杭州省立高中教师、安徽省教育厅主任秘书、宣城中学校长、安庆一中校长。抗战期间曾任四川复性学院典学、重庆大学副教授。1943 年创建景忠中学，任校长。

此书前有编者自序。内录历代歌咏安徽宣城北楼诗文百篇。

《自序》写于 1936 年，称："宣城文苑，由来已久，惟知者鲜，故其名不彰。……爰选辑自谢玄晖以迄近代吟咏北楼诗文凡百篇，名曰《北楼诗文钞》。"

5. 蝙蝠集　金克木著

1936 年时代图书公司铅印本　中国国家图书馆藏

著者生平已见《海滨别墅与公墓》。

此书内分《缘木辑》《美人辑》《永夜辑》《少年行甲》《少年行乙》五部分，录新诗 40 余首。

6. 创作漫话　以群著

1936 年上海天马书店铅印本　上海图书馆藏

以群，叶元灿笔名，生平已见《全线》。

此书前有作者序，内录论文《文艺底真实性》《作家底世界观》《"现实"与"题材"》《创作方法》《性格底刻画》《两种作风》《探求新形式》《"典型"和"公式化"》《"抽象"与"具体"》《"利用旧形式"》《"通俗"和"卑俗"》《关于"报告文学"》《从"无名"到"有名"》共 13 篇。另附录《"大众文艺"解剖》《漫谈出版界》《标准书》《翻印古书》4 篇。

7. 春梦留痕　又名：春情艳语　汪漱碧著

1936 年上海春明书店铅印本　吉林省图书馆藏

汪漱碧，徽州人。1930 年赴上海，曾任《金刚钻报》特约新闻记者、中央书店编辑。

此书为三十六回社会谴责性言情小说。前有自序，内逐页题名为"春情艳语"。

《自序》称，此书写于民国初元，系受李涵秋先生《双花记》启发而作。"不过短短数千言，即戛然而止。且其内容，亦甚简单浅薄。故缮录既竟，终秘之箧中，不敢示人也。……此书方完成时，余以其内容与曩撰之《春梦留痕记》相近，故仍袭前名，题为'春梦留痕记'。后以春明主人意，谓不如易名以'春情艳语'为善。爰从其言，乃易今名。"

8. 存堂诗文钞二卷　吴复振著

1936年安庆东方印书铅印本　山西大学图书馆藏

吴复振（1880—1974），字健吾。桐城人。民国初年曾于北京报界任职，1924年任安徽省立第一农业学校校长。

9. 杜甫　章衣萍著

1936年上海儿童书局铅印本　湖南省图书馆藏

著者生平已见《深誓》。

此书前有著者序，内分"杜甫的家庭""杜甫的北游生活""杜甫穷苦的一生""杜甫的嗜好""杜甫的平民思想""杜甫的纪事诗歌"6节。

《著者序》称，此书写作参考《杜诗镜诠》、汪静之《李杜研究》、谢一苇《杜甫生活》及梁启超《情圣杜甫》。

此书被辑入《中国名人故事丛书》。

10. 番石榴集　朱湘选译

1936年上海商务印书馆铅印本　安徽大学图书馆藏

译者生平已见《路曼尼亚民歌一斑》。

此书有上、中、下三卷，上卷录埃及、亚刺伯、波斯、印度、希腊、罗马著名古典诗歌30首；中卷录意大利、法国、西班牙、科隆比亚、德国、荷兰、斯堪的纳维亚、俄国、英国34位诗人50首短诗；下卷录长篇叙事诗《三星集》3首及安诺德《索赫拉与鲁斯通》。

11. 冯玉祥先生名著集　　冯玉祥著；大龙山人审选；袁清平，李剑萍编纂

1936 年上海军事新闻出版社铅印本　　湖南省图书馆藏

著者生平已见《冯玉祥诗钞》。

此书录著者的演讲、宣言、电文、训令、文告、杂著、诗歌、语录等。

12. 凤台山馆续集二卷　　陈诗著

1936 年铅印本　　安徽省图书馆藏

著者生平见《尊瓠室诗》。

此书前有吴常焘序，末有陈诗自识。卷上为《甲乙集》，录著者 1934—1935 年作于沪上诗作；卷下为《燕居集》，录著者 1936 年写于庐江诗作。

13. 高尔基给文学青年的信　　［苏］高尔基著；以群译

1936 年上海读书生活出版社铅印本　　上海师范大学图书馆藏

以群，叶元灿笔名，生平已见《全线》。

此书录高尔基致文学青年信 23 通，末附《给象征主义者安菲塔特洛夫的信》《高尔基和萧伯纳的通信》。

14. 古今名诗选　　刘麟生等辑注

1936 年上海商务印书馆铅印本　　中国国家图书馆藏

刘麟生生平已见《哥仑布》。

此书四册，内分"汉魏晋南北朝""唐""宋""金元""明""清"六编，录历代名人诗作 2000 余首。每家前有作者简介，诗后有注释。

15. 观尘因室诗话　　陈景寔著

1936 年凤台陈氏观尘因室铅印本　　安徽省图书馆藏

陈景寔（1877—?），字梦初。凤台人。长于戏曲。

此书前有《发刊词》，内杂论古诗，对黄遵宪、康有为、梁启超等诗界革命评价甚高，偶涉国外诗作。

《发刊词》称："现在的时代是古今不同了，无论说什么话、做什么事，都要抱着科学化的主义，就是我这一卷小小的诗话，也是拿着世界眼光来说的，绝不似前人的诗话，只拼凑几句佳人才子的胡诗滥调来哼哼，就算完事。我这诗话是一方面顾全学术，又一方面要照顾到世风民气。"

16. 广田弘毅传　［日］岩崎荣著；汪静之，吴力生译

1936 年上海商务印书馆铅印本　安徽大学图书馆藏

汪静之生平已见《湖畔》。

此书前有著者《译序》，全书介绍日本第三十二任首相广田弘毅生平活动，自其幼年写至 1936 年"二·二六"事件后广田弘毅组阁。

《译序》称："读者诸君如问为什么要译这本书，那答案是很简单的：日本正在积极执行它的大陆政策，我们遭遇着这政策之执行的民族，无论抗拒与否，都有对这执行国及其权利阶级加以认识的必要。读日本文人的传记，可以帮助我们的认识。"

17. 海市集　阿英著

1936 年上海北新书局铅印本　上海图书馆藏

阿英，钱杏邨笔名。生平已见《暴风雨的前夜》。

此书内录研究明清文学论文《弹词小说论》《传记文学论》《明末的反山人文学补》《吴趼人的小说论》《太平天国的小说》《骑士文学的压道车》《明人笔记小话》《清人杂剧三题》等 24 篇。

18. 海夜鲛人　唐伯先著

1936 年铅印本　含山县地方志编纂委员会《含山县志》（黄山书社 1995 年版，第 626 页）著录

唐伯先（1909—1982），原名孟先，笔名歌黎、柯犁、波弦等。含山人。早年先后就读于芜湖省立五中、安徽省立芜湖初级中学，毕业后任福山乡张什小学校长。1933 年任国民党《含山导报》副刊编辑。抗战胜利后历任含山县政府教育科督学、代理文教科科长、公立中学教师、环峰小学校长。

此书为诗集。

19. 洪悌丞先生事略　又名：洪汝怡事略　洪汝闿著

民国扬州汉文印务局刻本　中国国家图书馆藏

洪汝闓生平已见《汪程二烈士哀挽录》。

传主洪汝怡（1874—1936），字悌丞，号撄宁，歙县人。

20. 胡适论说文选　胡适著

1936 年上海希望出版社铅印本　安徽省图书馆藏

著者生平已见《短篇小说第一集》。

此书内录论文《新生活》《三不朽说》《社会的不朽论》《读书》《什么是文学》《治学的方法与材料》《论短篇小说》等 23 篇。

21. 徽州女子诗选一卷补遗一卷　又名：新安闺秀诗选　胡在渭编辑

1936 年油印本　安徽省图书馆藏

编辑者生平已见《文艺因缘》。

此书前有《例言》，内录明清两朝 63 位徽州女诗人诗作 109 首，末附作者简介。

《例言》称，"本编匆匆脱稿，搜辑材料，未能普遍；祁门一县，犹付阙如，容后增补"，"本编冠以明末清初女民族英雄毕女士之作品，藉以引起读者之民族意识"。

22. 家乘小纪　吴闿生著

1936 年油印本　中国国家图书馆藏

著者生平已见《古今体诗约选》。

23. 简爱自传　［英］C. 白朗底著；李霁野译

1936 年上海生活书店铅印本　中国国家图书馆藏

译者生平已见《往星中》。

此书为长篇小说，后通译为《简爱》。

此书辑入《世界文学名著丛书》。

又：**简爱　［英］莎绿蒂·勃朗特著；李霁野译**　1945 年重庆文化生活出版社铅印本　上海图书馆藏（上下册）　中国国家图书馆藏中册

此书为长篇小说，前有《译者序》。

24. 剪灯新话：明人笔记四卷　　（明）瞿佑著；郑逸梅校订

1936 年南京中央书店铅印本　天津图书馆藏

校订者生平已见《梅瓣集》。

此书前有著者自序，佳衡等序 3 篇，末附《秋香亭记》。每卷 5 篇，多记述古今怪奇之事。

本书与（明）李昌祺的《剪灯余话》合订一册。

25. 柳眉君情书选　　章衣萍编辑

1936 年上海绿灯书店铅印本　中国现代文学馆《中国现代作家大辞典》（新世界出版社 1992 年版，第 599 页）著录

编辑者生平已见《深誓》。

此书被辑入《甜蜜小丛书》。

26. 买愁集四卷　　（清）钱尚濠辑；阿英校点

1936 年上海贝叶山房铅印本　上海图书馆藏

阿英，钱杏邨笔名。生平已见《暴风雨的前夜》。

此书末有阿英跋，内分"想书""恨书""哀书""情书"，录陈后主《玉树流光》、杨师己《初日看婚》、沈约《忆来时》、萧妃《行宫夜冥》、乔知之《碧玉》、李峤《李峤才子》、唐玄宗《红桃》、药禅师《登山大笑》、贯休《一瓶一钵》等笔记小说 300 余篇。

《跋》称，此书依据清初原刊本排印，有翻刻本，改题《写情集》。

此书被辑入《中国文学珍本丛书》。

又：**买愁集四卷　　（清）钱尚濠辑；王文英校点**　1936 年上海广益书局铅印本　首都图书馆藏

此书校点者署名"王文英"，内容同上书。

此书收入《文学笔记丛书》。

27. 媚幽阁文娱　　（明）郑元勋选；阿英校点

1936 年上海杂志公司铅印本　中国国家图书馆藏

阿英，钱杏邨笔名。生平已见《暴风雨的前夜》。

此书前有陈眉公《文娱序》与郑超宗《文娱自序》，内录赋、文、书、

序跋、杂文等 160 余篇。

28. 孟实文钞　朱光潜著

1936 年上海良友图书印刷公司铅印本　中国国家图书馆藏

著者生平已见《给青年的十二封信》。

此书前有著者序，内录《我与文学》《谈学文艺的甘苦》《谈趣味》《谈读诗与趣味的培养》《诗的隐与显》《诗的主观与客观》《从生理学观点谈诗的"气势"与"神韵"》《悲剧与人生的距离》《从"距离说"辩护中国艺术》《小泉八云》《安诺德》《柏腊图的诗人罪状》《诗人的孤寂》《近代美学与文艺批评》《论小品文》（一封公开的信）评论 15 篇。

又：**我与文学及其他　朱光潜著**　1943 年桂林开明书店铅印本　湖北省图书馆藏

此书为《孟实文钞》增补本，增录《理想的文艺刊物》《从我怎样学国文说起》二文。

29. 明武宗外纪　程演生辑录

中国内乱外祸历史丛书本　中国国家图书馆藏

辑录者生平已见《西泠异简记》。

此书前有程演生长篇序言，述著者小传，并据正史、野史多方考证诸作事实以为导言。内录（宋）张淏《艮狱记》、（清）毛奇龄《明武宗外纪》、（明）佚名《天水冰山录》、（明）文嘉《钤山堂书画记》、（明）田艺蘅《留青日记》、（明）佚名《民抄董宦事实》、（明）佚名《董心葵事记》、（清）佚名《㐌珅志略》、（清）佚名《查抄和珅家产清单》。

此书辑入《中国内乱外祸历史丛书》。

中国内乱外祸历史丛书　程演生、李季、王独清主编　1936 年上海神州国光社铅印本　同济大学图书馆藏

此丛书前有蔡元培《总序》，称："自中华民国成立，中国国民党之民族主义日渐普及，凡清代所指目为违碍之书，转为有志者所偏嗜。程演生先生有鉴于是，乃与诸同志组织中国历史研究社，所研究之范围固当甚广，而首先注意者，则亦为埋蕴已久之书，多方搜辑，已得三百余种，乃编为《中国内乱外祸历史丛书》而印行之。"

本丛书内程演生辑录著作有：《奉使俄罗斯日记》，《东行初录》（又名

《东行三录》),《明武宗外纪》。

30. 魔鬼的门徒　[英]萧伯讷著；姚克译

1936年上海文化生活出版社铅印本　安徽大学图书馆藏

姚克（1905—1991），原名志伊、姚莘农、笔名姚克。歙县人，生于福建厦门。早年毕业于东吴大学，1937年参与发起中国剧作家协会，后赴美国耶鲁大学戏剧学院进修。1940年回国，任教于圣约翰大学、复旦大学，并参加上海剧艺社戏剧活动。抗战胜利后担任兰心剧场经理，1948年赴香港。

此书为三幕剧，前有译者序，介绍著者、翻译经过及翻译的问题。

31. 瓶笙花影录　郑逸梅著

1936年山房书局铅印本　吉林省图书馆藏

著者生平已见《梅瓣集》。

此书卷上录笔记小品《李萍香之清才》《费树蔚》《南社联欢》《江瑶柱》《李少荃》《虞美人》《集团结婚之先见》《清季之革命刊物》《禁书》等99篇；卷下录《茶酒蛊疾》《飞燕出浴》《弄猴者言》《李万春食用之豪奢》《胡朴安》《访林语堂》等70余篇。

32. 萍踪偶记　陈友琴著

1936年上海北新书局铅印本　北京大学图书馆藏

著者生平已见《川游漫记》。

此书录游记《上天台》《杭江道上》《太湖》《偷闲一日在梁溪》等18篇。中附铜版插图30余幅。

33. 妻的艺术　予且著

1936年上海中华书局铅印本　上海图书馆藏

予且，潘序祖笔名，生平已见《予且随笔》。

此书前有钱歌川序。内录小说《妻的艺术》《木马》《老赵的悲哀》《山坡羊》《妙知》5篇。

此书被辑入《新中华丛书·文艺汇刊》。

34. 清诗选　吴遁生选注

1936 年上海商务印书馆铅印本　安徽省图书馆藏

选注者生平已见《近人白话文选》。

此书三册，版权页加注："中学适用。"

此书被辑入《学生国学丛书》。

35. 犬窝谜话五卷　吴克岐著

1936 年稿本　南京图书馆藏

著者生平已见《红楼名号归一表》。

此书前有自序。卷一介绍薛凤昌《邃汉斋谜话》、周效璘《慧观室谜话》、顾正福《跬园谜稿》、梁绍壬《两般秋雨盦随笔》、陈应禧《正心书斋谜稿》、无名氏《霭园谜剩》等灯谜之书及谜坛见闻；卷二为《红楼梦》专题谜；卷三介绍沈起凤、薛宜兴、鲍恩绶、张起南、唐景崧、奚燕子等名家谜作；卷四介绍灯谜历史与逸闻；卷五录章回小说（尤其是《红楼梦》）所载灯谜。

此书有脱漏。

36. 儒佛合一救劫编　江谦著

1936 年上海中国儒佛合一救劫会铅印本　中国国家图书馆藏

著者生平已见《阳复斋诗偈集》。

此书卷首有《编辑指要》。内下册为编者所著救劫杂著及诗歌。

37. 三百篇研究　张寿林著

1936 年天津百成书局铅印本　韩明安《诗经研究概观》（黑龙江教育出版社 1988 年版，第 116 页）著录

著者生平已见《雪压轩集》。

此书后由林庆彰、蒋秋华《张寿林著作集》收录，2009 年台北"中央"研究院中国文哲研究所出版，北京大学图书馆藏。

38. 歙县明季三遗民诗三卷　许承尧辑

民国稿本　安徽省博物馆藏

著者生平已见《苊父杂记》。

此书辑录明末歙县人渐江、郑慕倩、程穆倩三人诗。每卷前有《歙县志》所载人物小传。末有 1936 年冬著者记。

39. 生命的波涛　刘王立明著

1936 年上海女子生产合作社铅印本　天津图书馆藏

刘王立明（1897—1970），女。原名王立明，曾用名李梦梅、邝志洁。太湖人。湖北刘湛恩之妻。1915 年于儒励书院读书时加入世界妇女节制会。次年赴美留学。归国后担任中华妇女节制会总干事、会长，创办《节制》月刊。抗战爆发后任中国妇女抗敌后援会农村妇女组织委员会主任委员。1944 年加入中国民主同盟，当选为民盟中央委员。

此书为长篇小说。前有自序。

40. 诗歌作法　胡怀琛编

1936 年上海商务印书馆铅印本　首都图书馆藏

著者生平已见《兰闺清课》。

此书被辑入《小学生分年补充读本》。

41. 诗经本事二十一卷　马振理著

1936 年上海世界书局铅印本　仿古字版　中国国家图书馆藏

马振理（1871 后—?），字叔文。桐城人。马复恒第二子。1914 年任福建南安县知事。

此书分上、下二册，前有唐文治序，正文前有长篇《导言》。内综合前人诗经学研究，旁征经、传、子、史百家之说，并引用新出土之金文甲文为佐证，对《诗经》作详尽论述。

《导言》首论"诗歌之由来"，认为诗歌"源于心灵之感觉"，"根于语言之进化"，"缘于文字之滋乳"，"由于本事之发达"；次论"采诗之由来"；三论"以诗入乐之由来"；四论"以诗立教之由来"；五论"拙著诗微之由来"。

42. 识夷庵随笔　程卓沄著

1936 年天津石印本　中国国家图书馆藏

程卓沄（？—1952），名庆章。原籍休宁，移居虞山，晚居天津。清光绪举人。曾任内阁中书、候补知府。

此书前有管凤龢序，赵元礼题词。内多记清末民初著者与天津诗文界名人往来之事，涉及清末民初人物，如易顺鼎、孙雄、王揖唐、张之洞、俞樾等。

43. 书的故事　［苏］伊林（M. Ilin）著；张允和译

1936 年上海中华书局铅印本　中国国家图书馆藏

张允和（1909—2002），合肥人，长于苏州。张冀牖第二女，周有光之妻。早年毕业于上海光华大学历史系。

此书为儿童文学，根据法译本转译，前有译者序言。

44. 树下集　高植著

1936 年上海中华书局铅印本　中国国家图书馆藏

高植（1911—1960），笔名高地等。巢县人。1932 年毕业于中央大学社会学系，曾任中山文化教育馆编辑、金陵大学教授。

此书录短篇小说《树下》《估价》《都市的宗教》《秋桥》《咒神》《杀鸡》《同》《酒后》《除夕》《方福》《谈判》《泪》12 篇。

此书被辑入《现代文学丛刊》。

45. 说写做　潘子端著

1936 年上海中华书局铅印本　南京图书馆藏

潘子端，潘序祖笔名，生平已见《予且随笔》。

此书介绍怎样谈话、演说、辩论、演戏、写戏剧，末附《写作的趣味》。

46. 斯人记　张恨水著

1936 年《南京人报》社铅印本　秦和鸣主编《民国章回小说大观 2》（中国文联出版社 2003 年版，第 465 页）著录

著者生平已见《春明外史》。

又：斯人记　张恨水著　1945 年重庆万象周刊社铅印本　南京图书馆藏

此书为二十四回长篇小说，前有自序。内描写两文艺青年苦闷生活。

此书 1929 年 2 月 15 日至 1930 年 11 月 19 日连载于北平《世界晚报·

夜光》。

《自序》称："最近百新书店，在西安买到一部署名我作的《京尘影事》，是沦陷区书商盗印的，拿来我看，也要我出书，我哪里作过这部书，很疑惑。及至打开来一看，就是把《斯人记》割裂改名出版的。一经割裂，自然是更不成样子，大令我啼笑皆非。"

47. 诵芬堂文稿三编 钱文选著

1936 年广德钱氏铅印本 中国国家图书馆藏

著者生平已见《游滇纪事》。

此书前有许世英序、自序。内录序跋 17 篇，演讲文 7 篇，书启 5 篇，传记 7 篇，赞颂 22 篇，哀祭文 5 篇。另有《记班禅大师在杭州启建时轮金刚法会始末情形》《广德灾况歌》等七古 5 首，五古 3 首，七律、七绝、五律共百余首。末有楹联、寿联、挽联。

48. 苏联文学讲话 〔苏〕塞维林，多里福诺夫著；以群译

1936 年上海读书生活出版社铅印本 上海图书馆藏

以群，叶元灿笔名，生平已见《全线》。

此书据日译本转译，内分"十月革命前的俄国文学""国内战争时期的苏联文学""复兴期的苏联文学""改造期的苏联文学""苏联文学发展底基本道路及其前途"五章。前四章均包括总论和作家论两部分，作家论介绍该时期苏联代表作家高尔基、别德内、马雅可夫斯基、绥拉菲莫维奇、里亚西科、潘菲罗夫、别济缅斯基 7 人。末附《近代俄国文学年表》及译者《后记》。

49. 苏绿漪创作选 苏雪林著；少侯编辑

1936 年上海新兴书店铅印本 中国国家图书馆藏

著者生平已见《李义山恋爱事迹考》。

此书为小说散文集。内录短篇小说《鸽儿的通信》《我们的秋天》《母亲的南旋》《光荣的胜仗》《来梦湖上的养疴》《恨》《一封信》7 篇，散文《精神的屠杀》《旧小说的魅力》《心里不安》《喝茶》4 篇。

此书被辑入《现代名人创作丛书》。

50. 荪荃词　孙祥偈著

1936 年铅印本　中国国家图书馆藏

著者生平已见《生命的火焰》。

此书前有顾震福、顾颉刚、吴宓题词，孟宪章序，龙眠山人题词并序，自序，内录词作 78 首。

著者内署："桐城孙祥偈荪荃。"

51. 泰戈尔的苦行者　　[印度]泰谷尔著；方乐天译

1936 年上海商务印书馆铅印本　广东省立中山图书馆藏

方乐天（？—？），桐城人。

此书为英汉对照本。前有 1934 年译者序，内录诗剧《苦行者》《麦伶俐》。

52. 唐人剑侠传：名家笔记八卷　又名：绘图正续合订唐人剑侠传
郑陶斋编；汪漱碧，郑逸梅校订

1936 年南京中央书店铅印本　上海图书馆藏

汪漱碧生平已见《春梦留痕》。

郑逸梅生平已见《梅瓣集》。

此书为文言笔记小说。内分正、续编，录文言笔记小说《赵处女》《扶余国王》《嘉兴绳拔》《车中女子》《李鉴夫》《青邱子》《顶缸和尚》等 70 篇。

53. 题画诗选　王青芳，贾仙洲选编

1936 年铅印本　中国国家图书馆藏

王青芳（1900—1956），号芒砀山人，室名万版楼，又署万版楼主。萧县人。王子云之弟。1921 年考入南京师范学校，后转入北平艺专。抗战期间曾任教于北平师范大学、北平国立艺专。

此书内录题画诗 35 首、题木刻诗 38 首、杂诗 18 首，另有打油诗若干。

54. 天山博岳冰峰五日游歌　朱清华著

1936 年北平四维印书局铅印本　北京大学图书馆藏

著者生平已见《万里楼词曲合抄》。

此书前有天山图，清宣统二年（1910）著者肖像并著者记，末有龚杰校记。

《著者记》写于 1936 年 6 月 10 日，称："丙子春由京返平，索居检旧稿。于清宣统三年西北纪行中载有《冰峰五日游歌》，通首计四百零九韵，诸友知之，索观，金谓为古今第一长诗。少陵《北征》（五言七十韵），昌黎《南山》（五言一百○二韵）皆不及此诗之半。且因所记之景为《南山》诗所无，纷遣人抄写，余甚苦之。因誊出一份，付诸手民，备达同好，兼便推敲。"

55. 天柱馆征信录　施澎霖编辑

1936 年石印本　安徽省图书馆藏

施澎霖（？—？），青阳人。施达裔孙。

此书前有青阳知事贺景循序、青阳知县朱䑣序及青阳教谕储徽甲序，内录《征君天柱施先生墓表》《征君天柱施先生传》《天柱施先生像赞》《天柱从祀先友小传并赞》等，末有施澎霖《天柱馆跋》。

56. 甜甜　周天籁著；黄尧图

1936 年上海春明书店铅印本　湖南省图书馆藏

著者生平已见《献睡莲姑娘》。

又：甜甜　周天籁著　1936 年上海文光书局铅印本（2 版）　南京大学图书馆藏

此书前有王耽耽、章玉卿序各一并再版自序。内录小通信 13 篇，《大文学家日记》（日记体小说）1 篇，小品 12 篇，游记 8 篇。

此书被辑入《儿童文艺丛书》。

57. 晚明小品文库四辑　阿英编校

1936 年上海大江书店铅印本　中国国家图书馆藏

此书内录徐文长、陶石篑、江进之、屠赤水、汤宾九、袁伯修、袁中郎、袁小修、虞德园、李清、李卓吾、刘同人、张大复、汤若士、沈君烈、钟伯敬、谭元春、李流芳、周亮工、王逎定等 20 人小品文。每位作家作品前有作者传记。

又：**晚明四十家小品集　阿英编校**

民国上海杂志公司铅印本　　《阿英文集·阿英著作目录》（生活·读书·新知三联书店 1981 年版，第 957 页）著录

《阿英文集·阿英著作目录》称，《晚明四十家小品集》印出二十家后，改题"晚明小品文库"，上海杂志公司出版。

58. 晚晴室家书三卷　马惟廉著；马以愚等编

1936 年汉口怀宁马氏铅印本　安徽省图书馆藏

马惟廉（1876—1933），字介泉，号晚晴室主人。回族。怀宁人。马吉睿之父。

马以愚（1900—1961），名吉睿，字以愚，以字行。回族，经名穆罕默德。怀宁人。马惟廉之子。早年肄业于安徽政法学堂，任安庆清真小学校长，后任上海伊斯兰师范学校教员。抗战期间于桂林北平成达师范学校和重庆各大学教授伊斯兰史，1947 年兼上海诚明文学院教授。曾创办安庆依泽小学，主持安庆中国回教协会支会工作。有多种伊斯兰教史研究著述存世。

此书录 1916—1933 年马惟廉致家人书信，共 215 通，两通致母，余皆致子侄。惟廉逝后，其子以愚将各地书信收集汇编成册，大致分三类：1919 年前多属"敦品励学"，即道德教育；1929 年以前多为"处世立身"，即社会教育；1930 年以后则二者兼而有之，并进而授以齐家教子之道。

59. 玮德诗文集四卷　方玮德著

1936 年上海时代图书公司铅印本　北京大学图书馆藏

方玮德（1908—1935），字重质。桐城人。方孝旭之子。1929 年就读于南京中央大学外国文学系，毕业后赴厦门集美学校任教，1934 年返回北京，次年因肺病逝世。

此书前有方令孺《代序——悼玮德》，回忆著者生平；末有陈梦家跋。全书分诗卷一（1929—1931），录诗 25 首；诗卷二（1932 年以后）录诗 12 首；译诗 4 首；文卷一，包括《诗人歌德全人生的意义》《志摩怎样了》《再谈志摩》《女诗人米莱及其〈再生〉》《再来一次》（译文）5 篇；古诗文卷一。

《陈跋》称："玮德在校虽读西洋文学，但他幼年受旧学熏陶极深，所

以读他的新诗，也多少有点儿家学——桐城古文——轻逸的意致，而其为人，亦正如此。……这里所收的一多半是曾经发表的，诗第一卷的次序，都依他自定稿所定，第二卷由我依年月排比。玮德写诗不留底稿，容易散失，有些个零星杂稿，此际已无从查得，以后再补。"

60. 魏叔子文钞　（清）魏禧著；王文濡选辑

1936年上海中华书局铅印本　吉林省图书馆藏

编者生平已见《侯魏汪三家文合钞》。

又：**魏叔子文钞　（清）魏禧著；王文濡选辑**　1941年昆明中华书局发行所铅印本（3版）　中国国家图书馆藏

此书内分论说、序跋、传记三辑。论说类录《陈胜论》《留侯论》《晁错论》《阮籍论》等12篇；序跋类录《十国春秋序》《殉节录序》《端友集后序》《西湖近咏题词》等18篇；传记类录《江天一传》《新乐侯刘公驸马都尉巩公传》《大铁椎传》《翠微峰记》《重建平山堂记》等10篇。

61. 文天祥　章衣萍著

1936年上海儿童书局铅印本　1939年上海儿童书局铅印本著录

著者生平已见《深誓》。

又：**文天祥　章衣萍著**　1939年上海儿童书局铅印本　南京图书馆藏

此书前有自序，内分"少年的壮志""弃官的悲愤""勤王救国""身入虎穴""京口逃难""不幸被捉""正气长存"7节。

此书被辑入《中国名人故事丛书》。

62. 文艺心理学　朱光潜著

1936年上海开明书店铅印本　河南省图书馆藏

著者生平已见《给青年的十二封信》。

此书前有朱自清《序》，末附《近代实验美学》，内有"美感经验的分析""美感的误解与联想""文艺与道德""自然美与自然丑""什么是美""克罗齐美学批评""艺术的起源""刚性美与柔性美"等十七章。

63. 我的家庭　［俄］阿克撒科夫原著；J. D. Duff 英译；李霁野重译

1936 年上海商务印书馆铅印本　中国国家图书馆藏

李霁野生平已见《往星中》。

此书为长篇小说，前有《译者序》，称此书原名为《家庭历史》，并据英译本篇首摘要介绍著者生平。

此书被辑入《世界文学名著丛书》。

64. 吴骚集四卷　(明) 王稚登编；阿英校点

1936 年上海贝叶山房铅印本　中国国家图书馆藏

阿英，钱杏邨笔名。生平已见《暴风雨的前夜》。

此书据贝叶山房张氏所藏原刊本排印。卷首有陈继儒《吴骚引》，内录明代散套、小令。

此书被辑入《中国文学珍本丛书》。

65. 西班牙游记　邓以蛰著

1936 年上海良友图书印刷公司铅印本　重庆图书馆藏

著者生平已见《若逖玖泉新弹词》。

此书前有著者《弁言》，称："这本小东西是我于 1933—1934 年间游欧洲的笔记。本来，所想写的预备分作两部分：一部分写各地之所见，一部分记各博物馆中重要之艺术。不料回国后即到清华授课，无暇续写，两年以来，印象已渐模糊。适良友图书公司征稿，乃将在欧洲所写成的一部分应之，遂成是册。"

66. 西湖二集　(明) 周清源著；阿英校点

1936 年上海贝叶山房铅印本　中国国家图书馆藏

阿英，钱杏邨笔名。生平已见《暴风雨的前夜》。

此书为话本集，据贝叶山房张氏所藏原刊本排印。内录《吴越王再世索江山》《宋高宗偏安耽逸豫》《巧书生金銮失对》《愚郡守玉殿生春》《姚伯子至孝受显荣》等杭州西湖历史故事。

此书被辑入《中国文学珍本丛书》。

67. 小老虎　周天籁著；华君武图

1936 年上海文光书局铅印本　南京图书馆藏

著者生平已见《献睡莲姑娘》。

此书为儿童长篇小说，前有华君武插图 19 幅，及自序。

《自序》称，此书因书局索要甚急，三个星期完成。又因著者阑尾炎住院手术，未及润色。"这样一厚本的书，事前既没有经过推敲，事后又没有从事修剪，例如第二章讲秦经理一节大可以不要，然而也没有删除，又如小老虎流落在外，也没有入骨的描写。"

68. 小说闲谈　阿英著

1936 年上海良友图书公司铅印本　上海图书馆藏

阿英，钱杏邨笔名。生平已见《暴风雨的前夜》。

此书收有关小说研究考证论文，包括《西湖二集所反映的明代社会》《孽海花在晚清文学中之地位》《金瓶梅词话风俗考》《小说丛话论略》《清末小说杂志略》等 59 篇，末附《嘣嘣戏考》。

69. 小学生模范文选第一册　胡怀琛编辑

1936 年上海商务印书馆铅印本　中国国家图书馆藏

著者生平已见《兰闺清课》。

此书选录胡适、冰心、陶行知等人作品，每册 10 篇左右，每篇末有大意和注解。

此书为徐应昶主编《小学生分年补充读本》之一种。

70. 小学弦歌约选　（清）李元度编；周学熙选编

1936 年周氏师古堂年刻本　中国国家图书馆藏

选编者生平已见《府君行状》。

此书录童蒙劝诫古歌诗，自 930 首中选录较通俗易懂者 279 首。

71. 小阳秋　郑逸梅著

1936 年上海日新出版社铅印本　上海图书馆藏

郑逸梅生平已见《梅瓣集》。

此书内录《鲁迅称许绿野仙踪》《张宗昌办新鲁日报》《苏曼殊居江上藏书楼》《顾佛影与邹翰飞》《任伯年之塑像》《林琴南卖画》等笔记小说50篇。

72. 新订中州剧韵　曹心泉著

1936 年世界编译馆北平分馆铅印本　中国国家图书馆藏

曹心泉（约 1864—1938），名沄，字心泉，一作沁泉、鑫泉。怀宁人。曹春山之子。清末为内廷供奉，民国后曾任礼制馆乐律主任。1932 年后任南京戏曲音乐院北平分院特约研究员兼顾问、中华戏曲学校歌剧系主任兼昆曲导师、国剧学会昆曲研究会顾问。

此书有陈墨香《小引》，内据周德清、范昆白及清代官修之音韵，并参以梨园老宿之口传心授，分为二十一韵部。

73. 休园诗钞一卷　孙康著

1936 年济南铅印本　安徽省图书馆藏

孙康（1874—1933），字延年，号休园。桐城人。孙荫之兄。曾留学日本。

此书前有杨效山序。内录五言散行诗 36 首，七言散行诗 28 首，五言律诗 37 首，七言律诗百余首，五言绝句 9 首，七言绝句百余首。全书多描述故乡风物之作，亦有感慨时局之诗，并《说性理》《说训诂》《说辞章》《论诗》等作。

74. 绣像东汉演义仿古足本　汪漱碧校订

1936 年上海中央书店铅印本　上海图书馆藏

著者生平已见《春梦留痕》。

此书为三十二回长篇历史小说。

75. 玄奘　章衣萍著

1936 年上海儿童书局铅印本　湖南省图书馆藏

著者生平已见《深誓》。

此书讲述玄奘取经经历。

此书被辑入《中国名人故事丛书》。

76. 养性轩诗续二卷　沈曾荫著

1936 年铅印本　安徽省图书馆藏

著者生平已见《养性轩诗集》。

此书为路朝銮题签，前有杨圻、黄孝纾序各一。内卷上、卷下各录古近体诗 130 余首，于怀古、吟咏日常生活之外，亦多新鲜事物描绘，如《志俱乐部》《观德国女士雍竹君演剧》等。

《黄序》称："君诗已刊者，为《养性轩集》数卷，近复裒所得成《续集》二卷。"

77. 夜话　蒋光慈著

1936 年上海生活书店铅印本　湖北省图书馆，武汉大学图书馆，武汉大学中文系，华中师范学院中文系《中国现代文学作家著作联合目录 1918—1963.12》（武汉地区中心图书馆 1964 年版，第 423 页）著录

著者生平已见《哀中国》。

78. 夜行集　周而复著

1936 年上海文学丛报社铅印本　中国国家图书馆藏。

周而复（1914—2004），原名周祖式。旌德人，生于南京。1933 年考入上海光华大学英国文学系，1938 年大学毕业赴延安，任陕甘宁边区文化协会文学顾问委员会主任委员。1944 年调重庆新华日报社编辑《群众》周刊。抗战胜利后历任香港中共华南分局文化工作委员会委员、副书记，主编《北方文丛》。

此书前有郭沫若序，内录诗作《远方》《巨浪》《吴淞口的夕阳》《宣判》《梯》《苦囚悲歌》《出狱》《从坟墓里我走了出来》《叫卖》《刈草的孩子》等 23 首。

79. 叶天寥四种　（明）叶绍袁编著；阿英校点

1936 年上海贝叶山房铅印本　中国国家图书馆藏

阿英，钱杏邨笔名。生平已见《暴风雨的前夜》。

此书前有序，内录《自撰年谱》《年谱续》《年谱别记》《甲行日注》。

80. 一日一谈　马相伯口述，王瑞霖执笔

1936 年上海新城书局铅印本　上海图书馆藏

王瑞霖，高语罕笔名。著者生平已见《白话书信》。

此书前有王瑞霖序，内录王瑞霖采访马相伯笔录，包括《莫索里尼的算盘》《谈华侨》《人物月旦》《袁世凯之为人》《上下相蒙》《中西学术的谈屑》《我的幼年》《蔡子民先生与二十四个学生学拉丁文》《关于震旦与复旦》《杜工部的描写天才》等 67 篇，涉及政治、教育、历史、文学、社会诸问题，曾连载于天津《益世报》。

81. 怡春阁诗草十卷　罗厚瀛著

1936 年铅印本　安徽省图书馆藏

罗厚瀛（？—1931），字寰五。宿松人。清光绪三十一年（1905）主讲于湖北襄阳师范学校。

此书前有王衍曾、贺锡圭、樊德堃序各一及 1921 年著者自序、杨亨颐题词。内录自清光绪十八年（1892）至 1921 年古近体诗作 679 首，多有反映晚清至民初史事及新事物之作，诸如《吊珍妃》《改陆军》《兴学堂》《办选举》《赔款捐》《用纸币》《征厘税》《辛亥八月十九闻武昌起兵》《赛金花》《留声机》《眼镜》等。

82. 忆童年　周天籁著

1936 年上海仿古书店铅印本　　［美］耶鲁大学图书馆藏

著者生平已见《献睡莲姑娘》。

83. 瀛洲访诗记　吕美荪著

1936 年青岛华昌大铅印本　中国国家图书馆藏

著者生平已见《葂丽园诗》。

此书前有于元放序与著者《自题瀛洲访诗记》，内录著者访日时所写之诗文集，包括《东游缘起》《日光丸舟中》《访蒋大使》《访日华俱乐部理事吉见正任先生》等 50 篇，末附诗《幽居近作》。

84. 永言集　朱湘著

1936 年上海时代图书公司铅印本　上海师范大学图书馆藏

著者生平已见《路曼尼亚民歌一斑》。

此书录《寻》《民意》《残诗》等新诗 28 首，及《团头女婿》《八百罗汉》2 首未完长篇诗稿。

85. 游苏纪事　钱文选著

1936 年铅印本　安徽省图书馆藏

著者生平已见《游滇纪事》。

此书前有自序，内记灵岩、天平山、范坟、虎丘、寒山寺、广陵郡钱王墓、上方山、石湖等景点，并有苏杭天堂之比较。末附《游苏纪事诗十五首》。

86. 狱中寄给英儿的信　［印度］尼鲁著；余楠秋，吴道存译

1936 年上海中华书局铅印本　上海图书馆藏

吴道存（1905—1995），笔名首子、吴幼伊。黟县人。1931 年毕业于复旦大学历史系，1937 年返乡，参与创办东吴附中、复旦附中，任高中英文教师。1939 年赴重庆，历任朝阳学院、四川教育学院、上海诚明文学院、上海学院、上海第一师范学院教授，复旦大学副教授。

此书为英汉对照本，系印度尼鲁（即尼赫鲁）在狱中写给女儿之信。

87. 岳飞　章衣萍著

1936 年上海儿童书局铅印本　1940 年上海儿童书局总店铅印本（6版）著录

著者生平已见《深誓》。

又：**岳飞**　章衣萍著　1940 年上海儿童书局总店铅印本（6 版）　复旦大学图书馆藏

此书内分"妈妈的教训""沙和柳枝""周侗""洞庭湖大战""岳飞之死"等 6 节。

此书被辑入《中国名人故事丛书》。

88. 章衣萍创作选　章衣萍著；少侯编

1936 年上海仿古书店铅印本　首都图书馆藏

著者生平已见《深誓》。

此书前有著者所撰《我的自叙传略》（代序），内录散文《作文与读书》《修辞学的意义》《我们读书的经验》《胡适先生给我的印象》《汪精卫先生的诗词》《古庙杂谈》等 21 篇，小说《小娇娘》《桃色的衣裳》《暮春之夜》《过年》4 篇。

89. 知困斋诗存甲乙丙集三卷　胡璧成著

1936 年铅印本　安徽省图书馆藏

胡璧成（？—1925），字夔文。泾县人，居六安。清光绪二十三年（1897）举人，二十七年（1901）入京师大学堂，三十一年（1905）授中书舍人。后归皖，任安庆中学堂监督，辛亥革命后历任安徽省临时议会议长，当选为参议院议员、国会议员。

此书前有黄节所撰《著者小传》，黄节、章华、潜健、刘文凤序各一。内录著者四十岁以后古近体诗作 913 首。

《潜序》称："胡子梅翘搜辑其伯父夔文先生诗，自壬子年至乙丑年，得诗九百十三首，厘为三集。甲编合章、刘、翁、黄诸子之意，择其尤雅者一百五十八首；乙编一百八十九首；丙编为怀人题画之作，二百三十二首，则从章子之说也。"

90. 知行诗歌三集　陶行知著

1936 年上海儿童书局总店铅印本　中国国家图书馆藏

著者生平已见《知行书信》。

此书录《公道》《不平等的条约》《新文字歌》《一幕悲剧》等 31 首。诗后有注释。有部分旧体诗及译诗。

91. 中国牧歌　田间著

1936 年诗人社出版　上海师范大学图书馆藏

著者生平已见《未明集》。

此书前有胡风序。全书六辑，分别为：《夜的诗》《唱给田野》《向田野出伐》《十月诗篇》《站》《北方》，共录新诗 33 首。末有著者《诗，我的诗呵》(跋语)。

92. 中国男儿文文山先生　李絜非著

1936 年浙江省立图书馆铅印本　上海师范大学图书馆藏

李絜非（?—?），字雨窗。怀宁人。曾任教于浙江大学史地系，代理系主任。

此书为传记文学，系《图书展望月刊》第二卷第二期抽印本。全书 2 节，讲述文天祥知其不可为而为之与自强不息精神发挥于言行之情况。

93. 中国内乱外祸历史丛书第十一册　程演生等主编；王灵皋辑录；中国历史研究社编

1936 年上海神州国光社铅印本　中国国家图书馆藏

程演生生平已见《西泠异简记》。

王灵皋，高语罕笔名，著者生平已见《白话书信》。

此书前有蔡元培总序，王灵皋序。内录明代史料 11 种：《全吴纪略》[(明)杨廷枢著]、《东阳兵变》[(明)佚名氏著]、《崇祯长编》[(明)佚名氏著]、《北使纪略》[(明)陈洪范著]、《青燐屑》[(明)应喜臣著]、《浙东纪略》[(明)徐芳烈著]、《庚寅始安事略》[(明)瞿元锡著]、《也是录》[(明)邓凯著]、《求野录》[(明)邓凯著]、《永历纪年》[(明)黄宗羲著]、《明亡述略》[(明)佚名氏著]。

又：**崇祯长编　王灵皋辑录；中国历史研究社编**　1946 年上海神州国光社铅印本　中国国家图书馆藏

此书内容同上书。

94. 中国，农村底故事　田间著

1936 年诗人社铅印本　上海师范大学图书馆藏

著者生平已见《未明集》。

此书为长篇叙事诗。前有著者《序言》，内分《饥饿》《扬子江上》《去》三辑。

95. 中国骈文史 刘麟生著

1936 年上海商务印书馆铅印本 中国国家图书馆藏

著者生平已见《哥仑布》。

此书前有瞿兑之序。内分"别裁文学史与骈文""古代文学中所表现之骈行语气""赋家奏疏家论说家暨碑板文字""所谓六朝文""庾信与徐陵""唐代骈文概观""陆贽""宋四六及其影响""骈文之中衰——律赋与八股文""清代骈文之复兴""骈文之支流余裔——联语""今后骈文之展望"十二章。

96. 中学国文教学问题 胡怀琛著

1936 年上海商务印书馆铅印本 天津图书馆藏

著者生平已见《兰闺清课》。

此书录文 16 篇，讲述清理中国语文之方案及中学国文选读、文法、作文、练习与模仿、别字、翻译等问题。末附著者研究语文教学书目。

97. 朱湘书信集 朱湘著；罗念生编辑

1936 年天津人生与文学社铅印本 中国国家图书馆藏

著者生平已见《路曼尼亚民歌一斑》。

此书前有编者序，内录作者致霓君、彭基相、汪静之、梁宗岱、曹葆华、戴望舒、吕蓬尊、徐霞村、赵景深、柳无忌、罗暟岚、罗念生、孙大雨等人信 86 通。有书信手迹影印件。

98. 注释中国民族诗选第三集：史地诗 李宗邺编；喻守真增补

1936 年上海中华书局发行所铅印本 天津图书馆藏

编者生平已见《彭玉麟梅花文学之研究》。

此书扉页题：《一样江山两样才》，内录唐宋至民国名家咏古写景诗作，诸如李白《苏台览古》，杜甫《黄河》，张继《枫桥夜泊》，李天馥《偶忆巢湖》，谭嗣同《井陉关》，苏曼殊《住西湖白云禅院》，秋瑾《赤壁怀古》，蔡锷《游山诗》等 170 题 200 余首。每诗后有解读。

99. 注释中国民族诗选第四集：史地诗续　李宗邺编；喻守真增补

1936 年上海中华书局发行所铅印本　天津图书馆藏

编者生平已见《彭玉麟梅花文学之研究》。

此书扉页题"青天白日看山河"，内录唐宋至民国名家咏古写景诗作，诸如李白《早发白帝城》，杜甫《夔州歌》，石达开《吴山》，谭嗣同《邠州》，郑霁光《吊苏小小墓》，刘大白《雨里过钱塘》等 179 题 200 余首。每诗后有解读。

100. 注释中国民族诗选第五集：劳勤诗　李宗邺编；喻守真增补

1936 年上海中华书局发行所铅印本　天津图书馆藏

编者生平已见《彭玉麟梅花文学之研究》。

此书扉页题"才了蚕桑又插田"，内录唐宋至民国名家劳勤诗作，诸如杜荀鹤《田翁》，王安石《郊行》，范成大《田园杂兴十七首》，张謇《淮安纪行》，刘大白《促织》等 107 题近 200 首。每诗后有解读。

101. 注释中国民族诗选第六集：杂诗　李宗邺编；喻守真增补

1936 年上海中华书局发行所铅印本　天津图书馆藏

编者生平已见《彭玉麟梅花文学之研究》。

此书扉页题"至情义骨两嶙峋"，内录唐宋至民国名家思亲、忆友诗作及杂诗，诸如王维《九月九日忆山东兄弟》，李白《赠汪伦》，黄景仁《别内》，秋瑾《春寒看花》等 147 题近 200 首。每诗后有解读。

102. 姊妹花影　淮南张海沤著

1936 年中原书局铅印本（再版）　上海图书馆藏

著者生平已见《新华春梦记》。

此书为二十章长篇言情小说。

1937 年(民国二十六年)

1. 豳风说——兼论诗经为鲁国师工歌诗之底本　徐道成著

1937 年国立中央研究院历史语言研究所集刊第六册　超星数字图书馆收录

徐道成（1898—1991），字中舒、仲舒。怀宁人。清宣统三年（1911）入皖省中学，后就读于安徽第一师范学校。1918 年起先后入武昌高等师范学校、南京河海工程学校。1925 年入清华国学研究院，毕业后任教于上海立达学园。1928 年起先后任复旦大学国文教授、中央国立研究院历史语言研究所研究员、四川大学历史系主任、四川省博物馆馆长。

此书为期刊抽印本，剖析并论证《诗经·豳风》篇特征，地理、历史背景及创作年代。

2. 灿庚室诗存一卷　杨奎元著

1937 年铅印本　安徽省图书馆藏

杨奎元（1865—1922），字聚堂。桐城人。杨振葭之子。毕生从事教育。

此书封面为 1936 年方守敦题签，前有潘田、杨寅揆、杨敬锡序各一，方彦忱撰《杨府君墓表》，殷兆元撰《杨聚堂先生家传》及 1922 年自序。内录古近体诗百余首，多即景述怀之作。

3. 春风秋雨　阿英著

1937 年上海一般书店铅印本　上海图书馆藏

阿英，钱杏邨笔名。生平已见《暴风雨的前夜》。

此书为描写东北义勇军之四幕话剧。前有演员照片与剧照。

4. 冯在南京第一年　冯玉祥著；董志成编

1937年三户图书社铅印本　安徽省图书馆藏

著者生平已见《冯玉祥诗钞》。

此书录著者之言行日表、提案、言论、电报、信札、诗歌、杂著、笔记等。

5. 冯在南京第二年　冯玉祥著

1937年三户图书社铅印本　华中师范大学图书馆藏

著者生平已见《冯玉祥诗钞》。

此书接续《冯在南京第一年》编纂，内分上下二编。上编为《在南京》，录1936年11月至1937年8月之言行日表、提案、言论、电信、视察要塞笔记、杂著等；下编为《抗战生活》，辑1937年8月15日后主张、实践、军中生活片段等。另有其他人致冯玉祥之函电。

6. 凤　予且著

1937年上海良友图书公司铅印本　上海图书馆藏

予且，潘序祖笔名，生平已见《予且随笔》。

此书为长篇小说。

7. 古庙钟声　许幸之著

1937年上海新知书店铅印本　中国国家图书馆藏

著者生平已见《海涯》。

此书为一幕三场儿童剧。通过22个性格各异的孩子，歌颂吉林人民抗日斗争。内载许幸之作词插曲两首及舞台设计图一幅。

8. 观尘因室词曲合钞附观尘因室联语　陈景寔著

1937年皖省大中华印书局铅印本　中国国家图书馆藏

著者生平见《观尘因室诗话》。

此书前有小引，内录词曲45题，联语40余副。

9. 观尘因室诗钞十二卷　陈景寔著

1937年皖省大中华印书局铅印本　中国国家图书馆藏

著者生平见《观尘因室诗话》。

此书封面为孙传瑗题签。前有著者弁言，各家题词，及孙传瑗、何符清、陈朝爵、洪人纪、恩理言跋。内卷一为《海天吟》，录 1890—1893 年诗 43 首；卷二为《宝月楼》，录 1894—1899 年诗 77 首；卷三为《浔阳琵琶》，录 1900—1901 年诗 41 首；卷四为《愤生集》，录 1901 年诗 100 首；卷五为《夜郎天》，录 1901—1903 年诗 65 首；卷六为《扬州梦》，录 1903—1907 年诗 43 首；卷七为《浦海潮音》，录 1908 年诗 46 首；卷八为《石头城》，录 1909—1913 年诗 77 首；卷九为《西征吟草》，录 1914—1916 年诗 42 首；卷十为《退斋诗存》，录 1917—1921 年诗 88 首；卷十一为《壬戌集》，录 1922—1925 年诗 66 首；卷十二为《劳生集》，录 1925—1937 年诗 93 首。

10. 洪可亭先生家传一卷　程善之著

1937 年铅印本　南京图书馆藏

著者生平已见《短篇小说》。

洪可亭（？—1937），祖籍歙县，居扬州。洪兰友之父，曾佐盐商办理盐运兼文书。

11. 胡洛遗作　胡洛著

1937 年上海黎明书局铅印本　上海图书馆藏

胡洛（1915—1937），原名李安乐，笔名胡洛。芜湖人。早年就读于芜湖萃文中学，与朋友创办《泾渭》刊物。后入上海复旦大学求学，1936 年与周楞枷等创办《文学青年》月刊。

此书前有编者《刊印的话》和《关于胡洛》。全书第一部分为"文艺论谈"，录《国防文学的建立》《作家联合问题》《论文学的内容与形式》《作品中的人物》《艺术的典型》等 26 篇；第二部分为"杂文"，录《病中杂记》《以毒攻毒》《青年爱读论语的原因》等 22 篇；第三部分为"介绍与批评"，录《从文艺创作方法说起》《战争与 1902 级》《田园交响乐》《曼海牟教授》《言语学的基本问题》5 篇；第四部分为"创作"，录《火焰》《酒疯》《烟》《秋风与落叶》4 篇小说及诗集《秦淮河中》。末有《妇女问题研究大纲》。

12. 黄山游记后附善卷庚桑二洞纪游杭州白龙潭游记游凤阳明陵纪事
钱文选著

1937 年铅印本　中国国家图书馆藏

著者生平已见《游滇纪事》。

此书前有著者《黄山游记序》，内记温泉、文殊院、狮子林、云谷寺等景点与公园道路的整理，附《游黄山七绝三十首》。《善卷庚桑二洞纪游》记善卷洞之上洞、中洞、下洞、后洞，及庚桑洞之后海、海底、果老岩、海王厅，附《游善卷庚桑二洞七绝十二首》。《杭州白龙潭游记》，记老虎洞、白龙潭、虎穴，及筑坝蓄水和亭榭建筑、道路平治，附《游杭州白龙潭七绝八首》。《游凤阳明陵纪事》记明陵地势之雄伟，及朱元璋发迹历史，附《游凤阳明陵七绝八首》。

13. 悔生集十四卷　（清）王灼著；张皖光补刊

1937 年刻本　首都图书馆藏

张皖光（1882—1945），字孝生，号啸松，晚号镜天湖翁。桐城人。先后馆于马其昶、张家骝、方守敦家。

此书前有《悔生集卷首增补》，包括《前国史文苑传摘录》《安徽通志·艺文考·集部提要摘录》，另有 1937 年春张皖光，李宗传、无名氏、马其昶、王先谦所撰著者传，张皖光所撰《王悔生先生世系略》。内有《文集》八卷，《诗集》六卷。末为 1936 年张皖光撰《王悔生集补刊后序》，述补刊经历。

14. 惠如长短句　吕湘著

1937 年铅印本　中国国家图书馆藏

吕湘（1875—1925），原名贤钟，字惠如，一作荔如，又字云英。旌德人。吕凤岐、严士瑜之长女，严象贤之妻。曾任南京两江女子师范学校校长。

此书内录词作 25 首，末有吕碧城跋。

《吕跋》称："先长姊惠如邃于国学，淹贯百家……长江宁国立师范女校有年，人多仰其行谊。殁时，家难纠纷，著作湮没，遗稿之求，列入讼案，盖与遗产同被攫夺，亦往古才人所未闻也。时予方由美国归国，甫卸尘装，茫无所措。承蒋竹村居士等协助，遍搜未得，叹为人琴俱亡矣。右词一卷，近始承友人寄到，惜非全璧。拟为刊专集，因页数太少，乃附刊于此。窃思先姊平生致力不仅词章，即词亦复湮没太半，诚不幸矣。聊志数行，以慰泉壤，怅触家事，感慨系之，沉哀永阁，又岂咏叹所能宣其万一耶？"

此书附刊吕碧城《晓珠词》四卷后。

15. 蠖楼吟草一卷　李国杰著

1937 年铅印本　南京图书馆藏

李国杰（1881—1939），字伟侯，号元直。合肥人。李鸿章长孙，李经述长子。清末曾任散轶大臣、农工商部左丞、驻比利时国公使、广州副都统、镶黄旗蒙古副都统等职。民国初任参政院参政、安福国会参议院议员、轮船招商局董事长。上海沦陷后参与叛国行动，被军统刺杀身亡。著者曾于清光绪年间编辑《合肥李氏三世遗集》。

此书前有龚心钊、汪钺、袁思亮、梁鸿志、杨圻、冒广生、李国松序各一，内录古近体诗 400 余首。

16. 疾病图书馆：法定传染病篇　索非著

1937 年上海开明书店铅印本　安徽大学图书馆藏

索非，周益泉笔名，生平已见《苦趣》。

此书为医学小品集。前有《自序》，内录《我的自传》《芳的厄运》《一周的日记》《疾病图书馆》《几封私信》《不好听的故事》《不经见的电影》《鬼城大会》《急坏了爸爸妈妈》，附录《法定传染病概要》《国立同济大学医前期展览会》。

自序称，此书写作受到西格里斯《人与医学》的影响。"他是用着通俗的笔调把人、病人、病的征象、病理、病因、医疗及医生等等的历史的经过以及科学的演进这些现代的最深奥的学理化为通俗的富于兴趣的故事……我也想追踪者西格里斯的伟大的计划，试试在一般文化的画布上涂出一些医学常识来，于是就写成这册《医学图书馆》。"

17. 抗战独幕剧选　阿英辑著

1937 年南京抗战读物出版社铅印本　中国社会科学院图书馆藏

阿英，钱杏邨笔名。生平已见《暴风雨的前夜》。

此书前有《编例》，内录夏衍《咱们要反攻》、尤兢《我们打冲锋》、凌鹤《到前线去》、沈西苓《在烽火中》、陈白尘《扫射》与《姚时晓汉奸末路》、方岩《专门造谣》、子幽《开里弄会去》、夏蔡《改良拾黄金》共9部戏剧。末附欧阳予倩《戏剧在抗战中》、田汉《从民族战争谈到儿童剧》、阿英《淞沪战争戏剧初录》文3篇。

此书被辑入《抗战文艺丛刊》。

18. 两间房　予且著

1937年上海中华书局铅印本　中国国家图书馆藏

予且，潘序祖笔名，生平已见《予且随笔》。

此书前有序，内录小说《两间房》《辞职》《案壁之间》《秋》《信》《竹如小姐》《脂粉》《诱惑》《被头》《热水袋》10篇。

19. 龙韬虎略传　又名：王阳明演义　杨尘因著；张冥飞批点；姜侠魂评校

1937年上海时还书局铅印本（2版）　吉林省图书馆藏

著者生平已见《新华春梦记》。

20. 马彦郇诗稿一卷　马振仪著

1937年铅印本　安徽省图书馆藏

著者生平已见《桐城马彦郇所著》。

此书前有左炼都、潘田、方彦恂、许月丹、许复、左挺澄序各一，及姚孟振、吴元麒、苏行均、吴汝澄等题词，左挺澄所撰《马君彦郇家传》。内录各体诗作近300题，多吟咏清末民初时事之作及兄弟唱和之诗。

21. 漫稿拾存　王揖唐著

1937年合肥王氏抄本　中国国家图书馆藏

著者生平已见《横山草堂联话》。

此书封面题成书时间为"丁丑初夏"。内录著者1931年后诗作34首，多为贺寿、题赠、唱和诗。

22. 梅花接哥哥　周天籁著；丰子恺插图

1937 年上海文光书局铅印本　上海图书馆藏

著者生平已见《献睡莲姑娘》。

此书为长篇爱情小说。前有演玉序。

此书被辑入《少年第三种丛书》。

23. 名僧传钞　（梁）释宝唱著；周叔迦校

1937 年刻本　中国国家图书馆藏

周叔迦（1899—1974），原名明夔，字叔迦，笔名云音、演济、水月光、机人、沧衍等，室名最上云音。至德人。周学熙第三子，周绍良之父。上海同济大学肄业，1927 年旅居青岛，1929 年于青岛办佛学研究社，1931 年至北京，曾任北京、清华、中国、辅仁、中法、民国等大学哲学系教授。1940 年创办中国佛教学院，任院长。翌年创设中国佛学研究会，主编佛教史志，兼任《微妙声》《佛学月刊》主编。

此书前有《名僧传》目录，内选录《洹祇寺求那跋陀》《伪秦长安宫寺释道安》《宋长乐寺释觉世》《宋江陵释道海》等传记 39 篇。末附《名僧传说处》。

24. 磨刀集一卷　章衣萍著

1937 年成都中心书店铅印本　南京图书馆藏

著者生平已见《深誓》。

此书前有自序，内录旧体诗词。

《自序》称："集以'磨刀'名，盖有三意。予来成都后，交游以武人为多。武人带刀，文人拿笔。而予日周旋于武人之间，盖磨刀也不会也，其意一。又予所作诗中，有'悲歌痛哭伤时事，午夜磨刀念旧仇'句。予年来亦颇学佛，顾不能忘情于家国旧仇。然午夜磨刀，亦可怜矣，其意二。予少颇爱学诗，祖父曾戒之曰：'年轻人学诗，似磨刀背。'盖喻学诗之不易也，其意三。"

又：**磨刀新集看花集二卷　章衣萍著**　1942 年铅印本　安徽省图书馆藏

此书《磨刀新集》为《磨刀集》增订本。前有自序二，内录《初到成都有感》《感愤》《正气》《伤心》等古近体诗作 36 题 53 首。《看花集》内录词作 12 首。末有著者跋。

《自序一》同《磨刀集自序》，《自序二》称："内人曙天，远道来蜀，一病不起。廿载夫妻，忽然永诀。身非木石，何以为情？呜呼。文人纸上一滴墨，壮士头上一腔血。明知笔管砚台，难抵挡大炮飞机，无奈觅句寻章，聊消遣有涯时日。《磨刀新集》，于是乎刊。"

《跋》称："《磨刀集》初印于二十六年，千册不久即尽。数年以来，战云弥漫，国破家亡，妻死妾散，而余亦两鬓全白，垂垂老矣。惟念最后胜利，即在目前。个人穷愁，无关大局。因将新作加入，名《磨刀新集》，再印千册，俾使分赠亲友云尔。"

25. 欧美漫游日记　陈一甫著

1937 年铅印本　天津图书馆藏

著者生平已见《石埭陈序宾先生褒荣录》。

此书由著者口述，幼子陈汝鬯笔录。内记载 1935 年 4 月 5 日至 11 月 2 日，著者携幼子陈汝鬯赴伦敦参加开滦矿务总局董事会并游历欧、美、非、亚 14 国经历。

26. 钱士青都转吴越纪事诗　钱文选著

1937 年广德钱氏铅印本　中国国家图书馆藏

著者生平已见《游滇纪事》。

此书正文第 1 页署名"吴越武肃王第三十二世孙钱文选士青谨著"，内以"溯源"为题，录彭城伯、钱孚公、钱让公、钱孝憬公、武肃王、文穆王至忠懿王等先辈诗作 120 首，附《综述》诗 15 首。末有黄渤和《吴越纪事诗》原韵诗 120 首，并附 1937 年《综述》诗 15 首。

27. 清啸堂集三卷　董登三著

1937 年濉溪中南印刷厂石印本　安徽省图书馆藏

董登三（？—1920 后），宿州人。

此书前有赵盛中、孟雪亭序各一，内《诗存》上卷录古近体诗作 102 题，多歌咏乡土古迹、风情；下卷录古近体诗 92 题。《文存》卷一已佚，卷二多录传、碑记、墓表、祭文等；卷三录《重修相山庙碑记》《重记》《祷相山神文》《游相山记》《重修铁佛寺碑记》等乡土文献及书、序、杂说。

28. 全国大中学校学生生活素描第一集　郑逸梅，朱子超编校

1937 年国华学社铅印本　超星数字图书馆收录

郑逸梅生平已见《梅瓣集》。

此书录文百余篇，原刊上海《新闻报》各期教育版"学生生活"栏。

29. 群莺乱飞　阿英著

1937 年上海戏剧时代出版社铅印本《阿英文集·阿英著作目录》

（生活·读书·新知三联书店 1981 年版，第 958 页）著录

阿英，钱杏邨笔名。生平已见《暴风雨的前夜》。

又：**群莺乱飞　阿英著**　1941 年上海现代戏剧出版社铅印本　上海图书馆藏

此书为四幕话剧，前有自序，内以大家庭象征当时中国，抨击蒋介石统治。

30. 萨坡赛路杂记　胡怀琛著

1937 年上海广益书局铅印本　上海师范大学图书馆藏

著者生平已见《兰闺清课》。

此书前有自序，内录诗话类小品百题，为现代白话诗话之作。

《自序》称，此书"内容都是关于文艺方面的"，体裁"可说是一册'新式的笔记'"，"'萨坡赛路'是上海法租界内的一条路名……我这一册书是住在这条路上的时候写的"。

31. 沈万山：南京故事评话　白云著

1937 年南京《南京晚报社》铅印本　超星数字图书馆著录

白云，张友鸾笔名，生平已见《汤显祖及其牡丹亭》。

此书被辑入《南京人报文艺丛刊》。

32. 生还　凫工著

1937 年天津大公报馆铅印本　天津图书馆藏

凫工，潘伯鹰笔名。生平已见《伯鹰诗录》。

此书为长篇小说。前有著者叙，称此小说曾连载于天津、上海两地

《大公报》。

33. 石达开　章衣萍著

1937 年上海儿童书局铅印本　首都图书馆藏

著者生平已见《深誓》。

此书前有著者序，内分"石达开助洪秀全起义""石达开荐贤征东南""石达开负气到四川"三节，讲述石达开故事。

《著者序》称，此书参考《太平天国轶闻》《石达开诗钞》《洪秀全演义》《中国近代史》写成。

此书被辑入《中国名人故事丛书》。

34. 世界三大独裁　〔美〕根室（John Gunther）著；余楠秋、吴道存译

1937 年上海中华书局铅印本　上海图书馆藏

译者生平已见《狱中寄给英儿的信》。

此书为传记。全书三章，介绍墨索里尼、希特勒和斯大林 3 人身世、性格、生活和政治主张。

此书译自美国《哈泼斯》（*Harpes*）杂志。《墨索里尼》一章译自 1936 年 2 月号，《希特勒》一章译自 1936 年 12 月号，《斯大林》一章译自 1935 年 12 月号。

35. 四望楼诗稿二卷　孙荫著

1937 年铅印本　安徽省图书馆藏

孙荫（1874 后—1928 前），字余泽，号苍基山樵。桐城人。孙康之弟。30 岁前后出任官职，曾于民国初年管理盐务。

此书前有许复、吴观光、吕美荪、虞育英序各一及自序。卷一录古体诗 30 余首，卷二录今体诗百余首，多为唱和、寄友之作。

《虞序》称著者为孙临裔孙。

36. 松声阁集补缺别编一卷　（清）吴坤元著；潘田辑

民国铅印本　安庆市地方志编纂委员会编《安庆人物传》（黄山书社 2001 年版，第 294 页）著录

辑者生平已见《龙眠逸史》。

马厚文《潘季野先生》（载《安庆文史资料第十五辑》，1986 年版，第75 页）一文称，潘田曾"辑先十一世祖母吴太安人（按系木崖之母）《松声闻集补缺别编一卷》及《张孝烈遗稿一卷》（按系先生之妹），曾于民国二十六年付印"。

37. 宋词通论　薛砺若著

1937 年上海开明书店铅印本　南京图书馆藏

薛砺若（1903—1957），名光泰，字保恒，号砺若。霍邱人。薛廷杰之子。曾任教于霍邱敷文中学、颍上县中、南京国术体育专科学校、山东大学、省九临中、省一临中、鲁苏豫皖边区学院、山东临时政治学院、省立蚌埠中学、黄麓师范专科学校。

此书七编，"总论"之下分宋词为第一期到第六期，从"作家及其词集""宋词所表现的一个宋代社会""宋词作风的时间分剖""北宋与南宋词风的一般比较和观察""宋代乐曲概论"五大方向展开论述。

38. 弹词小说评考　阿英著

1937 年上海中华书局铅印本　中国国家图书馆藏

阿英，钱杏邨笔名。生平已见《暴风雨的前夜》。

此书评述《真本玉堂春全传》《燕子笺弹词》《何必西厢》等 8 部代表各种源流倾向之弹词作品，并讲述弹词小说理论、创作方法及其他有关知识。附录《弹词小说论》《杂剧三题》（读《清人杂剧》札记）。

39. 唐诗百零七首　唐绍华选辑

1937 年上海现代出版社铅印本　徐乃翔编《台湾新文学辞典》（四川人民出版社 1989 年版，第 218 页）著录

著者生平已见《中国万岁》。

40. 唐诗选　吴遁生选注

1937 年上海商务印书馆铅印本　安徽省图书馆藏

选注者生平已见《近人白话文选》。

此书选唐代 114 家诗 530 余首。

41. 晚清小说史　阿英著

1937 年上海商务印书馆铅印本　上海图书馆藏

阿英，钱杏邨笔名。生平已见《暴风雨的前夜》。

此书十四章，首章"晚清小说的繁荣"总述晚清小说概貌及其特征，以下各章分别为"晚清社会概观（上）（下）""庚子事变的反映""反华工禁约运动""工商业战争与反买办阶级""立宪运动两面观""种族革命运动""妇女解放问题""反迷信运动""官场生活的暴露""讲史与公案""晚清小说之末流""翻译小说"等。书中对谴责小说、政治小说、写情小说研究尤为注重。

42. 文艺复兴期之文艺批评　　［美］J. E. Spingarn 著；孙伟佛，常任侠译

1937 年南京正中书局铅印本　南京图书馆藏

常任侠生平已见《儿时影事》。

此书前有孙伟佛撰《译者序》、著者《初版之序言》；内分"意大利之文艺批评""法兰西之文艺批评""英吉利之文艺批评"三辑；末有《结论》与附录。

43. 五九之我　胡朴安著

1937 年稿本　胡朴安著《朴学斋丛书第二集》著录

胡朴安，名韫玉，生平已见《古今笔记精华录》。

又：**五九之我　胡朴安著**　朴学斋丛书第二集本　中国国家图书馆藏

此书前有 1937 年自序。内记述作者自清光绪年间至 1937 年生活经历。此书被辑入《朴学斋丛书第二集》第十八册。

44. 新文学教程：到文学之路　　［苏］维诺格拉多夫著；叶以群译

1937 年上海读书局铅印本　上海师范大学图书馆藏

叶以群，叶元灿笔名，生平已见《全线》。

此书前有《译者的话》《原著者的话》。内分《总论》《主题与结构》《艺术作品的风格与形态》3 篇。《总论》一章，论文学定义；《主题与结构》七章，分别论述主题、幽默与讽刺、典型、描写、本事、写景、结构；《艺术作品的风格与形态》八章，论述文学的风格、方法、种类，叙事、抒情、戏剧、口头文学作品的形态等。末附《人名注释》《引用书中文译本目录》。

45. 养性轩替月词一卷　沈曾荫编著

民国铅印本　安徽省图书馆藏

著者生平已见《养性轩诗集》。

此书前有沈曾荫《养性轩替月词》，内录《丁丑初夏管氏妾来偶纪以诗》4 首。末录各家和诗。

46. 一九三六年中国最佳独幕剧集　阿英编选

1937 年上海戏剧时代出版社铅印本　重庆图书馆藏

阿英，钱杏邨笔名。生平已见《暴风雨的前夜》。

此书内录尤兢（即于伶）《回声》、洪深《走私》、佚名《放下你的鞭子》、姚时晓《炮火中》、章泯《东北之家》、田汉《阿比西尼亚的母亲》、宋之的《烙痕》、夏衍《都会的一角》、许幸之《最后一课》、舒群与罗烽《过关》10 部独幕剧。

47. 疑庵游黄山诗一卷　许承尧著

民国刊本　安徽省图书馆藏

著者生平已见《疃父杂记》。

此书收录作者自 1903—1937 年五游黄山诗共 81 首。

48. 袁子才蒋心余诗选　王文濡选辑

1937 年上海中华书局铅印本　首都图书馆藏

选辑者生平已见《侯魏汪三家文合钞》。

此书前有著者传略，内录袁枚、蒋士铨诗各百余首。

49. 在轰炸中来去　郭沫若著；阿英编辑

1937 年抗战出版部铅印本　中国国家图书馆藏

阿英，钱杏邨笔名。生平已见《暴风雨的前夜》。

此书前有编者引言，称："本书系郭沫若先生在淞沪战事爆发前夜返国，于上月十九日应蒋委员长电召往京，在敌机轰炸中，往来京沪途中的纪行作，为归国后第一长文。……本片后附载其最近所写《由日本回来了》《前线归来》杰作两篇，各约万言，凡关心抗战及爱好郭先生作品者，希尽力购买与推荐是幸。"

50. 张菊生先生七十生日纪念论文集　胡适，蔡元培，王云五编

1937 年上海商务印书馆铅印本，上海图书馆藏

胡适生平已见《短篇小说第一集》。

此书前有《征集张菊生先生七十生日纪念论文启》，内分"总类""哲学""社会科学""语文学""自然科学""艺术""文学""历史"八部分，录论文 22 篇。

张元济（1866—1959），号菊生，浙江海盐人。清光绪进士，选翰林院庶吉士，后任总理事务衙门章京。清光绪二十八年（1902）入商务印书馆，历任编译所所长、经理、监理、董事长等职。

51. 赵云崧诗选　（清）赵翼著；王文濡选辑

1937 年上海中华书局铅印本　吉林省图书馆藏

选辑者生平已见《侯魏汪三家文合钞》。

此书前有《赵瓯北先生事略》，内录诗百余首。

此书被辑入《中国文学精华丛书》。

52. 中国内乱外祸历史丛书第二十五册　程演生等主编；王灵皋辑录；中国历史研究社编

1937 年上海神州国光社铅印本　中国国家图书馆藏

程演生生平已见《西泠异简记》。

王灵皋，高语罕笔名，著者生平已见《白话书信》。

此书前有蔡元培总序，王灵皋序，内录明末清初史料：《守郧纪略》[（明）高斗枢著]，《虎口余生记》[（明）边大绶著]，《汴围湿巾记》[（明）白愚著]，《客滇述》[（明）顾山贞著]，《平吴事略》[（明）南园啸客著]，《思文大纪》[（明）佚名著]，《做指南录》[（明）康范生著]，《安龙纪事》[（明）江之春著]，《攻渝纪事》[（明）徐如珂著]，《定蜀记》[（明）文震孟著]，《平蜀纪事》[（明）虞山遗民著]，《平回纪略》[（清）

佚名著]。

《王序》将如上史料分为三部分，即"叙述明末内战史实""叙述满洲民族征服中国之战争""叙述明末清初的中国政府对待境内少数民族的史实"。

此书为《中国内乱外祸历史丛书》之二十五册。

又：**虎口余生记　王灵皋辑录；中国历史研究社编辑**　1941 年上海神州国光社铅印本　中国国家图书馆藏

此书内容同上书，被辑入《中国历代逸史丛书》。

53. 紫色炸药　程朱溪著

1937 年上海中华书局铅印本　上海图书馆藏

著者生平已见《裁判官的威严》。

此书内录短篇小说《绞》《紫色炸药》《俘虏》《父与子》《酒鞋》《强盗》《扫兴》《敌人经过的村庄》8 篇。

54. 最后一课　许幸之著

1937 年上海新知书店铅印本　重庆图书馆藏

著者生平已见《海涯》。

此书为独幕剧，讲述 1936 年春发生于冀东香河县一小学校抗战故事。此剧后经节录改编，以《一个铁蹄下的学校》为名，被收入高小语文课本。

55. 作家的条件　汪静之著

1937 年上海商务印书馆铅印本　上海图书馆藏

著者生平已见《湖畔》。

此书前有朱自清《代序》及自序，内分"天才抹杀论""作家的肥料——经济""文学遗产的学习""作家的原料——经验""作家的大胆""作家的鞭子——缺陷"六讲，每讲为一专论。

1938 年(民国二十七年)

1. 爱国诗选　汪静之选注

1938 年长沙商务印书馆铅印本　中国国家图书馆藏

选注者生平已见《湖畔》。

此书四册，辑选历代爱国诗篇千余首，第四册所选为现代人作品，包括黄兴、宋教仁、钟明光、陈去病、梁启超、孙中山、蒋中正、汪兆铭等。每首诗后有注释及作者小传，末附译诗 16 首。

2. 八九回忆记　叶为铭著

1938 年油印本　北京大学图书馆藏

著者生平已见《新州叶氏诗存》。

此书为著者七十二岁之回忆录。

3. 呈在大风砂里奔走的冈卫们　田间著

1938 年汉口生活书店铅印本　中国社会科学院图书馆藏

著者生平已见《未明集》。

此书前有丁玲序，内录《史沫特莱和我们在一起》《给丁玲同志》《他弹起了弦子》《工人节》等 25 首诗作，末有著者《后记》。

4. 蝶恋花　张恨水著

1938 年聚胜堂立记书局铅印本　上海图书馆藏

著者生平已见《春明外史》。

此书为三十八回长篇社会言情小说。前有自序，末注"请看下集"。

5. 蠹鱼集　苏雪林著

1938 年长沙商务印书馆铅印本　中国国家图书馆藏

著者生平已见《李义山恋爱事迹考》。

此书前有自序，内录《九歌与河神祭典关系》《原人的坟墓与巨人》《子虚赋里的借马》《鸟的崇拜》《清代男女两大词人恋史的研究》（附录《顾太清评传》)、《陆放翁评传》《文以载道》文学论文 7 篇。

6. 冯玉祥将军自传：我的生活第一本　冯玉祥著

1938 年上海三户图书社铅印本山西省图书馆藏

著者生平已见《冯玉祥诗钞》。

又：冯玉祥将军自传：我的生活第二本　第三本　冯玉祥著　1944 年重庆三户图书社铅印本（2 版）　中国国家图书馆藏

此书共四十章。第一本二十章，著者自述家世、幼年生活、入伍至入川平息兵变之军旅生涯；第二本十章，叙述倒袁之役到任陆军检阅使之经历；第三本十章，记叙从"首都革命"到五原誓师、豫东大战，直至完成北伐之经历及军事活动。

7. 冯玉祥诗歌近作集　冯玉祥著

1938 年汉口三户图书社铅印本　中国国家图书馆藏

著者生平已见《冯玉祥诗钞》。

此书前有吴组缃序及自序，内三辑，录《生日》《迎新年》《猪》《闹羊花》《三心》《生死》等诗作 160 首。

8. 关于赵老太太　陶行知，谢冰莹著

1938 年东北救亡总会宣传部铅印本　上海图书馆藏

陶行知生平已见《知行书信》。

此书传主为赵洪文国（1880—?），抗日战争时期参加东北义勇军，并送子女上前线。内录传主故事三十余则，另有传主部分演讲词。

9. 汉魏六朝诗选注八卷　储皖峰选校

1938 年铅印本　中国国家图书馆藏

选校者生平已见《东方大同学案》。

此书为沈兼士题签，内录汉魏六朝 160 位作家诗 634 首，包括乐府歌词 235 首，无名氏诗 44 首。

10. 抗日的模范军人　冯玉祥著

1938 年汉口三户图书社铅印本　安徽大学图书馆藏

著者生平已见《冯玉祥诗钞》。

此书前有著者序，内以对话方式介绍北、东、西战场抗日模范军人吉星文、佟麟阁、赵登禹等 27 人，末有著者跋。

11. 抗战期间的文学　钱杏邨著

1938 年广州战时出版社铅印本　上海图书馆藏

著者生平已见《暴风雨的前夜》。

此书录《抗战期间的文学》《两位抗敌的英雄》《祝福孩子们》《再论抗战的通俗文学》等文 14 篇，末附《淞沪抗战戏剧录》。

12. 抗战诗歌集　冯玉祥著

1938 年上海三户图书印刷社铅印本　中国国家图书馆藏

著者生平已见《冯玉祥诗钞》。

此书前有何容、吴组缃序各一及自序，内录诗作 80 首。

《自序》称："我写的诗粗而且俗，和雅人们的雅诗不敢相提并论。因此，我只好把它叫做'丘八诗'……时常写些粗而俗的'丘八诗'出来，正就是想利用诗的形式发挥一点灌输和唤醒的作用。"

又：**冯玉祥抗战诗歌选　冯玉祥著**　1938 年上海怒吼出版社铅印本重庆图书馆藏

此书录《补袜子》《马赛工人》《侵略者》《老太太》《送旧年》等诗作 19 首。

13. 灵源大道歌白话注解　（宋）曹文逸著，陈撄宁注

1938 年上海丹道刻经会印　王卡；汪桂平《三洞拾遗》第十册（黄山书社 2005 年版，第 582 页）著录

注者生平已见《孙不二女功内丹次第诗注》。

此书前有蒋维乔、张寿林、洪万馨、高克恭、赵慧昭、朱昌亚序各一，及陈撄宁撰《灵源大道歌读者须知》。内录原文及白话注解，附录《曹文逸女真人赠罗浮道士邹葆光诗》《〈古今图书集成·神异典〉引〈罗浮山志〉》《汪东亭先生对于灵源大道歌之意见》《〈扬善半月刊〉第七十七期灵源大道歌之按语》《与蒋竹庄先生讨论先后天神水》等。末有汪伯英、吴彝珠跋各一。

《灵源大道歌读者须知》称："以前学人，对于本篇不大注意。埋没多年，甚为可惜。久已想用白话注解，出版流通，无奈得不着机会。今以仙学研究院需要讲义，注解方能完全。又以丹道刻经会志在流通，出版方能如愿。"

14. 沦陷后的上海文化现象批判　鹰隼著

1938 年上海风雨书屋铅印本　《阿英文集·阿英著作目录》（生活·读书·新知三联书店 1981 年版，第 959 页）著录

鹰隼，钱杏邨笔名。生平已见《暴风雨的前夜》。

《阿英文集·阿英著作目录》（生活·读书·新知三联书店 1981 年版，第 960 页）称，是书由"风雨书屋出版。见《文献》杂志一九三八年第二卷预告，原书未睹"。

15. 满江红爱国词百首　李宗邺编

1938 年上海商务印书馆铅印本　上海图书馆藏

编者生平已见《彭玉麟梅花文学之研究》。

此书前有陶琴《满江红考证》（代序）、柳诒征等人题词，内选录岳飞、梁启超、胡汉民等满江红词百首，另附词人小传。

16. 民歌选　胡怀琛，杨荫深选注

1938 年上海商务印书馆铅印本　华东师范大学图书馆藏

胡怀琛生平已见《兰闺清课》。

此书前有著者导言，内选录各地已出版歌谣集中作品约 200 首，分"家庭歌""情歌""时令歌""滑稽歌""杂歌"五类。

《导言》介绍何谓民歌，民歌之文学价值、社会学价值与语言学贡献，以及近年来民歌征集情况和本书分类。

17. 青鸟集　苏雪林著

1938年长沙商务印书馆铅印本　中国国家图书馆藏

著者生平已见《李义山恋爱事迹考》。

此书前有自序，内录《梅脱灵克的青鸟》《孔雀东南飞戏剧及其上演成绩的批评》《演剧问题答向培良先生》《我怎样写鸠那罗的眼睛》《旧时的诗文评是否也算得文学批评》《周作人先生介绍》《自传文学与四十自述》《山窗读画记》等文艺评论、作家印象记及个人写作经验等24篇。

18. 日本对在华外人的暴行　冯玉祥编

1938年汉口三户图书社铅印本　重庆图书馆藏

著者生平已见《冯玉祥诗钞》。

此书前有著者序，内以对话方式述日本对在华外人的暴行，末有著者跋。

19. 杀敌除奸　以群著

1938年教育部民众读物编审委员会编印本　重庆图书馆藏

以群，叶元灿笔名，生平已见《全线》。

又：**杀敌除奸　以群著**　民国中央秘书处文化驿站总管理处铅印本安徽省图书馆藏

此书为通俗小说，以徐州会战后河南战场游击战争兴起为背景，描写乡民组建自卫队袭击日军土肥原部队事迹。

20. 山西名贤辑要八卷　胡春霖辑

1938年中华书局铅印本　安徽省图书馆藏

著者生平已见《春秋悯人之孔子》。

此书前有孔祥熙序、自序。内有百余人小传，分为帝王类、侯宰类、勤良类、将领类、忠烈类、廉介类、文史类、艺术类。

21. 实庵自传　陈独秀著

1938年广州亚东图书馆铅印本　中国国家图书馆藏

著者生平已见《独秀文存》。

此书前有《刊者词》，内录《没有文章的孩子》《由选学妖孽到康梁派》，系作者自传之前两章，述其少年时代活动。

亢德《关于〈实庵自传〉》（载杨扬《陈独秀》，上海三联书店 1997 年版，第 46—47 页）提及 1937 年 11 月 3 日陈独秀答复亢德催稿信，称："……弟之自传，即完成，最近的将来，亦未必能全部发表，至多只能写至北伐以前也。弟对于自传，在取材，结构，及行文，都十分慎重为之，不愿草率从事，万望先生勿以速成期之，使弟得从容为之，能在史材上、文学上成为稍稍有价值之著作。世人粗制滥造，往往日得数千言，弟不能亦不愿也。普通卖文糊口者，无论兴之所至与否，必须按期得若干字，其文自然不足观，望先生万万勿以此办法责弟写自传，倘必如此，弟只有搁笔不写，只前寄二章了事而已。出版家往往不顾著作者之兴趣，此市上坏书之所以充斥，可为长叹者也！率陈乞恕。"

22. 诵芬堂文稿四编　钱文选著

1938 年广德钱氏铅印本　中国国家图书馆藏

著者生平已见《游滇纪事》。

此书前有自序，内录序跋类文 13 篇，演讲类文 3 篇，书启类文 2 篇，传记类文 7 篇，赞颂类文 5 篇，《苏东坡九百岁生日感赋》七古 1 首、《游苏纪事诗》七绝 15 首、《游善卷庚桑二洞》七绝 12 首、《游黄山》七绝 30 首等古近体诗百余首。末有楹联、挽联。

又：**诵芬堂文稿四编　钱文选著**　士青全集本　中国国家图书馆藏

此书录文 16 篇。

23. 台儿庄　王莹等集体创作；锡金等执笔

1938 年汉口读书生活出版社铅印本　吉林省图书馆藏

王莹（1913—1974），原名喻志华，又名王克勤、王克恂。芜湖人。1930 年加入中国共产党。曾入中国公学、复旦大学中文系，并加入复旦剧社，参与组织救亡演剧二队。后赴美入耶鲁大学，任东西文化协会董事。

此书为三幕剧。前有王莹《在真理与正义之前》、舒群《英雄曲》（代序）、锡金《我的愉快》等文 6 篇，末附曲谱 4 首，由贺绿汀谱曲。集体创作者有舒群、适夷、锡金、罗烽、罗苏；执笔者有罗苏、罗烽等。

24. 泰山社会写生石刻诗画集　冯玉祥，赵望云著

1938年重庆《抗战画刊社》铅印本　华南农业大学图书馆藏

冯玉祥生平已见《冯焕章先生讲演集》。

此书录冯玉祥诗及书法作品，赵望云配画。

25. 桃花源附录双十的城　鹰隼著

1938年上海风雨书屋铅印本　上海图书馆藏

鹰隼，钱杏邨笔名。生平已见《暴风雨的前夜》。

此书《桃花源》为三幕话剧，附录独幕短剧《双十的城》。

26. 痛史　我佛山人著，残夫编校

1938年上海风雨书屋铅印本　中国国家图书馆藏

残夫，钱杏邨笔名。生平已见《暴风雨的前夜》。

此书为二十七回小说，记述南宋历史。

此书为《海角遗编》丛书之一种。

27. 五忠集　胡怀琛选注

1938年建华印刷铅印本　浙江省委党校图书馆藏

著者生平已见《兰闺清课》。

此书前有叶楚伧序，内分五集，分别收录诸葛亮、岳飞、文天祥、杨继盛、史可法诗文选，每集前有著者遗像及小传。

28. 小说：译自苏联"文学百科全书"　　[匈]卢卡契著；叶以群译

1938年汉口生活书店铅印本　上海图书馆藏

叶以群，叶元灿笔名，生平已见《全线》。

此书录《短篇小说》《长篇小说》两篇，分别介绍其历史与理论。

29. 雪楼纪事一卷　许世英著

1938年铅印本　安徽省图书馆藏

著者生平已见《闽海巡记》。

此书记著者1936年至1938年奉命出使日本之史实。

著者回国前，中日战争已爆发，此书写于归国船上。

30. 训育主任　予且著

1938 年广州中华书局铅印本　上海图书馆藏

予且，潘序祖笔名，生平已见《予且随笔》。

此书前有编者序，末附《演剧漫谈》。内录独幕剧《训育主任》《离心力》《夫妻之间》《秋扇》《别墅》《胡不归》《未完成的发明》《烟》《孩子回来了》《阴沉的下午》《转变》《谁的钱》12 部。其中 8 部系据外国戏剧改译。

31. 亚细亚之黎明　常任侠词；冼星海曲

1938 年油印本《常任侠文集·亚细亚之黎明前记》（安徽教育出版社 2002 年版，第 588—589 页）著录

著者生平已见《儿时影事》。

《〈亚细亚之黎明〉前记》称："这是 1938 年在武汉军委政治部第三厅写的一本歌剧。当时我同张曙、冼星海同在第六处，主管音乐、戏剧、舞蹈、诗歌、文学等部门。我写了歌词即由张、冼两音乐家作曲，流行于战地、敌前、敌后及南洋华侨中间。……这本歌剧的油印本，如今只存留了一本，经过五十年的世事沧桑，当时曾演唱过的人，存在已少。《亚细亚之黎明》已经成为灿烂的阳光普照着中华大地。"

32. 养云山馆诗集一卷　黄劢著

1938 年铅印本　安徽省图书馆藏

黄劢（1858 前—1938 后），字子高，号养云老人。南陵人。

此书前有黄盛序，内录五言诗 22 首，七言诗 200 余首。

1939 年(民国二十八年)

1. 阿 Q 正传　鲁迅著；许幸之改编

1939 年上海中法剧社铅印本　上海图书馆藏

改编者生平已见《海涯》。

此书前有力群作鲁迅木刻像，史铁尔作阿 Q 像，署名"剧社"之《我们的愿望》，冯执中《中法剧社的筹备经过与组织》，景宋《阿 Q 的上演》，许幸之《〈阿 Q 正传〉的改编经过及导演计划》，以及赵景深《〈阿 Q 正传〉及其剧本》、苗埒《从上海剧运说到〈阿 Q 正传〉的公演》、周木斋《阿 Q 的时代》、海岑《阿 Q》、旅冈《争取演出》、黄嘉音《阿 Q 的人生态度》、罗洪《关于阿 Q 的演出》、朱雯《门外汉的话》、锡金《伟大典型的把握》等文，并《招待文艺界座谈会》纪要，《〈阿 Q 正传〉分幕说明》，王竹友、舒湮等人之《三言两语》。内六幕，分别为"恋爱的悲剧""生计问题""从中兴到末路""革命""不准革命""大团圆"。末有《〈阿 Q 正传〉话剧改写本后记》。

此书被辑入《中法剧社戏剧丛刊》。

2. 爱的受难　［英］利德原著；予且译

1939 年昆明中华书局铅印本　南京图书馆藏

予且，潘序祖笔名，生平已见《予且随笔》。

此书原名：*The Coister and the Hearth*，系长篇小说，本书据 M. West 之改写本译出。

此书编入《世界少年文学丛书》。

3. 百乐门血案　　[美]欧尔特毕格斯著；程小青等译

1939 年上海中央书店铅印本　　上海图书馆藏

程小青生平已见《福尔摩斯探案全集》第六册。

此书为《陈查礼探案系列》之二。

4. 碧血花　又名：明末遗恨　葛嫩娘　魏如晦著

1939 年上海国民书店铅印本《阿英文集·阿英著作目录》（生活·读书·新知三联书店 1981 年版，第 959 页）著录

魏如晦，钱杏邨笔名。生平已见《暴风雨的前夜》。

又：**碧血花　魏如晦著**　1940 年上海国民书店铅印本　　上海图书馆藏

此书为三幕剧。前有署名"春蚕""秋蝉"者序各一篇，及吴永刚《排演后记》，作者《公演前记》。《公演前记》称：此剧"取材于余曼翁《板桥杂记》，所以，如果有人要问我何为而作，我将引曼翁自序中之语答之曰：'有所为而作也！'"剧前有本事，述孙克咸、葛嫩娘事迹。

5. 春灯词一卷　　刘麟生著

1939 年铅印本　　安徽省图书馆藏

著者生平已见《哥仑布》。

此书前有陈诗所撰《有益无益行赠宣阁》、方孝岳所撰《金陵得春痕书示以鹤柴先生有益无益行亦作论词三首赠春痕》、江家珊所撰词《浣溪沙·题宣阁词稿》。内录著者作于 1916—1939 年词作 110 首。

6. 烽火归来　　高语罕著

1939 年上海美商华盛顿印刷出版公司铅印本　　中国国家图书馆藏

著者生平已见《白话书信》。

此书包括"过广州""粤汉道中""武汉小住""到南京""到安亭前线""到上海前线""南桥之夜"等十二节。记述作者于 1937 年自香港取道广州、武汉、南京到上海抗日前线，以及从上海返回南京之经历见闻。

7. 凤凰山志略三卷　　胡光钊著

1939 年南京铅印本　　安徽省图书馆藏

胡光钊（1893—1985），字樵碧。祁门人。胡清澍之子，胡光岳之兄。历任祁门县图书馆馆长、女子小学校长、安徽省通志馆采访、祁门县志主修。

8. 国学述要　鲍光豹著

1939年油印本　安徽省图书馆藏

鲍光豹（1898—1961），字幼文，又号饫闻。歙县人。鲍振炳之子。1912年入歙县新安中学堂。先后师从名儒程恺周、吴承仕、马其昶，1924年后执教于省立第二师范学校、凤山小学、省立二中、芜关中学、安徽学院、徽州师范学校。晚年受聘为安徽省文史馆馆员。曾参编民国《歙县志》。

此书为著者授课讲义，内分《字形叙略》《六书释例》《音学浅说》《群经要旨》《经学源流》《史学源流》《史书略说》《周秦诸子》《宋明理学》《文学略说》《文学源流》诸篇。其《文学源流》一节略述先秦至民国文学发展，文末称："自文学革命说起，白话盛极一时，其确有文学价值者，则鲁迅、茅盾之小说，曹禺之话剧，堪称祭酒。今后文学发展，不知何似，而海内耆宿泰半凋零，倭祸日亟，斯文将丧，瞻念前途，不禁感慨系之矣！"

9. 孩子们的灾难　索非著

1939年上海开明书店铅印本　湖南省图书馆藏

索非，周益泉笔名，生平已见《苦趣》。

此书为医学小品集。前有黄素封、庄畏仲序各一，及自序。内录《一个决议（百日咳）》《昨夜的事（麻疹）》《纸红包——红纸条（流行性感冒）》《儿童歌剧（流行性腮腺炎）》《暑期讲习会（风疹）》《孩子们的灾难（水痘）》《肺病疗养院（结核）》《名贵的演讲（癫）》《第一号病人（砂眼）》《一封书信（疥）》。附录：《学校传染病概要》《一滴血》。

10. 汉赋考二卷　汪吟龙著

1939年中国儒学研究会铅印本　安徽省图书馆藏

著者生平已见《子云诗词》。

此书前有自序。内录汉武帝、淮南王安、中山王胜、陆贾、孔臧、贾谊、羊胜、邹阳、班固、扬雄、司马相如、董仲舒、桓谭、张衡、蔡邕、徐干、刘桢、丁仪、丁廙、班昭、丁廙妻等 70 余人赋，计 270 余篇。每人前有小传，所录之赋，或存或残，均注明出处，并有编者点评。附录一卷，前有《例言》，内录汉武帝、贾谊等 60 余名汉代作者之七、箴、骚、诔等文。

附录《例言》称："余既为《汉赋考》，凡汉赋之存于今者，网罗略备。旧撰《汉赋章句》，区汉赋为四编：一曰甲编，则取《史》《汉》《骚》选所录之汉赋；二曰乙编，则取唐宋人所辑丛书略载之汉赋；三曰丙编，则取汉人骚、七、箴、颂等有韵之文；四曰丁编，则取残篇逸句著之。此其大较也。兹合甲乙丁三编之目，为《汉赋考》，而别取丙编为附录，亦以便于讲授云而。"

11. 黄牛通信集　周天籁著

1939 年上海春江书局铅印本　　［美］芝加哥大学图书馆藏

著者生平已见《献睡莲姑娘》。

12. 剑腥集　鹰隼著

1939 年上海风雨书屋铅印本　广东省立中山图书馆藏

鹰隼，钱杏邨笔名。生平已见《暴风雨的前夜》。

此书内录著者写于 1938 年之杂文、序跋，包括《周作人诗纪》《甲午中日战争日记》《鬼的故事》《关于瞿秋白的文学遗著》等，大部分与抗战有关。

13. 江慧济诗稿　江朝宗著

民国油印本　中国国家图书馆藏

著者生平已见《云山散人和陶诗存》。

此书卷首录《圣训作四首总咏春秋》一章、《纯阳道祖济佛宗主降光合作道情命和》等诗作；卷中录历年和渔洋诗、迭渔洋韵诗 70 余首，遣怀诗若干；末为 1939 年所作《夜大风声振林木，作文一篇以寄所感云尔》。

14. 抗战长歌　冯玉祥著

1939 年重庆《抗战画刊》社铅印本　中国国家图书馆藏

著者生平已见《冯玉祥诗钞》。

此书为歌谣体七言白话诗。

15. 抗战诗歌集第二集　冯玉祥著

1939 年桂林三户图书印刷社铅印本　贵州省图书馆藏

著者生平已见《冯玉祥诗钞》。

此书前有老舍序，内录作者写于 1938 年 2 月至 1939 年 2 月诗作 101 首。

16. 可爱的学校　周天籁著；穆一龙插图

1939 年上海春江书局铅印本　安徽省图书馆藏

著者生平已见《献睡莲姑娘》。

17. 快乐家庭　胡寄尘著

1939 年上海广益书局铅印本　超星数字图书馆收录

胡寄尘，名怀琛，生平已见《兰闺清课》。

此书录短篇小说《快乐家庭》《先生的车夫》《可怜的家产》《债主》《三眼人》《封建式的家庭》《女仆与教师》《热心》《第三次痛哭》等 25 篇。

18. 恋爱之神　胡寄尘著

1939 年上海广益书局再版铅印本　首都图书馆藏

胡寄尘，名怀琛，生平已见《兰闺清课》。

此书录小说《镜花缘补》《幸福之宫》《恋爱之神》等 10 篇。

19. 幕后秘密　[美]欧尔特毕格斯著；程小青等译

1939 年上海中央书店铅印本　安徽省图书馆藏

译者生平已见《福尔摩斯探案全集》第六册。

此书为《陈查礼探案系列》之一。

20. 漂泊之歌　刘岚山著

1939 年衡阳岳南印刷局铅印本　刘岚山《乡村与城市自序》（载《诗刊》1983 年第 9 期，第 49—53 页）著录

刘岚山（1919—2004），原名刘斯海，笔名胡里、路里、岚炭、周庸、

朱山、怀海等。和县人。1939 年肄业于南京钟南中学高中部，历任重庆《新民报》校对，重庆南方印书馆助理编辑，上海《新民报》校对、记者，皖南游击队《黄山报》编辑主任等职。

此书前有著者前言，内录诗作《江中月夜》《粤汉车上》《从戎自写》《思母》《吊荆州》《伟大的友情》《过洞庭》《桂花女郎》《我的祖国》《漂泊之歌》《思培》《赴战歌》，末有《尾语》。

21. 人体旅行记　索非著

1939 年上海开明书店铅印本　中国国家图书馆藏

索非，周益泉笔名，生平已见《苦趣》。

此书为医学小品集。内分"前奏""第一线　消化系统巡礼""第二线　呼吸系统巡礼""第三线　循环系统巡礼"四部分。

22. 收获期　常任侠著

1939 年重庆独立出版社铅印本　北京大学图书馆藏

著者生平已见《儿时影事》。

此书前有著者题"以此永远纪念吴妻前野元子夫人"及写于抗战周年之自序，内录诗作《忏悔者之献词》《列车》《出帆》《收获期》《武藏野》等 12 首，并有译朝鲜郑荣水诗作 1 首，苏联叶贤宁诗 4 首。

《自序》称，此书大半写于日本，抒情之什为多。

23. 台儿庄之战　王莹等执笔

1939 年重庆生活书店铅印本　安徽省图书馆藏

著者生平已见《台儿庄》。

此书为多幕剧。前有王莹序，及李郭德洁为本剧在桂林首次公演所致开幕词（代序）。

24. 陶渊明述酒诗补注　储皖峰著

1939 年辅仁大学《辅仁学志》第八卷第一期抽印本　首都图书馆藏

著者生平已见《东方大同学案》。

此书之一为《志缘起》，之二为《论旧注》，之三为《述旨趣》，之四为《述义例》，之五为《余论》。

《志缘起》开篇称："民国十五年为陶靖节先生卒后千五百年，余与述学社社友陆侃如、游国恩诸君各为文纪念，由《国学月报》出《陶渊明专号》凡五期。"

25. 铁蹄下的平津三卷　阿英编著

1939 年重庆战时出版社铅印本　重庆图书馆藏

阿英，钱杏邨笔名。生平已见《暴风雨的前夜》。

此书上卷录李辉英《故都沦陷前后杂记》，老向《北平通信》，鲁悦明《动乱中的北平》《古城最后的一瞥》，北向《故都暂别记》，佚名《敌骑纵横下的故都》等文；中卷录佚名《七月廿八九日天津所见》、桑愉《在天津的炮火中》、健者《天津的商人苦了》、梅焕藻《忆天津西沽》等文；下卷录罗隆基《平津陷落后的状况》、莫青《平津失陷后的新闻界》，阿英《一束汉奸的报纸》等。

此书被辑入《战时小丛刊》。

26. 瓦鸣续集　李正清著

1939 年铅印本　安徽省图书馆藏

著者生平已见《瓦鸣诗钞》。

此书前有光明甫、郎鸿钧为《瓦鸣诗钞》所作序各一。内录各体诗137 首。

27. 皖优谱八卷　天柱外史氏著

1939 年上海世界书局铅印本　中央音乐学院图书馆藏

天柱外史氏，程演生笔名，生平已见《西泠异简记》。

此书前有鹤柴山人、东华旧史题词，《弁言》《例言》，内注"二古轩史谭之七"。全书六卷，分别为"引论"（谱前不详角色四人）、"生谱""旦谱""净谱""丑谱""场面谱"，按戏曲表演行当，分别记述程长庚、张二奎、余三胜、杨月楼、姚增禄、高朗亭、郝天秀等 178 名优伶从艺经历、造诣、贡献、影响。附录金石文字三篇，引用书目表。

《例言》称："谱前引论，皆取自戏曲专家之纪录，撰者并加订正，依著者时代分列之。庶几藉以考见皖省五百年来戏曲演习之历史。""每一谱前撰叙论一篇，以考证角色之名称。撰者以为生旦净丑之名，皆出于四裔散乐。而净之涂面勾脸，实原出于傩，此前人所未尝言也。""曩者优伶不齿于士类……而隐姓埋名匿籍贯者众矣。本书止就载籍可考者辑之，今不过一百七十八人。其被遗者何可胜数。"

著者于《引论》中参考 130 余种文献，将皖省五百年来戏曲历史演进状况概括为："综览以上诸家之说，可以见皖人所习戏曲，五百年间，凡数变矣。明嘉靖时，池、太则为余姚腔；嘉靖以后，青阳、徽州、石埭、太平则为弋阳腔，而且变化之。迨至万历、天启，皖上徽州又习吴音，尚昆腔；降及盛清，安庆乃取二黄腔，创制新声，由石牌腔或枞阳之高拨子腔，成为徽调。先达扬州，继抵北京，又复融合京秦，归纳徽汉，遂成为京二黄调，百数十年来，遂以声倾天下，至今不辍。"

28. 舞台艺术　予且编

1939 年昆明中华书局发行所铅印本　上海图书馆藏

予且，潘序祖笔名，生平已见《予且随笔》。

此书前有编者序，末附《导演手册》。全书第一章题为"要使演员对于戏剧发生兴趣"，内分"舞台上有些什么地位""有没有一个应用于舞台的戏剧""怎样去读戏剧""怎样去记和怎样去说出来"四节；第二章题为"要演员和群众都认识剧中人"，内分"剧中人是怎样来的""试演时应该注意些什么""化装是一件重要的事情""怎样去筹划服装"四节；第三章题为"导演心中的几件大事"，内分"是否对得住剧作者""到底认识了演员没有""怎样去拣一个戏剧""怎样去注意一个舞台"四节。

29. 西行访问记　［美］斯诺夫人著，华侃译

1939 年上海光明书局铅印本　上海社会科学院图书馆藏

华侃，汪倜然笔名，生平已见《希腊神话 ABC》。

此书原名《革命人物传》。前有《献词》《作者序》《译者前言》，内分"绪论""七十领袖""朱德的生活史""徐向前""萧克""罗炳辉""项英"（斯诺著）、"蔡树藩""中国共产党年表"。末附《译者后记》及毛泽东、朱德、作者等照片 26 帧。

《译者前言》称："第一是，毛泽东自传已见《西行漫记》，故此处对'朱毛'只记朱一人。第二是，朱德传在《西行漫记》也登过一些，但所登者就是韦尔斯女士底一部分初稿（斯诺在书中说起的），而此处则为全

文，故仍照译。再则，我所译者都是原稿'足本'，与作者在美出版那部书中之一部分'节本'是不同的，这一点要请读者注意"，"同时，承斯诺先生以新脱稿而尚未发表过的《项英》一章，先交给译者在本书中发表，使此书底范围能包括到最近的抗战动态，实大足为本书生色。"

30. 戏学指南　王雪尘编；汪漱碧校订

1939 年上海中央书店铅印本　天津图书馆藏

汪漱碧生平已见《春梦留痕》。

此书前有《总论》《工尺说明》等，内录剧本《群英会》《乌盆计》《宝莲灯》等 16 出。并对唱、念、台步、音乐、场面等予以介绍。

31. 先夫刘湛恩先生的死　刘王立明编著

1939 年上海商务印书馆铅印本　福建师范大学图书馆藏

编著者生平已见《生命的波涛》。

此书前有著者序诗，内录《先夫刘洪恩先生的死》《刘湛恩之哀荣》《一封公开信为纪念"刘洪恩博士"给全市师长和同学的信》《追悼刘湛恩校长》《悼刘湛恩先生悼校长》《悼刘湛恩先生》《刘湛恩博士生平事略》，悼念遭日伪暴徒狙击殉难之沪江大学校长刘湛恩。

32. 小英雄　许幸之著

1939 年上海光明书局铅印本　中国国家图书馆藏

著者生平已见《海涯》。

此书录儿童剧《七夕》（又名《大板井》）、《小英雄》《最后一课》《古庙钟声》，末附《论抗战中的儿童戏剧》。

33. 写作经验谈　苏雪林等著

1939 年上海中学生书局铅印本

苏雪林生平已见《李义山恋爱事迹考》。

此书内录苏雪林《文学的创作和时间》、马仲殊《从名著到创作》、穆木天《诗歌创作上之二三问题》、谷剑尘《戏剧的题材》、徐蔚南《小说的技巧》、赵景深《写作和真诚》、黄庐隐《写作的原动力》等文 17 篇。

34. 新中国游记　周天籁著；穆一龙插图

1939 年上海三民图书公司铅印本　〔美〕威斯康星大学麦迪逊分校图书馆藏

著者生平已见《献睡莲姑娘》。

35. 夜光表　〔美〕欧尔特毕格斯著；程小青等译

1939 年上海中央书店铅印本　吉林省图书馆藏

译者生平已见《福尔摩斯探案全集》第六册。

此书为《陈查礼探案系列》之三。

36. 云山散人诗钞五卷　江朝宗著

民国铅印本　首都图书馆藏

著者生平已见《云山散人和陶诗存》。

此书前有著者近照，1939 年沈大静、黄维时序各一。内依年代录诗，卷一为 1934—1935 年诗作，首篇题为"开卷题诗一章"；卷二为 1936 年诗作；卷三为 1937 年诗作，附刊《清皇室答谢国民致祭隆裕皇太后词》《中日密教研究会北平分会成立会致词》《题赠吉井文学士楹联条幅》《云山散人寄言》等；卷四为 1938 年诗作；卷五为 1939 年诗作。末附《庚辰年新稿》。

37. 浙江大学西迁纪实　李絜非著

1939 年宜山国立浙江大学铅印本　中国国家图书馆藏

著者生平已见《中国男儿文文山先生》。

此书为纪实文学。内录《离杭南行》《建德两月》《赴赣途中》《吉安小住》《泰和乡间》《来桂纪行》《宜山近事》《西迁回顾》8 篇。末附竺可桢《求实精神与牺牲精神》等文 7 篇。

38. 中国文学史　储皖峰著

1939 年刊本　复旦大学图书馆藏

著者生平已见《东方大同学案》。

此书为上、下两卷。

　　据张元卿《漫拂书尘·储皖峰〈中国文学史〉琐记》（上海远东出版社 2009 年版，第 18 页）称，此书有三个鲜明的特点：一、西方文艺理论成果与我国传统的考据学相容并用。书中积极地吸收了 PAN、COAST、HUNT 等国外学者的观点，显示了宽广的治学胸襟。在具体论证时，不依照常识和学界一般论断立论，而是运用考证的方法，先辨伪，正本清源，然后再展开论述。二、广泛采用时人的研究成果来充实内容。在论及中国文学的起源、商代散文、周代散文时，吸纳了胡适、王国维、郭沫若、顾颉刚、余永梁、唐兰等多人的学术观点。三、由于是个人治史，其语言和见解都有个性。

1940 年(民国二十九年)

1. 爱国文选　汪静之，符竹因选注

1940 年香港商务印书馆铅印本　中国国家图书馆藏

汪静之生平已见《湖畔》。

此书三册。前有汪静之《爱国文学是国家的维他命》（代序），内选录先秦至明清历代爱国将领及文人学士司马迁、左丘明、墨子、班固、岳飞、文天祥、梁启超、顾炎武等文 200 余篇，附注释。

2. 贝登堡　吴道存编译

1940 年昆明中华书局铅印本　南京大学图书馆藏

编译者生平已见《狱中寄给英儿的信》。

此书为传记。前有原著者序《童军首创者贝登堡》，内十六章，记述贝登堡一生，末附《生活年历》。

3. 碧血黄花　又名：黄花岗　唐绍华著

1940 年重庆国民图书出版社铅印本　唐绍华《唐绍华自选集·小传》（黎明文化事业股份有限公司 1980 年版，第 1 页）著录

著者生平已见《中国万岁》。

又：**碧血黄花　又名：黄花岗　唐绍华著**　1952 年台湾正中书局铅印本　〔美〕密歇根大学藏

此书为五幕七场话剧，写黄花岗七十二烈士事。

《唐绍华自选集·小传》称："民国二十九年由国民出版社印行革命史剧黄花岗七十二烈士成仁故事的《碧血黄花》，由当日中国万岁剧团与中央青年剧社联合演出，颇受舆论赞扬，荣获中央党部嘉奖。该剧复于

民国四十一年青年节在台北，由台剧人联合会公演，同时经正中书局再版印行……"

又：**党人魂　唐绍华著**　1941 年重庆中国戏曲编刊社铅印本　重庆图书馆藏

此书同《碧血黄花》。

4. 伯子诗稿一卷　胡有恂著

朴学斋丛书第一集本　中国国家图书馆藏

胡有恂（1875—1927），号伯春。泾县人。胡爱亭之长子，胡韫玉、怀琛之兄。授课为生。

此书录古近体诗 25 首。末有胡朴安跋。

此书辑入《朴学斋丛书第一集》第四册。

朴学斋丛书第一集二十五种附二种　胡朴安辑　1940 年安吴胡氏铅印本　中国国家图书馆藏

是编前有高燮、柳亚子、陈柱等序各一，内录：（清）胡学书《养拙斋诗存》一卷；（清）胡鼎《守拙斋诗存》一卷、《文存》一卷、《笔耕录》五卷；胡有恂《伯子诗稿》一卷；胡怀琛《江村集》一卷、《福履理路诗钞》一卷、《上武诗钞》一卷、《秋山文存》一卷、《中庸浅说》一卷、《老子学辨》一卷、《老子补注》一卷、《庄子集解补正》一卷、《列子张湛注补正》一卷、《淮南集解补正》一卷、《惠施诡辩新解》一卷、《太白国籍问题》一卷、《王念孙读书杂志正误》一卷、《札移正误》一卷、《读书杂记》一卷；胡渊《南香诗钞》一卷、《南香画语》一卷、《随感录》一卷；（清）胡鼎、胡有恂《丹溪诗钞》二卷，补遗一卷，续钞一卷；（清）鼎《丹溪文钞》一卷；胡朴安《胡氏家乘》一卷，附《先君寄尘著述目》《姊氏漳平画录》《胡氏著述考》《胡氏登科记》《泾县乡土记》。附录：胡朴安《周易古史观》二卷，胡朴安《庄子章义》三卷。

5. 陈迹　黄仲苏著

1940 年上海中华书局铅印本　上海图书馆藏

著者生平已见《小物件》。

此书前有自序，内录《春光犹在人间》《月夜听莺记》《饥饿》《泰戈尔诗选译》《小说艺术》等散文随笔 20 篇。

《自序》称，这些作品均属青年时期旧作。

6. 迟庐杂存　徐建生著；何作镛校勘

1940 年铅印本　中国国家图书馆藏

著者生平已见《宦游偶记》。

此书为诗词歌赋集。

7. 慈爱的学校　周天籁著

1940 年上海文光书局铅印本　　〔美〕纽约康奈尔大学图书馆藏

著者生平已见《献睡莲姑娘》。

8. 丹溪诗钞二卷补遗一卷续钞一卷　　（清）胡鼎辑；胡有恂补遗续钞

朴学斋丛书第一集本　中国国家图书馆藏

胡有恂生平已见《伯子诗稿》。

《丹溪诗钞》为胡氏前人之作。

此书被辑入《朴学斋丛书第一集》第七册。

9. 读书杂记一卷　胡怀琛著

朴学斋丛书第一集本　中国国家图书馆藏

著者生平已见《兰闺清课》。

此书前有自序，内录《越鸟巢南枝》《论诗》《吴盐胜雪》《月中兔》《晋唐人小说中之白话》《陶柳诗用韵》《燕歌行》《搜神记》《周秦小说》《演义》等读书笔记近 80 则。末有胡朴安跋。

《自序》称，"凡吾所记，有准则四：其一，外来器物混入中国，而前人所不知留意者"，"其二，民间传说、神话，前人所谓不登大雅之堂，而不屑留意者"，"其三，今日所谓文法，为中国古所未有，而前人无从留意者"，"其四，百家之书异诂别训，不同于许氏而为儒家所不肯取者"。

此书被辑入《朴学斋丛书第一集》第六册。

10. 儿童演说四讲　章衣萍编著

1940 年上海儿童书局铅印本　厦门图书馆藏

著者生平已见《深誓》。

11. 福履理路诗钞一卷　胡怀琛著

朴学斋丛书第一集本　中国国家图书馆藏

著者生平已见《兰闺清课》。

此书录古近体诗 70 余题，多写上海风物。末有胡朴安跋。

《胡跋》称，此书写作时，著者任市通志馆编纂，"关于上海之掌故极为留心。此可在《福履理路诗钞》中见之"。《福履理路诗钞》因著者其时居上海福履理路得名。

此书被辑入《朴学斋丛书第一集》第四册。

12. 庚辰东游诗草　王揖唐著

1940 年铅印本　中国国家图书馆藏

著者生平已见《横山草堂联话》。

此书内分《庚辰东游唱和诗》《庚辰东游杂诗》两集。前者录王揖唐《谢东邦诸友好》等诗作 6 首；及日本土屋久泰、国分高胤，中国李元晖、溥叔明等人唱和诗。后者录著者《东近卫首相公爵》《东松岗外相》《赠日本各新闻社》等诗作 11 首。

13. 归来　许幸之著

1940 年上海文化生活社铅印本　中国国家图书馆藏

改编者生平已见《海涯》。

此书内录小说《鹿的父亲》《奈良之夜》《渔村》《归来》《圣诞树下》5 篇。

此书被辑入《文学小丛刊》第二集。

14. 国学述要　孙道粹著

1940 年霍山联中石印本　政协霍山县文史资料委员会编《霍山文史资料选辑》（安徽人民出版社 1992 年版，第 193 页）著录

孙道粹（1897—1970），字纯五，霍山人。孙玉斋之子，孙道济之弟。1918 年入北京大学经济系，1923 年毕业后，历任北京朝阳大学附中和京师第四中学教员，北伐军总司令部政治部教育科科长，安徽大学、霍立联中、霍山初中等校教员。

此书为教学辅导书。

15. 海国英雄——郑成功　又名：郑成功　魏如晦著

1940 年上海国民书店铅印本　　《阿英文集·海国英雄编剧者言》(生活·读书·新知三联书店 1981 年版，第 414 页)著录

魏如晦，钱杏邨笔名。生平已见《暴风雨的前夜》。

又：**海国英雄　又名：郑成功　魏如晦著**　1941 年上海国民书店铅印本　上海图书馆藏

此书为四幕话剧。前有南史题诗、柳亚子序、自序、《人物志》《本事》著者《写作杂记》、服装表、演职员表、初次公演评介文字图影编目、李之华所撰《首次公演记事》、郑成功画像、手迹、年谱、人物志、本事等，戏剧后有注释、歌谱、人物本传。

16. 宏法联语集　阳复斋著

1940 年上海道德书局铅印本　上海图书馆藏

阳复斋，江谦笔名，生平已见《阳复斋诗偈集》。

此书卷首题名为"阳复斋宏法联语集"。前有序，内为宣传佛教思想之联语。

17. 红藕村人诗存四卷　杨秋瀛著

民国木活字本　安徽省图书馆藏

杨秋瀛（？—？），字晓帆。当涂人。南社成员。早年就读于芜湖赭山师范。为奚侗门生。

此书仅存卷十三至卷十七。卷十三录 1936 年诗作 60 首；卷十四录 1937 年诗作 30 首，其中《闻平津失守书愤》《哀故都》《中秋望月时淞沪战事正急怆然有作》等，皆抒写爱国激情；卷十五录 1938 年诗作 21 首；卷十六录 1939 年诗作 80 余首；卷十七录 1940 年诗作 57 首。

18. 胡氏家乘一卷　胡朴安著

朴学斋丛书第一集本　中国国家图书馆藏

胡朴安，名韫玉，生平已见《古今笔记精华录》。

此书内录《胡氏世系记》《先父爱庭公行状》《先母朱太君行状》《伯

春事略》《寄尘事略》《亡女潭平事略》。附录胡道静《先君寄尘著述目》，胡道彤《姊氏潭平画录》《胡氏著述考》《胡氏登科记》，胡朴安《泾县乡土记》，末有胡朴安跋。

此书被辑入《朴学斋丛书第一集》第八册。

19. 欢喜冤家　张恨水著

1940年香港晨报社铅印本　徐乃翔主编《中国新文艺大系（1937—1949）理论史料集》（中国文联出版公司1998年版，第862页）著录

著者生平已见《春明外史》。

此书为三十二回长篇小说，1933—1934年上海《晨报》连载。书前有著者写于1934年之自序，内描述小市民生活。

此书曾由夏衍改编为同名电影。

又：**天河配　张恨水著**　1943年南京建中出版社铅印本　重庆图书馆藏

此书同上书。

20. 慧剑杂文　张慧剑著

1940年上饶战地图书出版社铅印本　南京图书馆藏

著者生平已见《湖山味》。

此书内分三部分，共录杂文《祖国之夸》《鹿地的眼睛》《赵侗》《忆南昌》《学者们》《祖背翁》《马相伯先生》《留学生》《连长》《梅兰芳》《征兵制》《一个妓女的死》等50篇，多系抗战时期创作。

21. 江村集一卷　胡怀琛著

1940年安吴胡氏铅印本　中国国家图书馆藏

著者生平已见《兰闺清课》。

此书前有柳亚子《亡友胡寄尘传》，内录古近体诗130余题，多有与友人往来、记游、记新事物之作。末有胡朴安跋。

《胡跋》称，《江村集》系著者自编。

此书被辑入《朴学斋丛书第一集》第四册。

22. 今觉庵诗四卷　周达著

1940年著者自刊铅印本　《图书介绍》（载《中法汉学研究所图书馆

馆刊》1946 年第 2 卷，第 153—159 页）著录

周达（1878—1949），又名明达，字今觉，号美权，又号梅泉，别署燕公，笔名今觉、寄闲。至德人。周学海长子。清光绪二十六年（1900）于扬州组织知新算社，后创立中国数学会，任董事。辛亥革命后被推举为国会议员，婉辞不就。1918 年任中国科学社名誉社长。1925 年于上海创立中华邮票会，任会长，出资并主持编辑出版会刊《邮乘》。1930 年被聘为德国柏林国际邮展中国董事，1932 年被聘为奥地利维也纳国际邮展证判员和中国董事，1935 年任中国数学会董事。

此书前有自序，陈诗、陈祖壬序各一，内卷一录 1919—1922 年诗作，卷二录 1923—1928 年诗作，卷三录 1929—1932 年诗作，卷四录 1933—1939 年诗作。

《自序》称，著者年三十三以后，始稍稍学为诗，四十以后始存稿。

23. 京调大全三集　　右台别馆主编辑；汪漱碧校订

1940 年上海中央书店铅印本　　超星数字图书馆收录

汪漱碧生平已见《春梦留痕》。

此书以生、旦、净、丑分类编排，录《甘露寺》《三气周瑜》《晴雯补裘》《霸王别姬》《疯僧扫秦》等剧本 56 出。

24. 抗日军官须知歌　　冯玉祥著

1940 年汉口三户图书社铅印本　　超星数字图书馆收录

著者生平已见《冯玉祥诗钞》。

此书录诗歌 124 首，介绍抗日军官生活、工作、战斗等方面应遵守事项。

25. 苦女努力记　　〔法〕马洛著；章衣萍，林雪清译

1940 年上海启明书局铅印本　　1941 年上海启明书局铅印本（3 版）著录

著者生平已见《深誓》。

又：苦女努力记　　〔法〕马洛著；章衣萍，林雪清译　　1941 年上海启明书局铅印本（3 版）　　苏州图书馆藏

此书前有译者《小引》，称此书为《苦儿流浪记》姊妹篇。小说介绍了"一个能刻苦善砥砺而终于得以战胜环境的女孩子"。

26. 南香诗钞一卷　胡渊著

朴学斋丛书第一集本　中国国家图书馆藏

胡渊（1901—1926），字漳平，泾县人。胡韫玉之女，贵池许世英子媳。早逝。

此书录诗近 40 题，末有胡朴安跋。

此书被辑入《朴学斋丛书第一集》第六册。

27. 年关　王萍草等著

1940 年安徽中原出版社铅印本　徐乃翔主编《中国新文学大系（1937—1949）史料索引》（中国文联出版公司 1998 年版，第 862 页）著录

王萍草（1908—1959），名丹岑，字萍草。界首人。历任上海私立安徽中学太和分校负责人，太和县成立抗日总动员委员会指导员，阜阳行政督察十一纵队政治部主任，太和县私立槐风染织料职业学校董事长，安徽省国民政府秘书、秘书主任等职。

此书内录王萍草《野店》、李园《我愿你安息》、白埃《江流》、艳紫《淮上》、李春舫《年关》5 篇短篇小说。

28. 秦淮世家　张恨水著

1940 年上海三友书社铅印本　安徽省图书馆藏

著者生平已见《春明外史》。

此书为二十四长篇小说。1939 年 3 月 8 日至 1940 年 3 月 20 日上海《新闻报》连载，讲述南京秦淮河上歌伎生活。

29. 秋山文存一卷　胡怀琛著

朴学斋丛书第一集本　中国国家图书馆藏

著者生平已见《兰闺清课》。

此书前有自序，内录《云鹤先生遗诗序》《兰亭集跋》《跋汪南溟尺牍》《与柳亚子书》《论诗绝句百首序》《朴学斋集跋》《续三说》《国文典表解序》《算经十书跋》《经传释词跋》等文言散文 20 余篇。末有胡朴安跋。

《自序》称，其散文之作"三十年来，得二三百首，散失者半，芜杂不满者半。今择其可观者二十余首辑而存之。秋山者，余之别字也"。

此书被辑入《朴学斋丛书第一集》第四册。

30. 三年　王萍草等著

1940 年立煌安徽文化工作委员会铅印本　超星数字图书馆著录

王萍草，王丹岑笔名，生平已见《年关》。

此书内录小说：一舟《弃子》、黎嘉《老教授》；诗作：番草《三年》、王伟之《我们是五千啊！》《铁的心》；报告文学：王萍草《处女作》、倪腾《八百条红缨枪》；速写：戈金《火场》。

31. 山城　王萍草等著

1940 年立煌安徽省文化工作委员会铅印本　南京图书馆藏

王萍草，王丹岑笔名，生平已见《年关》。

此书内录王萍草 1937 年所撰、1940 年定稿之散文《火种——八·一三回忆之一》，杨羽小说《自灭》，一舟所著小说《山城》，东园所著独幕剧《新年》，风斯所著诗《过叶县》，王门所著诗《河流底故事》。

此书被辑入《文艺丛刊》。

32. 上武诗钞一卷　胡怀琛著

朴学斋丛书第一集本　中国国家图书馆藏

著者生平已见《兰闺清课》。

此书前有自序，内录古近体诗作 35 首，多抒发中日战事之感愤之情。末有胡朴安跋。

《自序》称："此集为予民国二十六年七月后所作诗也。此时代为非常时代，故吾诗亦异于平日辑而存之，题曰'上武诗钞'。'上武'者，尚武也，抑予更有说字书云'止戈'为武。今我国用武矣，是欲止他人之黩武，而非黩自己之武。是役也，深得'武'字之义，是可尚也，因取二字以名吾诗。"

此书被辑入《朴学斋丛书第一集》第四册。

33. 生长在战斗中：平实的记录　叶以群著

1940 年重庆中国文化服务社铅印本　中国国家图书馆藏

叶以群，叶元灿笔名，生平已见《全线》。

此书录报告文学《踏进斗争中》《红枪会底英雄》《未成年者底进展》《横渡浊漳河》《记松井英男》等9篇，记述抗日战争中英雄事迹及被俘日军士兵情况。

34. 石松诗存一卷　朱瑞麒著

1940年铅印本　安徽省图书馆藏

朱瑞麒（1867—1922），字石松，号丁卯。绩溪人。早年加入同盟会，清光绪三十四年（1908）任绩溪统计处主笔，民国初年任绩溪县政府第一科长，后曾赴当涂任职一年，旋辞职归里。

此书前有胡运中、朱家让、朱瑞珖序各一。内录古近体诗102题200余首。末有胡建人及著者之子朱大埧跋。序跋多述著者生平。

35. 世界名著代表作　胡适，周作人等译

1940年上海国光书店铅印本　吉林省图书馆藏

胡适生平已见《短篇小说第一集》。

此书录42篇短篇小说、童话和戏剧故事。包括：〔俄〕柴霍甫著、谢颂义译《九岁的学徒》，〔丹麦〕安徒生著、谢颂义译《大克老司和小克老司》，〔意〕薄伽邱著、陈德明译《坚忍不拔的格丽赛尔达》，〔俄〕库普林著、沈泽民译《快乐》，〔俄〕科罗连珂著、耿济之译《撞钟老人》，〔苏〕高尔基著、适夷译《一个人的出生》，〔法〕佐拉著、刘半农译《失业》，〔法〕莫泊三著、傅浚译《疯妇》，〔波〕显克微支著、周作人译《愿你有福气》，〔犹太〕潘莱士著、沈雁冰译《禁食节》，〔法〕莫泊三著、胡适译《杀父母的儿子》等。

36. 随感录一卷　胡渊著

朴学斋丛书第一集本　中国国家图书馆藏

著者生平已见《南香诗钞》。

此书为随感短章。末有胡朴安跋。

此书被辑入《朴学斋丛书第一集》第六册。

37. 太白国籍问题一卷　胡怀琛著

朴学斋丛书第一集本　中国国家图书馆藏

著者生平已见《兰闺清课》。

此书论唐诗人李白之国籍，认为"他是个突厥化的中国人"。内有《附辩》三则，末有胡朴安跋。

此书被辑入《朴学斋丛书第一集》第五册。

38. 天长地久　许幸之改编

1940 年上海光明书局铅印本　中国国家图书馆藏

改编者生平已见《海涯》。

此书前有《光明戏剧丛书总序》《意旨》。

《意旨》称："本剧根据小仲马（AleXander Dumas Fils）原著《茶花女》之小说、剧本，美国摄制之无声、有声《茶花女》影片，以及苏联梅耶荷德（Meyrhold）所拟定之《茶花女》舞台剧的分幕方法，改作为适合于中国国情的故事，且以完全上海的生活及情调，从青年男女的恋爱悲剧中，反映出大时代的侧影。"

此书被辑入《光明戏剧丛书》。

39. 桐城两次沦陷记略　姚孟振著

民国抄本　安徽省图书馆藏

著者生平已见《清赠内阁学士山东登莱青道贵池刘公事迹图咏》。

此书八章，记叙日寇侵踞桐城时烧、杀、淫、掳罪行。对新四军英勇抗日及乡民愤怒杀敌事，记述尤详。

40. 桐城派文人传略　都建华著；都履和补辑

1940 年湖南铅印本　湖南省图书馆藏

都建华（？—？），桐城人。

都履和（1902—1972），字隅三，号玉山。桐城人。早年任察哈尔都统公署书记长、苏炳文部某师处长、黑龙江省督军公署上校秘书、安达站烟酒税务局局长。曾参加"西安事变"，任某军部主任秘书长官。抗战后期任湖北省政府、安徽省政府及皖南行署七级主任秘书官。

此书前有都履和序及方涛序，内录方苞、刘大魁、张尹、叶酉、姚范、赵青藜、方泽、姚鼐、方绩、梅曾亮、方旭等 93 人传略。

41. 窝赃大王　　〔英〕杞德烈斯著，程小青译

1940 年上海联华广告公司出版部铅印本　　上海图书馆藏

译者生平已见《福尔摩斯探案全集》第六册。

此书为《圣徒奇案系列》之三。

42. 五姊妹　　魏如晦著

1940 年上海亚星书店铅印本　　上海图书馆藏

魏如晦，钱杏邨笔名。生平已见《暴风雨的前夜》。

此书为三幕话剧，被辑入《学校剧丛刊》。

43. 西湖钱王祠落成纪念册三编　　钱文选编

1940 年铅印本　　中国国家图书馆藏

编者生平已见《游滇纪事》。

44. 香港小姐　　杰克著

1940 年香港大公书局铅印本　　〔美〕斯坦福大学图书馆藏

杰克，黄天石笔名，生平已见《新说部丛刊第二集》。

此书为长篇小说，被辑入《现代小说丛刊》。

45. 续剧说四卷　　周明泰编著

1940 年天津至德周明泰几礼居铅印本　　中国国家图书馆藏

著者生平已见《道咸以来梨园系年小录》。

此书为记述昆曲之笔记。卷首列有《引用书目》，如杨钟羲《雪桥诗话》、震钧《天咫偶闻》、王韬《淞滨琐话》、张焘《津门杂记》、柴萼《梵天庐丛录》等。内从近代笔记中辑录有关昆剧作家、艺人及演唱记事等各种戏剧史料。

46. 续培根书屋诗草一卷　　孙熙鼎著

民国稿本　　安徽省图书馆藏

著者生平已见《培根书屋诗草》。

此书所录诗作起自 1935 年，迄至 1940 年，共 34 题近百首，多咏时事及自身经历。

47. 一百种抗战戏剧说明　唐绍华著

1940 年重庆正中书局铅印本　贵州省图书馆藏

著者生平已见《中国万岁》。

此书分七大类，著录 1937 年 8 月至 1939 年 7 月出版的抗战戏剧百种。著录项目包括书名、剧种类别、编著者、主办者及剧情简介等。

48. 一叶诗集　叶侠隐著

1940 年铅印本　方宁胜《叶侠隐传略》（载《桐城文史总第十四辑·桐城近世名人传续集》，1996 年版，第 95 页）著录

叶侠隐（1881—1941），字章伯，号一叶。桐城人。曾任桐城小学堂国文教员，主持桐城崇实小学教务，后接任校长。

49. 中国近代文人传略　都建华著

1940 年铅印本　谭家健《中国古代散文史稿》（重庆出版社 2006 年版，第 564 页）著录

著者生平已见《桐城派文人传略》。

50. 庄子集解补正一卷　胡怀琛著

朴学斋丛书第一集本　中国国家图书馆藏

著者生平已见《兰闺清课》。

此书前有著者记，末有胡朴安跋。

此书被辑入《朴学斋丛书第一集》第五册。

51. 庄子章义三卷　胡朴安著

朴学斋丛书第一集本　中国国家图书馆藏

胡朴安，名韫玉，生平已见《古今笔记精华录》。

此书前有自序、著者题词。

《自序》称："余藏有《庄子》之注解，自《道藏举要》外，计四十余种。虽有断续之玄理发见，而求其能整理《庄子》全书，成为有统序之学说者，似乎未有。……（本人）既求得《庄子》之真，乃作《道家源流及

其派别》一篇，以明《庄子》之派别，与《老子》异其源流。作《庄子之自然思想》与《自然即道》二篇，以明庄子学说之根本。作《自然的功用》一篇，而于《逍遥游》篇说明之。从'自然'的思想，演出'人我是非一致'，作《人我是非一致》一篇，而于《齐物论》篇说明之。由'人我是非一致'的思想，演出对于'死生'的观念，作《死生观念》一篇，而于《养生主》篇说明之。由'死生齐一'的观念，演出入世的方法，作《入世方法》一篇，而于《人间》篇说明之。由以出世的方法为入世，须要有精神的修养，作《精神的修养》一篇，而于《德充符》篇说明之。德充满于内，与形体合符，便是庄子理想中的人格，作《理想中的人格》一篇，而于《大宗师》篇说明之。由理想中的人格，产出理想中'无为而治'的政治，作《无为而治》一篇，而于《应帝王》篇说明之。其他诸子，其学说糅杂于全书之中，必整理后而始得其统序，而《庄子》学说，即于此《内篇》七篇，次第联贯而下。……余治《庄子》，既得其学说之统序，又将《内篇》章义修改一遍，更及于《外篇》《杂篇》，乃以庄子学说之统序为《总说》，以冠其首，而以《内篇》《外篇》《杂篇》三十三篇之章义，合为《庄子章义》，或亦可为治庄子者之一助云。"

题词有著者写于1918年之《读庄》13首，用陶渊明《读山海经》韵。

此书辑入《朴学斋丛书第一集》之附录。

52. 缀白裘十二集四十八卷　（清）玩花主人选；（清）钱德苍续选；汪协如校

1940年昆明中华书局发行所铅印本　中国国家图书馆藏

汪协如生平已见《官场现形记》。

此书前有胡适序，乾隆年间程大衡《缀白裘合集序》，每集前另有序，内录乾隆时舞台流行剧目489出，内有昆曲430出，高腔、乱弹腔、梆子腔等59出。

1941年(民国三十年)

1. 爱情的面包　史特林堡等著；胡适等译

1941年上海启明书局铅印本　北京大学图书馆藏

译者生平已见《短篇小说第一集》。

此书录［挪］哈姆生著、古有成译《生的叫喊》，［丹麦］安徒生著、周作人译《卖火柴的女儿》，［瑞典］史特林堡著、胡适译《爱情的面包》，［丹麦］亚勒吉阿著、鲁迅译《父亲在亚美利加》，［比利时］魏尔哈仑著、徐霞村译《善终旅店》等短篇小说12部。

2. 八十四　程小青著

1941年上海世界书局铅印本　上海图书馆藏

著者生平已见《福尔摩斯探案全集》第六册。

此书为《霍桑探案袖珍丛刊》之三。

3. 白衣怪　程小青著

1941年上海世界书局铅印本　超星数字图书馆收录

著者生平已见《福尔摩斯探案全集》第六册。

此书为《霍桑探案袖珍丛刊》之八。

4. 不夜城　阿英著

1941年上海剧艺出版社铅印本　中国国家图书馆藏

阿英，钱杏邨笔名。生平已见《暴风雨的前夜》。

此书为三幕话剧。

著者于1938年所写《关于〈不夜城〉》一文称："计划着写《不夜城》，

是在去年的夏秋之交，但那时也不过只有一个简单的概念而已。我想在这个戏里，以讽刺的手法，介绍所谓上海生活，以及典型的上海人物，从资本家，买办，一直到流氓，瘪三。而以帝国主义资本压迫民族资本，影响民族工业，危害中国经济，作为主要的内容。"

5. 财奴　唐绍华著

1941 年重庆国民图书出版社铅印本　重庆省图书馆藏

著者生平已见《中国万岁》。

此书为三幕话剧。前有著者写于 1940 年 8 月、1941 年 4 月之序。

6. 长枫诗话　程演生著

民国稿本　安徽省博物馆藏

著者生平已见《西泠异简记》。

此书前有 1941 年仲夏陈诗题词 3 首，所录诗话多记著者幼年经历，亲属、同学、友人生平逸事及诗作，并有著者点评。所记人物皖籍学人居多，如夏雷、曹作栋、王星拱、葛襄义、徐天闵、赵纶士、邓艺孙、陈独秀、胡远浚、江彤侯、汪仲甫、方守彝、方时简、方守敦、姚永朴、姚永概、马其昶、朱孔彰、陈澹然、吴传绮、阮强、徐经纶、潘季野、梅光迪、张鸣盛、叶尧阶、张树侯、高溥昌、李大防、易白沙、月霞法师等，亦涉及其他晚清民国著名学人，如陈朝爵、马一浮、瞿鹤汀等。

集名"长枫"，因著者祖上曾居长枫别墅，著者本人当年亦读书于此。

此书为研究安徽学术史之重要资料。

7. 从诗经上考见中国之家庭　胡朴安著

1941 年《学林》第六辑抽印本　复旦大学图书馆藏

胡朴安，名韫玉，生平已见《古今笔记精华录》。

此书考证《诗经》所反映的《周南》《召南》前后的中国家庭。

8. 催命符　程小青著

1941 年上海世界书局铅印本　上海图书馆藏

著者生平已见《福尔摩斯探案全集》第六册。

此书为《霍桑探案袖珍丛刊》之九。

9. 戴高乐　卡里考斯著；朱海观译

1941 年重庆中国编译出版社铅印本　中国国家图书馆藏

朱海观（1908—1985），名文澜。寿县人。1937 年毕业于南京金陵大学英文系和历史系，后历任文化工作委员会秘书、中苏文化协会研究委员会委员兼秘书、苏联塔斯通讯社驻中国总社英文翻译等职。

此书为传记。内分"坦克""不巩固的边境""厄难""戴高乐的为人""戴高乐——专门技术家""他的工作""他的抱负"六章。

10. 德国四年记　〔美〕马莎托德（M. Dodd）著；吴道存译

1941 年福建南平国民书店铅印本　中国社会科学院图书馆藏

译者生平已见《狱中寄给英儿的信》。

此书著者为美国驻德大使 W. E. Dodd 之女，于 1933—1937 年随其父出使德国。本书为此期间著者回忆录。书前有《译序》，内录《一个破例的任命》《德国的第一印象》《交游广阔起来》《一九三四年的清党》《到苏联去》《纳粹人物》《间谍、压迫和恐怖所完成的独裁》《苦刑》《柏林外交》《法西斯怎样对待我们》10 篇。

《译序》称："《到苏联去》和《纳粹人物》两章曾刊发于我以文摘社名义代陪都国民公报所编的副刊《周报》。"

11. 风月亭集二卷旧雨集一卷　杨春峰辑

1941 年亳县翰记五彩石印馆石印本　安徽省图书馆藏 1984 年复印本

杨春峰（1872—1942），字景崧。蒙城人。清光绪年间秀才，后入城经营药业，创建存仁堂药号，为漆园诗社召集人。

此书《风月亭集》前有风月亭图并序文 3 篇，内录赋、记、和章、题赠诗、联语、补遗，末附谢函。内录作品有编者于日寇陷城后所作 8 首，余皆为蒙城漆园诗社同人因风月亭落成而作。《旧雨集》前有杨春峰序，内选诗 102 首，系漆园诗社同人避乱之作。末有赵东溪跋。

12. 冯玉祥先生抗战诗歌集第三集　冯玉祥著

1941 年重庆三户图书社铅印本　重庆图书馆藏

著者生平已见《冯玉祥诗钞》。

此书前有王冶秋序，内录作者写于 1939 年诗作《菜花黄》《出击》《春秋阁》《游击队》《马相老哀歌》等 149 首。

13. 伏尔加河上　[苏] 高尔基著；钱谦吾译

1941 年上海香海书店铅印本　上海图书馆藏

钱谦吾，钱杏邨笔名，生平已见《暴风雨的前夜》。

此书录散文《劳动的音乐》《巴士金》《棕色马》《可笑得很》《读书班》《地狱城》《伏尔加河上》《秋天的深夜》《那个迷路的人》《我的教育》等 26 篇。

14. 歌女之死　[美] 欧尔特毕格斯著；程小青等译

1941 年上海中央书店铅印本　安徽省图书馆藏

译者生平已见《福尔摩斯探案全集》第六册。

此书为《陈查礼探案系列》之五。

15. 给初学写作者及其他：高尔基文艺书信集　[苏] 高尔基著；以群译

1941 年上海读书出版社铅印本　张泽贤《现代文学书影新编》（上海远东出版社 2007 年版，第 156 页）著录

以群，叶元灿笔名，生平已见《全线》。

此书前有译者《高尔基与初学写作者——作为青年的导师的高尔基》（代序）。全书内分五部分：其一，录著者致初学作者信 28 通，涉及文学创作中各种问题；其二，录著者致契诃夫信 4 通；其三，录著者致安特列夫信 7 通；其四，录著者"给象征主义者安菲塔特洛夫"信 4 通；其五，录著者与萧伯纳通信。

16. 裹棉刀　程小青著

1941 年上海世界书局铅印本　上海图书馆藏

著者生平已见《福尔摩斯探案全集》第六册。

此书为《霍桑探案袖珍丛刊》之五。

17. 海上一妇人　周天籁著

民国铅印本　张泽贤《中国现代文学小说版本闻见录（1934—1949）》（上海远东出版社 2007 年版，第 696 页）著录

著者生平已见《献睡莲姑娘》。

此书曾于 1941 年 9 月 1 日至 1942 年 2 月 14 日连载于《东方日报》，共 165 节。

18. 和寒山子诗　胡朴安著

民国铅印本　《朴学斋丛书第二集》著录

胡朴安，名韫玉，生平已见《古今笔记精华录》。

又：**和寒山子诗　胡朴安著**　朴学斋丛书第二集本　中国国家图书馆藏

此书前有自序，内录著者和寒山子诗 307 首。

19. 黑骆驼　［美］欧尔特毕格斯著；程小青等译

1941 年上海中央书店铅印本　上海图书馆藏

译者生平已见《福尔摩斯探案全集》第六册。

此书为《陈查礼探案系列》之四。

20. 洪宣娇　魏如晦著

1941 年上海国民书店铅印本　上海图书馆藏

魏如晦，钱杏邨笔名。生平已见《暴风雨的前夜》。

此书为五幕话剧。前有费穆序、《公演前记》、太平天国会议图、翼王石达开夜啸图、舞台照、电影照、舞台平面图、李法章《天王洪秀全传》、魏如晦《洪宣娇新传》、本事，末有灯光表、服装表、道具表、演员表、工作人员表。

《费序》称："如晦先生写此剧，是写太平天国，不是写洪宣娇；是写太平天国之所以覆没，不是写洪宣娇之是何人物……如晦先生在进行他的南明史剧四部曲之中间，忽然掉转笔头而有此作，用意之苦，可以想见。"

21. 胡适之传　胡不归著

1941 年上海萍社铅印本　安徽省图书馆藏

胡不归（1906—1957），名传楷，号不归，绩溪人。1930 年毕业于上海吴淞中国公学，历任皖南省立四中历史教员，安徽省皖南报社编辑、安徽省通志馆编辑，浙江省史料征集委员会采编股股长、浙江省西湖博物馆文史部主任，浙江大学龙泉分校、台北师范学院、台湾大学、金华国立英士大学国文教授。曾主编《皖学》《飞虹半月刊》。

此书扉页题："仅以此书纪念适之先生五十寿辰。"前有中国公学史学会摄影、自序。内卷上十八章，记胡适五十年生平及家乡往事，及《他所著的书》《思想学术》《他和朋友》《他的生活》《做人的态度》等文；卷下为《胡适之先生五十岁年表》。

著者为胡适绩溪老乡，并同时求学于中国公学。《传记》开篇称："绩溪同乡中，要算汪孟邹、汪原放叔侄、章希吕、程仰之、程万孚和我，比较与适之先生最接近。"

22. 湖畔　叔文著

1941 年上海文化生活出版社铅印本　首都图书馆藏

叔文，张兆和笔名。张兆和（1910—2003），合肥人，长于苏州。张冀牖第三女，沈从文之妻。曾任中学教师。

此书录短篇小说《费家的二小》《小还的悲哀》《湖畔》《招弟和她的马》4 篇，均创作于民国期间。

此书被辑入《文学丛刊》。

23. 黄浦江中　程小青著

1941 年上海世界书局铅印本　苏州图书馆藏

著者生平已见《福尔摩斯探案全集》第六册。

此书为《霍桑探案袖珍丛刊》之二。

24. 抗战文艺诸问题　何鹏著

1941 年桂林文化供应社铅印本　北京大学图书馆藏

何鹏（1918—?），太湖人。1936 年肄业于苏州章太炎国学讲习班，次年入北平民国大学中文系学习，曾任教于安徽六邑中学，筹办太湖白沙中学。

此书简要讲述什么是抗战文艺，抗战文艺的内容、形式、创作方法，文艺的大众化、通俗化、中国化，以及抗战以来的文艺创作与作家活动等问题。

25. 恐怖的活剧　程小青著

1941 年上海世界书局铅印本　甘振虎等《中国现代文学总书目·小说卷》（知识产权出版社 2010 年版，第 188 页）著录

著者生平已见《福尔摩斯探案全集》第六册。

又：**恐怖的活剧　程小青著**　1947 年上海广益书局铅印本（4 版）上海图书馆藏

此书为《霍桑探案袖珍丛刊》之六。前有 1945 年姚苏凤序。

此编凡 1945 年以后版本，均有姚苏凤序。

26. 黎明的林子　曾卓，方然等著

1941 年重庆诗垦地社铅印本　中国国家图书馆藏

方然（1919—1966），原名朱声，笔名穆海青、柏寒。怀宁人。1938 年赴延安，入陕北公学学习，1940 年考入成都金陵大学中文系。1946—1947 年于成都编辑文学刊物《呼吸》。

此书录《母亲》《回去回到黄河》《投给武汉》《黎明的林子》等 12 首诗歌。另有译诗［俄］蔡雷泰里《滚开》1 首。

27. 灵峰儒释一宗论　（明）蕅益著；江谦选

1941 年上海道德书局铅印本　西北民族大学图书馆藏

选者生平已见《阳复斋诗偈集》。

此书前有《江易园居士传》《阳复斋丛刊编辑缘起序》，内录书、论、序、跋、疏、传、诗偈等。题为"儒释一宗论"，即主张"合老与孔，皆儒也。合儒与佛，皆一宗也。即为心一宗也"。

28. 绿珠小姐第一集　张恨水著

1941 年上海志新书局铅印本　《中国新文学大系 1937—1949 年第 20 集　史料　索引》（上海文艺出版社 1994 年版，第 607 页）著录

著者生平已见《春明外史》。

此书为八回中篇哀情小说。

29. 矛盾圈　程小青著

1941 年上海世界书局铅印本　上海图书馆藏

著者生平已见《福尔摩斯探案全集》第六册。

此书为《霍桑探案袖珍丛刊》之十。

30. 蒙书考四卷　胡怀琛著

1941 年上海震旦大学图书馆铅印本　上海社会科学院图书馆藏

著者生平已见《兰闺清课》。

此书为启蒙读物之书目及考证。内卷一、卷二为现藏书目；卷三为所知书目；卷四为考证，分别考证《三字经》《百家姓》《千字文》《神童诗》《古小学》《梵语千字文序》《训女三字文》等 18 种启蒙读物之版本、内容及作者。

31. 秘密谷　张恨水著

1941 年上海百新书店铅印本　安徽省图书馆藏

著者生平已见《春明外史》。

又：**秘密谷　张恨水著**　1946 年成都百新书店铅印本　重庆图书馆藏

此书为二十四回长篇小说，上海《旅行杂志》1933 年七卷一期至 1934 年八卷十二期连载。前有著者《重印后方版序》。

著者于《写作生涯回忆》中提及此书，称："这书是抽象的，我说大别山里，还有个处女峰，峰下有个秘密谷，里面的人，还是古代衣冠，因为他们和外面社会，隔绝一个时代了。借着这些人，可以象征一些夜郎自大的士大夫。后来那个国王出来到南京，拉洋车死了。因为他不会干别的。这写法不怎么成功，可是这个手法，我变着写《八十一梦》了。"

32. 菡丽园随笔　吕美荪著

1941 年著者自刊铅印本　中国国家图书馆藏

著者生平已见《菡丽园诗》。

此书前有自序，内录笔记《意动合鬼》《康有为梁启超》《邹松年太史》《林畏庐》《赵次山将军》《疆村词人》等八十余篇，记著者见闻、亲历趣事，多篇涉及家族往事。

33. 南明忠烈传　苏雪林著

1941 年重庆国民图书出版社铅印本　中国国家图书馆藏

著者生平已见《李义山恋爱事迹考》。

此书前有自序，内上、下两卷，叙述清入关称帝后二十年各地抗清复明运动史实，记叙史可法、吴嘉允、左懋弟、李定国以及福王、唐王、桂王等 400 余人生平传略。

34. 女罪人　　[英]巴克斯特著；高植译；王一之校

1941 年重庆五十年代出版社铅印本　中国国家图书馆藏

高植生平已见《树下集》。

此书前有著者序，内分"希特勒的格言""影响希特勒的神秘女人""里宾特罗甫夫人到伦敦来的使命""完善的德国女子出现了""希特勒的坤伶女友""欧洲最危险的女人""她满可以和太子结婚却和伯爵结婚了""使保加利亚攒入德国网罗内的一位公主""奴役一个国王的纳粹女子""站在法国覆败幕后的一个女人""海伦成为纳粹的工具了""英国的女人又怎样呢？""在荒原上一个女人的呼声"十三章，记述二战时纳粹女间谍活动。

35. 平沪通车　张恨水著

1941 年成都上海百新书店铅印本　安徽省图书馆藏

此书为长篇小说，1935 年 1 月 1 日至 12 月 1 日连载于上海《旅行杂志》。

著者生平已见《春明外史》。

36. 七十自述　胡学汤著

油印本　绩溪荆州胡学汤之子藏

胡学汤（1872—1944），字商岩，号福生。绩溪人。胡良祥之子。商人。曾捐巨资创办荆山学堂、荆州小学及绩溪中学荆州分部等学校 5 所。

此书内录《三十年经办社会公益回忆录》。

37. 前尘录五卷　张怀民著

1941 年稿本　安徽省图书馆藏

张怀民（1916—?），和县人。曾任教于上海中国女子中学。

此书封面题"辛巳改定本"。前有承焘题词、自序。内录古今体诗 200 首，多感慨人生艰难，身世飘萍。每卷前均有著者自序。

38. 青峨游记　冯玉祥著；华爱国编

1941 年铅印本　安徽大学图书馆藏

著者生平已见《冯玉祥诗钞》。

此书分"从重庆到灌县""从灌县到峨眉""由峨眉再到灌县""灌县归来"四部分，录青城山、峨眉山游记。内有作者诗词。

39. 青年与写作　陈友琴等著

1941 年浙江省战时教育文化事业委员会新青年社铅印本　中国国家图书馆藏

陈友琴生平已见《川游漫记》。

此书十辑，其中第三辑《关于写作的态度》，第五辑《关于句子的构造与安排》，第十辑《其他》，录陈友琴文。

40. 人体科学谈屑　索非著

1941 年上海开明书店铅印本　中国国家图书馆藏

索非，周益泉笔名，生平已见《苦趣》。

此书为医学小品集。内录著者发表于各报副刊上有关人体生理卫生知识散文 38 篇。

41. 人与虫的搏斗·虫性传染病篇　索非著

1941 年上海开明书店铅印本　安徽大学图书馆藏

索非，周益泉笔名，生平已见《苦趣》。

此书为医学小品集。前有著者序，内录《疟虫小史（黑热病之话）》《新居日记（回归热之话）》《假日纪游（象皮病之话）》《讴歌（睡眠病之话）》《人与虫的搏斗（肝吸虫之话）》《一纸书（姜片虫之话）》《父母心

（钩虫之话）》《群英会（肠寄生虫之话）》。附录一：《虫性传染病概要》，
附录二：《人之初》。

42. 日落　唐绍华著

1941 年重庆中国戏曲编刊社铅印本　中国国家图书馆藏

著者生平已见《中国万岁》。

此书前有潘公展《戏曲丛书序》，内录剧本《一群马鹿》《无言凯歌》
《日落》《神明的子孙》《保卫我们的家乡》《我们不再逃亡》《再到前线去》
《志士之家》8 部。

43. 如此江山　张恨水著

1941 年成都百新书局铅印本　南京图书馆藏

著者生平已见《春明外史》。

此书为长篇小说，1936 年 1 月 1 日至 1937 年 3 月 1 日上海《旅行杂
志》连载。

44. 三朝野记　王灵皋辑录；中国历史研究社编

1941 年上海神州国光社铅印本　中国国家图书馆藏

王灵皋，高语罕笔名，著者生平已见《白话书信》。

此书前有编者序，内录明末史料 5 种：《三朝野记》[（清）李逊之著]，
历叙泰昌、天启、崇祯三朝史实；《国变难臣抄》[（明）佚名著]，记李自
成入京时明臣"殉节"及投降者姓名；《过江七事》[（明）陈贞慧著]，叙
述明末迎立福王及其监国南京以后党派斗争的七件事；《孤忠后录》[（明）
祝纯嘏著]，记明末福王监国江阴贡生黄毓祺于江阴失守后谋复常州，死
于狱中事；《行在阳秋》[（明）戴笠著]，记永历监国肇庆至被杀的史实。

此书被辑入《中国内乱外祸历史丛书》。

45. 山花：民歌圣歌集之一　路义，杨荫浏作曲；冯玉祥作词

1941 年华英书局铅印本　超星数字图书馆收录

冯玉祥生平已见《冯焕章先生讲演集》。

此书内录民歌《山花歌》《欢迎歌》《博爱歌》《荆冠歌》《小兄弟歌》
等 5 首。

46. 上元月：查显琳诗集　查显琳著

1941 年北平辅仁大学文苑社铅印本　中国国家图书馆藏

查显琳（1923—?），笔名公孙嬚、余皖人。怀宁人，长于天津。1939年入辅仁大学社会经济学系，1944 年入中央陆军军官学校。毕业后至五十二军服役。

此书前有著者《生什之拾》（代序），内录《琵琶》《落桃花》《上元月》《与老树语》等诗作 32 首。

此书为《瓣香书屋辑集》之一。

47. 神秘之犬　〔美〕范达痕著；程小青译

1941 年上海世界书局铅印本　南京图书馆藏

译者生平已见《福尔摩斯探案全集》第六册。

此书前有译者序。

此书为《斐洛凡士探案》之六。

48. 生死与人生三部曲　袁昌英，苏雪林著

1941 年重庆新评论社铅印本　重庆图书馆藏

苏雪林生平已见《李义山恋爱事迹考》。

此书内录袁昌英《漫谈生死》及苏雪林《青春》《中年》《老年》散文3 篇。

49. 蜀道难　张恨水著

1941 年成都上海百新书店铅印本　南京图书馆藏

著者生平已见《春明外史》。

此书为二十四回中篇小说，1939 年上海《旅行杂志》12 卷 4 号至 12卷 9 号连载，内述一少女于兵荒马乱中从汉口到四川寻找未婚夫的故事。

50. 诵芬堂文稿五编　钱文选著

1941 年广德钱氏铅印本　中国国家图书馆藏

著者生平已见《游滇纪事》。

此书前有自序，内录著者 1937 年以后所撰序跋 8 篇、传记 8 篇、古近体诗 50 余题百余首。末有补遗。

51. 苏联作家论　［苏］塞唯林著；以群译

1941 年上海杂志公司铅印本　南京图书馆藏

以群，叶元灿笔名，生平已见《全线》。

此书前有《苏联文学的总论》（代序），内录《高尔基论》《别德内依论》《玛耶可夫斯基论》《绥拉菲莫维支论》《里亚西科论》《潘菲洛夫论》《倍兹明斯基论》7 篇。

52. 屠龙集　苏雪林著

1941 年重庆商务印书馆铅印本　天津图书馆藏

著者生平已见《李义山恋爱事迹考》。

此书前有自序，内录《青春》《中年》《老年》《家》《当我老了的时候》《炼狱》《乐山惨炸身历记》《屠龙》《寄外甥》《奇迹》等散文 18 篇。

《自序》称，此书名为《屠龙集》，是著者"预先替那猖狂的毒龙画出了悲惨的结局……希望明年就是我们伟大的'屠龙年'"。

53. 文艺常识　何鹏著

1941 年桂林文化供应社铅印本　中国国家图书馆藏

著者生平已见《抗战文艺诸问题》。

此书十四节，简述什么是文艺、文艺的内容与形式、文艺与科学、文艺的产生、中外文艺的发展、文艺与各方面的关系、文艺批评、文艺思潮等文艺基本问题。

54. 舞后的归宿　又名：雨夜枪声　程小青著

1941 年上海世界书局铅印本　甘振虎等编《中国现代文学总书目·小说卷》（知识产权出版社 2010 年版，第 191 页）著录

著者生平已见《福尔摩斯探案全集》第六册。

又：舞后的归宿　又名：雨夜枪声　程小青著　1945 年上海世界书局铅印本（4 版）　重庆图书馆藏

此书为《霍桑探案袖珍丛刊》之七。

55. 现代名剧辑选　魏如晦编选

1941 年上海剧艺出版社铅印本　北京大学图书馆藏

魏如晦，钱杏邨笔名，生平已见《暴风雨的前夜》。

此书前有《题记》，内录郭沫若《苏武与李陵》，洪深《汉宫秋》，马彦祥《讨渔税》，白薇女士《访雯》，田汉《环琨璘与蔷薇》，欧阳予倩《国粹》，张天翼《老少无欺》，［俄］鄂歌黎著、瞿秋白译《仆御室》8 部剧作。

《题记》称，此书所收剧作，是"没有被作家自己保存"的，"较远的如田汉《环琨璘与蔷薇》，郭沫若《苏武与李陵》，被沉埋差不多近二十年"。

又：**现代名剧精华　魏如晦编选**　1947 年上海潮锋出版社铅印本　天津图书馆藏

此书内容同《现代名剧辑选》。

56. 现代诗家评　朱湘著

1941 年上海三通书局铅印本　中国国家图书馆藏

著者生平已见《路曼尼亚民歌一斑》。

此书录《评徐君志摩的诗》《评闻一多的诗》《尝试集》《郭沫若的诗》《草儿》《刘梦苇与新诗形式运动》《翡冷翠的一夜》《杨晦》等评论文章 8 篇。

57. 现代小品文钞　阿英编校

1941 年上海光明书局铅印本　中国国家图书馆藏

此书选周作人、俞平伯、朱自清、钟敬文、谢冰心、苏绿漪、叶绍均、落华生、王统照、徐志摩 10 人作品共 73 篇。

58. 夜深沉　张恨水著

1941 年上海三友书社铅印本　上海图书馆藏

著者生平已见《春明外史》。

此书为四十一回长篇小说。1936 年 6 月 27 日至 1938 年 3 月 7 日上海《新闻报》副刊《茶话》连载。

此书经程小青改编为电影，1941 年上海国华影片公司摄制，郑小秋导演。

59. 逸塘诗存一卷　王揖唐著；李元晖编

1941 年刻本　中国国家图书馆藏

著者生平已见《横山草堂联话》。

此书前有己卯李国松序，内录著者起自 1910 年迄于 1941 年古近体诗 270 余题 300 余首。附录《合肥王氏世系表》《今传是楼主人年谱》，末有溥叔明跋。

又：**逸塘诗选一卷　王揖唐著**　民国抄本　中国国家图书馆藏

又：**逸塘诗稿　王揖唐著**　民国抄本　中国国家图书馆藏

又：**王揖唐诗稿　王揖唐著**　民国稿本　中国国家图书馆藏

又：**王揖唐诗粘　王揖唐著**　民国粘贴本　中国国家图书馆藏

60. 鹦鹉声　[美]欧尔特毕格斯著；程小青等译

民国上海中央书局铅印本　南京图书馆藏

译者生平已见《福尔摩斯探案全集》第六册。

此书曾于 1941 年连载于《小说月报》第 10—12 期。

此书为《陈查礼探案系列》之六。

61. 战争与和平　[俄]列夫·托尔斯泰著；高植译

1941 年重庆文化生活出版社铅印本　重庆图书馆藏

译者生平已见《树下集》。

此书直接从 1941 年苏联国家出版社俄文版译出。

此书被辑入《译文丛书》。

62. 郑和南征记　束世澄著

1941 年青年出版社铅印本　超星数字图书馆收录

著者生平已见《中学以上作文教学法》。

此书七章，记述郑和之身世、七次出使南洋航海记事、郑和南征价值、郑和之辅佐人员及郑和结局、郑和所记南海风俗等。

63. 仲经诗词集一卷　方仲经著

民国红格清稿本　安徽省图书馆藏

方仲经（1911—?），旌德人。曾旅居上海、安庆等地。

此书前有胡士铨、姚纪兰、汪正席题词。内录著者三十岁以前诗词，有《"九·一八"纪事（并序）》10首，及《一九三八平津失守望月痛哭》《哀卢沟桥》《吊佟赵两将军》《满城风雨近重阳·二十八年为抗战二周年湘北大捷作》等，多表现抗战情怀。

64. 珠项圈　程小青著

1941年上海世界书局铅印本　苏州图书馆藏

著者生平已见《福尔摩斯探案全集》第六册。

此书为《霍桑探案袖珍丛刊》之一。

《霍桑探案丛刊》共三集三十册。第一至十册为第一集，1942年初版；第十一至二十册为第二集，1944年初版；第二十一至三十册为第三集，1945年初版。

65. 紫色屋　［美］范达痕著；程小青译

1941年上海世界书局铅印本　中国社会科学院图书馆藏

译者生平已见《福尔摩斯探案全集》第六册。

此书前有译者序。

此书为《斐洛凡士探案》之八。

66. 罪人　［英］卡多著；方土人，高林，高植合译

1941年重庆五十年代出版社铅印本　中国国家图书馆藏

高植生平已见《树下集》。

1942 年(民国三十一年)

1. 八十一梦　张恨水著

1942 年重庆南京新民报社铅印本　南京图书馆藏

著者生平已见《春明外史》。

此书为长篇小说，前有陈铭德序及自序。

《自序》称此书"取材于儒林外史与西游封神之间矣"，"发表于汉港沪者，其小说题材，多为抵抗横强不甘屈服的人物。发表于渝者，则略转笔锋，思有以排解后方人士之苦闷"。

此书曾于 1939 年 12 月 1 日至 1941 年 4 月 25 日重庆《新民报》连载。

2. 半枝别针　［美］欧尔特毕格斯著；程小青等译

1942 年大连森茂文具店铅印本　辽宁省图书馆藏

译者生平已见《福尔摩斯探案全集》第六册。

此书属《陈查礼侦探案》系列。

3. 戴安澜将军日记（缅甸作战时期）附殉国经过及各方哀思录　戴安澜著

1942 年贵阳中央日报社铅印本　南京图书馆藏

戴安澜（1904—1942），又名炳阳，字衍功，号海鸥。无为人。1925 年入黄埔军校第三期。毕业后参加北伐，历任连长、营长、团长、旅长、副师长、师长。1942 年所部编入中国远征军，入缅甸作战时牺牲。

此书前有王亚明《前言》、本报记者《戴故师长传略及殉国经过》，内录《出国作战前后一段期间日记》（自 1 月 1 日至 4 月 15 日）；《戴故师长最后遗函》（包括《致夫人书》《致友人书》）；《各地默哀迎国殇》；《哀思与追忆》四部分。末有《编后》。

4. 霍南旧逸诗集（四卷）　余震著

1942年排印本　安徽省图书馆藏

余震（1869—1945），字皖潜，号世首，别号皖山老人。潜山人。清光绪二十八年（1902）举人，授湖北省建始县知事。1923年受聘于安徽书院任教席。三年后回潜山任县图书馆馆长。

此书前有自序。卷一录1920—1923年诗，卷二录1924—1927年诗，卷三录1928—1930年诗，卷四录1931—1942年诗。全书录古近体诗621首，多描写安徽风物。

5. 霍南诗集续韵　余震著

1942年刊本　潜山县地方志编纂委员会编《潜山县志·书目辑录》（社会科学文献出版社1993年版，第751页）著录

著者生平已见《霍南旧逸诗集》。

6. 金凤影：热情长篇小说　予且著

1942年上海万象书屋·中央书店铅印本　上海图书馆藏

予且，潘序祖笔名，生平已见《予且随笔》。

此书为长篇小说，致力于探讨物质生活与婚姻恋爱之关联。

7. 轮下血　程小青著

1942年上海世界书局铅印本　北京图书馆《民国时期总书目·文学理论·世界文学·中国文学》（书目文献出版社1992年版，第903页）著录

著者生平已见《福尔摩斯探案全集》第六册。

又：**轮下血　程小青著**　1945年上海世界书局铅印本（3版）　超星数字图书馆收录

此书为《霍桑探案袖珍丛刊》之四。

8. 旅程记　以群著

1942年桂林集美书店铅印本　贵州省图书馆藏

以群，叶元灿笔名，生平已见《全线》。

此书分散文与文艺论文两部分，散文录《忆鲁迅先生》《记松井英男君》等 6 篇，文艺论文录《深入生活》《关于小说中的人物描写》《高尔基与文学青年》等 12 篇。

9. 马斯河的哀怨　张慧剑著

1942 年南平国民出版社铅印本　南京图书馆藏

著者生平已见《湖山味》。

此书内录散文《弟兄》《遥望》《伍光建先生》《微灯》《挹江门》《废园》《天安门》《湖上》《芹菜》《衰年》《雨中行》《出蜀十记》《马斯河的哀怨》《桂林旅居杂笔》等 23 篇。

又：**微灯　张慧剑著**　民国浙江省动员委员会战时教育文化事业委员会铅印本　中国国家图书馆藏

此书内容同上书。

10. 梦游纪恩诗一卷　江谦著

民国上海道德书局铅印本　南京图书馆藏

著者生平已见《阳复斋诗偈集》。

此书为旧体叙事诗，每 4 句至 8 句后均有解释。书末附七律 5 首，写于 1941—1942 年。

11. 缅甸纪行　谢仁钊著

1942 年重庆独立出版社铅印本　中国国家图书馆藏

谢仁钊（1905—1978），祁门人。1924 年考入上海沪江大学，后转入光华大学，在校加入国民党。1927 年参加北伐，历任第三十三军政治部组织科科长，国民党芜湖市党部委员兼组织部部长（一说宣传部部长），创办《民国日报》，第十八军秘书，国民党安徽省党部常委，驻美国大使馆秘书。抗战期间历任国民党陕西省党部委员兼书记长、军事委员会政治部文化工作委员会副主任委员兼国民党外交协会秘书、中国访问缅甸代表团团长。抗战胜利后历任国民党安徽省党部皖南办事处主任、郑州绥靖公署秘书长、国民党上海特别市党部委员兼秘书长，并兼光华大学、复旦大学教授。1948 年当选为"立法委员"。

此书为著者赴缅参观访问记。

12. 木兰从军　常任侠著

1942 年重庆国民图书出版社铅印本　中国国家图书馆藏

著者生平已见《儿时影事》。

此书为三幕歌剧，辑入《国民常识通俗小丛书》。

13. 前线去来　唐绍华著

1942 年重庆独立出版社铅印本　唐绍华《唐绍华自选集·小传》（黎明文化事业股份有限公司 1980 年版，第 1 页）著录

著者生平已见《中国万岁》。

《唐绍华自选集·小传》称，此书为著者第一部杂文集。

14. 情海生波　凫工著

1942 年京津出版社铅印本　甘振虎等编《中国现代文学总书目·小说卷》（知识产权出版社 2010 年版，第 208 页）著录

凫工，潘伯鹰笔名。生平已见《伯鹰诗录》。

此书为短篇小说。

15. 泗州杨尚书遗诗一卷附词一卷　杨士琦著

1942 年铅印本　中国国家图书馆藏

杨士琦（1862—1918），字杏城，一字杏丞。泗州人。杨殿邦之孙。清光绪八年（1882）举人，历任农工商部右丞兼电报局总办、工商部左丞、农工商部右侍郎、南京博览会审查总长。民国后为袁世凯幕僚，任政事堂左丞。1916 年改任参政院参政，后寓居上海。

此书扉页为谭泽闿题签。前有陈瀛一《杨公杏城尚书家传》，1919 年夏敬观序，1942 年陈瀛一序。内录古近体诗作 140 余题 267 余首，附词作 3 首。末有著者之女杨毓管跋。

陈序称，杨士琦遗稿曾于 1932 年刊载于《青鹤》杂志。

16. 亭子间嫂嫂　周天籁著

1942 年铅印本　吉林省图书馆藏

著者生平已见《献睡莲姑娘》。

此书为长篇社会小说，封面又题"哀情写情伟构"。前有钱芥尘、周越然、苏子、陈亮、王耽耽序各一，内以上海方言述一流浪文人与一风尘女子惺惺相惜故事。

此书曾于 1939 连载于上海《东方日报》。

《钱序》称："天籁固然著作等身，已刊行者二十余种。此书的精神，可以认为代表作。"

17. 先国后家　高植著

1942 年重庆国民图书出版社铅印本　中国国家图书馆藏

著者生平已见《树下集》。

此书为中篇小说，版权页著者为严恩纹。

此书被辑入《国民常识通俗小丛书》。

18. 巷战之夜　张恨水著

1942 年重庆南京新民报社铅印本　安徽省图书馆藏

著者生平已见《春明外史》。

此书为中篇抗战小说，曾于 1939 年《时事新报》连载，名为《冲锋》，1940 年《前线日报》再次连载，名为《天津卫》。正式出版更名为《巷战之夜》。

书前《自序》称："这篇小说的故事，是我一个极关切者的经历。他告诉我，这是天津将陷落时那一角落的现状。……近来后方朋友，鼓励我多拿旧稿出书。我因此篇手边现成，拿出来校阅一遍，觉得也还可用，便改名为《巷战之夜》以便出版。但因这一改，又感觉篇中故事，于巷战，于夜，未能发挥尽致。而结构平铺直叙，生平很少这样写法。思量过几遍，就在全文之上，加了第一章与第十四章，按个一头一尾。"

19. 燕归来　张恨水著

1942 年天津唯一书店铅印本　吉林省图书馆藏

著者生平已见《春明外史》。

此书为四十二回长篇小说，为著者赴西北之后所写。1934 年 7 月 31 日至 1936 年 6 月 26 日上海《新闻报》副刊《快活林》连载。

此书后经著者改编为电影，1942 年上海国华影片公司摄制，张石川导演。

20. 宜春馆诗选二卷　李靖国著

1942 年铅印本　广东中山图书馆藏

李靖国（1887—1924），原名国权，字仲衡，号可亭。合肥人，李经邦第五子。历任分省候补同知、江苏补用知府、分省补用道、邮传部路政司行走，民国第一届国会参议院议员。

此书所录诗作皆著者二十岁以前所作。

21. 战时演剧手册　唐绍华著

1942 年重庆中国文化服务社铅印本　复旦大学图书馆藏

著者生平已见《中国万岁》。

此书包括"导论""剧团组织""编剧""导演""演员""舞台布景""化妆""照明""其他"九部分。

22. 珍庐诗集一卷词集一卷　畲贤勋著；陈泽珩整理

1942 年成都金陵大学铅印本　南京图书馆藏

畲贤勋（1903—1942），字磊霞。含山人。曾任南京金陵大学中文系讲师、中文系主任、教授。

此书前有陈枚先、陈沧来、高文、程会昌、陈泽珩序各一，畲贤勋自序，末有刘国钧跋。内录古近体诗 148 首、词 18 首、曲 1 首。

23. 最后的圣诞夜　又名：香岛梦　许幸之著

1942 年桂林今日文艺社铅印本　重庆图书馆藏

著者生平已见《海涯》。

此书为四幕剧剧本，前有剧中人物、时间及地点介绍。

此书为《今日文艺丛书》第 9 种。

1943年(民国三十二年)

1. 安澜遗集　戴安澜著；安澜遗集编委会编

1943 年桂林安澜遗集编委会铅印本　南京图书馆藏

著者生平已见《戴安澜将军日记（缅甸作战时期）附殉国经过及各方哀思录》。

此书前有宇亮《扉句》、戴安澜遗像，林森、蒋中正、张治中、梁华盛题词，李济深《安澜遗集序》，戴安澜手迹，内录著者抗战时期所撰文 9 篇，诗 4 首，联 3 副，《战场行》歌 1 首，遗书、日记、军事论文若干及散文《自讼》一篇。书后附录戴蔚文《戴安澜将军传略》，张宇亮《缅战经过及其教训》《缅战中之戴安澜将军》，王耀武《戴海鸥将军遗集书后》，姜玉笙《书戴安澜遗集后》。

2. 病废闭门记　胡朴安著

1943 年稿本　《朴学斋丛书第二集》著录

胡朴安，名韫玉，生平已见《古今笔记精华录》。

又：**病废闭门记　胡朴安著**　朴学斋丛书第二集本　中国国家图书馆藏

此书前有 1943 年自序，内主要记述著者中风后生活、写作经历。《文首》称："我的《病废闭门记》，当自二十八年四月写起，兹从二十七年一月写起者，其原因有三：一、我有《五九之我》一书，是从民国纪元前二十八年，写至民国二十六年止。（载《民报》）兹所以从民国二十七年写起者，与《五九之我》相衔接也。二、我自病废以前，虽著过几部书，人云亦云，不出清代汉学家之范围。民国二十七年，我正六十岁，时时欲辟一新路，而卒无由自立。病废以后，所著之《周易古史观》，《庄子章义》，《中庸新解》，以及其他种种，我虽不敢过于自夸，确为我个人之成功，且建立朴安主义，抓紧现在，而动机皆在民国二十七年，故不可以不记。三、我学佛在民国三十年，而二十八、二十九两年，已有学佛之动机，二十七年虽不辟佛，而佛之一字，完全不在我脑海中。所以记二十七年之我，以验我的思想之转移。基此三种原因，故《病废闭门记》，始于二十七年也。"

此书被辑入《朴学斋丛书第二集》第十九册。

3. 成吉思汗评传　张振佩著

1943年重庆中华书局铅印本　中国国家图书馆藏

张振佩（1911—1988），字玄默，一字晓容，人称文正公，晚年自号守拙斋主人。滁州人。1930年考入安徽大学中文系，毕业后先后执教于新疆学院、新疆女子学院等高校。

此书前有曹经沅序、自序，内上、下两编，介绍成吉思汗家世、生平、年谱，并评述他一生的政治、军事活动。末附《参考书目举要》。

4. 春觉斋诗草四卷　刘泽沛著

1943年油印本　安徽省图书馆藏

著者生平已见《慧劫》。

此书前有白崇禧题名，1934年吴鸣麒序，1943年阮肇昌、杨樵谷序各一及自序。内录古近体诗数百首。

5. 大江东去　张恨水著

1943年重庆南京新民报社铅印本　南京图书馆藏

著者生平已见《春明外史》。

此书为二十四回长篇抗战言情小说，1940—1941年连载于香港《国民日报》。1942年冬作者删去原稿中十三到十六回及十七回部分内容，增加有关南京日寇大屠杀和保卫中华门战斗片断，正式出版。1947年1月24日至1948年7月21日转载于北平《新民晚报》。

此书前有自序。

张纪著《我所知道的张恨水》（金城出版社2007年版，第198页）称，此书是第一个用小说形式描写"南京大屠杀"的实录者。

6. 大拇指　程小青译；叶光华编

1943 年奉天大东书局铅印本　姜维枫《近现代侦探小说作家程小青研究》（中国社会科学出版社 2007 年版，第 248 页）著录

译者生平已见《福尔摩斯探案全集》第六册。

此书分上、下册，属《鲍尔顿新探案》系列。

7. 丹凤街　张恨水著

1943 年重庆教育书店铅印本　重庆图书馆藏

著者生平已见《春明外史》。

此书为长篇社会言情小说，1940 年 1 月 1 日至 1942 年 3 月 1 日上海《旅行杂志》连载，名为《负贩列传》。书前有自序，内述抗战时期底层社会人民生活与报国精神。

8. 丰碑　王萍草著

1943 年立煌两间书屋铅印本　安徽省图书馆藏

王萍草，王丹岑笔名，生平已见《年关》。

此书内录小说《丰碑》《端阳》《未了的公案》3 篇，描写抗战期间淮河上农民生活与情感，末有《后记》。

《后记》称："《丰碑》脱稿在民国三十年，《端阳》脱稿在民国三十一年，《未了的公案》脱稿在民国三十二年。"

此书被辑入《文艺丛书》。

9. 福尔摩斯侦探案　[英] 柯南道尔著；程小青编译

1943 年桂林南光书店铅印本　重庆图书馆藏

译者生平已见《福尔摩斯探案全集》第六册。

此书内录《病侦探》《红圈党》《怪教授》《为祖国》《潜艇图》《石桥女尸》《可怕的纸包》《吸血妇》8 篇。

10. 复活　[俄] 列夫·托尔斯泰著；高植译

1943 年重庆文化生活出版社铅印本　南京图书馆藏

译者生平已见《树下集》。

此书末有 N. K. 顾德岁所撰《〈复活〉各章节内容概览》。

此书被辑入《译文丛书》。

11. 给战斗者　田间著

1943 年桂林南天出版社铅印本　1947 年上海希望社铅印本（再版）著录

著者生平已见《未明集》。

又：**给战斗者　田间著**　1947 年上海希望社铅印本（再版）　首都图书馆藏

此书前有著者所撰《论我们时代底歌颂——一个诗歌工作者向中国诗坛的祝福》（代序），末有胡风《后记》。全书内分六辑，前四辑无标题，第五辑为街头诗，第六辑为小叙事诗，共录《中国底春天在号召着全人类》《棕红的土地》《这年代》《回忆着北方》等诗作 38 首。

《代序》阐述对"诗歌大众化"的认识。胡风《后记》谈及"主观战斗精神"在本诗集中的表现。

此书被辑入《七月诗丛》。

12. 后方集　高植著

1943 年重庆正中书局铅印本　中国国家图书馆藏

著者生平已见《树下集》。

此书前有张道藩《现代文艺丛书总序》，内录小说《避空袭》《倚闾》《进城》《江头》《仇》《花裕荣的新年》6 篇，末有著者跋。

《著者跋》称："《花裕荣的新年》与抗战没有直接的关系，其他各篇所写的人事，无非是想从各方面写下抗战在后方一部分人情绪上的反映。"

此书被辑入《现代文艺丛书》。

13. 淮河的故事　王萍草著

1943 年重庆国民图书出版社铅印本　中国国家图书馆藏

王萍草，王丹岑笔名，生平已见《年关》。

此书为中篇小说。

14. 黄宾虹信札　黄宾虹著；许承尧收集

民国稿本　安徽省博物馆藏

著者生平已见《宾虹杂著》。

收集者生平已见《苣父杂记》。

此书为黄宾虹致友人信函，约 200 通。迄自 1929 年，止于 1942 年。主要内容为谈理想抱负、奉嘱作画、经济信息、时局评述、画坛动态、画理研究、文物考证、撰书著录、游历、乔迁、雅集、感怀、宗族逸事、田产纠纷及家务琐事等。作者于此对其平生较大事件均作出详尽叙述。如早年逃亡、移居上海、北上南下受聘任教、出版论著、故宫鉴画、入蜀游历、举办个人画展、济贫、庆贺八十六岁大寿以及白内障造成晚年生活痛苦等。

15. 黄河的海　王萍草著

1943 年立煌两间书屋铅印本　安徽省图书馆藏

王萍草，王丹岑笔名，生平已见《年关》。

此书为长篇小说，记述 1938 年徐州陷落后黄淮平原人民抗战故事。末有《后记》。

《后记》称，此书"从二十九年着手写起，当中时写时停，到现在写成了二十五万字。与预订的写作计划，还没能完成二分之一。承两间书屋费立夫先生的好意，劝我印出一册来问世，我就划出了这第一分册来先行出版了"。

16. 饥饿的郭素娥　路翎著

1943 年桂林上海生活书店铅印本　甘振虎等《中国现代文学总书目·小说卷》（知识产权出版社 2010 年版，第 209 页）著录

路翎（1923—1994），原名徐嗣兴，笔名路翎。无为人，生于南京。历任国民政府经济部矿治研究所职员、煤焦办事处职员、南京中央大学文学系讲师等职。

此书被辑入希望社《七月新丛》。

又：**饥饿的郭素娥　路翎著** 1944 年重庆南天出版社铅印本　上海图书馆藏

此书为中篇小说。前有胡风序。

《胡序》以本书为例，阐述了"主观战斗精神"理论，并称："路翎君替新文学的主题开拓了疆土。……郭素娥，是这封建古国的又一种女人，肉体的饥饿不但不能从祖传的礼教良方得到麻痹，倒是产生了更强的精神的饥饿，饥饿于彻底的解放，饥饿于坚强的人性。她用原始的强悍碰击了社会的铁壁，作为代价，她悲惨地献出了生命。但她却扰动了一个世界。"

17. 今觉庵诗选续　周达著

1943 年著者自刊铅印本　《图书介绍》（载《中法汉学研究所图书馆馆刊》1946 年第 2 卷，第 153—159 页）著录

著者生平已见《今觉庵诗》。

此书录著者 1940—1942 年诗作。

18. 金丝鸟　［美］范达痕著；程小青译

1943 年上海世界书局铅印本（2 版）

译者生平已见《福尔摩斯探案全集》第六册。

19. 京尘幻影录　张恨水著

1943 年上海新新书店铅印本　天津图书馆藏

著者生平已见《春明外史》。

此书为长篇小说，曾于 1926 年 3 月 5 日至 1928 年 9 月 12 日连载于天津《益世报》。

20. 龙池惨剧　［美］范达痕著；程小青译

1943 年上海世界书局铅印本（2 版）上海图书馆藏

译者生平已见《福尔摩斯探案全集》第六册。

此书前有《译者序》，为《斐洛凡士探案》之七。

21. 民元前的鲁迅先生　王冶秋著

1943 年上海峨眉出版社铅印本　天津图书馆藏

王冶秋（1909—1987），本名王之紘，曾用名野秋、高山、汪洋等。霍邱人。王人鹏之子。未名社社员。1925 年于北京加入共青团，同年转入

中国共产党。大革命失败后任共青团霍邱县委书记。先后任教于冀、鲁、鄂、川十余所中学。抗战期间赴重庆，任冯玉祥国文教员兼秘书并从事共产党军政情报工作。1946 年任国民党第十一战区副司令长官部少将参议，继续从事军事情报工作。次年进入华北解放区，任北方大学、华北大学研究员。

此书前有鲁迅《自题小像诗》，许寿裳、陶冶公悼诗，鲁迅自传；末附景宋《民元前的鲁迅先生》，许寿裳的《鲁迅先生年谱》及著者跋。内分"故乡与童年""由困顿走入歧途""海外八年""归来与走出"四章，介绍鲁迅从出生到三十二岁生活经历。

22. 普式庚论　［苏］卢那卡尔斯基等著，吕荧译

1943 年桂林远方书店铅印本　上海图书馆藏

吕荧（1915—1969）原名何佶，笔名吕荧。天长人。1935 年就读于北京大学历史系，次年加入"民族解放先锋队"。曾任贵州大学、台湾师范学院教授等职。

此书据苏联对外文化协会英文本译出，内录论述普希金的文章 13 篇，包括卢那卡尔斯基《俄国的春天》、高尔基《〈普式庚论〉草稿》，以及《普式庚的抒情诗》《普式庚的叙事诗》《普式庚的散文》《普式庚与民间传说》《高尔基论普式庚》《普式庚与西方文学》等。

23. 情虚集　田仲济著；叶以群等编辑

1943 年重庆东方书社铅印本　中国国家图书馆藏

叶以群，叶元灿笔名，生平已见《全线》。

此书录杂文《读书琐记》《民心》《广告之类》《文人末路》《谈冲》《奴才》《气节》《猫》等 53 篇。

24. 诗论　朱光潜著

1943 年重庆国民图书出版社铅印本　中国国家图书馆藏

著者生平已见《给青年的十二封信》。

此书前有著者序，末附《一封公开信》（给一位写新诗的青年朋友）。全书十三章，论述诗的起源、谐隐、境界、表现以及中国诗的节奏、声韵等问题。

《著者序》称，此书"在 1933 年秋返国前就已草成初稿，先应胡适之之请在北大中文系讲授；抗战爆发后，又受陈通伯所托在武大中文系开设讲座，每次演讲，都把原稿大加修改一番。……预备将来有闲暇再把它从头到尾重新写过"。

又：**诗论　朱光潜著**　1948 年上海正中书局增订本　中国国家图书馆藏

此版增收三章，计"中国诗何以走上律的路（上、下）"，及"陶渊明"。

25. 水浒新传　张恨水著

1943 年重庆建中出版社铅印本　中国国家图书馆藏

著者生平已见《春明外史》。

此书为长篇历史小说，1940 年 2 月 11 日至 1941 年 12 月 27 日上海《新闻报》连载。前有著者《新序》。

26. 诵芬堂文稿六编　钱文选著

1943 年广德钱氏铅印本　中国国家图书馆藏

著者生平已见《游滇纪事》。

此书前有唐文治序、自序。内录序跋 10 篇，传记 10 篇，古近体诗 32 题 40 余首，杂著《七十自寿小言》《钱牧斋先生精堪舆学》《钱牧斋与柳如是诗文付印缘起》《柳如是事略》等。书末《补遗》录文 2 篇，诗 4 首，联 2 副。

27. 文学底基础知识　以群著

1943 年桂林自学书店铅印本　上海图书馆藏

以群，叶元灿笔名，生平已见《全线》。

此书十二节，介绍文学的本质、文学的艺术性和社会性、文学和现实、题材和主题、文学的创作方法、浪漫主义、现实主义、新现实主义和文学语言等文学基础知识。

28. 文章学十讲初稿　刘启瑞编著

1943 年铅印本　超星数字图书馆收录

刘启瑞（1900—1974），贵池人。早年加入中华革命党，1924 年北京大学毕业，历任天津《东方时报》编辑、国民党安徽省党部改组委员会及指导委员会委员、第四届国民参政会参政员、军统南京办事处主任、立法院立法委员、国民党安徽省党部委员兼皖南特派员等职。

此书十讲，分别为："释文章""取材料""运思想""选题目""定范围""整结构""炼词句""调动静""融物我""极天人"。

29. 我的童年　冯玉祥著

1943 年重庆文风书局铅印本　安徽省图书馆藏

著者生平已见《冯玉祥诗钞》。

此书前有萧同兹为《新少年文库》所作序，内自述著者少年生活，至十八岁为止。

此书为《新少年文库》第一集。

30. 现代中国诗选　常任侠，孙望选编

1943 年重庆南方印书馆铅印本　复旦大学图书馆藏

常任侠生平已见《儿时影事》。

此书前有常任侠所撰《前记》，末附《抗战四年来的诗创作》，内录抗战四年来徐迟、艾青、李广田等 36 位诗人的诗作 48 首，其中包括常任侠、潘菽所作《原野》《冬天的树》。

31. 新人的故事　以群著

1943 年上海当今出版社铅印本　中国国家图书馆藏

以群，叶元灿笔名，生平已见《全线》。

此书前有著者序，内录小说《一个人底生长》《一个小兵底来历》《复活》《再生》《突进》《挣扎》《杨疯子》7 篇。

32. 徐季龙先生遗诗　又名：安庐吟草　徐谦著

1943 年影印本　上海图书馆藏

著者生平已见《诗词学》。

此书卷首有著者遗像、蒋中正所作《像赞》及著者夫人沈仪彬序，内录著者手写体诗作 135 首，词 7 首。卷末附张一麟所撰《行状》。

33. 学生捕盗记　　[德] 凯司特涅著；程小青译

1943 年桂林南光书店铅印本　　中国国家图书馆藏

译者生平已见《福尔摩斯探案全集》第六册。

34. 鸭嘴涝　　吴组缃著

1943 年重庆文艺奖助金管理委员会出版部铅印本　　中国国家图书馆藏。

著者生平已见《西柳集》。

此书为长篇小说，描写皖南农村生活。

又：山洪　　**吴组缃著**　　1946 年上海星群出版公司铅印本　　北京大学图书馆藏

此书前有著者《新版题记》，末有《赘言》。

《题记》称，此书为《鸭嘴涝》再版，依朋友意见更名。以群建议选用两字，意在表示"人民潜在的力量初初发动"。著者自选《惊蛰》，后采纳老舍先生提议，定为《山洪》。

35. 言文清文观止　　胡朴安鉴定

1943 年上海春江书局铅印本　　复旦大学图书馆藏

胡朴安，名韫玉，生平已见《古今笔记精华录》。

此书内题"增订古文观止"。前有《清文甲文字研究》《清文甲作者传略》《清文乙文字研究》《清文乙作者传略》《清文丙文字研究》《清文丙作者传略》《清文丁文字研究》《清文丁作者传略》，内录自顾炎武至梁启超、章绛等 135 名清代作家文，末有瞿西华《后记》，吴拯寰《校勘记》。

36. 予且短篇小说集　　予且著

1943 年上海太平书局铅印本　　南京图书馆藏

予且，潘序祖笔名，生平已见《予且随笔》。

此书内录短篇小说《雪茄》《君子契约》《伞》《酒》《考虑》《微波》《照像》《求婚》8 篇。

37. 战斗的素绘：抗战以来报告文学选集　以群选编

1943 年重庆作家书屋铅印本　上海图书馆藏

以群，叶元灿笔名，生平已见《全线》。

此书前有编者《论抗战以来的报告文学》（代序），末有后记。内录《在伤兵医院中》《杨可中》《第七连》《斜交遭遇战》《我怎样退出南京的》《当南京被虐杀的时候》《溃退》《开麦拉之前的汪精卫》《火焰下的一天》《生产插曲》《通过封锁线》《塞行小记》等反映抗战生活报告文学 12 篇。

《论抗战以来的报告文学》一文分"报告文学史略""抗战以来报告文学特殊发达的原因""抗战以来的报告文学反映了什么""抗战以来报告文学的动向""几种代表的风格""今后的展望"六部分。

又：南京的屠杀：抗战以来报告文学选集　以群选编　1946 年上海作家书屋铅印本　上海图书馆藏

此书为上书更名再版。

38. 中国章回小说考证　胡适著；郁鹏程编辑

1943 年大连实业印书馆铅印本，中国国家图书馆藏。

著者生平已见《短篇小说第一集》。

此书考证《水浒传》《红楼梦》《西游记》《三国志演义》《三侠五义》《官场现形记》《儿女英雄传》《海上花列传》《镜花缘》等章回小说 9 部。

39. 钟　方令孺译

1943 年成都中西书局铅印本　中国国家图书馆藏

方令孺（1897—1976），女。桐城人。方守敦之女。1923 年赴美，先后于华盛顿州立大学、威斯康星大学攻读西方文学。1929 年后历任青岛大学讲师、重庆国立戏剧专科学校教授、国立编译馆编审、复旦大学语言文学系教授等职。

此书录著者所译作品 5 篇，计有：［英］士梯文生《投宿》，［俄］屠格涅夫《胜利的恋歌》，［苏］高尔基《钟》等小说 3 篇；独幕剧［比利时］梅特林克《室内》1 篇；小说节译［南非］阿列夫须莱纳《在一个远远的世界里》1 篇。每篇后有《译者附识》，简介作者及作品。

此书被辑入《中西文艺丛书》。

40. 姊妹行　以群著

1943 年重庆东方书社铅印本　中国国家图书馆藏

以群，叶元灿笔名，生平已见《全线》。

此书为四幕剧，以香港事变为背景。末有《后记》。

《后记》称此书为著者第一次的戏剧创作。

1944 年(民国三十三年)

1. 辰子说林　张慧剑著

1944 年重庆南京新民报股份有限公司铅印本　中国国家图书馆藏

著者生平已见《湖山味》。

此书录《重庆之树》《庐山片石》《亚米契斯》《领袖诗》《胡适之五十岁》《章宗祥》《大学禁授哲学》《英人自写伦敦失陷》《泰戈尔》《章太炎反对铅笔》《看看浙江人》等笔记小说 260 余篇。

此书为《新民报文艺丛书》第 5 种。

2. 楚霸王　姚克著

1944 年上海世界书局铅印本　中国国家图书馆藏

著者生平已见《魔鬼的门徒》。

此书为四幕历史剧。前有剧照及自序。

此书被辑入《戏剧丛刊》。

3. 川西南记游　冯玉祥著

1944 年重庆三户图书社铅印本　中国社会科学院图书馆藏

著者生平已见《冯玉祥诗钞》。

此书为著者游览日记。前有自序，内分"由重庆到自流井""荣县、五通桥、牛华溪""乐山、夹江、眉山、彭山、新津、双流""在成都"四部分，共 104 篇。书中有诗词多首，附诗目。

4. 从军乐古诗选　许永璋选辑

1944 年立煌华中出版社铅印本　安徽省图书馆藏

许永璋（1915—2005），字允臧，号我我主人、趺翁、石城左杖翁。书斋名望龙冈草堂、玄斋、广汉轩。桐城人。1936 年毕业于无锡国立专科学校。曾先后任教于桐城中学、安徽师范学院、南京安徽中学等校。

此书选录曹植、杜甫、陆游、岑参、陈子昂等人古诗 54 首，均以从军、作战为题材。

5. 遁庵吟稿　胡光钊著

1944 年刊本　胡初云《桃峰胡氏在文艺上的成就》（载《祁门志苑》1985 年第 2 期，第 17 页）著录

著者生平已见《凤凰山志略》。

6. 给爱国朋友的第九封信　冯玉祥著

1944 年铅印本　重庆图书馆藏

著者生平已见《冯玉祥诗钞》。

此书内述四川泸县献金情况。

7. 给爱国朋友的第十一封信　冯玉祥著

1944 年铅印本　重庆图书馆藏

著者生平已见《冯玉祥诗钞》。

此信写于 1944 年 6 月 22 日，内赞扬四川内江人毁家纾难，创造献金十五项新纪录。

8. 国文十讲　陈友琴著

1944 年南平国民出版社铅印本　福建省图书馆藏

著者生平已见《川游漫记》。

此书十讲，包括：《"文字之国"的文学学习问题》《关于"读字"的问题》《谈词儿的名类及其误用》《成语和譬喻的联系》《论文章的感染性》《文艺作品的伪装及其真实性》《"艺增"在写作上的价值》《应用文作法的原则》《出题目和改卷子》《从中学生国文程度说到教学问题》。

9. 哈罗尔德的旅行及其他　［英］拜伦等著；袁水拍，方然等译

1944 年重庆文阵社铅印本　重庆图书馆藏

方然生平已见《黎明的林子》。

此书录〔英〕拜伦作，袁水拍译《哈罗尔德的旅行》；〔英〕雪莱作，方然译《阿多拉司》；袁水拍译《雪莱诗抄》7 首；〔德〕歌德作，冯至译《哀弗立昂》；〔德〕海涅作，李嘉译《山歌》；冠峨子、邹绛译《惠特曼诗抄》4 首。末有《附记》，系本书原作者小传。

10. 海市吟　谭惟翰著

1944 年上海中国科学公司铅印本　上海图书馆藏

谭惟翰（1913—1994），笔名沙骆、高普等。太平人，生于汉口。1937 年毕业于光华大学文学院教育系，先后任小学校长、中学教员。1942 年后任教于上海中国艺术学院。

此书前有自序，内录短篇小说《秋之歌》《顽童》《无法投递》《大厦》《失音的唱片》《荣归》《雨巷》《镜》《海市吟》《默念》《鬼》《交流》《雨后的山冈》《舞台以外的戏》《琲琲》。

11. 红樱桃　公孙嬿等著

1944 年长春满洲杂志社铅印本　贾植芳，俞元桂主编《中国现代文学总书目》（福建教育出版社 1993 年版，第 510 页）著录

公孙嬿，查显琳笔名，生平已见《上元月：查显琳诗集》。

此书为短篇小说，末有《执笔作家介绍》。第一篇为公孙嬿著《红樱桃》。

12. 虎皮武士　〔格鲁吉亚〕罗司泰凡里著；李霁野译

1944 年重庆南方印书馆铅印本　中国国家图书馆藏

译者生平已见《往星中》。

此书封面题"中世纪乔治亚民族史诗"。

此书据苏联出版英译本译，前有译者《引言》及苏牧长篇评介文章《肖泰·罗司泰凡里及其诗篇〈虎皮武士〉》。

13. 黄埔颂　张治中著

1944 年军事委员会政治部印刷所铅印本　重庆图书馆藏

张治中（1890—1969），原名本尧，字文白。巢县人。辛亥革命时于

扬州参加反清起义。1912 年入陆军第二预备学堂，1916 年毕业于保定军官学校第三期步兵科，次年至广东参加护法运动，历任驻粤滇军连长、营长、驻粤桂军总部参谋、师参谋长和桂军军校参谋长等职。1924 年后历任黄埔军校学生总队长、军团团长兼国民革命军第二师参谋长，广州卫戌区司令部参谋长，国民革命军总司令部副官处处长，黄埔军校武汉分校教育长，国民党中央陆军军官学校训练部主任、教育长兼教导第二师师长，第五军军长，国民党第四军总指挥。抗战爆发后，历任第九集团军总司令兼左翼军总司令，湖南省主席，国民政府军事委员会政治部部长兼三民主义青年团书记长。抗战胜利后任国民党政府西北行营主任兼新疆省主席。1946 年代表国民党参加军调处三人小组，1949 年任国民党政府和平谈判代表团首席代表，同年应邀参加中国人民政治协商会议第一届全体会议。

此书为诗集。封面题有"中央陆军军官学校成立二十周年纪念"，内录著者纪念黄埔军校成立二十周年所作之诗，分"它艰辛地生长在孤岛上""排成了划时代的戎行""戡乱、御悔、自立、图强""前途展望：无限辉煌"四部分。

14. 灰衣人　程小青著

1944 年上海世界书局铅印本　超星数字图书馆收录

著者生平已见《福尔摩斯探案全集》第六册。

此书前有陈蝶衣序及自序，内录《灰衣人》《血匕首》2 篇。

此书为《霍桑探案袖珍丛刊》之十四。

15. 活尸　程小青著

1944 年上海世界书局铅印本　1947 年上海世界书局铅印本（4 版）著录

著者生平已见《福尔摩斯探案全集》第六册。

又：**活尸　程小青著**　1947 年上海世界书局铅印本（4 版）　中国国家图书馆藏

此书前有陈蝶衣序及自序。

此书为《霍桑探案袖珍丛刊》之二十。

16. 火的云霞　吕荧著

1944 年重庆峨眉出版社铅印本　中国国家图书馆藏

著者生平已见《普式庚论》。

此书分《火的云霞》《祝福》《夜的歌》《山中》《风景》5 集，内录《污暗的春天》《冬天的田野》《祝福》《祖国的夜》《生命的歌》《风景》等诗作 24 首。

17. 江亢虎文存初编　江亢虎著

1944 年南京江亢虎博士丛书编印委员会铅印本　北京大学图书馆藏

著者生平已见《洪水集》。

此书分上、中、下三编，录《智学会序》《学目叙识》《爱国报叙目》《与荣华卿书》《史学研究法译稿序》《雪中早行记》《汉口遇险记》等书信、演讲词、序稿共 170 余篇。

18. 江南燕　程小青著

1944 年上海世界书局铅印本　中国社会科学院图书馆藏

著者生平已见《福尔摩斯探案全集》第六册。

此书前有陈蝶衣序及自序，内录《江南燕》《无头案》2 篇。末有作者所撰《霍桑的童年》。

此书为《霍桑探案袖珍丛刊》之十九。

19. 解放了的普罗米修斯　　[英] 雪莱著；方然译

1944 年桂林雅典书屋铅印本　北京大学图书馆藏

方然生平已见《黎明的林子》。

此书为四幕诗剧。前有雪莱自序，末有注释及《雪莱小史》《译后记》，及灵珠所撰《〈解放了的普罗米修斯〉之时代意义》《出版人的几句话》。

《译后记》称："此诗译文根据柏其（Page）教授所编《十九世纪之英国诗人》本译出。"

20. 近代英美散文选　方重，朱光潜等编辑

1944 年重庆开明书店铅印本　中国国家图书馆藏

朱光潜生平已见《给青年的十二封信》。

此书前有编者序，称："本书编者的意图是把哈代以来的最佳英文散文作品辑成一册，使大中学生用起来方便。在很有限的篇幅所许可的范围

内，我们尽量多选一些，照顾到学生们的不同趣味。因此中学高年级和大学一、二年级的教师都可以选用本书为课本。在每篇选文之后，我们都简明地介绍了作者的生平，并对选文作一些注释。选文是按照写作年代的先后排列的，但是实际阅读的次序却不妨根据师生的爱好而有所变更。"

21. 抗建新咏　许永璋著

1944 年立煌安徽企业公司铅印本　安徽省图书馆藏

著者生平已见《从军乐古诗选》。

此书前有自序，刘乃敬、江曈、潘田、王闵予、陈敢、杨续荪、难先敬、闻园等人题词、题诗，内录《卢沟抗敌》《江宁失陷》《去无家》《保卫长江》《立煌途中遇雪》《送青年从军》《远征歌》《悼美大总统罗斯福氏》《欧战胜利日》等古近体诗作 300 首，多写抗战生活与感慨，与亲友赠答诗较多。

22. 两粒珠　程小青著

1944 年上海世界书局铅印本　超星数字图书馆收录

著者生平已见《福尔摩斯探案全集》第六册。

此书前有陈蝶衣序及自序，内录《两粒珠》《轮痕与血迹》2 篇。

此书为《霍桑探案袖珍丛刊》之十三。

23. 陆宣公经世文编十卷　（唐）陆贽著；王丹岑选注

1944 年立煌两间书屋铅印本　中国国家图书馆藏

选注者生平已见《年关》。

此书卷首有著者年谱，内分"奏草""中书奏议"两部分。

24. 忙里偷闲　李霁野编译

1944 年重庆新知书店铅印本　中国国家图书馆藏

编译者生平已见《往星中》。

此书为中英对照读物。内录［美］克罗泽尔《忙里偷闲》、［美］葛越生《论乡居》、［英］加丁奈尔《旅伴》、［英］克拉唐·布罗克《论友谊》、［爱尔兰］林得《我们的身体》等散文 6 篇。有注释及著者简介。

25. 蒙古调　常醒元著

1944 年昆明百合出版社铅印本　中国国家图书馆藏

常醒元，常任侠笔名，生平已见《儿时影事》。

此书前有二万余字长篇《蒙古调序》，叙述作者一段爱情经历。内录作者写于 1940—1943 年新诗《在音乐会中》《蒙古调》《蒙古的星宿》《猎歌》《触礁的船》5 首。

26. 猛悔楼诗五卷　王世鼐著

1944 年铅印本　中国国家图书馆藏

著者生平已见《兰楼余》。

此书录诗作 400 余首，内有樊樊山题词 5 处，末附补遗。

27. 魔窟双花　程小青著

1944 年上海世界书局铅印本　1945 年上海世界书局（2 版）著录

著者生平已见《福尔摩斯探案全集》第六册。

又：**魔窟双花　程小青著**　1945 年上海世界书局铅印本（2 版）　重庆图书馆藏

此书前有陈蝶衣序及自序。

此书为《霍桑探案袖珍丛刊》之十二。

28. 难兄难弟　程小青著

1944 年上海世界书局铅印本　南京图书馆藏

著者生平已见《福尔摩斯探案全集》第六册。

此书前有陈蝶衣序及自序，内录《难兄难弟》《窗》2 篇。

此书为《霍桑探案袖珍丛刊》之十八。

29. 牛永贵受伤　周而复著；苏一平词

1944 年铅印本　超星数字图书馆收录

著者生平已见《夜行集》。

此书为秧歌剧。

又：**牛永贵挂彩　周而复著**　1949 年新华书店铅印本　中国国家图书

馆藏

此书内容同上书。

30. 诺尔曼·白求恩断片　周而复著

1944 年江淮出版社铅印本　天津图书馆藏

著者生平已见《夜行集》。

此书为报告文学，记述白求恩事迹。书内有副标题："纪念他逝世五周年。"

31. 欧根·奥涅金　〔俄〕A. 普式庚著；吕荧译

1944 年重庆云圃书屋铅印本　中国国家图书馆藏

译者生平已见《普式庚论》。

32. 偶像　张恨水著

1944 年重庆南京新民报社铅印本　南京图书馆藏

著者生平已见《春明外史》。

此书为二十四章长篇小说，1941 年 11 月 1 日至 1943 年 3 月 28 日重庆《新民报晚刊》连载。前有自序。

《自序》言及对"抗战文艺"的看法。

33. 七十一队上升　〔美〕肯莱纳等著；高地译

1944 年重庆国民图书出版社铅印本　天津图书馆藏

高地，高植笔名。著者生平已见《树下集》。

此书内录肯纳来口述、拜利笔记描写战争之报告文学《七十一队，上升!》，及描写美国现代生活短篇小说 5 篇：爱生保《坐屋顶者》，司徒阿特《富人们》，考姆罗夫《安得鲁》《流浪者之死》，萨罗阳《长老会唱诗班的唱歌员》。末有附记。

此书被辑入《文艺丛书》。

34. 祁门县志艺文考　胡光钊编

1944 年铅印本　安徽省图书馆藏

编者生平已见《凤凰山志略》。

35. 前线　　[苏]科涅楚克著；聊伊译

1944 年重庆新知书店铅印本　天津图书馆藏

聊伊（1915—2001），原名刘长崧，后更名刘辽逸，曾用笔名聊伊、长松、向葵。濉溪人。左联成员。1931 年考入北平大学附属高中，次年参加左联。1939 年毕业于西北联合大学俄文商学系，曾任国民党军委会顾问事务处翻译。1946 年参加东江纵队，后至大连光华书店任编辑。

此书为三幕剧，卷首有戈宝权《考纳丘克及其得奖的戏剧〈前线〉》和佚名撰《论考纳丘克的戏剧〈前线〉》2 文。

36. 青城山上　　王冶秋著

1944 年重庆商务印书馆铅印本　中国国家图书馆藏

著者生平已见《民元前的鲁迅先生》。

此书录小说《她》《青城山上》《走出尼庵》《没有演过的戏》4 篇，末有《后记》。

37. 清宫怨　　姚克著

1944 年上海世界书局铅印本　中国国家图书馆藏

著者生平已见《魔鬼的门徒》。

此书为四幕历史剧。前有著者《独白》，阐述对历史剧创作的观点及对戏剧价值的看法。

此书为孔另境主编《戏剧丛刊》第一集，后改编为电影《清宫秘史》，由永华影业公司拍摄。

38. 蓉灌纪行　　冯玉祥著

1944 年桂林三户图书社铅印本　中国国家图书馆藏

著者生平已见《冯玉祥诗钞》。

此书五章，记述著者从重庆到成都旅途中见闻，末附著者《后记》。

39. 沈茜　　[英]雪莱著；方然译

1944 年重庆新地出版社铅印本　上海图书馆藏

方然生平已见《黎明的林子》。

此书为五幕悲剧。前有雪莱致友人之献词、自序，末有译后序。

《译后序》称，此书为雪莱二十六岁时所著，译本依据为 Edward Dowden 所编，Macmillan 1913 年版《雪莱诗选》。

40. 蜀中纪游　张目寒著

1944 年成都四川美术协会供应社铅印本　中国国家图书馆藏

张目寒（1902—1980），名贻良，字慕韩、目寒。霍邱人。早年就读于北京世界语学校，后参加北伐军，历任国民党中央执委、"监察院"议事科长、荐任专员等。

此书为著者游记，内录《川东纪游》《渝灌纪游》《川北纪游》《峨眉行》和《川西纪游》。

41. 霜华集三卷　予且著

1944 年上海知行编译社铅印本　上海图书馆藏

予且，潘序祖笔名，生平已见《予且随笔》。

此书卷一为"修养谈话"，录《谈经验的储存》《笑脸》《平凡的乐趣》等小品 30 篇；卷二为"衣食住行"，录《衣服》《再说衣服》《说吃》《茶之话》等小品 25 篇；卷三为"写作的话"，录《写作的苦乐》《印象和感想》《朗诵》《题目》等小品 15 篇。附录收随笔 40 则。

此书被辑入《知行文艺丛书》。

42. 霜刃碧血　程小青著

1944 年上海世界书局铅印本　南京图书馆藏

著者生平已见《福尔摩斯探案全集》第六册。

此书前有陈蝶衣序及自序，内录《霜刃碧血》《海船客》2 篇。

此书为《霍桑探案袖珍丛刊》之十六。

43. 水浒人物论赞　张恨水著

1944 年重庆万象周刊社铅印本　中国社会科学院图书馆藏

著者生平已见《春明外史》。

此书前有著者序，内分《天罡编》《地煞编》及《外编》，录评论《水浒》人物短文 90 篇。

44. 谈小说　胡适，刘复著

1944 年重庆中周出版社铅印本，上海图书馆藏

胡适生平已见《短篇小说第一集》。

此书分为"谈短篇小说""谈白话小说""谈下等小说""谈通俗小说"四部分，略述各种小说的性质、内容及特点。前有《中周百科丛书编辑要旨》。

45. 王荆公经世文编　　（宋）王安石著；王丹岑选注

1944 年立煌两间书屋铅印本　安徽省图书馆藏

选注者生平已见《泛滥的淮河》。

46. 希平草庐题画诗稿　王埜著

民国刊本　熊中富《珠山八友》（上海文化出版社 2008 年版，第 10 页）著录

王埜（1886—1960），字大凡，别号希平居士、黟山樵子，斋名希平草庐。黟县人。王晓帆之父。十二岁赴景德镇师学绘瓷画，1912 年参与组织景德镇陶瓷美术研究社并出版画刊。后创办景德镇《工艺日报》，1915 年获巴拿马国际博览会金质奖章。1939 年创造瓷画落地粉彩技法。

此书著于 1938—1944 年。内录《珠山八友纪实诗》，以诗歌形式记录八位瓷画大家生平详情。

47. 小学生模范文选第二册　胡怀琛编辑

1944 年上海商务印书馆铅印本　中国国家图书馆藏

著者生平已见《兰闺清课》。

此书录文 10 篇左右，篇末有大意和注解。

此书为徐应昶主编《小学生分年补充读本》之一种。

48. 小学生模范文选第三册　胡怀琛编辑

1944 年上海商务印书馆铅印本　中国国家图书馆藏

著者生平已见《兰闺清课》。

此书录文 10 篇左右，篇末有大意和注解。

此书为徐应昶主编《小学生分年补充读本》之一种。

49. 小学生模范文选第四册　胡怀琛编辑

1944 年上海商务印书馆铅印本　中国国家图书馆藏

著者生平已见《兰闺清课》。

此书录文 10 篇左右，篇末有大意和注解。

此书为徐应昶主编《小学生分年补充读本》之一种。

50. 新婚劫　程小青著

1944 年上海世界书局铅印本　1945 年上海世界书局铅印本（2 版）著录

著者生平已见《福尔摩斯探案全集》第六册。

又：**新婚劫　程小青著**　1945 年上海世界书局铅印本（2 版）　上海图书馆藏

此书前有陈蝶衣序及自序，内录《新婚劫》《无罪之凶手》《官迷》《酒后》《误会》5 篇。

此书为《霍桑探案袖珍丛刊》之十七。

51. 夜半呼声　程小青著

1944 年上海世界书局铅印本　1947 年上海世界书局铅印本（4 版）著录

著者生平已见《福尔摩斯探案全集》第六册。

又：**夜半呼声　程小青著**　1947 年上海世界书局铅印本（4 版）　中国国家图书馆藏

此书前有陈蝶衣序及自序，内录《夜半呼声》《白纱巾》2 篇。

此书为《霍桑探案袖珍丛刊》之十五。

52. 游泸草二集　章士钊，潘伯鹰著

1944 年大同印刷社铅印本　中国国家图书馆藏

潘伯鹰生平已见《伯鹰诗录》。

此书前集著者为章士钊，后集著者为潘伯鹰。潘著前有小记，内录诗作 24 首。

《小记》称："癸丑七月，薄游泸州，得多识此邦君子，而与琴鹤先生尤数数过从。人事匆促，匝月遂返，辄赋长句，奉贻为相思之资。"

53. 游园　张充和，叶万青译

1944 年国立礼乐馆铅印本　超星数字图书馆收录

张充和（1914—2015），合肥人，长于苏州。张冀牖第四女，德裔美籍汉学家傅汉思之妻。早年就读于北京大学，抗战期间流亡西南，任职于教育部下属教科书编选委员会、重庆教育部下属礼乐馆。抗战胜利后任教于北京大学。1949 年随夫赴美。

此书选自（明）汤显祖《牡丹亭》。

54. 幼年·少年·青年　［俄］列夫·托尔斯泰著；高植译

1944 年重庆文化生活出版社铅印本　中国国家图书馆藏

译者生平已见《树下集》。

此书为自传体三部曲。

此书前有译者《附记》，称此书"原文是在 1929 年莫斯科国家出版局托氏全集第一卷中。英译本是 1928 年牛津大学托氏百年纪念版的第三卷，卷前 Phelps 的序文简明扼要，爰译出附冠书前"。

55. 中国俗文学研究　钱杏邨著

1944 年上海中国联合出版公司铅印本　中国国家图书馆藏

著者生平已见《暴风雨的前夜》。

此书录《太平天国的小说》《小说人物考略》《红楼梦书话》《玉堂春故事的演变》《吴趼人的小说论》《弹词论体》《关于清禁淫词小说》《清末的时调》等 28 篇关于中国通俗文学的研究、考证文章，末附《明人笔记小话》10 篇。

56. 中原豪侠传　张恨水著

1944 年重庆万象周刊社铅印本　南京图书馆藏

著者生平已见《春明外史》。

此书为二十六回武侠长篇小说，1936 年 6 月 8 日起《南京人报》副刊连载。前有张友鸾序及自序。

《自序》称，此书写于抗战时期，"当时公开的写抗日小说是不可能的，我改为写辛亥革命前夕，暗暗地写些民族意识"。

57. 紫信笺　程小青著

1944 年上海世界书局铅印本　1947 年上海世界书局铅印本（4 版）著录

著者生平已见《福尔摩斯探案全集》第六册。

又：**紫信笺　程小青著**　1947 年上海世界书局铅印本（4 版）　中国

国家图书馆藏

此书前有陈蝶衣序及自序，内录《紫信笺》和《怪房客》2 篇。

此书为《霍桑探案袖珍丛刊》之十一。

58. 作家自选集　丁谛，予且，谭惟翰等著

1944 年中央书报发行所铅印本　上海图书馆藏

予且，潘序祖笔名，生平已见《予且随笔》。

谭惟翰生平已见《海市吟》。

此书内录予且小说《不能忘记》，谭惟翰小说《夜市》。

1945 年(民国三十四年)

1. 财主底儿女们上册　路翎著

1945 年重庆南天出版社铅印本　北京大学图书馆藏

著者生平已见《饥饿的郭素娥》。

此书前有胡风序。称"《财主底儿女们》的出版是中国新文学史上一个重大的事件"，"在这部不但是自战争以来，而且是自新文学运动以来的，规模最宏大的，可以堂皇地冠以史诗的名称的长篇小说里面，作者路翎所追求的是以青年知识分子为辐射中心点的现代中国历史的动态。然而，路翎所要的并不是历史事变的记录，而是历史事变下面的精神世界的汹涌的波澜和它们的来根去向，是那些火辣辣的心灵在历史命运这个无情的审判者面前搏斗的经验"。

2. 蝉蜕集　苏雪林著

1945 年重庆商务印书馆铅印本　中国国家图书馆藏

著者生平已见《李义山恋爱事迹考》。

此书前有著者《题记》，内录历史题材小说《黄石斋在金陵狱》《偷头》《蝉蜕》《迴光》《秀峰夜话》《丁魁楚》《王秃子》7 篇，多数故事取材于《南明忠烈传》。

3. 刺虎　　(清)佚名著；张充和，叶万青译

1945 年国立礼乐馆铅印本　超星数字图书馆收录

张充和生平已见《游园》。

4. 灯前小语　谭惟翰著

1945 年上海杂志社铅印本　上海图书馆藏

著者生平已见《海市吟》。

此书前有著者序，内四辑。第一、二辑为散文，录《灯》《雨》《戏》等 21 篇；第三、四辑为新体诗，录《拆》《恋》等 16 首。

5. 第十三粒子弹　周而复著

1945 年重庆世界编译所铅印本　吉林省图书馆藏

著者生平已见《夜行集》。

此书末有著者后记，称这些作品均写于抗战时期的华北战场，内录小说《春荒》《山》《雪地》《第十三粒子弹》《村选》《一个日本女性塑像》《夜袭》《模范班长》8 篇。

又：**春荒　周而复著**　1946 年上海华夏书店铅印本　北京大学图书馆藏

此书内容同上书。

6. 断指团　程小青著

1945 年上海世界书局铅印本　上海图书馆藏

著者生平已见《福尔摩斯探案全集》第六册。

此书内录《断指团》《一只鞋》《楼头人面》《催眠术》4 篇。

此书为《霍桑探案袖珍丛刊》之二十六。

7. 风流寡妇　〔意〕加尔洛·哥利登尼著；聊伊译

1945 年重庆建国书店铅印本　南京大学图书馆藏

译者生平已见《前线》。

此书为三幕喜剧。

8. 冯玉祥先生抗战诗歌集第四集　冯玉祥著

1945 年三户图书印刷社铅印本　安徽省图书馆藏

著者生平已见《冯玉祥诗钞》。

此书前有李济深序、自序。内录《粤省民众起来了》《春礼劳军歌》《打回东京》等抗战诗歌 121 首。

《自序》称，此书作于民国二十九年。

9. 冯玉祥先生抗战诗歌集第 5 集　冯玉祥著

1945 年三户图书印刷社铅印本　安徽省图书馆藏

著者生平已见《冯玉祥诗钞》。

此书前有自序，内录《轰炸》《贺蒋先生五四寿辰》《二勇士》《悼白求恩大夫》《哭朱将军》等诗歌 80 首。

10. 汉唐之间西域乐舞百戏东渐史略　常任侠著

1945 年重庆说文社刊本《常任侠文集·常任侠年谱简编》（安徽教育出版社 2002 年版，第 651 页）著录

著者生平已见《儿时影事》。

此书前有著者题识，内各编以文言撰写，曾分别于报刊发表。因战时缺纸停印，作者仅得排印专册清样一份。

《题识》称："此稿草创于中华民国二十二年。在东京帝国文学部大学院时，曾受盐谷教授之推荐，于上野帝国学士院汉学会年会中报告。二十八年后，获蒙中英庚款之协助，加以改写，并承北平故宫博物院院长马衡教授题签，说文社代为刊印。谨献于七十七岁的慈母座前。"

11. 狐裘女　程小青著

1945 年上海世界书局铅印本　上海图书馆藏

著者生平已见《福尔摩斯探案全集》第六册。

此书内录《狐裘女》《猫儿眼》《嗣子之死》《项圈的变幻》4 篇。

此书为《霍桑探案袖珍丛刊》之二十五。

12. 黄山诗稿五卷文稿一卷联稿一卷　黄少牧著

民国稿本　安徽省图书馆藏

黄少牧（1879—1953），原名廷荣，号问经，又号黄石、黄山，别号笑没老人、了然先生，斋名问梅花馆、笑没草堂。黟县人。黄士陵长子。早年随父赴广州、武昌，至吴大澂、端方幕府求学，中年曾任江西南城等地县长，侨务委员会和皖南行署任秘书。抗战爆发后曾于徽州中学、徽州师范学校任教多年。

此书卷一为《盱□集》，录 1918—1920 年诗作；卷二为《宦游集》，录
1921—1925 年诗作；卷三为《于役集》，录 1926—1930 年诗作；卷四为
《京尘集》，录 1932—1937 年诗作，多表现抗日激情；卷五为《归来集》，
录 1939 年后诗词，标注时间最末者系作于 1945 年之《日本投降喜赋》。
《文稿》内题为"啸莫草堂文稿"，录《祭四亡弟子牧文》《琼州韩母云太
夫人墓表》（代陈树人拟）、《黎宋卿总统国葬哀辞》（代侨委会）、《范鸿轩
烈士国葬哀辞》（代陈）、《祭胡主席汉民文》（代侨委会拟）、《追悼十九路
军阵亡烈士祭文》（代侨委会拟）。

13. 劫余诗稿　方晔堂著

1945 年抄本　安徽省图书馆编《安徽文献书目》（安徽人民出版社
1961 年版，第 331 页）著录

方晔堂（？—?），桐城人。

14. 近二十年中国文艺思潮论　李何林著

1945 年上海生活书店铅印本　上海图书馆藏

著者生平已见《中国文艺论战》。

此书卷首有鲁迅与宋阳（即瞿秋白）肖像、著者序及参考书目，内
分《五四前后的文学革命运动》《大革命时代前后的革命文学问题》《从
"九·一八"到"八·一三"的文艺思潮》3 编，论述 1917—1937 年中
国文艺思潮。

《著者序》以较长篇幅阐述本书如此划分二十年间中国文艺三阶段之
理由。

15. 灵性的呼唤　唐绍华著

1945 年上海大东书局铅印本　唐绍华《唐绍华自选集·小传》（黎明
文化事业股份有限公司 1980 年版，第 1 页）著录

著者生平已见《中国万岁》。

《唐绍华自选集·小传》称，此书为著者第一部小说。

16. 路及其他　王德箴选编

1945 年青年出版社铅印本　中国国家图书馆藏

王德箴（1912—?），萧县人。女。1930 年考入北平师范大学国文系，后转入上海光华大学、中央大学。1937 年留学美国，回国后执教于广西大学。1943 年任三民主义青年团青年处文化组组长，主编《女青年》半月刊。抗战胜利后历任政治大学教授，江苏省临时参议会参议员，国民政府立法院"立法委员"。

此书为 1944 年三青团中央团部女青年处征文选集。前有编者序，内录戏剧：易新楣《路》、王孝思《茉莉花开的时候》；短篇小说：邱坚《炼》、马文渊《南楠》、伍甲三《活灵魂》、谢黎明《南国妇女》。

17. 美人计　姚克著

1945 年上海世界书局铅印本　上海师范大学图书馆藏

著者生平已见《魔鬼的门徒》。

此书为四幕历史剧。前有《美人计本事》，内写孙尚香与刘备故事。

此书为孔另境主编《戏剧丛刊》第 5 集。

18. 南京受降记　严问天等编

1945 年贵阳四人出版社铅印本　吉林省图书馆

严问天（1915—1984），原名严鸣。繁昌人。1938 年参加国民革命军第二军第九师政治部宣传队，同年至信阳大刚报社，历任编撰、编撰室主任、主笔、总主笔。抗战胜利后改任社会服务部总干事。1947 年至汉口任民营《大刚报社》副社长兼总编辑。

此书记录抗战胜利后日军投降经过。前有蒋介石、魏德迈、何应钦等人照片及受降仪式照片。内四编，分别为"我们赢得了战争""二次大战的最后一幕""芷江洽降经过""南京受降经过"。末附各报庆祝抗战胜利的文章多篇并《抗战军事记 1937.7.7—1945.8.15》。

19. 女校长　予且著

1945 年上海知行编译社铅印本　上海图书馆藏

予且，潘序祖笔名，生平已见《予且随笔》。

此书为长篇小说。写发迹商人设十个步骤，令所爱女子不知不觉体面地当上女校校长的故事，颇具推理色彩。

此书为《知行文艺丛书》之二。

20. 七女书　予且著

1945年上海太平书局铅印本　中国社会科学院图书馆藏

予且，潘序祖笔名，生平已见《予且随笔》。

此书前有自序，内录短篇小说《解凌寒》《夏丹华》《黄心织》《向曲眉》《过彩贞》《郭雪香》《钟含秀》。

21. 青春的祝福　路翎著

1945年重庆南天出版社铅印本　北京大学图书馆藏

著者生平已见《饥饿的郭素娥》。

此书内录小说《家》《何绍德被捕了》《祖父底职业》《黑色孙之一》《棺材》《卸煤台下》《青春的祝福》《谷》8篇，其中直接以矿山生活为背景，以矿工及其家属为描写对象者占5篇。

此书被辑入希望社《七月新丛》。

22. 青春之火　程小青著

1945年上海世界书局铅印本　上海图书馆藏

著者生平已见《福尔摩斯探案全集》第六册。

此书内录《青春之火》《怪电话》《浪漫余韵》3篇。

此书为《霍桑探案袖珍丛刊》之二十二。

23. 人的花朵　吕荧著

1945年重庆大星印刷出版社铅印本　上海图书馆藏

著者生平已见《普式庚论》。

此书前有自序，内录《人的花朵》《鲁迅的艺术方法》《曹禺的道路》《论〈战争与和平〉的艺术、历史、哲学》《普列哈诺夫的〈普式庚为艺术而艺术论〉辩证》5篇评介中俄著名作家、作品论文。

《自序》称："这本书里的前两篇，早在一九三六年就写过一遍，后来因为抗战爆发，原稿都散失了，这又重写出来。其中有许多意见，是涉过时间和现实的波涛之后，自己仍然保存着的。"

24. 熔炉　唐绍华著

1945 年重庆国民图书出版社铅印本　首都图书馆藏

著者生平已见《中国万岁》。

此书为四幕话剧，表现大西南抗日生活。

25. 山窗小品　张恨水著

1945 年上海杂志公司铅印本　上海图书馆藏

著者生平已见《春明外史》。

此书为文言散文，前有自序，内录小品《短案》《涧溪》《竹与鸡》《泥里拔钉》《野花插瓶》等 56 篇。末有张静庐跋。

26. 陕西近代人物小志　曹冷泉著

1945 年樊川出版社铅印本　南京图书馆藏

著者生平已见《落英》。

此书前有自序、《凡例》，内分理学（烟霞学派与青麓学派）、文艺、史学、事功、佛学 5 类，录刘古愚、杨仁甫、于右任、吴雨僧、毛俊丞、张季鸾、印光大师等近代陕西名人小传 44 篇。附录《刘古愚哲学体系》。

《凡例》称，此书"惜以抗战期内，物质维艰，未能全部印出"。

27. 石头城外　张恨水著

1945 年重庆万象周刊社铅印本　重庆图书馆藏

著者生平已见《春明外史》。

又：**到农村去　张恨水著**　1946 年上海联华图书有限公司铅印本　上海图书馆藏

此书为社会言情小说，1943 年 6 月 27 日至 1945 年 7 月 21 日于重庆《万象》周刊连载，名为《到农村去》。正式出版时易名《石头城外》。1946 年，上海联华图书有限公司复以《到农村去》出版。

28. 逃犯　程小青著

1945 年上海世界书局铅印本　中国国家图书馆藏

著者生平已见《福尔摩斯探案全集》第六册。

此书内录《逃犯》《乌骨鸡》《虱》《断指余波》4 篇。

此书为《霍桑探案袖珍丛刊》之二十八。

29. 万里长城　许幸之著

1945 年上海联合出版社铅印本　同济大学图书馆藏

著者生平已见《海涯》。

此书内收录《万里长城》《雷雨》《暴风雨》《悼亡友》《悼古久列先生》《普希金纪念塔下》《创造你新的生命吧，诗人！》《夜》《夜归》《乡愁》《怀乡曲》《堕胎》诗作 12 首。

30. 舞宫魔影　程小青著

1945 年上海世界书局铅印本　上海图书馆藏

著者生平已见《福尔摩斯探案全集》第六册。

此书内录《舞宫魔影》《第二张照》《犬吠声》3 篇。

此书为《霍桑探案袖珍丛刊》之二十四。

31. 信　方令孺著

1945 年上海文化生活出版社铅印本　天津图书馆藏

著者生平已见《钟》。

此书录散文《信》《你们都是傻子啊》《琅琊山游记》《游日杂记》《南京的骨熏迷》《家》《悼璋德》《忆江南》8 篇。

32. 血手印　程小青著

1945 年上海世界书局铅印本　中国国家图书馆藏

著者生平已见《福尔摩斯探案全集》第六册。

此书内录《血手印》《反抗者》《单恋》《请君入瓮》《别墅之怪》《幻术家的暗示》《地狱门》7 篇。

此书为《霍桑探案袖珍丛刊》之二十九。

33. 秧歌剧初集　周而复等著

1945 年重庆新华日报图书课铅印本　西南大学图书馆藏

著者生平已见《夜行集》。

此书前有周而复《秧歌剧发展的道路》一文。内录王大化等《兄弟开荒》、周戈《一朵红花》、周而复《牛永贵受伤》3 部戏剧。

34. 扬子江　许幸之著

1945 年上海联合出版社铅印本　同济大学图书馆藏

著者生平已见《海涯》。

此书内录《扬子江》《远望》《母亲》《车上素描》《别说谎吧，哥哥！》《"逃荒者"》《五月的太阳》《囚徒的呐喊》《刑场上》《新世纪的开场》《一月二十八日》《悼聂耳》《铁蹄下的歌女》《嫁后》《孩子们的保姆》《端阳》《割麦鸟》《卖血的人》《大板井》诗作 19 首。

35. 夜谭拔萃　张慧剑编辑

1945 年重庆南京新民报股份有限公司铅印本　中国国家图书馆藏

编者生平已见《湖山味》。

此书内录吴稚晖《小型报》、高语罕《中国近代思想界中几个代表人物》、卢冀野《文坛散策》、老舍《神曲》、夏衍《为文明戏呼冤》等史料、杂文、小品文、旧诗等 30 余篇。所录文章曾发表于重庆《新民晚报·西方夜谈》栏。

此书被辑入《新民报文艺丛书》。

又：**西方夜谭　张慧剑编辑**　1946 年南京新民报社铅印本　中国国家图书馆藏

此书内容同上书。

36. 银海沧桑　姚克著

1945 年上海世界书局铅印本　中国国家图书馆藏

著者生平已见《魔鬼的门徒》。

此书为四幕剧，表现舞台生活。前有吴仞之序。

此书为孔另境主编《戏剧丛》第四集。

37. 沾泥花　程小青著

1945 年上海世界书局铅印本　上海图书馆藏

著者生平已见《福尔摩斯探案全集》第六册。

此书录《沾泥花》《第二弹》《鹦鹉声》《蜜中酸》4篇。

此书为《霍桑探案袖珍丛刊》之二十七。

38. 中学时代　高植著

1945年重庆大东书局铅印本　中国国家图书馆藏

著者生平已见《树下集》。

此书为三十一章长篇小说。前有著者前言，内描述中学生生活。

39. 中学作文法　高语罕著

1945年重庆陪都书店铅印本　吉林省图书馆藏

著者生平已见《白话书信》。

此书内分"语言文字的起源与进化""语体文与文言文""文字的要素"等9篇。

40. 子弟兵　周而复著

1945年重庆作家书屋铅印本　中国国家图书馆藏

著者生平已见《夜行集》。

此书录五幕话剧《子弟兵》，七场秧歌剧《牛永贵受伤》。末有著者后记，称此书为著者第一次写戏剧。

41. 罪恶　江继五著

1945年屯溪皖南通讯社铅印本　安徽省图书馆藏

江继五（？—？），黟县人。曾任国民党上海市党部秘书、国民党皖南通讯社总编辑。

此书为中篇爱情小说。扉页摘录人物对话二则：张玉："一个女孩子去爱一个她所爱而且那人更爱她的人，是罪恶吗？"严琛："我们做事只问我们自己是不是对的，用不着去管客观的环境怎样？这封建的社会它一定会水下来！"

1946 年(民国三十五年)

1. 百宝箱　程小青著

民国上海艺文书局铅印本　苏州图书馆藏

著者生平已见《福尔摩斯探案全集》第六册。

此书曾于 1946 年连载于《新侦探》第 1—16 期。

此书为《霍桑探案系列》之一种。

2. 百万镑　〔英〕杞德烈斯著；程小青译

1946 年上海世界书局铅印本　上海图书馆藏

译者生平已见《福尔摩斯探案全集》第六册。

此书前有译者《引言》，内录《百万镑》《恫赫信》2 篇。

此书为《圣徒奇案系列》之八。

3. 半块碎砖　程小青著

1946 年上海文华美术图书印刷公司铅印本　秦和鸣主编《民国章回小说大观·侦探小说》（中国文联出版社 2003 年版，第 777 页）著录

著者生平已见《福尔摩斯探案全集》第六册。

此书曾于 1925 年连载于《红玫瑰》第 5、6、7 期，《民国章回小说大观·侦探小说》著录为《霍桑探案汇刊》之三。

4. 北雁南飞　张恨水著

1946 年重庆山城出版社铅印本　重庆图书馆藏

著者生平已见《春明外史》。

此书为三十八回长篇小说，前有自序，内写乡村青年男女恋爱故事。

此书 1934 年 2 月起连载于上海《晨报》。

5. 不要把活的交给他　〔苏〕高尔基著；许幸之改编

1946 年上海联华书局铅印本　苏州大学图书馆藏

改编者生平已见《海涯》。

此书前有自序，内录《狂风暴雨的一夜》《不要把活的留给他》《没有祖国的孩子》《英雄与美人》4 部剧作，分别依据高尔基著作《秋夜》《二十六个和一个》《一个人的诞生》《马加尔·周达》改编。

《自序》称："我为了学习高尔基，和他的生涯、思想与事业，所以才改编他的作品。虽然，在这四个剧本中，除了《英雄与美人》，更多的保存了他原有的风格之外，其余的三个剧本，与其说是改编，不如说是借高尔基作品的灵魂，进行自己的创作罢了。"

6. 川南记游　冯玉祥著

1946 年重庆三户图书社铅印本　上海师范大学图书馆藏

著者生平已见《冯玉祥诗钞》。

此书内录游记 126 篇，分《节约献金打破一切纪录的江津县》（42 篇）、《爱国超居人前的合江县》（12 篇）、《献金运动中泸县树立了新模范》（18 篇）、《献金运动下乡的隆昌县》（15 篇）、《内江·自流井之行》（50 篇）5 编。另录诗数十首。

7. 春之恋：言情小说　周天籁著

1946 年天津励力出版社铅印本　徐乃翔主编《中国新文艺大系（1937—1949）理论史料集》（中国文联出版公司 1998 年版，第 887 页）著录

著者生平已见《献睡莲姑娘》。

此书为长篇小说。

又：春之恋：言情小说　周天籁著　1946 年上海鸿文书局前铅印本〔美〕耶鲁大学图书馆藏

8. 翠雾红烟：长篇言情小说　周天籁著

1946 年上海永康书店铅印本　〔美〕耶鲁大学图书馆藏

著者生平已见《献睡莲姑娘》。

9. 大众诗歌　钱毅著

1946 年刊印《阿英文集·钱毅小传》（生活·读书·新知三联书店
1981 年版，第 509 页）著录

钱毅（1925—1947），原名厚庆。芜湖人。钱杏邨之长子。抗战初期就
读于上海，后赴苏北参加新四军，历任文工团员、《盐阜大众》编辑、副总
编、新华社盐阜分社和《盐阜日报》社特派记者。于淮安边区被捕牺牲。

10. 东北横断面　周而复著

1946 年今日出版社铅印本　安徽大学图书馆藏

著者生平已见《夜行集》。

此书为长篇报告文学，系 1946 年著者随东北执行小组赴东北工作见
闻。此执行小组由美国代表、国民党代表与共产党代表组成。全书报道抗
日战争胜利后军调部在东北之活动、四平战役及东北一些地方解放前后情
况。录《执行小组初到沈阳》《开原四日》《吉伦秦德纯陈士渠三将军来
沈》《抚顺——煤的都城》《进入解放区》《农村的早晨》《本溪湖的铁山和
远东第一大煤矿》《张学诗将军》《站在鸭绿江的安东》等 21 篇。

11. 发明家　［英］杞德烈斯著；程小青译

1946 年上海世界书局铅印本　上海图书馆藏

译者生平已见《福尔摩斯探案全集》第六册。

此书前有译者《引言》，内录《发明家》《玩具爱好者》《被欺侮的女
人》《王冕的变幻》4 篇。

此书为《圣徒奇案系列》之九。

12. 泛滥的黄河　萍草著

1946 年上海国际文化社铅印本　复旦大学图书馆藏

萍草，王丹岑笔名。生平已见《年关》。

此书为长篇小说。

13. 方箬石先生遗集三卷　又名：曲庐遗著诗文合刊　方寿衡著

1946 年油印本　桐城图书馆藏

方寿衡（？—1931），字箪石，号曲庐。桐城人。方侃之父。清光绪三十二年（1906）优贡，曾任教于京师法政学堂、桐城中学。

此书封面有光铁夫题签，内题"曲庐遗著诗文合刊"。全书分《曲庐遗文》与《曲庐遗诗》。《遗文》前集录《丙吉论》《和同辩》《跋族祖息翁先生手批苏诗》《跋姚先生惜抱隐和庵诗幅后》等文41篇，后集录《李傅相七十寿序（代安徽同乡作）》《代拟濮阳河上记序》《代拟同学录序》等9篇，附录《质学》《学略》2篇。《遗诗》前有潘田《次韵敬题曲庐遗诗后》，内录自1906—1930年近体诗作105首，古体诗18首。末有方侃《曲庐遗诗后记》。

《后记》称："辛未四月，先府君弃养。八月，辑遗诗若干首，奉季野先生。"

14. 风流千金：风趣浪漫香艳杰作　周天籁著

1946年上海文光书局铅印本　徐乃翔主编《中国新文艺大系（1937—1949）理论史料集》（中国文联出版公司1998年版，第887页）著录

著者生平已见《献睡莲姑娘》。

此书为长篇小说。

又：**风流千金　周天籁著**　民国铅印本　吉林省图书馆藏

15. 给小萍的十二封信　章衣萍著

1946年上海儿童书局铅印本（新10版）　重庆图书馆藏

著者生平已见《深誓》。

16. 国民党收复区的黑暗种种　周而复等著

1946年太岳新华书店铅印本　中国国家图书馆藏新善本

著者生平已见《夜行集》。

此书为报告文学。

17. 汉魏晋宋五言诗选集注　徐天闵集注

1946年上海商务印书馆铅印本　中国社会科学院图书馆藏

徐天闵（1888—1957），原名徐杰，字汉三。怀宁人。早年就读于安徽高等学堂，曾任教于安庆育正小学，后于杭州、天津等地设馆授学。民

国后任教于安徽省立一师、安徽大学、武汉大学。

此书选三十家诗百余首，每首附评价与注释。

18. 红楼梦宝藏六讲　高语罕著

1946 年重庆陪都书店铅印本　中国国家图书馆藏

著者生平已见《白话书信》。

此书前有《开山白》，内六讲：一、一面镜子，该怎样了解《红楼梦》；二、贾宝玉，叙述与分析贾宝玉与林黛玉、薛宝钗、史湘云的参伍错综的关系；三、王熙凤，讲述王熙凤个人的才与性及其与贾府兴亡的关系；四、几个奇女子，描述大观园中几个杰出的女子，如妙玉、尤三姐等的生活特色；五、两个老太婆，叙述贾母和刘姥姥这两个不同典型的妇女；六、红楼梦的宝藏，详述《红楼梦》的文学风格、描写技巧以及选字用语特点，并比较前八十回与后四十回的优劣与异同。

19. 虎贲万岁　又名：武陵虎啸　张恨水著

1946 年上海百新书店铅印本　上海图书馆藏

著者生平已见《春明外史》。

此书为长篇小说，前有自序，内写抗日战争时期常德保卫战。

《自序》称："我写小说，向来暴露多于颂扬，这部书却有个例外，暴露之处很少。常德之战，守军不能说毫无弱点，但我们知道，这八千人实在也尽了他们可能的力量。一师人守城，战死得只剩八十三人，这是中日战史上难找的一件事，我愿意这书借着五十七师烈士的英灵，流传下去，不再让下一代及后人稍有不良的印象，所以完全改变了我的作风。"

此书 1946 年 5 月 26 日至 1947 年 3 月 23 日北平《新民报》连载。

20. 花园枪声　[美]范达痕著；程小青译

1946 年上海世界书局铅印本（2 版）　辽宁省图书馆藏

译者生平已见《福尔摩斯探案全集》第六册。

此书前有《译者序》。1943 年曾连载于《新闻报》副刊《茶话》。

此书为《斐洛凡士探案》之九。

21. 花月良宵：长篇言情小说　周天籁著

1946 年上海春明书店铅印本　徐乃翔主编《中国新文艺大系（1937—1949）理论史料集》（中国文联出版公司 1998 年版，第 887 页）著录

著者生平已见《献睡莲姑娘》。

此书为长篇小说。

又：**花月良宵　周天籁著**　1948 年上海永康书店铅印本　吉林省图书馆藏

22. 回照轩诗稿六卷　吴光祖著

1946 年安庆桐城吴氏铅印本　安徽省图书馆藏

著者生平已见《吴回照轩家传》。

此书前有自序。卷一诗作起自 1905 年二十四岁，卷二诗作起自 1929 年四十八岁，卷三诗作起自 1933 年五十二岁，卷四诗作起自 1935 年五十四岁，卷五诗作起自 1939 年五十八岁，卷六诗作起自 1940 年五十九岁。其中《南北战争》《军队过境》《六月红军逼近投子山县城戒严》《敌机飞炸桂林》等多篇诗作涉及时事政局，又有多首诗作怀念乡土、故人，如《感旧诗》42 首，咏桐城耆旧 48 人。

23. 假警士　〔英〕杞德烈斯著；程小青译

1946 年上海世界书局铅印本　上海图书馆藏

译者生平已见《福尔摩斯探案全集》第六册。

此书前有译者写于 1943 年之《引言》。

此书为《圣徒奇案系列》之二。

24. 甲申传信录　王灵皋辑录；中国历史研究社编

1946 年上海神州国光社铅印本　中国国家图书馆藏

王灵皋，高语罕笔名，著者生平已见《白话书信》。

此书前有编者序，内录明末史料两种：《甲申传信录》（（清）钱穊农著），记述李自成攻破北京始末；《弘光实录抄》（古藏室史臣著），记载弘光朝史实。

《编者序》称《弘光实录抄》为黄宗羲所著。

此书辑入《中国内乱外祸历史丛书》。

25. 洁吾诗草二卷　聂志远著

1946 年木活字本　安徽省图书馆藏

聂志远（？—？），潜山人。曾任梅城小学校长。

此书前有范苑声题词手迹、潘寿田序及自序。内录古近体诗 217 题近 400 首、词 3 首、楹联 14 副、散文 3 篇，多有涉及时事之作。末有范苑声《洁吾诗集出世题词》1 首、潘寿田《潜山十景》10 首。

26. 金城集五卷　高一涵著

1946 年兰州铅印本　安徽省图书馆藏

高一涵（1885—1968），原名水浩，别名涵庐、梦弼等。六安人。1912 年留学日本明治大学政法系，参与《苏报》《民立报》《独立周报》编辑工作。1916 年任北京大学编译委员，兼中国大学、法政专门学校教授。"五四"期间与李大钊共办《晨报》，与陈独秀共办《新青年》，协办《每周评论》，并成为《甲寅》杂志重要撰稿人之一。1925 年加入中国国民党，次年加入中国共产党。先后担任武昌中山大学教授、政治系主任、法科委员会主任兼国民革命军总政治部编译委员会主任，国民党安徽省党部执行委员兼宣传部部长等职。"四·一二"后脱离共产党，任上海法政大学教授、政治系主任，吴淞中国公学大学部社会科学院院长，国民政府监察院委员、两湖监察使、甘宁青监察使、国民大会代表。1932 年发起成立中国政治学会。

此书录著者自 1938—1945 年所写古近体纪事诗 620 首。除描写两湖与大西北山川、景物、文物名胜、风土、物产、乡风民俗、人物史实外，着重记述抗日战争时期重大事件以及欧洲战场、太平洋战事。

27. 晋察冀行　周而复著

1946 年阳光出版社铅印本　北京大学图书馆藏

著者生平已见《夜行集》。

此书为二十章长篇报告文学，录《突过封锁线》《人民新生活的姿态》《聂荣臻将军》《地方性的联合政府》等文，全方位描写抗日战争时期晋察冀日寇之暴行、八路军战斗与人民生活。末附《地道战》一文。

28. 惊人的决战　[英]杞德烈斯著；程小青译

1946 年上海世界书局铅印本　上海图书馆藏

译者生平已见《福尔摩斯探案全集》第六册。

此书前有译者写于 1943 年之《引言》。

此书为《圣徒奇案系列》之七。

29. 鸠那罗的眼睛　苏雪林著

1946 年上海商务印书馆铅印本　中国国家图书馆藏

著者生平已见《李义山恋爱事迹考》。

此书前冠《本事》，介绍《鸠那罗的眼睛》之创作依据，内录《鸠那罗的眼睛》（三幕剧）、《玫瑰与春》（独幕剧）。

此书曾刊载于 1935 年 11 月 1 日《文学》月刊五卷五期。

30. 咖啡馆　[美]范达痕著；程小青译

1946 年上海世界书局铅印本　重庆图书馆藏

译者生平已见《福尔摩斯探案全集》第六册。

此书前有《译者序》，为《斐洛凡士探案》之十一。

31. 李闯王　阿英著

1946 年华中新华书店铅印本　《阿英文集·阿英著作目录》（生活·读书·新知三联书店 1981 年版，第 959 页）著录

阿英，钱杏邨笔名。生平已见《暴风雨的前夜》。

又：李闯王　阿英著　1948 年佳木斯东北书店铅印本　沈阳市图书馆藏

此书为五幕话剧。前有《本事》，剧后有总演员表，末附《写剧杂记》。内第一幕自崇祯十七年二月宁武关闯王营地说起，第五幕至康熙甲辰年二月石门县夹山普慈寺佛堂终。演绎了李自成率领起义军从胜利走向失败之过程。

《本事》称："李闯王为什么会招致失败呢？——这是我们今天，胜利的形势已经到来的今天，值得我们深刻研究的问题，我们应该把握这些历史的经验教训，以保证成功。"

《写剧杂记》内分"以历史还历史""李闯王的性格""李闯王的死""李岩被杀的因果"四部分。后三部分考据史实。

2003 年合肥安徽教育出版社出版《阿英全集》第十卷收录此文时,未见第一部分。

32. 龙套集 索非著

1946 年上海万叶书店铅印本 湖南省图书馆藏

索非,周益泉笔名,生平已见《苦趣》。

此书前有著者诗序,末有后记,内录著者 1945 年 8 月至 12 月所发表散文小品《光》《力》《勤俭贫贱》《天下一家》《朋友》《兰品》《菊花》《第一支烟》《酒》《宴》《第三碗饭》《粗茶淡饭》《歌谣》《眼镜》《衣服》《帽子》等 39 篇。

33. 孟平英雄歌 田间著

1946 年晋察冀边区教育阵地社铅印本 中国国家图书馆藏

著者生平已见《未明集》。

此书为著者歌颂解放区英雄人物诗歌,内录《崔政之》《贺刘万诚》《打钟老人》《康元》《好医生》《浸种家》《梁文耀》《写周二》《崔其贵》《崔维印》10 首。诗前对所歌颂人物均有简介。

34. 缅甸荡寇志 又名:中国远征军缅甸荡寇志 孙克刚著

1946 年上海国际图书出版社铅印本 上海图书馆藏

孙克刚(1911—1967),庐江人。孙立人之侄。早年毕业于北京师范大学历史系,1936 年任税警总团幕僚。1942 年任孙立人部新三十八师政治部副主任并随军远征缅甸。1947 年调驻台湾凤山新军训练基地,随后任陆军总司令部办公室少将主任。

此书以孙立人将军率领的驻印军主力新三十八师作战历程为主线,记述中国远征军缅甸荡寇之史实,附缅战区全图及部队照片。

35. 民歌杂抄——民歌四十八首 田间著

1946 年星火出版社铅印本 中国劳动关系学院图书馆藏

著者生平已见《未明集》。

此书前有编者序，内录《关于敌伪的》《定县敌占区民谣》《椿书树底民谣》《绥远土木川民谣》等民歌 48 首，每首后均有注。

36. 摩登奴隶　[英] 杞德烈斯著；程小青译

1946 年上海世界书局铅印本　吉林省图书馆藏

译者生平已见《福尔摩斯探案全集》第六册。

此书前有译者写于 1943 年之《引言》，内录《摩登奴隶》《通术》《一对宝贝》《艺术摄影师》《须的引线》5 篇。

此书为《圣徒奇案系列》之十。

37. 恼人春色　汪仲贤著

1946 年上海万象书屋铅印本　重庆图书馆藏

著者生平已见《歌场冶史》。

此书为三十八回长篇小说。前有编者《前记》，介绍著者。此稿曾于1933 年 11 月 1 日至 1936 年 4 月 14 日连载于上海《金刚钻》报。

38. 女首领　[英] 杞德烈斯著；程小青译

1946 年上海世界书局铅印本　上海图书馆藏

译者生平已见《福尔摩斯探案全集》第六册。

此书前有译者《引言》。

此书为《圣徒奇案系列》之六。

39. 求爱　路翎著

1946 年上海海燕书店铅印本　上海图书馆藏

著者生平已见《饥饿的郭素娥》。

此书内录著者写于 1944—1946 年之《王老太婆和她的小猪》《瞎子》《新奇的娱乐》《求爱》《感情教育》《中国胜利之夜》等 23 篇小说。

40. 热血之花　张恨水著

1946 年上海三友书社铅印本　安徽大学图书馆藏

著者生平已见《春明外史》。

此书原为戏剧，1932 年《上海画报》第 7—9 期连载，曾收入《弯弓集》，后改编为十六回长篇小说。写国人与海寇之搏斗。

41. 人物品藻录　郑逸梅著

1946 年上海日新出版社铅印本　吉林省图书馆藏

著者生平已见《梅瓣集》。

此书前有《凡例》、著者《自识》，内录清末民初名人逸闻逸事百余篇。诸如赛金花、林琴南、廖仲恺、章太炎、鲁迅等。

42. 戎冠秀：连环木刻　田间著；娄霜木刻

1946 年哈尔滨东北画报社铅印本　刘福春编《中国现代文学总书目·诗歌卷》（知识产权出版社 2010 年版，第 223 页）著录

著者生平已见《未明集》。

又：**戎冠秀：连环木刻　田间著；娄霜木刻**　1948 年哈尔滨东北画报社再版　中国国家图书馆藏

此书为长篇叙事诗，每节诗配木刻画一幅。

43. 乳娘曲：社会长篇小说　予且著

1946 年上海万象书屋铅印本　中国国家图书馆藏

予且，潘序祖笔名，生平已见《予且随笔》。

此书为四十三章长篇小说。

此书被辑入《万象丛书》。

44. 神秘大夫　［英］杞德烈斯著；程小青译

1946 年上海世界书局铅印本　上海图书馆藏

译者生平已见《福尔摩斯探案全集》第六册。

此书前有译者《引言》。

此书为《圣徒奇案系列》之四。

45. 胜利带来了一切　陶行知等著

1946 年临沂山东新华书店铅印本　中国国家图书馆藏

著者生平已见《知行书信》。

此书为新诗集。

46. 虿　程小青著

1946 年上海文华美术图书印刷公司铅印本　秦和鸣《民国章回小说大观·侦探小说》(中国文联出版社 2003 年版，第 784 页）著录

著者生平已见《福尔摩斯探案全集》第六册。

此书曾于 1928 年连载于《红玫瑰》第 21、23 期，《民国章回小说大观·侦探小说》著录为《霍桑探案汇刊》之四。

47. 水破山人诗稿四卷　李辛白著

1946 年铅印本　安徽省图书馆藏

李辛白（1875—1951），名修隆，字燮枢，号水破山人，笔名辛白。无为人。清光绪二十七年（1901）考入南京高等警官大学堂，三十年（1904）参加岳王会，次年就读于日本早稻田大学，加入同盟会，三十四年（1908）于上海创办《白话日报》，民国后创办《通俗周报》《共和日报》。历任安徽省警察厅厅长、北京政府教育部金事、北京大学庶务主任、出版部主任、安徽省图书馆馆长，并先后于休宁女子中学、建国中学、右任中学、安徽学院、省立高等农业职业学校、昭明国文专科学校任教。

此书分为《忆获集》《笳声集》《御寇集》《荷锄集》，存古近体诗四百余首。或爱国忧时，或揭露时弊，或写景抒怀、怀念故人、感叹人生。

48. 松声琴韵集　方济川著

1946 年铅印本　南京图书馆藏

著者生平已见《岳麓钟声》。

著者为纪念其父松卿先生与周枕琴先生读书处而建松声琴韵庐，征集于右任、戴传贤、陈布雷、张大千、邓散木、叶公绰、黄炎培等数十人之诗、词、书、画，汇而刊之，成此纪念集。内附精图。

49. 苏绿漪佳作选　苏雪林著

1946 年上海新象书店铅印本　超星数字图书馆收录

著者生平已见《李义山恋爱事迹考》。

此书前有著者小传，内录小说《鸽儿的通信》《我们的秋天》《收获》

《光荣的胜仗》《恨》5 篇。

50. 谈文学　朱光潜著

1946 年上海开明书店铅印本　潘新和《中国现代写作教育史》（福建人民出版社 1997 年版，第 457 页）著录

著者生平已见《给青年的十二封信》。

又：**谈文学　朱光潜著**　1947 年上海开明书店铅印本　湖北省图书馆藏

此书前有著者序，内录《文学与人生》《文学的趣味》《写作练习》《情与辞》《谈翻译》《资禀与修养》《文学上的低级趣味》《作文与运思》《选择与安排》《咬文嚼字》《散文的声音节奏》《文学与语文》《作者与读者》《具体与抽象》《想象与写实》《精神的程序》等论文 19 篇。

51. 蜗牛在荆棘上　路翎著

1946 年上海新新出版社铅印本　中国国家图书馆藏

著者生平已见《饥饿的郭素娥》。

此书为中篇小说，描写一士兵因怀疑妻子不贞而回乡复仇之闹剧，展现了民间乡场风俗。

此书被辑入胡风主编《人民文艺丛书》。

52. 乌夜啼　沙骆著

1946 年上海林泉书屋铅印本　上海图书馆藏

沙骆，谭惟翰笔名，生平已见《海市吟》。

此书为三十节长篇小说，前有潘公展序。1946 年 9 月 5 日至 10 月 4 日连载于《新夜报》副刊。

53. 武训之歌　陶行知，武训作词；夏白作曲

1946 年时代音乐社石印本　重庆图书馆藏

陶行知生平已见《知行书信》。

此书被辑入《时代音乐新歌丛刊》。

54. 希腊棺材　〔美〕爱雷·奎宁著；程小青译

1946年上海中央书店铅印本　南京图书馆藏

译者生平已见《福尔摩斯探案全集》第六册。

此书曾于1941—1942年《万象》第一年第1—12期、第二年第1—12期、第三年第1—2期连载，署名程小青、庞啸龙合译。

此书属《奎宁探案系列》。

55. 现代文录第一集　杨振声，朱光潜等主编

1946年北平新文化出版社北平总社铅印本　中国国家图书馆藏

朱光潜生平已见《给青年的十二封信》。

此书录《诗与近代生活》《浮士德里的魔》《陶渊明》《乡村传奇》《绿魔》《回来》《他与他的大公鸡》《空中伴侣》8篇评论及作品。

56. 心狱　胡适，钱君匋编辑

1946年上海铁流书店铅印本，上海图书馆藏

胡适生平已见《短篇小说第一集》。

此书录6部短篇小说：〔英〕哈代著、伍光建译《心狱》；〔英〕劳伦思著、杜衡译《病了的煤矿夫》；〔英〕莫理孙著、胡适译《楼梯上》；〔爱尔兰〕乔伊斯著、傅东华译《复本》；〔英〕高尔斯华绥著、傅东华译《迁士录》；〔英〕恩盖尔夫人著、胡仲持译《手与心》。

57. 宣传工作借镜　冀晋日报社主编，玛金选辑

1946年北方文化社铅印本　中国国家图书馆藏

玛金（1913—1996），原名陈鹤南，笔名陈斑沙、玛金。怀远人。1938年毕业于国立剧专。历任晋察冀华北联合大学文艺学院戏剧系教师、边区抗联群众剧社社务委员、编导，《冀晋日报》编辑，中共北方局北岳区四地委政策研究室主任，

此书为《工作与学习小丛书》第3种。

58. 养性轩烬余杂稿四卷　沈曾荫著

1946年铅印本　中国国家图书馆藏

著者生平已见《养性轩诗集》。

此书为徐礼达题签。前有自序。

《自序》称，此书"略分四类，合纂一册，计文辞类二十篇，书牍类十余篇，吟咏类二百零八首，联语类四十余则"。

59. 怎样写小故事　钱毅著

1946 年盐阜华中新华书店盐阜分店铅印本　中国国家图书馆藏

著者生平已见《大众诗歌》。

此书录《怎样写小故事》《怎样写小诗歌》《从"庄稼话"里学几种写稿方法》3 篇，介绍写作方法。

1947年(民国三十六年)

1. 傲霜花　张恨水著

1947年上海百新书店铅印本　安徽省图书馆藏

著者生平已见《春明外史》。

此书为四十八章长篇小说，1943年6月19日至1945年12月17日重庆《新民报晚刊》连载，名为《第二条路》。正式出版时更名为《傲霜花》。前有自序，内写抗战时期教育界生活。

2. 柏烈武五十年大事记　柏文蔚著

1946年至1947年安徽省文献委员会抄本　安徽省博物馆藏

柏文蔚（1876—1947），字烈武。寿县人。南社社员。早年入安庆求是学堂、武备学堂学习，清光绪三十一年（1905）任安徽公学教员，曾参与组织强国会、岳王会，加入同盟会。1912年后先后出任革命军第一军军长兼北伐联军总指挥、安徽省都督兼民政长、川鄂联军总指挥、鄂西靖国军总司令、长江上游招讨使、广东任建国军第二军军长、武汉国民政府临时联席会议委员、武汉国民政府委员、南京国民政府军事委员会委员、南京国民政府委员、安徽省政府委员、中央政治委员会委员。1947年病故于上海。

此书分上、下册，前有著者《引言》，内录《少年时代》《学生运动及革命时代》《辛亥、癸丑革命时代》《亡命时代》《肃清反动时代》《将退老学佛时代》6篇，叙述著者1884—1936年五十二年生平事迹，因所及皆对国家社会立言，不及琐碎私事，故曰《五十年大事记》。

3. 偪侧吟一卷　江家琚著

雁后合钞本　中国国家图书馆藏

　　江家瑄（1896—1955），字眉仲，号痴梅。婺源人，江峰青第四子。早年毕业于江西陆军测绘学堂预科，曾任县立小学校长。1924 年参加北伐，任总司令部参议。后历任宝山县、上海县县长，浙江省公路局局长，交通部公路总局秘书，交通处代理处长。1948 年为国民大会候补代表。曾主修《民国上海县志》。

　　此书内录古近体诗 70 题百余首，附词 3 首，联句 9 题。

　　雁后合钞五种　　詹励吾编　　1947 年浙江文化印刷公司铅印本　　中国国家图书馆藏

　　此编前有编者自序，内录孙传瑗《待旦集》、詹励吾《观酒狂斋诗录》、薛元燕《尻轮集》、江家球《逊遯吟》、江家瑄《偪侧吟》。著者均为民国皖籍人物。

　　《詹序》称，《雁后合钞》4 位著者皆"吾乡故家"，"贡师辗转从夏官西上，眉仲师先于浙主持驿政，既而应召入蜀，并于寇去后东归，哀近所著，为之号曰'逊遯'，曰'偪侧'"。

4. 雏莺　丁易著

1947 年上海群益出版社铅印本　　上海图书馆藏

　　丁易（1913—1954），原名叶鼎彝，笔名孙怡、丁易、访竹、光隼之、童宜堂等。桐城人。1936 年毕业于北平师范大学。曾任西北师范学院讲师，国立戏剧专科学校、四川大学、东北大学副教授，《民主报》总编辑。1944 年加入中国民主同盟，1947 年加入九三学社。

　　此书为中篇小说，反映青年学生思想状况及生活道路。

5. 窗前草　胡光岳著

1947 年祁门县文星堂石印本　　胡初云《桃峰胡氏在文艺上的成就》（载《祁门志苑》1985 年第 2 期，第 17 页）著录

　　胡光岳（1897—1980），字术五。祁门人，胡清澍之子，胡光钊之弟。曾创建祁门中学，出任首任校长。

　　此书分《窗前草诗稿》与《剪叶词稿》两册。

　　又：**窗前草　胡光岳著**　　1976 年抄本　　胡初云藏

　　此书存诗作 530 首，词作 87 首。

6. 创造风　方与严著

1947 年上海文建出版社铅印本　上海图书馆藏

著者生平已见《给青年朋友们的信》。

此书录新诗《光铁坡上的勇士们》《我敬爱的光铁坡勇士》《帆船》《蜜蜂》《自立歌》《把家保》《老母鸡》《儿童节舞队》《划时代的音乐组·小引》《卅年四月六》《拥著"民主教育"的大旗前进》《野火放得更美丽些》《投奔进〈磁石线〉里》《六年》《创校》《音乐组》《戏剧组》《文学组》《社会组》《绘画组》《每天八愿》《自然组》《八农场》《展望》《稳》20 余首。

又：**教育创造风　方与严著**　1950 年教育书店铅印本　安徽大学图书馆藏

此书为上书修订更名。

此书为《生活教育丛书》之三。

7. 春闺泪痕　周天籁著

1947 年大中华书局铅印本　　［美］耶鲁大学图书馆藏

著者生平已见《献睡莲姑娘》。

此书为长篇小说。

8. 待旦集一卷　孙传瑗著

雁后合钞本　中国国家图书馆藏

孙传瑗（1870—1985），字蘧生，号仰蘧，又号养癯。寿县人。清光绪年间创办《安徽通俗公报》，后参与创办《安徽船》。1929 年任安徽省政府委员，并曾任教于安徽省立第一师范学校，担任安徽大学教务长，后病逝于台湾。

此书内录《煮茗有感》《述怀》《六兵士》《来人大难》《饮马长城窟》等古近体诗作 45 题，附词 18 首。

9. 德箴文存　王德箴著

1947 年南京中央印务局铅印本　中国国家图书馆藏

著者生平已见《路及其他》。

此书前有著者近影、钱用和题词、自序、黄友娴序。内录《为苏北同胞请命》《我的家庭生活》《英国两大女诗人》《莺莺传与托洛业勒斯和克瑞瑟德》《关于弹词》等文 11 篇，多为历年应《女青年》等杂志约稿所写。附录《道家之宗旨》等 4 篇。末有补白，录诗作 41 首。

10. 地球末日记　〔美〕E. Balmer，〔美〕P. Wylie 著；周煦良译

1947 年上海龙门联合书局铅印本　中国国家图书馆藏

著者生平已见《神秘的宇宙》。

此书为科幻小说。前有《译后记》，内分"古怪的使命""末日联合会""从空间来的不速之客""末日之后的黎明""地球上最后一晚""两个世界的撞击""宇宙征服者"等二十七章。

《译后记》称："这本一九三二年的科学小说，在今日一九四七年，原子弹或原子能战争可能把世界人类大部分毁灭的时代，好像更有一读的理由。"

11. 东坡禅学诗文要解　（宋）苏轼著；江谦要解；齐用修辑

1947 年上海灵峰正眼印经会铅印本　中国国家图书馆藏

江谦生平已见《阳复斋诗偈集》。

此书选录苏轼有关佛学禅理诗文《阿弥陀佛颂》《释迦文佛颂》《僧伽赞》《观音赞》等 95 篇。

12. 赌窟奇案　〔美〕范达痕著；程小青译

1947 年上海世界书局铅印本　南京图书馆藏

译者生平已见《福尔摩斯探案全集》第六册。

此书前有《译者序》。

此书为《斐洛凡士探案》之十。

13. 风流寡妇　周天籁著

1947 年铅印本　〔美〕普林斯顿大学东亚图书馆藏

著者生平已见《献睡莲姑娘》。

14. 高原短曲　周而复著

1947 年香港海洋书屋铅印本　中国国家图书馆藏

著者生平已见《夜行集》。

此书内录短篇小说《开荒篇》《播种篇》《秋收篇》《警犬班长》《麦收的季节》《微笑》《礼物》7篇。末有著者后记，称此书前3篇所写背景为延安大生产运动，《警犬班长》《麦收的季节》《微笑》为敌后生活片段，《礼物》写于抗战之前。

15. 挂剑集　舒芜著

1947年上海海燕书店铅印本　中国国家图书馆藏

舒芜（1922—2009），学名珪德，字重禹，笔名舒芜。桐城人。方时乔之子。1940年辍学，任教于湖北、四川等地农村小学、中学，1944年后历任国立女子师范学院、江苏学院副教授。

此书六辑，前有著者题记，内分杂文、散文、文教问题短论、思想学术问题短论4类，录《吹毛求疵录之一》《不暇自我的丑角》《耶稣闻道记》《王莽的训导方法》《我的怀乡》《两层雾罩下的黑格尔》《国家行为的伦理问题》《尊师一法》《论文的风格》等杂文散文47篇。

16. 观酒狂斋诗录一卷　詹励吾著

雁后合钞本　中国国家图书馆藏

詹励吾（1904—1982），号半痴，又号诗禅、新六一居士。婺源人。曾任乐平县布业公会坐办、詹氏族立小学校长。1936年赴上海经商，抗战期间内迁四川、甘肃、云南，并西入缅甸。后返居上海，移家香港，旋徙居美洲。

此书内录《晚过高黎贡山宿龙陵》《张自忠将军殉国哀辞》《还家》等古近体诗作35题。

17. 过渡　丁易著

1947年上海知识出版社铅印本　上海图书馆藏

著者生平已见《雏莺》。

此书为长篇小说，描写江南某县小康之家知识青年方仲明抗战时期之奋斗经历。

18. 过渡时代　张恨水著

1947年上海春明书店铅印本　重庆图书馆藏

著者生平已见《春明外史》。

此书为长篇小说，约于 1933—1934 年由《太原日报》《南京晚报》连载。1945 年 12 月 2 日至 1947 年 5 月 21 日易名《新人旧人》，上海《立报》转载。

19. 黑手党　程小青编译

1947 年上海广益书局铅印本　上海图书馆藏

译者生平已见《福尔摩斯探案全集》第六册。

此书为《短篇侦探小说选》之四。

20. 化身博士　［英］史蒂文森著；李霁野译

1947 年上海开明图书馆铅印本　天津图书馆藏

译者生平已见《往星中》。

此书为长篇小说，原名《杰克尔大夫和哈第先生》。内分"门的故事""寻找哈第先生""杰克尔大夫十分从容""卡路被杀案""信的事件""兰尼昂大夫的可惊事件""窗前的事件""最后一夜""兰尼昂大夫的记述""亨利·杰克尔关于这件事件的完全记载"十章，末有《译后记》。

21. 画中线索　Schabelitz R. F，巴伯 W. A 著；桯小青译

1947 年上海艺文书局铅印本　中国国家图书馆藏

译者生平已见《福尔摩斯探案全集》第六册。

此书被辑入《艺文侦探丛书》。

22. 贾岛研究　章泰笙著

1947 年北平正中书局铅印本　中国国家图书馆藏

章泰笙（1915—1983），字竹生。庐江人。1936 年考入复旦大学，毕业后曾任四川九中、女子师范学院、华侨中学教师，1943 年后历任复旦大学、南京师范学院、上海第二师范学院中文系讲师。

此书前有卢前序、自序及陈诗、缪镇沈、徐莹题诗，内十章，介绍贾岛在唐代诗坛地位、家世、个性、交游、著作，及其诗作风格与影响。最后一章为贾岛年谱。

23. 假面女郎　程小青著

1947 年上海复兴书局铅印本　吉林省图书馆藏

著者生平已见《福尔摩斯探案全集》第六册。

24. 接担架　杨蔚，胡零编剧；陈紫配曲

1947 年佳木斯东北书店铅印本　天津图书馆藏

胡零（1913—1979），舒城人。1930 年任《新天津报》特约记者，后曾于河北省小学教书。1938 年参加八路军，先后于冀中军政干校、抗日军政大学二分校、鲁迅艺术学院学习。1942 年后任战力剧社社长、延安部队艺术学校一队辅导员、东北鲁迅文艺工作团三团创作组负责人、东北鲁迅文艺工作团四团团委。

此书为秧歌剧，被辑入《鲁艺创作丛书》。

25. 劫后灾黎　吴景超著

1947 年上海商务印书馆铅印本　安徽省图书馆藏

吴景超（1901—1968），一名纪谦，字北海。歙县人。1915 年入清华学校，1923 年赴美，先后就读于明尼苏达大学、芝加哥大学，获硕士、博士学位。回国后历任金陵大学社会学系教授兼系主任、清华大学社会学系教授。1935 年任职于国民政府行政院，1947 年返回清华大学社会学系。

此书为日记体散文。前有自序，内记述著者视察贵州、广西、湖南、广东、江西五省灾情状况。

26. 尻轮集　薛元燕著

雁后合钞本　中国国家图书馆藏

著者生平已见《市阴丛稿》。

此书内录古近体诗作 61 题，附词作 23 首。

27. 困学斋遗稿二卷　盛石著

1947 年铅印本　安徽省图书馆藏

盛石（1898—1937），字世顽，又字伯顽。桐城人。授徒于安庆。

此书由张五鹏等据遗稿整理而成，前有方守敦、潘田题词。

28. 老残游记　（清）刘鹗著；杨宪益，戴乃迭译

1947 年南京独立出版社铅印本　中国国家图书馆藏

杨宪益（1915—2009），祖籍泗州，生于天津。杨士燮之孙，杨毓璋之子。1934 年毕业于天津英国教会学校新学书院，后赴英国留学，1940 年回国，曾任重庆中央大学副教授、贵阳师院英语系主任、国立编译馆编纂。

此书为英汉对照本。前有杨宪益撰《关于〈老残游记〉》，介绍作者及作品。

29. 两个胡子　胡零，庄严，刘涤新编剧；陈紫配曲

1947 年佳木斯东北书店铅印本　天津图书馆藏

胡零生平已见《接担架》。

此书为歌剧。

30. 零墨新笺　杨宪益著

1947 年上海中华书局铅印本　中国国家图书馆藏

著者生平已见《老残游记》。

此书录《李白与菩萨蛮》《柘枝舞的来源》《秦土破阵乐的来源》《民间保存的唐西凉伎》《板桥三娘子》《薛平贵故事的来源》《宋代的养金鱼》等学术随笔 23 篇。

31. 鲁滨逊漂流记　［英］笛福著；汪原放译

1947 年上海建文书店铅印本　上海图书馆藏

译者生平已见《儒林外史》。

此书前有《原序》《著者传略》之一、《著者传略》之二、《著者传略》之三，理查德·斯提尔作《亚历山大·森尔刻克》，末附译者的话，述翻译此书过程。

32. 美学原理　［意］克罗齐原著；D. Anslieyuan 原译；朱光潜重译

1947 年上海正中书局铅印本　中国国家图书馆藏

朱光潜生平已见《给青年的十二封信》。

此书前有译者序，内分"直觉与表现""直觉与艺术""艺术与哲学""美学中底史性主义与理智主义""文学与艺术的历史"等十八章。

《译者序》称："我根据的本子是昂斯勒（DouglasAinslie）的英译本，一九二二年伦敦麦美伦书店出版……译时并参照意大利原文本第五版。因为我发现英译本常有错误或不妥处，原因在译者的哲学训练不太够，而且他根据修正的是原文第四版（一九〇九年版），克罗齐在第五版（一九二二年版）里已略有更正。"

33. 梦囊碎呓　高永福著
1947 年铅印本　安徽省图书馆藏

高永福（？—?），字佑人。来安人。曾于家乡办改良私塾，后任来安顿邱乡校教导主任。

此书前有王文章序，内录古近体诗 60 余题百余首，多载于报刊。

《王序》称此书为著者十年前旧作。

34. 明史演义绣像仿宋完整本　胡寄尘著
1947 年上海广益书局铅印本　广西师范大学图书馆藏

胡寄尘，名怀琛，生平已见《兰闺清课》。

35. 普式庚传　［苏］V. 吉尔波丁著；吕荧译
1947 年上海国际文化服务社铅印本　中国国家图书馆藏

译者生平已见《普式庚论》。

此书内分"普式庚的时代""普式庚的童年""高等学校""普式庚毕业后在圣彼得堡的生活""普式庚流放到南方""普式庚流芳在米哈伊罗夫斯基村""普式庚和尼古拉一世""一八三〇年秋天在波尔吉诺""结婚之后""迫害和孤独""决斗和死""人民的悲伤"十二节。

36. 穷人及其他　［俄］陀思妥耶夫斯基著；韦丛芜译
1947 年上海正中书局铅印本　中国国家图书馆藏

译者生平已见《穷人》。

此书据英译本转译，收录长篇小说《穷人》、中篇小说《女房东》。书前有译者《陀思妥耶夫斯基全集总序》，末附陀思妥耶夫斯基夫人《回忆陀思妥耶夫斯基》,《陀思妥耶夫斯基致兄书》及《陀思妥耶夫斯基年谱》。

37. 人性：灵魂的斗争　　[美]奥尼尔著，唐绍华译

1947 年上海中国文化事业社铅印本　　上海图书馆藏

译者生平已见《中国万岁》。

此书为奥尼尔唯一一部长篇文艺作品。全书十章，前有著者介绍。

38. 三十年来之上海　又名：拈花微笑录　钱化佛口述；郑逸梅编著

1947 年上海学者书店铅印本　　中国国家图书馆藏

郑逸梅生平已见《梅瓣集》。

此书前冠《三十年来之上海》（《拈花微笑录》凡例）；末附《拈花微笑录》之外页。内录《哈同之发迹》《火烧民立报馆》《袁政府画史》《电影之先声》等作品多篇，并含引言及附录。

39. 三十年来之上海续集　又名：花雨缤纷录　钱化佛口述；郑逸梅编著

1947 年上海学者书店铅印本　　中国国家图书馆藏

郑逸梅生平已见《梅瓣集》。

此书前有《凡例》，内录《社会百面观》《人才济济停云社》《民初蓬勃之新剧社》《七位英雄》《戏剧刊物谈》《于右任之三位老师》《到过吕碧城之寓所》《亡友杨度之生平》等 51 篇，末附《公子长之赵君玉痴太太裸体游行》《苏少卿之悼刘仁航》。

《凡例》称："本书原名《花雨缤纷录》，曾发表于《今报》。……不贤识小，无庸讳言，但在琐琐碎碎中，反映出三十年来之时代背景，那么即小见大，或许也有一读的价值。"

40. 死人之家　　[俄]陀思妥耶夫斯基著；韦丛芜译

1947 年上海正中书局铅印本　　上海图书馆藏

译者生平已见《穷人》。

此书为自传体长篇小说，前有著者引言。

41. 四季随笔　　[英]吉辛著；李霁野译

1947 年台湾省编译馆铅印本　　上海图书馆藏

译者生平已见《往星中》。

此书为散文，前有原书序，内分春、夏、秋、冬四部分，末有译者后记。

此书被辑入《名著译丛》。

42. 松花江上的风云　周而复著

1947年香港中国出版社铅印本　北京大学图书馆藏

著者生平已见《夜行集》。

此书为长篇报告文学。前有著者序，内分"在敌伪的阴影下""白山黑水之间""抗日英雄画像""民主联军及其领导者""新的纪元""一条肃清土匪的道路""从土地刊各阶层的生活""向压迫剥削你的人算账""无穷力量的源泉""工商教育近貌""取之有道""历史的轨迹"十二章。

此书稿曾连载于上海《时代周刊》，题名"东北风云"。

43. 淞云闲话　郑逸梅著

1947年上海日新出版社铅印本·吉林省图书馆藏

郑逸梅生平已见《梅瓣集》。

此书内录《春灯迷话》《春牛与芒神》《海上琵琶会》等掌故小品100篇。

44. 她也要杀人　田间著

1947年上海海燕书店铅印本　上海图书馆藏

著者生平已见《未明集》。

此书为长篇叙事诗，辑入《七月诗丛》。

45. 太阳的宝库　[苏]布黎士汶著；刘辽逸译

1947年哈尔滨光华书店铅印本　南京图书馆藏

译者生平已见《前线》。

此书为童话。末附译后记，评介本作品。

46. 铁骨冰：香艳紧张事实小说　周天籁著

1947年上海育才书局铅印本　吉林省图书馆藏

著者生平已见《献睡莲姑娘》。

此书为长篇小说。

47. 王元寿访瞎牛　又名：王元寿作风　王子野著

1947 年盐阜晋察冀新华书店铅印本　中国国家图书馆藏

王子野（1916—1994），原名程扶铎。绩溪人。1930 年入上海亚东图书馆为练习生，1938 年入陕北公学，同年加入中国共产党。曾任中共中央书记处图书数据室副主任、中央军委编译局翻译处处长、《晋察冀日报》编委、中共中央华北局宣传部出版科科长。

此书又名"王元寿作风"。内录报告文学《王元寿访瞎牛》《树叶掉下也怕打破头》《白泉访苦经验》《王元寿自我介绍》《晋绥军区群工团在兴县三个月》《华北大队在平定》《复查中怎样走群众路线》7 篇，述新解放区土改中访贫问苦工作。

48. 文艺创作辞典　钱谦吾编

1947 年上海光明书局铅印本　吴家荣《阿英传论》（安徽教育出版社 2009 年版，第 242 页）著录

钱谦吾，钱杏邨笔名。生平已见《暴风雨的前夜》。

又：**文艺创作辞典　钱谦吾编**　1948 年上海光明书局铅印本（2 版）重庆图书馆藏

此书按观察与描写对象分为十卷。

49. 我的读书生活　冯玉祥著

1947 年作家书屋铅印本　安徽大学图书馆藏

著者生平已见《冯玉祥诗钞》。

此书三十六章，前有著者引言，说明"为什么要写这本书""给什么人看""本书的特点""对读者的希望"。内记载著者清光绪十七年（1891）至清宣统三年（1911）之读书经历。

50. 乡下人的歌　又名：荒年的花　胡里著

1947 年南京汇文出版社铅印本　中国国家图书馆藏

胡里，刘岚山笔名，生平已见《漂泊之歌》。

此书前有著者《前记》。内录新诗《荒年的花》《向日葵》《杜鹃花》《蚕豆花》《石榴花》《菖蒲》《大公鸡》《捕蝗虫》《乡公所》《我是从乡下

来的》等 56 首。

此书被辑入《汇文创作诗丛》。

51. 心底曲：社会热情小说　予且著

1947 年上海中央书店铅印本　南京图书馆藏

予且，潘序祖笔名，生平已见《予且随笔》。

此书为十九章长篇小说。

52. 行知诗歌集　陶行知著

1947 年上海大孚出版公司铅印本　首都图书馆藏

此书前有著者照及小传，内录诗作《献诗》《桃红三岁》《北固乡道上》《春日晨游》《生命》《军阀的镜子》《活的教育》《富人一口棺》《留学生治国》《九一八四周纪念》《结婚杂感》《妇女大众战歌》《游击歌》《战时民众教育》《追思李公朴先生》《祭邹韬奋先生文》等 584 首。末有郭沫若校后记。

《校后记》称："诗中提及的人物，有些在今天看来实在是不值得赞美了，尤其是出于陶先生的笔下加以赞美。忍耐不过，我把他换成了 XX，陶先生如有知，我相信他是不会怪我的。"

53. 叙述与描写　［苏］G. 卢卡契著；吕荧译

1947 年上海新新出版社铅印本　北京大学图书馆藏

译者生平已见《普式庚论》。

此书前有 1944 年译者小引，内列举佐拉、托尔斯泰、福楼拜、司汤达、巴尔扎克等著名作家创作实例，介绍文学作品创作原则与创作方法。末有译注。

54. 血溅黄花：社会长篇小说　周天籁著

1947 年长江出版社铅印本　［美］耶鲁大学图书馆藏

著者生平已见《献睡莲姑娘》。

此书为长篇小说。

55. 逊遁吟一卷　江家球著

雁后合钞本　中国国家图书馆藏

江家球（1893—?），字贡先。婺源人。江峰青第三子。江西陆军测量学堂毕业。1928 年任国民党上海市政府秘书，后任中央军校少将秘书。1946 年退役，后赴台。

此书内录《哀卢沟桥》《从军行》《孙震将军部王师长铭章殉国滕县》《台庄大捷喜为李宗仁程潜白崇禧孙连仲汤恩伯诸将帅纪功》《张将军歌（纪念张自忠将军殉国襄河)》《吉普女郎歌》《喜闻受敌降讯》《退役》等古近体诗 74 题。

56. 延安一学校　程今吾著

1947 年新洛阳报社铅印本　超星数字图书馆收录

程今吾（1908—1970），嘉山人。1929 年考入南京晓庄师范学校，毕业后先后任教于浙江嘉兴九溪中学，广东大埔百候中学，安徽蚌埠、亳县等地中学及贵池乡村师范学校。1938 年加入中国共产党，曾任江苏失学失业青年工读服务团党支部书记、中共湖南辰溪县委组织部部长、广西桂林生活教育社党支部书记、重庆育才学校研究部主任。1944 年赴延安，任八路军抗属子弟学校校长。

又：**延安一学校　程今吾著** 1948 年华北新华书店铅印本　吉林省图书馆藏

此书副标题为"1944 年 9 月到 1946 年 3 月的八路军抗属子弟学校"。全书十三章，介绍该校简史、概况，孩子们生活、劳动、游戏、学习、社会活动及学校课程设置、教学活动、师生关系等。

又：**我们的学校：延安八路军抗属子弟学校介绍　程今吾著** 1948 年华中新华书店铅印本　吉林省图书馆藏

此书内容同上书。

57. 杨柳青青　张恨水著

1947 年重庆山城出版社铅印本　中国国家图书馆藏

著者生平已见《春明外史》。

此书为长篇抗战言情小说，1933 年 3 月 4 日至 1934 年 8 月 10 日上海《申报》副刊《春秋》连载。

书前《自序》称："这部书原来的名字，是'东北四连长'，民国二十二三年，登在上海《申报》的《春秋》栏内。胜利后，上海山城出版社找到了旧报，抄写一遍，打算出版。把原书有的冲淡，有的割弃，将原书三十二回，改为二十五回。但这一改，却收束不住，又根据了原书的线索，加写三回，共成二十八回。其结局把一幕悲喜剧闭幕在杨柳青青的时候，所以就径直的改名为'杨柳青青'了。"

58. 阳复斋诗偈三集　江谦著

1947 年上海灵峰正眼印经会铅印本　中国国家图书馆藏

著者生平已见《阳复斋诗偈集》。

此书前有《缘起》，并谛闲等人题词。内分"净土""大乘""题赠""感托""友声"五部分。

59. 夜夜春宵：香艳小说　周天籁著

民国铅印本　吉林省图书馆藏

著者生平已见《献睡莲姑娘》。

此书为章回小说，1947 年 5 月 5 日至 8 月 16 日连载于《风报》。

60. 夜莺曲　沙骆著

1947 年上海建国出版社铅印本　上海图书馆藏

沙骆，谭惟翰笔名，生平已见《海市吟》。

此书为长篇小说。前有著者题记，称此小说原刊于《新夜报》，连载四十多天，并即将由国泰电影公司搬上银幕。

61. 一个女人的自传　杨步伟著；赵元任译

1947 年纽约 John Day 铅印本　赵如兰《杂记赵家·新版序言二》著录

杨步伟（1889—1981），女。字韵卿，小名兰仙、传弟。石埭人，生于南京。杨文会孙女，杨自新之女，赵元任之妻。清光绪三十三年（1907）入上海中西女塾，1912 年任崇实女子中学校长。次年赴日本东京帝国大学医科攻读医学，获医学博士学位。1919 年回国创办北京森仁医院。1926 年任女子学院讲师，同时于北京设立生产限制诊所，后任北京女子师范大学体育系教授。1939 年随赵元任赴美国侨居，次年任美国战时赈济中国委员会委员。

此书前有著者与丈夫赵元任 1947 年写于麻省剑桥之《书前》。

又：**杂记赵家　杨步伟著**　1999 年中国文联出版社铅印本　中国国家图书馆藏

此书前有朱德熙新版序言一，赵如兰新版序言二。全书由《一个女人的自传》和《杂记赵家》两部分组成。《一个女人的自传》前有著者《我写自传的动机》、赵元任《英译本"书前"》，内以著者自身生活历程为重点，共三十五章。

62. 原子大盗　程小青著

1947 年上海复新书局铅印本　湖南省图书馆藏

著者生平已见《福尔摩斯探案全集》第六册。

63. 愿学斋诗存一卷　夏崇让著

1947 年铅印本　安徽省图书馆藏

夏崇让（1878—?），字仲谦。合肥人。1920 年曾任安徽省会警察厅试署警正，后经商。

此书前有自序。

64. 怎样写　钱毅著

1947 年山西太岳新华书店铅印本，中国国家图书馆藏。

著者生平已见《大众诗歌》。

此书前有著者之父阿英所撰《作者小传》及著者《写在前面》。内录《写什么？怎样写？》《从"庄稼话"里学几种写稿方法》《怎样写小故事》《怎样写小诗歌》《大湾农民是怎样集体编写诗歌的?》《谈"叙事诗"》《怎样写工作小经验》《集体写稿与集体改稿》《谈"代笔"》《〈大众诗歌〉前言》《谈谈"墙头诗"》《盐阜区的墙头诗运动》《大众报编辑工作上的几个具体问题》文学论文 13 篇。

65. 至德周止庵先生纪念册　周明泰等辑

1947 年铅印本　中国国家图书馆藏

著者生平已见《道咸以来梨园系年小录》。

周学熙（1865—1947），字止庵。

66. 中国文学之流别　高节文著

1947 年芜湖民声印刷厂铅印本　安徽省图书馆藏

高节文（1901—1982），贵池人。1925 年毕业于国立东南大学中文系，先后执教于桐城中学、凤阳五中、连云港东海中学和安庆高级中学。抗战开始后于安徽第一、第七、第八联中，芜湖安徽师范学院，贵池、昭明国学专科学校任教。

此书五节，第一节为古文，第二节为骈文，第三节为诗歌，第四节为词曲，第五节为小说。所介绍均为古文体。

67. 庄子补正十卷　（战国）庄周著；（晋）郭象注，（唐）成玄英疏，刘文典学

1947 年上海商务印书局铅印本　中国国家图书馆藏

著者生平已见《淮南鸿烈集解》。

此书前有陈寅恪序。内据《庄子》原著分内篇、外篇、杂篇三部分。

又：**庄子补正十卷　刘文典著**　1980 年云南人民出版社铅印本　中国国家图书馆藏

此书增加刘文典遗稿自序、张德光跋，不再分卷。

1948 年(民国三十七年)

1. 跋敦煌写本《法句经》及《法句譬喻经》残卷三种　周一良著

1948 年北京大学出版社铅印本　北京大学图书馆藏

周一良（1913—2001），早年曾用字太初。至德人，生于青岛。周叔弢之子。1930 年起先后就读于北平燕京大学国文专修科、辅仁大学历史系、燕京大学历史系。1939 年赴美国哈佛大学远东语言系学习，1944 年获博士学位，次年回国，先后执教于燕京大学、清华大学。

此书为《国立北京大学五十周年纪念论文集》，文学院第六种，1947 年曾连载于《图书季刊》八卷一至二期。

2. 白求恩与阿洛夫：医务工作者的新方向　周而复，方纪著

1948 年大连大众书店铅印本　中国国家图书馆藏

周而复生平已见《夜行集》。

此书为报告文学。前有毛泽东著《学习白求恩》，内录周而复《诺尔曼·白求恩断片》、方纪《阿洛夫医生》二篇。末有编后。

又：**白求恩与阿洛夫：医务工作者的新方向　周而复，方纪著**　1949 年华北军区后勤卫生部铅印本　中国国家图书馆藏

此书前增钱信忠《人民医生的科学基础与质量锻炼》及白求恩一篇讲话，末增钱信忠《展开学习白求恩大夫》一文。

3. 百卉园吟草　李寅恭著

1948 年铅印本　中国国家图书馆藏

李寅恭（1884—1958），字飀宸，亦作协丞，别号百卉园农。合肥人。1914 年赴英国阿伯丁大学攻读农林课程，毕业后任剑桥大学林业技师。

1919 年回国，历任安徽省第一农业学校林科主任，安徽省第二农业学校校长，安徽省教育公有林技师、总董事，《实验杂志》编辑所所长，第四中山大学农学院讲师、副教授、教授、系主任，兼任江苏省教育林场场长。

此书内录诗作 200 余首，末附夫人张绍南《望云轩杂咏》一卷，录诗 4 首。

4. 财主底儿女们下册　路翎著

1948 年上海希望社铅印本　北京大学图书馆藏

著者生平已见《饥饿的郭素娥》。

5. 沉默的人　荒芜等译

1948 年上海中华书局铅印本　广东省立中山图书馆藏

荒芜（1916—1995），原名乃仁，笔名黄吾、叶芒、李水、淮南、林抒、方吾。凤台人。1937 年毕业于北京大学，次年参加中华全国文艺界抗敌协会，并任长沙抗日青年军官培训班政治教官，后任重庆《世界日报》明珠副刊主编。1945 年后曾任太平洋美军夏威夷华语中心教官、法国通讯社英文编辑、上海《文汇报》副刊编辑、国民党第十一战区设计委员会参议、中华文协北平分会理事、北方大学和华北大学文艺研究员。

此书内录短篇小说 24 篇，其中〔美〕W. 萨洛阳著《沉默的人》、〔苏〕舍格亦夫曾斯基著《医生之死》，均为荒芜译。

6. 痴儿女　杰克著

1948 年香港现代出版社铅印本　广东省立中山图书馆藏

杰克，黄天石笔名，生平已见《新说部丛刊第二集》。

此书为长篇小说。

7. 赤练蛇　〔英〕杞德烈斯著；程小青译

1948 年上海世界书局铅印本　吉林省图书馆藏

译者生平已见《福尔摩斯探案全集》第六册。

此书前有译者《引言》。

此书为《圣徒奇案系列》之一。

8. 从布其维里到喀尔巴阡山　　［苏］科夫巴克著；刘辽逸译

1948 年哈尔滨光华书店铅印本　　安徽省图书馆藏

译者生平已见《前线》。

此书为回忆录，记述苏联卫国战争时期一支游击队战斗事迹。

9. 丁易杂文　　丁易著

1948 年上海华夏书店铅印本　　北京师范大学图书馆藏

著者生平已见《雏莺》。

此书收著者 1943—1945 年所撰杂文 58 篇。

10. 翻身的年月　　周而复著

1948 年香港海洋书屋铅印本　　北京大学图书馆藏

著者生平已见《夜行集》。

此书内录小说《八月的白洋淀》《海上的遭遇》《山谷里的春天》3 篇。
末有著者《后记》。

11. 古代神话与民族　　丁山著

1948 年稿本　　南京江苏文艺出版社铅印本著录

丁山（1901—1952），原名丁增熙。和县人。1924 年考取北京大学研
究所国学门研究生，1926 年后历任厦门大学助教、中山大学教授、中央研
究院历史语言所专任研究员、中央大学教授、山东大学教授。

又：**古代神话与民族　　丁山著**　　2011 年南京江苏文艺出版社铅印本
中国国家图书馆藏

此书撰于 1948 年，当时未能出版。对中国三代至先秦的历史，如《由
三代都邑论其民族文化》《新殷本纪》《开国前周人文化与西域关系》《禹
平水土本事考》等专题有翔实论述。

此书辑入《北斗丛书》。

**12. 古邸中的三件盗案　　［英］奥塞·玛利逊等著；［美］来特辑；程
小青译**

1948 年上海大东书局铅印本　　重庆图书馆藏

译者生平已见《福尔摩斯探案全集》第六册。

此书内录〔英〕奥塞·玛利逊《古邸中的三件盗案》，J.S. 夫勒拆《市长书室中的凶案》2 篇。

此书为《世界名家侦探小说》之七。

13. 瞽侦探　〔英〕厄涅斯德布累马等著；〔美〕来特辑；程小青译

1948 年上海大东书局铅印本　超星数字图书馆收录

译者生平已见《福尔摩斯探案全集》第六册。

此书前有《新序》《译者自序》，内录〔英〕厄涅斯德布累马《瞽侦探》，〔德〕陶哀屈烈克梯邨《美的证据》2 篇。

《新序》称，本书于十年前曾由大东书局出版，现重排袖珍本。此书为《世界名家侦探小说》之五。

14. 怪旅店　〔英〕杞德烈斯著；程小青译

1948 年上海世界书局铅印本　吉林省图书馆藏

译者生平已见《福尔摩斯探案全集》第六册。

此书前有译者《引言》。

此书为《圣徒奇案系》之五。

15. 哈泽·穆拉特　〔俄〕L. 托尔斯泰著；刘辽逸译

1948 年哈尔滨光华书店铅印本　天津图书馆藏

译者生平已见《前线》。

此书为中篇小说。

16. 合欢草　杰克著

1948 年香港大公书局铅印本　〔美〕斯坦福大学图书馆藏

杰克，黄天石笔名，生平已见《新说部丛刊第二集》。

此书为中篇小说。

17. 黑窨中　程小青编译

1948 年上海广益书局铅印本　湖南省图书馆藏

译者生平已见《福尔摩斯探案全集》第六册。

此书内录《黑窖中》《飞来横祸》《钮子与烟灰》《一个指印》《天然证据》《往事》6 篇。

此书为《短篇侦探小说选》之六。

18. 红幔下　程小青编译

1948 年上海广益书局铅印本　湖南省图书馆藏

译者生平已见《福尔摩斯探案全集》第六册。

此书内收《红幔下》《怪梦》《疯人》《谣言》4 篇。

此书为《短篇侦探小说选》之九。

19. 魂断文德桥　牛布衣著

1948 年南京《南京人报》铅印本　苏州图书馆藏

牛布衣，张友鸾笔名。生平已见《汤显祖及其牡丹亭》。

此书内录《魂断文德桥》《秦淮历险记》《吉诃德先生的恋爱》《不变的心》《飞燕》5 篇小说，描写五个不同类型的"夫子庙特种女人"——歌女、舞女、女招待、向导、妓女。

此书辑入《南京人报文艺丛刊》。

20. 火　又名：挖财宝　胡零编剧；刘炽作曲

1948 年佳木斯东北书店铅印本　中国国家图书馆藏

编剧生平已见《两个胡子》。

此书为十二场歌剧。

21. 疾风劲草　纪澹诚著

1948 年油印本　纪振亚《纪伯吕先生简历》（载《贵池文史资料第二辑》，1985 年版，第 94 页）著录

著者生平已见《啸乡剩草》。

此书为联语集。

22. 绞索勒着脖子时的报告　［捷克］尤利斯·伏契克（Julius Fucik）著；刘辽逸译

1948 年哈尔滨光华书店铅印本　天津图书馆藏

译者生平已见《前线》。

此书为报告文学，据俄译本转译。

23. 近代野乘　郑逸梅著

1948 年上海新中书局铅印本　中国国家图书馆藏

郑逸梅生平已见《梅瓣集》。

此书前有杨宛叟、孙沧叟、陈蒙庵、黄宾虹、朱大可、金息侯、陈仲陶题词各一，内录小品 66 篇，记述清末民初文人墨客及社会名流逸闻趣事。

24. 近代英国诗钞　豪斯曼等著；杨宪益译

1948 年上海中华书局铅印本　上海图书馆藏

译者生平已见《老残游记》。

此书前有译者序，内选译豪斯曼《最可爱的树》《栗树落下火炬似的繁英》《在我的故乡我觉得无聊》《我的心充满了忧愁》，波顿尼《初春》，爱德华唐墨斯《丛丛的荆棘》，古尔德《人生》，安德鲁杨《最后的雪》，白冷顿《穷人的猪》，阿伯克伦昆《墓铭》，以及萨松、卢勃伯鲁克、韦斯利等 25 人诗作 50 首。

25. 近代中国文学　任铭善，朱光潜著

1948 年上海华夏图书公司铅印本　中国国家图书馆藏

朱光潜生平已见《给青年的十二封信》。

此书前有《序》，内录任铭善《近二百年的中国文学》、朱光潜《现代中国文学》两文。

26. 漏点　程小青编译

1948 年上海广益书局铅印本　湖南省图书馆藏

译者生平已见《福尔摩斯探案全集》第六册。

此书录《漏点》《自作孽》《葡萄棚下》《轩轾戏》《懊恼事件》《碧海一浪》6 篇。

此书为《短篇侦探小说选》之五。

27. 论文学批评的任务　　[苏] 法捷耶夫等著；刘辽逸译

1948 年哈尔滨光华书店铅印本　　安徽大学图书馆藏

译者生平已见《前线》。

此书内录文学论文《论文学的党性》《表现苏维埃人》《社会主义的现实主义中的革命浪漫主义原则》《旧现实主义中的浪漫主义原则》《论媚外风气》《社会主义的现实主义比较旧现实主义的优点》《我们的思想敌人》《我们思想敌人的诡计》《文学形式问题》《文学批评的教育作用》《文学批评在民族问题上的缺点》《在我们文学批评中积极进步的一面》《文学理论的几个问题》《争取富有思想性的文学批评》14 篇。末有附记。

28. 麦格路的凶案　奇怪的迹象　　[美] 哀迪笳·埃仑·坡，[匈] 鲍尔邨·葛洛楼著；[美] 来特辑；程小青译

1948 年上海大东书局铅印本　　重庆图书馆藏

译者生平已见《福尔摩斯探案全集》第六册。

此书录《麦格路的凶案》《奇怪的迹象》2 篇。

此书为《世界名家侦探小说》之一。

世界名家侦探小说　　[美] 来特辑；程小青译　　1948 年上海大东书局铅印本

是编内录：[美] 哀迪笳·埃仑·坡，[匈] 鲍尔邨·葛洛楼著《麦格路的凶案·奇怪的迹象》；[美] 安那·喀德麟·格林著《盲医生》；[英] 厄涅斯德布累马等著《瞽侦探》；[法] 毛利司勒勃朗，[俄] 安东乞呵甫等著《瑞典火柴》；[英] 奥塞·玛利逊等著《古邸中的三件盗案》；[英] 亨利贝力等著《小屋》。

29. 盲医生　　[美] 安那·喀德麟·格林著；[美] 来特辑；程小青译

1948 年上海大东书局铅印本　　上海图书馆藏

译者生平已见《福尔摩斯探案全集》第六册。

此书卷首有作者小传，为《世界名家侦探小说》之二。

30. 梅光迪文录　　梅光迪著

1948 年杭州国立浙江大学铅印本　　浙江大学图书馆藏

梅光迪生平已见《文学概论》。

此书内录《评提倡新文化者》《评今人提倡学术之方法》《论今日吾国学术界之需要》《现今西洋人文主义》《安诺德之文化论》《孔子之风度》《卡莱尔与中国》等杂文16篇，多数曾于《学衡》《国风》《国命》《浙大文学院集刊》等刊物上发表。

又：**梅光迪文录**　梅光迪著　1968年台湾中华大典编印会铅印本　天津图书馆藏

此书前有郭斌龢所撰《梅迪生先生传》，王焕镳所撰《梅迪生先生文录序》，著者遗像及手迹。内录《评提倡新文化者》《评今人提倡学术之方法》《论今日吾国学术界之需要》《现今西洋人文主义》《安诺德之文化论》《孔子之风度》《九年后之回忆》《言论界之新使命》《斥伪教育》《近代大一统思想之演变》《英美合作之必然性》《卡莱尔与中国》《双溪老人七十寿言》《正和翁七十寿序》《昆有翁六十寿序》《日记选录》《家书四通》。附录《梅迪生先生在国民参政会二提案》《梅先生尊翁教子书》及斯泰加、顾力雅、张其昀、梅光来、贺昌群、梅李今英6人悼念文章。末录英文作品3篇。

又：**梅光迪文录**　梅光迪著；罗岗，陈春艳编　2001年辽宁教育出版社铅印本　中国国家图书馆藏

此书前有《本书说明》，称："为了给历史反思提供必要的史料，我们这次编选梅光迪的文章，除了将1968年台湾联合出版中心出版的《梅光迪文录》（这个版本是1946年浙江大学文学院出版的《梅光迪文录》的增补本）的内容全部收入，重新编排之外（为了方便读者，已把书中的三篇英文文章翻译成了中文），特别从安徽黄山书社影印出版的《胡适遗稿及秘藏书信》中把梅光迪致胡适的书信四十五通和他的《序与胡适交往之始》一文加以整理，收入本书。虽然书信原编次在时间上颇多前后错杂，但在未充分辨析的情况下，仍以维持原貌为宜，只是略加注释，以助读者理解。另外还从胡适《我的歧路》（载《胡适文存》二卷三集）录出梅光迪致胡适的书信一通，也一并收入。可以说本书是目前收录梅光迪文字最完备的一个本子，包括了他的论文、文章、英文作品、日记、书信和提案等。附录部分则是他的传记、浙大版《梅光迪文录》的序言以及各方对他的追思文章。相信它的出版能够为重新描绘中国现代文学和文化的历史图景添上不可或缺的一笔。"

又：梅光迪文存三卷　梅光迪著；梅铁山主编　2011 年武汉华中师范大学出版社铅印本　中国国家图书馆藏

此书前有乐黛云序及梅铁山《前言》，末附《编后记》。内上卷为文录、集外文，录《文学概论讲义》《近世欧美文学趋势讲义》《文学概论》《女子与文化》《评今人提倡学术之方法》《中国古典文学之重要》《爱国主义之今昔》等中英文作品 41 篇（包括存目）；中卷为家书集，录佚信 7 封，及台版《梅光迪先生家书集》全部内容（附参考译文）；下卷为致友人书信、日记，录梅光迪致胡适书信 46 通，致张晓峰（其昀）4 通，致竺可桢 2 通，及日记选录。

31. 幕面人　程小青编译

1948 年上海广益书局铅印本（2 版）　上海图书馆藏

译者生平已见《福尔摩斯探案全集》第六册。

此书录《幕面人》《最后胜利》《神和枪弹》《魔神》《种瓜得瓜》《意外机缘》6 篇。

此书为《短篇侦探小说选》之二。

短篇侦探小说选十种　程小青编译

此编内录：《黑手党》《幕面人》《谁是奸细》《天刑》《红幔下》《三跛子》《漏点》《黑窖中》《圈套》《石像之秘》。

32. 青春乐　周天籁著

民国铅印本　吉林省图书馆藏

著者生平已见《献睡莲姑娘》。

此书为长篇小说，1948 年 5 月 8 日至 9 月 26 日连载于《飞报·日刊》，共 144 节。

33. 卿何薄命　周天籁著

1948 年上海影艺出版公司铅印本　吉林省图书馆藏

著者生平已见《献睡莲姑娘》。

此书为长篇小说，1947 年 8 月 17 日至 11 月 26 日连载于《风报》。

34. 肉　周天籁著

1948 年上海影艺出版公司铅印本（2 版）　吉林省图书馆藏

著者生平已见《献睡莲姑娘》。

此书为长篇小说，1948 年 1 月 1 日至 5 月 31 日连载于《大风报》。

35. 瑞典火柴　〔美〕来特辑；程小青译

1948 年上海大东书局铅印本　上海图书馆藏

译者生平已见《福尔摩斯探案全集》第六册。

此书前有《新序》，内录〔法〕毛利司勒勃朗《雪中足印》、〔俄〕安东乞呵甫《瑞典火柴》，每篇前有作者小传。

此书为《世界名家侦探小说》之六。

36. 三跛子　程小青编译

1948 年上海广益书局铅印本　上海图书馆藏

译者生平已见《福尔摩斯探案全集》第六册。

此书录《三跛子》《第一课》《暮炮》。

此书为《短篇侦探小说选》之十。

37. 三国闲话　郑逸梅著

1948 年上海广益书局铅印本　上海师范大学图书馆藏

郑逸梅生平已见《梅瓣集》。

此书前有康瓠子序，内录"关张及诸葛亮之艺术""满文之三国演义""年龄之比较""诸葛亮发明之药剂""周仓之考证""貂蝉与刁蝉""演义作者之失检处"等有关三国人物、故事之笔记多则。

38. 谁是奸细　程小青编译

1948 年上海广益书局铅印本　上海图书馆藏

译者生平已见《福尔摩斯探案全集》第六册。

此书录《谁是奸细》《蓝钻石》《一杯酒》《不祥之花》《侥幸的自由》《心刑》6 篇。

此书为《短篇侦探小说选》之三。

39. 斯达林格勒　　[苏] V. 涅克拉索夫著；李霁野译

1948 年中兴出版社铅印本　中国国家图书馆藏

译者生平已见《往星中》。

此书为表现苏联卫国战争之长篇小说，辑入《中苏文化协会文学丛书》。

40. 诵芬堂文稿七编三卷　钱文选著

1948 年广德钱氏铅印本　中国国家图书馆藏

著者生平已见《游滇纪事》。

此书前有自序，内上卷录《劫余文稿序》《钱王事略》《洪宪轶闻》《呈请救济总署救济广德兵灾》等文 13 篇，《怀旧》《咏西湖》等七古 13 首，《还我河山》《九九日本投降》《报载清宣统遇险》等七律 33 首，《祝卫锐锋先生七十寿》《告别沪友》《欧战感怀》等七绝 35 题近百首，附录各家题钱孝女福弟诗及其他。

《自序》称："拙著诗文为上卷，古今名人题赠钱王祠诗文为中卷，《吴越世家》《钱氏碑传》等集目为下卷。颜曰《诵芬堂文稿七编》。"

41. 天刑　程小青编译

1948 年上海广益书局铅印本　吉林省图书馆藏

译者生平已见《福尔摩斯探案全集》第六册。

此书录《天刑》《一张古画》《降灵会》《业余罪徒》《倒指印》《爱之转变》6 篇。

此书为《短篇侦探小说选》之八。

42. 蔚蓝色的地中海　刘方矩著

1948 年上海文通书局铅印本　上海图书馆藏

刘方矩（1914—1981），字兴絜。怀宁人。抗战前毕业于日本陆军士官学校，入陆军指挥参谋大学研究班、三军联合参谋大学、国防研究院深造。后历任排长、营长、上校参谋、科长、北非观战团团员。曾参加防守马当要塞。抗战胜利后历任国民政府驻伊朗陆军武官，国防部第二厅专员、处长、外事联络组组长，国防大学编译处处长，陆军总部第二署署长，安全局第二处处长等职。

此书为日记体报告文学，前有《写在前面》，介绍时代背景；内十四章，记述第二次世界大战期间国民党政府北非观战团在北非之活动。末附《脱稿后的话》。

43. 雾中花 张恨水著

1948 年上海春秋出版社铅印本 上海图书馆藏

著者生平已见《春明外史》。

此书为中篇小说，曾连载于 1947 年 5 月 11 日至 8 月 13 日北平《新民报》副刊《北海》。

44. 陷坑第三部 胡怀琛著；秦文漪译

1948 年中兴出版社铅印本 超星数字图书馆收录

胡怀琛生平已见《兰闺清课》。

《陷坑》为长篇小说。第一部为〔苏〕库布尔著；秦文漪译。1948 年中兴出版社铅印本。

45. 小屋 〔英〕亨利贝力等著；〔美〕来特辑；程小青译

1948 年上海大东书局铅印本 重庆图书馆藏

译者生平已见《福尔摩斯探案全集》第六册。

此书录〔英〕亨利贝力《小屋》、〔美〕麦尔维尔·达维森·波士德《草人》。

此书为《世界名家侦探小说》之八。

46. 行知诗歌选 陶行知著；朱泽甫选辑

1948 年大连光华书店铅印本 北京大学图书馆藏

著者生平已见《知行书信》。

此书录《诗的学校》《木匠先生》《自立歌》《村魂歌》《老夫子》《中国人》《老少通》等诗作 58 首，诗后有注。

47. 阳明致良知学 （明）王守仁著；江谦辑

1948 年上海灵峰正眼印经会铅印本 中国社会科学院图书馆藏

江谦生平已见《阳复斋诗偈集》。

此书前有明隆庆二年（1568）皇帝诰命，（明）藕益大师评议，（明）钱德洪先生序说节录，蒋维乔、王培孙序各一，江谦、江樾题词，并游有维《诗序》，吴敬恒、浩叟致游有维书。内节选《阳明全书》中阐述致良知学说的有关篇章，包括《世德纪》6 篇、《大学问》《传习录》《朱子晚年定论》，以及有关序、记、说、题卷、书、诗、语录 82 则。书前、书末附《阳复斋丛刊书目》。

48. 养性轩晚晴吟草二卷　沈曾荫著

1948 年铅印本　吉林省图书馆藏

著者生平已见《养性轩诗集》。

又：**养性轩晚晴吟草二卷　沈曾荫著**　1951 年北京文岚簃铅印本　中国国家图书馆藏

此书为俞平伯题签，前有 1948 年傅增湘序。卷上录《丁亥夏琴冈旅次晚晴遣兴》《燃其恨》《难女行》《哀巾帼》《海滨感事》等古近体诗作 120 余题；卷下录《暑中由琴冈飞还故乡写此纪实》《挽齐州女布衣吕美荪》《北京大学成立五十周年感言》《哀江南》《哀人心》《七十初度感言》等古近体诗作 110 余题。

49. 养性轩晚定稿一卷　沈曾荫著

1948 年铅印本　吉林省图书馆藏

著者生平已见《养性轩诗集》。

又：**养性轩晚定稿一卷　沈曾荫著**　1951 年北京文岚簃铅印本　中国国家图书馆藏

此书为俞平伯题签。前有 1948 年自序，内录 1912—1946 年古近体诗作 265 首。

50. 云雀　路翎著

1948 年上海希望社铅印本　北京大学图书馆藏

著者生平已见《饥饿的郭素娥》。

此书为四幕悲剧，书名页印有"路翎第一戏剧"，内描写知识分子生活。末有著者《附记》。

51. 张自忠的故事 吴组缃著

1948 年上海教育书店铅印本 中国国家图书馆藏

著者生平已见《西柳集》。

此书封面署名吴组湘，扉页署名吴组缃。前有张自忠遗像、遗墨及《编者的话》，内录小故事 121 则，介绍抗战英雄张自忠将军生平事迹，末附《张自忠简传》。

52. 止庵诗存二卷附外集一卷 周学熙著

1948 年至德周氏铅印本 安徽省图书馆藏

著者生平已见《府君行状》。

此书前有张元济序及著者自序，内录诗作多记录家事与交游。

53. 中法战争文学集 阿英编

1948 年上海北新书局铅印本 安徽大学图书馆藏

阿英，钱杏邨笔名。生平已见《暴风雨的前夜》。

此书前有《叙例》及《中法战争文学论》，内五编。第一编为奏议；第二编为论著；第三编为战纪；第四编为诗词，内录黄遵宪、李光汉、马相如、赵浚、彭玉麟、张罗澄等人诗作 26 首；第五编为小说，内录巢南子《越南覆灭记》，东亚病夫《黑旗战史》附《丙午初稿》《庄仑樵戏文》，王炳成《中法战记》。末有《中法战争书录》。

此书辑入《近百年来国难文学大系》。

54. 中日战争文学集 阿英编著

1948 年上海北新书局铅印本 安徽大学图书馆藏

阿英，钱杏邨笔名。生平已见《暴风雨的前夜》。

此书前有《甲午中日战争文学论》，内五编。第一编为奏疏；第二编为论著；第三编为诗词，内录杜德舆、黄遵宪、陈悒庵、胡培元、邹增佑、赵浚、王闿运、陈季同、杨文藻、张罗澄、张秉诠、杨文萃、徐维城、张同、符天佑、吴昌言、袁祖志、长白佩珊女史等咏叹中日战争诗词 95 首；第四编为杂文，内录养吾氏、金一、林纾、罗惇曧、冤还述文、俞明震、文廷式、高太痴之本事、纪实、笔记、小说选 12 篇；第五编为小说，内录洪兴全《中东大战演义》三十三回，东亚病夫《一八九四年北京》，阿伦著、兰言译《旅顺落难记》十回。末附《甲午中日战争书录》。

此书辑入《近百年来国难文学大系》。

55. 朱八嫁　汪仲贤著

1948 年上海震华书局铅印本　徐乃翔《中国新文艺大系（1937—1949）理论史料集》（中国文联出版公司 1998 年版，第 894 页）著录

著者生平已见《歌场冶史》。

此书为长篇小说，曾于 1932 年 7 月 1 日至 1933 年 5 月 21 日《时代日报》连载。

56. 庄子天下篇荟释　单演义著

1948 年西安黎明日报社铅印本，中国国家图书馆藏

单演义（1909—1989），原名晏一，字慧轩。萧县人。早年入西北大学，后转山东大学。毕业后至西北大学任教。

此书前有孙道升小序、自序。全书分前论、本论、后论三部分，前论有解题、考证、提要；本论着重论述邹衍、墨翟、宋钘、尹文、彭蒙、田骈、慎到、关尹、老子、庄周．惠施之学术思想，并分章句，汇集自魏晋至当代学者（包括日本学者）之注释，对原文加以解释；后论将先秦诸子析为九流十家，列表比较。末附《诸子家数比较表》《参考书志举要》及张芝友跋。

57. 左宗棠　张振佩著

1948 年上海中华书局铅印本　重庆图书馆藏

著者生平已见《成吉思汗评传》。

此书六章，末附左宗棠年谱。内述左宗棠少年时期、幕僚时期、统兵平捻军、平定新疆等事迹，并对其一生功业加以评述。

此书为《中华文库·初中》第一集。

1949 年(民国三十八年)

1. 阿 Q 正传 鲁迅著;罗果夫译;刘辽逸注释
1949 年天津新中国书局铅印本 南京图书馆藏
译者生平已见《前线》。
此书为中俄文对照本。

2. 安娜·卡列尼娜 〔俄〕列夫·托尔斯泰著;高植译
1949 年上海文化生活出版社铅印本 上海图书馆藏
著者生平已见《树下集》。
此书被辑入《译文丛书》。

3. 白求恩大夫 周而复著
1949 年上海知识出版社铅印本(2 版) 中国国家图书馆藏
著者生平已见《夜行集》。
此书为长篇小说。

4. 悲悼 〔美〕奥尼尔著;荒芜译
1949 年上海晨光出版公司铅印本 中国国家图书馆藏
译者生平已见《沉默的人》。
此书前有赵家璧《出版者言》。书名原文:*Mourning Becomes Electra*。内为三部曲戏剧,包括《归家》(四幕剧,三部曲之一)、《猎》(五幕剧,三部曲之二)、《祟》(四幕剧,三部曲之三)。
此书被辑入《美国文学丛书》。

5. 北望楼杂文　周而复著

1949 年上海文化工作社铅印本　北京大学图书馆藏

著者生平已见《夜行集》。

此书录《文人相轻》《谈选家》《林语堂的新花样》《新诗的路子》《屈原及其作品》《周作人抄书》《新诗是什么》《救救孩子的呼声》《所谓"与抗战无关"》《从百团大战说起》《准自由谈》《为保卫和平而团结起来》等51 篇写于 1935—1949 年之杂文。末有著者《后记》。

6. 本是一家人　玛金等著

1949 年天津人民艺术出版社铅印本　天津图书馆藏

著者生平见《宣传工作借镜》。

此书录玛金《本是一家人》（独幕剧）与祁醒一等《劳动态度》（二幕剧）。

7. 表忠小志　钱文选著；保管西湖钱王祠委员会编

1949 年浙江文化印刷公司铅印本　安徽大学图书馆藏

著者生平已见《游滇纪事》。

此书前有自序，著者裔孙钱谟序。内录吴越国史料，分"像赞""图考""宸翰""年表""家训""遗文""逸事""古迹""艺苑""联额""祠产""杂录"十二类，其中"艺苑""联额"录吴士鉴、许世英、齐耀珊、钱文选所撰钱王祠碑记及近代名人诗歌与楹联。末有保管西湖钱王祠委员会附记。

8. 大众教育家与大众诗人　方与严著

1949 年上海教育书店铅印本　中国国家图书馆藏

著者生平已见《给青年朋友们的信》。

此书描述陶行知生活历程与教育理念，并辑录、评介其诗作 50 首。

9. 电影巨头艳史：事实小说　周天籁，袁地依著

1949 年上海电影话剧社铅印本　上海图书馆藏

著者生平已见《献睡莲姑娘》。

此书为长篇小说，曾连载于1948年《电影话剧》。

10. 都市的灯火　唐伯先著

1949年铅印本　刘福春编《中国现代文学总书目·诗歌卷》（知识产权出版社2010年版，第270页）著录

著者生平已见《海夜鲛人》。

此书有《前记》。内录著者1946年诗作《我纵是一根残芽》《你诚然是光荣的啊》《都市的灯火》《秋风掀起了海潮》《静默之歌》《请问你》6首；1947年诗作《自从我结识了真理》《我们的泪》《为报答你的谦虚》《不是诗》等10首；1948年诗作《你们这些狡猾的野孩子》《假如我是耶稣》《怪不得》《受罪曲》《非常谣》《飞机你别得意》6首。末有《跋诗》及《写在后面》。

11. 粉红色的炸弹　周天籁著

1949年上海天下出版社铅印本　吉林省图书馆藏

著者生平已见《献睡莲姑娘》。

此书为长篇小说。

12. 风流太太　周天籁著

1949年上海银花出版社铅印本　吉林省图书馆藏

著者生平已见《献睡莲姑娘》。

此书为长篇小说。

13. 复仇　胡零编；陈紫作曲

1949年佳木斯东北书店铅印本　吉林省图书馆藏

编剧生平已见《两个胡子》。

此书为三幕十二场歌剧。

14. 赶车传　田间著

1949年北京新华书店铅印本　中国国家图书馆藏

著者生平已见《未明集》。

此书为长篇叙事诗，前有著者短诗为序。内分"逼婚""告状""赶

车""骂猪""烧楼""顶嘴""甩镜""跪香""歇店""过岭""呱哒""换心会""请客""摆理""蓝妮誓言"十五回。

15. 给少男少女　李霁野著

1949 年上海文化生活出版社铅印本　上海图书馆藏

著者生平已见《往星中》。

此书前有著者序，内录散文《读书与生活》《桃花源与牛角湾》《至上的艺术国立女子师范学院爱》《试谈人生》《"严父慈母"的新估价》《漫谈食睡哲学、希腊悲剧、包公案、性别及其他》6 篇，末附《校门以外》一篇。此书为著者 1944—1945 年于白沙讲学时所作。

16. 鬼夫人　周天籁著

1949 年南京天蓝出版社铅印本　吉林省图书馆藏

著者生平已见《献睡莲姑娘》。

此书为长篇小说。

17. 汗把滥的五爷　牛布衣著

1949 年大地出版社铅印本　超星数字图书馆收录

牛布衣，张友鸾笔名。生平已见《汤显祖及其牡丹亭》。

此书为表现民国南京人生活的社会小说。

18. 歼灭　周而复著

1949 年上海群益出版社铅印本　安徽大学图书馆藏

著者生平已见《夜行集》。

此书为散文集。著者《后记》称，此书"上辑七篇，十九是战争生活的一鳞半爪……下辑十七篇，除掉《我怀念南京》之外，全是抗战以前写的"。

19. 解放区晋察冀行　周而复著

1949 年上海书报杂志联合发行所铅印本　上海图书馆藏

著者生平已见《夜行集》。

此书内录报告文学 20 篇，描写晋察冀解放区生活方方面面。

20. 朗费罗诗选　〔美〕朗费罗著；简企之译

1949 年上海晨光出版公司铅印本　中国国家图书馆藏

此书为荒芜、朱葆光合译。荒芜生平已见《沉默的人》。

此书被辑入《美国文学译丛》。

21. 栗子树下　〔苏〕西蒙诺夫著；荒芜译

1949 年北平天下图书公司铅印本　中国国家图书馆藏

译者生平已见《沉默的人》。

此书为多幕剧，被辑入《苏联名剧译丛》。

22. 菱花二媛上册　周天籁著

1949 年上海影艺出版公司铅印本　吉林省图书馆藏

著者生平已见《献睡莲姑娘》。

此书为长篇小说，1948 年 7 月 26 日连载于《风报》。

23. 领路的人　刘岚山著

1949 年上海文化工作社铅印本　中国国家图书馆藏

著者生平已见《漂泊之歌》。

此书前有著者前记，内录通讯《遗嘱》《战斗的儿女们》《他是我的哑巴兄弟》《兄弟》《不屈的心》《老包》《领路的人》《杨乡长》《饥饿》《周祥福》《匪》等 28 篇，均为著者采访鄂豫皖边区所写。

24. 女丈夫：现实小说　周天籁著

1949 年上海世界书报社铅印本　吉林省图书馆藏

著者生平已见《献睡莲姑娘》。

此书为长篇小说。

25. 奇缘　杰克著

1949 年香港大公书局铅印本　〔美〕斯坦福大学图书馆藏

杰克，黄天石笔名，生平已见《新说部丛刊第二集》。

此书为长篇小说。

26. 圈套　程小青编译

1949 年上海广益书局铅印本（3 版）　中国国家图书馆藏

译者生平已见《福尔摩斯探案全集》第六册。

此书内录《圈套》《化装人》《弄假成真》《再生人》《视而不见》5 篇。

此书为《短篇侦探小说选》之七。

27. 裙带亲　周天籁著

1949 年上海文化企业公司铅印本　吉林省图书馆藏

著者生平已见《献睡莲姑娘》。

此书为长篇小说。

28. 社会主义的现实主义　[苏]范西里夫著，荒芜译

1949 年北平天下图书公司铅印本　中国国家图书馆藏

译者生平已见《沉默的人》。

此书分别讨论"社会主义的现实主义"之定义、原则、内容、形式等问题。

29. 生命的旅途　[美]赛珍珠著；荒芜译

1949 年上海现代出版社铅印本（2 版）　上海图书馆藏

译者生平已见《沉默的人》。

此书末附编者《二版校后记》，称此书一版署名"述云、王玢"，"述云"为荒芜学名；二版时荒芜远在旧金山，编辑决定署名"荒芜"。此书初版时被删去七处之多，二版也完全补入。

此书被辑入《现代文艺丛书》。

30. 十二楼　又名：觉世十二楼　（清）李渔著；汪协如标点

1949 年上海亚东图书馆铅印本　南京图书馆藏

汪协如生平已见《官场现形记》。

此书为章回小说。前有孙楷第《十二楼序》，钟离睿水《原序》，汪协如《校读后记》。

31. 石像之秘　程小青编译

1949 年上海广益书局铅印本（3 版）　中国国家图书馆藏

译者生平已见《福尔摩斯探案全集》第六册。

此书内录《石像之秘》《余恋》《诱惑力》《险交易》《殉葬品》《一条项串》6 篇。

此书为《短篇侦探小说选》之一。

32. 苏联文艺论集　[苏] 阿玛卓夫等著；荒芜译

1949 年北平五十年代出版社铅印本　中国国家图书馆藏

译者生平已见《沉默的人》。

此书内录论文《论文学的倾向性》《论文学的自由》《苏联文学诸问题》《高尔基的美学》《论法捷耶夫》《论格罗斯曼》《论潘菲洛夫》《论肖洛霍夫》《莎士比亚在俄国》9 篇，末附译者写于河北正定华北大学之《后记》。

33. 苏联文艺论集：社会主义现实主义的问题　[苏] 瓦希里耶夫等著；朱海观译

1949 年上海棠棣出版社铅印本　复旦大学图书馆藏

译者生平已见《戴高乐》。

此书内录 [苏] A. K. 瓦希里耶夫《社会主义现实主义的性质》，[苏] A. 法捷耶夫《伯林斯基论》，[苏] A. 泰拉森科夫《苏联文学中之社会主义现实主义》，[苏] N. 奇敦娜娃《高尔基与社会主义美学》，[苏] 伊戈尔·赛茨《论文艺写作的自由》，[苏] E. 阿尔玛索夫《论文艺的倾向性》，[苏] E. 河尔麦佐夫《关于文学史与文艺批评问题》，[苏] V. 弗立德《论资产阶级形式主义的艺术》。

34. 桃源艳迹　周天籁著

1949 年上海银花出版社铅印本　吉林省图书馆藏

著者生平已见《献睡莲姑娘》。

此书为长篇小说。

35. 味灯漫笔　郑逸梅著

1949 年上海光华书局铅印本　《郑逸梅选集·郑逸梅自订年表》（黑龙江人民出版社 1991 年版，第 786 页）著录

郑逸梅生平已见《梅瓣集》。

又：**味灯漫笔　郑逸梅著**　1999 年古吴轩出版社铅印本，上海图书馆藏

此书内录《记紫罗兰庵主人周瘦鹃》《侦探小说家程小青》《琐记包天笑》《徐卓呆种种》《我所知道的柳亚子》《星社创始人范烟桥》《明时的虎丘》《话说大闸蟹》《苏州的茶居》等苏州笔记掌故 48 篇，末有著者写于 1976 年之《难以忘怀的苏州》及刘华庭《编后记》。

《郑逸梅选集第三卷·郑逸梅自订年表著录》于"1949 年"条中称："解放前最后一种著作《味灯漫笔》出版"。

36. 新的起点　周而复著

1949 年上海群益出版社铅印本　安徽大学图书馆藏

著者生平已见《夜行集》。

此书录论文《论今后的文艺工作》《给知识分子》《人民的文艺》《谈"受"》《关于语言》《秧歌今后发展的道路》。

37. 行知歌曲集　陶行知，赵元任著

1949 年上海生活教育社铅印本　上海图书馆藏

陶行知生平已见《知行书信》。

此书前有邹绿芷作词，管荫深、陈贻鑫分别作曲之《陶行知先生纪念歌》2 首，内辑《锄头舞歌》《镰刀舞歌》《农人破产之过程》《自立立人歌》《村魂歌》《凤阳花鼓》《武训歌》等 27 首，分别由赵元任、陈贻鑫、吕骥、贺绿汀、聂耳等人作曲，部分歌曲采用民歌调。末有《歌曲说明》《编后记》。

38. 燕宿崖　周而复著

1949 年上海群益出版社铅印本　中国国家图书馆藏

著者生平已见《夜行集》。

此书为长篇小说，写抗日战争时期军民抗敌故事。

39. 一个英雄的童年时代　［苏］潘文塞夫著；荒芜译

1949 年上海晨光图书公司铅印本　南京图书馆藏

译者生平已见《沉默的人》。

此书为长篇小说，被辑入《晨光世界文学丛书》。

40. 姨太太　周天籁著

1949 年天蓝出版社铅印本　超星数字图书馆著录

著者生平已见《献睡莲姑娘》。

41. 玉交枝　张恨水著

上海远东出版社铅印本　张占国，魏守忠编《张恨水研究资料·张恨水著作系年》（天津人民出版社 1986 年版，第 684 页）著录

著者生平已见《春明外史》。

此书为长篇小说，1948 年 11 月 21 日至 1949 年 5 月 25 日上海《新闻报》连载。

又：**玉交枝　张恨水著**　1993 年太原北岳文艺出版社铅印本　中国国家图书馆藏

42. 欲　周天籁著

1949 年上海世界书报社铅印本　吉林省图书馆藏

著者生平已见《献睡莲姑娘》。

此书为长篇小说。

43. 在铁炼中　路翎著

1949 年上海海燕书店铅印本　中国国家图书馆藏

著者生平已见《饥饿的郭素娥》。

此书末有著者后记。内录小说《罗达斗的一生》《王兴发夫妇》《王炳全底道路》《两个流浪汉》《破灭》《程登富和线铺姑娘底恋爱》《在铁炼中》7 篇。

44. 张于湖评传　又名：张孝祥传　宛敏灏著

1949 年贵阳文通书局铅印本　中国国家图书馆藏

著者生平已见《二晏及其词》。

此书前有唐圭璋序，内介绍南宋词人张孝祥生平事迹及创作。末附录
《张孝祥逸事》。

《唐序》称，此书"正史籍之讹，纠方志之谬，显微阐幽，激励忠义"。

45. 纸醉金迷　张恨水著

1949 年上海百新书店铅印本　南京图书馆藏

著者生平已见《春明外史》。

此书为长篇小说，描写抗战时期重庆社会生活。曾于 1946 年 9 月 1 日
至 11 月 20 日上海《新闻报》连载。

46. 纸醉金迷之二：一夕殷勤　张恨水著

1949 年上海百新书店铅印本　上海图书馆藏

著者生平已见《春明外史》。

此书为十八回长篇小说。

47. 纸醉金迷之三：此间乐　张恨水著

1949 年上海百新书店铅印本　安徽省图书馆藏

著者生平已见《春明外史》。

此书为十八回长篇小说。

48. 纸醉金迷之四：谁征服了谁　张恨水著

1949 年上海百新书店铅印本　安徽省图书馆藏

著者生平已见《春明外史》。

此书为十八回长篇小说。

民国时期(具体出版日期不详)

1. 葆静斋哀挽诗专集二册　张文伯著

文伯全集本　襄樊市文博馆藏

张文伯（1876—1960），原名张家骥，字文伯，别号龙眠山人、葆静斋主人、青铜山馆主人。桐城人，居襄阳。曾任湖北省政府秘书。著者曾于清末撰有《葆静斋诗草》二十八册。

文伯全集二十一册　张文伯著

民国刊本，襄樊市文博馆藏十九册

2. 葆静斋编年寿诗初稿二册　张文伯著

文伯全集本　襄樊市文博馆藏

著者生平已见《葆静斋哀挽诗专集》。

3. 葆静斋历年题画诗专稿　张文伯著

文伯全集本　襄樊市文博馆藏

著者生平已见《葆静斋哀挽诗专集》。

4. 葆静斋搜辑历代先贤题双溪赐金园诗文集　张文伯著

文伯全集本　襄樊市文博馆藏

著者生平已见《葆静斋哀挽诗专集》。

5. 葆静斋杂作稿　张文伯著

文伯全集本　襄樊市文博馆藏

著者生平已见《葆静斋哀挽诗专集》。

6. 鲍氏家塾文存二卷　鲍筱琴著

民国铅印本　安徽省图书馆藏

鲍筱琴（1856—1912后），原名镳，字广文。祖籍歙县，居芜湖。清光绪十一年（1885）优贡，后选舒城县训导，清宣统三年（1911）参与组织团防。曾参编《清光绪舒城县志》。

此书前有自序，内录《重修舒城县志书序》《本省咨议局成立开会演说辞》《齐氏支谱序》《舒城县志总序》《周氏支谱序》《广德州观风告示》《舒城列女志小引》《约孙赵诸绅商定舒城志稿书》《机器制造土货说》《宣城崇正书院记》《示舒城斌农学校学生》《陈云溪太守太夫人行述》《先姚高太君行状》等文35篇。

7. 籀弦词　徐乃昌著

民国稿本　朱德慈《近代词人考录》（中国社会科学出版社2004年版，第247页）著录

著者生平已见《闺秀词钞续补遗》。

8. 忏玉楼丛书提要三卷　吴克岐辑

民国稿本　南京图书馆藏

著者生平已见《红楼名号归一表》。

此书内录文献提要62条，研究《红楼梦》版本、题咏、批评等。所录文献提要时间最早者为戚蓼生《红楼梦序》，最迟为1923年俞平伯《红楼梦辨》，半数以上为文赋、题咏类。

又：**忏玉楼丛书提要三卷　吴克岐辑**　2002年北京图书馆出版社影印本　中国国家图书馆藏

此书前有《出版说明》，杜春耕序。

《出版说明》称："全书从书名、卷（回）数、著者、出版者、内容提要等几方面介绍了有关《红楼梦》之著述六十余部，并按翻刻、批点、续作、研究评论、诗词歌咏、戏曲传奇等不同著作分为三卷。该书是我们了解红学发展史，特别是民国时期红学研究成果必备之工具书。"

《杜序》称，此书为首部《红楼梦》书录，吴克岐"开创了用目录文献学来收集编辑《红楼梦》相关资料的历史"；是真正深入细致进行《红

楼梦》文本研究工作的"开山之人";对"自传说"作出了超前评价;堪称《红楼梦》"'探佚'的鼻祖"。

9. 苌楚斋随笔六笔十卷　刘声木著
十友轩所著书本　天津图书馆藏
著者生平已见《苌楚斋随笔》。

十友轩所著书　刘声木著　民国稿本　天津图书馆藏
此编包括《苌楚斋书目》二十二卷,《国学保存会阅书记》二卷,《直介堂藏书目》,《四续补汇刻书目》十六卷,《五续补汇刻书目》十六卷,《六续补汇刻书目》八卷,《俗字汇》二卷、《补遗》一卷,《画雅》四卷,《学画琐记》四卷,《天地间人自序文钞》三卷(存卷中、下)、《卷外续》一卷,《天地间人艳体诗钞》十三卷,《天地间人诗钞》二卷,《天地间人诗续钞》二卷,《天地间人文钞外编》二卷,《士礼居藏书类跋拾遗记》二卷,《清湘老人续颂记》一卷,《家训述闻》七卷,《苌楚斋书目》二十二卷,《直介堂征访书目》一卷,《曾文正公集外文》一卷,《苌楚斋随笔六笔》十卷,《苌楚斋随笔七笔》十卷,《苌楚斋随笔八笔》十卷,《苌楚斋随笔九笔》十卷,《苌楚斋随笔十笔》十卷,《苌楚斋随笔十一笔》十卷,《苌楚斋随笔十二笔》十卷,《苌楚斋随笔十三笔》十卷,《苌楚斋随笔十四笔》十卷,《苌楚斋随笔十五笔》十卷,《引用书目》十卷,《桐城派撰述录要》,《桐城文学撰述考绩补遗》四卷,《摘录金石学录国朝人姓氏韵编》,《续补碑传集腾稿》,《碑传三集名氏目录汇编》,《直介堂未刻撰述序例汇录》二卷。

10. 苌楚斋随笔七笔十卷　刘声木著
十友轩所著书本　天津图书馆藏
著者生平已见《苌楚斋随笔》。

11. 苌楚斋随笔八笔十卷　刘声木著
十友轩所著书本　天津图书馆藏
著者生平已见《苌楚斋随笔》。

12. 苌楚斋随笔九笔十卷　刘声木著

十友轩所著书本　天津图书馆藏

著者生平已见《苌楚斋随笔》。

13. 苌楚斋随笔十笔十卷　刘声木著

十友轩所著书本　天津图书馆藏

著者生平已见《苌楚斋随笔》。

14. 苌楚斋随笔十一笔十卷　刘声木著

十友轩所著书本　天津图书馆藏

著者生平已见《苌楚斋随笔》。

15. 苌楚斋随笔十二笔十卷　刘声木著

十友轩所著书本　天津图书馆藏

著者生平已见《苌楚斋随笔》。

16. 苌楚斋随笔十三笔十卷　刘声木著

十友轩所著书本　天津图书馆藏

著者生平已见《苌楚斋随笔》。

17. 苌楚斋随笔十四笔十卷　刘声木著

十友轩所著书本　天津图书馆藏

著者生平已见《苌楚斋随笔》。

18. 苌楚斋随笔十五笔十卷引用书目十卷　刘声木著

十友轩所著书本　天津图书馆藏

著者生平已见《苌楚斋随笔》。

19. 痴梅别稿　江家瑂著

民国稿本　古籍善本网著录

著者生平已见《偪侧吟》。

20. 痴梅甲稿　江家瑂著

民国稿本　古籍善本网著录

著者生平已见《偪侧吟》。

21. 痴梅学文　江家瑂著

民国稿本　古籍善本网著录

著者生平已见《偪侧吟》。

22. 春礼劳军歌　冯玉祥著

民国军事委员会政治部铅印本　超星数字图书馆收录

著者生平已见《冯玉祥诗钞》。

此书辑入《抗战小丛书》。

23. 词调异名录一卷　吴克岐著

民国抄本　南京图书馆藏

著者生平已见《红楼名号归一表》。

此书录词调凡 284 个，异名共 665 个，每调先列正名、字数和创始者，次列诸异名及创始者或字数。

24. 词学通论　罗长铭编

民国稿本　罗长铭著《罗长铭集·词学通论第一章》（黄山书社 1994 年版，第 315 页）著录

罗长铭（1904—1971），谱名会铦，又名更，字长铭，笔名长子、亡羊、掌鸣、箕翁、击壤等。歙县人。1929 年任上海神州国光社编辑，1936 年返乡，任安徽省通志馆编纂，南京安徽中学徽州分校教师，曾参修民国《歙县志》。

《罗长铭集·词学通论第一章》末《编者按》称："《词学通论》大概是先父卅年代在神州国光社工作时所作。在徽州呈坎老宅仅寻得书稿第一章'词的缘起'的部分。原稿未断句，由绍宏、季重标点整理。"

25. 当代名家小说选　章衣萍选注

民国上海汉文正楷印书局铅印本　徐乃翔主编《中国新文艺大系（1937—1949）理论史料集》（中国文联出版公司 1998 年版，第 903 页）著录

选注者生平已见《深誓》。

26. 丁军门（禹廷）传　陈诗著

民国铅印本　安徽省图书馆藏

著者生平见《尊瓠室诗》。

传主丁汝昌（1836—1895），字禹廷。安徽庐江人。晚清北洋海军提督。

27. 东坡乐府笺五卷首一卷　吴克岐辑

民国稿本　南京图书馆藏

著者生平已见《红楼名号归一表》。

此书前有苏辙撰《墓志铭》《宋史·列传·苏轼》，吴克岐编《东坡年谱》，林大椿跋，并辑宋以来诸家之说 21 条为评语，末附苏过词《点绛唇》2 首，另附引用书目 64 种。内卷一录词 91 首；卷二录词 84 首；卷三录词 59 首附 1 首；卷四录词 70 附 5 首；卷五录词 41 首附 2 首。

邓子勉《吴克岐的词学研究》（载《中国典籍与文化》2003 年第 1 期，第 32 页）称，此书"在笺注中，先校，主要以毛氏刻本、朱祖谋《东坡乐府笺》校异，又参校诸种词选本、词谱等，其间多录林大椿校记，按：林氏有校点《东坡乐府》二卷补一卷，民围十七年（1928）商务印书馆铅印初版，则吴氏此书当完稿于民国十七年后"。

28. 东园传奇十八种　吴承烜著

民国剪贴本　柯愈春《清人诗文集总目提要·中册》（北京古籍出版社 2002 年版，第 1895 页）著录

著者生平已见《详注六朝文絜八卷》。

柯愈春《清人诗文集总目提要·中册》称，此书所录《蜃楼记续传奇》为民国间某报连载，有程松生评，全本剪贴今尚可寻。

29. 东园丛编诗文选十七卷　吴承烜著

民国稿本　盐城市图书馆藏

著者生平已见《详注六朝文絜八卷》。

此书计有《诗选》五卷、《诗续选》四卷（缺卷三）、《文选》五卷、《文续编》二卷、《文续选》一卷。

30. 独眼龙　〔英〕奥斯汀著；程小青译

民国铅印本　吉林省图书馆藏

译者生平已见《福尔摩斯探案全集》第六册。

此书内录《独眼龙》《验心术》《巴黎之裙》《女间谍》4篇。

此书为《柯柯探案》之一种。

31. 度青先生青岛杂诗　奚侗著

民国铅印本　安徽省图书馆藏

著者生平已见《庄子补注》。

此书录七绝12首，均作于青岛。或状风景，或记友人。

32. 方母丁安人行述一卷　方时乔著

民国铅印本　安徽省图书馆藏

著者生平已见《中国文学批评》。

33. 浮槎阁文存一卷　张士珩著

民国稿本　南京图书馆藏

著者生平已见《竹居外录》。

此书内录《清宣统皇帝御书记》《静寄庐记》《餐霞轩记》《浮槎阁记》《游石老人记》《张烈姬墓荫记》《书壬子春皖赈事》《大行皇太后哀临告文》等散文37篇。

又：冶山居士杂文一卷　张士珩著　民国稿本　南京图书馆藏

此书为残本，大部分内容同《浮槎阁文存》。

34. 杲生诗稿　王基晋著

民国油印本　安徽省图书馆藏

王基晋（1900—1926），一名杲，字筱秋，一字杲生。怀宁人。历任合肥省立第二中学、芜湖省立第二农业学校教师。

此书前有著者之弟王基干所撰《作者小传》。内录古近体诗作48题近60首，多写景、赠答、怀人之作。

35. 革命文学史　胡适著；陈独秀编

民国铅印本　北京大学图书馆藏

陈独秀生平已见《独秀文存》。

胡适生平已见《短篇小说第一集》。

此书无版权页，封面署名胡适，目录页署陈独秀编。内录郭沫若《文艺上之社会的使命》《文艺家的觉悟》《革命与文学》《艺术家与革命家》，郁达夫《文学上的阶级斗争》《赫尔惨》，沈泽民《我所景慕的批评家》，蒋光赤《死去了的情绪》《革命与罗曼蒂克——布洛克》，瞿秋白《赤俄新文艺时代的第一燕》，陈独秀《文学革命论》，洪为法《真的艺术家》，沈雁冰《拜伦百周纪念》，穆木天《告青年》，中夏《贡献于新诗人之前》，成仿吾《革命文学与他的永远性》，丁丁《文学与革》12人有关革命文学论文17篇。前有署名陈独秀之《献诗》，末有署名陈独秀之《致读者》诗各一首。

36. 古代妇女年华录　吴克岐辑

民国稿本　南京图书馆藏

著者生平已见《红楼名号归一表》。

37. 古文萃语七卷　王荩臣著

抄本　南京图书馆藏

王荩臣（?—?），字鉴渠，号严山。宿松人。清光绪十四年（1888）举人，曾任正红旗官学教习、知县。

38. 古文典范　徐世昌编；吴闿生评点

民国刻本　2010年中国书店影印本著录

吴闿生生平已见《古今体诗约选》。

又：**古文典范　徐世昌编；吴闿生评点**　2010年北京中国书店影印本　中国国家图书馆藏

此书据民国刻本影印。前有《出版前言》，称本书"多选战国、两汉、唐宋之文，未选元明之文。其中前清文章多选桐城派大家的名篇佳作。每一类中，文章以年代为序，以作者为纲排列。吴闿生的评点或在句中，寥寥数语，画龙点睛；或在段尾，数句之内，勾勒整段要义；或在篇尾，时而洋洋洒洒，时而言简意赅，评说文章风格、技法、精神，为古文增光添彩"，"现国家图书馆仅存钞本目录十七页，记载此书共二十五卷，分三门十类，即论说门，包括论辩类、序跋类、书牍类；叙记门，包括传状类、碑铭类、典志类、杂记类；词赋门，包括骚赋类、箴颂类、哀记类。中国书店经过长期搜寻，辑汇出第一卷到第十六卷以及第二十四卷的木刻原版，共存古文三百九十余篇"。

39. 韩昌黎文集校注　（唐）韩愈著；马其昶校注

民国稿本　上海古典文学出版社铅印本著录

马其昶生平已见《马通伯文钞》。

又：**韩昌黎文集校注　（唐）韩愈著；马其昶校注**　1957年上海古典文学出版社铅印本　中国国家图书馆藏

此书前有《出版说明》《韩昌黎文集校注叙例》《昌黎先生集序》《昌黎集叙说》《重校昌黎集凡例》。

《出版说明》称："本书是根据近代古文名家桐城马其昶（一八五五——一九三〇）的遗稿编辑而成的。马氏用他自己的研究心得，并采集了明清两代主要是清代各家的评说，在文字训诂、名物制度、史实疏证各方面，都对旧注作了许多的订正和补充，旧本字句讹夺的地方，也作了细心的校勘。原稿完成历时十三年，所涉及的数据，极为广博，其中有些是未刊的传抄本和手稿，对各家的说法，折衷去取，下了一番选择工夫，文字上亦删繁节芜，作了很多的加工工作。关于文学欣赏方面，书中集有各家评语，这些文评，就其总的精神来说，出自桐城派古文义法的角度……原稿包括《韩集》全部，其中诗集的注解较为简略，现在从其中把文集抽出来单独印行。"

40. 汉代文艺论　台静农著

民国抄本　中国国家图书馆藏

著者生平已见《地之子》。

此书四章，第一章为"概论"，论述汉人文艺之见解，汉代文艺之背景；第二章为"汉诗与民间乐府"，第三章为"汉代的阶级文艺"，第四章为"汉代的南北文"及"汉文艺思想之表现"。

41. 红楼年表一卷　吴克岐著

犬窝谭红本　南京图书馆藏

著者生平已见《红楼名号归一表》。

此书依《红楼梦》回目次第，将人物事件等编年，所据为徐本、戚本、残抄本、午厂本等及有关评语，始于戊戌年通灵宝玉降生于金陵贾氏。

犬窝谭红　吴克岐著　民国稿本　南京图书馆藏

是编为《红楼梦》研究著作，包括《红楼梦正误》《红楼梦正误拾遗》《红楼梦正误补》《红楼年表》。

爱新觉罗·常林于《中国古典小说大辞典·犬窝谭红》（河北人民出版社1998年版，第776页）中称："文学巨著《红楼梦》，自清代雍正、乾隆间成书以来，流传版本众多，有八十回和百二十回两个系统。这一名著的流传，'初则辗转传抄，继则递相刮刻，以致多有差异，往往一字之当，精神倍出；一句之谬，意义迥非'。吴克岐正是有鉴于此，比勘辑成此书。本书共分为八卷，但原稿《红楼梦正误补》第二卷已缺，且《红楼年表》亦为未完稿。所收各卷依次为：《红楼梦正误》一卷，本卷是以八十回残抄本、戚蓼生本及百二十回广东百宋斋排印本（署名增评补图石头记）勘成。戚本之得名是因为'清宣统末，上海有正书局影印抄本八十回红楼梦，书中历字，避清高宗讳。书作历的是乾隆以前人手笔，绩溪胡适之以卷首有戚晓堂序，称为戚本。戚名蓼生，字念初，德清人，乾隆三十四年进士'。作者'兹以徐本为主，而以戚本及残抄本正其误'。《红楼梦正误拾遗》一卷，此卷编辑同上。后吴氏于南京得到了署名'午厂点读'百二十回本（系就高氏百二十回本评改，姓名不详，惟卷末有'午厂点读一通'字样，姑以'午厂本'名之），因前有《红楼梦正误》之作，系草草脱稿，遗漏实多，吴氏便对照'戚本'残抄本作《红楼梦正误补》，计四卷，但第二卷因岁月迁延，已不知散落于何处。本书的最后一卷是《红楼年表》，作者是按'大某山氏评红楼梦，以元妃卒年甲寅为根据，定黛玉进荣府为入书第一年己酉，其前则置之不论'编成此表的。"

42. 红楼梦正误补四卷　吴克岐著

犬窝谭红本　南京图书馆藏

著者生平已见《红楼名号归一表》。

此书现存卷一、三、四，止八十回，体例同《红楼梦正误》。

43. 红楼梦正误拾遗一卷　吴克岐著

犬窝谭红本　南京图书馆藏

著者生平已见《红楼名号归一表》。

此书体例《红楼梦正误》。

44. 红衣女　杰克著

民国香港源源出版社铅印本　广东省立中山图书馆藏

杰克，黄天石笔名，生平已见《新说部丛刊第二集》。

此书为长篇小说。

45. 湖边吟稿　胡光钊著

民国刊本　安徽省档案馆藏

著者生平已见《凤凰山志略》。

46. 淮上革命史稿二卷　张之屏著

民国刊本　安徽省政协藏

著者生平已见《淮南耆旧小传初编》。

此书损坏严重。

又：**淮军纪略　张之屏著**　安徽省政协文史资料研究委员会中共安徽省委党校理论研究所《淮上起义军专辑》辑录

此书于《淮军纪略》后《编者按》称:"本文(指《淮军纪略》原稿)末小跋云'上稿因日久糜烂特甚,其阙者则据事、据词揣摩补足之,其文有不妥、迂赘错讹之处,则亦削正之'。据此,知此文已非原稿。又,杨慕起云、张之屏曾著《淮上革命史稿》,不知是否即为本文。"

47.环游琐谈　王揖唐著;佚名编

游记丛抄本　中国国家图书馆藏

著者生平已见《横山草堂联话》。

此书前有序,称此书为著者历时十八个月游欧美二十五国后归皖谈话记录。此稿曾编为《陆军大员周游全球回国后之谈话》,后另编录为此书。

此书辑入《游记丛抄》。

48.集傅青主诗联　许承尧编辑

民国稿本　安徽省博物馆藏

编者生平已见《疢父杂记》。

此书前有著者记,内标题为"集傅青主诗"。末有梁启超、陈宝琛等人挽林长民联。

49.集傅青主先生句　节录随园诗话　许承尧编辑

民国稿本　安徽省博物馆藏

编者生平已见《疢父杂记》。

此书前有著者记,内题"集傅青主五言诗一百首""摘录随园诗话中及歙人事"。

50.集俗语劝人诗　张桂萼著

民国手抄本　蒙城魏殿兴存

张桂萼(1867—1940),字梦楼。蒙城人。清末秀才。清宣统元年(1909)县议会副会长,1913年任孔教会副会长。曾为安徽通志馆采访员。

此书前有自序及邓鉴堂题跋,末有《作诗缘起》5首,及朋友、学生贺诗。内录律诗42首。

51. 家训述闻七卷　刘声木著

十友轩所著书本　天津图书馆藏

著者生平已见《苌楚斋随笔》。

52. 劫余生弹词一卷　周公楼著

民国抄本　安徽省图书馆藏

周公楼（? —?），太平人。

此书叙太平天国战争时期皖南泾旌太战事与百姓凄惨生活，颇具史料价值。

53. 静轩笔记十九卷　（清）刘秉璋著；刘体智编辑

民国石印本　安徽省图书馆藏

刘体智（1879—1963），字晦之，晚号善斋老人，室名远望楼、善斋、小校金阁。庐江人。刘秉璋第四子，孙家鼐婿。曾任大清银行安徽督办、中国实业银行董事、上海分行总经理。有大量文史著述存世。

此书目录共一百二十卷，实为十九卷。卷一前有刘体智序，称此书为先公读书笔记，"自从军之岁起，至捐馆舍之前数日止，无一日间断，积数百巨册"。后不幸原稿于金陵丧失，"惟向之分辑者尚在箧中"，每整理一册，即先付印。

54. 客子光阴　江家瑂著

民国稿本　古籍善本网著录

著者生平已见《偪侧吟》。

55. 里居楹语录一卷　江峰青编著

民国刻本　安徽省图书馆藏

著者生平已见《还山草》。

此书内录编著者家乡楹联，如"翕和堂众厅""思本堂祠厅""莳花小筑（辛亥后建）""东山学舍""奎星阁""小源水口福庆桥""财政局""屯溪茶业讲习所"等。

56. 刘文庄公遗书　（清）刘秉璋著，刘声木辑

民国稿本　天津图书馆藏

辑者生平已见《苌楚斋随笔》。

57. 刘文庄公佚诗　（清）刘秉璋著，刘声木辑

民国稿本　天津图书馆藏

辑者生平已见《苌楚斋随笔》。

58. 龙山联语续编　鲍鸿著

民国刊本　歙县博物馆藏

著者生平已见《龙山忆菊吟》。

59. 炉边夜话　以群著

民国铅印本　北京师范大学图书馆藏

以群，叶元灿笔名，生平已见《全线》。

60. 庐江名宦传　陈诗著

民国铅印本　安徽省图书馆藏

著者生平见《尊瓠室诗》。

此书内录钱燦、杨霈霖、张琴、马文锦、章正甲 5 人小传。

61. 梅溪词一卷　（宋）史达祖著；周叔弢校并跋

民国刊本　温州市图书馆藏

周叔弢（1891—1984），原名明扬，后改名为暹，字叔弢，以字行，别署弢翁等。至德人，生于扬州。周学海第三子。曾任唐山华新纱厂、天津华新纱厂经理，启新洋灰公司总经理等职。

62. 南屏济佛祖传一卷　陈澹然著

民国铅印本　南京图书馆藏

著者生平已见《孙武公传》。

此书为济公传。

601

63. 南山诗存　又名：淞湖小草　王伯恭著

民国稿本　上海图书馆藏

著者生平已见《蜷庐随笔》。

此书封面题"淞湖小草"，内题"南山诗存"。前有自序，内录民国后所作古近体诗作百余首。

64. 廿六个和一个　　［苏］高尔基著；朱溪译

民国北新书局铅印本　胡在钧《程修兹一家与徽州文教界渊源》（载《绩溪文史资料第二辑》，1988年版，第137页）著录

译者生平已见《裁判官的威严》。

此书为短篇小说集。

65. 鸥窗诗剩四卷　王村鸥著

民国刊本　歙县博物馆藏

王村鸥（1888—1943），名光隽，字村鸥，又字步霞，号了翁。自署宅五居士、归幽居士、龟山外史等。歙县人。早年从教乡里，后曾于嘉兴、杭州开设画店。

此书内录《屯溪竹枝词》《庚申元旦竹枝词》等。

66. 藕丝吟馆诗余　汪渊著

民国抄本　安徽省图书馆藏

著者生平已见《瑶天笙鹤词》。

此书内题为"梁安汪渊时甫氏未定草"。卷一录词62首；卷二录词59首；卷三录词56首。书内多处批改。

67. 潘伯鹰诗文　潘伯鹰著

民国抄本　中国国家图书馆藏

著者生平已见《伯鹰诗录》。

此书内录古近体诗作65首，多与《伯鹰诗录》相同；增录《蔺相如传》《绝兵》《论韩信王齐》《书稷生》《单贞女传》《范雎论》《荆轲论》《宋太祖论》《论伍子胥》9篇。诗文均有评点。

68. 青湖诗钞一卷　徐旭著；徐家驹编辑

民国铅印本　安徽省图书馆藏

徐旭（1870—1922），字晓阳，号朗初，又号茗樵。望江人。清末举人。曾任安徽怀宁县知事、广东台山县知事。

此书前有著者遗像、陈澹然序、著者《青湖泛舟记》、安徽自治报记者秋燕所撰《徐茗樵先生事略》。内录五古、七古、三五律、四七律、五七绝诗共 500 余首，其中《庚子感事》《辛亥咏事》《读湘绮楼圆明园词题后》等，均为晚清至民初政治生活感慨。诗稿间有批语。

69. 青桐山馆联语精华　张文伯著

文伯全集本　襄樊市文博馆藏

著者生平已见《葆静斋哀挽诗专集》。

70. 清藏书纪事诗补遗十七卷　刘声木著

民国稿本　天津图书馆藏

辑者生平已见《苌楚斋随笔》。

此书前有《凡例》，内录清代藏书家 1150 余人，其规模与叶昌炽《藏书纪事诗》相类，见于叶书者仅有 104 人，征引文献以清人诗文别集和总集为主，间及丛书、笔记、年谱等，所引内容多为藏书家个人传略。

71. 清代词女征略　吴克岐辑

民国抄本　南京图书馆藏

著者生平已见《红楼名号归一表》。

此书现存七至十三册，每位作家列小传、词作、诸家评说。亦有未见存词只载词话、典事者。现存七卷录词家 253 人，大体依时代先后编排。

72. 清湘老人续颂记一卷　刘声木著

十友轩所著书本　天津图书馆藏

著者生平已见《苌楚斋随笔》。

73. 情味 杰克著

民国南华出版社铅印本 ［美］斯坦福大学图书馆藏

杰克，黄天石笔名，生平已见《新说部丛刊第二集》。

此书为长篇小说。

74. 犬窝北宋词矩二卷 吴克岐辑

民国稿本 南京图书馆藏

著者生平已见《红楼名号归一表》。

此书仅载柳永词，当为未完成稿。前有作者小传，上卷录词83首，下卷录词60首，并录前人有关评论，附吴氏按语。

75. 犬窝五代词矩二卷 吴克岐著

民国稿本 南京图书馆藏

著者生平已见《红楼名号归一表》。

此书卷上录唐庄宗李存勖、和凝、陶毂、梁意娘、韦庄、牛峤、王衍、薛昭蕴、毛文锡、牛希济、魏承班、尹鹗、李珣、阎选14人词113首；卷下录顾复、孟昶、花蕊夫人徐氏、鹿虔扆、毛熙震、欧阳炯、孙光宪、陈金凤、李璟、冯延巳、李煜、张泌、徐昌图13人词132首。所录每词词牌后均标明该词字数及声韵，并引录词话、笔记、词谱、词选本等有关评述，末附吴氏按语。

76. 人肉：短篇杰作小说 汪静之等著

民国铅印本 上海图书馆藏

著者生平已见《湖畔》。

此书录丁玲《年前的一天》、巴金《洛伯尔先生》、汪静之《人肉》等小说6篇。

77. 阮嗣宗同时诸人事略考附说阮诗 李光炯著

民国抄本 安徽省博物馆藏

李光炯（1870—1941），名德膏，字光炯，晚号晦庐老人。枞阳人。清光绪举人。清光绪二十八年（1902）随吴汝纶赴日本考察教育，回国后协助创办桐城中学堂，次年应聘至湖南高等学堂任教，参与创办安徽旅湘公学、女子公学。民国后历任安徽都督府秘书长、安徽第一师范校长。1927 年于家乡创办宏实小学。抗战爆发后赴四川。

此书考曹爽、何晏、邓扬、蒋济、嵇康、山涛、何增、司马师、司马昭事略。《附说阮诗》一文解读阮嗣宗诗。

78. 三贝子花园游记　寄尘撰

游记丛抄本　中国国家图书馆藏

著者生平已见《兰闺清课》。

此书为作者赴北京西直门外三贝子花园游览所记。

此书辑入《游记丛抄》。

79. 三兄弟流浪记　周天籁著；穆一龙插图

民国上海三民图书公司铅印本　周鲤门《周天籁年表》（载周天籁《惬意惬意集》，文汇出版社 2008 年版，第 300 页）著录

著者生平已见《献睡莲姑娘》。

80. 勺庐词一卷　洪汝闿著

民国刻本　安徽省图书馆藏

著者生平已见《汪程二烈士哀挽录》。

此书内录词作 140 首，多写于北京，多怀乡之作。

81. 申报儿童节纪念册　陶行知等著

民国上海申报社铅印本　重庆图书馆藏

陶行知生平已见《知行书信》。

此书内录王志平《和小朋友们谈谈储蓄》、董纯才《到自然界去》、黄警顽《一个切实有效的儿童服务工作》、陶行知《小先生歌》等 12 篇。

82. 慎宜轩古今诗读本　姚永概选辑

姚氏钞本　安徽省图书馆藏

选辑者生平已见《邵节妇家传》。

此书内录古今名家诗作。计有五古读本三册十八卷；七古读本二册十

二卷；五律读本一册，七律读本一册。

83. 圣师录圣师续录　王慎旃原辑，胡寄尘续录

民国上海世界佛教居士林铅印本　苏州图书馆藏

胡寄尘，名怀琛，生平已见《兰闺清课》。

此书前有续录者序，内记述禽虫有灵性之故事。

《续录者序》称，《圣师录》"原书载《虞初新志》中，无单行本。今商诸世界佛教居士林同志，抽出重印，以广流传。又《虞初新志》中别有《义虎》《孝犬》等传，《续志》中有《义猫记》，因采取之。并以见闻所及，从他书中采录一二篇，附刊于是书之后，名曰《圣师续录》云"。

84. 诗观三集选歙人诗三卷　（清）邓汉仪评选　许承尧辑录

民国抄本　安徽省博物馆藏

辑录者生平已见《苊父杂记》。

此书扉页题"吴郡邓汉仪孝威评选，康熙己巳春杪自序于慎墨堂，许苊录，共三册。内辑《诗观》所录歙人诗作"。

85. 诗韵抄三册　吴承仕著

民国手稿　黄寿祺《略述先师吴检斋先生的学术成就》（载《吴承仕同志诞生百周年纪念文集》，北京师范大学出版社 1984 年版，第 4 页）著录

吴承仕（1884—1939），字绶斋，又作检斋，号展成。歙县人。清末举人。辛亥革命后任司法部金事，后辞职，任教于北京大学、中国大学、北京师范大学。1934 年自费出版《文史》杂志，次年参与创办《盍旦》月刊。1936 年加入中国共产党。

此书为著者《诗经》研究专著，全书约 5 万字。

86. 石埭陈氏先德录一卷　陈澹然等著

民国石印本　中国国家图书馆藏

陈澹然生平已见《孙武公传》。

此书内录陈一甫家族碑记资料。著者有陈澹然、洪良品、张謇、陈惟彦、陈汝熙、王源瀚等人。

87. 食实轩文存二卷　张士珩著

民国抄本　南京图书馆藏

著者生平已见《竹居外录》。

此书上卷录《朱竹垞厉樊榭论》《上傅相书》《希吕印存小序》等文 18 篇；下卷录《赵养斋七十寿序》《刘太孺人八秩寿序》《题山谷诗钞后》《竹居砚铭》《从父静轩公家传》等文 25 篇。

88. 适庐求定稿一卷　张家骝著

民国铅印本　安徽省图书馆藏

张家骝（1867—1920），字子驹，号石卿，桐城人。张英八世孙，马其昶之婿。清光绪三十年（1904）入日本早稻田大学，后与同乡李光炯创办安徽旅湘公学。民国年间被选为省议会议员，力辞未受，侨居上海。

此书前有方伦叔、方盘君、苏毅叔、陈慎文题词，内录古近体诗 60 余题近百首。多赠友怀人之作，部分作品涉及时政。

89. 四家诗录　徐中舒选录

民国抄本　安徽省图书馆藏

选录者生平已见《豳风说》。

此书前有文，介绍欧洲文艺复兴时代三位艺术大师文西、米格安治、拉斐尔。内录江湜、刘海峰、杜浚、徐天闵诗。末有方晖□跋。

90. 松湾老人文集拾遗一卷赋草拾遗二卷　畲先举编著

民国畲春甲抄本　柯愈春《清人诗文集总目提要·中册》（北京古籍出版社 2002 年版，第 1793 页）著录

畲先举（1846—1923），字至诚，号骖樵。宿松人。畲西美第四子。清光绪廪贡生。

柯愈春《清人诗文集总目提要·中册》称，是书"文集拾遗凡文九篇，附其祖应操《风虎寨纪事》一篇。《赋草拾遗》共赋二十九篇。前有同县段增禄撰墓志铭。内《宿松官湖逸事》《宿松诸寨纪略》等，皆有关乡帮文献"。

91. 诵芬堂文选　钱文选辑

民国油印本　东北师范大学图书馆藏

选辑者生平已见《游滇纪事》。

92. 绥园遗稿一卷　程丙昭著

民国油印本　安徽省图书馆藏

程丙昭（1855—1931），字绥予，号绥园。桐城人。程煦之孙。清同治诸生。清宣统三年（1911）任泗水知县，民国后归乡，历任桐城县教育会会长、城区教育会会长、县立第一女子学校校长。

此书内录古近体诗作78题近200首，多题赠、唱和、感事诗。末有潘田撰《前泗水县知县程君墓志铭》。

93. 碎锦　江家珊辑

民国贴稿本　古籍善本网著录

著者生平已见《偪侧吟》。

94. 唐宋诗选注　储皖峰选校

民国京城印书局铅印本　中国国家图书馆藏

选校者生平已见《东方大同学案》。

此书为沈兼士题签，内卷一为唐诗，卷二为宋诗。每诗人前均有小传。

95. 天地间人诗钞二卷续钞二卷　刘声木著

十友轩所著书本　天津图书馆藏

著者生平已见《苌楚斋随笔》。

96. 天地间人艳体诗钞十三卷　刘声木著

十友轩所著书本　天津图书馆藏

著者生平已见《苌楚斋随笔》。

97. 天地间人文钞外编二卷　刘声木著

十友轩所著书本　天津图书馆藏

著者生平已见《苌楚斋随笔》。

98. 天地间人自序文钞三卷卷外续一卷　刘声木著
十友轩所著书本　天津图书馆藏
著者生平已见《苌楚斋随笔》。

99. 天倪斋近体诗之一　韩衍著
民国铅印本　中国国家图书馆藏
著者生平已见《菁伯遗著》。
此书录《题陈子言据梧集》《岁寒寄内子》《兵气》《保定口号》《昆吾照相自江户见寄》《悼刘秋水》《次通州口号》《逢庐江诗人陈子言》等诗作43首。

100. 天上人间　张恨水著
民国铅印本　秦和鸣主编《民国章回小说大观》（中国文联出版社2003年版，第24页）著录
著者生平已见《春明外史》。
又：天上人间　张恨水著　1993年太原北岳文艺出版社铅印本
此书为长篇小说，先后连载于1928年9月至1937年北平《晨报》第5版、沈阳《新民晚报》《上海画报》（三日刊)、无锡《锡报》。

101. 桐城派撰述录要桐城文学撰述考绩补遗四卷　刘声木著
十友轩所著书本　天津图书馆藏
著者生平已见《苌楚斋随笔》。

102. 桐城姚氏诗钞　姚永概著
民国抄本　安徽省图书馆藏
著者生平已见《邵节妇家传》。
此书前有自序，称："因思余兄正甫与余同悲失路者，笔砚无缘，遂以诗贻之，共志愁怀。"书末《归来》诗称："六十人如瓦上霜，飘萧犹自喜朝阳。……五更依旧难成梦，不信归来是故乡。"故此书当为著者晚年之作。

103. 桐城张氏文献求遗录　张文伯著

文伯全集本　襄樊市文博馆藏

著者生平已见《葆静斋哀挽诗专集》。

104. 退守轩诗草　李锡斌著

民国安徽通志馆蒙城采访处抄本　安庆市图书馆藏

李锡斌（？—？），字文甫。蒙城人。清光绪增生。曾协修民国《蒙城县志》。

此书内录《民国初起》《吊淮南战场》《慨世乱》《西与亚东》《漆园八景》《过檀城怀古》等律绝句 200 余首，既有时事述怀，亦有乡土风景描绘。

105. 晚红轩诗存　周学渊著

民国铅印本　中国国家图书馆藏

著者生平已见《张李二君诗存》。

2004 年周叔弢辑《安徽东至周氏近代诗选　东至周氏家乘》第三册以"立之诗选"为题，录《晚红轩诗存》及《师古堂课选》中诗作约180 余题。

106. 皖江妇女诗征四卷　吴克岐辑

民国稿本　南京图书馆藏

著者生平已见《红楼名号归一表》。

此书前有《民国安徽省道县表》和《清安徽省道府州县表》。卷一录安庆、桐城等皖西南女性诗词；卷二录合肥、庐江等江淮女性诗词；卷三录徽州等皖南女性诗词；卷四录芜湖、宣城及皖北女性诗词。四卷共录208 人，其中宋 1 人、明 11 人、民国 7 人，余皆为清人。每位作者均有小传，个别人物无作品录入。

107. 万家生佛张作霖建议救国记说唱鼓词四卷　唐在田著

民国石印本　中国收藏热线著录（有照片）

著者生平已见《新金瓶梅》。

108. 汪氏艺文附汪氏耆旧　汪允宗编辑

民国稿本　安徽省图书馆藏

著者生平已见《寂照遗墨》。

此书内录宋代至明清汪氏艺文著者。如汪本钶、汪俊、汪铉、汪在前、汪可孙、汪灏、汪由敦、汪份等百余人。或有小传，或仅著姓氏及人物出处，少数录有诗篇。

109. 王屋山庄诗集三卷　郑辅东著

民国稿本　继子志仁藏

郑辅东（1863—1936），字靖侯。桐城人。清光绪十五年（1889）进士，历任户部主事，江西丰城、南昌、星子、乐平、余干、浮梁等县知县。清宣统二年（1910）于沙铺王屋山创三育小学。民国初两任江苏泰县知事。

此书前有钟子勉、潘季野、唐尔炽序各一。

110. 文章作法指导　章衣萍等著

民国铅印本　吉林省图书馆藏

章衣萍生平已见《深誓》。

111. 卧云楼诗存二卷　杨春峰著

民国石印本　1984年复印本著录

著者生平已见《风月亭集》。

又：**卧云楼诗存二卷　杨春峰著**　1984年据民国石印本复印　安徽省图书馆藏

此书前有自序，内上、下两卷，共291题，每题一首或十数首，共计300余首，系作者从历年创作600余首诗稿中选辑而成。诗歌按年代顺序编选，多为写时令、送友人、纪游历之作。

112. 无冰阁诗　阚铎著

民国日本铅印本　中国国家图书馆藏

著者生平已见《吴县王捍郑先生传略》。

此书封面题"揖唐兵部鉴正"。前有著者照，内录《布引泷歌》《南冠》《日本杂诗》《箱根杂诗》等百余首。

113. 梧庵词总集　周永济著

民国梧庵全集本　蒋元卿《皖人书录》（黄山书社 1989 年版，第 856 页）著录

周永济（？—1920），字菱沼，号梧庵，又号午庵，后改鳞爪，晚自署小孤山人、龙湖渔隐。宿松人。清光绪二十七年（1901）举人，清宣统三年（1911）组织宿松县临时议会，任议长。后任职于金陵机器制造局。

114. 梧庵诗话　周永济著

民国梧庵全集本　蒋寅《清诗话考》（中华书局 2004 年版，第 28 页）著录

著者生平已见《梧庵词总集》。

115. 梧庵诗集　周永济著

民国梧庵全集本　蒋元卿《皖人书录》（黄山书社 1989 年版，第 856 页）著录

著者生平已见《梧庵词总集》。

116. 献给我的母亲　胡怀琛著

民国新中国书局铅印本　胡道静《先君寄尘著述目》（载胡朴安著《朴学斋丛书第一集·家乘》，安吴胡氏 1940 年版，第 13 页）著录

著者生平已见《兰闺清课》。

此书为诗歌集。

117. 新安佚诗辑四卷　许承尧编辑

民国抄本　安徽省博物馆藏

编者生平已见《莫父杂记》。

此书卷一录歙县王寅、汪汝谦、吴孔嘉，休宁汪浚、汪明际、吴拭等34 人诗；卷二录休宁汪士裕、汪楫、戴胜征，歙县郑熙绩、吴绮、汪从晋等 11 人诗；卷三录徐澹叟赋，闵华、方士庶、许承家、许锡龄、许昌龄、

许迎年、马曰璐等 20 人诗；卷四录丁云鹏、王寅、江嗣玉、吴云、万石等
11 人诗。末有附录。部分诗人有小传。

118. 学画琐记四卷　刘声木著

十友轩所著书本　天津图书馆藏

著者生平已见《苌楚斋随笔》。

119. 雪梅居词样六卷　吴克岐辑

民国稿本　南京图书馆藏

著者生平已见《红楼名号归一表》。

此书为词谱，现存二至七卷。内录词谱 444 调 668 体。全书依每一词
牌首字笔顺由小至大编排。所录词之范体均为隋唐以来女性词人之作，以
清人居多。先列范词，并注明字数和平仄韵数；次按语注明词调异名及所
据词体范式。

120. 养粹轩诗文集　孙道粹著

民国稿本　霍山县地方志编纂委员会编《霍山县志》（黄山书社 1993
年版，第 875 页）著录

著者生平已见《国学述要》。

121. 姚永概诗文钞　姚永概著

民国抄本　安徽省图书馆藏

著者生平已见《邵节妇家传》。

此书十六册，内包括《慎宜轩诗》所录诗作，卷次不同。多册有吴闿
生、范当世评点。其中《乙未丙申所著》于诗作外录文 4 篇：《李结传》
《江棣圃试帖序》《复萧敬甫丈书》《与阮仲勉书》；又一册录《杂说》《记
先妣逸事》《赠高仲葵序》《送仲兄之湖口序》《与阮仲勉书》《记陈孺人
事》《记马氏二节妇事》《儿稻圹铭》《胡慎思墓碣》《西山精舍记》等散文
十余篇，并有吴汝纶评点。

122. 冶山居士传一卷后传一卷　张士珩著

民国石印本　南京图书馆藏

著者生平已见《竹居外录》。

此书《后传》称,《前传》写成于清光绪壬寅年(1902)夏。

123. 冶溪诗钞一卷　方寿昌著

民国刊本　柯愈春《清人诗文集总目提要·中册》(北京古籍出版社2002年版,第1989页)著录

著者生平已见《逸园杂咏》。

此书前有合肥刘绍纶序,朱绍良题词,杨开森所撰著者传。内录诗作137首。

124. 一曲秋心　杰克著

民国香港新新出版社铅印本　广东省立中山图书馆藏

杰克,黄天石笔名,生平已见《新说部丛刊第二集》。

此书为长篇小说。

125. 义勇军　胡底著

民国铅印本　汪木兰、邓家琪编《中央苏区戏剧集》(百花洲文艺出版社1992年版,第387页)著录

著者生平已见《阶级》。

此书为三幕话剧。

126. 异辞录四卷　刘体仁著

民国石印本　中国国家图书馆藏

刘体仁(? —?),字慰之,号辟园。庐江人。刘秉璋第二子。清光绪举人。民初弃官归家。

此书前有刘体智序,内记晚清京师各种掌故,涉及太平军、捻军战事及中法镇海之役、中日战争中若干内幕。

《刘序》称此书"记今事悉取诸先公日记,类皆当日耳目之所及,中朝士大夫之所道"。作者不满于官书正史文饰虚誉,所记往往道破内幕,故名"异辞"。

127. 英夷入寇记二卷　又名：道光洋艘征抚记　　（清）佚名著；马其昶校并跋

民国刊本　超星数字图书馆著录

马其昶生平已见《马通伯文钞》。

此书为现存最早较全面记载第一次鸦片战争之纪实著作，全书起自道光十九年（1839）林则徐到广东禁烟，迄道光二十四年（1844）耆英赴粤办理善后事宜止，记述战争爆发原因、经过、结果。末有马其昶跋。

128. 咏尚书余义　江朝宗著

民国铅印本　中国国家图书馆藏

著者生平已见《天人唱和集诗文》。

此书以诗作解读《尚书》，内录阐发之文及《总咏虞书》《总咏夏书》《总咏商书》等诗作81首。

129. 友声集　江家琚辑

民国稿本　古籍善本网著录

著者生平已见《偪侧吟》。

130. 愚园主人诗册　又名：翰墨因缘　胡光国著

民国稿本　南京图书馆藏

著者生平已见《喜闻过斋诗》。

此书封面题为"翰墨因缘"。内录著者写于1924年、1925年、1926年诗稿90余首。

131. 云山散人诗草五卷　江朝宗著

民国北京文岚簃铅印本　首都图书馆藏

著者生平已见《云山散人和陶诗存》。

此书内录《武卫右军诗存》《山左行吟》《塞上行吟存草》《汉中行程日记》《听雨轩诗草》各一卷。

《武卫右军诗存》前有清光绪二十三年（1897）著者自序，署名"凫山顿悟生"。

《山左行吟》前有李华序，清光绪二十四年（1898）著者自序；末有

1924 年王泽春跋。内录古近体诗百余首。

《塞上行吟存草》前有清光绪戊申年（1908）周栋材序，内录《塞上行》《围场厅亭记》《游石人沟记》《游木兰记》《游庙台沟记》《题海昌查司马小影》文 6 篇；《塞上行吟》录古近体诗 60 余首；及清光绪三十四年（1908）为袁世凯贺寿词。

《汉中行程日记》前有田智枚序、自序，内录清宣统三年（1911）出镇汉中之日记，及《大散关感怀》等诗作、楹联，《近思亭记》《双桂轩记》《远眺华岳记》3 文。末有辛亥、甲子附志二。

《听雨轩诗草》内录 1921 年、1923 年、1924 年、1925 年、1926 年诗作百余首。

132. 张家骊诗稿　张家骊著

民国铅印本　中国国家图书馆藏

著者生平已见《适庐求定稿》。

此书内录《寄怀洪述之兄弟》《龙眠山祭扫》《山宅》《题姚叔丈慎宜轩》等古近体诗作 18 首。

133. 这就是我　胡怀琛著

民国新中国书局铅印本　胡道静《先君寄尘著述目》（载胡朴安著《朴学斋丛书第一集·家乘》，安吴胡氏 1940 年版，第 13 页）著录

著者生平已见《兰闺清课》。

此书为歌迷集。

1949 年后

1. 巴山夜雨　张恨水著

1986 年成都四川文艺出版社铅印本　中国国家图书馆藏

著者生平已见《春明外史》。

此书为长篇小说，曾于 1946 年 4 月 4 日至 12 月 6 日北平《新民报》连载。

张伍于《忆父亲张恨水先生》（北京十月文艺出版社 1995 年版，第 331 页）一书中称："《巴山夜雨》，是父亲病前的最后一部长篇小说，而且是一部非常重要的著作。此书完成后，他就突患脑溢血，一病三年，恢复写作后，身体状况及记忆力都大不如前，因而能标志他创作水平的最后一部书，就是《巴山夜雨》。……它是父亲有意在内容上和形式上进行一次新的探索和尝试，是他刻意对自己进行一次新的挑战。从书的内容、形式、文风，都和父亲所有的作品不同，可以说章回小说在这部书里，完全是新的姿态出现在读者面前。这样一部重要的探索力作，最后的重要巅峰之作，却被许多读者和研究者忽略了，当然这和他生前没有来得及出单行本有关。"

2. 百川诗草一卷　江百川著

1985 年油印本　江兴皖收藏

江百川（1879—1944），名鹏，字振南，号百川。桐城人。先后于安庆、青阳、铜陵、泾县、桐城等地设馆授徒。

此书由江鹏之子江兴皖梓印传世。

3. 宝姑　王莹著

1982年北京中国青年出版社铅印本　安徽省图书馆藏

著者生平已见《台儿庄》。

此书为自传体长篇小说，著于1946年。前有夏衍序。内分别为"祖母，母亲，我—我们三代人"，"我也被推到那几千年的古井里去"，"山穷水尽，我挺身转向别条路"，"山河万里，云涌风急"。末有谢和庚跋，题为"撰写〈宝姑〉的前前后后"。

4. 别有天地　张恨水著

1993年太原北岳文艺出版社铅印本　中国国家图书馆藏

著者生平已见《春明外史》。

此书为长篇小说，曾于1931—1932年上海《红玫瑰》第1期至第36期连载。

5. 冰玉影传奇　陈仲瑄著

铅印本　太湖县图书馆藏

陈仲瑄（1883—1947），又名慧，号拜石。太湖人。赵恩彤之妻，赵朴初之母。

此书前有著者与长子、长媳像，关静之像，1996年赵朴初《引言》手迹。末附余世磊《关于冰玉影传奇中的一些人和事》。

赵朴初《引言》称："书中人皆化名，沈洁者，先母自谓，传奇中简称'玉'；谢清者，先母之义姐关素，字静之，余兄弟称之为大姨者，传奇中简称'冰'。主要内容乃叙述二人之友情及晚年同隐西湖之愿望。今之观者或可窥见当时社会状态之一二。"

6. 陈独秀诗存　陈独秀著；安庆市陈独秀学术研究会编注

2003年安徽教育出版社铅印本　安徽大学图书馆藏

著者生平已见《独秀文存》。

此书前有叶尚志《陈诗漫话》（代序），末有《后记》。内录陈独秀古近体诗137余首，另有新诗、译诗10首，嘉言联语若干。

7. 陈独秀先生遗稿　陈独秀著；方继孝点校，吴永坤审订

2006 年北京图书馆出版社影印、铅印本　安徽财经大学图书馆藏

著者生平已见《独秀文存》。

此书两册，一册为遗稿影印本；一册为含有方继孝《编校后记》与任建树、吴永坤评论之铅印本。内收录著者《甲戌随笔》《右旁之声分部计划》等语言文字学著作。《甲戌随笔》为已散失的《独秀丛著》中之一种，属笔记文学。其内容涉及文字学、语言学、文学、历史、地理等学科。末附方继孝《陈独秀晚年遗稿的下落》。

8. 喘月吟一卷　洪汝闿著

1961 年安徽省图书馆抄本　安徽省图书馆藏

著者生平已见《汪程二烈士哀挽录》。

此书前有自序，内录著者 1941 年所作《水调歌头》词作 40 首，多关时事政治。

9. 创世纪　季青著

2002 年合肥黄山书社《常任侠文集》第五册收录　中国国家图书馆藏

李青，常任侠笔名，生平已见《儿时影事》。

此书写于 1940 年，封面自注："1940 年诗稿。在白色恐怖下的重庆时作。"内有引子、过曲、正篇、尾声。

10. 范鸿仙　范鸿仙著；政协合肥市文史资料委员会编

1989 年安徽人民出版社铅印本　中国国家图书馆藏

著者生平已见《陈烈士兴芝冤狱录》。

此书搜集整理范光启时论杂文近 300 篇，并录许华等人回忆、纪念文章。

11. 风雪之夜　张恨水著

1993 年太原北岳文艺出版社铅印本　中国国家图书馆藏

著者生平已见《春明外史》。

此书为长篇小说，曾于 1936 年 8 月 1 日南京《中央日报》副刊《中央

《公园》始连载，未完。

此书以北平为背景，述义勇军故事。连载中曾被腰斩。

12. 黄吉安剧本选　黄吉安著；四川省戏曲研究编校

1960 年成都四川人民出版社铅印本　中国国家图书馆藏

黄吉安（1836—1924），名云端，号余僧。寿县人，落籍四川成都。

此书录《闹齐宫》《闹齐廷》《春陵台》《三伐宋》《九里山》《缇萦救父》《鞭督邮》《衣带诏》《青梅宴》《审吉平》《诛五族》《江油关》《绵竹关》《朱仙镇》《金牌诏》《三尽忠》《柴市节》《百宝箱》18 出，前有黄吉安像、遗墨、朱丹南序，末有附录及《编后记》。

《朱序》称，黄吉安剧作世称"黄本"，"所谓'黄本'，在当时是被人尊敬的称呼。之所以受尊敬，不仅是因为相传'时人不轻易增减一字'，更重要的是因为它具有较大的社会意义和艺术感染力，及给川剧带来的重大影响"。

又：**缇萦救父　黄吉安原著；林伯晋改编**　1958 年成都四川人民出版社铅印本　中国国家图书馆藏

是剧为川剧高腔剧目。

13. 晦庐遗稿　李光炯著；李相珏编辑；许永璋校阅

1960 年铅印本　南京大学图书馆藏

著者生平已见《阮嗣宗同时诸人事略考附说阮诗》。

编者生平已见《亡弟未定稿》。

校阅者生平已见《从军乐古诗选》。

此书前有许永璋序及题词。

14. 寂音札记　汪允宗著

1957 年抄本　安徽省图书馆藏

著者生平已见《寂照遗墨》。

此书前有 1934 年许承尧序，1957 年汪邦武附记。内录《崔氏四世》《汉人抗当权之高风》《掳人勒赎》《汝南旧俗》《辍耕录佚文》《后汉五经博士十四家》等笔记百余则。

汪邦武《附记》追述先父一生革命经历及学术传承。

15. 江上青烈士诗抄　江上青著；郑盛怀辑释

2001 年北京当代中国出版社铅印本　安徽省图书馆藏

江上青（1911—1939），原名世侯，曾用名蕃臣。祖籍旌德，生于扬州。江绍岳之子。1929 年加入中国共产党。先后任教于仪征、扬州和淮阴等地中学。抗战后任中共皖东北特别支部书记，公开身份为安徽第六区行政督察专署秘书、皖东北军政干校副校长。

此书前有张劲夫序，介绍著者。内录《新世界底贺仪》《十月底旗帜》《舞台巡礼》《赤裸着身体》《冷漠的世界》《心脏底拥抱》《饿是武器》《缝衣人》《我重新来到了这里》等诗词 46 首，杂文《卢沟晓月》1 篇。末附《江上青诗词背景介绍》，江石溪诗 6 首，王者兰悼江上青诗 3 首，江树峰诗词 8 首及挽歌。

16. 金针梅花诗抄　周树冬遗稿；周楣声重订

1982 年安徽科学技术出版社铅印本　新加坡中华医院中医药图书馆藏

周树冬（1862—1915），名丙荣，字树冬。合肥人。从医。

此书有周楣声《前记》，内上、下两篇，共录诗歌 326 首。上篇为针道，扼要叙述古代刺法，并阐发用针各项要领，自进针之初至出针之后，共分二十一节加以说明；下篇为孔穴，列举十四经之要穴而标其用途。书中所举梅花派针刺方法为他书所无。

17. 卡莱尔与中国　梅光迪著

1953 年台北中央文物出版社铅印本　台湾大学图书馆藏

梅光迪生平已见《文学概论》。

此书介绍十九世纪英国作家卡莱尔（Thomas Carlyle）及其对中国文化的认识。

此书曾刊于 1941 年《国立浙江大学文学院集刊》第一辑。

18. 离骚补释　胡韫玉著

朴学斋丛书第二集本　中国国家图书馆藏

著者生平已见《古今笔记精华录》。

此书逐句补释《离骚》。1911—1912 年曾刊载于《国粹学报》六卷八期、七卷八期。

此书辑入《朴学斋丛书第二集》第二十一、二十二册。

19. 立之诗选　晦庵诗选　周学渊，周学辉著；周叔弢辑

2004 年铅印本　北京大学图书馆藏

周学渊生平已见《张李二君诗存》。

周学辉（1882—1971），号晦园。至德人，周馥幼子。历任天津华新纱厂常务董事、董事长，北京自来水公司常务董事、董事长，滦州矿地公司董事长，启新洋灰公司董事、董事长，江南水泥公司董事，耀华玻璃公司董事等职。民国年间曾当选为参议院议员、众议院议员。

周叔弢生平已见《梅溪词》。

此书内录周学渊《晚红轩诗存》及《师古堂课选》中诗作 180 余题及周学辉《师古堂课选》中诗作。

此书为《安徽东至周氏近代诗选　东至周氏家乘》第三册。

20. 凌寒吟稿六卷　方守敦著；舒芜编

1999 年合肥黄山书社铅印本　中国国家图书馆藏

方守敦（1865—1939），字常季，更字盘君。桐城人。方宗诚第五子。清光绪二十八年（1902 年）随吴汝纶赴日本考察学制，回国后助吴氏创办桐城学堂，支持陈独秀兴办安徽公学。清光绪三十年（1904）与李光炯等创办芜湖安徽公学。1939 年与姚孟振等重印《桐城续修县志》。

此书录著者古体诗、五七律、绝句、新诗等 300 余首。

21. 鲁迅先生序跋集　王冶秋编辑

校样本　北京鲁迅博物馆藏

著者生平已见《民元前的鲁迅先生》。

1974 年 5 月 3 日巴金写给王仰晨（时任人民文学出版社鲁迅著作编辑室主任）之信（载《巴金书简——致王仰晨》，文汇出版社 1997 年版，第 29—30 页）称："《序跋集》据我所知，原稿并未丢失，是由文化生活出版社的员工还给许广平先生的，原稿中并无鲁迅先生的序，只有许广平先生一九四一年写的序言。据我所知事情的经过是这样的：一九四一年八月许先生把全稿交给陆圣泉（陆蠡），陆不久将全稿付排，这年十一月、十二

月中初校样都送齐了。但日寇十二月侵占租界后，文生社也差不多停了，第二年陆蠡被日本宪兵队逮捕（后来就牺牲在那里），文生社给抄去一部分书，就完全停顿了。当时《序跋集》校样还未看完，印局就把版拆了，后来文生社的人把原稿还给了许先生。我四六年回到上海，以后在积存的样稿中找到《序跋集》的校样（大部分未校过），我就把它拿回家放着。最近我比较有空才把它整理一下，我觉得许先生的序言是重要的，冶秋同志的两篇《后记》也很好。不过目录上排有'后记之三'的字样，许先生序言中也提到编者的'第三篇后记'，但我找到的校样里没有，不知是什么缘故。此外就不缺什么了。你来信问起这部书，并说'找找'，我过两天就把校样全部（共六百几十页）寄给你。这是唯一的一份校样（许先生的序言好像没有在别处发表过），我觉得应当好好地保存它。"

22. 论书诗一卷　史德本著

1975 年台北艺文印书馆铅印本　台湾大学图书馆藏

著者生平已见《朔南吟纪》。

此书辑入严一萍续编《美术丛书》第六集第七辑。

23. 梅峰山房诗存三卷适轩联语　焦山著

1989 年刊本　2004 年重印本著录

焦山（1879—1942），字石仙。怀宁人。早年先后入怀宁县学堂、安徽测绘学堂，清宣统元年（1909 年）入北京中央测绘学堂高等科就读。辛亥革命期间参加革命军、同盟会，民国后于安徽、贵州、广东等地从事测绘工作。北伐战争期间任参谋团中校参谋。自 1929 年起，于江西、浙江、湖南等地继续从事测量和民政工作。1932 年任安徽省陆军陆地测量局局长兼省土地局技正、测量队队长。

此书由著者子女刊印，《梅峰山房诗存》三卷，分别为《䍐峒游草》《䍐峒再游草》《病呻吟草》，共录旧体诗 242 首，其中五、七言律诗 174 首，多怀人、纪行之作。《适轩联语》录楹联 278 副，挽联约占三分之一。

又：**梅峰山房诗存三卷适轩联语　焦山著**　2004 年铅印本　安庆师范学院图书馆藏

此书前有《焦山石仙先生传略》，艾鹤年著《经纶饱满无余子，吐属高华不染尘》，方在华著《〈适轩联语〉读后小记》，内补录联语 3 副，著者遗文 1 篇。末有《初版后记》及著者之子贤侃跋。

24. 梅光迪先生家书集　梅光迪著；李今英编

1980 年台湾中国文化学院铅印本　徐艾平《绵绵无尽写相思》（载《江淮文史》1996 年第 2 期，第 27 页）著录

梅光迪生平已见《文学概论》。

此书所收家书多为英文。前 13 通（1938 年 3—7 月）为著者随浙大由浙江内迁广西时，致时居香港之夫人子女书。1940 年 1 月至 6 月信 23 通，描述著者由香港经海防、昆明、贵阳辗转到达遵义及在浙大任教情形。

25. 钱毅的书　钱毅著；陈允豪辑

1980 年北京生活·读书·新知三联书店铅印本　安徽大学图书馆藏

著者生平已见《大众诗歌》。

此书前有阿英著《钱毅小传》，王阑西序，内录《怎样写》《庄稼话》《故事、诗歌和通讯》《海洋神话与传说》《日记摘抄》。末有阿英、李一氓、楼适夷、李一、T. W、陈登科、钱璎等人纪念文章及《编后记》。

据阿英《小传》称，《海洋神话与传说》著于 1943 年，《庄稼话》著于 1946 年。

26. 浅水姑娘　予且著；中国现代文学馆编

2008 年北京华夏出版社铅印本　中国国家图书馆藏

予且，潘序祖笔名，生平已见《予且随笔》。

此书前有陈建功所撰《中国现代文学百家总序》《予且小传》。全书录长篇小说《浅水姑娘》；短篇小说《雪茄》《君子契约》《七擒》《留香记》《怀母记》《寻夫记》《一吻记》《养仆记》《换鼻记》《辞世记》《合卺记》《夏丹华》《过彩贞》13 篇；散文《饭后的脸》《茶之幸运与厄运》《龙凤思想》《酒色财气》《我之恋爱观》《我怎样写七女书》6 篇。末附《予且主要著作书目》。

《予且小传》称："予且是上海新市民小说的代表性作家。他从向老的鸳鸯蝴蝶派刊物投稿始，用新文学的小说体式，表现上海弄堂市民日常的人生相、社会相。尤其以能表现已婚男女的家庭生活和心理为特长。"

27. 随马歇尔、张治中、周恩来三将军巡视华北记　周而复著

1991 年长江文艺出版社出版　合肥学院图书馆藏

著者生平已见《夜行集》。

此书为长篇报告文学，初写于抗战胜利后，《新华日报》连载。内录《访问马张周三将军》《在晋察冀军区司令部里》《集宁机场一小时》《济南一幕》《徐州的寒风》《大平原上的新乡》《由太原到归绥》《延安——民主的圣地》《一万七千里行程的终点——汉口》等篇。

此书辑入《解放区文学书系·报告文学编》。

28. 陶行知全集六卷　陶行知著；华中师范学院教育科学研究所主编

1983—1985 年湖南教育出版社铅印本　中国国家图书馆藏

著者生平已见《知行书信》。

此书以手稿或最早印本为依据，采取分类编年体例，卷一至卷三为论著（包括论文、演讲记录、提案、自撰外文论著之中译稿等），各卷卷末均附有相应时期《陶行知年表》；卷四为诗歌；卷五为书信；卷六为课本、儿童读物、英文著述、译著、歌曲等。末附《陶行知著译系年》《陶行知自编主要专集目录》《笔名录》。各卷卷首均有图片及手迹；各正文后均交代写作或发表时间以及原著来源，少数正文末附必要数据。

29. 天明寨　张恨水著

1993 年北岳文艺出版社铅印本　中国国家图书馆藏

著者生平已见《春明外史》。

此书为长篇小说，写太平天国逸事。1935 年 1 月 1 日至 1936 年 7 月 30 日南京《中央日报》副刊《中央公园》连载。

30. 亭子间嫂嫂续集　周天籁著

2000 年安徽文艺出版社铅印本　安徽省图书馆藏

著者生平已见《献睡莲姑娘》。

此书内容曾于 1943 年 2 月 1 日起连载于《吉报》，后转为《万言报》。

此书前有范伯群序，末有周鲤门后记。

《范序》称："《亭子间嫂嫂》是一部穷十年、二十年也写不完的'怪书'。它通过一个私娼的经历，和盘托出了一个广阔的社会。"

《后记》称，《亭子间嫂嫂续集》"因年隔久远、出版人著出后转辗多年，已再难觅踪影。……恰好于 98 年盛夏，苏州大学文学院博士生导师、中国现代文学学会理事、复旦大学贾植芳先生的亲传弟子范伯群教授特利用暑假期间，委派其两名研究生学生专程从苏州赶到上海找到我处，了解先父周天籁先生生平简史及新著作品概况，并传来喜讯，《亭子间嫂嫂》续集又名《亭子间嫂嫂新传》一书，范伯群教授身边保留有一套复印件。为此经本人向范教授发信求援借用，以备重新出版之需。范教授极其大方慨而无私先应借予本人再次复印，为此，我特约期专程去苏州范教授寓所登门拜访，互为亲切交谈"。

31. 汪石青集二十卷　汪石青著

2011 年合肥市黄山书社铅印本　宁波大学园区图书馆藏

汪石青（1900—1927），名炳麟，字裔雯，又字石青，别署玲山怪石。黟县人。汪云雏之子。教书为生。

此书前有编者前言，内有《俪乐园诗集》十二卷，《俪乐园文录》一卷，《黟山新籁》二卷（含词、曲、乐府、杂剧、英诗汉译），《鸳鸯冢传奇》，《换巢记传奇》，《俪乐园杂著》一卷及《俪乐园集补录》。末附汪稚青跋与《后记》，余永刚撰《汪石青小传》《汪石青年表》，刘梦芙撰《校勘后记》。

此书辑入《安徽近百年诗词名家丛书》。

又：**汪石青全集　汪石青著；汪丕，汪行编辑**　1977 年台北影印本安徽省图书馆藏

此书编者系著者之子。前有胡荫南《汪石青传》，内有诗、文、词、曲、杂剧、传奇、杂著等二十卷，约 17 万字，末有稚青、亚青《后记》。

据《后记》称，此书并非全集，著者诸多散文、专著已散佚。

又：**俪乐园词　汪石青著**　孙文光《安徽历代词人知闻录》（载《安徽师范大学图书馆建馆六十周年纪念文集（1928—1988）》，1988 年版，第 210 页）著录

又：**俪乐园集诗词南北曲四卷　汪炳麟著**　《黟县四志·艺文志》（载《中国地方志集成·安徽府县志辑 58》，江苏古籍出版社 1998 年版，第 271 页）著录

又：**鸳鸯冢传奇南北曲一卷　汪炳麟著**　《黟县四志·艺文志》（同

上）著录

32. **魍魉世界　张恨水著**

1957 年上海文化书局铅印本　中国国家图书馆藏

著者生平已见《春明外史》。

又：**魍魉世界　张恨水著**　1993 年太原北岳文艺出版社铅印本　中国国家图书馆藏

此书为长篇小说。1941 年 5 月 2 日至 1945 年 11 月 3 日重庆《新民报》连载，名为《牛马走》。1955 年元旦至次年 2 月 11 日易名《魍魉世界》，香港《大公报》连载，较初刊时删除三分之一。

33. **我之小史：新发现的徽商小说　詹鸣铎著；王振忠，朱红整理校注**

2008 年安徽教育出版社铅印本　安徽省图书馆藏

詹鸣铎（1883—1931），谱名昌淦，字振先。婺源人。清末秀才，后经商。著者曾于晚清撰有《冰壶吟草》二卷。

此书于 2002 年被发现，系徽商詹鸣铎撰写的章回体自传《我之小史》抄稿本二种。该书由詹氏后人保存，其内容自清光绪九年（1883 年）迄 1925 年，逐年记载一个家庭四十余年社会生活。此书前有葛兆光序，题为"本无畛域——从《我之小史》说到资料的解读"；王振忠代前言——《〈我之小史〉的发现及其学术意义》及著者自序。末有附录《詹鸣铎先生生平大事年表》及后记。

王振忠《代前言》称，此书是"目前所知唯一的一部由徽商创作、反映徽州商人阶层家庭生活的小说"。

《后记》介绍《我之小史》发现过程及存在问题。

34. **吴承仕文录：吴检斋遗书　吴承仕著**

1984 年北京师范大学出版社铅印本　安徽大学图书馆藏

著者生平已见《诗韵抄》。

此书前有吴承仕像、吴承仕遗稿手迹，《吴检斋遗书编纂缘起》，张致祥《忆我的老师和同志吴承仕》（代序），内录《东游记之一斑》《在一辆很慢的人力车上》《国歌改造运动》《我所认识的大众语运动的路线》《张献忠究竟杀了若干人?》《介绍一篇乌龟型的文学作品》《关于孙传芳和施

剑翘》《关于宋元明学术思想——宋元明思想史纲序》《"做戏无法出个菩
萨"》等随笔、杂文 50 篇，补白 14 篇。末有编者《后记》。

35. 悟圃轩诗稿　洪小崖著

2003 年铅印本　安徽大学图书馆藏

洪小崖（1902—1957），名鸾，别号龙湖居士。宿松人。大学毕业后
任河南省财政厅秘书，孙连仲集团军记室。1940 年返乡课徒。

36. 希罗普郡少年　［英］Housman，A. E 著；周煦良译

1983 年湖南人民出版社铅印本　南京图书馆藏

著者生平已见《神秘的宇宙》。

此书前有译者序，称此书翻译开始于 1937 年年初，完成于 1948 年。
全书录诗 63 首，内有注释。《序言》与注释详尽介绍了此书翻译过程、翻
译思想及其在诗歌音韵方面的努力。

37. 息深轩诗集　苏行均著；张泽国点校

2003 年北京中国文联出版公司铅印本　安徽省图书馆藏

苏行均（1872—1940），字艺叔，号息深。桐城人。曾执教于桐乡小
学、桐城中学、省立安庆师范学校、安庆高级中学、省立第二临时中学。

此书前有著者照、书法作品、《息深轩诗集》手迹，及 1946 年唐尔炽
序。内录 1913—1940 年古近体诗作 490 首，末有张皖光、马厚文所撰《传
记》各一；方守彝、胡远浚、方盘君等人述评；方守彝、姚孟振、张皖
光、孙闻园等人所撰赠诗、联；点校者后记。

《后记》称："所得《息深轩诗稿》二种，一为手稿本，一为手抄本。
手稿本为残编五册（仅二至六册，不分卷），收诗四百四十四首，为苏艺
叔先生按时序辑录［自庚申（一九二零年）至庚辰（一九四零年）］。手抄
本十四卷为唐雨梅先生编辑，吕宣泽先生抄录，收诗四百九十六首［自癸
丑（一九一三年）至庚辰（一九四零年）］，含拟删二十四首。两本互校，
抄本中计百四十首无原稿可稽，手稿本亦有九十一首抄本不录。今以抄本
为主，参校手稿本残编，以时代为序，按唐编定为十四卷。……此外，对
手稿中颇具乡邦史料价值之佳篇选补二十二首入编，最终辑成四百九十四
首。""一九四六年，自唐雨梅先生编次《息深轩诗稿》后，原稿交还苏遂

收藏，吕宣泽先生留存抄本。原稿旧藏桐城故宅，一九五零年苏氏后裔离桐时托里人代管，其后书画典籍丧失殆尽，仅存《诗稿》残编。抄本在'文革'中因藏之夹壁方幸免于难，一九九零年，吕宣泽先生交与苏遂待印行，以遂先师之愿。"

38. 小西天　张恨水著

1993 年太原北岳文艺出版社铅印本　中国国家图书馆藏

著者生平已见《春明外史》。

此书为著者游历西北后所著长篇小说，1934 年 8 月 21 日至 1936 年 3 月 25 日上海《申报》副刊连载。

书前有《小西天》始发于上海《申报》副刊《春秋》时《编者语》，称："张先生这次游历西北，在陕甘勾留约有三个月。……他看到这一种矛盾的事实，是绝好的小说材料，于是就利用了这材料，构成一部长篇名叫《小西天》。"

39. 写作生涯回忆　张恨水著

1982 年人民文学出版社铅印本，中国国家图书馆藏

著者生平已见《春明外史》。

此书曾于 1949 年 1 月 1 日至 2 月 15 日北平《新民报》连载。前有著者像及手迹，后有《总答谢》，末附张友鸾《章回小说大家张恨水》，张晓水、张二水、张伍《回忆父亲张恨水先生》《张恨水先生创作年表》。

40. 胭脂井：亡国帝妃传　张友鸾著

1988 年南京江苏文艺出版社铅印本　中国国家图书馆藏

此书为四十八回警世之作，描写陈后主淫逸亡国事。

据张友鸿《张友鸾秦淮羁旅》（载高安宁编校《秦淮风情》，南京出版社 1995 年版，第 230—231 页）一文称，此书写于 1936 年，曾连载于《南京人报》。

41. 杨娥传　阿英著

1950 年上海晨光出版公司铅印本　中国国家图书馆藏

阿英，钱杏邨笔名。生平已见《暴风雨的前夜》。

此书为四幕话剧，作于1941年，根据明末烈女杨娥有关事迹写成。前有著者撰写《杨娥传故事形成的经过》《写作杂记》《本事》，后有歌谱、注释，以及柳亚子撰《杨娥传》《杨娥年表》。

42. 一路福星　张恨水著

1993年太原北岳文艺出版社铅印本　中国国家图书馆藏

著者生平已见《春明外史》。

此书为长篇小说，上海《旅行杂志》1948年第1—12期连载。

43. 予且文集　予且著；吴福辉编选

1999年北京华夏出版社铅印本　中国国家图书馆藏

予且，潘序祖笔名，生平已见《予且随笔》。

此书录予且长篇小说、短篇小说及散文作品《浅水姑娘》《雪茄》《君子契约》《饭后的脸》等20篇。

44. 在蒋牢中　余心清著

1981年北京文史资料出版社铅印本　安徽省图书馆藏

余心清（1898—1966），合肥人。1920年毕业于南京神学院，1927年毕业于美国哥伦比亚大学行政系。曾任冯玉祥部开封训政学院院长、民众抗日同盟军总务处处长。1933年参加福建事变，任中华共和国人民革命政府经济委员会代主席。后任国民革命军第三集团军训政处处长、第十一战区政治设计委员会副主任委员。1944年参加中国民主革命同盟。1947年被国民党当局逮捕。1949年获释，同年出席中国人民政治协商会议第一届全体会议。

此书为纪实体小说，写于国民党狱中，记述著者被捕前政治活动以及被捕后在北平、南京两地狱中生活。

45. 战云纪事　常任侠著；郭淑芬，沈宁整理

1999年深圳海天出版社铅印本　安徽大学图书馆藏

著者生平已见《儿时影事》。

此书前有郭淑芬、沈宁所撰《连天烽火走征程——常任侠和他的战时日记》，照片8帧，内录著者1937—1945年所写日记。其中保存大量题诗，

或可补充《红百合诗集》阙遗。

46. 赵玉玲本纪　张恨水著

1993 年太原北岳文艺出版社铅印本　中国国家图书馆藏

著者生平已见《春明外史》。

此书为长篇小说，1940 年至 1941 年上海《小说月报》第 1—17 期连载。

47. 芝园吟草一卷　纪德征著

1964 年铅印本　安徽省图书馆藏

纪德征（1867—1934），字树滋。盱眙人。晚清拔贡，任教乡里。

此书内录古近体诗 240 题，600 余首，多记乡间景物、人事，兼有唱和之作。

48. 中国古代神话研究　程憬著

2011 年北京大学出版社铅印本　中国国家图书馆藏

程憬（1902—1950），原名景贤，字仰之，以字行。绩溪人。北京大学毕业后考入清华大学研究院，毕业后历任厦门大学、暨南大学教授、中国公学文学系主任，安徽大学教务长兼文学院院长，中央大学和西南联合大学文学系主任兼教授。

此书前有顾颉刚序及自序，末有陈泳超跋。

《顾序》称："1919 年五四运动以后，思想解放。有些人读古书时就想搜集我国古代的神话资料，要从儒家的粉饰和曲解里解放出来，回复它的本来面目。程憬先生在这个时代的要求下专心致志，工作了二十年，写成这本《中国古代神话研究》。他把他的研究的结论分成四部分：第一部分是天地的开辟和神统，说明了世界的出现和帝（上帝和人帝）的统治；第二部分是神祇，说明了天神、地祇、物魃（魅）（精怪）、鬼和他们所居住的天上和地下的情况；第三部分是英雄传说，说明了在我国古代神话里占主要地位的人物射神后羿、农神后稷、工艺神倕、音乐歌舞神夔和启等许多生动活泼的故事，和希腊神话非常相像；第四部分是海内和海外纪，从巫歌和《山海经》里说明了古人对于广大世界的实际知识及其幻想。又附录三篇，讨论《山海经》这书的性质和在《山海经》里面的许多神话人物的地位及其关系。"

　　据马昌仪《程憬及其中国神话研究》（载夏晓虹、吴令华《清华同学与学术薪传》，生活·读书·新知三联书店 2009 年版，第 47 页）称："一九五〇年，程憬的遗孀沙应若女士把程先生的一部二十七万字的遗稿《中国古代神话研究》，托付给了德高望重的史学界权威顾颉刚先生，请他设法帮助出版，以实现程先生的遗愿。经过顾先生的努力，曾有一家出版社于一九五五年把这部稿子排出了清样，但并没有出版。一九五八年，中国民间文艺研究会研究部决定把程著收入他们主编的'民间文学丛书'，并请顾先生为之写序。顾先生欣然从命，很快就把序文写好了。由于'大跃进'，'反右倾'，文艺界的小整风，等等，接连不断的运动，这部写于四十年代的书稿，终于未能得到出版。"

附　录

1. 阿尔泰纪行　朱清华著

《安徽历史名人词典》（安徽教育出版社 2008 年版，第 481 页）著录

著者生平已见《万里楼词曲合抄》。

2. 爱菊轩诗草　程祖伊著

黄山市地方志办公室编《黄山市近现代人物》（黄山书社 1992 年版，第 18 页）著录

程祖伊（1846—1931），又名和鸾，号彩卿。太平人。曾任县议会议员、民团团长、三区自治区区长。

3. 爱山光阁诗词集　王浣溪著

戎毓明主编《安徽人物大辞典》（团结出版社 1992 年版，第 523 页）著录

著者生平已见《中国文学精要书目》。

4. 安徽词钞词人总目　徐乃昌编

吴县潘氏宝山楼抄本　张敏慧著《徐乃昌刻书文化研究》（安徽人民出版社 2006 年版，第 18 页）著录

编者生平已见《闺秀词钞续补遗》。

5. 安徽革命实录　管鹏著

李盛平主编《中国近现代人名大辞典》（中国国际广播出版社 1989 年版，第 720 页）著录

管鹏（1881—1930），原名应鹏，字鲲南，号乐定。寿县人。清光绪三十四年（1908）参加安庆新军马炮营起义，武昌起义爆发后曾任安徽都督府军务部长、北伐队参谋长、省议会议员及省农会会长。讨袁战争失败后逃亡日本。1917 年参加护法战争，任安徽宣抚使。1920 年任国民党中央执委会宣传委员兼安徽总支部筹备处处长，并创办《民治报》。1926 年参与组织国民党右派安徽省党部，次年任安徽省政府主席。不久辞职居沪。1930 年病故于北平。

6. 安徽清代文字狱备录　程演生著

安庆市地方志编纂委员会编《安庆人物传》（黄山书社 2001 年版，第 219 页）著录

著者生平已见《西泠异简记》。

7. 白话诗牌谱　胡之灿

黄山市地方志办公室编《黄山市近现代人物》（黄山书社 1992 年版，第 30 页）著录

著者生平已见《砭俗纪闻》。

8. 白话文研究法　蔡晓舟著

戎毓明主编《安徽人物大辞典》（团结出版社 1992 年版，第 645 页）著录

著者生平已见于《五四：第一本五四运动史料》。

9. 白雪新音　胡在渭著

洪鹏华、曹健斌主编《绩溪书目》（黄山书社 2008 年版，第 359 页）著录

著者生平已见《文艺因缘》。

10. 葆真斋诗文集　刘学渊著

望江县地方志编纂委员会编《望江县志》（黄山书社 1995 年版，第 694 页）著录

刘学渊（1868—1933），字汉源，望江人。清光绪二十一年（1895）秀才，历任广西左江常备营、湖南抚署、安徽财政厅文牍。后设馆授徒。1931 年出任安徽省赈济委员会委员。

11. 病榻支离记　汪洋著

邵迎武著《南社人物吟评》（社会科学文献出版社 1994 年版，第 106 页）著录

著者生平已见《西湖四日记》。

12. 薄寒词　汪律本著

汪民视著《汪旧游先生事略》（载《歙县文史资料第二辑》，1987 年版，第 27 页）著录

著者生平已见《黄海后游录》。

13. 采石山房诗文集　鲁式谷著

马鞍山市地方志编纂委员会主编《马鞍山市志》（黄山书社 1992 年版，第 1010 页）著录

鲁式谷（？—？），字叔贻。当涂人。式金弟。清拔贡，授知县。后任江宁检察。民国年间当选为众议院议员、芜湖道教育会会长，未任。

14. 沧桑记　刘豁公著

中国戏曲志编辑委员会编《中国戏曲志·上海卷》（中国 ISBN 中心 1996 年版，第 872 页）著录

著者生平已见《戏剧大观》。

15. 草帽缘　查光佛著

安徽历史名人词典编辑委员会编《安徽历史名人辞典》（安徽教育出版社 2008 年版，第 488—489 页）著录

著者生平已见《武汉阳秋》。

16. 忏悔　何世枚著

戎毓明主编《安徽人物大辞典》（团结出版社 1992 年版，第 372 页）著录

著者生平已见《再世为人》。

17. 忏玉楼谜稿四卷　吴克岐著

吴克岐著《犬窝谜话·自序》（1936年稿本）著录

著者生平已见《红楼名号归一表》。

吴克岐《犬窝谜话自序》称："余即有嗜红之癖，尝取《红楼梦》为谜材，日积月累，所作不下数千条，爰另编《忏玉楼谜稿》四卷，前已采录多条。"

18. 朝野旧闻　方希孟著

寿县地方志编纂委员会编《寿县志》（黄山书社1996年版，第614页）著录

方希孟（1836—1914），字峄民，一字小泉、筱泉，晚号天山逸民。寿县人。清同治廪生，分省补用盐运同知。清光绪初入左宗棠幕，随军入新疆，八年后回乡。清光绪三十二年（1906）应伊犁将军召，再入新疆。三年后东归。清末著有《西征录》七卷、《西征续录》二卷、《息园诗存》九卷等。

19. 潮音集　赵劭希著

舒城县地方志编纂委员会编《舒城县志》（黄山书社1995年版，第600页）著录

赵劭希（1876—1943），名宜铭，别号回乡隐居。清光绪三十一年（1905）入陆军学堂，辛亥革命后辞职回乡。1927年出卖祖业，自办平民学堂。

20. 迟庐小说　又名：血儿传　徐建生著

安庆市大观区地方志编纂领导小组编《安庆市大观区志》（黄山书社1998年版，第243页）著录

著者生平已见《宦游偶记》。

21. 迟庐闲话　徐建生著

安庆市大观区地方志编纂领导小组编《安庆市大观区志》（黄山书社1998年版，第243页）著录

著者生平已见《宦游偶记》。

22. 初学古文读本二卷　姚永朴，姚永概编

姚永朴著《叔弟行略》（载任访秋著《中国近代文学大系散文集 1840—1919 第三集第 13 卷·散文集 4》，上海书店出版社 1993 年版，第 75 页）著录

姚永朴生平已见《见闻偶笔》。

姚永概生平已见《邵节妇家传》。

23. 楚辞解　邓艺孙著

安庆市地方志编纂委员会编《安庆市志》（方志出版社 1997 年版，第 1769 页）著录

邓艺孙（1857—1913），字绳侯，号世白。怀宁人。邓石如曾孙，邓少白之孙，邓以蛰之父。历任芜湖公学总理、安徽教育司司长、高等学校校长等职，创办安徽省立图书馆及女子师范学校，1913 年任安庆江淮大学校长。

24. 楚辞今译　马厚文著

安庆市地方志编纂委员会编《安庆地区志》（黄山书社 1995 年版，第 1342 页）著录

马厚文（1903—1989），桐城人。1929 年毕业于上海光华大学并留校任教。后任教于安徽省立第二临时中学、桐城中学、南岳国立师范学院。

25. 春不老斋诗稿　程修兹著

胡在钧《程修兹一家与徽州文教界渊源》（载《绩溪文史资料第二辑》，1988 年版，第 133 页）著录

程修兹（1869—1953），名裕济，号学圃，晚号春不老斋主人。绩溪人。早年追随江彤侯、金慰农进行反清革命，清光绪二十四年（1898）至歙县中西蒙学堂任教，清宣统二年（1910）任南京汇文书院（金陵大学预科）国文教员。1921 年后历任天津南开中学、省立二师、二中、徽州中学及徽州女中教师。

26. 春晖堂小吟　胡清澍著

民国刊本　胡初云《桃峰胡氏在文艺上的成就》（载《祁门志苑》1985 年第 2 期第 14 页）著录

胡清澍（1877—1936），字雨甘，号傅霖。祁门人。胡光岳之父。清宣统元年（1909）拔贡，敬敷书院肄业。后毕业于安徽优级师范学堂，并保送日本宏文院。归国后任职于安徽学务公所，兼安庆、庐江、滁县省视学，1912 年任临时省议会议员、祁门县政府主任秘书。

27. 椿庭记忆录二卷　张立鹄著

六安文化志编纂委员会编《六安县文化志》（1988 年版，第 252 页）著录

张立鹄（1864—1929），字子正，号诗臣。六安人。清光绪十三年（1887）拔贡，长期设馆授徒。

28. 纯庐琐记　孙道粹著

政协霍山县文史资料委员会编《霍山县志》（黄山书社 1993 年版，第 875 页）著录

著者生平已见《国学述要》。

29. 从政随笔　丘景章著

全椒县地方志编纂委员会办公室编《全椒县志》（黄山书社 1988 年版，第 652 页）著录

丘景章（1872—1920），字端甫，号苏斋生。全椒人。丘良任之父。清光绪三十年（1904）进士，历任湖南嘉禾、宁乡、清泉、邵阳等县知县，宝庆知府。1912 年出任全椒首届参议会议长和全椒中学校长。曾参修清光绪《全椒县志》。

30. 存养诗钞　马其昶著

安庆市地方志编纂委员会编《安庆人物传》（黄山书社 2001 年版，第 207—208 页）著录

著者生平已见《马通伯文钞》。

31. 寸草堂诗稿　章人镜著

戎毓明主编《安徽人物大辞典》（团结出版社 1992 年版，第 608 页）著录

章人镜（1880—1950），字梦芙。庐江人。章藻侄。清末秀才，二十四岁任安徽茶厘总局委员，二十六岁回乡。

32. 戴香山录　戴皖著

安庆市地方志编纂委员会编《安庆地区志》（黄山书社 1995 年版，第 1332 页）著录

戴皖（1875—1942），字洗白。桐城人。清光绪三十二年（1906）为北一区劝学员，后改桐乡书院为桐乡小学堂，自任堂长。民国初改任劝学所管教，1920 年任县劝学所所长兼县教育会会长，1924 年任县教育局局长，1926 年至六安任教，后返乡。

33. 带星草堂诗钞　江忠章著

江西省人物志编纂委员会编《江西省人物志》（方志出版社 2007 年版，第 383—384 页）著录

江忠章（1887—1913），字仲銮，号竹圃。婺源人，江人镜之子。清宣统二年（1910）法政科举人，任山东特用同知。民国初年任江苏地方检察厅厅长、代理高等检察厅厅长。

34. 淡仙文集　邓鉴堂著

戎毓明主编《安徽人物大辞典》（团结出版社 1992 年版，第 1036 页）著录

邓鉴堂（1860—1938），字子莹，号淡仙。蒙城人。清末贡生。曾创办漆园诗社，任安徽省通志馆采访员，参修民国《蒙城县志》。

35. 邓子嘉言　邓鉴堂著

戎毓明主编《安徽人物大辞典》（团结出版社 1992 年版，第 1036 页）著录

著者生平已见《淡仙文集》。

36. 丁香花诗集　方玮德著

安庆市地方志编纂委员会编《安庆地区志》（黄山书社 1995 年版，第 1344 页）著录

著者生平已见《玮德诗文集》。

37. 东征录　方希孟著

寿县地方志编纂委员会编《寿县志》（黄山书社 1996 年版 614 页）著录

著者生平已见《朝野旧闻》。

38. 独赏集　方廷楷著

蒋寅著《清诗话考》（中华书局 2005 年版，第 633 页）著录

著者生平已见《习静斋词话》。

39. 读史随笔　方希孟著

寿县地方志编纂委员会编《寿县志》（黄山书社 1996 年版 614 页）著录

著者生平已见《朝野旧闻》。

40. 读史闲评八卷　孙玉斋著

刘思祥著《孙雨航传略》（载《江淮文史》2003 年第 2 期第 165 页）著录

孙玉斋（？—1942 后），字绂庭。霍山人。孙雨航之父。清附贡生，候选训导，曾任霍山西镇议长，后从事教育。

41. 端木诗　袁祖光著

戎毓明主编《安徽人物大辞典》（团结出版社 1992 年版，第 382 页）著录

著者生平已见《瞿园诗草》。

42. 短篇小说集　程演生著

安庆市地方志编纂委员会编《安庆人物传》（黄山书社 2001 年版，第 218—219 页）著录

著者生平已见《西泠异简记》。

43. 遁园家训　刘盛芳著

肥西县地方志编纂委员会编《肥西县志》（黄山书社 1994 年版，第513 页）著录

著者生平已见《遁园酬唱集》。

44. 钝吟子小传　杨寅揆著

枞阳县地方志编纂委员会编《枞阳县志》（黄山书社 1998 年版，第690—691 页）著录

著者生平已见《沧州诗抄》。

45. 婀娜　章衣萍译

绩溪县地方志编纂委员会编《绩溪县志》（黄山书社 1998 年版，第887 页）著录

著者生平已见《深誓》。

此书为托尔斯泰长篇小说。

46. 峨眉游草一卷　潘赞化著

马厚文著《潘赞化先生传略》（载《安徽文史资料全书·安庆卷》，安徽人民出版社 2007 年版，第 1335 页）著录

潘赞化（1885—1959），名世璧，字瓒华、赞化，以字行。号仰聃。桐城人，潘黎阁之孙，出生于天津。清光绪二十七年（1901）参与组织青年励志社，后流亡日本，入东京振武学堂，加入兴中会，三十三年（1907）因安庆起事失败，入早稻田大学。民国后历任芜湖海关监督、国民革命军柏文蔚部副师长、实业部科长、桐城孟侠中学校长、桐城县临时参议会副议长。

47. 二古轩诗集　程演生著

安庆市地方志编纂委员会编《安庆人物传》（黄山书社 2001 年版，第218—219 页）著录

著者生平已见《西泠异简记》。

48. 二古轩师友诗钞　程演生著

安庆市地方志编纂委员会编《安庆人物传》（黄山书社 2001 年版，第 218—219 页）著录

著者生平已见《西泠异简记》。

49. 二古轩文集　程演生著

安庆市地方志编纂委员会编《安庆人物传》（黄山书社 2001 年版，第 218—219 页）著录

著者生平已见《西泠异简记》。

50. 二明亮轩诗集　潘赞化著

白虚著《潘赞化二三事》（载《桐城文史资料选辑第五辑》，1986 年版，第 4 页）著录

著者生平已见《峨眉游草》。

51. 贰古斋诗文存　刘朝班著

肥西县地方志编纂委员会编《肥西县志》（黄山书社 1994 年版，第 513 页）著录

刘朝班，室名琳琅仙馆。肥西人。刘盛藻次子。曾任刑部湖广司主事。

52. 烦恼的春天　章衣萍著

绩溪县地方志编纂委员会编《绩溪县志》（黄山书社 1998 年版，第 887 页）著录

著者生平已见《深誓》。

此书为长篇小说。

53. 蹯窟诗话　丘景章著

全椒县地方志编纂委员会办公室编《全椒县志》（黄山书社 1988 年版，第 652 页）著录

著者生平已见《从政随笔》。

54. 蹰窟诗文稿　丘景章著

全椒县地方志编纂委员会办公室编《全椒县志》（黄山书社 1988 年版，第 652 页）著录

著者生平已见《从政随笔》。

55. 芳蠲心室集碑诗文稿　徐丹甫著

汪孝文著《徐丹甫先生传记》（载顾国华《文坛杂忆续编》，上海书店出版社 1999 年版，第 52—53 页）著录

徐丹甫（1860—1947），名受虞，字端甫。中年改名识粗，字丹甫，晚号澹叟。歙县人。清诸生。曾任广东盐务吏，后定居上海。曾参编民国《歙县志》。

56. 访太阳　常任侠著

常法宽《诗词曲赋知识手册》（商务印书馆国际有限公司 2009 年版，第 338 页）著录

著者生平已见《儿时影事》。

此书为六折杂剧。

57. 风尘旧影　程滨遗著

安庆市地方志编纂委员会编《安庆市志》（方志出版社 1997 年版，第 1780 页）著录

程滨遗（1876—1953），字小苏。怀宁人。清光绪二十五年（1889）留学日本明治大学，回国后创办储才中学与小学，三十三年（1907）任怀宁县立中学堂校长，清宣统二年（1910）任安庆私立高等农业学堂教务。曾与光明甫创立私立专门法政学堂，同时募款筹办江淮大学。民国后办《民嚣报》，主编《实业杂志》《新教育》，后创办《中原日报》。1919 年后任安庆六邑中学校长、兼任法政学堂教习，安徽省教育经费管理处处长，安徽大学建校委员会副主任兼安徽大学教授。

58. 风烟旧影　程滨遗著

安庆市地方志编纂委员会编《安庆市志》（方志出版社 1997 年版，第

1780 页）著录

著者生平已见《风尘旧影》。

59. 凤凰吟草　赵劭希著

舒城县地方志编纂委员会编《舒城县志》（黄山书社 1995 年版，第
600 页）著录

著者生平已见《潮音集》。

60. 凤檐试草　贺顾著

戎毓明主编《安徽人物大辞典》（团结出版社 1992 年版，第 356 页）著录

著者生平已见《半隐山房诗草》。

61. 浮槎逸叟论书诗　史德本著

王金凌、曾文梁著《史次耘先生传》（载《国立台湾大学中国文学系
系史稿 1929—2002》，2002 年版，第 236 页）著录

著者生平已见《朔南吟纪》。

62. 浮园诗文集　赵瑸著

黄山市地方志办公室编《黄山市近现代人物》（黄山书社 1992 年版，
第 19 页）著录

赵瑸（1849—1923），原名大宾，字敬如，别号镜舆。太平人。清末
创办从新杜小学，任仙源高等小学堂、乙种商业学校校长，江苏千仓师范
学校、上江公学、两江法政学校教员。辛亥革命后任本县财政科、教育科
科长。

63. 芙山书屋文集　沈嵩甫著

方济仁主编《宿松诗词楹联选》（天马图书有限公司 1995 年版，第
102 页）著录

沈嵩甫（？—1938），宿松人。清优贡生。民国年间曾任山西石楼、
天镇等县知事。后返乡参与县志纂修。

64. 改庐笔记　汪己文著

郑逸梅著《郑逸梅小品·汪己文先生小传》（中州古籍出版社 1988 年版，第 131 页）著录

汪己文（1899—1970），名邦录，字纪文、后改己文，晚号改庐，歙县人。汪定执之子。1915 年上海中华法律专门学校毕业赴苏州任教，后返里任歙县县立小学校长。1927 年后于苏州创办安徽公学、新安小学，编印《苏州新闻周刊》《歙声》《皖事汇报》，任歙县旅苏同乡会会长。抗战开始后历任歙县战地服务团团长、第三区区长，歙县社会服务处主任、公有款产委员会主任，县参议员等职。

65. 鸽原秋感集　胡在渭著

洪鹏华、曹健斌主编《绩溪书目》（黄山书社 2008 年版，第 359 页）著录

著者生平已见《文艺因缘》。

66. 革命花　查光佛著

《安徽历史名人词典》编辑委员会编《安徽历史名人辞典》（安徽教育出版社 2008 年版，第 488—489 页）著录

著者生平已见《武汉阳秋》。

67. 古今齐谐　袁祖光著

安庆市地方志编纂委员会编《安庆地区志》（黄山书社 1995 年版，第 1083 页）著录

著者生平已见《瞿园诗草》。

68. 古今文体分类纂要　廖昆玉著

安庆市地方志编纂委员会编《安庆地区志》（黄山书社 1995 年版，第 1083 页）著录

廖昆玉（1866—1949），字桂枝，晚号馨一山老人。宿松人。清光绪二十四年（1898）于家乡开创学馆，1918 年创办私立果育两等学校，自任校长。1920 年应聘赴北京崇文馆讲学，任《新文库》专题撰稿人。1922

年移馆金陵，次年归里，任长溪高等小学校长。1926 年创立廖河完全小学。晚年归隐授徒。

69. 古歙诗　许长怡辑

许承尧《华中地方·第二四六号安徽省歙县志》（成文出版社 1975 年版，第 1638 页）著录

许长怡，字少玉。歙县人。许球之子。著者曾于清末著有《从吾好斋诗文集》一卷。

70. 鼓盆歌　常任侠著

常任侠《祝梁怨杂剧·自叙》（永祥印书局 1935 年版）著录

著者生平已见《儿时影事》。

71. 管仲传　张振佩著

止叟著《经师·人师·世范——张振佩先生学行述略》（载《教坛先导》，贵州大学出版社 2008 年版，第 109 页）著录

著者生平已见《成吉思汗评传》。

72. 光焘文存　丁光焘著

丁稚英《丁光焘先生事略》（载《宣城县文史资料第一辑》，1985 年版，第 71 页）著录

丁光焘（1907—1955）字广淘。宣城人。一生教学、行医。

此书汇集著者杂文和各种序跋。

73. 归田集　胡韫玉著

胡道彤《朴学斋所著书目》（载胡朴安著，胡道彦编辑《朴学斋丛书第二集》，安吴胡氏 1985 年版前言）著录

著者生平已见《古今笔记精华录》。

此书录著者自镇江返沪任教期间所作诗。

74. 闺秀诗话　李家恒著

蒋寅著《清诗话考》（中华书局 2005 年版，第 217 页）著录

著者生平已见《绣月轩集陆联语》。

75. 桂桥诗集　方纲著

朱益新主编，歙县地方志编纂委员会编纂《歙县志》（中华书局 1995 年版，第 732 页）著录

方纲（1865—1926），名志顺，字静轩，号子长，别号千丈山主人。歙县人。清光绪三十四年（1908）创办和溪、作新高初两等学校，自任校长。

76. 贵池掌故文存十二卷　章敏斋著

贵池市地方志编纂委员会编《贵池县志》（黄山书社 1994 年版，第 911 页）著录

章敏斋（1863—1947），字学文，别号半湖。贵池人。曾创办贵池县立高等小学堂。

77. 国剧概论　程演生著

安庆市地方志编纂委员会编《安庆人物传》（黄山书社 2001 年版，第 218 页）著录

著者生平已见《西泠昇简记》。

78. 国文述粹四卷　童益泰著

望江县地方志编纂委员会编《望江县志》（黄山书社 1995 年版，第 693 页）著录

童益泰（1873—1934），号志樵，又号稚樵，望江人。清光绪三十三年（1907）贡士，历任云南两级师范法政学堂教员、藩署文案、武定州禄劝、元谋知县。民国后历任广东巡按使公署总务科科长兼西税厂副办、山西稷山县知事、山西陆军营务处提调、望江师范讲习所所长。

79. 国学门径　冯简斋著

白和顺《冯简斋作品简介》（载《漆园古今文史资料第三辑》，1985 年版，第 189 页）著录

冯简斋（1885—1958），名居敬，字简斋，蒙城人。清光绪三十三年（1907）安徽优级师范毕业，历任县立高级小学堂、省立第三师范、县乙

种职业学校、怀远淮西中学、县师范学成所、济南官佐学校、阜阳师范学校、宿县中学、涡阳中学、双涧师范及蒙城联中教员。

白和顺《冯简斋作品简介》称，此书"分为元、亨、利、贞四本。主要阐述国家语言文学的卷帙浩繁，汗牛充栋之况，指出学习这门语言文学的良好途径，并引经据典，引导后人，步入学习文学的正确轨道"。

80. 过云集　赵劭希著

舒城县地方志编纂委员会编《舒城县志》（黄山书社 1995 年版，第 600 页）著录

著者生平已见《潮音集》。

81. 韩非子诗话一卷　孙筱斋著

寿县地方志编纂委员会编《寿县志》（黄山书社 1996 年版 614 页）著录

孙筱斋（1859—1935），名多干，字筱斋，以字行。寿县人。清末贡生。

82. 和范石湖田园诗　胡韫玉著

胡道彤《朴学斋所著书目》（载胡朴安著，胡道彦编辑《朴学斋丛书第二集》，安吴胡氏 1985 年版前言）著录

著者生平已见《古今笔记精华录》。

83. 和拾得诗　胡韫玉著

胡道彤《朴学斋所著书目》（载胡朴安著，胡道彦编辑《朴学斋丛书第二集》，安吴胡氏 1985 年版前言）著录

著者生平已见《古今笔记精华录》。

84. 曷归词　汪律本著

朱益新主编，歙县地方志编纂委员会编纂《歙县志》（中华书局 1995 年版，第 732 页）著录

著者生平已见《黄海后游录》。

85. 红冰碧血录　李警众著

陈玉堂著《中国近现代人物名号大辞典全编增订本》（浙江古籍出版

社 2005 年版，第 443 页）著录

著者生平已见《破涕录》。

此书为短篇小说，曾于 1914—1916 年载于《民权素》第 9—17 集。

86. 红楼梦考　黄荫庭著

寿县地方志编纂委员会编《寿县志》（黄山书社 1996 年版，第 615 页）著录

黄荫庭（1896—1960），名传森，字荫庭，号午村。寿县人。1912 年考入南京国民大学，曾任职于凤台县丁集、天津、蚌埠等地及上海阜丰面粉厂。后任教于安徽省立十一临中、五临中、一临中、凤台精忠中学等。

87. 候虫吟四卷　周朗渠著

吴龙章著《周朗渠传略》（载《濉溪文史资料第一辑》，1987 年版，第 61 页）著录

周朗渠（1878—1961），原名象贤，又名昶，字朗渠、仰蘧，号寄奴、伏雌。濉溪人。历任濉溪国民小学教员、濉溪三高小学校长、省立宿县第四职业学校教员、宿县第八区教育会会长、濉溪幼幼小学校长等职。抗战期间任教于颍州师范学校、宿县中学，抗战胜利后任宿县参议会议员。

此书收录著者散文 96 篇，诗歌 367 首。

88. 后十年笔记　胡寄尘著

胡道静著《先君寄尘著述目》（载胡朴安著《朴学斋丛书第一集·家乘》，安吴胡氏 1940 年版，第 17 页）著录

著者生平已见《兰闺清课》。

89. 蝴蝶梦　姚克著

陈基余、赵培根主编《安徽大辞典》（上海辞书出版社 1992 年版，第 657 页）著录

著者生平已见《魔鬼的门徒》。

90. 壶中词　汪律本著

黄山市地方志办公室编《黄山市近现代人物》（黄山书社 1992 年版，

第 32—33 页）著录

著者生平已见《黄海后游录》。

91. 淮海遗音　汪韬著

戎毓明主编《安徽人物大辞典》（团结出版社 1992 年版，第 809 页）著录

著者生平已见《郁葱葱斋诗词稿》。

92. 淮上民军起义始末记一卷　洪晓岚

寿县地方志编纂委员会编《寿县志》（黄山书社 1996 年版 830 页）著录

洪人纪（1866—1953），又名晓岚，字伦五，别号愚谷。寿县人。清末历任阜财商业学堂堂长、寿州公学监学、劝学所所董。淮上军起义时任革命军司令部文牍。民国年间历任寿县公署学务科科长、寿县公学校长、劝学所委员会委员、教育董事会保管董事、教育局局长，安徽省自治筹备处评议会评议员。抗战期间居家设塾教学。

93. 淮水东边词　石凌汉著

林葆恒辑、张璋整理《词综补遗·第四册》（上海古籍出版社 2005 年版，第 3624 页）著录

著者生平已见《蓼辛词》。

94. 欢场儿女　周天籁著

贾植芳《上海是一个海》（载毛时安主编《百年留守》，汉语大词典出版社 1996 年版，第 19 页）著录

著者生平已见《献睡莲姑娘》。

95. 还乡记　朱子衡著

安庆市地方志编纂委员会编《安庆地区志》（黄山书社 1995 年版，第 1083 页）著录

朱子衡，民国望江人。

96. 荒径词　汪律本著

黄山市地方志办公室编《黄山市近现代人物》（黄山书社 1992 年版，第 32—33 页）著录

著者生平已见《黄海后游录》。

97. 黄山白岳游记合编　胡在渭著

欧阳发等《黄山史话》（中国文史出版社 1989 年版，第 180 页）著录

著者生平已见《文艺因缘》。

98. 黄山书舫诗集一卷　方凤池著

黄山市地方志办公室编《黄山市近现代人物》（黄山书社 1992 年版，第 27 页）著录

方凤池（？—?），字竹岩。太平人。清光绪十五年（1889）举人，后寓居武昌。

99. 黄山书舫文集六卷　方凤池著

黄山市地方志办公室编《黄山市近现代人物》（黄山书社 1992 年版，第 27 页）著录

著者生平已见《黄海书舫诗集》。

100. 晦轩芜稿　疏濂著

枞阳县地方志编纂委员会编《枞阳县志》（黄山书社 1998 年版，第 689 页）著录

疏濂（1886—1930），字孟涛。枞阳人。民国年间曾任江中道尹公署禁烟专员、安徽省赈饥委员等职。

101. 活菩萨　胡底著

刘国清著《中央苏区文学史》（江西高校出版社 1995 年版，第 163 页）著录

著者生平已见《阶级》。

102. 婚约　刘王立明著

安庆市地方志编纂委员会编《安庆地区志》（黄山书社 1995 年版，第 1083 页）著录

著者生平已见《生命的波涛》。

103. 绩溪山水歌略　胡晋接著

洪鹏华、曹健斌主编《绩溪书目》（黄山书社 2008 年版，第 359 页）著录

著者生平已见《梅轩笔记》。

104. 寄尘小说剩稿　胡寄尘著

胡小静《胡怀琛传略》（载晋阳学刊编辑部编辑《中国现代社会科学家传略·第八辑》，山西人民出版社 1987 年版，第 361 页）著录

著者生平已见《兰闺清课》。

105. 寄尘小说新集　胡寄尘著

胡小静《胡怀琛传略》（载晋阳学刊编辑部编辑《中国现代社会科学家传略·第八辑》，山西人民出版社 1987 年版，第 361 页）著录

著者生平已见《兰闺清课》。

106. 寄庐丛稿　江寄庐著

安徽全椒县地方志编纂委员会办公室编《全椒县志·人物分册》（1986 年版，第 26 页）著录

江寄庐（1853—1920），名彭龄，字柱臣，晚号寄庐老人。全椒人。清末贡生。

107. 记事珠　高景麟著

戎毓明主编《安徽人物大辞典》（团结出版社 1992 年版，第 1023 页）著录。

高景麟（1853—1934），字养趾。太和人。清末拔贡，曾任袁世凯家庭教师。后历任蠡县、临城、祥符、成安等县知事，山东盐务道，内政部

内史，山东省民政长，总统府顾问。

108. 稼渔轩诗草　张海观著

戎毓明主编《安徽人物大辞典》（团结出版社 1992 年版，第 1024 页）著录。

张海观（1883—1950），字鹤云，号秋谷。太和人。早年毕业于安徽优等师范学校，加入同盟会。辛亥革命后，出任县参议员、劝学所所长兼县高等小学堂督监，后应聘于省立阜阳第三师范学校、第六中学执教，1927 年被聘为县教育局局长。

109. 见朴楼诗钞　王源瀚著

桂定寿著《王源瀚其人其诗》（载《贵池文史资料第五辑》，1996 年版，第 73 页）著录

王源瀚（1867—1936），字涤斋，号湛庐。贵池人。王世鼐之父。清光绪举人。曾任营口大清银行总办，民国年间被推为国会众议员，任安徽民政厅厅长、黄山建设委员会委员。

110. 见山楼诗文集　姜孝维著

安徽省青阳县地方志编纂委员会编纂《青阳县志》（黄山书社 1992 年版，第 580 页）著录

姜孝维（1859—1931），字宗甫。青阳人。曾任蓉城高等小学堂教员，木竹谭煤矿经理，青阳县立第一高等小学校长。

111. 剑华堂诗文　吴广霈著

陈左高著《历代日记丛谈》（上海画报出版社 2004 年版，第 154 页）著录

吴广霈生平已见《劫后吟》。

112. 劫尘词　汪律本著

朱益新主编《歙县志》（中华书局 1995 年版，第 732 页）著录

著者生平已见《黄海后游录》。

113. 解虚轩遗诗一卷附杂文一卷　方时亮著

方宁胜著《桐城文学世家的现代转型》（载《安徽省桐城派研究会成立大会暨第二届全国桐城派学术研讨会论文集》，2005 年版）著录

方时亮（189? —1935），名时亮，字孝彻，以字行。桐城人。方守敦第二子。曾于国民政府考试院任职。

114. 今日笔记　胡寄尘著

胡道静著《先君寄尘著述目》（载胡朴安著《朴学斋丛书第一集·家乘》，安吴胡氏 1940 年版，第 17 页）著录

著者生平已见《兰闺清课》。

115. 今事庐笔乘　汪允宗著

许承尧撰；李明回等校点《歙事闲谭·卷一》（黄山书社 2001 年版，第 11 页）著录

著者生平已见《寂照遗墨》。

116. 金陵掌故丛编　程演生著

安庆市地方志编纂委员会编《安庆人物传》（黄山书社 2001 年版，第 218—219 页）著录

著者生平已见《西泠昇简记》。

117. 烬余集　孙毓筠著

寿县地方志编纂委员会编《寿县志》（黄山书社 1996 年版，第 615 页）著录

孙毓筠（1869—1924），字少侯，号夬庵。寿县人。孙家鼐之孙。清光绪三十一年（1905）赴日求学，加入同盟会，次年于南京组织新军，事泄被捕。民国后历任安徽都督，临时参议院议员、政治会议议员、约法会议议长。曾组织发起筹安会，任大典筹备处副处长。清光绪年间著有《夬庵狱中集》。

此书为诗集。

118. 菨蒩集　汪己文著

郑逸梅著《郑逸梅小品·汪己文先生小传》（中州古籍出版社 1988 年版，第 131 页）著录

著者生平已见《改庐笔记》。

119. 觉未庵吟稿　汪超著

黄山市地方志办公室编《黄山市近现代人物》（黄山书社 1992 年版，第 31 页）著录

汪超（1865—1924），字次青，祁门人。清光绪二十年（1894）举人。历任辽宁省奉天地方审判厅推事、福建连城县知事、安徽省长公署科员。

120. 嚼雪斋诗草　李继翰著

黄山市地方志办公室编《黄山市近现代人物》（黄山书社 1992 年版，第 27 页）著录

李继翰（？—？），字仲青，太平人。同盟会会员。曾协办《二十世纪支那》丛报，任职于南京临时政府财政部。

121. 可安居诗钞　徐希古著

方济仁主编《宿松诗词楹联选》（天马图书有限公司 1995 年版，第 109 页）著录

徐希古（1882—1951），宿松人。毕业于高等法政学校，历任法官、军医等职，后返乡课徒。

122. 课余随笔　汪己文著

郑逸梅著《郑逸梅小品·汪己文先生小传》（中州古籍出版社 1988 年版，第 131 页）著录

著者生平已见《改庐笔记》。

123. 匡庐诗草　储皖峰著

安徽省潜山县地方志编纂委员会编《潜山县志》（社会科学文献出版社 1993 年版，第 957 页）著录

著者生平已见《东方大同学案》。

此书为著者早年求学于安徽省立第一师范学校时所撰第一本诗集。

124. 愧我生庐联语　孙雨航著

戎毓明主编《安徽人物大辞典》（团结出版社 1992 年版，第 695 页）著录。

孙雨航（1890—1984），名道济，字雨航。霍山人。孙玉斋之子，孙道粹之兄。早年毕业于安徽法政专科学校，加入同盟会。1914 年加入中华革命党。1926 年后历任第三十三军第一师独立旅上校秘书、参议员，国民党霍山县党部改组委员会委员，安徽省政府秘书兼禁烟处主任秘书暂代处处长，安徽省参议会参议员及顾问，省银行常驻监察员等职。

125. 喟庐诗文集　吴义培著

黄山市地方志办公室编《黄山市近现代人物》（黄山书社 1992 年版，第 21 页）著录

吴义培，字集生。歙县人，吴载勋之长子。历任为山东堂邑、汶上、福山县令。

126. 兰伯诗钞　许镇藩著

何伟成主编《枞阳风雅》（安徽人民出版社 2006 年版，第 746 页）著录

著者生平已见《定慧生诗草》。

127. 浪迹偶吟　鲍实著

芜湖市地方志编纂委员会编《芜湖市志·人物志》（社会科学文献出版社 1995 年版，第 832 页）著录

著者生平已见《湖阴曲初集》。

128. 劳谦室时人评记　胡远浚著

安庆市地方志编纂委员会编《安庆地区志》（黄山书社 1995 年版，第 1083 页）著录

著者生平已见《庄子诠诂》。

129. 乐吾道室杂著　胡在渭著

洪鹏华、曹健斌主编《绩溪书目》（黄山书社 2008 年版，第 359 页）著录

著者生平已见《文艺因缘》。

130. 乐真堂文集十卷诗集八卷　张皖光著

安庆市地方志编纂委员会编《安庆地区志》（黄山书社 1995 年版，第1333 页）著录

著者生平已见《悔生集》。

131. 离骚讲义　程演生著

安庆市地方志编纂委员会编《安庆人物传》（黄山书社 2001 年版，第218 页）著录

著者生平已见《西泠异简记》。

132. 历代平民诗续编　胡寄尘著

胡道静著《先君寄尘著述目》（载胡朴安著《朴学斋丛书第一集·家乘》，安吴胡氏 1940 年版，第 17 页）著录

著者生平已见《兰闺清课》。

133. 历下集四卷　何国禔著

戎毓明主编《安徽人物大辞典》（团结出版社 1992 年版，第 682—683页）著录。

何国禔（1846—1924），字福堂，号霭如。霍山人。何才价之子。清光绪年间任山东下游河工督办、河南黄河区域候补道台。

134. 栗村诗稿　丁光焘整理

丁稚英《丁光焘先生事略》（载《宣城县文史资料第一辑》，1985 年版，第 71 页）著录

著者生平已见《光焘文存》。

此书录古近体诗凡百余首，为光焘父遗稿，经光焘整理注释。

135. 联语录存　张之屏著

寿县地方志编纂委员会编《寿县志》（黄山书社 1996 年版 818 页）著录

著者生平已见《淮南耆旧小传初编》。

136. 联云轩杂组两卷　江百川著

戎毓明主编《安徽人物大辞典》（团结出版社 1992 年版，第 512 页）著录

著者生平已见《百川诗草》。

137. 了可闻吟　严石泉著

安庆市地方志编纂委员会编《安庆地区志》（黄山书社 1995 年版，第 512 页）著录

严石泉（1894—1950），字鸿瑜，号遐龄。桐城人。曾任桐城第一高级小学校长、天城小学校长、安庆高中附小教导主任、浮山中学教导主任等职，并主持私立桐城县宏实小学校务，出任桐城南乡教育会会长。抗战期间执教于安顺中学，后任职于重庆中国儿童福利院。

138. 林泉隽语二卷　李肖峰著

戎毓明主编《安徽人物大辞典》（团结出版社 1992 年版，第 512 页）著录

著者生平已见《皋西唱酬诗集》。

139. 琳琅仙馆笔记　刘朝班著

肥西县地方志编纂委员会编《肥西县志》（黄山书社 1994 年版，第 513 页）著录

著者生平已见《贰古斋诗文存》。

140. 凌寒文稿一卷　方守敦著

汪福来主编《桐城文化志》（安徽人民出版社 1992 年版，第 297 页）著录

著者生平已见《凌寒吟稿》。

141. 刘宏西漫游日记　刘宏西著

颍上县地方志编纂委员会编《颍上县志》（黄山书社 1995 年版，第478—479 页）著录

刘宏西（1887—1972），字镐，颍上人。1918 年毕业于安徽省立第一甲种农业学校，历任蒙城乙种蚕桑学校专科主任、颍上乙种蚕桑学校校长、颍上县立梧冈书院小学校长。1936 年创办刘兴泰酱园。

142. 留稼山庄杂咏　李宗棠著

戎毓明主编《安徽人物大辞典》（团结出版社 1992 年版，第 992 页）著录

著者生平已见《千仓诗史初编》。

143. 流亡诗话　唐晓邨著

含山县地方志编纂委员会编《含山县志》（黄山书社 1995 年版，第529 页）著录

唐晓邨（? —?），含山人。

144. 流亡诗集　唐晓邨著

含山县地方志编纂委员会编《含山县志》（黄山书社 1995 年版，第529 页）著录

著者生平已见《流亡诗话》。

145. 榴花馆稿　姚倚云著

胡文楷，张宏生合著《历代妇女著作考增订本》（上海古籍出版社2008 年版，第 833 页）著录

著者生平已见《沧海归来集》。

146. 柳梅堂诗稿　章人镜著

戎毓明主编《安徽人物大辞典》（团结出版社 1992 年版，第 608 页）著录

著者生平已见《寸草堂诗稿》。

147. 鹿山鸣和集　郭外山著

政协安徽省舒城县委员会编《舒城文史资料·第一辑》（1986 年版，第 173 页）著录

郭外山（1867—1958），字北青，号石公。舒城人。先后于沪上、家乡执教。

148. 论文诗说　光明甫著

陶显斌主编《安徽省文史研究馆馆员传第一辑》（1996 年版，第 19 页）著录

光明甫（1876—1963），名升，字明甫。桐城人。早年毕业于日本东京早稻田大学，回国后曾任北京大学教授、安徽政法专门学校校长。1927 年任国民党安徽省党部常务委员，安徽省政务委员会委员。1932 年后历任安徽省政府委员，淞沪卫戍司令部长官公署顾问，第一、二、三、四届国民参政会参政员，安徽通志馆馆长。

许永璋《题光明甫先生〈论文诗说〉四绝句》（载《许永璋诗集初编笺注》，诗联文化出版社有限公司 2009 年版，第 55 页）有"一代江山撑瘦骨，千秋风雅耸孤肩。爬梳剔抉成诗说，绚烂奇文三十篇"。

《江淮论坛》1982 年第 2 期刊载《桐城派略论——论文诗说（节选）》。

149. 绿波诗稿　陈仿莲著

方济仁主编《宿松诗词楹联选》（天马图书有限公司 1995 年版，第 116 页）著录

陈仿莲（？—？），宿松人。

150. 毛诗鸟兽虫鱼集释　冯简斋著

白和顺《冯简斋作品简介》（载《漆园古今文史资料第三辑》，1985 年版，第 189 页）著录

著者生平已见《国学门径》。

151. 毛诗讲义　邓艺孙著

安庆市地方志编纂委员会编《安庆市志》（方志出版社 1997 年版，第 1769 页）著录

著者生平已见《楚辞解》。

152. 毛诗经世录　何容心著

枞阳县地方志编纂委员会编《枞阳县志》（黄山书社 1998 年版，第 690 页）著录

何容心（1875—1938），字桩茂，号蛰卿。枞阳人。清末秀才。曾任教于胡聘三、马其昶、胡玉美、周学熙家及安徽女子师范学校、安徽公学。

153. 毛锥　胡寄尘著

胡道静著《先君寄尘著述目》（载胡朴安著《朴学斋丛书第一集·家乘》，安吴胡氏 1940 年版，第 17 页）著录

著者生平已见《兰闺清课》。

此书为笔记。

154. 扪忏文稿二卷　施玉藻著

安徽省青阳县地方志编纂委员会编纂《青阳县志》（黄山书社 1992 年版，第 582 页）著录

施玉藻（1887—1947），又名文粲，号扪忏。青阳人。历任福建仙游、青阳县视学，青阳县财政局局长，青阳县立第一高等小学校长，青阳中学、安徽省立第七师范学校教师。

155. 孟子说略　何容心著

枞阳县地方志编纂委员会编《枞阳县志》（黄山书社 1998 年版，第 690 页）著录

著者生平已见《毛诗经世录》。

156. 梦笔生花馆诗集　江石溪著

江上青著；郑盛怀辑释《江上青烈士诗抄》（当代中国出版社 2001 年

版附录一）著录

江石溪（1871？—1933），原名绍岳，号石溪。祖籍旌德，居扬州。民国年间任职于南通内河轮船公司，曾加入冶春诗社。

著者有《除夕》《赠某孙赴豫作县令》《三十述怀》《五十述怀》《六十述怀》《病中口占》等诗，收入《江上青烈士诗抄》。

157. 梦鸿楼诗草　葛世洁著

光铁夫著《安徽名媛诗词征略》（黄山书社1986年版，第409页）著录

葛世洁（1897—1984），字冰如。怀宁人。葛天民之女，江苏高邮丁鸿飞妻。先后任职于皖省第一女师附小、皖一女中、皖三女中、凤阳师范学校、怀宁中学与东南中学。抗战期间参加二十六集团军妇女救亡工作团，后任教于成都天府中学、潜山王家河东南中学、霍山师范学校、桐城黄家铺皖二临中、潜山王家河东南中学、怀宁黄龙舌怀中分校、安庆高中。

158. 梦蕉山房诗钞七卷梦蕉山房词钞一卷　汪琴北著

储满贵主编《石台县志》（黄山书社1991年版，第607页）著录

汪琴北（1874—1960），榜名湛恩，字瘦仙，号承伯，别号惺惺子。石埭人。清光绪二十九年（1903）廪生，翌年入金陵两江大学就读，曾任石埭县高等小学校长、石埭私立崇实中学国文教员、青阳陵阳师范学校国文主任。

159. 梦云文集　吴读风著

何伟成主编《枞阳风雅》（安徽人民出版社2006年版，第773页）著录

吴读风（1898—1950），一名独峰，字静仁，笔名瀑风。枞阳人。塾师。

160. 民间文艺书籍的调查　胡寄尘著

胡道静著《先君寄尘著述目》（载胡朴安著《朴学斋丛书第一集·家乘》，安吴胡氏1940年版，第17页）著录

著者生平已见《兰闺清课》。

161. 明清庐江文征录　卢国华著

孙业余总编《庐江县志》（社会科学文献出版社1993年版，第659页）

著录

卢国华（1864—1927），字实君，号筱襄。庐江人。早年留学日本，回国后先后入孙家鼐、李鸿章幕。清光绪二十年（1894）举人，曾任湖北枝江知县。二十九年（1903）创办庐江中学堂，并亲任堂长。1927 年被害。

162. 明宇文集　宁华庭著

安徽省青阳县地方志编纂委员会编纂《青阳县志》（黄山书社 1992 年版，第 583 页）著录

著者生平已见《萤火集》。

163. 铭又堂诗文集八卷　邹敬铭著

戎毓明主编《安徽人物大辞典》（团结出版社 1992 年版，第 743 页）著录

邹敬铭，六安人。

164. 模范村　项翱著

黄山市地方志办公室编《黄山市近现代人物》（黄山书社 1992 年版，第 28 页）著录

著者生平已见《戏迷梦》。

165. 模范诗选　程演生著

安庆市地方志编纂委员会编《安庆人物传》（黄山书社 2001 年版，第 218 页）著录

著者生平已见《西泠异简记》。

166. 魔宫影　曹梦鱼著

魏绍昌《鸳鸯蝴蝶派研究资料·上卷·史料部分》（上海文艺出版社 1984 年版，第 604 页）著录

著者生平已见《梦痕第一集》。

此书为小说。

167. 木崖集二卷附笺二卷　（清）潘江著；潘田辑

民国稿本　安庆市地方志编纂委员会编《安庆地区志》（黄山书社
1995 年版，第 1270 页）著录

辑者生平已见《龙眠逸史》。

168. 木崖文钞一卷　（清）潘江著；潘田辑

民国稿本　安庆市地方志编纂委员会编《安庆地区志》（黄山书社
1995 年版，第 1270 页）著录

辑者生平已见《龙眠逸史》。

169. 木崖遗文二卷木崖集考异二卷附卷末一卷　（清）潘江著；潘田辑

民国稿本　安庆市地方志编纂委员会编《安庆地区志》（黄山书社
1995 年版，第 1270 页）著录

辑者生平已见《龙眠逸史》。

170. 牧师的女儿　章衣萍著

绩溪县地方志编纂委员会编《绩溪县志》（黄山书社 1998 年版，第
887 页）著录

著者生平已见《深誓》。

此书为长篇小说。

171. 牧羊杂记　胡寄尘著

胡道静著《先君寄尘著述目》（载胡朴安著《朴学斋丛书第一集·家
乘》，安吴胡氏 1940 年版，第 17 页）著录

著者生平已见《兰闺清课》。

172. 慕凡女儿传　胡寄尘著

胡道静著《先君寄尘著述目》（载胡朴安著《朴学斋丛书第一集·家
乘》，安吴胡氏 1940 年版，第 17 页）著录

著者生平已见《兰闺清课》。

173. 慕云诗存　汪定执著

郑逸梅著《郑逸梅小品·汪己文先生小传》（中州古籍出版社 1988 年版，第 131 页）著录

著者生平已见《悲秋篇》。

174. 慕云文存　汪定执著

郑逸梅著《郑逸梅小品·汪己文先生小传》（中州古籍出版社 1988 年版，第 131 页）著录

著者生平已见《悲秋篇》。

175. 奈何天居士吟草　胡近仁著

胡适著《胡适全集第十二卷》（安徽教育出版社 2003 年版，第 1 页）著录

胡近仁（1886—1935），字祥木、菫人。绩溪人。胡适堂叔。曾任毓英小学执事校长。出任《绩溪县志》编纂。

176. 南村诗话　宁华庭著

安徽省青阳县地方志编纂委员会编纂《青阳县志》（黄山书社 1992 年版，第 583 页）著录

著者生平已见《萤火集》。

177. 南唐诗集　王兰庭著

戎毓明主编《安徽人物大辞典》（团结出版社 1992 年版，第 743 页）著录

王兰庭（1865—1938），原名新苓，字畹香，晚年更名逋，号秋士。六安人。清光绪十五年（1889）进士，二十九年（1903）入翰林院，授检讨记名御史。历任会试同考官、编修处纂修官、国史馆编纂官等职。清宣统三年（1911）任六安州立中学堂监督。

178. 南旋杂记　周明超著

安庆市地方志编纂委员会编《安庆地区志》（黄山书社 1995 年版，第

1083 页）著录

周明超（？—？），望江人。

179. 难痕　孙奎著

南陵县地方志编纂委员会编《南陵县志》（黄山书社 1994 年版，第 739 页）著录

孙奎（1884—1946），字伯辰，又作北辰，晚年别号黄峰散人。南陵人。早年毕业于安徽高等师范学堂，曾任春谷学堂校长、县政府财政科科长。

此书著于抗战期间。前有自序，称创作目的在于"后之览者追寻此次国难而留一痕影"。

180. 难民自叹　杜含芳著

安庆市地方志编纂委员会编《安庆大观》（黄山书社 1999 年版，第 276 页）著录

杜含芳（1897—1942），号君衡，又名铁崖。贵池人。教书为业。

此书为黄梅戏小唱本，创作于抗战期间。通过一对夫妻对唱，揭露日本帝国主义之凶残与难民苦难生活。因剧作影响广泛，1942 年著者被日本军队杀害。

181. 女界模范　聂芬著

光铁夫著《安徽名媛诗词征略》（黄山书社 1986 年版，第 333 页）著录

聂芬（？—？），字韵琴。六安人。聂孟衡次女，史远岘妻。肄业于北京女子师范学校。

182. 偶园诗钞　马子潜著

高大野《马子潜传略》（载《桐城文史·总第十四辑·桐城近世名人传（续集）》，1996 年版，第 70 页）著录

马子潜（1876—1930），桐城人。清光绪二十八年（1902）被荐为桐城中学堂城乡学长，后协理教务，又任桐城县教育会副会长。1919 任桐中代理校长。

183. 藕塘诗草藕塘诗联稿　王静甫著

戎毓明主编《安徽人物大辞典》（团结出版社1992年版，第456页）著录

王静甫（1879—1954），名惠莲，字静甫，别号藕塘。枞阳人。清末秀才。早年入安徽高等学堂。毕业后任贵池县劝学所总董、小学堂堂长。加入同盟会。清宣统三年（1911）秋被任命为太湖县县长不就。后兴办农垦，发展农桑。

184. 沤和室诗存文存　程善之著

黄山市地方志办公室编《黄山市近现代人物》（黄山书社1992年版，第45页）著录

著者生平已见《短篇小说》。

185. 淠滨读书记　黄荫庭著

寿县地方志编纂委员会编《寿县志》（黄山书社1996年版，第832页）著录

著者生平已见《红楼梦考》。

186. 癖石山房日记　王佐治著

祁门县地方志编纂委员会办公室编《祁门县志》（安徽人民出版社1990年版，第626页）著录

王佐治（1878—1940），字仲甫，祁门人，清末诸生。

187. 平蛮始末记　田振邦著

王佩箴等编《民国涡阳县志》（成文出版社1970年版，第677页）著录

田振邦（? —?），字治臣。涡阳人。清光绪二十年（1894）任河北镇总兵。清宣统二年（1910）调任四川建昌镇，旋升任四川提督。南京国民党政府成立后寄居通州，卒年七十。

188. 评注王渔洋古诗选　许轩堂著

枞阳县地方志编纂委员会编《枞阳县志》（黄山书社1998年版，第

690 页）著录

许轩堂（1889—1938），名恩冕，字轩堂。枞阳人。曾于北京、天津、上海、芜湖、安庆任教。

《枞阳县志·人物》称，此书前有章炳麟、吴闿生、姚永慨、马其昶序各一。

189. 萍蓬庵诗六卷　汪律本著

朱益新主编《歙县志》（中华书局 1995 年版，第 732 页）著录

著者生平已见《黄海后游录》。

190. 瀑风诗联　吴读风著

何伟成主编《枞阳风雅》（安徽人民出版社 2006 年版，第 773 页）著录

著者生平已见《梦云文集》。

191. 祁诗合选续编　胡光钊著

祁门县地方志编纂委员会办公室编《祁门县志》（安徽人民出版社 1990 年版，第 637 页）著录

著者生平已见《凤凰山志略》。

192. 潜园集　卢国华著

孙业余总编《庐江县志》（社会科学文献出版社 1993 年版，第 659 页）著录

著者生平已见《明清庐江文征录》。

193. 强怒斋诗集　王大杰著

戎毓明主编《安徽人物大辞典》（团结出版社 1992 年版，第 662 页）著录

王大杰（？—1949），字卓甫。和县人。辛亥革命期间曾任和县军政分府参谋，后任和县第一高等小学校长兼任县立初级中学校长。

194. 强仕集　胡韫玉著

胡道彤《朴学斋所著书目》（载胡朴安著，胡道彦编辑《朴学斋丛书

第二集》，安吴胡氏 1985 年版前言）著录

著者生平已见《古今笔记精华录》。

此书为诗集。著者写作时居镇江民政厅厅长家中。

195. 樵吟诗集二十卷　童益泰著

望江县地方志编纂委员会编《望江县志》（黄山书社 1995 年版，第 693 页）著录

著者生平已见《国文述粹》。

196. 巧偶记　段茂伟著

段茂畅著《段茂伟生平事略》（载《英山文史资料第二辑》，1991 年版，第 19 页）著录

段茂伟（1913—1942），又名浩生，字一杭，化名樊运初。英山人。早年就读于蕲春乡村简易师范，抗战爆发后先后任雷程乡、镇东乡乡长，中共英山三区区委书记，桐城县委书记。1942 年牺牲。

此书为长篇小说。

197. 秦淮感旧集　胡在渭著

洪鹏华、曹健斌主编《绩溪书目》（黄山书社 2008 年版，第 359 页）著录

著者生平已见《文艺因缘》。

198. 清隐庐文赋诗存四卷　江峰青著

上饶地区地方志编纂委员会编《上饶地区志》（方志出版社 1997 年版，第 1502 页）著录

著者生平已见《还山草》。

199. 秋籁同声集　贺颀著

戎毓明主编《安徽人物大辞典》（团结出版社 1992 年版，第 356 页）著录

著者生平已见《半隐山房诗草》。

200. 秋士田间集　王兰庭著

戎毓明主编《安徽人物大辞典》（团结出版社 1992 年版，第 743 页）
著录

著者生平已见《南唐诗集》。

201. 秋夜荡歌　方玮德著

安庆市地方志编纂委员会编《安庆地区志》（黄山书社 1995 年版，第
1344 页）著录

著者生平已见《玮德诗文集》。

202. 虬庵诗集六卷　周籁岑著

周培德《祖父周籁岑和他的虬庵诗集》（载《望江县文史资料第二
辑》，1988 年版，第 21 页）著录

周籁岑（1877—1941），名斌，字茗芗，又名伴鹤山樵。望江县人。清
光绪三十四年（1908）考入高等法政学堂，清宣统二年（1910）毕业，授杭
州推师，归家不就。1922 年参与兴办北山诗社，1927 年出任县雷阳小学国文
教员；抗战后避居乡间办塾学。清末著有《茗芗诗草》。

此书今存一卷。

203. 屈阮事略考　李光炯著

周邦道著《近代教育先进传略初集》（中国文化大学出版部 1981 年版，
第 133 页）著录

著者生平已见《阮嗣宗同时诸人事略考附说阮诗》。

204. 蜷庐诗集文集　王伯恭著

阚铎著《蜷庐随笔序》（载王伯恭著，郭建平校点《蜷庐随笔》，山西
古籍出版社；山西教育出版社 1999 年版，第 7 页）著录

著者生平已见《蜷庐随笔》。

205. 蜷翁诗词一卷　江彤侯著；汪孝文辑录

汪孝文著《蜷翁别传》（载顾国华编《文坛杂忆续编》，上海书店出版

社 1999 年版，第 163 页）著录

江彤侯（1879—1951），又名暐，字彤侯，晚号蜷翁。歙县人。程万孚岳父。曾考入南京江南陆师学堂学习军事，参与组织强国会，清光绪三十年（1904）至安徽公学任教，次年加入同盟会。辛亥革命后曾任安徽省教育厅厅长，安徽通志馆馆长，安徽省议会议长。

206. 劝民歌一卷　邵孔亮著

怀宁县地方志编纂委员会《怀宁县志》（黄山书社 1996 年版，第 908 页）著录

邵孔亮（1871—1927），谱名士寅，字羽霄，号斌侯。怀宁人。清光绪三十年（1904）进士。清宣统二年（1910）起历任直隶深泽、南和、吴桥知县。1914 年任湖北应山县知事。

207. 缺园文稿　汪德光著

戎毓明主编《安徽人物大辞典》（团结出版社 1992 年版，第 105 页）著录

汪德光（1888—1960），字仲容，晚号归洁。休宁人。清末就读于杭州高等学堂，毕业后入京师优级师范学堂进修，因父病归里。1922 年任屯溪商会会长，后辞职，退居休宁从医。

208. 群经要略　马振彪著

启功主编《中央文史研究馆馆员传略》（中华书局 2001 年版，第 119 页）著录

马振彪（1872—1957），字岵庭。桐城人。清光绪二十三年（1897）举人，曾任清政府民政部民治司主事。民国后任教于北平师范附属中学、民国大学、成达中学、交通大学、孔教大学、中国大学、北京大学、华北大学、弘慈佛教学院、铁路大学、中国佛教学院等。

209. 容安阁诗稿　芮永恭著

光铁夫著《安徽名媛诗词征略》（黄山书社 1986 年版，第 258 页）著录

芮永恭（1886—1926），字药侬。庐江人。王幼亭妻。

210. 融通山房诗文集　张星桥著

颍上县地方志编纂委员会编《颍上县志》（黄山书社 1995 年版，第 358 页）著录

张星桥（1886—1953），字汉秋。清宣统元年（1909）入安徽省高等学堂，毕业后历任颍上第一高等小学教员，颍上劝学所视学，颍上县教育局局长。后设馆教书，创办四维学社。1933 年被聘为《颍上县志》总纂，安徽通志馆颍上采访员。抗战期间历任淮上私立中学、阜阳县中、成达中学、省立九临中、颍上县中等学校语文教师。抗战胜利后任凤阳师范学校教员。

211. 儒林新史　章衣萍著

绩溪县地方志编纂委员会编《绩溪县志》（黄山书社 1998 年版，第 887 页）著录

著者生平已见《深誓》。

此书为长篇小说。

212. 阮嗣宗诗注　李光炯著

周邦道著《近代教育先进传略初集》（中国文化大学出版部 1981 年版，第 133 页）著录

著者生平已见《阮嗣宗同时诸人事略考附说阮诗》。

213. 桑梓述记　丘景章著

全椒县地方志编纂委员会办公室编《全椒县志》（黄山书社 1988 年版，第 652 页）著录

著者生平已见《从政随笔》。

214. 山居简咏　赵璸著

黄山市地方志办公室编《黄山市近现代人物》（黄山书社 1992 年版，第 19 页）著录

著者生平已见《浮园诗文集》。

215. 社会歌谣集　胡在渭著

洪鹏华、曹健斌主编《绩溪书目》（黄山书社 2008 年版，第 359 页）著录

著者生平已见《文艺因缘》。

216. 沈余诗草　卢海宗著

戎毓明主编《安徽人物大辞典》（团结出版社 1992 年版，第 605 页）著录

卢海宗（1870—1921），字厚甫。庐江人。

217. 慎余轩吟草慎余轩文存　孙雨航著

戎毓明主编《安徽人物大辞典》（团结出版社 1992 年版，第 695 页）著录

著者生平已见《愧我生庐联语》。

218. 生尸　程演生著

安庆市地方志编纂委员会编《安庆人物传》（黄山书社 2001 年版，第 218—219 页）著录

著者生平已见《西泠异简记》。

219. 诗歌的诞生及其寿命　胡寄尘著

胡道静著《先君寄尘著述目》（载胡朴安著《朴学斋丛书第一集·家乘》，安吴胡氏 1940 年版，第 17 页）著录

著者生平已见《兰闺清课》。

220. 诗集　方时简著

启功主编《中央文史研究馆馆员传略》（中华书局 2001 年版，第 97 页）著录

方时简（1877—1958），名时简，字孝远，以字行。桐城人。方守彝第四子。早年毕业于日本工业大学，清末进士，选翰林院庶吉士。民国后历任安徽工业学校校长兼化学教员，安徽实业厅厅长，北洋政府农商部参

事、度量衡制造厂厂长。1925 年再任安徽实业厅厅长，次年退职。抗战爆发后任江津第九中学教员，抗战胜利后被聘为安徽省通志馆纂修。

221. 诗经浅解二卷　田燮吾著

枞阳县地方志编纂委员会编《枞阳县志》（黄山书社 1998 年版，第 643 页）著录

田燮吾（1886—1954），字宗方，晚号雪梧诗人，枞阳人。田际茂之子。安庆法政专门学校毕业后，历任安徽省政府法律顾问、主任秘书、科长，张学良帅府机要秘书，松江县、彰武县县长，沈阳大学国文教授，上海复旦大学中文教授，安庆公安局局长，皖南行署秘书处处长，财政部安徽缉私处屯溪分处处长。

222. 诗经释义　鲍娄先著

沈传凤，舒华编《民国书法篆刻人物辞典》（上海书画出版社 2012 年版，第 430 页）著录

鲍娄先（1874—1958），原名曲襄，又名奎，号星南，五十岁后改字娄先，别号南湣散人。歙县人，后居扬州。曾任教于扬州两淮中学、江苏省立第八中学等校。

223. 诗经注释　张哲舆著

戎毓明主编《安徽人物大辞典》（团结出版社 1992 年版，第 609 页）著录

张哲舆（1885—1960），字四明。庐江人。曾任庐江中学校长、县参议员。

224. 诗经注释　余培森著

严希总纂《来安县志》（中国城市经济社会出版社 1990 年版，第 510 页）著录

著者生平已见《游历蒙古日记》。

225. 诗文录存　张之屏著

寿县地方志编纂委员会编《寿县志》（黄山书社 1996 年版，第 818 页）著录

著者生平已见《淮南耆旧小传初编》。

226. 诗新编　田燮吾著

枞阳县地方志编纂委员会编《枞阳县志》（黄山书社 1998 年版，第643 页）著录

著者生平已见《诗经浅解》。

227. 十年笔记　胡寄尘著

胡道静著《先君寄尘著述目》（载胡朴安著《朴学斋丛书第一集·家乘》，安吴胡氏 1940 年版，第 17 页）著录

著者生平已见《兰闺清课》。

228. 十年旧梦　胡寄尘著

胡道静著《先君寄尘著述目》（载胡朴安著《朴学斋丛书第一集·家乘》，安吴胡氏 1940 年版，第 17 页）著录

著者生平已见《兰闺清课》。

229. 十五国游记　程演生著

安庆市地方志编纂委员会编《安庆人物传》（黄山书社 2001 年版，第218—219 页）著录

著者生平已见《西泠异简记》。

230. 石巢诗事　程演生著

安庆市地方志编纂委员会编《安庆人物传》（黄山书社 2001 年版，第218—219 页）著录

著者生平已见《西泠异简记》。

231. 石城诗集　郑衡之著

陈凯文，江健民著《郑衡之传略》（载《英山文史资料第二辑》，1991年版，第 18 页）著录

郑衡之（1877—1938），字树滋，号玉斋，别号冬心、蜕奴。英山人。早年就读于安庆敬敷书院，后赴日本明治大学法学专科学习，加入同盟

会。清宣统二年（1910）回国，历任安徽高等警务学校、山东法律学校教员，皖北政法学校校长。辛亥革命时与人合办天津《国风日报》，民国成立后接办北京《中央新闻》，后任《国光新闻》《国光日报》《民主报》《亚东新闻》等报记者。1912 年当选为安徽省众议院议员，1915 年以知事分发山西补用。1918 年任革命党特别党部干事。1922 年随孙中山北伐，驻韶关，任非常国会大本营宣传处编辑主任。1926 年返乡。

232. 石溪疏氏先德诗选　疏濂辑

枞阳县地方志编纂委员会编《枞阳县志》（黄山书社 1998 年版，第689 页）著录

著者生平已见《晦轩芜稿》。

233. 拾烬眠云馆诗稿　方林辰著

桐城县地方志编纂委员会《桐城县志》（黄山书社 1995 年版，第 886页）著录

方林辰（1892—1959），又名侃，字石农，号道安。桐城人。方寿衡之子。早年毕业于武昌高等师范学校，历任安徽省立第二临时中学和安庆高中教导主任、桐城惠远工职学校校长。

234. 世曼寿室诗集四册　马冀平著

马华正《先父马冀平传略》（载《桐城文史资料选辑第一辑》，1985 年版，第 14 页）著录

著者生平已见《李君颂臣五十寿言》。

姚永概《慎宜轩文集》有《马冀平诗序》。

235. 双宝潭诗草　冯仙槎著

安庆市地方志编纂委员会编《安庆地区志》（黄山书社 1995 年版，第1083 页）著录

冯仙槎（？—?），池州人。

236. 双妹花　查光佛著

安徽历史名人词典编辑委员会编《安徽历史名人辞典》（安徽教育出

版社 2008 年版，第 488—489 页）著录

著者生平已见《武汉阳秋》。

237. 双休阁诗草　聂芬著

光铁夫著《安徽名媛诗词征略》（黄山书社 1986 年版，第 333 页）著录

著者生平已见《女界模范》。

238. 四金刚及八王传　查光佛著

安徽历史名人词典编辑委员会编《安徽历史名人辞典》（安徽教育出版社 2008 年版，第 488—489 页）著录

著者生平已见《武汉阳秋》。

239. 四十年闻见录　程善之著

黄山市地方志办公室编《黄山市近现代人物》（黄山书社 1992 年版，第 45 页）著录

著者生平已见《短篇小说》。

240. 四游客文集　戴凌洲著

谢继元，戴兆勋著《记著名书法家戴凌洲先生》（载《南陵县文史资料第六辑》，1987 年版，第 44 页）著录

戴凌洲（1883—1953），原名霖周，后改凌洲，字寿芝，又名佳仁，晚号听翁，自称蒋溪散人。南陵人。清光绪三十二年（1906）考入安徽省优等师范学校，曾任盱眙县知事，省府民政厅第一科科长、秘书、代理厅长，灵璧县县长，省海关督办等职。抗战爆发后任省立第五师范学校校长，1941 年任南陵中学校长、南陵文选会主任。

241. 松涛阁诗集　胡在渭著

洪鹏华、曹健斌主编《绩溪书目》（黄山书社 2008 年版，第 359 页）著录

著者生平已见《文艺因缘》。

242. 淞滨寄庐吟草　王源瀚著

桂定寿著《王源瀚其人其诗》（载《贵池文史资料第五辑》，1996 年

版，第73页）著录

著者生平已见《见朴楼诗钞》。

243. 苏联诸民族文学　范任著

安庆市地方志编纂委员会编《安庆地区志》（黄山书社1995年版，第1082页）著录

范任（1906—1971），号希衡，笔名范行、知人、任典。桐城人。早年就读于震旦大学、北京大学，留学比利时鲁文大学，获硕士、博士学位。1932年回国，历任上海市各界抗日救亡协会国际宣传委员会编译组组长、北京中法大学教授兼中法文化出版委员会编审、福建苏皖联立临时政治学院教授兼教务主任、安徽省社会处处长及中央大学、震旦大学、南京大学教授等职。

244. 碎眷集　赵劭希著

舒城县地方志编纂委员会编《舒城县志》（黄山书社1995年版，第600页）著录

著者生平已见《潮音集》。

245. 孙麻山诗集笺注三卷　　（清）孙学颜著；潘田笺注

汪福来主编《桐城文化志》（安徽人民出版社1992年版，第298页）著录

潘田生平已见《龙眠逸史》。

246. 他山诗钞书目提要　胡怀琛著

胡道静著《先君寄尘著述目》（载胡朴安著《朴学斋丛书第一集·家乘》，安吴胡氏1940年版，第17页）著录

著者生平已见《兰闺清课》。

此书为外国人所著汉诗书目。

247. 他山诗集　张皖光著

枞阳县地方志编纂委员会编《枞阳县志》（黄山书社1998年版，第639页）著录

著者生平已见《悔生集》。

248. 太平词　廖修立著

方济仁主编《宿松诗词楹联选》（天马图书有限公司 1995 年版，第 104 页）著录

廖修立（？—1943），字润黄。宿松人。曾任安徽省政府秘书，太平、蒙城、宿松等县县长。

249. 汤姆与雅典的少女　约瑟夫·霍普金斯著；何世枚译

望江县地方志编纂委员会编《望江县志》（黄山书社 1995 年版，第 676 页）著录

译者生平已见《再世为人》。

250. 唐宋元明清诗选注　廖昆玉著

安庆市地方志编纂委员会编《安庆地区志》（黄山书社 1995 年版，第 1334 页）著录

著者生平已见《古今文体分类纂要》。

251. 棠棣吟　陆悦欣著

陆由山著《蒙城书画家陆品三》（载《漆园古今文史资料第三辑》，1985 年版，第 99 页）著录

陆悦欣（1885—1962），字品三，号隐仙，蒙城人。陆恩爵之子。曾任县文化馆图书义务管理员。

此书录诗 200 余首。

252. 陶谢合笺　李光炯著

周邦道著《近代教育先进传略初集》（中国文化大学出版部 1981 年版，第 133 页）著录

著者生平已见《阮嗣宗同时诸人事略考附说阮诗》。

253. 陶园酬唱集·陶园酬唱集续编　胡广植著

洪鹏华、曹健斌主编《绩溪书目》（黄山书社 2008 年版，第 359 页）著录

胡广植（？—？），字树滋。绩溪人。胡在渭之父。清光绪年间续修金紫胡氏家谱，1925年参与筹建胡氏图书馆，曾任私立胡氏小学校长。

254. 听翁诗集　戴凌洲著

谢继元、戴兆勋著《记著名书法家戴凌洲先生》（载《南陵县文史资料第六辑》，1987年版，第44页）著录

著者生平已见《四游客文集》。

255. 停云集　吴保琳著

董建著《自然与艺术的灵光辉映：西溪南》（合肥工业大学出版社2005年版，第80页）著录

著者生平已见《渔矶脞语》。

256. 天放散人词稿　胡远浚著

安庆市地方志编纂委员会编《安庆地区志》（黄山书社1995年版，第1331页）著录

著者生平已见《庄子诠诂》。

257. 桐城近代人物传　马厚文著

安庆市地方志编纂委员会编《安庆地区志》（黄山书社1995年版，第1342页）著录

著者生平已见《楚辞今译》。

258. 桐城名贤诗词辑　方履中著

桐城县地方志编纂委员会《桐城县志》（黄山书社1995年版，第825页）著录

著者生平已见《贞泯不泐》。

259. 桐城诗选　马厚文著

安庆市地方志编纂委员会编《安庆地区志》（黄山书社1995年版，第1342页）著录

著者生平已见《楚辞今译》。

260. 桐城文派论述　马厚文著

安庆市地方志编纂委员会编《安庆地区志》(黄山书社 1995 年版，第 1342 页) 著录

著者生平已见《楚辞今译》。

261. 铜驼泪史　项翱著

黄山市地方志办公室编《黄山市近现代人物》(黄山书社 1992 年版，第 28 页) 著录

著者生平已见《戏迷梦》。

262. 退庵集　王拔粹著

鲍明德著《杨柳添行色烟花冷晚途——忆晚清举人王拔粹二三事》(载《南陵县文史资料第十三辑》，1993 年版，第 35 页) 著录

王拔粹 (1867—1941)，字选清。南陵人。清光绪十四年 (1888) 举人。早年曾参加岳王会，入安庆法政学堂就读。毕业后任山东省最高检察官。抗战期间辞职返乡办学。

263. 皖江鱼雁集两卷　江百川著

桐城县地方志编纂委员会《桐城县志》(黄山书社 1995 年版，第 885 页) 著录

著者生平已见《百川诗草》。

264. 皖人撰曲小记　程演生著

安庆市地方志编纂委员会编《安庆人物传》(黄山书社 2001 年版，第 218—219 页) 著录

著者生平已见《西泠异简记》。

265. 晚菘堂诗草　张之屏著

寿县地方志编纂委员会编《寿县志》(黄山书社 1996 年版 818 页) 著录

著者生平已见《淮南耆旧小传初编》。

266. 晚菘堂谈屑　张之屏著

陈基余、赵培根主编《安徽大辞典》（上海辞书出版社 1992 年版，第 639 页）著录

著者生平已见《淮南耆旧小传初编》。

267. 万山烟雨楼诗集　胡元吉著

黄山市地方志办公室编《黄山市近现代人物》（黄山书社 1992 年版，第 34 页）著录

著者生平已见《贲初先生传》。

268. 文法要略　马振彪著

启功主编《中央文史研究馆馆员传略》（中华书局 2001 年版，第 119 页）著录

著者生平已见《群经要略》。

269. 文嘉文存四卷　孙筱斋著

寿县地方志编纂委员会编《寿县志》（黄山书社 1996 年版，第 614 页）著录

著者生平已见《韩非子诗话》。

270. 文坛杂忆　丁光焘著

丁稚英《丁光焘先生事略》（载《宣城县文史资料第一辑》，1985 年版，第 71 页）著录

著者生平已见《光焘文存》。

此书为诗话类著作。

271. 文学源流　程滨遗著

安庆市地方志编纂委员会编《安庆地区志》（黄山书社 1995 年版，第 1335 页）著录

著者生平已见《风尘旧影》。

272. 文学源流浅说　胡寄尘著

胡小静《胡怀琛传略》（载晋阳学刊编辑部编辑《中国现代社会科学家传略·第八辑》，山西人民出版社 1987 年版，第 361 页）著录

著者生平已见《兰闺清课》。

273. 文选集腋　孙应台辑

黄山市地方志办公室编《黄山市近现代人物》（黄山书社 1992 年版，第 26 页）著录

孙应台（？—？），字茂德，号星如。黟县人。邑庠生。民国后绝意仕进。

274. 无机集　柯泽舟著

绩溪县地方志编纂委员会编《绩溪县志》（黄山书社 1998 年版，第 912 页）著录

柯泽舟（1868—1922），绩溪人。邑庠生，曾任全国医界联合会调查员，于家乡创办耕心小学，任校长。

275. 无闻集　胡韫玉著

胡道彤《朴学斋所著书目》（载胡朴安著，胡道彦编辑《朴学斋丛书第二集》，安吴胡氏 1985 年版前言）著录

著者生平已见《古今笔记精华录》。

此书收录著者自北京返沪至各大学任教期间所作诗。

276. 西书札记十二卷　贺廷枢著

安庆市地方志编纂委员会编《安庆地区志》（黄山书社 1995 年版，第 1072 页）著录

著者生平已见《趋庭拾遗录》。

此书为著者遍览西方学政诸类丛书之随笔札记。

277. 希平草庐诗草　王堃著

黄山市地方志办公室编《黄山市近现代人物》（黄山书社 1992 年版，第 51 页）著录

著者生平已见《希平草庐题画诗》。

278. 惜红吟　汪阿秀著

光铁夫著《安徽名媛诗词征略》（黄山书社 1986 年版，第 163 页）著录

汪阿秀（1904—1927），字琼芝。女。歙县人。1927 年自尽。

279. 惜庐存稿　胡清澍著

祁门县地方志编纂委员会办公室编《祁门县志》（安徽人民出版社 1990 年版，第 724 页）著录

著者生平已见《春晖堂小吟》。

280. 溪上吟稿四卷　胡光钊著

祁门县地方志编纂委员会办公室编《祁门县志》（安徽人民出版社 1990 年版，第 715 页）著录

著者生平已见《凤凰山志略》。

281. 息影枝谭　汪洋著

邵迎武著《南社人物吟评》（社会科学文献出版社 1994 年版，第 106 页）著录

著者生平已见《西湖四日记》。

282. 霞园诗集　汪彭年著

戎毓明主编《安徽人物大辞典》（团结出版社 1992 年版，第 275 页）著录

汪彭年（1879—1957），字寿臣、喜臣，号瘦岭，笔名瘦吟。原籍旌德，迁居宣城。早年留学日本，参加同盟会。归国后参与创办《神州日报》，自任社长。曾任北洋政府第一届参议员，淮河道凤阳关监督、安徽省屯垦总局局长。1935 年返宣城。

283. 闲园唱和集二卷　张立鹄著

戎毓明主编《安徽人物大辞典》（团结出版社 1992 年版，第 739 页）著录

著者生平已见《椿庭记忆录》。

284. 闲园全集传序十卷诗集十卷　张立鹄著

戎毓明主编《安徽人物大辞典》（团结出版社 1992 年版，第 739 页）
著录

著者生平已见《椿庭记忆录》。

285. 闲园桃李录三卷　张立鹄著

戎毓明主编《安徽人物大辞典》（团结出版社 1992 年版，第 739 页）著录

著者生平已见《椿庭记忆录》。

286. 闲园语录四卷　张立鹄著

戎毓明主编《安徽人物大辞典》（团结出版社 1992 年版，第 739 页）著录

著者生平已见《椿庭记忆录》。

287. 香痕奁影录　方廷楷著

蒋寅著《清诗话考》（中华书局 2005 年版，第 633 页）著录

著者生平已见《习静斋词话》。

288. 小慧录　胡寄尘著

胡道静著《先君寄尘著述目》（载胡朴安著《朴学斋丛书第一集·家乘》，安吴胡氏 1940 年版，第 17 页）著录

著者生平已见《兰闺清课》。

289. 小珍寻母　刘王立明著

安庆市地方志编纂委员会编《安庆地区志》（黄山书社 1995 年版，第 1288 页）著录

著者生平已见《生命的波涛》。

290. 筱陆诗钞　章树桢著

池州地区地方志编纂委员会编《池州地区志》（方志出版社 1996 年版，第 824 页）著录

章树桢（1857—1923），原号九渊，改号筱陆。东至人。五十岁后以岁贡被选训导，晋授县丞，未赴任。民国期间被选为省参议员。

291. 解学士诗考证　胡寄尘著

胡道静著《先君寄尘著述目》（载胡朴安著《朴学斋丛书第一集·家乘》，安吴胡氏1940年版，第17页）著录

胡寄尘，名怀琛，生平已见《兰闺清课》。

292. 新安画苑录　汪己文著

郑逸梅著《郑逸梅小品·汪己文先生小传》（中州古籍出版社1988年版，第131页）著录

著者生平已见《改庐笔记》。

293. 新安掌故　胡在渭著

洪鹏华、曹健斌主编《绩溪书目》（黄山书社2008年版，第359页）著录

著者生平已见《文艺因缘》。

294. 新都游草　胡广植著

洪鹏华、曹健斌主编《绩溪书目》（黄山书社2008年版，第359页）著录

著者生平已见《陶园酬唱集》。

295. 新华诗颂　郑象钥著

安徽省长丰县地方志编纂委员会编《长丰县志》（中国文史出版社1991年版，第731页）著录

郑象钥（1901—1979），字启愚。长丰人。1930年考入安徽大学外语系，1934年赴美就读于斯坦福大学研究院，1942年获林肯大学哲学博士学位。历任加利福尼亚大学华文院教授，西雅图华盛顿大学研究员等职。

此书为英文版，著于美国。

296. 新西游记　韦丛芜著

戎毓明主编《安徽人物大辞典》（团结出版社1992年版，第759页）

著录

译者生平已见《穷人》。

297. 馨一山文集　廖昆玉著

方济仁主编《宿松诗词楹联选》（天马图书有限公司1995年版，第104页）著录

著者生平已见《古今文体分类纂要》。

298. 惺红词一卷　程家桐著

杨子才编《民国五百家词钞》（中国线装书局2008年版，第223页）著录

程家桐（？—?），字凤笙。休宁人。清末秘密组织同盟会于京师，民初曾就学于京师大学堂，与汪辟疆、胡先骕、姚鹓雏、林庚白为同学。未三十而殁。

299. 杏墩文集　胡元吉著

戎毓明主编《安徽人物大辞典》（团结出版社1992年版，第153页）著录

著者生平已见《贲初先生传》。

300. 杏墩札记　胡元吉著

黟县地方志编纂委员会编《黟县志》（光明日报出版社1989年版，第384页）著录

著者生平已见《贲初先生传》。

301. 性园诗文集　朱点衣著

戎毓明主编《安徽人物大辞典》（团结出版社1992年版，第753页）著录

朱点衣（1866—?），原名为善，字葆斋，号杏垣、性园。霍邱人。清光绪三十年（1904）进士。曾留学日本法政大学，归国后授编修、武英殿实录纂修、国史馆协修等。

302. 修凝诗存　廖修凝著

方济仁主编《宿松诗词楹联选》（天马图书有限公司 1995 年版，第
106 页）著录

廖修凝（？—?），宿松人。历任大通、歙县警佐、局长等职。

303. 绣余吟草　史崟著

光铁夫著《安徽名媛诗词征略》（黄山书社 1986 年版，第 335 页）著录

史崟（？—?），字绮文。六安人。史远岘妹，乐维新妻。

304. 绣月轩集　李家恒著

蒋寅著《清诗话考》（中华书局 2005 年版，第 218 页）著录

著者生平已见《绣月轩集陆联语》。

305. 嘘寒集　吴进贤著

黄山市地方志办公室编《黄山市近现代人物》（黄山书社 1992 年版，
第 77 页）著录

吴进贤（1903—1999），字寒秋。歙县人。早年就读于苏州晏成中学，
毕业后任职新民社。1926 年考入金陵大学，1935 年创办进贤小学，次年
创立进贤国学讲习社。

此书为著者诗集。

306. 续曲苑　程演生著

安庆市地方志编纂委员会编《安庆人物传》（黄山书社 2001 年版，第
218—219 页）著录

著者生平已见《西泠昇简记》。

307. 续优语录　程演生著

安庆市地方志编纂委员会编《安庆人物传》（黄山书社 2001 年版，第
218—219 页）著录

著者生平已见《西泠昇简记》。

308. 轩堂诗文集　许轩堂著

枞阳县地方志编纂委员会编《枞阳县志》（黄山书社 1998 年版，第 690 页）著录

著者生平已见《评注王渔洋古诗选》。

309. 学圃笔谈录　程修兹著

洪鹏华、曹健斌主编《绩溪书目》（黄山书社 2008 年版，第 361 页）著录

著者生平已见《春不老斋诗稿》。

310. 学愈轩存稿四卷　陈郊著

黄山市地方志办公室编《黄山市近现代人物》（黄山书社 1992 年版，第 28 页）著录

陈郊（1863—1933），字遂三，号鲁山，晚号啬庵。祁门人。清末贡生，曾任历口高等小学堂学监、闪里西六区高等小学校长。

311. 学愈轩日记三十二卷　陈郊著

黄山市地方志办公室编《黄山市近现代人物》（黄山书社 1992 年版，第 28 页）著录

著者生平见《学愈轩存稿》。

312. 雪梧诗稿四卷　田燮吾著

枞阳县地方志编纂委员会编《枞阳县志》（黄山书社 1998 年版，第 643 页）著录

著者生平已见《诗经浅解》。

313. 鸦山皖水诗稿合选　马厚文著

安庆市地方志编纂委员会编《安庆地区志》（黄山书社 1995 年版，第 1342 页）著录

著者生平已见《楚辞今译》。

314. 燕国遗珠　张星桥著

颍上县地方志编纂委员会编《颍上县志》（黄山书社 1995 年版，第 358 页著录

著者生平已见《融通山房诗文集》。

315. 燕泥书屋文集　章树桢著

池州地区地方志编纂委员会编《池州地区志》（方志出版社 1996 年版，第 824 页）著录

著者生平已见《筱陆诗钞》。

316. 燕喜堂骈体文抄　鲁式谷著

马鞍山市地方志编纂委员会编《马鞍山市志》（黄山书社 1992 年版，第 1011 页）著录

著者生平已见《采石山房诗文集》。

317. 燕云诗草　项翱著

黄山市地方志办公室编《黄山市近现代人物》（黄山书社 1992 年版，第 28 页）著录

著者生平已见《戏迷梦》。

318. 演林和靖诗　胡韫玉著

胡道彤《朴学斋所著书目》（载胡朴安著，胡道彦编辑《朴学斋丛书第二集》，安吴胡氏 1985 年版前言）著录

著者生平已见《古今笔记精华录》。

319. 阳超然　凤景良著

泾县地方志编纂委员会编《泾县志》（方志出版社 1996 年版，第 743 页）著录

著者生平已见《阳谷集》。

320. 养疴集　胡韫玉著

胡道彤《朴学斋所著书目》（载胡朴安著，胡道彦编辑《朴学斋丛书第二集》，安吴胡氏 1985 年版前言）著录

著者生平已见《古今笔记精华录》。

此书收录著者 60 岁中风后所作诗。

321. 邀翠轩诗文集　王雪渔著

宿州市地方志编纂委员会编《宿州市志》（上海古籍出版社 1991 年版，第 459 页）著录

王雪渔（1872—1954），名光庭，字荣棠，号雪渔。宿州人。清光绪年间秀才，后赴日本早稻田大学攻史地专业四年，加入同盟会。清光绪年间三十三年（1907）回国，于宿城创办幼幼两等小学堂。1912 年被推为宿县参议会议长，辞不受。复办宿县县立第一高等小学，及藏梅、丁集两所小学。1918 年创办宿县蚕桑学校，任校长。

322. 一杯诗集　毕绍森著

黄山市（县级）地方志编纂委员会编《黄山市志》（黄山书社 1992 年版，第 602 页）著录

著者生平已见《毕公岐山荣哀录》。

323. 一对年青夫妇之死　何世枚著

望江县地方志编纂委员会编《望江县志》（黄山书社 1995 年版，第 676 页）著录

著者生平已见《再世为人》。

324. 一芥堂诗稿　刘更年著

戎毓明主编《安徽人物大辞典》（团结出版社 1992 年版，第 605 页）著录

刘更年（1869—1930），字子鹤。庐江人。清末官江苏候补道。

325. 怡园吟草二卷　张遇鸿著

戎毓明主编《安徽人物大辞典》（团结出版社 1992 年版，第 351 页）

著录

张遇鸿（1861—1924），名维干，字羽丰，号次清。宿松人。清末举人，授盐场大使。后历任宿松第一高等小学堂堂长、安庆六邑联中第一任校长。1912 年代理安徽高等学校经学教员，后任宿松县公署学务科第一任科长。

326. 移孝轩书稿四卷　李肖峰著

戎毓明主编《安徽人物大辞典》（团结出版社 1992 年版，第 512 页）著录

著者生平已见《皋西唱酬诗集》。

327. 倚虹诗集　宋又征著

望江县地方志编纂委员会编《望江县志》（黄山书社 1995 年版，第 707 页）著录

宋又征（1898—1980），名十思。望江人。1918 年毕业于安徽省立第一师范学校，后于庐江、泗县、宿县等地任教。1921 年返乡，历任小学教师、雷阳小学校长等职。

328. 易史吟草　邵孔亮著

怀宁县地方志编纂委员会《怀宁县志》（黄山书社 1996 年版，第 908 页）著录

著者生平已见《劝民歌》。

329. 楹联约存二卷　孙筱斋著

寿县地方志编纂委员会编《寿县志》（黄山书社 1996 年版，第 614 页）著录

著者生平已见《韩非子诗话》。

330. 余园诗余一卷　汪述祖著

杨子才编《民国五百家词钞》（中国线装书局 2008 年版，第 14 页）著录

汪述祖（？—？），字子贤，号林甫。休宁人。清光绪二十年（1894）进士，授吏部主事。工书法，能诗词。殁于民国。著者曾于清光绪年间撰

有《余园先集》一卷，《余园附稿》一卷，《汪氏墓图题辞》一卷，《余园诗稿》二卷，《都门新乐府》等。

331. 余园诗语　凤景良著

泾县地方志编纂委员会编《泾县志》（方志出版社1996年版，第743页）著录

著者生平已见《阳谷集》。

332. 愚谷诗存　洪晓岚著

寿县地方志编纂委员会编《寿县志》（黄山书社1996年版，第830页）著录

著者生平已见《淮上民军起义始末记》。

333. 愚谷诗话　洪晓岚著

寿县地方志编纂委员会编《寿县志》（黄山书社1996年版，第830页）著录

著者生平已见《淮上民军起义始末记》。

334. 愚谷庶记　洪晓岚著

寿县地方志编纂委员会编《寿县志》（黄山书社1996年版，第615页）著录

著者生平已见《淮上民军起义始末记》。

335. 渔樵耕读四时乐诗一卷　邵孔亮著

怀宁县地方志编纂委员会《怀宁县志》（黄山书社1996年版，第908页）著录

著者生平已见《劝民歌》。

336. 寓生居诗存　吴兆棨著

戎毓明主编《安徽人物大辞典》（团结出版社1992年版，第808页）著录

吴兆棨（？—1922），字次符。肥东人，吴毓芬第二子。清光绪十一

年（1885）拔贡，候选知县。

337. 寓言百篇选　丁光焘著

丁稚英《丁光焘先生事略》（载《宣城县文史资料第一辑》，1985 年版，第 71 页）著录

著者生平已见《栗村诗稿》。

此书收录上自周秦、下迄明清之历代寓言名篇，为编者选编教材之一。

338. 域外访古记　程演生著

安庆市地方志编纂委员会编《安庆人物传》（黄山书社 2001 年版，第 218—219 页）著录

著者生平已见《西泠异简记》。

339. 元代西域四诗人　胡寄尘著

胡道静著《先君寄尘著述目》（载胡朴安著《朴学斋丛书第一集·家乘》，安吴胡氏 1940 年版，第 17 页）著录

著者生平已见《兰闺清课》。

340. 远游诗词二卷　田燮吾著

枞阳县地方志编纂委员会编《枞阳县志》（黄山书社 1998 年版，第 643 页）著录

著者生平已见《诗经浅解》。

341. 远游杂记二卷　田燮吾著

枞阳县地方志编纂委员会编《枞阳县志》（黄山书社 1998 年版，第 643 页）著录

著者生平已见《诗经浅解》。

342. 约予日记　殷蕴元著

枞阳县地方志编纂委员会编《枞阳县志》（黄山书社 1998 年版，第 690 页）著录

殷蕴元（？—？），字义甫，号质方，别号药庐、约予。枞阳人。殷朗园第三子。清光绪三十一年（1905年）参加新军。次年加入华兴会，后被选送入桂林陆军测绘学堂。清光绪三十三年（1907）年参加镇南关起义。民国后历任黑龙江省饶河县公署第一科科长、吉林市老头沟煤矿公司工程师、工务科科长，吉林市政府财政科科长、教育科科长、总务科科长等职。1936年举家迁返安徽。

343. 悦禅集　胡韫玉著

胡道彤《朴学斋所著书目》（载胡朴安著，胡道彦编辑《朴学斋丛书第二集》，安吴胡氏1985年版前言）著录

著者生平已见《古今笔记精华录》。

此书收录著者病废学佛期间所作诗。

344. 岳武穆　张振佩著

止叟著《经师·人师·世范——张振佩先生学行述略》（载《教坛先导》，贵州大学出版社2008年版，第109页）著录

著者生平已见《成吉思汗评传》。

345. 芸芳女士遗稿　张芸芳著

光铁夫著《安徽名媛诗词征略》（黄山书社1986年版，第182页）著录

张芸芳（？—？），女。字凤笙，号梧岗。婺源人。张端典之长女，俞祖述之妻。上海南洋女子师范学校毕业生。历任湖州旅沪女子中学、安徽旅沪女子中学主任教员。

346. 摘金仙馆诗草　吕美璟著

安徽省地方志编纂委员会编《安徽省志·出版志》（方志出版社1998年版，第50页）著录

吕美璟（？—？），字宋庭，号菊坪。旌德人。吕锦文之孙。光宣年间任湖北荆门知州，辛亥后寓居上海。

347. 摘星词杂剧　袁祖光著

安庆市地方志编纂委员会编《安庆地区志》（黄山书社1995年版，第

1083 页）著录

著者生平已见《瞿园诗草》。

348. 湛庐诗钞　王源瀚著

桂定寿著《王源瀚其人其诗》（载《贵池文史资料第五辑》，1996 年版，第 73 页）著录

著者生平已见《见朴楼诗钞》。

349. 张博望　张振佩著

止叟著《经师・人师・世范——张振佩先生学行述略》（载《教坛先导》，贵州大学出版社 2008 年版，第 109 页）著录

著者生平已见《成吉思汗评传》。

350. 珍堡梦　刘王立明著

安庆市地方志编纂委员会编《安庆地区志》（黄山书社 1995 年版，第 1083 页）著录

著者生平已见《生命的波涛》。

351. 枕戈集　胡韫玉著

胡道彤《朴学斋所著书目》（载胡朴安著，胡道彦编辑《朴学斋丛书第二集》，安吴胡氏 1985 年版前言）著录

著者生平已见《古今笔记精华录》。

此书录著者写于抗战期间之诗作。

352. 振先杂稿　詹鸣铎著

詹鸣铎著；王振忠，朱红整理校注《我之小史：新发现的徽商小说》（安徽教育出版社 2008 年版，第 14 页）著录

著者生平已见《我之小史》。

353. 知事诗集　章心培著

戎毓明主编《安徽人物大辞典》（团结出版社 1992 年版，第 866 页）著录

著者生平已见《琅琊山志》。

354. 治荷随笔一卷　胡元吉著

黄山市地方志办公室编《黄山市近现代人物》（黄山书社 1992 年版，第 34 页）著录

著者生平已见《贲初先生传》。

355. 中国古代旅行　范任著

安庆市地方志编纂委员会编《安庆地区志》（黄山书社 1995 年版，第 1082 页）著录

著者生平已见《苏联诸民族文学》。

356. 中国文学史　杨炳坤著

滁州市地方志编纂委员会编《滁县地方志》（方志出版社 1998 年版，第 1281 页）著录

杨炳坤（1861—1947），原名玉岗，字子厚。回族。清末贡生。早年入南京金陵书院，结业后参加淮上军起义。历任安徽省军政府秘书、科长等职。二次革命时参加讨袁运动，任督军府参议、秘书。讨袁失败后返安庆，任教于省立一中。1930 年后历任南京金陵大学哲学教授、安徽大学文学系教授、定远教育局局长。抗战期间任津浦路西办事处参议员。

357. 中国戏曲史　胡寄尘著

胡道静著《先君寄尘著述目》著录（载胡朴安著《朴学斋丛书第一集·家乘》，安吴胡氏 1940 年版，第 17 页）

胡寄尘，名怀琛，生平已见《兰闺清课》。

358. 中国新文学论　章衣萍著

绩溪县地方志编纂委员会编《绩溪县志》（黄山书社 1998 年版，第 887 页）著录

著者生平已见《深誓》。

此书为论文集。

359. 仲淹诗草　王仲淹著

关山笛《合肥女诗人王仲淹》（载《江淮文史》1994 年第 2 期第 148—150 页）著录

王仲淹（1866—1961），合肥人。潘寄岑之妻。后定居上海。

360. 帚金室经诂　冯简斋著

白和顺《冯简斋作品简介》（载《漆园古今文史资料第三辑》，1985 年版，第 189 页）著录

著者生平已见《国学门径》。

白和顺《冯简斋作品简介》称，此书"主要记载自轩辕皇帝以来，帝王将相，皇室贵族之间盘根错节的纠葛及争权夺利的国事斗争。风云突变的改朝换代，敌我大战，血流成河的激烈厮杀场面，等等。均用惜墨如金一样的简炼字句及诂奥细致的记述，帚聚成书"。

361. 帚珍集　吴贤扬著

戎毓明主编《安徽人物大辞典》（团结出版社 1992 年版，第 682 页）著录

吴贤扬（? —?），字言章。霍山人。清末举人。曾任县学教谕，县第一高等小学堂堂长。辛亥革命后当选为县临时参议员。

362. 庄子研究　舒传轼著

戎毓明主编《安徽人物大辞典》（团结出版社 1992 年版，第 693 页）著录

舒传轼（约 1895—1960），外号舒天趣。霍山人。1924 年毕业于北京大学，后创办霍山师范讲习所。1930 年任省民政厅视察，后历任铜陵县县长、中学教师、省民政厅禁烟股秘书、霍山县政府主任秘书。

363. 蝥翁诗集　王兰庭著

戎毓明主编《安徽人物大辞典》（团结出版社 1992 年版，第 743 页）著录

著者生平已见《南唐诗集》。

364. 姊妹花　铁生著；天僇润词

《神州日报》画报铅印本　阿英著《晚清戏曲小说目》（上海文艺联合出版社 1954 年版，第 78 页）著录

润词者生平已见《恨海鹃声谱》。

365. 紫筠诗草　张百城著

戎毓明主编《安徽人物大辞典》（团结出版社 1992 年版，第 857 页）著录

张百城（？—1920），字紫筠。天长人。清光绪二十三年（1897）举人，曾任兵部主事、山东即墨知县。民初为安徽省议员。

366. 自牧轩诗集四卷　章维嘉著

黄山市地方志办公室编《黄山市近现代人物》（黄山书社 1992 年版，第 31 页）著录

章维嘉（？—？），字礼卿，号春甫。祁门人。清末岁贡生。清光绪三十一年（1905）于乡里倡办新学，主持南乡乡立高等小学堂教务。

367. 自强斋诗文集　杨寅揆著

戎毓明主编《安徽人物大辞典》（团结出版社 1992 年版，第 453 页）著录

著者生平已见《沧州诗抄》。

368. 枞川名胜歌十章　汪朗溪

安庆市地方志编纂委员会编《安庆地区志》（黄山书社 1995 年版，第 1083 页）著录

汪朗溪（？—1931），桐城人。曾任枞阳国民学校教习。清宣统三年（1911）任安徽宣讲所宣讲员，后任安徽省第一通俗教育馆演讲部主任。

369. 左传说略　何容心著

枞阳县地方志编纂委员会编《枞阳县志》（黄山书社 1998 年版，第 690 页）著录

著者生平已见《毛诗经世录》。

作者索引

著者姓名（按照汉语拼音顺序排列）	作品录入本书位置（年：编码）
A	
A. A. Sofio（索非）	1927：28，63；1930：36
阿英（钱杏邨）	1934：28，64，65；1935：13，28，66，73，77，83，88；1936：17，26，27，57，64，66，68，79；1937：3，17，29，38，41，46，49；1939：25；1941：4，57；1946：31；1948：53，54；1949后：41
安徽通志馆（潘田）	1934：2
B	
白岳山人（汪晦庵）	1918：29
白云（张友鸾）	1931：31
柏文蔚	1947：2
鲍光豹	1939：8
鲍鸿	1916：9；1917：18；1924：31；民国：58
鲍娄先	附录：222
鲍实	附录：127
鲍筱琴	民国：6
鲍筱斋（鲍实）	1925：15
毕绍森	1918：4；附录：322
毕绍鑫	1918：4
不除庭草斋夫（陶行知）	1932：69
C	
蔡晓舟	1919：30；附录：8
蔡颐	1935：54
蔡云瑞	1929：77
残夫（钱杏邨）	1938：26

续表

著者姓名（按照汉语拼音顺序排列）	作品录入本书位置（年：编码）
曹冷泉	1945：26
曹梦鱼	1926：26；1928：43；1929：38，60，82；附录：166
曹心泉	1936：72
产绍泗	1929：21
忏玉生（吴克岐）	1915：7
常任侠	1925：8；1935：64，93；1937：42；1938：31；1939：22；1942：12；1943：30；1945：10；1949后：45；附录：56，70
常醒元（常任侠）	1944：25
陈澹然	1913：18；1918：1；1920：27；1930：34；1934：78；民国：62，86
陈东原	1928：82，83；1935：1
陈独秀	1922：3；1926：11；1938：21；民国：35；1949后：6，7
陈仿莲	附录，149
陈嘏	1918：15；1924：25
陈郊	附录：310，311
陈景寔	1936：15；1937：8，9
陈汝良	1933：8
陈诗	1912：19；1921：17；1924：17；1929：53；1933：20，33；1935：94；1936：12；民国：26，60
陈守吾	1912：1
陈漱琴（储皖峰）	1935：45
陈惟彦	1917：11，25，37
陈香化	1926：24
陈一甫（陈惟壬）	1916：20；1937：25
陈撄宁	1934：62；1935：34；1938：13
陈友琴	1934：7；1935：40；1936：32；1941：39；1944：8
陈虞铎	1921：31
陈仲瑄	1949后：5
尘因（杨尘因）	1919：31
程本海	1928：48
程碧冰	1929：14，42；1931：4；1934：13
程滨遗	附录：57，58，271
程丙昭	民国：92

著者姓名（按照汉语拼音顺序排列）	作品录入本书位置（年：编码）
程家桐	附录：298
程今吾	1947：56
程憬	1949 后：48
程景颐	1933：16
程霖生	1925：30
程善之	1914：1，11，27；1915：23；1917：3；1922：19；1933：5；1934：6；1935：50；1937：10；附录：184，239
程士苃	1924：6
程寿保	1935：41
程松生	1913：3；1920：20
程万孚	1931：5，47
程皖溪	1930：45
程希濂	1930：22
程小青	1917：6；1919：19，20，21；1920：17，18，30；1921：11；1922：18；1923：7，8，14，33，42，44；1924：22；1925：10；1926：10；1927：13，15，22，27，33，46，55，59；1928：16，80；1931：34；1932：4，20，24，72；1933：1，9，10，12，22，29，31，32，48，51，62，87，88；1934：3，14；1935：11，23；1939：3，19，35；1940：41；1941：2，3，8，14，16，19，23，25，29，47，54，60，64，65；1942：2，7；1943：6，9，18，20，33；1944：14，15，18，22，27，28，42，50，51，57；1945：6，11，22，28，30，32，37；1946：1，2，3，11，20，23，28，30，36，38，44，46，54；1947：12，19，21，23，62；1948：7，12，13，14，26，28，29，31，35，36，38，41，45；1949：26，31；民国：30
程筱鹏	1920：32；
程修兹	附录：23，309
程炎震	1924：5
程演生	1918：19；1926：37；1936：29，93；1937：52；1941：6；附录：6，42，47，48，49，77，116，131，165，218，229，230，264，306，307，338
程朱溪	1928：59；1937：53
程卓沄	1936：42
程祖伊	附录：2
储皖峰	1926：9；1930：6，7，41，46；1933：64；1938：9；1939：24，38；民国：94，附录：123
楚之梼杌（查光佛）	1916：28

著者姓名（按照汉语拼音顺序排列）	作品录入本书位置（年：编码）
D	
戴安澜	1942：3；1943：1
戴凌洲	附录：240，254
戴寿昌	1917：28；1923：37
戴叔清（钱杏邨）	1929：68，69；1931：40，41，42，43，44，50，65；1933：50；1934：38，39
戴皖	附录：32
邓鉴堂	附录：34，35
邓以蛰	1928：52，74；1936：65
邓艺孙	附录：23，151
丁光燊	附录：72，134，270，337
丁山	1948：11
丁易	1947：4，17；1948：9
丁柱中	1931：6，8；1932：21，55；1936：2
董登三	1937：27
窦以礨	1928：12
窦以煦	1928：50
窦以燕	1928：1
窦以蒸	1928：78
都建华	1940：40，49
都履和	1940：40
杜炳钧	1918：7；1919：8；1920：7，8
杜含芳	附录：180
段茂伟	附录：196
段祺瑞	1923：53，54；1926：53
F	
范光启	1912：2
范鸿仙（范光启）	1949后：10
范康	1917：17，36
范任	附录：243，355
方大炽	1920：2

续表

著者姓名（按照汉语拼音顺序排列）	作品录入本书位置（年：编码）
方凤池	附录：98，99
方佛生（方泽久）	1916：37；1918：5
方纲	附录：75
方熀	1929：75
方济川	1916：39；1917：35；1919：12；1920：13；1923：30；1924：9；1946：48
方乐天	1936：51
方林辰	附录：233
方令孺	1943：39；1945：31
方履中	1920：39；附录：258
方然	1941：26；1944：9，19，39
方时亮	附录：113
方时简	附录：220
方时乔（方孝岳）	民国：32
方世立	1925：38
方守敦	1949后：21；附录：140
方守彝	1924：53
方寿昌	1933：101；民国：123
方寿衡	1946：13
方澍	1925：16，25
方廷楷	1917：19，30，31；附录：38，287
方玮德	1936：59；附录：36，201
方问溪	1931：18
方希孟	附录：18，37，39
方孝岳	1934：96，101；1935：86
方旭	1932：18
方燕年	1933：2
方晔堂	1945：13
方与严	1933：24；1934：76；1935：10；1947：6；1949：8
方云耕	1919：3
方泽久	1917：1

著者姓名（按照汉语拼音顺序排列）	作品录入本书位置（年：编码）
方仲经	1941：63
方铸	1922：11，12，13
冯简斋	附录：79，150，360
冯仙槎	附录：235
冯玉祥	1930：14；1933：103；1934：84；1935：6，65，82；1936：11；1937：4，5；1938：6，7，10，12，18，24；1939：14，15；1940：24；1941：12，38，45；1943：29；1944：3，6，7，38；1945：8，9；1946：6；1947：49；民国：22
凤景良	1920：35；附录：319，331
凫公（潘伯鹰）	1929：39；1930：62；1932：70；1933：6
凫工（潘伯鹰）	1937：32；1942：14
G	
高地（高植）	1944：33
高节文	1947：66
高景麟	附录：107
高一涵	1946：26
高永福	1947：33
高语罕	1921：1；1922：6，7；1923：2；1927：1；1928：79；1929：58；1932：37；1933：83；1934：45；1939：6；1945：39；1946：18，24
高植	1936：44；1941：34，61，66；1942：17；1943：10，12；1944：54；1945：38；1949：2
戈鲁阳（高语罕）	1928：67
葛怀民	1930：10，35
葛南	1931：10
葛世洁	附录：157
葛钟秀	1912：4
龚长钜	1924：68
龚心铭	1921：21
龚元凯	1919：28，29；1926：29
公孙嬿（查显琳）	1944：11
怪人（胡怀琛）	1919：5
管鹏	附录：5
光大中	1936：1

续表

著者姓名（按照汉语拼音顺序排列）	作品录入本书位置（年：编码）
光开霁	1934：56
光明甫	附录：148
郭外山	附录：147
郭熙楞	1919：10
H	
韩衍	1935：39；民国：99
寒星（钱杏邨）	1928：37
何国禔	附录：133
何鹏	1941：24，53
何容心	附录：152，155，369
何世枚	1919：37；附录：16，249，323
何雯	1925：4
何养性	1923：26
何云藻	1916：11
何则琳	1923：30
何宗严	1923：26
贺顾	1915：1；附录：60，199
贺廷枢	1915：18；附录：276
贺欣	1913：2
洪恩案	1932：38
洪汝阊	1914：21；1936：19；民国：80；1949后：8
洪汝怡	1922：2；1933：37
洪润	1932：38
洪晓岚	附录：92，332，333，334
洪小崖	1949后：35
胡璧成	1936：89
胡不归	1941：21
胡粲	1928：56
胡春霖	1926：5；1938：20
胡道静	1934：57
胡底	1932：22，61；1933：59，69；1934：52；民国：125；附录：101

著者姓名（按照汉语拼音顺序排列）	作品录入本书位置（年：编码）
胡淀咸	1933：19
胡光国	1914：24；1918：2；1920：1，36；1921：32；1923：1；1924：11，57；1925：11；民国：130
胡光岳	1947：5
胡光钊	1939：7；1944：5，34；民国：45；附录：191，280
胡广植	附录：253，294
胡怀琛	1914：13，23；1915：3，12，22；1916：16；1919：38；1920：40；1921：2，5，25，29；1922：1，20，29；1923：6，18，36，47，49，55，56；1924：54，62，63，64，71；1925：5，40，41，45；1926：20，47，56；1927：45，56，65；1928：25，38，84；1929：9，43，44，49，61，81；1930：29，43，70；1931：33，36，37，56，58，68，69；1932：14，26；1933：15，23，47，66，67，82，92，98，108，113，114；1934：10，12，15，27，34，36，54，70，87，92，95，97，98；1935：15，61，71；1936：40，69，96；1937：30；1938：16，27；1940：9，11，21，29，32，37，50；1941：30；1944：47，48，49；1948：44；民国：116，133；附录：246
胡寄尘（胡怀琛）	1913：4，11，13，24；1914：6，8，10，13，15，16，19，26；1915：4，5，10，11，16，26；1916：31；1917：26，32，33；1918：8，32；1919：6，17，18，33；1921：33；1922：30；1923：58；1924：7，10，27，29，40，41，43，50，58，67，72；1925：6，17，19，26，34；1927：21；1928：27，30，64；1929：13；1930：11，12，31，33，39，42，71；1931：12，39，45，67；1932：3，10，43，57；1933：105；1934：25，60，61；1935：31，68；1939：17，18；1947：34；民国：83；附录：87，104，105，114，132，153，160，171，172，219，227，228，272，288，291，339，357
胡鉴初	1921：7
胡近仁	附录：175
胡晋接（胡止澄）	附录：103
胡晋文	1933：112
胡景程	1929：40
胡里（刘岚山）	1947：50
胡零	1947：24，29；1948：20；1949：13
胡洛	1937：11
胡梦华	1928：5
胡朴安	1914：2；1915：19；1918：3，6，18，28；1919：14；1923：3，10，22，23，25，52，57；1924：14，15；1925：12；1928：54；1929：49；1930：12，17，39，42，71；1937：43；1940：18，51；1941：7，18；1943：2，35；1949后：18

著者姓名（按照汉语拼音顺序排列）	作品录入本书位置（年：编码）
胡清澍	附录：26，279
胡适	1919：4；1920：3，31；1921：8，20，30；1923：20，43，50；1924：18，46，56；1925：14；1927：4，16；1928：2，3，40；1929：55，62；1930：18，19；1931：14，46，55；1933：13，68；1934：20；1935：19，32，87，89；1936：20；1937：50；1940：35；1941：1；1943：38；1944：44；1946：56；民国：35
胡思永	1924：19
胡学汤	1941：36
胡有恂	1940：4，8
胡渊	1940：26，36
胡元吉	1924：2；1935：18；附录：267，299，300，354
胡远芬	1915：9；1932：31
胡远浚	1917：39；1927：30；1932：29；附录：128，255
胡韫玉（胡朴安）	1924：34，35，36；1949后：19；附录：73，82，83，194，275，318，320，343，351
胡在渭	1923：39，48；1926：22；1927：51；1931：23；1936：21；附录：9，65，97，129，197，215，241，293
胡之灿	1929：1；1932：67；附录：7
胡止澄	1928：45
胡子正	1913：1
华蒂（叶元灿）	1931：32；1932：64；1933：53，81
华侃（汪倜然）	1939：29
华维素（蒋光慈）	1929：10；1930：59
荒芜	1948：5；1949：4，21，28，29，32，39
黄宾虹	1919：1；1933：3，4；1943：14
黄敦礼	1930：22
黄吉安	1949后：12
黄锦涛（钱杏邨）	1932：12，49
黄劭	1938：32
黄少牧	1945：12
黄寿曾	1930：25
黄天石	1928：69
黄英（钱杏邨）	1931：49

著者姓名（按照汉语拼音顺序排列）	作品录入本书位置（年：编码）
黄荫庭	附录：86，185
黄仲苏	1922：24；1926：4；1927：50；1932：11；1934：81；1940：5
J	
寂寞程生（程演生）	1916：29
寄尘（胡怀琛）	1912：7；民国：78
季青（常任侠）	1949后：9
纪澹诚	1925：36；1948：21
纪德征	1949后：47
剑云（周剑云）	1912：8
焦山	1949后：23
江百川	1949后：2；附录：136，263
江朝宗	1928：81；1932：47；1935：4；1939：13，36；民国：128，131
江峰青	1919：7；民国：55；附录：198
江亢虎	1913：9；1923：46；1924：64；1926：23；1935：53；1944：17
江继五	1945：41
江寄庐	附录：106
江家琚	1947：3，民国：19，20，21，51，03，120
江家球	1947：55
简企之（荒芜、朱葆光）	1949：20
江谦	1930：57；1934：1；1935：75；1936：36；1941：27；1942：10；1947：11，58；1948：47
江绍原	1928：19；1929：59；1932：58
江上青	1949后：16
江石溪	附录：156
江彤侯	附录：205
江兆槐	1933：38
江中清	1923：12
江忠章	附录：33
姜继襄	1923：41；1924：16，24，48
姜孝维	附录：110

著者姓名（按照汉语拼音顺序排列）	作品录入本书位置（年：编码）
蒋光慈	1925：1，28，37；1927：10，11，24，60，61；1928：23，24，31，32，87；1929：30，71；1930：4，38，54，55，61；1931：15，16，19；1932：1，16，48；1933：94；1936：77
杰克（黄天石）	1921：28；1940：44；1948：6，16；1949：25；民国：44，73，124
金恩溥	1916：2
金恩灏	1921：16；1924：69；1928：73
金克木	1934：17；1936：5
进步书局（王文濡）	1915：25
K	
阚铎	1913：21；1925：13；民国：112
柯泽舟	附录：274
蒯光典	1929：25
L	
冷泉（曹冷泉）	1932：30
黎炎光（钱杏邨）	1931：70
李伯琦（李国璋）	1930：20
李从龙	1925：3；1933：111
李皋如	1932：7
李光炯	民国：77；1949后：13；附录：203，212，252
李国楷	1930：3；1932：5
李国杰	1937：15
李国模	1930：16；1933：65
李国枢	1926：42
李何林	1929：80；1932：59；1935：25；1945：14
李家孚	1928：71；1929：19
李家恒	1931：57；附录：74，304
李家煌	1928：55
李继翰	附录：120
李霁野	1926：41；1928：26，63，77；1929：4，27；1934：5；1936：23，63；1944：12，24；1947：20，41；1948：39；1949：15
李絜非	1936：92；1939：37
李经钰	1923：51

著者姓名（按照汉语拼音顺序排列）	作品录入本书位置（年：编码）
李警众	1915：17；1916：3；1917：9；1927：18，25，38，39，64；1928：10，35，51，58；1931：13；附录：85
李靖国	1942：20
李汝振	1921：26
李西溟	1933：110
李锡斌	民国：104
李肖峰	1917：11；附录：138，326
李相珏	1925：33
李相钰	1925：33；1949后：13
李辛白	1946：47
李寅恭	1948：3
李元	1928：36
李则纲	1932：34；1935：47
李正清	1933：79；1939：26
李宗棠	1912：10；附录：142
李宗邺	1928：22；1935：37，91，92；1936：98，99，100，101；1938：15
聊伊（刘辽逸）	1944：35；1945：7
廖昆玉	附录：68，250，297
廖修立	附录：248
廖修凝	附录：302
林介弼	1919：11；1922：27；1924：12
林散之	1933：27
刘朝班	附录：51，139
刘达（刘豁公）	1918：26；1920：33；1935：74
刘更年	附录：324
刘方矩	1948：42
刘宏西	附录：141
刘豁公	1919：13；1920：14，15；1924：33，45，66；1925：27，32；1926：6，36，44，46；1927：29，37；1931：48；附录：14
刘景武	1917：7
刘炯公（刘雨沛）	1935：42
刘岚山	1939：20；1949：23

续表

著者姓名（按照汉语拼音顺序排列）	作品录入本书位置（年：编码）
刘辽逸	1947：45；1948：8，15，22，27；1949：1
刘麟生	1923：11；1924：42；1929：79；1930：9，32；1932：71；1933：44，107；1934：43，94，95；1936：14，95；1939：5
刘启瑞	1943：28
刘清泉	1934：47
刘慎诒	1928：39
刘声木	1929：5，6，37，50，51，54，70；民国：9，10，11，12，13，14，15，16，17，18，51，56，57，70，72，95，96，97，98，101，118
刘盛芳	1926：12；附录：43
刘世珩	1913：20；1917：2；1919：15；1921：24
刘淑玲	1936：1
刘体蕃	1925：31
刘体仁	民国：126
刘体智	民国：53
刘廷凤	1920：38
刘王立明	1936：39；1939：31；附录：102，289，350
刘文典	1923：15；1928：53；1947：67
刘兴诗	1934：8
刘学渊	附录：10
刘雨沛	1912：13，14
刘原道	1921：14
刘泽沛	1917：12；1943：4
柳溪渔者（汪德轩）	1918：29
罗长铭	民国：24
罗厚瀛	1936：81
卢国华	附录：161，192
卢海宗	附录：216
鲁式谷	附录：13，316
路翎	1943：16；1945：1，21；1946：39，51；1948：4，50；1949：43
陆悦欣	附录：251
吕碧城	1918：30；1929：34；1932：33，60

著者姓名（按照汉语拼音顺序排列）	作品录入本书位置（年：编码）
吕吉甫	1913：14
吕咎予	1916：1
吕美璟	附录：346
吕美荪	1931：24；1933：39，49，58；1934：77；1935：29；1936：83；1941：32
吕佩芬	1919：39
吕贤满	1933：56
吕湘	1937：14
吕荧	1943：22；1944：16，31；1945：23；1947：35，53
绿漪（苏雪林）	1929：24；1935：26
M	
马敦仁	1927：2，34，36，53；1933：46；1934：31
马厚文	附录：24，257，259，260，313
马冀平（马振宪）	附录：234
马其昶	1916：10，19；1921：12；1923：4；1936：3；民国：39，127；附录：30
马惟廉	1936：58
马以愚	1936：58
马振彪	附录：208，268
马振理	1936：41
马振宪	1924：30
马振仪	1920：26；1937：20
马子潜	附录：182
玛金	1946：57；1949：6
梅光迪	1920：28；1923：38；1948：30；1949后：17，24
N	
南强编辑部（钱杏邨）	1932：40
聂芬	附录：181，237
聂志远	1946：25
宁华庭	1933：102；附录：162，176
宁澍南	1929：65
牛布衣（张友鸾）	1948：19；1949：17

续表

著者姓名（按照汉语拼音顺序排列）	作品录入本书位置（年：编码）
O	
沤尹（洪汝闿）	1933：52
P	
潘保仁	1916：13
潘伯鹰	1924：3；1944：52；民国：67
潘田	1919：16；1927：12；1937：36；附录：167，168，169，245
潘镇	1925：39
潘子端（予且）	1936：45
潘赞化	附录：46，50
裴景福	1914：9；1917：10；1930：28
裴景绶	1930：28
萍草（王丹岑）	1946：12
Q	
钱谦吾（钱杏邨）	1930：56，68；1931：27，28，51，52，63，64，70；1932：28，36，65，66；1941：13；1947：48
钱若锦	1929：47
钱若洋	1929：47
钱文选	1916：38；1920：6；1924：49；1929：47；1930：40，50；1931：2；1932：35；1933：54；1934：63；1935：22，55；1936：47，85；1937：12，26；1938：22；1940：43；1941：50；1943：26；1948：40；1949：7；民国：91
钱杏邨	1928：4，13，17，18，21，29，42，68，72，75；1929：22，29，83；1930：30，47，48，53；1931：1；1932：6；1933：90；1938：11；1944：55
钱毅	1946：9，59；1947：64；1949后：25
丘景章	附录：29，53，54，213
R	
阮无名（钱杏邨）	1933：60，61，89，109
芮永恭	附录：209
若英（钱杏邨）	1929：29
S	
沙骆（谭惟翰）	1946：52；1947：60
单溥元	1922：15，16

著者姓名（按照汉语拼音顺序排列）	作品录入本书位置（年：编码）
单演义	1948：56
邵孔亮	附录：206，328，335
畬先举	民国：90
畬贤勋	1942：22
沈恩燎	1930：60
沈嵩甫	附录：63
沈曾荫	1933：96；1936：76；1937：45；1946：58；1948：48，49
施澎霖	1936：55
施玉藻	附录：154
石凌汉	1931：20；附录：93
石寿龄	1913：5
史德本	1916：21；1949后：22；附录：61
史筱斋	1920：22
史釜	附录：303
史远岷	1921：17
释甕安（潘伯鹰）	1934：26
盛石	1947：27
舒传轼	附录：362
舒鸿贻	1915：28
舒景蘅	1915：2
舒芜	1947：15；1949后：20
疏濂	附录：100，232
叔文（张兆和）	1941：22
束世征	1925：43
束世澄（束世征）	1934：93；1941：62
宋又征	附录：327
苏行均	1949后：37
苏雪林	1928：41；1933：74；1934：29；1936：49；1938：5，17；1939：33；1941：33，48，52；1945：2；1946：29，49
索非	1937：16；1939：9，21；1941：40，41；1946：32
孙传瑗	1947：8

著者姓名（按照汉语拼音顺序排列）	作品录入本书位置（年：编码）
孙道粹	1940：14；民国：120；附录：28
孙康	1936：73
孙克刚	1946：34
孙奎	附录：179
荪荃（孙祥偈）	1930：37
孙熙鼎	1924：37；1940：46
孙祥偈	1936：50
孙筱斋	附录：81，269，329
孙荫	1937：35
孙应台	附录：273
孙雨航	附录：124，217
孙玉斋	附录：40
孙毓筠	附录：117
T	
台静农	1928：14；1930：27；民国：40
檀玑	1914：30；1919：26，36
谭惟翰	1944：10，58；1945：4
唐伯先	1936：18；1949：10
唐畴（唐在田）	1924：65
唐尔炽	1935：7
唐绍华	1929：78；1931：3，71；1935：44，58；1937：39；1940：3，47；1941：5，42；1942：13，21；1945：15，24；1947：37
唐晓邨	附录：143，144
唐在田	1914：4，12；1916：32；1917：8，13，14，15，16；1920：10，34；1922：17；1923：17；1924：21；1925：9；民国：107
陶行知	1929：76；1932：52；1935：62，84，85；1936：90；1938：8；1946：45，53；1947：52；1948：46；1949：37；民国：81；1949后：28
陶知行（陶行知）	1931：6，8；1933：25，106；1934：11，53，71，75
天僇（王钟麒）	附录：366
天僇王无生（王钟麒）	1915：6
天柱外史氏（程演生）	1939：27

著者姓名（按照汉语拼音顺序排列）	作品录入本书位置（年：编码）
田间	1935：59；1936：91，94；1938：3；1943：11；1946：33，35，42；1947：44；1949：14
田燮吾	附录：221，226，312，340，341
田振邦	附录：187
铁民（章铁民）	1927：42
童挹芳	1933：78；1935：5
童益泰	附录：78，195
W	
宛敏灏	1935：8；1949：44
汪阿秀	附录：278
汪超	附录：119
汪承绪	1925：42
汪达之	1934：53
汪德光	附录：207
汪定执	1921：3；附录：173，174
汪己文	附录：64；附录：118，122，292
汪嘉荃	1935：80
汪静之	1922：10，14；1926：48；1927：6，23，43；1928：34；1929：15；1930：2；1933：84；1936：16；1937：55；1938：1；1940：1；民国：76
汪朗溪	附录：368
汪律本	1926：21；附录：12，84，90，96，112，189
汪乃刚	1928：57；1932：62；1933：40
汪彭年	附录：282
汪琴北	附录：158
汪人骥	1914：5
汪石青	1949 后：31
汪漱碧	1936：7，52，74；1939：30；1940：23
汪述祖	附录：330
汪松年	1928：28
汪韬	1924：60；附录：91
汪倜然	1928：66；1929：12，52；1930：51；1931：7，29，38；1932：32；1933：30，93；1934：23，40，83

续表

著者姓名（按照汉语拼音顺序排列）	作品录入本书位置（年：编码）
汪蔚云	1934：42
汪协如	1927：14；1940：52
汪洋	1917：29；附录：11，281
汪吟龙	1930：72，73；1934：46；1939：10
汪渊	1915：27；1919：9；民国：66
汪原放	1920：21，24；1921：6，7；1922：21；1923：19；1924：46；1925：20；1926：14；1927：14；1928：49；1929：63；1930：58，63；1933：45；1935：57；1947：31
汪应焜	1935：49
汪咏沂	1933：28
汪允中（汪定执）	1931：25
汪允宗	1914：7；民国：108；1949后：14；附录：115
汪仲贤	1935：12，17；1946：37；1948：55
汪祖华	1934：68
汪祖荃	1928：60
王拔粹	附录：263
王伯恭（王仪郑）	1918：22；民国：63；附录：204
王传燮	1916：42
王村鸥	民国：65
王大杰	附录：193
王大球	1934：31
王丹岑（王萍草）	1944：23，45
王德箴	1945：16；1947：9
王浣溪	1930：69；附录：3
王基晋	民国：34
王芨臣	民国：37
王静甫	附录：183
王堃	1944：46；附录：277
王兰庭	附录：177，200
王理堂	1917：22；1928：46
王立中	1934：16，82

著者姓名（按照汉语拼音顺序排列）	作品录入本书位置（年：编码）
王灵皋（高语罕）	1930：17；1936：93；1937：52；1941：44
王灵均（高语罕）	1933：63；1934：50
王萍草	1940：27，30，31；1943：8，13，15
王青芳	1936：53
王瑞霖（高语罕）	1936：80
王世蒱	1924：28；1944：26
王舒	1929：66
王天培	1926：51
王文濡	1915：8，13，14，20；1916：8，12，14，15，17，22，23，24，25，35；1917：21，23；1918：24，25，31，33；1920：12；1921：4，15；1923：32；1924：59；1925：14，21；1926：8，52；1927：32，35，40，47，48，52，66；1929：26；1935：38；1936：60；1937：48，51
王文英（钱杏邨）	1936：26
王无生（王钟麒）	1920：23
王雪渔	附录：321
王冶秋	1943：21；1944：36；1949后：21
王揖唐	1922：8；1923：34，45；1924：23，38；1925：18；1926：1；1927：8；1928：65；1934：9；1935：3；1937：21；1940：12；1941：59；民国：47
王英（钱杏邨）	1934：85；1935：30，56
王莹	1938：23；1939：23；1949后：3
王裕承	1926：7，33
王源瀚	附录：109，242，348
王泽溥	1931：9
王政谦	1930：20
王仲淹	附录：359
王子野	1947：47
王佐治	附录：186
韦丛芜	1926：32；1927：26；1928：20；1929：2，46，72；1930：24，64，74；1947：36，40；附录：296
韦漱园（韦素园）	1926：38
韦漱圆（韦素园）	1928：86
韦素园	1928：63；1929：23
魏如晦（钱杏邨）	1939：4；1940：15，42；1941：20，55

续表

著者姓名（按照汉语拼音顺序排列）	作品录入本书位置（年：编码）
卧云居士（周学熙）	1930：67
乌以风	1936：4
吴保琳	1930：66；附录：255
吴葆森	1914：20；1926：50
吴常焘	1936：3
吴承仕	民国：85；1949 后：34
吴承烜	1916：30；1919：35；1923：16；1924：4；民国：28，29
吴道存	1936：86；1937：34；1940：2；1941：10
吴鼎云	1912：9
吴读风	附录：159，190
吴遁生	1924：13，26；1935：46，51，60；1936：34；1937：40
吴复振	1936：8
吴光祖	1924：55；1946：22
吴广霈	1918：12；附录：111
吴闿生	1913：6，7，10，12，15；1920：29；1923：5，59；1924：1，52；1926：15；1927：44；1928：61；1929：73；1930：15，49；1931，31；1935：43；1936：22；民国：38
吴克岐	1926：13，16，17，18，19；1928：11；1936：35；民国：8，23，27，36，41，42，43，71，74，75，106，119；附录：17
吴进贤	附录：305
吴靖	1925：35
吴景超	1947：25
吴瑞汾	1926：54
吴贤扬	附录：361
吴肖蒙	1929：56
吴义培	附录：125
吴荫培	1926：55
吴兆棨	附录：336
吴芝瑛	1918：11，13，20，21，23；1929：57；1933：86
吴组缃	1934：72；1935：9；1943：34；1948：51
X	
奚侗	1917：38；民国：31

著者姓名（按照汉语拼音顺序排列）	作品录入本书位置（年：编码）
夏崇让	1947：63
夏慎大	1915：24
仙源苍园（项翱）	1914：25；1920：11
小青（程小青）	1916：4，5，6，7
项翱	附录：164，261，317
谢仁钊	1942：11
谢慎修	1915：30；1917：34；1931：54
新旧废物	1917：4
邢松阳	1933：95
徐传友	1926：3
徐丹甫	附录：55
徐道成	1937：1
徐方泰	1932：19
徐建生	1917：10，25，37；1940：6；附录：20，21
徐经纶	1916：27
徐乃昌	1912：3；1916：34；1919：32；民国：7；附录：4
徐谦	1926：35；1943：32
徐树铮	1916：40；1918：10；1931：35
徐天闵	1946：17
徐廷扬	1934：86
徐希古	附录：121
徐旭	民国：68
徐衍存（钱杏邨）	1933：35
徐中舒（徐道成）	民国：89
许长怡	附录：69
许承尧	1913：19；1914：18；1915：29；1926：49；1931：59；1932：41；1936：38；1937：47；1943：14；民国：48，49，84，117
许复	1935：35，36
许珏	1922：4，5
许世英	1915：15，21；1934：21；1938：29
许幸之	1929：18；1937：7，54；1939：1，32；1940：13，38；1942：23；1945：29，34；1946：5

续表

著者姓名（按照汉语拼音顺序排列）	作品录入本书位置（年：编码）
许轩堂	附录：188，308
许恂	1917：20
许永璋	1944：4，21；1949 后：14
许镇藩	1927：9；附录：126
薛砺若	1937：37
薛宜兴	1933：17
薛元燕	1935：48；1947：26
雪林（苏雪林）	1929：11
雪林女士（苏雪林）	1927：31
Y	
严石泉	附录：137
严问天	1945：18
杨炳坤	附录：356
杨步伟	1947：61
杨尘因	1916：33；1917：5；1919：22，23，24，34；1920：5，9，16；1921：9，19，23；1922：9，26；1924：20；1926：27，28；1927：49；1928：44，70；1933：21；1934：41；1937：19
杨春峰	1941：11；民国：111
杨奎元	1937：2
杨亮功	1919：30
杨秋瀛	1940：17
杨士琦	1942：15
杨宪益	1947：28，30；1948：24
杨寅揆	1926：2；附录：44，367
阳复斋（江谦）	1940：16
姚冠湖	1922：25
姚克	1936：30；1944：2，37；1945：17，36；附录：89
姚纪	1920：25
姚鉴	1925：16
姚丽山	1923：9
姚孟振	1923：28；1940：39

著者姓名（按照汉语拼音顺序排列）	作品录入本书位置（年：编码）
姚维桢	1921：17
姚倚云	1933：7，104；附录：145
姚永概	1913：16；1916：18；1918：16，17；1919：25；1922：22；1926：34；民国：82，102，121；附录：22
姚永朴	1912：5，6，11，12；1913：17；1914：22；1917：27；1918：16；1923：13，35；1925：22；1926：43；1932：50；附录：22
叶为铭	1938：2
叶侠隐	1940：48
叶新藻	1914：3
叶尧阶	1924：8；1925：2
叶以群	1938：28；1940：33；1943：23
叶舟（叶为铭）	1913：22
叶宗尹	1923：24
以群（叶以群）	1936：6，13，48；1937：44；1938：19；1941：15，51；1942：8；1943：27，31，37，40；民国：59
殷蕴元	附录342
鹰隼（钱杏邨）	1938：14，25；1939：12
俞富仪	1929：31
余培森	1913：23；附录：224
余心清	1949后：44
余谊密	1919：27；1929：45
余震	1942：4，5
余之芹	1921：13
予且（潘序祖）	1931：62；1933：18；1934：22，49，74；1936：33；1937：6，18；1938：30；1939：2，28；1942：6；1943：36；1944：41，58；1945：19，20；1946：43；1947：51；1949后：26，43
袁大化	1912：16；1917：24
袁一清	1924：39
袁祖光	1914：17；附录：41，67，347
Z	
查光佛	附录：15，66，236，238
查显琳	1941：46
查喻	1925：24

续表

著者姓名（按照汉语拼音顺序排列）	作品录入本书位置（年：编码）
詹国瑞	1921：27
詹励吾	1947：16
詹鸣铎	1949 后：33；附录：352
张百城	附录：365
张灿奎	1923：.31
张充和	1944：53；1945：3
张桂尊	民国：50
张海观	附录：108
张海沤	1916：33, 41；1936：102
张恨水	1929：8；1930：8, 26, 44；1931：21, 22, 53, 61；1932：23, 44, 45, 51；1933：41, 72, 76, 77；1934：33, 35, 73；1936：46；1938：4；1940：19, 28；1941：28, 31, 35, 43, 49, 58；1942：1, 18, 19；1943：5, 7, 19, 25；1944：32, 43, 56；1945：25, 27；1946：4, 19, 40；1947：1, 18, 57；1948：43；1949：41, 45, 46, 47, 48；民国：100；1949 后：1, 4, 11, 29, 32, 38, 39, 42, 46
张怀民	1941：37
张慧剑	1929：20；1940：20；1942：9；1944：1；1945：35
张家骝	民国：88, 132
张敬尧	1928：62
张立鹄	附录：27, 283, 284, 285, 286
张良暹	1927：17
张目寒	1944：40
张其柯（高语罕）	1929：58
张若英（钱杏邨）	1930：52；1934：99
张士珩	1912：18；1916：26；1922：23；民国：33, 87, 122
张寿林	1927：57；1929：33, 35；1931：30；1932：27, 46；1936：37
张桐峰	1924：51
张皖光	1937：13；附录：130, 247
张文伯	民国：1, 2, 3, 4, 5, 69, 103
张星桥	附录：210, 314
张学宽	1933：27
张友鸾	1929：48；1949 后：40
张悠然（张友鸾）	1930：1

著者姓名（按照汉语拼音顺序排列）	作品录入本书位置（年：编码）
张遇鸿	附录：325
张芸芳	附录：345
张云锦	1924：47
张允和	1936：43
张哲舆	附录：223
张振佩	1943：3；1948：57；附录：71，344，349
张之屏	1933：34；民国：46；附录：135，225，265，266
张治中	1944：13
章䌹	1923：40
章敏斋	附录：76
章人镜	附录：31，146
章树桢	附录：290，315
章泰笙	1947：22
章铁民	1927：5；1928：6；1929：3，41；1930：13
章维嘉	附录：366
章希吕	1921：6；1923：19；1924：46
章心培	1928：33；附录：353
章衣萍	1925：29；1926：30，31；1927：42；1928：76，85；1929：7，17，36，74；1930：23，65，75；1931：17，26，60；1932：25，42，53，54，63；1933：14，26，36，42，43，57，70，71，75，80，85，91，97，99，100；1934：4，24，30，32，37，44，48，58，59，66，67，90，91；1935：2，14，16，21，24，33，52，63，72，76，78，81，90；1936：9，25，61，75，87，88；1937：24，33；1940：10，25；1946：15；民国：25，110；附录：45，170，211，358
章肇基	1924：44
章兆鸿	1927：7
赵瑸	附录：62，214
赵劭希	附录：19，59，80，244
赵岳	1918：27
赵曾槐	1935：27
郑辅东	民国：109
郑衡之	附录：231
郑象钥	附录：295

续表

著者姓名（按照汉语拼音顺序排列）	作品录入本书位置（年：编码）
郑逸梅	1925：23；1926：25，45；1927：19，41，62；1928：9；1929：32，67；1930：21；1931：66；1932：13；1934：78，80，88；1935：17，20，69，79；1936：24，31，52，71；1937：28；1946：41；1947：38，39，43；1948：23，37；1949：35
郑赞丞	1914：29
治逸（唐在田）	1912：15；1914：28；1918：9
周达	1940：22；1943：17
周德蕴	1921：10
周而复	1936：78；1944：29，30；1945：5，33，40；1946：10，16，27；1947：14，42；1948：2，10；1949：3，5，18，19，36，38；1949后：27
周尔润	1916：36
周馥	1920：37；1922：28
周公楼	民国：52
周家谦	1928：47
周剑云	1918：14；1920：4；1927：20，54，58；1928：15；1931：11
周籁岑	附录：202
周朗渠	附录：87
周明超	附录：178
周明泰	1932：8，9，39，56，68；1933：55；1940：45；1947：65
周明焯	1921：10
周叔迦	1937：23
周叔弢	民国：61；1949后：19
周叔贞	1925：44
周树冬	1949后：16
周天籁	1935：67；1936：56，67，82；1937：22；1939：11，16，34；1940：7；1941：17；1942：16；1946：7，8，14，21；1947：7，13，46，54，59；1948：32，33，34；1949：9，11，12，16，22，24，27，34，40，42；民国：79；1949后：30；附录：94
周行藻	1923：21
周煦良	1934：51；1947：10；1949后：36
周学辉	1949后：19
周学熙	1921：22；1923：27；1932：15；1933：11；1934：19，89；1936：70；1948：52
周学渊	1912：17；1932：2；民国：105；1949后：19

著者姓名（按照汉语拼音顺序排列）	作品录入本书位置（年：编码）
周一良	1948：1
周永济	民国：113，114，115
朱点衣	附录：301
朱光潜	1929：16；1933：73；1936：28，62；1943：24；1944：20；1946：50，55；1947：32；1948：25
朱海观	1941：9；1949：33
朱孟实（朱光潜）	1930：5；1936：28
朱清华	1926：39，40；1936：54；附录：1
朱瑞麒	1940：34
朱溪（程朱溪）	1928：7，8；1929：28，36；民国：64
朱湘	1924：32，61；1927：3；1929：64；1934：18，55，69，100；1936：10，84，97；1941：56
朱子衡	附录：95
邹敬铭	附录：163
左笑鸿	1935：70
坐观老人（张祖翼）	1914：14

书名索引

书名（按照汉语拼音顺序排列）	译\著\编\校者	本书位置
安娜·卡列尼娜	〔俄〕列夫·托尔斯泰著；高植译	1949：2
安特列夫评传	钱杏邨著	1931：1
案中案	程小青著	1933：1
傲霜花	张恨水著	1947：1
B		
巴山夜雨	张恨水著	1949 后：1
巴斯德传	〔法〕Rene' Vallery Robot 著；丁柱中译	1936：2
八家闲适诗选	周学渊选编	1932：2
八九回忆记	叶为铭著	1938：2
八十四	程小青著	1941：2
八十一梦	张恨水著	1942：1
八十自嘲一卷	胡光国著	1923：1
跋敦煌写本《法句经》及《法句譬喻经》残卷三种	周一良著	1948：1
跋宋刻本白氏文集复印件	胡适等著	1928：2
白话三字经一卷卷首一卷（蒙钥）	方燕年著	1933：2
白话诗牌谱	胡之姍著	附录：7
白话书信	高语罕著	1921：1
白话书信二集	高语罕著	1927：1
白话文谈及白话诗谈	胡怀琛著	1921：2
白话文学史上卷	胡适著	1928：3
白话文研究法	蔡晓舟著	附录：8
白纱巾	程小青著	1934：3
白门秋柳记：新京野史	张悠然著	1930：1
白求恩大夫	周而复著	1949：3
白求恩与阿洛夫：医务工作者的新方向（1948 年版）	周而复，方纪著	1948：2
白求恩与阿洛夫：医务工作者的新方向（1949 年版）	周而复，方纪著	1948：2
白下愚园续集八卷	胡光国著	1920：1
白下愚园题景七十咏二卷	（清）胡恩燮，胡光国著	1918：2
白雪新音	胡在渭著	附录：9

书名（按照汉语拼音顺序排列）	译 \ 著 \ 编 \ 校者	本书位置
白雪遗音续选集	汪静之编	1930：2
白烟	钱杏邨著	1928：29
白衣怪	程小青著	1941：3
白云居士诗文集	金恩溥著	1916：2
百宝箱	程小青著	1946：1
百川诗草一卷	江百川著	1949 后：2
百花亭畔	高语罕著	1923：2
百卉园吟草	李寅恭著	1948：3
百乐门血案	［美］欧尔特毕格斯著；程小青等译	1939：3
百龄冥纪追庆录	钱文选编辑	1931：2
百万镑	［英］杞德烈斯著；程小青译	1946：2
百喻经浅说	胡寄尘著	1932：3
柏烈武五十年大事记	柏文蔚著	1947：2
柏灵唱和诗	方泽久编	1917：1
班超	章衣萍著	1934：4
半块碎砖	程小青著	1946：3
半隐山房诗草二卷	贺顾著	1915：1
半枝别针	［美］欧尔特毕格斯著；程小青等译	1942：2
包慎伯先生年谱一卷	胡朴安编著	1923：3
包拯	章衣萍著	1935：2
宝姑	王莹著	1949 后：3
葆静斋哀挽诗专集二册	张文伯著	民国：1
葆静斋编年寿诗初稿二册	张文伯著	民国：2
葆静斋历年题画诗专稿	张文伯著	民国：3
葆静斋搜辑历代先贤题双溪赐金园诗文集	张文伯著	民国：4
葆静斋杂作稿	张文伯著	民国：5
葆真斋诗文集	刘学渊著	附录：10
抱润轩文集二十二卷	马其昶著	1923：4
抱润轩遗集一卷	马其昶著；吴常焘编辑	1936：3
抱瓮亭诗	王揖唐著	1935：3
暴风雨的前夜	钱杏邨著	1928：4

书名（按照汉语拼音顺序排列）	译\著\编\校者	本书位置
暴力团记（全线）	［日］村山知义著；华蒂译	1931：32
鲍氏家塾文存二卷	鲍筱琴著	民国：6
悲悼	［美］奥尼尔著；荒芜译	1949：4
悲秋篇修月女史遗稿一卷伤春篇一卷	汪定执，吴卯著	1921：3
北风集	唐绍华著	1931：3
北江诗草五卷	吴闿生著	1923：5
北江先生集十二卷诗五卷	吴闿生著	1923：5；1924：1
北江先生诗集五卷	吴闿生著	1923：5
北江先生文集钞本	吴闿生著	1924：1
北江先生文集七卷	吴闿生著	1924：1
北楼诗文钞一卷	乌以风著	1936：4
北望楼杂文	周而复著	1949：5
北雁南飞	张恨水著	1946：4
北游草一卷	胡朴安著	1918：3
北游日记	马敦仁著	1927：2
被侮辱与被损害的	［俄］陀思妥耶夫斯基著；李霁野译	1934：5
贝登堡	吴道存译	1940：2
贝森血案	［美］范达痕著；程小青译	1932：4
本是一家人	玛金等著	1949：6
贲初先生传	胡元吉著	1924：2
偪侧吟一卷	江家瑂著	1947：3
碧血花（明末遗恨）（葛嫩娘）	魏如晦著	1939：4
碧血黄花（黄花岗）	唐绍华著	1940：3
毕公岐山荣哀录	毕绍鑫，毕绍森辑	1918：4
砭俗纪闻三卷	胡之灿评辑	1929：1
蝙蝠集	金克木著	1936：5
表现的鉴赏	胡梦华编辑	1928：5
表忠小志	钱文选著；保管西湖钱王祠委员会编	1949：7
别有天地	张恨水著	1949后：4
豳风说——兼论诗经为鲁国师工歌诗之底本	徐道成著	1937：1
宾虹诗草三卷附补遗一卷	黄宾虹著	1933：3

续表

书名（按照汉语拼音顺序排列）	译\著\编\校者	本书位置
宾虹蜀游草一卷	黄宾虹著	1933：4
宾虹杂著	黄宾虹著	1919：1
冰块	韦丛芜著	1929：2
冰玉影传奇	陈仲瑄著	1949后：5
病废闭门记	胡朴安著	1943：2
病榻支离记	汪洋著	附录：11
病院中	程碧冰著	1931：4
波斯传说	章铁民译	1929：3
波斯故事	章铁民译	1928：6
伯鹰诗录一卷	潘伯鹰著	1924：3
伯子诗稿	胡有恂著	1940：4
薄寒词	汪律本著	附录：12
不起灰吟草一卷	舒景蘅著	1915：2
不求安居吟草一卷	陈守吾著	1912：1
不幸的一群	李霁野译	1929：4
不要把活的交给他	［苏］高尔基著；许幸之改编	1946：5
不夜城	阿英著	1941：4
C		
采石山房诗文集	鲁式谷著	附录：13
财奴	唐绍华著	1941：5
财主底儿女们上册	路翎著	1945：1
财主底儿女们下册	路翎著	1948：4
裁判官的威严	［苏］高尔基等著；朱溪译	1928：7
蔡瀛壶遐龄集一卷	吴承烜等辑	1924：4
餐霞仙馆诗存三卷	李国楷著	1930：3
餐霞仙馆诗增刊一卷本	李国楷著	1932：5
残水浒	程善之著	1933：5
残羽：鸮公短篇小说集	鸮公著	1933：6
灿庚室诗存一卷	杨奎元著	1937：2
沧海归来集十八卷	姚倚云著	1933：7
沧桑记	刘豁公著	附录：14

书名（按照汉语拼音顺序排列）	译\著\编\校者	本书位置
沧州诗抄十五卷	杨寅揆著	1926：2
藏晖室札记四卷	胡适著	1934：20
草草堂随笔一卷	方大炽著	1920：2
草帽缘	查光佛	附录：15
草莽集	朱湘著	1927：3
草堂雅集十二卷附札记	（元）顾瑛辑；刘世珩札记	1917：2
草原上	〔苏〕高尔基著；朱溪译	1928：8
茶熟香温录	郑逸梅著	1928：9
拆白伟人传	刘豁公著	1919：2
柴霍夫书信集	〔苏〕柴霍夫著；程万孚译	1931：5
蝉蜕集	苏雪林著	1945：2
忏悔	何世枚著	附录：16
忏因醒呓一卷	程善之编纂	1917：3
忏玉楼丛书提要三卷	吴克岐编著	民国：8
忏玉楼谜稿四卷	吴克岐著	附录：17
长枫诗话	程演生著	1941：6
尝试集（1920年版）	胡适著	1920：3
尝试集（1922年再版）	胡适著	1920：3
尝试集（1922年增订4版）	胡适著	1920：3
尝试集批评与讨论	胡怀琛编辑	1923：6
苌楚斋随笔十卷续笔十卷三笔十卷	刘声木著	1929：5
苌楚斋四笔十卷苌楚斋五笔十卷引用书目一卷目录一卷	刘声木著	1929：6
苌楚斋随笔六笔十卷	刘声木著	民国：9
苌楚斋随笔七笔十卷	刘声木著	民国：10
苌楚斋随笔八笔十卷	刘声木著	民国：11
苌楚斋随笔九笔十卷	刘声木著	民国：12
苌楚斋随笔十笔十卷	刘声木著	民国：13
苌楚斋随笔十一笔十卷	刘声木著	民国：14
苌楚斋随笔十二笔十卷	刘声木著	民国：15
苌楚斋随笔十三笔十卷	刘声木著	民国：16
苌楚斋随笔十四笔十卷	刘声木著	民国：17

续表

书名（按照汉语拼音顺序排列）	译\著\编\校者	本书位置
苌楚斋随笔十五笔十卷引用书目十卷	刘声木著	民国：18
朝野旧闻	方希孟著	附录：18
潮音集	赵劭希著	附录：19
巢海棠巢壬戌集二砚斋诗集合刊	叶尧阶著	1925：2
陈独秀诗存	陈独秀著；安庆市陈独秀学术研究会编注	1949后：6
陈独秀先生遗稿	陈独秀著；方继孝点校，吴永坤审订	1949后：7
陈烈士兴芝冤狱录	范光启等辑	1912：2
陈迹	黄仲苏著	1940：5
陈一甫先生六秩寿言	陈汝良辑	1933：8
陈英士	李警众著	1928：10
尘海浮鸥馆诗集二卷	李从龙著	1925：3
沉默的人	荒芜等译	1948：5
辰子说林	张慧剑著	1944：1
成吉思汗评传	张振佩著	1943：3
程笃原诗一卷	程炎震著	1924：5
程笃原传	洪汝怡著	1922：2
程善之先生时评汇刊	程善之著	1934：6
呈在大风砂里奔走的冈卫们	田间著	1938：3
澄园诗集六卷附补遗一卷	何雯著	1925：4
痴儿女	杰克著	1948：6
痴梅别稿	江家珴著	民国：19
痴梅甲稿	江家珴著	民国：20
痴梅学文	江家珴著	民国：21
迟庐小说（血儿传）	徐建生著	附录：20
迟庐闲话	徐建生著	附录：21
迟庐杂存	徐建生著；何作镛校勘	1940：6
池阳光复记一卷（贵池光复记）	胡子正著	1913：1
池阳溃兵过境记一卷	徐传友著	1926：3
赤练蛇	［英］杞德烈斯著；程小青译	1948：7
冲出云围的月亮	蒋光慈著	1930：4

书名（按照汉语拼音顺序排列）	译＼著＼编＼校者	本书位置
重订孟子文法读本七卷	高步瀛集解；吴闿生评点	1913：10
崇祯长编	王灵皋辑录	1936：93
愁斯丹和绮瑟的故事	［法］柏地耶著；朱孟实译	1930：5
惆怅	黄仲苏著	1926：4
初学古文读本二卷	姚永朴，姚永概编	附录：22
初隐集一卷朝隐集三卷终隐集一卷	贺欣著	1913：2
雏莺	丁易著	1947：4
储光羲诗集五卷	（唐）储光羲著；储皖峰辑校	1930：6
储嗣宗诗集一卷	（唐）储光羲著；储皖峰辑校	1930：7
楚霸王	姚克著	1944：2
楚辞解	邓艺孙著	附录：23
楚辞今译	马厚文著	附录：24
川南记游	冯玉祥著	1946：6
川西南记游	冯玉祥著	1944：3
川游漫记	陈友琴著	1934：7
喘月吟一卷	洪汝闿著	1949后：8
窗前草（1947年版）	胡光岳著	1947：5
窗前草（1976年抄本）	胡光岳著	1947：5
窗外人	程小青著	1923：7
窗下随笔	章衣萍著	1929：7
创世纪	季青著	1949后：9
创造风	方与严著	1947：6
创作漫话	以群著	1936：6
创作与生活	钱杏邨著	1932：6
春不老斋诗稿	程修兹著	附录：25
春灯词一卷	刘麟生著	1939：5
春风秋雨	阿英著	1937：3
春闺泪痕	周天籁著	1947：7
春荒	周而复著	1945：5
春晖堂小吟	胡清澍著	附录：26
春觉斋诗草四卷	刘泽沛著	1943：4

书名（按照汉语拼音顺序排列）	译＼著＼编＼校者	本书位置
春礼劳军歌	冯玉祥著	民国：22
春梦留痕（春情艳语）	汪漱碧著	1936：7
春谜大观二卷	新旧废物编	1917：4
春明外史	张恨水著	1929：8
春明新史全一册	张恨水著	1930：8
春情艳语（春梦留痕）	汪漱碧著	1936：7
春秋悯人之孔子	胡春霖著	1926：5
春秋左传浅解	吴佩孚，江朝宗著；王锦渠编辑；田步蟾等附解	1935：4
春水沉冤记	胡怀琛著	1915：3
春台谜稿	李皋如著	1932：7
春雪庵词剩一卷	程松生著	1913：3
春雨梨花馆丛刊	杨尘因编	1917：5
春之花：小说季刊	刘豁公，董柏崖编辑	1926：6
春之恋	周天籁著	1946：7
椿庭记忆录二卷	张立鹄著	附录：27
纯庐琐记	孙道粹著	附录：28
茈湖赠答诗钞一卷	王裕承编著	1926：7
词调异名录一卷	吴克岐著	民国：23
词话丛钞（1921年版）	王文濡辑校	1921：4
词话丛钞（1924年版）	况周颐辑；王文濡补辑	1921：4
词女初录二十卷	吴克岐辑	1928：11
词女词钞十四卷	吴克岐辑	1928：11
词絜	刘麟生编选	1930：9
词选	胡适选注	1927：4
词学通论	罗长铭著	民国：24
慈爱的学校	周天籁著	1940：7
磁的把戏	丁柱中著；陶知行校订	1931：6
刺虎	（清）佚名著；张充和，叶万青译	1945：3
从布其维里到喀尔巴阡山	［苏］科夫巴克著；刘辽逸译	1948：8
从军乐古诗选	许永璋编辑	1944：4
从诗经上考见中国之家庭	胡朴安著	1941：7

书名（按照汉语拼音顺序排列）	译＼著＼编＼校者	本书位置
从政随笔	丘景章著	附录：29
粗人与美人	章铁民著	1927：5
催命符	程小青著	1941：8
翠雾红烟	周天籁著	1946：8
翠微亭唱和集一卷附录一卷	方云耕编辑	1919：3
翠英及其夫的故事	汪静之著	1927：6
存诚山房集十一卷	窦以臠著	1928：12
存堂诗文钞二卷	吴复振著	1936：8
存吾春馆诗集二卷	童揽芳著	1935：5
存养诗钞	马其昶著	附录：30
寸草堂诗稿	章人镜著	附录：31
D		
达夫代表作	钱杏邨，杨邨人，孟超辑	1928：13
大鼓书词汇编初集	杨庆五辑述；姚民哀眉批；周剑云校正	1920：4
大江东去	张恨水著	1943：5
大江集：模范的白话诗	胡怀琛，陈东阜，新文学传习所著	1921：5
大江集	胡怀琛著	1921：5
大拇指	程小青译；叶光华编	1943：6
大众教育家与大众诗人	方与严著	1949：8
大众诗歌	钱毅著	1946：9
大众诗选（大众诗选集）	冯玉祥编	1935：6
大众诗选集（大众诗选）	冯玉祥编	1935：6
待旦集一卷	孙传瑷著	1947：8
戴安澜将军（缅甸作战时期）日记附殉国经过及各方哀思录	戴安澜著	1942：3
戴高乐	卡里考斯著；朱海观译	1941：9
戴香山录	戴皖著	附录：32
带星草堂诗钞	江忠章著	附录：33
黛痕剑影录	胡寄尘著	1913：4
丹凤街（负贩列传）	张恨水著	1943：7
丹溪诗钞二卷补遗一卷续钞一卷	（清）胡鼎辑；胡有恂补遗续钞	1940：8

续表

书名（按照汉语拼音顺序排列）	译＼著＼编＼校者	本书位置
胆汁录	李警众著	1916：3
弹之线路	程小青著	1933：9
淡仙文集	邓鉴堂著	附录：34
澹乐轩诗文稿十卷	唐尔炽著	1935：7
澹斋文钞八卷	章兆鸿著	1927：7
当代名家小说选	章衣萍选注	民国：25
当代名人尺牍	王文濡编选	1926：8
当代模范文选第二集	钱谦吾编	1931：27
当代文粹	汪倜然编辑	1931：7
党人魂	唐绍华著	1940：3
到农村去	张恨水著	1945：27
道光洋艘征抚记（英夷入寇记二卷）	（清）佚名；马其昶校并跋	民国：127
道咸以来梨园系年小录	周明泰著	1932：8
德国四年记	［美］马莎托德（M. Dodd）著；吴道存译	1941：10
德箴文存	王德箴著	1947：9
灯前小语	谭惟翰著	1945：4
邓子嘉言	邓鉴堂著	附录：35
地球末日记	［美］E. Balmer，［美］P. Wylie 著；周煦良译	1947：10
地之子	台静农著	1928：14
第二号室	［英］瓦拉斯著；程小青译	1923：8
第二张照片	程小青著	1933：10
第十三粒子弹	周而复著	1945：5
电的把戏	丁柱中著；陶知行校订	1931：8
电影讲义	周剑云、陈醉云、汪煦昌著	1928：15
电影巨头艳史	周天籁、袁地依著	1949：9
蝶恋花	张恨水著	1938：4
丁卯诗稿二卷	王揖唐著	1927：8
丁军门（禹廷）传	陈诗著	民国：26
丁香花诗集	方玮德著	附录：36
丁易杂文	丁易著	1948：9

书名（按照汉语拼音顺序排列）	译\著\编\校者	本书位置
定慧生诗草一卷杂记一卷	许镇藩著	1927：9
定慧生诗草六卷集襖贴二卷	许镇藩著	1927：9
订正新撰国文教科书	胡怀琛，庄适编纂； 朱经农，王岫庐校订	1925：5
东皋诗存四卷补遗一卷文存一卷	刘兴诗著	1934：8
东北横断面	周而复等著	1946：10
东方大同学案	刘仁航著；张明慈， 阮明，储皖峰点校	1926：9
东方福尔摩斯探案	程小青著	1926：10
东坡禅学诗文要解	（宋）苏轼著；江谦要解；齐用修辑	1947：11
东坡生活	胡怀琛著	1929：9
东游纪略	王揖唐著	1934：9
东游小草二卷	姚丽山著	1923：9
东园传奇十八种	吴承烜著	民国：28
东园丛编诗文选十七卷	吴承烜著	民国：29
东征录	方希孟著	附录：37
冬青树	程小青译述	1917：6
冬天的春笑	［苏］素波里等著；华维素译	1929：10
冻青集八卷	石寿龄著	1913：5
洞天山房诗稿一卷	王泽溥著	1931：9
都门纪略中之戏曲史料	周明泰著	1932：9：
都市的灯火	唐伯先著	1949：10：
独赏集	方廷楷著	附录：38
独树草堂诗稿二卷	刘景武著	1917：7
独秀文存三卷	陈独秀著	1922：3
独秀文库	陈独秀著	1926：11
独眼龙	［英］奥斯汀著；程小青译	民国：30
读汉文记一卷	胡朴安著	1923：10
读史随笔	方希孟著	附录：39
读史闲评八卷	孙玉斋著	附录：40
读书乐趣约选二卷	（清）伍涵芬著；周学熙节录	1933：11
读书杂记一卷	胡怀琛著	1940：9

续表

书名（按照汉语拼音顺序排列）	译\著\编\校者	本书位置
读书作文的故事	胡怀琛著	1934：10
读庄随笔	葛怀民著	1930：10
毒与刀	程小青著	1933：12
赌窟奇案	［美］范达痕著；程小青译	1947：12
杜甫	章衣萍著	1936：9
度青先生青岛杂诗	奚侗著	民国：31
妒杀案	程小青著	1928：16
蠹鱼集	苏雪林著	1938：5
蠹鱼生活	雪林著	1929：11
端木诗	袁祖光著	附录：41
短裤党	蒋光慈著	1927：10
短篇小说	程善之著	1914：1
短篇小说丛存	胡寄尘著	1930：11
短篇小说集	程演生著	附录：42
短篇小说第一集	［法］都德等著；胡适译	1919：4
短篇小说第二集	［美］哈特，［俄］契诃夫等著；胡适译	1933：13
断肠草	程士苇著	1924：6
断肠词	（宋）朱淑真著；胡朴安，胡寄尘选校	1930：12
断指团	程小青著	1945：6
夺产奇谈	胡寄尘著	1925：6
遯园酬唱集二卷附录一卷	刘盛芳编著	1926：12
遁庵吟稿	胡光钊著	1944：5
遯园家训	刘盛芳著	附录：43
钝吟了小传	杨寅揆著	附录：44
婀娜	章衣萍著	附录：45
俄国文学	汪倜然著	1929：12
俄国文学 ABC	汪倜然著	1929：12
俄国文学概论	华维素著	1927：11
俄罗斯文学	蒋光慈编著	1927：11
峨眉游草一卷	潘赞化著	附录：46

书名（按照汉语拼音顺序排列）	译 \ 著 \ 编 \ 校者	本书位置
饿	［挪威］哈姆生著；章铁民译	1930：13
饿殍	程碧冰著	1934：13
饿人与饥鹰	钱杏邨著	1928：17
二古轩诗集	程演生著	附录：47
二古轩师友诗钞	程演生编	附录：48
二古轩文集	程演生著	附录：49
二明亮轩诗集	潘赞化著	附录：50
二十四孝图说	胡怀琛编著	1933：15
二砚斋丛录	叶尧阶著	1924：8
二晏及其词	宛敏灏著	1935：8
贰古斋诗文存	刘朝班著	附录：51
儿歌	胡寄尘编	1924：7
儿女英雄传	（清）文康著；汪原放句读	1925：7
儿女英雄传鼓词六卷 （绘图新编儿女英雄传说唱鼓词六卷）	唐在田著	1917：8
儿时影事	常任侠著	1925：8
儿童节歌曲集	陶知行作词；赵元任作曲	1934：11
儿童书信	钱杏邨著	1928，18
儿童演说	章衣萍著	1940：10
儿童音乐故事	胡怀琛、宋寿昌编著	1934：12
儿童作文讲话	章衣萍著	1933：14
F		
近代法兰西文学大纲	黄仲苏著	1932：11
发明家	［英］杞德烈斯著；程小青译	1946：11
发须爪：关于它们的迷信	江绍原著	1928：19
番石榴集	朱湘选译	1936：10
翻身的年月	周而复著	1948：10
凡民谜存二卷卷首一卷补遗一卷	薛宜兴著；顾震福辑	1933：17
蹯窟诗话	丘景章著	附录：53
蹯窟诗文稿	丘景章著	附录：54
烦恼的春天	章衣萍著	附录：52
烦恼三部曲	程景颐著	1933：16

续表

书名（按照汉语拼音顺序排列）	译 \ 著 \ 编 \ 校者	本书位置
饭后谈话	予且著	1933：18
饭余集	吴组缃著	1935：9
泛滥的黄河	萍草著	1946：12
范鸿仙	范鸿仙著	1949后：10
范无错等诗选三卷	吴闿生编选	1924：52
方箅石先生遗集三卷（曲庐遗著诗文合刊）	方寿衡著	1946：13
方家联语	方济川著	1924：9
方母丁安人行述一卷	方时乔著	民国：32
芳蠋心室集碑诗文稿	徐丹甫著	附录：55
房龙世界地理	［美］房龙著；陈瘦石，胡淀咸译	1933：19
访太阳	常任侠著	附录：56
粉红色的炸弹	周天籁著	1949：11
风尘旧影	程滨遗著	附录：57
风尘琐语一卷续语一卷	葛南著	1931：10
风流寡妇	［意］加尔洛·哥利登尼著；聊伊译	1945：7
风流寡妇	周天籁著	1947：13
风流千金	周天籁著	1946：14
风流太太	周天籁著	1949：12
风流艳集第二集六卷	李警众辑；李养贤校订	1917：9
风雪之夜	张恨水著	1949后：11
风烟旧影	程滨遗著	附录：58
风雨飘摇	程碧冰著	1934：13
风月亭集二卷旧雨集一卷	杨春峰著	1941：11
疯人自述	胡寄尘著	1924：10
丰碑	王萍草著	1943：8
烽火归来	高语罕著	1939：6
冯玉祥将军自传：我的生活第1本	冯玉祥著	1938：6
冯玉祥将军自传：我的生活第2本	冯玉祥著	1938：6
冯玉祥将军自传：我的生活第3本	冯玉祥著	1938：6
冯玉祥抗战诗歌选	冯玉祥著	1938：12
冯玉祥诗钞	冯玉祥著	1930：14

书名（按照汉语拼音顺序排列）	译\著\编\校者	本书位置
冯玉祥诗歌近作集	冯玉祥著	1938：7
冯玉祥先生名著集	冯玉祥著；大龙山人审选；袁清平，李剑萍编纂	1936：11
冯玉祥先生抗战诗歌集第三集	冯玉祥著	1941：12
冯玉祥先生抗战诗歌集第四集	冯玉祥著	1945：8
冯玉祥先生抗战诗歌集第五集	冯玉祥著	1945：9
冯在南京第一年	冯玉祥著；董志成编	1937：4
冯在南京第二年	冯玉祥著	1937：5
凤	予且著	1937：6
凤凰山志略	胡光钊编辑	1939：7
凤凰吟草	赵劭希著	附录：59
凤台山馆诗钞四卷附遗诗一卷	陈诗著	1933：20
凤台山馆续集二卷	陈诗著	1936：12
凤檐试草	贺顾著	附录：60
奉直大战记鼓词四卷（新编绣像奉直血战说唱鼓词）	唐在田著	1925：9
佛学寓言	胡寄尘译著	1929：13
夫妻工学团	秋平，曼雯著；方与严校订	1935：10
浮槎阁文存一卷	张士珩著	民国：33
浮槎逸叟论书诗	史德本著	附录：61
芙山书屋文集	沈嵩甫著	附录：63
浮浪者	程碧冰著	1929：14
浮园诗文集	赵瑸著	附录：62
伏尔加河上	［苏］高尔基著；钱谦吾译	1941：13
福尔摩斯探案全集第六册	［英］柯南道尔著；独鹤、小青译	1916：4
福尔摩斯探案全集第七册	［英］柯南道尔著；独鹤、小青译	1916：5
福尔摩斯探案全集第十一册	［英］柯南道尔著；瘦鹃、小青、霆锐、渔火译	1916：6
福尔摩斯探案全集第十二册	［英］柯南道尔著；独鹤、小青译	1916：7
福尔摩斯探案全集下册	［英］柯南道尔著；程小青等译	1935：11
福尔摩斯新探案大全集	［英］柯南道尔著；杨尘因译	1933：21
福尔摩斯侦探案	［英］柯南道尔著；程小青编译	1943：9
福履理路诗钞一卷	胡怀琛著	1940：11

续表

书名（按照汉语拼音顺序排列）	译＼著＼编＼校者	本书位置
府山楼集四卷	潘田著	1927：12
府山楼文钞三卷外篇一卷	潘田著	1927：12
父与女	汪静之著	1929：15
父与女	程小青著	1933：22
复庵诗集二卷	许珏著	1922：4
复庵书札五卷家书节钞一卷	许珏著	1922：5
复仇	胡零编；陈紫作曲	1949：13
复活	［俄］列夫·托尔斯泰著；高植译	1943：10
G		
改庐笔记	汪己文著	附录：64
溉园诗集三卷	林介弼著	1924：12
甘棠湖留别唱酬集一卷附梦蕉馆遗稿鹤圃嘤鸣余渖	朱尊甫征求，方佛生辑	1918：5
赶车传	田间著	1949：14
高尔基给文学青年的信	［苏］高尔基著；以群译	1936：13
高尔基名著精选（我的教育）	［苏］高尔基著；钱谦吾选译	1932：28
高尔基印象记	黄锦涛编	1932：12
高原短曲	周而复著	1947：14
杲生诗稿	王基晋著	民国：34
皋西唱酬诗集	王承祐辑；李肖峰，裴景福鉴定	1917：10
哥仑布	刘麟生著	1923：11
歌场冶史	汪仲贤著	1935：12
歌女红牡丹	周剑云著	1931：11
歌女之死	［美］欧尔特毕格斯著；程小青等译	1941：14
鸽原秋感集	胡在渭著	附录：65
格里佛游记一集	［英］斯伟夫特著；韦丛芜译	1928：20
革命的故事	钱杏邨	1928：21
革命花	查光佛	附录：66
革命文学史	胡适著；陈独秀编	民国：35
葛嫩娘（明末遗恨）（碧血花）	魏如晦著	1939：4
给爱国朋友的第九封信	冯玉祥著	1944：6
给爱国朋友的第十一封信	冯玉祥著	1944：7

续表

书名（按照汉语拼音顺序排列）	译\著\编\校者	本书位置
给初学写作者及其他：高尔基文艺书信集	［苏］高尔基著；以群译	1941：15
给青年的十二封信	朱光潜著	1929：16
给青年朋友们的信	方与严著	1933：24
给少男少女	李霁野著	1949：15
给小萍的十二封信	章衣萍著	1946：15
给战斗者	田间著	1943：11
亘史外纪（雪涛小书·晚明笔记）（亘史外篇）	（明）江进之著；章衣萍校点	1935：72
亘史外篇（亘史外纪）（雪涛小书·晚明笔记）	（明）江进之著；章衣萍校点	1935：72
庚辰东游诗草	王揖唐著	1940：12
庚午老人修改本红楼梦（120回）	吴克岐辑	1926：13
庚午老人修改本红楼梦（88回）	吴克岐辑	1926：13
庚子国变弹词	（清）李伯元著；阿英编校	1935：13
工三诗草一卷	江中清著	1923：12
孤雏劫	瘦腰郎译，胡寄尘改编	1915：4
孤芳集	郑逸梅著	1932：13
孤鸣吟	李宗邺著	1928：22
古白话文选	吴遁生，郑次川等编	1924：13
古本西游记	（明）吴承恩著；汪原放句读	1921：6
古代妇女年华录	吴克岐编辑	民国：36
古代神话与民族	丁山著	1948：11
古邸中的三件盗案	［英］奥塞·玛利逊等著；［美］来特辑；程小青译	1948：12
古灯	［法］勒白朗著；程小青，周瘦鹃译	1925：10
古坻之怪	［英］柯南道尔著；程小青等译	1927：13
古甲虫	［美］范达痕著；程小青译	1934：14
古今笔记精华录二十四卷	胡朴安编著	1914：2
古今美人佚事大观	杨尘因，剑秋编	1920：5
古今名诗选	刘麟生等辑注	1936：14
古今齐谐	袁祖光著	附录：67
古今诗范	吴闿生评选；贺培新笺注	1930：15
古今诗范十六卷	吴闿生评选	1930：15
古今诗范十六卷卷首一卷	吴闿生评选	1930：15

书名（按照汉语拼音顺序排列）	译\著\编\校者	本书位置
古今体诗约选四卷	姚永朴选编	1923：13
古今体诗约选四卷笺释四卷	吴闿生评选；高步瀛笺释	1913：6
古今文体分类纂要	廖昆玉著	附录：68
古今小说精华三十二卷	胡寄尘，金石辑	1915：5
古庙集	章衣萍著	1929：17
古庙敲钟录	陶知行著	1933：25
古庙钟声	许幸之著	1937：7
古诗评注读本三卷	王文濡评选；金熙，汪处卢注	1916：8
古歙诗	许长怡辑	附录：69
古文笔法百篇：言文对照	胡怀琛著	1932：14
古文辞类纂约选十三卷	（清）姚鼐著；周学熙选编	1932：15
古文萃语七卷	王荩臣著	民国：37
古文典范	徐世昌编；吴闿生评点	民国：38
古文范二卷	吴闿生纂	1913：7
古文范四卷	吴闿生纂	1913：7
鼓盆歌	常任侠著	附录：70
瞽侦探	［英］厄涅斯德布累马等著；［美］来特辑；程小青译	1948：13
故事剧	胡怀琛著	1934：15
故小说家的诗选	胡寄尘选编	1931：12
顾博士	程小青著	1923：14
挂剑集	舒芜著	1947：15
怪话	怪人著	1919：5
怪家庭续集	李涵秋，李警众著	1931：13
怪旅店	［英］杞德烈斯著；程小青译	1948：14
官场现形记	（清）李伯元著；汪原放，汪协如句读	1927：14
关于革命文学	蒋光慈等著	1928：23
关于赵老太太	陶行知，谢冰莹著	1938：8
关云长	章衣萍著	1933：26
观尘因室词曲合钞附观尘因室联语	陈景寔著	1937：8
观尘因室诗钞十二卷	陈景寔著	1937：9

书名（按照汉语拼音顺序排列）	译＼著＼编＼校者	本书位置
观尘因室诗话	陈景寉著	1936：15
观复堂诗文集	张学宽著；林散之校	1933：27
观酒狂斋诗录一卷	詹励吾著	1947：16
管仲	章衣萍著	1935：14
管仲传	张振佩著	附录：71
灌叟八十寿言集一卷	胡光国著	1924：11
灌叟撮记一卷	胡光国著	1925：11
光慈诗选	蒋光慈著	1928：24
光慈遗集	蒋光慈著	1932：16
光燊文存	丁光燊著	附录：72
广田弘毅传	［日］岩崎荣著；汪静之，吴力生译	1936：16
广州纪游	高语罕著	1922：6
归来	许幸之著	1940：13
归来记	［英］柯南道尔著；程小青等译	1927：15
归田集	胡韫玉著	附录：73
归有光文	胡怀琛选校	1928：25
闺秀词钞续补遗四卷	徐乃昌编著	1912：3
闺秀诗话	李家恒著	附录：74
鬼夫人	周天籁著	1949：16
癸巳类稿十五卷诗文补遗一卷	（清）俞正燮著；王立中补遗	1934：16
癸酉述怀诗一卷	汪咏沂著	1933：28
桂桥诗集	方纲著	附录：75
贵池掌故文存十二卷	章敏斋著	附录：76
国剧概论	程演生著	附录：77
国民党收复区的黑暗种种	周而复著	1946：16
国文课外讲义	胡寄尘著	1919：6
国文教范二卷	吴闿生评解；高步瀛集笺	1913：7
国文评选	王灵皋编辑	1932：17
国文十讲	陈友琴著	1944：8
国文述粹四卷	童益泰著	附录：78
国文作法	高语罕著	1922：7

续表

书名（按照汉语拼音顺序排列）	译\著\编\校者	本书位置
国学概论	胡怀琛著	1935：15
国学门径	冯简斋著	附录：79
国学述要	鲍光豹著	1939：8
国学述要	孙道粹著	1940：14
国学汇编第一集	胡朴安主编	1924：14
国学汇编第二集	胡朴安主编	1924：15
国学汇编第三集	胡朴安主编	1925：12
国语文学史	胡适著	1927：16
裹棉刀	程小青著	1941：16
过渡	丁易著	1947：17
过渡时代	张恨水著	1947：18
过云集	赵劭希著	附录：80
H		
哈罗尔德的旅行及其他	［英］拜仑等著；袁水拍，方然等译	1944：9
哈泽·穆拉特	［俄］L. 托尔斯泰著；刘辽逸译	1948：15
孩子们的灾难	索非著	1939：9
海滨别墅与公墓	［保］斯塔玛托夫著；［保］克勒斯大诺夫世译；金克木汉译	1934：17
海国英雄——郑成功（郑成功）	魏如晦著	1940：15
海上花列传	（清）韩邦庆著；汪原放标点	1926：14
海上一妇人	周天籁著	1941：17
海市集	阿英著	1936：17
海市吟	谭惟翰著	1944：10
海外寄霓君	朱湘著	1934：18
海涯	许幸之著	1929：18
海夜鲛人	唐伯先著	1936：18
韩昌黎文集校注	（唐）韩愈著；马其昶校注	民国：39
韩非子诗话一卷	孙筱斋著	附录：81
韩王二公遗事	周学熙编辑	1934：19
汉碑文范四卷附编一卷补注一卷	吴闿生选辑	1926：15
汉代文艺论	台静农著	民国：40
汉赋考二卷	汪吟龙著	1939：10

书名（按照汉语拼音顺序排列）	译\著\编\校者	本书位置
汉江潮	蒋光慈著	1928：31
汉江泪	姜继襄著	1924：16
汉唐之间西域乐舞百戏东渐史略	常任侠著	1945：10
汉魏六朝诗选注八卷	储皖峰选校	1938：9
汉魏晋宋五言诗选集注	徐天闵集注	1946：17
汗把滥的五爷	牛布衣著	1949：17
翰墨因缘（愚园主人诗册）	胡光国著	民国：130
合肥词钞四卷	李国模著	1930：16
合肥诗话三卷（庐阳诗话）	李家孚著	1929：19
合欢草	杰克著	1948：16
和范石湖田园诗	胡韫玉著	附录：82
和寒山子诗	胡朴安著	1941：18
和拾得诗	胡韫玉著	附录：83
和陶诗一卷	胡朴安著	1918：6
曷归词	汪律本著	附录：84
贺先生文集四卷	贺涛著；贺葆真，吴闿生校订	1913：8
鹤柴诗存	陈诗著	1924：17
鹤斋诗存二卷	方旭著	1932：18
黑地牢	程小青著	1933：29
黑假面人	［俄］安特列夫著；李霁野译	1928：26
黑窖中	程小青编译	1948：17
黑骆驼	［美］欧尔特毕格斯著；程小青等译	1941：19
黑女寻神记	［英］萧伯纳（G. B. Shaw）著；汪倜然译	1933：30
黑棋子	［美］范达痕著；程小青译	1933：31
黑手党	程小青编译	1947：19
恨海鹃声谱	天僇王无生著	1915：6
横山草堂联话	王揖唐	1922：8
横溪草堂诗钞二十二卷	张良暹著	1927：17
洪悌丞先生事略（洪汝怡事略）	洪如闿著	1936：19
洪可亭先生家传一卷	程善之著	1937：10
洪汝怡事略（洪悌丞先生事略）	洪如闿著	1936：19

书名（按照汉语拼音顺序排列）	译\著\编\校者	本书位置
洪水集	江亢虎著	1913：9
洪秀全	章衣萍著	1935：16
洪秀全演义八卷	禺山世次郎著；唐在田编辑	1914：4
洪宣娇	魏如晦著	1941：20
红冰碧血馆笔记	李警众，李养贤著	1927：18
红冰碧血录	李警众	附录：85
红胡子：关东马贼秘闻	姜侠魂编；杨尘因评点；庄病骸批眉	1922：9
红花儿（慧心灿齿集）	郑逸梅著	1927：19
红楼梦（1921年版）	（清）曹雪芹原著；高鹗续著；汪原放句读	1921：7
红楼梦（1922年版）	（清）曹雪芹，曹沾著；汪原放，胡鉴初句读	1921：7
红楼梦（1927年版）	（清）曹雪芹，曹沾著；汪原放，胡鉴初句读	1921：7
红楼梦宝藏六讲	高语罕著	1946：18
红楼梦考	黄荫庭著	附录：86
红楼梦抉微	阚铎著	1925：13
红楼梦八十回后佚文一卷	吴克岐辑	1926：16
红楼年表一卷	吴克岐编著	民国：41
红楼梦原文补遗一卷	吴克岐辑	1926：17
红楼梦正误六卷（读红小识本）	吴克岐著	1926：18
红楼梦正误六卷（犬窝谭红本）	吴克岐著	1926：18
红楼梦正误补四卷	吴克岐著	民国：42
红楼梦正误拾遗一卷	吴克岐著	民国：43
红楼梦作者一卷	吴克岐著	1926：19
红楼名号归一表一卷	忏玉生编	1915：7
红幪下	程小青编译	1948：18
红藕村人诗存四卷	杨秋瀛著	1940：17
红色间谍（松鼠）	胡底著	1933：69
红羊豪侠传电影特刊	汪仲贤，郑逸梅编	1935：17
红衣女	杰克著	民国：44
红樱桃	公孙嬿等著	1944：11

书名（按照汉语拼音顺序排列）	译\著\编\校者	本书位置
鸿渐轩诗集二卷	徐方泰著	1932：19
鸿雪集一卷	胡元吉著	1935：18
宏法联语集	阳复斋著	1940：16
侯魏汪三家文合钞	王文濡编	1915：8
后方集	高植著	1943：12
后十年笔记	胡寄尘著	附录：88
候虫吟四卷	周朗渠著	附录：87
湖边春梦 卫女士的职业合刊	周剑云，宋痴萍编	1927：20
湖边吟稿	胡光钊著	民国：45
湖畔	潘漠华，冯雪峰，应修人，汪静之著	1922：10
湖畔	叔文著	1941：22
湖山味	张慧剑著	1929：20
湖亭惨景	程小青著	1933：32
湖阴曲初集一卷	鲍筱斋辑	1925：15
胡怀琛诗歌丛稿十卷	胡怀琛著	1926：20
胡寄尘近作小说	胡寄尘著	1928：27
胡寄尘说集	胡寄尘著	1927：21
胡笳十八拍及其他	胡朴安选录	1930：17
胡洛遗作	胡洛著	1937：11
胡适留学日记	胡适著	1934：20
胡适论说文选	胡适著	1936：20
胡适论学近著第一集	胡适著	1935：19
胡适日记	胡适著	1934：20
胡适文存四卷	胡适著	1921：8
胡适文存二集	胡适著	1924：18
胡适文存三集	胡适著	1930：18
胡适文选	胡适著	1930：19
胡适文选	胡适著；芸丽氏，筱梅辑	1930：19
胡适文选（1942版）	胡适著	1930：19
胡适文选二集	胡适著	1931：14
胡适之传	胡不归著	1941：21

续表

书名（按照汉语拼音顺序排列）	译＼著＼编＼校者	本书位置
胡适之白话文钞	胡适著；王文濡编	1925：14
胡氏家乘一卷	胡朴安著	1940：18
胡思永的遗诗	胡思永著	1924：19
胡云门先生荣衰录	胡远芬编著	1915：9
蝴蝶梦	姚克著	附录：89
壶中词	汪律本著	附录：90
狐裘女	程小青著	1945：11
虎贲万岁（武陵虎啸）	张恨水著	1946：19
虎口余生记	王灵皋辑录	1937：52
虎皮武士	［格鲁吉亚］罗司泰凡里著；李霁野译	1944：12
虎邱百咏	王政谦、李伯琦、王炳三著	1930：20
沪浚同声集	郁葆青辑；陈诗选	1933：33
花果小品	郑逸梅著	1935：20
花雨缤纷录（三十年来之上海续集）	钱化佛口述；郑逸梅编著	1947：39
花园枪声	［美］范达痕著；程小青译	1946：20
花月良宵	周天籁著	1946：21
华伦·哈定历史	杨尘因著	1921：9
华胥赤子尺牍一卷	方铸著	1922：11
华胥赤子古近体诗十卷	方铸著	1922：12
华胥赤子文集二卷三经合说一卷	方铸著	1922：13
化身博士	［英］史蒂文森著；李霁野译	1947：20
画中线索	Schabelitz R. F，巴伯 W. A 著；程小青译	1947：21
淮海遗音	汪韬著	附录：91
淮河的故事	王萍草著	1943：13
淮军纪略	张之屏著	民国：46
淮南鸿烈集解二十一卷	刘文典著	1923：15
淮南耆旧小传初编	张之屏著	1933：34
淮上革命史稿二卷	张之屏著	民国：46
淮上民军起义始末记一卷	洪晓岚著	附录：92
淮水东边词	石凌汉著	附录：93

书名（按照汉语拼音顺序排列）	译\著\编\校者	本书位置
怀宁汪母寒机课子图诗文集一卷	汪松年著	1928：28：
欢场儿女	周天籁著	附录：94
欢乐的舞蹈	钱杏邨著	1928：29
欢喜冤家	张恨水著	1940：19
还山草	江峰青著	1919：7
还乡记	朱子衡著	附录：95
环翠续构文钞二卷诗钞三卷杂钞一卷	葛钟秀著	1912：4
环球日记（1920 年版）	钱文选著	1920：6
环球日记（士青全集本）	钱文选著	1920：6
环游琐谈	王揖唐著；佚名编	民国：47
幻园诗稿一卷	产绍泗著	1929：21
浣花唱和集二卷	杜炳钧著	1918：7
浣花刍稿	杜炳钧著	1919：8
浣花嚼雪录上下卷	郑逸梅著	1930：21
浣花香草一卷	杜炳钧著	1920：7
浣花香草乙稿	杜炳钧著	1920：8
宦滇略存二卷	叶新藻著	1914：3
宦游偶记二卷	陈惟彦著；徐建生编次	1917，11
荒径词	汪律本著	附录：96
荒年的花（乡下人的歌）	胡里著	1947：50
荒土	钱杏邨著	1929：22
黄宾虹信札	黄宾虹著；许承尧收集	1943：14
黄海后游录三卷	汪律本著	1926：21
黄河的海	王萍草著	1943：15
黄吉安剧本选	黄吉安著；四川省戏曲研究编校	1949后：12
黄金崇	胡寄尘著	1918：8
黄金劫	胡寄尘编译	1915：10
黄花岗（碧血黄花）	唐绍华著	1940：3
黄花集	韦素园译	1929：23
黄梨洲	章衣萍著	1935：21
黄立庵遗著二卷	黄敦礼著；程希濂辑录	1930：22

续表

书名（按照汉语拼音顺序排列）	译\著\编\校者	本书位置
黄牛通信集	周天籁著	1939：11
黄浦江中	程小青著	1941：23
黄埔颂	张治中著	1944：13
黄山白岳游记合编	胡在渭著	附录：97
黄山揽胜集	许世英著	1934：21
黄山诗稿五卷文稿一卷联稿一卷	黄少牧著	1945：12
黄山书舫诗集一卷	方凤池著	附录：98
黄山书舫文集六卷	方凤池著	附录：99
黄山游记后附善卷庚桑二洞纪游杭州白龙潭游记，游凤阳明陵纪事	钱文选著	1937：12
黄仲则评传	章衣萍著	1930：23
灰色之家	徐衍存著	1933：35
灰衣人	程小青著	1944：14
徽难哀音三卷	胡在渭著	1926：22
徽州女子诗选一卷补遗一卷（新安闺秀诗选）	胡在渭编辑	1936：21
回忆录	［英］柯南道尔著；程小青等译	1927：22
回忆陀思妥耶夫斯基	［俄］陀思妥耶夫斯基夫人著；韦丛芜译	1930：24
回照轩诗稿六卷	吴光祖著	1946：22
悔生集十四卷	（清）王灼著；张皖光补刊	1937：13
晦庐遗稿	李光炯著；李相珏编辑；许永璋校阅	1949后：13
晦轩芜稿	疏濂著	附录：100
蕙的风	汪静之著	1922：14
惠如长短句	吕湘著	1937：14
慧剑杂文	张慧剑著	1940：20
慧劫	［英］可林克洛悌原著；刘泽沛，高卓译	1917：12
慧镜智珠录传奇一卷	吴承烜著	1923：16
慧心灿齿集（红花儿）	郑逸梅著	1927：19
蕙娘小传附录冰天鸿影	春梦生，胡寄尘著	1914：6
绘图儿童诗歌	胡寄尘著	1915：11
绘图爱国英雄泪	杨尘因著	1920：9

书名（按照汉语拼音顺序排列）	译\著\编\校者	本书位置
绘图朝鲜亡国演义	杨尘因著	1920：9
绘图老残新游记四卷	杨尘因著	1924：20
绘图奇情小说最新多宝龟	治逸著	1918：9
绘图万花楼传六卷	唐在田著	1920：10
绘图昔柳摭谈八卷	（清）冯梓华编；汪人骥重辑	1914：5
绘图新编大观园说唱鼓词四卷	唐在田著	1923：17
绘图新编儿女英雄传说唱鼓词六卷（儿女英雄传鼓词六卷）	唐在田著	1917：8
绘图新编第五续洪秀全演义四卷	北平半痴生编著；歙县唐在田参订	1914：4
绘图新编江浙大战记	唐在田著	1924：21
绘图新编五才子水浒说唱鼓词六卷	唐在田著	1917：13
绘图新编清宣统复辟说唱鼓词全传四卷	唐在田著	1917：14
绘图新编永庆升平说唱鼓词前传四卷后传四卷	唐在田著	1917：15
绘图新编真正施公案说唱鼓词全集四卷	唐在田著	1917：16
绘图正续合订唐人剑侠传八卷（唐人剑侠传：名家笔记）	郑陶斋编；汪漱碧，郑逸梅校订	1936：52
汇印经传评点五种	徐树铮等选校	1918：10
活菩萨	胡底著	附录：101
活尸	程小青著	1944：15
婚约	刘王立明著	附录：102
魂断文德桥	牛布衣	1948：19
火（挖财宝）	胡零编剧；刘炽作曲	1948：20
火的云霞	吕荧	1944：16
霍南旧逸诗集四卷	余震著	1942：4
霍南诗集续韵	余震著	1942：5
霍桑探案外集	程小青著	1932：20
蠖楼吟草一卷	李国杰著	1937：15
J		
鸡冠集	予且著	1934：22
饥饿的郭素娥	路翎著	1943：16
蔺盐词一卷	汪渊著	1919：9
寂寞的国	汪静之著	1927：23

书名（按照汉语拼音顺序排列）	译\著\编\校者	本书位置
寂音札记	汪允宗著	1949 后：14
寂照遗墨（诗词存余）	汪允宗著	1914：7
绩溪山水歌略	胡晋接著	附录：103
吉诃德先生	汪倜然编著	1934：23
集傅青主诗联	许承尧著	民国：48
集傅青主先生句 节录随园诗话	许承尧著	民国：49
集俗语劝人诗	张桂尊著	民国：50
疾病图书馆：法定传染病篇	索非著	1937：16
疾风劲草	纪瀞诚著	1948：21
棘心	绿漪著	1929：24
几点钟？时钟的故事	［苏］伊宁著；董纯才译；丁柱中校	1932：21
纪晓岚	章衣萍著	1934：24
纪念碑：宋若瑜蒋光慈通信集	蒋光慈、宋若瑜著	1927：24
寄傲庵遗集三卷	黄寿曾著	1930：25
寄尘短篇小说	胡寄尘著	1914：8
寄尘短篇小说第二集	胡怀琛著	1915：12
寄尘小说剩稿	胡寄尘著	附录：104
寄尘小说新集	胡寄尘著	附录：105
寄尘杂著丛存	胡寄尘著	1934：25
寄儿童们	章衣萍著	1933：36
寄庐丛稿	江寄庐著	附录：106
寄庐诗草二卷	姚鉴著；方澍评选	1925：16
寄籇诗存四卷	洪汝怡著	1933：37
记实文范	胡怀琛编辑	1923：18
记事珠	高景麟著	附录：107
技击家列传（拳师传）	胡朴安著	1915：20
季妹遗稿（清映轩遗稿）一卷	吕贤满著	1933：56
家乘小纪	吴闿生著	1936：22
家庭百怪录	仙源苍园著；半老评	1920：11
家庭小说集	胡寄尘著	1925：17
家训述闻七卷	刘声木著	民国：51

书名（按照汉语拼音顺序排列）	译\著\编\校者	本书位置
伽园骈体文存一卷	郭熙楞著	1919：10
甲申传信录	王灵皋辑录	1946：24
甲戌广德旱灾大事记	钱文选著	1935：22
甲子稿乙丑稿	王揖唐著	1925：18
贾岛研究	章泰笙著	1947：22
假警士	［英］杞德烈斯著；程小青译	1946：23
假面女郎	程小青著	1947：23
稼渔轩诗草	张海观著	附录：108
歼仇记	程小青著	1924：22
歼灭	周而复著	1949：18
剪灯新话：明人笔记	（明）瞿佑著；郑逸梅校订	1936：24
剪淞留影集	吴芝瑛编著	1918：11
简爱	［英］莎绿蒂·勃朗特著；李霁野译	1936：23
简爱自传	［英］C. 白朗底著；李霁野译	1936：23
蹇安五记	释蹇安著	1934：26
见朴楼诗钞	王源瀚著	附录：109
见山楼诗文集	姜孝维著	附录：110
见闻偶笔一卷	姚永朴著	1912：5
建德周含曜女士诗画稿	周德蕴著并绘；周明焯编	1921：10
建德周悫慎公行状一卷	周学熙著	1921：22
剑胆琴心（天外屠龙记）	张恨水著	1930：26
建塔者	台静农著	1930：27
剑华堂诗文	吴广需著	附录：111
剑腥集	鹰隼著	1939：12
江村集一卷	胡怀琛著	1940：21
江慎修先生弄丸图遗像题赞附年谱	江兆槐著	1933：38
江慧济诗稿	江朝宗著	1939：13
江亢虎南游回想记	江亢虎著	1926：23
江亢虎文存初编	江亢虎著	1944：17
江南燕（1921 年版）	程小青著	1921：11
江南燕（1944 年版）	程小青著	1944：18

书名（按照汉语拼音顺序排列）	译\著\编\校者	本书位置
江上青烈士诗抄	江上青著；郑盛怀辑释	1949 后：15
蒋光慈全集	蒋光慈著	1931：15
蒋光慈小说全集	蒋光慈著	1931：16
蒋观云先生遗诗	蒋智由著；吕美荪辑	1933：39
绞索勒着脖子时的报告	［捷克］尤利斯·伏契克（Julius Fucik）著；刘辽逸译	1948：22
教育创造风	方与严著	1947：7
阶级	胡底著	1932：22
接担架	杨蔚，胡零编剧；陈紫配曲	1947：24
洁吾诗草二卷	聂志远著	1946：25
劫尘词	汪律本著	附录：112
劫后吟一卷	吴广霈著	1918：12
劫后灾黎	吴景超著	1947：25
劫余诗稿	方晔堂著	1945：13
劫余生弹词一卷	周公楼著	民国：52
睫闇诗钞十卷	裴景福著	1914：9
睫闇诗钞续集七卷附裴景绶梦痕集一卷	裴景福著	1930：28
解放了的普罗米修斯	［英］雪莱著；方然译	1944：19
解放区晋察冀行	周而复著	1949：19
解虚轩遗诗一卷附杂文一卷	方时亮著	附录：113
解园文集二卷	林介弼著	1919：11
今传是楼诗话	王揖唐著	1924：23
今古奇观	（明）抱瓮老人辑；汪乃刚句读	1933：40
今镜花缘	胡寄尘著	1928：30
今觉庵诗选	周达著	1943：17
今觉庵诗四卷	周达著	1940：22
今觉庵诗选续	周达著	1943：17
今日笔记	胡寄尘著	附录：114
今事庐笔乘	汪允宗著	附录：115
金城集五卷	高一涵著	1946：26
金粉世家	张恨水著	1932：23
金粉世家续集	张恨水著	1933：42

书名（按照汉语拼音顺序排列）	译\著\编\校者	本书位置
金凤影	予且著	1942：6
金镜录（卧沧诗草）一卷	詹国瑞著	1921：27
金陵泪	姜继襄著	1924：24
金陵掌故丛编	程演生著	附录：116
金磷叟先生七十寿序	赵世骏书，马其昶著	1921：12
金丝鸟	［美］范达痕著；程小青译	1943：18
金丝雀	［美］范达痕著；程小青译	1932：24
金粟斋遗集八卷卷首一卷	蒯光典著	1929：25
金针梅花诗抄	周树冬遗稿；周楣声重订	1949后：16
近代诗钞三卷	吴闿生评选	1924：52
近代文评注读本三卷	王文濡评选；沈镕注释	1929：26
近代文艺批评断片	李霁野译	1929：27
近代戏剧家论	陈暇、孔常、雁冰合编	1924：25
近代野乘	郑逸梅著	1948：23
近代英国诗钞	［英］豪斯曼等著；杨宪益译	1948：24
近代英美散文选	方重、朱光潜等编辑	1944：20
近代中国文学	任铭善，朱光潜著	1948：25
近二十年中国文艺思潮论	李何林著	1945：14
近人白话文选	吴遁生，郑次川等编	1924：26
近人游记丛抄	胡寄尘辑	1914：10
晋察冀行	周而复著	1946：27
烬余集	孙毓筠著	附录：117
烬余遗稿二卷	范康著	1917：17
经历志略一卷	余之芹著	1921：13
经学举要一卷	姚永朴著	1912：6
京本通俗小说（宋人话本八种）	汪乃刚句读	1928：57
京尘幻影录	张恨水著	1943：19
京调大全三集	右台别馆主编辑；汪漱碧校订	1940：23
京国游草	方济川著	1919：12
京剧考证百出	刘豁公著	1919：13
京锡游草四卷	胡朴安著	1919：14

续表

书名（按照汉语拼音顺序排列）	译\著\编\校者	本书位置
京戏近百年琐记	周明泰著	1932：8
京兆游记	陈善祎撰；王文濡编	1920：12
惊人的决战	［英］杞德烈斯著；程小青译	1946：28
警世桴鼓	陈虞铎著	1921：31
静轩笔记十九卷	（清）刘秉璋著；刘体智编辑	民国：53
镜花缘	（清）李汝珍著；汪原放，章希吕句读	1923：19
镜花缘的引论	胡适著	1923：20
鸠那罗的眼睛	苏雪林著	1946：29
旧读不厌斋诗钞十二卷	单溥元著	1922：15
旧读不厌斋己未诗稿	单溥元著	1922：16
旧闻随笔四卷（1919年版）	姚永朴著	1912：5
旧闻随笔四卷（1925年版）	姚永朴著	1912：5
居鄹诗征十卷	刘原道辑	1921：14
鞠隐山庄遗诗一卷附禀稿一卷	（清）吴康之著；吴芝瑛辑	1918：13
鞠隐诗存	夏慎大著	1915：24
鞠部丛刊（菊部丛刊）	周剑云编	1918：14
菊部丛刊（鞠部丛刊）	周剑云编	1918：14
菊芬	蒋光慈著	1928：31
菤葹集	汪己文著	附录：118
倦云忆语	程善之著	1914：11
决斗	［俄］契诃夫著；张友松，朱溪译	1929：28
觉世十二楼（十二楼）	（清）李渔著；汪协如标点	1949：30
觉未庵吟稿	汪超著	附录：119
嚼舌录十卷	李警众著	1927：25
嚼雪斋诗草	李继翰著	附录：120
君山	韦丛芜著	1927：26
K		
咖啡馆	［美］范达痕著；程小青译	1946：30
卡莱尔与中国	梅光迪著	1949后：17
看月楼词草	章衣萍	1932：25
看月楼书信	吴曙天，章衣萍著	1931：17

书名（按照汉语拼音顺序排列）	译\著\编\校者	本书位置
抗建新咏	许永璋著	1944：21
抗日的模范军人	冯玉祥著	1938：10
抗日军官须知歌	冯玉祥著	1940：24
抗战长歌	冯玉祥著	1939：14
抗战独幕剧选	阿英辑著	1937：17
抗战期间的文学	钱杏邨著	1938：11
抗战诗歌集	冯玉祥著	1938：12
抗战诗歌集第二集	冯玉祥著	1939：15
抗战文艺诸问题	何鹏著	1941：24
尻轮集	薛元燕著	1947：26
柯柯探案集	［英］奥斯汀著；程小青译	1935：23
珂雪斋近集四卷	（明）袁小修，袁中道著；章衣萍校点	1935：24
可爱的学校	周天籁著；穆一龙插图	1939：16
可安居诗钞	徐希古	附录：121
客子光阴	江家珊著	民国：54
谔余随笔	汪己文著	附录：122
恐怖的活剧	程小青著	1941：25
恐怖谷	［英］柯南道尔著；程小青等译	1927：27
孔子	胡怀琛著	1932：26
孔子	章衣萍著	1933：42
孔子的一生	张寿林著	1932：27
哭诉	蒋光慈著	1928：32
苦儿努力记	［法］莫内德著；林雪清，章衣萍译	1933：43
苦女努力记	［法］马洛著；章衣萍，林雪清译	1940：25
苦趣	A. A. Sofio 著	1927：28
苦丫头	胡寄尘著	1924：27
快乐家庭	胡寄尘著	1939：17
快乐人	中华职业教育社，胡寄尘编纂	1925：19
快乐之水	胡怀琛著	1934：27
匡庐诗草	储皖峰著	附录：123
傀儡家庭	［挪威］易卜生著；陈锻译	1918：15

书名（按照汉语拼音顺序排列）	译\著\编\校者	本书位置
愧我生庐联语	孙雨航著	附录：124
喟庐诗文集	吴义培著	附录：125
困学斋遗稿二卷	盛石著	1947：27
L		
兰伯诗钞	许镇藩著	附录：126
兰闺清课（1912版）	寄尘编辑	1912：7
兰闺清课（1930版）	寄尘编辑	1912：7
兰楼余	王世珊著	1924：28
兰社特刊第一集	刘豁公，郑子襃编辑	1927：29
兰苏馆诗存一卷	周行藻著	1923：21
懒人日记	胡寄尘编纂	1924：29
琅琊山志八卷	章心培著	1928：33
朗费罗诗选	［美］朗费罗著；简企之译	1949：20
浪迹偶吟	鲍实著	附录：127
劳动的音乐	［苏］高尔基著；钱谦吾选译	1932：28
劳谦室诗集一卷	胡远浚著	1932：29
劳谦室时人评记	胡远浚著	附录：128
劳谦室文集三卷	胡远浚著	1927：30
老残游记	（清）刘鹗著；汪原放句读	1925：20
老残游记	（清）刘鹗著；杨宪益，戴乃迭译	1947：28
乐吾道室杂著	胡在渭著	附录：129
乐真堂文集十卷诗集八卷	张皖光著	附录：130
离骚补释	胡韫玉著	1949后：18
离骚讲义	程演生著	附录：131
黎明的林子	曾卓，方然等著	1941：26
梨云影再续	剑云著	1912：8
俪乐园词	汪石青著	1949后：31
俪乐园集诗词南北曲四卷	汪炳麟著	1949后：31
里居楹语录一卷	江峰青编著	民国：55
李伯元评传	阿英著	1934：28
李闯王	阿英著	1946：31

书名（按照汉语拼音顺序排列）	译\著\编\校者	本书位置
李杜研究	汪静之著	1928：34
李君颂臣五十寿言	马振宪著	1924：30
李相钰遗稿（亡弟未定稿）	李相钰著；李相珏辑	1925：33
李义山恋爱事迹考（玉溪诗谜）	雪林女士著	1927：31
力的文艺	钱杏邨著	1929：29
立之诗选 晦庵诗选	周学渊，周学辉著；周叔弢辑	1949后：19
历朝经世文钞六卷	姚永朴，姚永概选校	1918：16
历代平民诗续编	胡寄尘著	附录：132
历代文章论略一卷	胡朴安著	1923：22
历代艳史大观（廿五朝艳史大观）	杨尘因，孙剑秋编纂	1920：16
历下集四卷	何国褆著	附录：133
莉萨的哀怨	蒋光慈著	1929：30
莉萨集	蒋光慈著	1931：19
栗村诗稿	丁光焘整理	附录：134
栗子树下	［苏］西蒙诺夫著；荒芜译	1949：21
莲心室遗稿	俞富仪著	1929：31
联对大全	干文濡，王有珩编	1921：15
联语录存	张之屏著	附录：135
联云轩杂组两卷	江百川著	附录：136
恋爱之神	胡寄尘著	1939：18
两个胡子	胡零，庄严，刘涤新编剧；陈紫配曲	1947：29
两个罗曼司	刘麟生，伍蠡甫合译	1933：44
两粒珠	程小青著	1944：22
两间房	予且著	1937：18
两种不同的人类	蒋光慈著	1930：55
梁任公白话文钞	梁启超著；王文濡编	1925：21
梁昭明太子文集五卷附札记一卷	（梁）萧统著；刘世珩札记	1919：15
辽金元文学	苏雪林著	1934：29
了可闻吟	严石泉著	附录：137
蓼辛词一卷词外集一卷	石凌汉，仇采，孙浚源，王孝煃著	1931：20
烈节陈何氏哀荣录一卷	陈香化编	1926：24

续表

书名（按照汉语拼音顺序排列）	译\著\编\校者	本书位置
林泉隽语二卷	李肖峰著	附录：138
林颂亭	李警众选辑	1928：35
林则徐	章衣萍著	1934：30
琳琅仙馆笔记	刘朝班著	附录：139
灵峰儒释一宗论	（明）藕益著；江谦选	1941：27
灵性的呼唤	唐绍华著	1945：15
灵源大道歌白话注解	（宋）曹文逸著；陈撄宁注	1938：13
零墨新笺	杨宪益著	1947：30
凌寒吟稿六卷	方守敦著；舒芜编	1949后：20
凌寒文稿一卷	方守敦著	附录：140
陵阳灾叹	方济川编	1920：13
菱花二媛上册	周天籁著	1949：22
领路的人	刘岚山著	1949：23
留痴堂诗草二卷	李元著	1928：36
留稼山庄杂咏	李宗棠著	附录：142
刘宏西漫游日记	刘宏西著	附录：141
刘文庄公遗书	（清）刘秉璋著；刘声木辑	民国：56
刘文庄公佚诗	（清）刘秉璋著；刘声木辑	民国：57
流离	寒星著	1928：37
流水集	徐碧波著；郑逸梅校勘	1929：32
流亡诗话	唐晓邨著	附录：143
流亡诗集	唐晓邨著	附录：144
榴花馆稿	姚倚云著	附录：145
柳梅堂诗稿	章人镜著	附录：146
柳眉君情书选	章衣萍编辑	1936：25
柳宗元文	胡怀琛选校	1928：38
六裁判	汪原放译	1933：45
六朝尺牍	王文濡编选	1927：32
六十述怀唱和集一卷	金恩灏编著	1921：16
龙背塘诗钞	姚维桢著；史远岘编	1921：17
龙池惨剧	［美］范达痕著；程小青译	1943：20

书名（按照汉语拼音顺序排列）	译\著\编\校者	本书位置
龙慧堂诗二卷	刘慎诒著	1928：39
龙眠逸史六卷	潘田著	1919：16
龙山联语续编	鲍鸿著	民国：58
龙山忆菊吟	鲍鸿著	1916：9
龙山吟稿一卷	鲍鸿著	1924：31
龙山楹联汇稿一卷	鲍鸿著	1917：18
龙韬虎略传（王阳明演义）	杨尘因著；张冥飞批点；姜侠魂评校	1937：19
龙套集	索非著	1946：32
漏点	程小青编译	1948：26
炉边夜话	以群著	民国：59
庐江名宦传	陈诗著	民国：60
庐江诗隽二卷	陈诗编	1921：18
庐山游记	胡适著	1928：40
庐阳诗话三卷（合肥诗话）	李家孚著	1929：19
庐州诗苑八卷	陈诗编	1921：18
鲁滨逊漂流记	［英］笛福著；汪原放译	1947：31
鲁迅论	李何林编	1935：26
鲁迅先生序跋集	王冶秋编辑	1949后：21
路及其他	王德箴选编	1945：16
路曼尼亚民歌一斑	朱湘译	1924：32
陆放翁生活	胡怀琛著	1930：29
陆宣公经世文编十卷	（唐）陆贽著；王丹岑选注	1944：23
鹿山鸣和集	郭外山著	附录：147
沦陷后的上海文化现象批判	鹰隼著	1938：14
轮下血	程小青著	1942：7
论诗绝句百首一卷	方廷楷著	1917：19
论诗六稿	张寿林著	1929：33
论书诗一卷	史德本著	1949后：22
论文诗说	光明甫著	附录：148
论文学批评的任务	［苏］法捷耶夫等著；刘辽逸译	1948：27
论文杂记一卷	胡朴安著	1923：23

书名（按照汉语拼音顺序排列）	译\著\编\校者	本书位置
论语解注合编十卷附录一卷	姚永朴著	1925：22
论语解注合编	姚永朴著；余国庆点校	1925：22
罗星集	郑逸梅著；顾明道编	1926：25
萝月轩诗钞一卷	吴鼎云著	1912：9
落霞孤鹜	张恨水著	1931：21
落英	冷泉著	1932：30
吕碧城集五卷	吕碧城著；费树蔚校阅	1929：34
旅程记	以群著	1942：8
履冰子吟草三卷	胡远芬著	1932：31
绿波诗稿	陈仿莲著	附录：149
绿天	苏雪林著	1928：41
绿漪自选集	绿漪著	1935：26
绿珠小姐第一集	张恨水著	1941：28
菉竹斋诗集十二卷	马敦仁著	1933：46
菉竹斋文集四卷	马敦仁著；王大球辑	1934：31
律和声	刘豁公等编辑	1924：33
M		
麻埠茶谣一卷书后一卷	赵曾槐著	1935：27
马斯河的哀怨	张慧剑著	1942：9
马通伯文钞二卷	马其昶著	1916：10
马彦郇诗稿一卷	马振仪著	1937：20
马彦郇文稿一卷	马振仪著	1920：26
马援	章衣萍著	1934：32
玛露莎	钱杏邨著	1930：30
麦格路的凶案　奇怪的迹象	［美］哀迪笿·埃仑·坡，［匈］鲍尔邨·葛洛楼著；［美］来特辑；程小青译	1948：28
麦穗集	钱杏邨著	1928：42
满城风雨	张恨水著	1934：33
满江红	张恨水著	1931：22
满江红爱国词百首	李宗邺编	1938：15
漫稿拾存	王揖唐著	1937：21

书名（按照汉语拼音顺序排列）	译＼著＼编＼校者	本书位置
漫与集二卷	何云藻著	1916：11
忙里偷闲	李霁野编译	1944：24
盲医生	［美］安那·喀德麟·格林著；［美］来特辑；程小青译	1948：29
猫博士的作文课：儿童作文指导第一册	胡怀琛著	1933：47
猫博士的作文课：儿童作文指导第二册	胡怀琛著	1934：34
猫眼宝	程小青著	1933：48
毛诗鸟兽虫鱼集释	冯简斋著	附录：159
毛诗讲义	邓艺孙著	附录：151
毛诗经世录	何容心著	附录：152
毛诗学三十卷	马其昶著	1916：19
毛锥	胡寄尘著	附录：153
矛盾圈	程小青著	1941：29
冒险史	［英］柯南道尔著；程小青等译	1927：33
玫瑰花：中国女侦探案	杨尘因，琴石山人著	1928：44
玫瑰花片	曹梦鱼著	1928：43
梅瓣集	郑逸梅著；赵眠云编	1925：23
梅峰山房诗存三卷适轩联语（1989刊本）	焦山著	1949后：23
梅峰山房诗存三卷适轩联语（2004版）	焦山著	1949后：23
梅光迪文存三卷	梅光迪著；梅铁山主编	1948：30
梅光迪文录	梅光迪著	1948：30
梅光迪文录（1968年版）	梅光迪著	1948：30
梅光迪文录（2001年版）	梅光迪著；罗岗，陈春艳编	1948：30
梅光迪先生家书集	梅光迪著；李今英编	1949后：24
梅花草堂笔谈十四卷	（明）张大复著；阿英校点	1935：28
梅花接哥哥	周天籁著；丰子恺插图	1937：22
梅兰芳新曲本（梅郎集：梅郎曲本）	刘豁公编辑	1920：14
梅郎集：兰芳逸事	刘豁公编辑	1920：15
梅郎集：梅郎曲本（梅兰芳新曲本）	刘豁公编辑	1920：14
梅溪词一卷	（宋）史达祖著；周叔弢校并跋	民国：61
梅轩笔记六卷	胡止澄著	1928：45
美人恩	张恨水著	1934：35

续表

书名（按照汉语拼音顺序排列）	译＼著＼编＼校者	本书位置
美人计	姚克著	1945：17
美学原理	［意］克罗齐原著； D. Anslieyuan 原译，朱光潜重译	1947：32
媚幽阁文娱	（明）郑元勋选；阿英校点	1936：27
扪忏文稿二卷	施玉藻著	附录：154
蒙古调	常醒元著	1944：25
蒙面女侠盗：福尔摩斯最新侦探案	［英］柯南道尔，杨尘因，一飞著	1921：19
蒙书考四卷	胡怀琛著	1941：30
蒙钥（白话三字经一卷卷首一卷）	方燕年著	1933：2
猛悔楼诗五卷	王世鼐著	1944：26
孟平英雄歌	田间著	1946：33
孟实文钞	朱光潜著	1936：28
孟子	胡怀琛著	1934：36
孟子	章衣萍著	1934：37
孟子讲义十四卷	姚永概著	1918：17
孟子讲义七卷	姚永概著	1918：17
孟子说略	何容心著	附录：155
孟子文法读本七卷	高步瀛集解；吴闿生评点	1913：10
梦笔生花馆诗集	江石溪著	附录：156
梦痕第一集	王天恨，曹梦鱼，钱化佛编	1926：26
梦鸿楼诗草	葛世洁著	附录：157
梦蕉山房诗钞七卷梦蕉山房词钞一卷	汪琴北著	附录：158
梦囊碎呓	高永福著	1947：33
梦醒斋诗草一卷	许恂著	1917：20
梦游纪恩诗一卷	江谦著	1942：10
梦云文集	吴读风著	附录：159
梦中西湖游记	马敦仁著	1927：34
靡依志痛录	胡在渭著	1931：23
秘密谷	张恨水著	1941：31
缅甸荡寇志（中国远征军缅甸荡寇志）	孙克刚著	1946：34
缅甸纪行	谢仁钊著	1942：11
蔛丽园诗一卷	吕美荪著	1931：24

书名（按照汉语拼音顺序排列）	译\著\编\校者	本书位置
蘦丽园诗续	吕美荪著	1933：49
蘦丽园诗四续	吕美荪著	1935：29
蘦丽园随笔	吕美荪著	1941：32
描写人生断片之归有光	胡寄尘编著	1930：31
民国春秋：天下第一英雄传	杨尘因著	1926：27
民国大师教作文·猫博士的作文课	胡怀琛著	1933：47
民国元年五月率师至吐鲁番哈密镇抚途中日记	刘雨沛著、	1912：12
民歌选	胡怀琛，杨荫深选注	1938：16
民歌杂抄——民歌四十八首	田间著	1946：35
民间文艺书籍的调查	胡寄尘著	附录：160
民元前的鲁迅先生	王冶秋著	1943：21
闽海巡记	许世英著	1915：15
闽海吟一卷	胡朴安著	1918：18
名僧传钞	（梁）释宝唱著；周叔迦校	1937：23
明代尺牍	王文濡编选	1927：35
明代义粹	汪倜然编辑	1932：32
明末遗恨（碧血花）（葛嫩娘）	魏如晦著	1939：4
明清八大家文钞八卷	王文濡选辑	1915：13
明清六才子文	王文濡选辑	1915：14
明清庐江文征录	卢国华著	附录：161
明人日记随笔选	王英编校	1935：30
明史通俗演义	胡寄尘著	1919：17
明史演义	胡寄尘著	1935：31
明史演义绣像仿宋完整本	胡寄尘著	1947：34
明武宗外纪	程演生辑录	1936：29
明宇文集	宁华庭著	附录：162
铭三诗存	查喻著	1925：24
铭又堂诗文集八卷	邹敬铭著	附录：163
模范村	项翱著	附录：164
模范夫妻	王理堂著	1928：46
模范军人冯玉祥全书	半痴生著；唐在田参订	1922：17

续表

书名（按照汉语拼音顺序排列）	译＼著＼编＼校者	本书位置
模范日记文选	戴叔清编辑	1934：38
模范诗选	程演生著	附录：165
模范游记文选四卷	戴叔清编辑	1934：39
模范书信文选	戴叔清编辑	1933：50
模范文选	程演生著	1918：19
磨刀集一卷	章衣萍著	1937：24
磨刀新集看花集二卷	章衣萍著	1937：24
魔宫影	曹梦鱼著	附录：166
魔鬼的门徒	〔英〕萧伯讷著；姚克译	1936：30
魔窟双花	程小青著	1944：27
魔力	程小青著	1933：51
摩登奴隶	〔英〕杞德烈斯著；程小青译	1946：36
墨梭利尼生活	刘麟生编著	1930：32
墨子救宋	张寿林著	1929：35
牡丹亭还魂记二卷	（明）汤显祖著；唐在田编	1914：12
木兰从军	常任侠著	1942：12
木偶游菲记	〔意〕契勃尼（Cherubini）著；江曼如译；汪倜然校订	1934：40
木崖集二卷附笺二卷	（清）潘江著；潘田辑	附录：167
木崖文钞一卷	（清）潘江著；潘田辑	附录：168
木崖遗文二卷木崖集考异二卷附卷末一卷	（清）潘江著；潘田辑	附录：169
木足盗	〔英〕柯南道尔著；杨尘因译	1934：41
牧师的女儿	章衣萍著	附录：170
牧羊杂记	胡寄尘著	附录：171
幕后秘密	〔美〕欧尔特毕格斯著；程小青等译	1939：19
幕面人	程小青编译	1948：31
慕凡女儿传	胡寄尘著	附录：172
慕云集八卷附录一卷	汪允中编著	1931：25
慕云诗存	汪定执著	附录：173
慕云文存	汪定执著	附录：174
母亲的结婚	〔苏〕高尔基著；钱谦吾译	1932：28
N		

书名（按照汉语拼音顺序排列）	译\著\编\校者	本书位置
奈何天居士吟草	胡近仁著	附录：175
南北朝文评注读本	王文濡评选；张廷华，江山渊注	1916：12
南北奇侠传	姜侠魂，杨尘因，许指严，庄病骸，黄退暗著	1926：28
南村诗话	宁华庭著	附录：176
南湖东游草五卷	廉泉著；吴芝瑛辑	1918：20
南湖集古诗一卷	廉泉著；吴芝瑛辑	1918：21
南京的屠杀：抗战以来报告文学选集	以群选编	1943：37
南京受降记	严问天等编	1945：18
南明忠烈传	苏雪林著	1941：33
南屏济佛祖传一卷	陈澹然著	民国：62
南山诗存（淞湖小草）	王伯恭著	民国：63
南社词选二卷	胡韫玉选辑	1924：34
南社诗选十二卷	胡韫玉选辑	1924：35
南社文选十卷	胡韫玉选辑	1924：36
南社小说集	南社社员辑	1917：21
南唐诗集	王兰庭著	附录：177
南亭笔记十六卷	（清）李伯元著；胡寄尘校订	1919：18
南香诗钞一卷	胡渊著	1940：26
南旋杂记	周明超著	附录：178
南游日记	马敦仁著	1927：36
南游杂忆	胡适著	1935：32
难痕	孙奎著	附录：179
难民自叹	杜含芳著	附录：180
难兄难弟	程小青著	1944：28
恼人春色	汪仲贤著	1946：37
霓裳续谱八卷	（清）颜自德选辑；王廷绍编订；章衣萍校订	1935：33
年关	王萍草等著	1940：27
拈花微笑录（三十年来之上海）	钱化佛口述；郑逸梅编著	1947：38
廿六个和一个	［俄］高尔基著；朱溪译	民国：64
廿五朝艳史大观（历代艳史大观）	杨尘因，孙剑秋编纂	1920：16

续表

书名（按照汉语拼音顺序排列）	译\著\编\校者	本书位置
牛永贵挂彩	周而复著	1944：29
牛永贵受伤	周而复著；苏一平词	1944：29
孽海惊涛	刘豁公著	1927：37
诺尔曼·白求恩断片	周而复著	1944：30
女丹诗集	傅金铨，陈撄宁著	1935：34
女界模范	聂芬著	附录：181
女首领	［英］杞德烈斯著；程小青译	1946：38
女校长	予且著	1945：19
女学生	王理堂著	1917：22
女丈夫	周天籁著	1949：24
女子技击大观：国术新著	胡寄尘编著	1930：33
女罪人	［英］巴克斯特著；高植译；王一之校	1941：34
O		
欧根·奥涅金	［俄］A. 普式庚著；吕荧译	1944：31
欧美名家侦探小说大观第一集	周瘦鹃主编；周瘦鹃，程小青等译	1919：19
欧美名家侦探小说大观第二集	周瘦鹃主编；周瘦鹃，程小青等译	1919：20
欧美名家侦探小说大观第三集	周瘦鹃主编；周瘦鹃，程小青等译	1919：21
欧美名家侦探小说大观第四集	周瘦鹃主编；周瘦鹃，程小青等译	1920：17
欧美名家侦探小说大观第五集	周瘦鹃主编；周瘦鹃，程小青等译	1920：18
欧美名家侦探小说大观第六集	周瘦鹃主编；周瘦鹃，程小青等译	1922：18
欧美之光	吕碧城编译	1932：33
欧洲近代文艺	李则纲编	1932：34
鸥窗诗剩四卷	王村鸥著	民国：65
鸥影词稿五卷	龚元凯著	1926：29
偶像	张恨水著	1944：32
偶园诗钞	马子潜著	附录：182
耦春山馆骈文一卷	许复著	1935：35
耦春山馆诗稿一卷	许复著	1935：36
藕丝记	胡寄尘著	1915：16
藕丝吟馆诗余	汪渊著	民国：66
藕塘诗草藕塘诗联稿	王静甫著	附录：183

续表

书名（按照汉语拼音顺序排列）	译\著\编\校者	本书位置
瀑风诗联	吴读风著	附录：190
朴学斋夜谈一卷	胡怀琛著	1914：13
普式庚论	［苏］卢那卡尔斯基等著；吕荧译	1943：22
普式庚传	［苏］V. 吉尔波丁著；吕荧译	1947：35
浦口汤泉小志	龚心铭著	1921：21
浦口汤泉小志一卷附录一卷	龚心铭著	1921：21
Q		
七女书	予且著	1945：20
七十自述	胡学汤著	1941：36
七十一队上升	［美］肯莱纳等著；高地译	1944：33
妻的艺术	予且著	1936：33
奇石记一卷	胡朴安著	1923：25
奇缘	杰克著	1949：25
祁门县志艺文考	胡光钊编	1944：34
祁诗合选续编	胡光钊著	附录：191
祈祷	［日］洼川绮妮子著；华蒂译	1933：53
耆伯遗著五卷序一卷	韩衍著	1935：39
契庵纪述五卷卷首一卷	陈澹然著	1930：34
契诃夫随笔	［俄］契诃夫著；章衣萍，朱溪译	1929：36
戚继光	章衣萍著	1934：44
千仓诗史	李宗棠著	1912：9
千仓诗史初编	李宗棠著	1912：10
千首清人绝句	陈友琴编著	1935：40
前尘录五卷	张怀民著	1941：37
前德皇威廉二世自传	［德］Friedrich Viktor Albert Wilhelm II 著；王揖唐译	1924：38
前线	［苏］科涅楚克著；聊伊译	1944：35
前线去来	唐绍华著	1942：13
钱母丁夫人荣哀录	钱文选辑	1932：35
钱士青都转六十自述诗	钱文选著	1933：54
钱士青都转吴越纪事诗	钱文选著	1937：26
钱毅的书	钱毅著；陈允豪辑	1949后：25

书名（按照汉语拼音顺序排列）	译\著\编\校者	本书位置
浅水姑娘	予且著；中国现代文学馆编	1949后：26
潜庐集	窦以煦著	1928：50
潜园集	卢国华著	附录：192
潜庄诗偈一卷	葛怀民著	1930：35
强怒斋诗集	王大杰著	附录：193
强仕集	胡韫玉著	附录：194
樵歌三卷	（宋）朱敦儒著；章衣萍校点	1926：30
樵吟诗集二十卷	童益泰著	附录：195
巧偶记	段茂伟著	附录：196
侨苏存稿四卷附录二卷	袁一清著	1924：39
秦汉三国文评注读本	王文濡评选；王懋，郭希汾注	1916：14
秦淮感旧集	胡在渭著	附录：197
秦淮世家	张恨水著	1940：28
沁香阁诗集五卷附文一卷	李涵秋著；李警众校订	1927：38
沁香阁游戏文章	李涵秋著；李警众校订	1927：39
青城山上	王冶秋著	1944：36
青春的祝福	路翎著	1945：21
青春乐	周天籁著	1948：32
青春之火	程小青著	1945：22
青峨游记	冯玉祥著；华爱国编	1941：38
青湖诗钞一卷	徐旭著；徐家驹编辑	民国：68
青年创作辞典	钱谦吾编	1932：36
青年集	章衣萍著	1931：26
青年女子书信	高语罕著	1934：45
青年书信	高语罕著	1932：37
青年文学自修读本第二册	钱谦吾编	1931：27
青年文学自修读本第三册	钱谦吾编	1931：28
青年与写作	陈友琴等著	1941：39
青鸟集	苏雪林著	1938：17
青山风雅集二卷	何养性，何宗严编辑	1923：26
青桐山馆联语精华	张文伯著	民国：69

续表

书名（按照汉语拼音顺序排列）	译\著\编\校者	本书位置
清藏书纪事诗补遗十七卷	刘声木著	民国：70
清代尺牍	王文濡编选	1927：40
清代词女征略	吴克岐辑	民国：71
清代骈文评注读本	王文濡评选；蒋殿襄，陈乃干注	1917：23
清代文粹	汪倜然编辑	1931：29
清代野记一卷	坐观老人著	1914：14
清芬录二卷	刘声木辑	1929：37
清风明月集（知行诗歌别集）	陶行知著	1935：84
清封中宪大夫故城县训导贺苏生先生墓志铭	吴闿生著	1913：12
清宫怨	姚克著	1944：37
清华集一卷（子云文笔）	汪吟龙著	1934：46
清季野史第1编	胡寄尘辑	1913：13
清季野史第2编	胡寄尘辑	1914：15
清季野史第3编	胡寄尘辑	1914：16
清绝（清人绝句选）	陈友琴编辑	1935：40
清耇吟稿一卷	程寿保著	1935：41
清泉诗草一卷	刘清泉著	1934：47
清人绝句选（清绝）	陈友琴编辑	1935：40
清升平署存盘事例漫抄六卷	周明泰编著	1933：55
清诗评注读本七卷	王文濡评选；王懋，郭希汾注	1916：15
清诗选	吴遁生选注	1936：34
清授光禄大夫建威将军头品顶戴陆军部尚书都察院都御史两广总督予谥悫慎先考玉山府君行状	周学熙等著	1921：22
清谈十卷	胡怀琛编	1916：16
清文评注读本	王文濡评选；沈秉钧注释；郭希汾注释	1916：17
清湘老人续颂记一卷	刘声木著	民国：72
清啸堂集三卷	董登三著	1937：27
清逸录一卷	洪恩寀著；洪润编辑	1932：38
清隐庐文赋诗存四卷	江峰青著	附录：198
清映轩遗稿一卷（季妹遗稿）	吕贤满著	1933：56
清赠内阁学士山东登莱青道刘公暨德配郝夫人合祀事迹汇编	周学熙编辑	1923：27

续表

书名（按照汉语拼音顺序排列）	译 \ 著 \ 编 \ 校者	本书位置
蜷庐诗集文集	王伯恭著	附录：204
蜷庐随笔五卷	王伯恭著	1918：22
蜷翁诗词一卷	江彤侯著；汪孝文辑录	附录：205
犬窝北宋词矩二卷	吴克岐著	民国：74
犬窝谜话五卷	吴克岐著	1936：35
犬窝五代词矩二卷	吴克岐著	民国：75
劝戒近录节本	（清）梁恭辰著；吕美荪编	1933：58
劝民歌一卷	邵孔亮著	附录：206
劝俗新诗	胡寄尘编	1924：40
缺园文稿	汪德光著	附录：207
裙带亲	周天籁著	1949：27
群经要略	马振彪著	附录：208
群书答问	姚永朴著	1912：11
群鸢乱飞	阿英著	1937：29
R		
然藜奇彩录	刘炯公著	1935：42
热河血	胡底著	1933：59
热血之花	张恨水著	1946：40
人的花朵	吕荧著	1945：23
人海潮	网蛛生著；郑逸梅校订	1927：41
人海微澜	凫公著	1929：39
人肉：短篇杰作小说	汪静之等著	民国：76
人体科学谈屑	索非著	1941：40
人体旅行记	索非著	1939：21
人物品藻录	郑逸梅著	1946：41
人性：灵魂的斗争	［美］奥尼尔著；唐绍华译	1947：37
人与虫的搏斗·虫性传染病篇	索非著	1941：41
壬子回程记（民国六年四至九月）	袁大化著	1917：24
纫秋轩词钞	程松生著	1920：20
日本对在华外人的暴行	冯玉祥编	1938：18
日记文学丛选·文言卷	阮无名编辑	1933：60

书名（按照汉语拼音顺序排列）	译\著\编\校者	本书位置
日记文学丛选·语体卷	阮无名编辑	1933：61
日落	唐绍华著	1941：42
容庵弟子记四卷	沈祖宪，吴闿生辑	1913：15
容安阁诗稿	芮永恭著	附录：209
融通山房诗文集	张星桥著	附录：210
蓉灌纪行	冯玉祥著	1944：38
熔炉	唐绍华著	1945：24
戎冠秀：连环木刻	田间著；娄霜木刻	1946：42
肉	周天籁著	1948：34
如此江山	张恨水著	1941：43
如意珠	予且著	1934：49
儒佛合一救劫编	江谦著	1936：36
儒林外史（1920 年版）	（清）吴敬梓著；汪原放句读	1920：21
儒林外史（1922 年 4 版）	（清）吴敬梓著；汪原放句读	1920：21
儒林新史	章衣萍著	附录：211
儒林新史初二集	杨尘因著	1919：22
濡须诗选四卷	方澍辑	1925：25
乳娘曲：社会长篇小说	予且著	1946：43
入陇琐记	许承尧著	1914：18
阮嗣宗诗注	李光炯著	附录：212
阮嗣宗同时诸人事略考附说阮诗	李光炯著	民国：77
瑞典火柴	［美］来特辑；程小青译	1948：35
弱女飘零记	胡寄尘著	1914：19
若邈玖袭新弹词	［英］莎士比亚著；邓以蛰译	1928：52
S		
萨坡赛路杂记	胡怀琛著	1937：30
三百篇研究	张寿林著	1936：37
三贝子花园游记	寄尘撰	民国：78
三跛子	程小青编译	1948：36
三国闲话	郑逸梅著	1948：37
三国演义	（明）罗贯中著；汪原放句读	1922：21

书名（按照汉语拼音顺序排列）	译＼著＼编＼校者	本书位置
三朝野记	王灵皋辑录	1941：44
三年	王萍草等著	1940：30
三迁	胡寄尘著	1924：41
三十六女侠客	姜侠魂纂辑；杨尘因批评	1919：23
三十年来之上海（拈花微笑录）	钱化佛口述；郑逸梅编著	1947：38
三十年来之上海续集（花雨缤纷录）	钱化佛口述；郑逸梅编著	1947：39
三兄弟	中华职业教育社，胡寄尘编辑	1925：26
三兄弟流浪记	周天籁著；穆一龙插图	民国：79
三余札记二卷	刘文典著	1928：53
三余札记四卷	刘文典著	1928：53
三曾年谱三卷	周明泰著	1932：39
桑梓述记	丘景章著	附录：213
杀敌除奸	以群著	1938：19
山城	王萍草等著	1940：31
山窗小品	张恨水著	1945：25
山洪	吴组缃著	1943：34
山花：民歌圣歌集之一	路义，杨荫浏作曲；冯玉祥作词	1941：45
山居简咏	赵瑸著	附录：214
山西名贤辑要八卷	胡春霖辑	1938：20
陕西近代人物小志	曹冷泉著	1945：26
上海民潮七日记	杨尘因著	1919：24
上海事变与报告文学	南强编辑部编并序	1932：40
上海竹枝词	刘豁公著	1925：27
上武诗钞一卷	胡怀琛著	1940：32
上元月：查显琳诗集	查显琳著	1941：46
赏雨草堂稿五卷	胡景程著	1929：40
勺庐词一卷	洪汝闓著	民国：80
少妇日记	［英］娜克丝著；章铁民译	1929：41
少年飘泊者	蒋光慈著	1925：28
少女日记	章衣萍，铁民译	1927：42
邵节妇家传	姚永概著	1913：16

书名（按照汉语拼音顺序排列）	译\著\编\校者	本书位置
邵母刘太君墓表	姚永朴著	1913：17
歙故	许承尧著	1932：41
歙事闲谭三十卷（民国抄本）	许承尧著	1932：41
歙事闲谭（2005版）	许承尧著	1932：41
歙事征	许承尧著	1932：41
歙县明季三遗民诗三卷	许承尧辑	1936：38
蛇蝎	程碧冰著	1929：42
社会歌谣集	胡在渭著	附录：215
社会之敌	程小青著	1933：62
社会主义的现实主义	［苏］范西里夫著；荒芜译	1949：28
深誓	章衣萍著	1925：29
申报读者顾问集第一集	王灵均著	1933：63
申报读者顾问集第二集	王灵均著	1934：50
申报儿童节纪念册	陶行知等著	民国：81
神秘大夫	［英］杞德烈斯著；程小青译	1946：44
神秘的宇宙	［英］琼司（J. H. Jeans）著；周煦良译	1934：51
神秘之犬	［美］范达痕著；桎小青译	1941：47
神州新泪痕四卷	杨尘因著	1921：23
沈茜	［英］雪莱著；方然译	1944：39
沈万山：南京故事评话	白云著	1937：31
沈阳号炮	胡底著	1934：52
沈余诗草	卢海宗著	附录：216
慎宜轩笔记十卷	姚永概著	1926：34
慎宜轩尺牍选钞七卷	姚永概著	1916：18
慎宜轩古今诗读本	姚永概选辑	民国：82
慎宜轩诗集八卷	姚永概著	1919：25
慎宜轩诗集八卷续钞一卷	姚永概著	1919：25
慎宜轩日记	姚永概著	1922：22
慎宜轩文稿附尺牍	姚永概著	1916：18
慎宜轩文集八卷	姚永概著	1916：18
慎宜轩文集十二卷	姚永概著	1916：18

书名（按照汉语拼音顺序排列）	译 \ 著 \ 编 \ 校者	本书位置
慎余轩吟草慎余轩文存	孙雨航著	附录：217
生还	凫工著	1937：32
生活的书	汪达之著；陶知行校订	1934：53
生民有相之道解 于思泊毛诗新证序	吴闿生著	1935：43
生命的波涛	刘王立明著	1936：39
生命的火焰	苏荃著	1930：37
生命的旅途	［美］赛珍珠著；荒芜译	1949：29
生尸	程演生著	附录：218
生死与人生三部曲	袁昌英，苏雪林著	1941：48
生长在战斗中：平实的记录	叶以群著	1940：33
生之战争：绍华诗二集	唐绍华著	1935：44
胜利带来了一切	陶行知等著	1946：45
胜利的微笑	蒋光慈著	1928：87
圣师录圣师续录	（清）王慎旃原辑，胡寄尘续录	民国：83
失业以后	蒋光慈编	1930：38
诗词存余（寂照遗墨）	汪允宗著	1914：7
诗词学	徐谦著	1926：35
诗的作法	胡怀琛著	1931：33
诗歌的诞生及其寿命	胡寄尘著	附录：219
诗歌概论·曲之部	储皖峰选录	1933：64
诗歌学 ABC	胡怀琛著	1929：43
诗歌原理	汪静之著	1927：43
诗歌作法	胡怀琛编	1936：40
诗观三集选歙人诗三卷	（清）邓汉仪评选 许承尧辑录	民国：84
诗集	方时简著	附录：220
诗经本事二十一卷	马振理著	1936：41
诗经浅解二卷	田燮吾著	附录：221
诗经情诗今译	陈漱琴编著	1935：45
诗经释义	鲍娄先著	附录：222
诗经学	胡朴安著	1928：54
诗经注释	张哲舆著	附录：223

书名（按照汉语拼音顺序排列）	译\著\编\校者	本书位置
诗经注释	余培森著	附录：224
诗论（1943年版）	朱光潜著	1943：24
诗论（1948年版）	朱光潜著	1943：24
诗毛氏学	马其昶著	1916：19
诗毛氏学三十卷	马其昶著	1916：19
诗人生活	胡怀琛著	1929：44
诗文录存	张之屏著	附录：225
诗新编	田燮吾著	附录：226
诗学讨论集	胡怀琛编辑	1934：54
诗义会通四卷	吴闿生著	1927：44
诗韵抄三册	吴承仕著	民国：85
虱	程小青著	1946：46
十八家诗钞	吴遁生选注	1935：46
十二楼（觉世十二楼）	（清）李渔著；汪协如标点	1949：30
十年笔记	胡寄尘著	附录：227
十年旧梦	胡寄尘著	附录：228
十五国游记	程演生著	附录：229
石巢诗事	程演生著	附录：230
石城诗集	郑衡之著	附录：231
石达开	章衣萍著	1937：33
石埭陈氏先德录一卷	陈澹然等著	民国：86
石埭陈序宾先生褒荣录	陈一甫辑	1916：20
石门集	朱湘著	1934：55
石松诗存一卷	朱瑞麒著	1940：34
石涛题画录五卷附补遗跋校勘记	（清）释道济著；程霖生编辑	1925：30
石头城外	张恨水著	1945：27
石溪疏氏先德诗选	疏濂辑	附录：232
石像之秘	程小青编译	1949：31
石庄小隐诗集八卷	光开霁著	1934：56
石庄小隐诗集四卷	光开霁著	1934：56
实庵自传	陈独秀著	1938：21

续表

书名（按照汉语拼音顺序排列）	译 \ 著 \ 编 \ 校者	本书位置
食实轩文存二卷	张士珩著	民国：87
拾烬瞑云馆诗稿	方林辰著	附录：233
识夷庵随笔	程卓沄著	1936：42
史可法	胡道静，赵景源，喻飞生著	1934：57
史可法	章衣萍著	1934：58
史记	胡怀琛等选注	1927：45
史记杂咏一卷续一卷	檀玑著	1919：26
史氏诗联草一卷	史筱斋著	1920：22
始奏集一卷	李家煌著	1928：55
始祖的诞生与图腾	李则纲著	1935：47
市阴丛稿	薛元燕著	1935：48
世界名家侦探小说集	［美］来特辑；程小青译	1931：34
世界名著代表作	胡适，周作人等译	1940：35
世界三大独裁	［美］根室（John Gunther）著；余楠秋，吴道存译	1937：34
世界十大成功人传	［美］波尔登夫人著；刘麟生译	1924：42
世曼寿室诗集四册	马冀平著	附录：234
适庐求定稿一卷	张家骝著	民国：88
视昔轩遗稿五卷	徐树铮著	1931：35
收获期	常任侠著	1939：22
守黑山房诗草一卷	何则琳著	1923：29
瘦蝶词一卷附一卷	李国模著	1933：65
寿考一卷	陈惟彦著；徐建生编次	1917：25
书的故事	［苏］伊林（M. Ilin）著；张允和译	1936：43
书荆室谢宜人事略	吴葆森著	1914：20
书信讲话	章衣萍著	1932：42
抒情文作法	胡怀琛著	1931：36
抒情文作法范例	胡怀琛著	1933：66
疏园诗存	余谊密著	1919：27
疏园诗初编四卷	余谊密著	1919：27
疏园诗二编二卷	余谊密著	1929：45
蜀道难	张恨水著	1941：49

书名（按照汉语拼音顺序排列）	译\著\编\校者	本书位置
蜀中纪游	张目寒著	1944：40
述庵秘录一卷	王无生著	1920：23
树下集	高植著	1936：44
漱芳山馆诗钞四卷	胡槃著	1928：56
漱芳轩丛稿一卷	汪应焜著	1935：49
漱玉词	（宋）李清照著；胡朴安，胡寄尘选校	1930：39
双宝潭诗草	冯仙槎著	附录：235
双复仇	胡寄尘辑	1924：43
双冈草堂文存二卷	章肇基著	1924：44
双忽雷本事	刘世珩编辑	1921：24
双井堂诗集十卷	刘体蕃著	1925：31
双妹花	查光佛著	附录：236
双休阁诗草	聂芬著	附录：237
霜华集三卷	予且著	1944：41
霜刃碧血	程小青著	1944：42
谁是奸细	程小青编译	1948：38
谁是你们的母亲	胡寄尘著	1932：43
水浒（1920 年版）	（明）施耐庵著；汪原放句读	1920：24
水浒（1921 年版）	（明）施耐庵著；汪原放句读	1920：24
水浒（1928 年版）	（明）施耐庵著；汪原放句读	1920：24
水浒传	胡怀琛改编	1933：67
水浒人物论赞	张恨水著	1944：43
水浒新传	张恨水著	1943：25
水浒续集	胡适辑；汪原放，章希吕句读	1924：46
水浒传改正（片羽）	胡适著	1921：20
水破山人诗稿四卷	李辛白著	1946：47
睡美人	［法］贝罗著；韦丛芜译	1929：46
说部精英：丙寅花第一集	刘豁公，王纯根编辑	1926：36
说部精英：甲子花第一集	刘豁公，王纯根编辑	1924：45
说部精英：乙丑花第一集	刘豁公，王纯根编辑	1925：32
说库	王文濡辑	1915：20

书名（按照汉语拼音顺序排列）	译\著\编\校者	本书位置
说写做	潘子端著	1936：45
朔南吟纪二卷	史德本著	1916：21
顺所然斋诗后集文后集	张云锦著	1924：47
思李叟	程善之著	1935：50
司马光	章衣萍著	1934：59
斯达林格勒	［苏］V. 涅克拉索夫著；李霁野译	1948：39
斯人记	张恨水著	1936：46
死人之家	［俄］陀思妥耶夫斯基著；韦丛芜译	1947：40
四季随笔	［英］吉辛著；李霁野译	1947：41
四家诗录	徐中舒选录	民国：89
四金刚及八王传	查光佛著	附录：238
四签名	［英］柯南道尔著；程小青等译	1927：46
四十年闻见录	程善之著	附录：239
四十自述	胡适著	1933：68
四望楼诗稿二卷	孙荫著	1937：35
四游客文集	戴凌洲著	附录：240
似水流年（公元 1932 年版）	张恨水著	1932：44
似水流年（公元 1934 年版）	张恨水著	1932：44
泗滨汇唱	方济川辑	1923：30
泗州杨尚书遗诗一卷附词一卷	杨士琦著	1942：15
松花江上的风云	周而复著	1947：42
松坡楼一卷	姜继襄著	1924：48
松声阁集补缺别编一卷	（清）吴坤元著；潘田辑	1937：36
松声琴韵集	方济川著	1946：48
松鼠（红色间谍）	胡底著	1933：69
松涛阁诗集	胡在渭著	附录：241
松湾老人文集拾遗一卷赋草拾遗二卷	畲先举编著	民国：90
淞滨寄庐吟草	王源瀚著	附录：242
淞湖小草（南山诗存）	王伯恭著	民国：63
淞云闲话	郑逸梅著	1947：43
诵芬堂课草二卷	钱若洋，钱若锦著；钱文选编	1929：47

书名（按照汉语拼音顺序排列）	译\著\编\校者	本书位置
诵芬堂文稿	钱文选著	1924：49
诵芬堂文稿初编一卷	钱文选著	1924：49
诵芬堂文稿三卷	钱文选著	1924：49
诵芬堂文稿续编一卷（1930年版）	钱文选著	1930：40
诵芬堂文稿续编一卷（士青全集本）	钱文选著	1930：40
诵芬堂文稿三编	钱文选著	1936：47
诵芬堂文稿四编（1938年版）	钱文选著	1938：22
诵芬堂文稿四编（士青全集本）	钱文选著	1938：22
诵芬堂文稿五编	钱文选著	1941：50
诵芬堂文稿六编	钱文选著	1943：26
诵芬堂文稿七编三卷	钱文选著	1948：40
诵芬堂文选	钱文选辑	民国：91
宋词通论	薛砺若著	1937：37
宋词选注	吴遁生选注	1935：51
宋金元尺牍	王文濡编选	1927：47
宋人话本八种（京本通俗小说）	汪乃刚句读	1928：57
宋人话本七种	汪乃刚句读	1928：57
宋渔父	李警众编辑	1928：58
宋元明诗评注读本六卷	王文濡评选；汪劲扶，沈镕注释	1916：22
宋元明文评注读本	王文濡评选；金熙，汪劲扶注	1916：23
搜神记	（晋）干宝著；胡怀琛标点	1931：37
苏东坡	章衣萍著	1935：52
苏联文学讲话	［苏］塞维林，多里福诺夫著；以群译	1936：48
苏联文艺论集	［苏］阿玛卓夫等著；荒芜译	1949：32
苏联文艺论集：社会主义现实主义的问题	［苏］瓦希里耶夫著；朱海观译	1949：33
苏联诸民族文学	范任著	附录：243
苏联作家论	［苏］塞唯林著；以群译	1941：51
苏绿漪创作选	苏雪林著；少侯编辑	1936：49
苏绿漪佳作选	苏雪林著	1946：49
素庵文稿一卷	姚纪著	1920：25
宿松文征正编四卷续编四卷末一卷	张灿奎纂	1923：31

续表

书名（按照汉语拼音顺序排列）	译\著\编\校者	本书位置
随笔三种	章衣萍著	1933：70
随感录一卷	胡渊著	1940：36
随马歇尔、张治中、周恩来三将军巡视华北记	周而复著	1949后：27
随园诗选	胡寄尘选辑；朱太忙标点；胡协寅校阅	1934：60
随园文选	胡寄尘编	1934：61
隋唐尺牍	王文濡编选	1927：48
绥园遗稿一卷	程丙昭著	民国：92
碎锦	江家珊辑	民国：93
碎眷集	赵劭希著	附录：244
孙不二女功内丹次第诗注	陈撄宁著	1934：62
孙麻山诗集笺注三卷	（清）孙学颜著；潘田笺注	附录：245
孙武公传	陈澹然等著	1913：18
孙中山演义	庄病骸著述；杨尘因参订	1927：49
孙中山先生	章衣萍，吴曙天著	1933：71
荪荃词	孙祥偈著	1936：50
缩本新华春梦记	杨尘因著	1916：33
T		
他山诗钞书目提要	胡怀琛著	附录：246
他山诗集	张皖光著	附录：247
她也要杀人	田间著	1947：44
台儿庄	王莹等集体创作；锡金等执笔	1938：23
台儿庄之战	王莹等执笔	1939：23
台游追纪	江亢虎著	1935：53
太白国籍问题一卷	胡怀琛著	1940：37
太平词	廖修立著	附录：248
太平花	张恨水著	1933：72
太平天国野史二十卷	凌善清，王文濡编	1923：32
太阳的宝库	［苏］布黎士汶著；刘辽逸译	1947：45
泰戈尔的苦行者	［印］泰谷尔著；方乐天译	1936：51
泰山社会写生石刻诗画集	冯玉祥，赵望云著	1938：24

书名（按照汉语拼音顺序排列）	译\著\编\校者	本书位置
弹词小说评考	阿英著	1937：38
谈美：给青年的第十三封信	朱光潜著	1933：73
谈文学	朱光潜著	1946：50
谈小说	胡适，刘复著	1944：44
谭心第一集	黄仲苏著	1927：50
潭柘纪游诗一卷	廉泉著；吴芝瑛辑	1918：23
汤姆与雅典的少女	约瑟夫·霍普金斯著；何世枚译	附录：249
汤显祖及其《牡丹亭》	张友鸾著	1929：48
唐储光羲集存目及所见版本一卷	储皖峰辑	1930：41
唐代文学	胡朴安，胡怀琛著	1929：49
唐人白话诗选（评注白话唐诗三百首）	胡怀琛选辑	1921：25
唐人传奇选	胡朴安，胡寄尘选校	1930：42
唐人剑侠传：名家笔记八卷（绘图正续合订唐人剑侠传）	郑陶斋编；汪漱碧，郑逸梅校订	1936：52
唐诗百零七首	唐绍华选辑	1937：39
唐诗概论	苏雪林著	1933：74
唐诗评注读本六卷	干文濡评选；汪处庐，金熙注释	1916：24
唐诗选	吴遁生选注	1937．40
唐诗易读六卷	王文濡编辑；王楚香注释	1918：24
唐宋诗选注	储皖峰选校	民国：94
唐宋元明清诗选注	廖昆玉著	附录：250
唐文评注读本	王文濡评选；张廷华，沈镕，郭希汾注	1916：25
棠棣吟	陆悦欣著	附录：251
戣楼遗集三卷	张士珩著	1922：23
戣楼脞录序一卷	张士珩著	1916：26
桃花源附录双十的城	鹰隼著	1938：25
桃色的衣裳	章衣萍著	1926：31
桃源艳迹	周天籁著	1949：34
逃犯	程小青著	1945：28
陶谢合笺	李光炯著	附录：252
陶行知全集六卷	陶行知著；华中师范学院教育科学研究所主编	1949后：28

续表

书名（按照汉语拼音顺序排列）	译＼著＼编＼校者	本书位置
陶渊明	章衣萍著	1933：75
陶渊明生活	胡怀琛著	1930：43
陶渊明述酒诗补注	储皖峰著	1939：24
陶园酬唱集陶园酬唱集续编	胡广植著	附录：253
陶园春永集续编	胡在渭编辑	1927：51
题画诗选	王青芳，贾仙洲选编	1936：53
啼笑因缘	张恨水著	1930：44
啼笑因缘的批评	张恨水著；朱通孺批评	1932：45
啼笑因缘续集	张恨水著	1933：76
缇萦救父	黄吉安原著；林伯晋改编	1949后：12
缇萦救父	张寿林著	1932：46
听翁诗集	戴凌洲著	附录：254
停云集	吴保琳著	附录：255
天才底努力	汪倜然著	1931：38
天长地久	许幸之改编	1940：38
天地间人诗钞二卷续钞二卷	刘声木著	民国：95
天地间人艳体诗钞十三卷	刘声木著	民国：96
天地间人文钞外编二卷	刘声木著	民国：97
天地间人自序文钞三卷卷外续一卷	刘声木著	民国：98
天鹅集	程朱溪著	1928：59
天放散人词稿	胡远浚著	附录：256
天河配	张恨水著	1940：19
天明寨	张恨水著	1949后：29
天目山游记附录金华北山游记	钱文选著	1934：63
天南鸿雪一卷	许世英辑	1915：21
天倪斋近体诗之一	韩衍著	民国：99
天囚诗存放园词存	蔡颐著	1935：54
天人唱和集诗文十三卷	江朝宗著	1932：47
天山博岳冰峰五日游歌	朱清华著	1936：54
天上人间	张恨水著	民国：100
天台方岩游记	钱文选著	1935：55

书名（按照汉语拼音顺序排列）	译\著\编\校者	本书位置
天外屠龙记（剑胆琴心）	张恨水著	1930：26
天刑	程小青编译	1948：41
天柱馆征信录	施澎霖编辑	1936：55
田家谚	胡寄尘选辑	1924：50
田野的风	蒋光慈著	1932：48
甜甜	周天籁著；黄尧图	1936：56
恬园诗集四卷	汪祖荃著	1928：60
铁骨冰：香艳紧张事实小说	周天籁著	1947：46
铁轨上	程小青著	1923：33
铁华诗钞一卷	徐经纶著	1916：27
铁蹄下的平津三卷	阿英编著	1939：25
铁血美人	胡寄尘译述	1917：26
铁血男儿传	庄病骸，杨尘因，文公直，姜侠魂著	1927：49
铁血情丝	张恨水著	1933：77
亭子间嫂嫂	周天籁著	1942：16
亭子间嫂嫂续集	周天籁著	1949后：30
通俗谜语	胡寄尘编纂	1931．39
桐城近代人物传	马厚文著	附录：257
桐城两次沦陷记略	姚孟振著	1940：39
桐城马彦郇所著（1920年版）	马振仪著	1920：26
桐城马彦郇所著（1923年版）	马振仪著	1920：26
桐城名贤诗词辑	方履中著	附录：258
桐城派文人传略	都建华著；都履和补辑	1940：40
桐城派撰述录要桐城文学撰述考绩补遗四卷	刘声木著	民国：101
桐城诗选	马厚文著	附录：259
桐城文派论述	马厚文著	附录：260
桐城文学渊源考十三卷引用书目一卷名氏目录一卷	刘声木著	1929：50
桐城文学渊源考补遗十三卷	刘声木著	1929：50
桐城文学撰述考四卷	刘声木著	1929：51
桐城文学撰述考补遗四卷	刘声木著	1929：51

续表

书名（按照汉语拼音顺序排列）	译＼著＼编＼校者	本书位置
桐城吴先生日记十六卷	（清）吴汝纶著；吴闿生编	1928：61
桐城姚氏诗钞	姚永概著	民国：102
桐城张氏文献求遗录	张文伯著	民国：103
桐城张桐峰诗集	张桐峰著	1924：51
铜驼泪史	项翱著	附录：261
童茂倩先生诗一卷	童揔芳著	1933：78
童蒙养正诗选	（清）泽斋老人选；王揖唐补辑	1923：34
童子尺牍	胡怀琛著	1915：22
痛史	我佛山人著；残夫编校	1938：26
屠龙集	苏雪林著	1941：52
退庵集	王拔粹著	附录：262
退守轩诗草	李锡斌著	民国：104
蜕龛词集二卷	龚元凯著	1919：28
蜕龛诗集八卷	龚元凯著	1919：29
蜕私轩集五卷附读经记三卷	姚永朴著	1917：27
蜕私轩诗说八卷	姚永朴著	1923：35
蜕私轩续集三卷	姚永朴著	1932：50
托尔斯泰生活	汪倜然著	1929：52
托尔斯泰印象记	黄锦涛编	1932：49
托尔斯泰与佛经	胡怀琛著	1923：36
芚父杂记	许承尧著	1913：19
W		
挖财宝（火）	胡零编剧；刘炽作曲	1948：20
瓦鸣诗钞一卷	李正清著	1933：79
瓦鸣续集	李正清著	1939：26
外套	［俄］果戈里著；韦漱园，司徒乔译	1926：38
弯弓集	张恨水著	1932：51
晚红轩诗存	周学渊著	民国：105
皖江妇女诗征四卷	吴克岐辑	民国：106
皖江鱼雁集两卷	江百川著	附录：263
皖人撰曲小记	程演生著	附录：264

书名（按照汉语拼音顺序排列）	译＼著＼编＼校者	本书位置
皖溪别墅诗	程皖溪著	1930：45
皖雅初集四十卷	陈诗编	1929：53
皖优谱八卷	天柱外史氏著	1939：27
晚明十八家小品	阿英编辑	1934：64
晚明文学笔谈	阿英编辑	1934：65
晚明小品文库四辑	阿英编校	1936：57
晚明四十家小品集	阿英编校	1936：57
晚明小品文总集选四卷	王英编校	1935：56
晚清四十家诗钞三卷	吴闿生选	1924：52
晚清小说史	阿英著	1937：41
晚晴室家书三卷	马惟廉著；马以愚等编	1936：58
晚菘堂诗草	张之屏著	附录：265
晚菘堂谈屑	张之屏著	附录：266
晚唐诗选八卷	王文濡编辑	1918：25
晚吟草二卷	李汝振著	1921：26
万家生佛张作霖建议救国记说唱鼓词四卷	唐在田著	民国：107
万里长城	许幸之著	1945：29
万里楼词曲合抄一卷	朱清华著；朱师辙选	1926：39
万里楼诗抄一卷	朱清华著；尹炎武选	1926：40
万山烟雨楼诗集	胡元吉著	附录：267
汪程二烈士哀挽录	洪汝闿等著	1914：21
汪石青集二十卷	汪石青著	1949后：31
汪石青全集	汪石青著；汪丕，汪行编辑	1949后：31
汪氏艺文附汪氏耆旧	汪允宗编辑	民国：108
王安石	章衣萍，吴曙天合编	1934：66
王安石全集百卷	（宋）王安石著；汪原放句读	1935：57
王荆公经世文编	（宋）王安石著；王丹岑选注	1944：45
王屋山庄诗集三卷	郑辅东著	民国：109
王阳明	章衣萍著	1933：80
王阳明演义（龙韬虎略传）	杨尘因著；张冥飞批点；姜侠魂评校	1937：19
王揖唐诗稿	王揖唐著	1941：59

书名（按照汉语拼音顺序排列）	译 \ 著 \ 编 \ 校者	本书位置
王揖唐诗粘	王揖唐著	1941：59
王元寿访瞎牛（王元寿作风）	王子野著	1947：47
王元寿作风（王元寿访瞎牛）	王子野著	1947：47
王状元集百家注编年杜陵诗史三十二卷附札记	（唐）杜甫著；（宋）鲁訔编注；（宋）王十朋集注；刘世珩札记	1913：20
亡弟未定稿（李相钰遗稿）	李相钰著；李相珏辑	1925：33
网旧闻斋调刁集二十卷附录一卷	方守彝著	1924：53
往星中	［俄］安特列夫著；李霁野译	1926：41
魍魉世界	张恨水著	1949后：32
忘忧草：绍华诗初集	唐绍华著	1935：58
望远镜	白桃编；陶行知校	1932：52
望溪文集再续补遗四卷	（清）方苞著；刘声木辑	1929：54
望溪文集三续补遗三卷	（清）方苞著；刘声木辑	1929：54
威将军孟公树村七旬正寿文荟	张敬尧等著	1928：62
微灯	张慧剑著	1942：9
薇香馆诗钞	戴寿昌著	1917：28
薇香馆诗存二卷	戴寿昌著	1923：37
玮德诗文集四卷	方玮德著	1936：59
蔚蓝色的地中海	刘方矩著	1948：42
蔚云新语前编二卷正编六卷补遗一卷	陈澹然著	1920：27
未来世界	［英］威尔士著；章衣萍，陈若水译	1934：67
未明集	田间著	1935：59
味灯漫笔	郑逸梅著	1949：35
魏晋尺牍	王文濡编选	1927：52
魏叔子文钞	（清）魏禧著；王文濡选辑	1936：60
温庭筠诗	吴遁生选注	1935：60
文二十八种病	［日］遍照金刚著；储皖峰校	1930：46
文法要略	马振彪著	附录：268
文嘉文存四卷	孙筱斋著	附录：269
文坛杂忆	丁光燊著	附录：270
文天祥	章衣萍著	1936：61
文学短论	胡怀琛著	1924：54

续表

书名（按照汉语拼音顺序排列）	译\著\编\校者	本书位置
文章模范第二册	汪静之，符竹因编	1933：84
文章评选	高语罕编著	1933：83
文章学十讲初稿	刘启瑞编著	1943：28
文章作法全集	胡怀琛著	1934：70
文章作法指导	章衣萍等著	民国：110
文字初桄	程善之著	1915：23
问淞诗存一卷附挽诗一卷	李国枢著	1926：42
窝赃大王	［英］杞德烈斯著，程小青译	1940：41
蜗牛在荆棘上	路翎著	1946：51
倭刀记（血匕首）	程小青著	1920：30
我的读书生活	冯玉祥著	1947：49
我的儿时日记	章衣萍著	1933：85
我的歌	胡怀琛等著	1935：61
我的家庭	［俄］阿克撒科夫原著； J. D. Duff 英译；李霁野重译	1936：63
我的教育（高尔基名著精选）	［苏］高尔基著；钱谦吾选译	1932：28
我的童年	章衣萍著	1932：53
我的童年	冯玉祥著	1943：29
我的祖母	章衣萍著	1932：54
我们的地球	丁柱中著	1932：55
我们的旅行记（新安小学儿童旅行团游记）	陶行知校订	1935：62
我们的学校：延安八路军抗属子弟学校介绍	程今吾著	1947：56
我师录四卷	姚永朴著	1912：12
我与文学及其他	朱光潜著	1936：28
我之小史：新发现的徽商小说	詹鸣铎著；王振忠，朱红整理校注	1949 后：33
卧沧诗草（金镜录）一卷	詹国瑞著	1921：27
卧云楼诗存二卷	杨春峰著	民国：111
屋里青山诗钞二卷	章绹著	1923：40
乌鸦：寓言儿歌	陶知行著	1934：71
乌夜啼	沙骆著	1946：52
无冰阁诗	阚铎著	民国：112
无机集	柯泽舟著	附录：274

书名（按照汉语拼音顺序排列）	译\著\编\校者	本书位置
无闻集	胡韫玉著	附录：275
无形的家产	中华职业教育社，胡寄尘编辑	1925：34
吴承仕文录：吴检斋遗书	吴承仕著	1949后：34
吴回照轩家传	吴光祖编著	1924：55
吴敬梓年谱	胡适著	1931：46
吴君婉女士遗诗一卷	吴肖萦著	1929：56
吴门弟子集十四卷	吴闿生编	1930：49
吴骚集四卷	（明）王稚登编；阿英校点	1936：64
吴县王捍郑先生传略	阚铎著	1913：21
吴芝瑛夫人诗文集	吴芝瑛著	1929：57
吴芝瑛夫人遗著一卷附哀荣录一卷	吴芝瑛著；惠毓明编辑	1933：86
吴庄生文稿二编	吴靖著	1925：35
梧庵词总集	周永济著	民国：113
梧庵诗话	周永济著	民国：114
梧庵诗集	周永济著	民国：115
梧桐泪传奇	姜继襄著	1923：41
武汉阳秋	楚之梼杌著	1916：28
武陵虎啸（虎贲万岁）	张恨水著	1946：19
武侠大观	病骸，闻野鹤，瘦鹃，襟亚，尘因等著	1919：31
武训之歌	陶行知，武训作词；夏白作曲	1946：53
五福船	程小青著	1923：42
五福党	程小青著	1933：87
五九之我	胡朴安著	1937：43
五十年来北平戏剧史材二编	刘半农，周明泰编	1932：56
五十年来中国之文学	胡适著	1924：56
五四：第一本五四运动史料（1919年版）	蔡晓舟，杨亮功编辑	1919：30
五四：第一本五四运动史料（1982年版）	蔡晓舟，杨亮功同编	1919：30
五杂俎：晚明笔记十六卷	（明）谢肇淛著；章衣萍校订	1935：63
五忠集	胡怀琛选注	1938：27
五姊妹	魏如晦著	1940：42
舞宫魔影	程小青著	1945：30

书名（按照汉语拼音顺序排列）	译\著\编\校者	本书位置
舞后的归宿（雨夜枪声）	程小青著	1941：54
舞女血	程小青著	1933：88
舞台艺术	予且编	1939：28
雾中花	张恨水著	1948：43
悟圃轩诗稿	洪小崖著	1949后：35
毋忘草	常任侠著	1935：64
戊辰诗稿	王揖唐著	1928：65
X		
西班牙游记	邓以蛰著	1936：65
西方夜谭	张慧剑编辑	1945：35
西湖二集	（明）周清源著；阿英校点	1936：66
西湖钱王祠落成纪念册三编	钱文选编	1940：43
西湖四日记	汪洋著	1917：29
西湖游吟草	马敦仁著	1927：53
西泠异简记	寂寞程生著	1916：29
西柳集	吴组缃著	1934：72
西书札记十二卷	贺廷枢著	附录：276
西戍途中日记一卷附民国元年五月率师至吐鲁番哈密镇抚途中日记一卷	刘雨沛著	1912：13
西戍杂咏一卷	刘雨沛著	1912：14
西行访问记	［美］斯诺夫人著；华侃译	1939：29
西洋名著译读	胡适，周作人等译	1920：31
西游记	汪原放，章希吕，余昌之句读	1921：6
西游记考证	胡适著	1923：43
西藏的故事	［英］谢尔顿编；程万孚译	1931：47
希腊棺材	［美］爱雷·奎宁著；程小青译	1946：54
希腊神话 ABC	汪倜然编著	1928：66
希罗普郡少年	［英］Housman, A. E. 著；周煦良译	1949后：36
希平草庐诗草	王埜著	附录：277
希平草庐题画诗稿	王埜著	1944：46
牺牲者	戈鲁阳著	1928：67
惜抱轩诗集训纂十一卷	（清）姚鼐著；姚永朴训纂	1926：43

书名（按照汉语拼音顺序排列）	译\著\编\校者	本书位置
惜抱轩诗集训纂	（清）姚鼐著；姚永朴训纂；宋效永校点	1926：43
惜红吟	汪阿秀著	附录：278
惜庐存稿	胡清澍著	附录：279
息六盦唱和集一卷	程筱鹏编	1920：32
息深轩诗集	苏行均著；张泽国点校	1949后：37
息影枝谭	汪洋著	附录：281
溪上吟稿四卷	胡光钊著	附录：280
习静斋词话一卷	方廷楷著	1917：30
习静斋诗话续编二卷	方廷楷著	1917：31
喜	胡寄尘著	1932：57
喜闻过斋诗二卷	胡光国著	1914：24
喜闻过斋诗续集二卷	胡光国著	1924：57
喜闻过斋诗续录一卷	胡光国著	1924：57
戏考大全	刘豁公辑	1931：48
戏剧大观	刘达著；苦海余生编辑	1918：26
戏迷梦	仙源苍园著	1914：25
戏学大全附大鼓书	刘达著	1920：33
戏学指南一集二集	王雪尘编；汪漱碧校订	1939：30
霞园诗集	汪彭年著	附录：282
侠风奇缘号	周剑云，宋痴萍编辑	1927：54
夏氏乔梓合稿二卷	夏慎大辑著	1915：24
夏天	朱湘著	1924：60
夏之花：小说季刊	刘豁公，董柏崖编辑	1926：44
先德荣哀录	钱文选辑	1930：50
先国后家	高植著	1942：17
先夫刘湛恩先生的死	刘王立明编著	1939：31
闲闲斋寄抱吟草一卷	赵岳著	1918：27
闲园唱和集二卷	张立鹄著	附录：283
闲园全集传序十卷诗集十卷	张立鹄著	附录：284
闲园桃李录三卷	张立鹄著	附录：285
闲园语录四卷	张立鹄著	附录：286

续表

书名（按照汉语拼音顺序排列）	译\著\编\校者	本书位置
现代名家随笔丛选	阮无名编辑	1933：89
现代名剧辑选	魏如晦编选	1941：55
现代名剧精华	魏如晦编选	1941：55
现代女文学家	汪倜然著	1930：51
现代青年	张恨水著	1934：73
现代青年模范	冯玉祥编	1935：65
现代情书	张其柯著	1929：58
现代十大家诗钞十卷	进步书局编	1915：25
现代十六家小品	阿英编校	1935：66
现代诗家评	朱湘著	1941：56
现代英吉利谣俗及谣俗学	［英］瑞爱德等著；江绍原译	1932：58
现代文录第一集	杨振声，朱光潜等主编	1946：55
现代文学读本	张若英编	1930：52
现代文艺研究	若英著	1929：29
现代小品文钞	阿英编校	1941：57
现代中国女作家	黄英著	1931：49
现代中国诗选	常任侠，孙望选编	1943：30
现代中国文学论	钱杏邨著	1933：90
现代中国文学作家第一卷	钱杏邨著	1928：68
现代中国文学作家第二卷	钱杏邨著	1930：53
献给我的母亲	胡怀琛著	民国：116
献睡莲姑娘	周天籁著	1935：67
献心	黄天石著	1928：69
陷坑第三部	胡怀琛著；秦文漪译	1948：44
乡情集	蒋光慈著	1930：54
乡下人的歌（荒年的花）	胡里著	1947：50
香岛梦（最后的圣诞夜）	许幸之著	1942：23
香港小姐	杰克著	1940：44
香痕奁影录	方廷楷著	附录：287
香艳集第二辑	胡寄尘编	1914：26
箱尸	程小青著	1923：44

书名（按照汉语拼音顺序排列）	译\著\编\校者	本书位置
详注六朝文絜八卷	（清）许梿著；吴承焴注释	1916：30
详注十八家诗钞二十八卷	（清）曾国藩编，（清）李鸿章审订；刘铁冷，胡怀琛等注释	1924：61
巷战之夜	张恨水著	1942：18
潇湘雁影附蕙娘小传冰天鸿影	春梦生，胡寄尘著	1935：68
小慧录	胡寄尘著	附录：288
小娇娘	章衣萍著	1933：91
小菊	予且著	1934：74
小老虎	周天籁著；华君武图	1936：67
小品大观	郑逸梅著	1935：69
小品文作法范例	胡怀琛著	1933：92
小诗研究	胡怀琛著	1924：62
小说丛刊	程善之著	1914：27
小说的研究	胡怀琛著	1924：63
小说概论	李何林著	1932：59
小说革命军第一辑	胡寄尘辑著	1917：32
小说革命军第二辑	胡寄尘辑著	1917：33
小说名画大观	胡寄尘辑	1916：31
小说素	郑逸梅编辑；徐行素校正	1926：45
小说闲谈	阿英著	1936：68
小说学	陈景新，江亢虎，蒋达文著	1924：64
小说：译自苏联"文学百科全书"	［匈］卢卡契著；叶以群译	1938：28
小屋	［英］亨利贝力等著；［美］来特辑；程小青译	1948：45
小物件	［法］都德著；李劼人译；黄仲苏校	1922：24
小西天	张恨水著	1949后：38
小先生的信	侣朋著；陶知行校订	1934：75
小学生模范文选第一册	胡怀琛编辑	1936：69
小学生模范文选第二册	胡怀琛编辑	1944：47
小学生模范文选第三册	胡怀琛编辑	1944：48
小学生模范文选第四册	胡怀琛编辑	1944：49
小学弦歌约选	（清）李元度编；周学熙选编	1936：70

书名（按照汉语拼音顺序排列）	译\著\编\校者	本书位置
小英雄	许幸之著	1939：32
小珍寻母	刘王立明著	附录：289
小阳秋	郑逸梅著	1936：71
晓珠词一卷	吕碧城著	1932：60
晓珠词四卷	吕碧城著	1932：60
晓庄之一页	方与严著	1934：76
筱陆诗钞	章树桢著	附录：290
笑鸿短篇小说第一集	左笑鸿著	1935：70
啸乡刮余集一卷	纪澹诚著	1925：36
啸乡剩草一卷	纪澹诚著	1925：36
歙浦咏一卷	胡朴安著	1918：28
解学士诗考证	胡寄尘著	附录：291
写给青年创作家	戴叔清主编	1931：50
写作经验谈	苏雪林等著	1939：33
写作生涯回忆	张恨水著	1949后：39
辛亥抚新记程二卷	袁大化著	1912：16
心底曲：社会热情小说	予且著	1947：51
心灵电报：世界短篇杰作选	汪倜然译	1933：93
心狱	胡适，钱君匋编辑	1946：56
新安闺秀诗选（徽州女子诗选一卷补遗一卷）	胡在渭编辑	1936：21
新安画苑录	汪己文著	附录：292
新安小学儿童旅行团游记（我们的旅行记）	陶行知校订	1935：62
新安佚诗辑四卷	许承尧编辑	民国：117
新安掌故	胡在渭著	附录：293
新编前后说唐鼓词全传六卷	唐在田著	1916：32
新编戏学汇考	凌善清，许志豪编；徐慕云，刘豁公校阅	1926：46
新编绣像奉直血战说唱鼓词（奉直大战记鼓词四卷）	唐在田著	1925：9
新编中国名人小说卢永祥全史	唐畴著	1924：65
新的起点	周而复著	1949：36
新订中州剧韵	曹心泉著	1936：72

书名（按照汉语拼音顺序排列）	译＼著＼编＼校者	本书位置
新都游草	胡广植著	附录：294
新俄大学生日记	［苏］N. Ognyov 著；江绍原译	1929：59
新俄罗斯	［日］川上俊彦著；王揖唐译	1923：45
新俄回想录	江亢虎著	1923：46
新俄游记	江亢虎著	1923：46
新官场现形记	白岳山人著；柳溪渔者点评	1918：29
新华春梦记：洪宪演义	杨尘因著；张海沤批；张冥飞评	1916：33
新华诗颂	郑象钥著	附录：295
新宦海潮	白岳山人著；柳溪渔者点评	1918：29
新婚劫	程小青著	1944：50
新辑加注古今名人楹联汇海八卷	唐在田辑注	1920：34
新解颐语（捧腹谈）	胡寄尘编辑	1913：11
新金瓶梅初二集	脱凡子著；治逸编辑；闻天主人校证	1912：15
新梦	蒋光慈著	1925：37
新人的故事	以群著	1943：31
新社会之怪现状	曹梦鱼著；章育春绘图	1929：60
新诗概说	胡怀琛著	1923：47
新十八扯	胡底著	1932：61
新时代国语教科书	胡怀琛等编	1929：61
新说部丛刊第二集	杰克著	1921：28
新探案	［英］柯南道尔著；程小青等译	1927：55
新体女子白话尺牍五编	胡怀琛选辑	1926：47
新文范	胡在渭著	1923：48
新文学教程：到文学之路	［苏］维诺格拉多夫著；以群译	1937：44
新文学浅说	胡怀琛著	1921：29
新文艺粹选	蒋光慈辑	1930：55
新文艺描写辞典	钱谦吾编	1930：56
新文艺描写辞典续编	钱谦吾编	1931：51
新文艺描写作文法	钱谦吾编	1931：52
新文艺诗选	蒋光慈编辑	1933：94
新西游记	韦丛芜著	附录：296

书名（按照汉语拼音顺序排列）	译\著\编\校者	本书位置
新笑话	胡寄尘编	1924：58
新斩鬼传	张恨水著	1931：53
新中国游记	周天籁著；穆一龙插图	1939：34
新撰国文教科书第八册	胡怀琛，沈圻编	1927：56
新撰普通文范四卷	谢慎修著	1931：54
新州叶氏诗存一卷	叶舟著	1913：22
馨一山文集	廖昆玉著	附录：297
信	方令孺著	1945：31
信芳集	吕碧城著	1918：30
信芳集三卷	吕碧城著	1918：30
信芳集诗一卷词一卷	吕碧城著	1918：30
信芳集诗一卷词一卷增刊一卷文一卷 鸿雪因缘	吕碧城著	1918：30
惺红词一卷	程家桐著	附录：298
行知歌曲集	陶行知著	1949：37
行知诗歌集	陶行知著	1947：52
行知诗歌选	陶行知著；朱泽甫选辑	1948：46
醒世姻缘传	（清）西周生著；汪乃刚句读	1932：62
醒世姻缘传考证	胡适著	1931：55
杏墩文集	胡元吉著	附录：299
杏墩札记	胡元吉著	附录：300
性园诗文集	朱点衣著	附录：301
休园诗钞一卷	孙康著	1936：73
修辞的方法	胡怀琛著	1931：56
修辞学发微	胡怀琛著	1935：71
修辞学要略	胡怀琛著	1923：49
修凝诗存	廖修凝著	附录：302
绣像东汉演义仿古足本	汪漱碧校订	1936：74
绣像绘图江湖廿四侠	杨尘因，张冥飞，姜侠魂， 文公直著	1928：70
绣余吟草	史鉴	附录：303
绣月轩集	李家恒著	附录：304

书名（按照汉语拼音顺序排列）	译\著\编\校者	本书位置
绣月轩集陆联语	李家恒著	1931：57
嘘寒集	吴进贤著	附录：305
婴砧觞咏集	邢松阳编著	1933：95
徐公文集三十卷补遗一卷校记一卷	（宋）徐铉著；徐乃昌辑并撰补遗校记	1919：32
徐季龙先生遗诗（安庐吟草）	徐谦著	1943：32
叙述与描写	〔苏〕G. 卢卡契著；吕荧译	1947：53
续古文观止八卷	王文濡选辑	1924：59
续剧说四卷	周明泰编著	1940：45
续培根书屋诗草一卷	孙熙鼎著	1940：46
续曲苑	程演生著	附录：306
续优语录	程演生著	附录：307
续幽怪录四卷札记一卷佚文一卷	（唐）李复言著；徐乃昌札记并辑佚文	1916：34
宣传工作借镜	冀晋日报社主编，玛金选辑	1946：57
轩堂诗文集	许轩堂著	附录：308
萱寿堂稿续编一卷	姚冠湖著	1922：25
玄柴	章衣萍著	1936：75
学画琐记四卷	刘声木著	民国：118
学圃笔谈录	程修兹著	附录：309
学生捕盗记	〔德〕凯司特涅著；程小青译	1943：33
学诗初步三卷	王文濡编	1916：35
学文法二卷	谢慎修著	1917：34
学愈轩存稿四卷	陈郊著	附录：310
学愈轩日记三十二卷	陈郊著	附录：311
雪楼纪事一卷	许世英著	1938：29
雪梅居词样六卷	吴克岐辑	民国：119
雪涛小书·晚明笔记（亘史外纪）（亘史外篇）	（明）江进之著；章衣萍校点	1935：72
雪梧诗稿四卷	田燮吾著	附录：312
雪压轩集一卷附录一卷	（清）贺双卿著；张寿林辑校	1927：57
血匕首（倭刀记）	程小青著	1920：30
血儿传（迟庐小说）	徐建生著	附录：20

续表

书名（按照汉语拼音顺序排列）	译＼著＼编＼校者	本书位置
血泪碑 罗霄女侠	胡寄尘著	1919：33
血泪碑 真假千金合刊	周剑云，宋痴萍编辑	1927：58
血溅黄花：社会长篇小说	周天籁著	1947：54
血巾案	宋紫瑚，胡寄尘编译	1915：26
血手印	程小青著	1945：32
血字研究	［英］柯南道尔著；程小青等译	1927：59
训育主任	予且著	1938：30
逊邂吟一卷	江家球著	1947：55
Y		
鸭绿江上	蒋光慈著	1927：60
鸭嘴涝	吴组缃著	1943：34
鸦山皖水诗稿合选	马厚文著	附录：313
雅歌集特刊	刘豁公编辑	1924：66
雅古堂诗集六卷	方世立著	1925：38
哑谜文学论	阿英著	1935：73
亚细亚之黎明	常任侠词；冼星海曲	1938：31
胭脂井	张友鸾著	1949后：40
言文清文观止	胡朴安鉴定	1943：35
延安一学校	程今吾著	1947：56
燕归来	张恨水著	1942：19
燕国遗珠	张星桥著	附录：314
燕泥书屋文集	章树桢著	附录：315
燕宿崖	周而复著	1949：38
燕喜堂骈体文抄	鲁式谷著	附录：316
燕云诗草	项翱著	附录：317
燕云粤雨记四卷	杨尘因著	1919：34
演林和靖诗	胡韫玉著	附录：318
演说选	刘达编	1935：74
谚语选	胡寄尘编辑	1924：67
秧歌剧初集	周而复等著	1945：33
阳超然	凤景良著	附录：319

书名（按照汉语拼音顺序排列）	译\著\编\校者	本书位置
阳春白雪词附菰丽园诗再续	吕美荪著	1934：77
阳复斋诗偈集一卷	江谦著	1930：57
阳复斋诗偈三集	江谦著	1947：58
阳复斋文集	江谦著	1935：75
阳谷集	凤景良	1920：35
阳明致良知学	（明）王守仁著；江谦辑	1948：47
扬子江	许幸之著	1945：34
杨娥传	阿英著	1949后：41
杨椒山	章衣萍著	1935：76
杨柳青青	张恨水著	1947：57
杨小楼一卷	杨尘因著	1922：26
养粹轩诗文集	孙道粹著	民国：120
养疴集	胡韫玉著	附录：320
养性轩烬余杂稿四卷	沈曾荫著	1946：58
养性轩诗集二卷	沈曾荫著	1933：96
养性轩诗续二卷	沈曾荫著	1936：76
养性轩替月词一卷	沈曾荫编著	1937：45
养性轩晚晴吟草二卷	沈曾荫著	1948：48
养性轩晚定稿一卷	沈曾荫著	1948：49
养云山馆诗集一卷	黄劭著	1938：32
邀翠轩诗文集	王雪渔著	附录：321
瑶天笙鹤词二卷	汪渊著	1915：27
姚叔节先生文存一卷	姚永概著	1916：17
姚永概笔记	姚永概著	1926：34
姚永概诗文钞	姚永概著	民国：121
耶稣的吩咐	汪静之著	1926：48
野祭	蒋光慈著	1927：61
冶山居士杂文一卷	张士珩著	民国：33
冶山居士传一卷后传一卷	张士珩著	民国：122
冶溪诗钞一卷	方寿昌著	民国：123
夜半呼声	程小青著	1944：51

续表

书名（按照汉语拼音顺序排列）	译\著\编\校者	本书位置
夜光表	［美］欧尔特毕格斯著；程小青等译	1939：35
夜航集	阿英著	1935：77
夜话	蒋光慈著	1936：77
夜深沉	张恨水著	1941：58
夜谭拔萃	张慧剑编辑	1945：35
夜行集	周而复著	1936：78
夜夜春宵：香艳小说	周天籁著	1947：59
夜莺曲	沙骆著	1947：60
叶天寥四种	（明）叶绍袁编著；阿英校点	1936：79
一百二十回的水浒	（明）施耐庵著；胡适整理	1929：62
一百种抗战戏剧说明	唐绍华著	1940：47
一般作文法	胡怀琛著	1931：58
一杯诗集	毕绍森著	附录：322
一对年青夫妇之死	何世枚著	附录：323
一个妇人的情书	［奥］斯奇凡·蔡格著；章衣萍译	1933：97
一个平凡的少年	胡怀琛著	1933：98
一个女人的自传	杨步伟著；赵元任译	1947：61
一个英雄的童年时代	［苏］潘文塞夫著；荒芜译	1949：39
一芥堂诗稿	刘更年著	附录：324
一九三六年中国最佳独幕剧集	阿英编选	1937：46
一路福星	张恨水著	1949后：42
一千零一夜	汪原放译	1930：58
一曲秋心	杰克著	民国：124
一日一谈	马相伯口述，王瑞霖执笔	1936：80
一粟楼遗稿二卷	李家孚著	1928：71
一条鞭痕	钱杏邨著	1928：72
一笑斋聊自娱诗草一卷	龚长钜著	1924：68
一叶诗集	叶侠隐著	1940：48
一周间	［苏］U. Libedinsky 著；华维素译	1930：59
衣萍书信	章衣萍著	1932：63
衣萍文存	章衣萍著	1933：99

书名（按照汉语拼音顺序排列）	译\著\编\校者	本书位置
衣萍文存二集	章衣萍著	1935：78
衣萍小说选	章衣萍著	1933：100
宜春馆诗选二卷	李靖国著	1942：20
宜园诗稿一卷	舒鸿贻著	1915：28
怡春阁诗草十卷	罗厚瀛著	1936：81
怡园吟草二卷	张遇鸿著	附录：325
疑庵诗庚集一卷辛集一卷	许承尧著	1931：59
疑庵诗六卷	许承尧著	1926：49
疑庵诗十一卷	许承尧著	1926：49
疑庵诗十四卷	许承尧著	1926：49
疑庵诗乙集	许承尧著	1915：29
疑庵游黄山诗一卷	许承尧著	1937：47
颐生诗文摘存二卷	周尔润著	1916：36
移孝轩书稿四卷	李肖峰著	附录：326
姨太太	周天籁著	1949：40
伊所伯的寓言	汪原放译	1929：63
倚虹诗集	宋又征著	附录：327
倚枕日记	章衣萍著	1931：60
艺兰吟草二卷	金恩灏著	1928：73
艺术家的难关	邓以蛰著	1928：74
忆童年	周天籁著	1936：82
义勇军	胡底著	民国：125
义冢	钱杏邨著	1928：75
异邦与故国	蒋光慈著	1930：61
异辞录四卷	刘体仁著	民国：126
异伶传	陈澹然著；张江裁辑	1934：78
逸梅丛谈	郑逸梅著	1935：79
逸梅小品	郑逸梅著；顾明道编	1934：79
逸梅小品续集	郑逸梅著	1934：80
逸塘诗存一卷	王揖唐著；李元晖编	1941：59
逸塘诗稿	王揖唐著	1941：59

续表

书名（按照汉语拼音顺序排列）	译＼著＼编＼校者	本书位置
逸塘诗选一卷	王揖唐著	1941：59
逸园杂咏一卷冶溪诗集续编一卷	方寿昌著	1933：101
易卜生集一	［挪］易卜生著；潘家洵译；胡适校	1921：30
易卜生集二	［挪］易卜生著；潘家洵译；胡适校	1923：50
易史吟草	邵孔亮著	附录：328
意莲笔记二卷	潘镇著	1925：39
鹡鸰巢诗存	沈恩燎著	1930：60
音乐之泪	黄仲苏著	1934：81
银海沧桑	姚克著	1945：36
银汉双星	张恨水著	1931：61
银楼局骗案	寄尘，蕙生著	1918：32
隐秘的爱	［苏］高尔基著；华蒂，森堡译	1932：64
隐社丛编	方佛生辑	1916：37
隐刑	凫公著	1930：62
印度七十四故事	［印度］萧野曼·升喀（Shyama Shankar）著；汪原放译	1930：63
英国近代短篇小说	朱湘译	1929：64
英国文学：拜伦时代	韦丛芜译	1930：64
英雄的故事	［苏］高尔基著；华蒂，森堡译	1932：64
英雄复仇记	杨尘因著	1920：9
英夷入寇记二卷（道光洋艘征抚记）	（清）佚名著；马其昶校并跋	民国：127
樱花集	章衣萍著	1928：76
鹦鹉声	［美］欧尔特毕格斯著；程小青等译	1941：60
萤火集	宁华庭著	1933：102
楹联约存二卷	孙筱斋著	附录：329
瀛海鳞鸿记二卷	林介弼著	1922：27
瀛洲访诗记	吕美荪著	1936：83
影	李霁野著	1928：77
影庐唱和集	吴承烜等辑	1919：35
颍滨居士集十卷	窦以蒸著	1928：78
庸城杂咏	方济川辑	1917：35
永言集	朱湘著	1936：84

书名（按照汉语拼音顺序排列）	译\著\编\校者	本书位置
咏古全韵诗一卷	檀玑著	1919：36
咏尚书余义	江朝宗著	民国：128
幽光集四卷	宁澍南辑	1929：65
幽梦影：张潮散记	（清）张潮著；章衣萍校订	1935：81
幽室品兰图题咏一卷	金恩灏辑	1924：69
悠然轩遗稿一卷	汪嘉荃著	1935：80
游滇纪事一卷	钱文选著	1916：38
游居柿录十三卷（袁小修日记）	（明）袁中道著；阿英校点	1935：83
游历蒙古日记	余培森著	1913：23
游泸草二集	章士钊，潘伯鹰著	1944：52
游苏纪事	钱文选著	1936：85
游艺集二卷	郑逸梅著	1927：62
游园	张充和，叶万青译	1944：53
由泰山到张家口	冯玉祥著	1933：103
友古堂诗集二卷	李经钰著	1923：51
友情	章衣萍著	1930：65
友声集	江家珺辑	民国：129
友石山房吟草	吴葆森著	1926：50
友竹堂诗钞二卷	王舒著	1929：66
幼年·少年·青年	［俄］列夫·托尔斯泰著；高植译	1944：54
余墨一卷	胡朴安著	1923：52
余园诗余一卷	汪述祖著	附录：330
余园诗语	凤景良著	附录：331
愚谷诗存	洪晓岚著	附录：332
愚谷诗话	洪晓岚著	附录：333
愚谷庶记	洪晓岚著	附录：334
愚园诗话四卷	胡光国著	1920：36
愚园楹联一卷续编一卷	胡光国辑	1921：32
愚园主人诗册（翰墨因缘）	胡光国著	民国：130
渔矶腔语	（元）吴偣著；吴保琳辑校	1930：66
渔樵耕读四时乐诗一卷	邵孔亮著	附录：335

续表

书名（按照汉语拼音顺序排列）	译 \ 著 \ 编 \ 校者	本书位置
虞初近志六卷	胡寄尘编辑	1913：24
虞初近志十二卷	胡寄尘编辑	1913：24
虞铎笔记	陈虞铎著	1921：31
俞理初先生年谱一卷谱余一卷诗文补遗一卷	王立中编；蔡元培订	1934：82
予且短篇小说	予且著	1943：36
予且随笔	予且著	1931：62
予且文集	予且著；吴福辉编选	1949 后：43
羽翠鳞红集（杂作小记）	郑逸梅著；顾明道编	1929：67
雨夜枪声（舞后的归宿）	程小青著	1941：54
语体模范文学	汪倜然编著	1934：83
语体日记文作法	钱谦吾著	1931：63
语体书信文作法及文范	钱谦吾著	1931：64
语体文学读本	戴叔清主编	1931：65
语体文作法（作文与人生）	高语罕著	1928：79
语体小品文作法	钱谦吾著	1932：65
语体写景文作法	钱谦吾著	1932：66
语体应用文范本	戴叔清编	1929：68
语体应用文作法	戴叔清编	1929：69
玉兰花	程小青著	1928：80
玉梅遗书初集四种	胡之灿著	1932：67
玉交枝	张恨水著	1949：41
玉山诗集四卷（1920 年版）	周馥著	1920：37
玉山诗集四卷（周悫慎公全集本）	周馥著	1920：37
玉山文集二卷	周馥著	1922：28
玉溪诗谜（李义山恋爱事迹考）	雪林女士著	1927：31
玉祥诗歌集：泰山民歌	冯玉祥著	1935：82
玉祥诗集	冯玉祥著	1934：84
玉霄双剑记	郑逸梅著	1931：66
欲	周天籁著	1949：42
寓生居诗存	吴兆棨著	附录：336
寓言百篇选	丁光焘著	附录：337

书名（按照汉语拼音顺序排列）	译\著\编\校者	本书位置
域外访古记	程演生著	附录：338
郁葱葱斋诗词稿二十二卷	汪韬著	1924：70
狱中记	A. A. Sofio 著	1927：63
狱中寄给英儿的信	[印度] 尼鲁著；余楠秋，吴道存译	1936：86
鸳鸯冢传奇南北曲一卷	汪炳麟著	1949后：31
元代西域四诗人	胡寄尘著	附录：339
元符诗草一卷附词	王天培著	1926：51
元明乐府套数举略	周明泰选辑	1932：68
原子大盗	程小青著	1947：62
袁蒋赵三家诗选	王文濡选辑	1918：33
袁子才蒋心余诗选	王文濡选辑	1937：48
袁小修日记（游居柿录十三卷）	（明）袁中道著；阿英校点	1935：83
袁中郎尺牍全稿五卷	（明）袁中道著；王英标点	1934：85
远游诗词二卷	田燮吾著	附录：340
远游杂记二卷	田燮吾著	附录：341
愿学斋诗存一卷	夏崇让著	1947：63
约予日记	殷蕴元著	附录：342
阅微草堂笔记约选	卧云居士著	1930：67
悦禅集	胡韫玉著	附录：343
越中吟草一卷	徐廷扬著	1934：86
岳飞	章衣萍著	1936：87
岳麓钟声	方济川著	1916：39
岳武穆	张振佩著	附录：344
岳云集六卷	刘廷凤辑	1920：38
岳传	胡怀琛著	1934：87
云片二编	赵眠云著；郑逸梅校	1934：88
云雀	路翎著	1948：50
云山散人和陶诗存	江朝宗著	1928：81
云山散人诗草四卷	江朝宗著	民国：131
云山散人诗钞五卷	江朝宗著	1939：36
芸芳女士遗稿	张芸芳著	附录：345

续表

书名（按照汉语拼音顺序排列）	译\著\编\校者	本书位置
蕴素轩诗集十一卷蕴素轩词一卷	姚倚云著	1933：104
Z		
杂记赵家	杨步伟著	1947：61
杂作小记（羽翠鳞红集）	郑逸梅著；顾明道编	1929：67
在轰炸中来去	郭沫若著；阿英编辑	1937：49
在蒋牢中	余心清著	1949后：44
在铁炼中	路翎著	1949：43
再世为人	［英］汤姆·格伦原著；何世枚译述	1919：37
怎样写	钱毅著	1947：64
怎样写小故事	钱毅著	1946：59
怎样研究新兴文学	钱谦吾著	1930：68
曾文正公集外文一卷	（清）曾国藩著；刘声木辑	1929：70
摘金仙馆诗草	吕美璟著	附录：346
摘星词杂剧	袁祖光著	附录：347
斋夫自由谈	不除庭草斋夫著	1932：69
沾泥花	程小青著	1945：37
战斗的素绘：抗战以来报告文学选集	以群选编	1943：37
战鼓	蒋光慈著	1929：71
战时演剧手册	唐绍华著	1942：21
战云纪事	常任侠著；郭淑芬，沈宁整理	1949后：45
战争与和平	［俄］列夫·托尔斯泰著；高植译	1941：61
湛庐诗钞	王源瀚著	附录：348
张博望	张振佩著	附录：349
张的梦	［俄］蒲宁著；韦丛芜译	1929：72
张家骝诗稿	张家骝著	民国：132
张菊生先生七十生日纪念论文集	胡适，蔡元培，王云五编	1937：50
张李二君诗存	周学渊辑	1912：17
张南通诗文钞八卷	张謇著；王文濡选辑	1926：52
张文端诗文约选二卷	（清）张英著；周学熙选编	1934：89
张孝祥传（张于湖评传）	宛敏灏著	1949：44
张于湖评传（张孝祥传）	宛敏灏著	1949：44

书名（按照汉语拼音顺序排列）	译\著\编\校者	本书位置
张自忠的故事	吴组缃著	1948：51
章衣萍创作选	章衣萍著；少侯编	1936：88
赵声小传	李警众编辑	1927：64
赵玉玲本纪	张恨水著	1949后：46
赵云崧诗选	（清）赵翼著；王文濡选辑	1937：51
这就是我	胡怀琛著	民国：133
浙江大学西迁纪实	李絜非著	1939：37
真西游记二卷	胡寄尘著	1933：105
珍堡梦	刘王立明著	附录：350
珍庐诗集一卷词集一卷	畬贤勋著；陈泽珩整理	1942：22
贞惠先生碑	吴闾生著	1929：73
贞泯不泐	方履中著	1920：39
枕戈集	胡韫玉著	附录：351
枕流轩诗稿一卷	范康著	1917：36
枕上随笔	章衣萍著	1929：74
枕云山斋集三卷	方煛著；方治璋辑	1929：75
振先杂稿	詹鸣铎著	附录：352
正道居感世集一卷诗二卷续集一卷	段祺瑞著	1926：53
正道居集二卷	段祺瑞著	1923：53
正道居诗	段祺瑞著	1923：54
郑板桥评传	陈东原著	1928：82
郑成功	章衣萍著	1934：90
郑成功（海国英雄——郑成功）	魏如晦著	1940：15
郑和	章衣萍著	1934：91
郑和南征记	束世澄著	1941：62
郑赞丞先生遗诗一卷	郑赞丞著	1914：29
知困斋诗存甲乙丙集三卷	胡璧成著	1936：89
知事诗集	章心培著	附录：353
知行诗歌集	陶知行著	1933：106
知行诗歌别集（清风明月集）	陶行知著	1935：84
知行诗歌续集	陶行知著	1935：85

续表

书名（按照汉语拼音顺序排列）	译 \ 著 \ 编 \ 校者	本书位置
知行诗歌三集	陶行知著	1936：90
知行书信	陶行知著	1929：76
知足斋遗稿一卷	蔡云瑞著	1929：77
芝园吟草一卷	纪德征著	1949后：47
止庵诗存二卷附外集一卷	周学熙著	1948：52
纸醉金迷	张恨水著	1949：45
纸醉金迷之二：一夕殷勤	张恨水著	1949：46
纸醉金迷之三：此间乐	张恨水著	1949：47
纸醉金迷之四：谁征服了谁	张恨水著	1949：48
至德周止庵先生纪念册	周明泰等辑	1947：65
治荷随笔一卷	胡元吉著	附录：354
稚莹	凫公著	1932：70
中等简易作文法	胡怀琛著	1922：29
中法战争文学集	阿英编著	1948：53
中国八大诗人	胡怀琛著	1925：40
中国古代旅行	范任著	附录：355
中国古代神话研究	程憬著	1949后：48
中国故事	胡怀琛著	1934：92
中国妇女生活史	陈东原著	1928：83
中国近代文人传略	都建华著	1940：49
中国民歌研究	胡怀琛著	1925：41
中国民间传说	胡寄尘辑	1931：67
中国名将传	王敬著；束世澄校订	1934：93
中国牧歌	田间著	1936：91
中国男儿文文山先生	李絜非著	1936：92
中国内乱外祸历史丛书第十一册	程演生等主编；王灵皋辑录	1936：93
中国内乱外祸历史丛书第二十五册	程演生等主编；王灵皋辑录	1937：52
中国，农村底故事	田间著	1936：94
中国骈文史	刘麟生著	1936：95
中国人（中国万岁）	唐绍华著	1929：78
中国散文概论	方孝岳著	1935：86

书名（按照汉语拼音顺序排列）	译\著\编\校者	本书位置
中国神话	胡怀琛著	1928：84
中国诗词概论	刘麟生编述	1933：107
中国诗学通评	胡怀琛著	1923：55
中国俗文学研究	钱杏邨著	1944：55
中国万岁（中国人）	唐绍华著	1929：78
中国文的过去与未来	胡怀琛著	1931：68
中国文法浅说	胡怀琛著	1933：108
中国文学 ABC	刘麟生著	1929：79
中国文学辨证	胡怀琛著	1927：65
中国文学概论	刘麟生著	1934：94
中国文学讲座	刘麟生，胡怀琛，金公亮等著	1934：95
中国文学精要书目	王浣溪著	1930：69
中国文学批评	方孝岳著	1934：96
中国文学评价	胡怀琛著	1920：40
中国文学史	刘麟生著	1932：71
中国文学史	储皖峰著	1939：38
中国文学史	杨炳坤著	附录：356
中国文学史概要	胡怀琛著	1931：69
中国文学史略	胡怀琛著	1924：71
中国文学通评	胡怀琛著	1923：56
中国文学之流别	高节文著	1947：66
中国文艺论战	李何林编辑	1929：80
中国五千年全史	胡寄尘著	1922：30
中国戏曲史	胡寄尘著	附录：357
中国小说的起源及其演变	胡怀琛著	1934：97
中国小说概论	胡怀琛著	1934：98
中国小说研究	胡怀琛著	1929：81
中国新文坛秘录	阮无名著	1933：109
中国新文学大系·导论集	蔡元培，胡适等著	1935：87
中国新文学大系第 10 集·史料索引	阿英编选	1935：88
中国新文学大系第一集·建设理论集	胡适编选	1935：89

书名（按照汉语拼音顺序排列）	译 \ 著 \ 编 \ 校者	本书位置
中国新文学论	章衣萍著	附录：358
中国新文学运动史资料	张若英选辑	1934：99
中国艺文学常识	李西溟著	1933：110
中国寓言	胡怀琛辑	1924：72
中国寓言集	胡寄尘辑	1924：72
中国寓言集	吕金录，胡寄尘辑	1924：72
中国寓言研究	胡怀琛著	1930：70
中国远征军缅甸荡寇志（缅甸荡寇志）	孙克刚著	1946：33
中国章回小说考证	胡适著；郁鹏程编辑	1943：38
中日战争文学集	阿英编著	1948：54
中山先生哀挽录一卷	汪承绪著	1925：42
中书集	朱湘著	1934：100
中外名人演说录二卷	胡怀琛编辑	1919：38
中学国文教学问题	胡怀琛著	1936：96
中学时代	高植著	1945：38
中学以上作文教学法	梁启超讲演；卫士生，束世征笔记	1925：43
中学作文法	高语罕著	1945：39
中原豪侠传	张恨水著	1944：56
钟	方令孺译	1943：39
仲经诗词集一卷	方仲经著	1941：63
仲淹诗草	王仲淹著	附录：359
种树集	章衣萍著	1928：85
周秦两汉尺牍	王文濡编选	1927：66
周秦诸子学略一卷	胡朴安著	1923：57
周止庵先生别传	周叔贞著	1925：44
帚金室经诂	冯简斋著	附录：360
帚珍集	吴贤扬著	附录：361
朱八嫂	汪仲贤著	1948：55
朱湘书信集	朱湘著；罗念生编辑	1936：97
朱湘随笔	朱湘著	1934：100
朱子	章衣萍著	1935：90

书名（按照汉语拼音顺序排列）	译\著\编\校者	本书位置
诸家评点古文辞类纂七十四卷	（清）姚鼐选；徐树铮集评	1916：40
珠树重行录	张海沤著	1916：41
珠项圈	程小青著	1941：64
竹居外录一卷	张士珩著	1912：18
竹洲泪点图题咏一卷	吴瑞汾辑	1926：54
著述偶存一卷	陈惟彦著；徐建生编次	1917：37
祝梁怨杂剧一卷	常任侠著	1935：93
注释分级古文读本	吕佩芬编	1919：39
注释中国民族诗选第一集：爱国诗	李宗邺编	1935：91
注释中国民族诗选第二集：爱国诗续	李宗邺编	1935：92
注释中国民族诗选第三集：史地诗	李宗邺编；喻守真增补	1936：98
注释中国民族诗选第四集：史地诗续	李宗邺编；喻守真增补	1936：99
注释中国民族诗选第五集：劳勤诗	李宗邺编；喻守真增补	1936：100
注释中国民族诗选第六集：杂诗	李宗邺编；喻守真增补	1936：101
转变后的鲁迅	钱谦吾编	1931：70
转变后的鲁迅	黎炎光编	1931：70
庄子补正十卷	刘文典著	1947：67
庄子补正十卷	（战国）庄周著；（晋）郭象注；（唐）成玄英疏；刘文典学	1947：67
庄子补注四卷	奚侗著	1917：38
庄子发微二卷	王传燮著	1916：42
庄子集解补正一卷	胡怀琛著	1940：50
庄子诠诂	胡远浚著	1917：39
庄子天下篇荟释	单演义著	1948：56
庄子研究	舒传轼著	附录：362
庄子章义三卷	胡朴安著	1940：51
缀白裘十二集四十八卷	（清）玩花主人选；（清）钱德苍续选；汪协如校	1940：52
赘叟词稿一卷	李从龙著	1933：111
赘翁诗集	王兰庭著	附录：363
子弟兵	周而复著	1945：40
子夜歌	胡朴安，胡寄尘选校	1930：71

续表

书名（按照汉语拼音顺序排列）	译＼著＼编＼校者	本书位置
子云诗词六卷	汪吟龙著	1930：72
子云文笔一卷	汪吟龙著	1930：73
子云文笔（清华集）一卷	汪吟龙著	1934：46
姊妹花	［美］范达痕著；程小青译	1932：72
姊妹花	铁生著；天僇润词	附录：364
姊妹花影	张海沤著	1936：102
姊妹行	以群著	1943：40
紫葡萄	曹梦鱼主编；汪放庵编辑	1929：82
紫色屋	［美］范达痕著；程小青译	1941：65
紫色炸药	程朱溪著	1937：53
紫信笺	程小青著	1944：57
紫云山房诗词稿	吴荫培著	1926：55
紫筠诗草	张百城著	附录：365
自牧轩诗集四卷	章维嘉著	附录：366
自强斋诗文集	杨寅揆著	附录：367
枞川名胜歌十章	汪朗溪	附录：368
足本金粉世家	张恨水著	1932：23
祖国	唐绍华著	1931：71
最短之短篇小说	胡寄尘著	1923：58
最后的光芒	［俄］契诃夫等著；韦漱圆译	1928：86
最后的圣诞夜（香岛梦）	许幸之著	1942：23
最后的微笑	蒋光慈著	1928：87
最近二十年目睹之社会怪现状	胡寄尘著	1921：33
最后一课	许幸之著	1937：54
罪恶	江继五著	1945：41
罪人	［英］卡多著；方土人，高林，高植合译	1941：66
罪与罚	［俄］陀思妥耶夫斯基著；韦丛芜译	1930：74
醉月山房诗草一卷	胡晋文著	1933：112
尊瓠室诗二卷	陈诗著	1912：19
尊瓠室诗话三卷补一卷	陈诗著	1935：94
左传说略	何容心著	附录：369

书名（按照汉语拼音顺序排列）	译\著\编\校者	本书位置
左传通论	方孝岳著	1934：101
左传微十二卷	吴闿生，刘宗尧著	1923：59
左传杂咏一卷	檀玑著	1914：30
左宗棠	张振佩著	1948：57
作家自选集	丁谛，予且，谭惟翰等著	1944：58
作品论	钱杏邨著	1929：83
作文法四卷	谢慎修著	1915：30
作文概论	胡怀琛著	1933：113
作文讲话	章衣萍著	1930：75
作家的条件	汪静之著	1937：55
作文津梁	胡怀琛著	1926：56
作文门径	胡怀琛著	1933：114
作文研究	胡怀琛著	1925：45
作文与人生（语体文作法）	高语罕著	1928：79

后　记

本书之作，历时六年。六年之中，写于书斋，写于旅社，写于医院，写于图书馆，写于长行的火车上，写于异国他乡沉沉的暗夜中，只为深深地感动于民国皖人文学著述之丰硕。

皖地自古文脉悠久，积淀深厚。春秋战国至两汉魏晋，皖北曾为华夏文化重镇；明清以来，新安朴学、桐城文派更曾影响了整个中国文化的进程。辛亥以降，以徐乃昌、马其昶、吴闿生、刘世珩、姚永朴、姚永概、陈澹然、陈诗、许承尧等人为代表的皖省旧学名家，以不懈的努力令安徽传统文学呈现出最后的辉煌；而陈独秀、胡适、朱湘、汪原放等江淮儿女，则高举"五四"新文化大旗，开创了中国文学的新纪元。身处新旧文学转型期，王钟麒、胡朴安、胡怀琛等人，在自己的著述中留下安徽作家走出旧文学壁垒，奔向新文学天地的宝贵影像；而新文学渐趋成熟之后，朱光潜、吴组缃、钱杏邨、蒋光慈、田间、路翎、杨宪益、周煦良等新一代皖籍文学理论家、作家、翻译家，又为推进中国现代文学的发展作出了非凡贡献。总而言之，新旧文学在这里交集，中外文化在这里聚会，旧体诗文、文言笔记、传统戏剧与新诗、新式长短篇小说、话剧交相辉映，诗话、词话与新体文学理论各领风骚，弹词、故事、楹联、寓言、笑话多姿多彩，各各诉说着在这个特殊的历史时期，皖人文学著述的奇彩纷呈，观念的发展变化。

除此之外，在民国皖人文学著述中，我还看到很多熟悉的名字：周馥、钱文选、张士珩、范光启、柏文蔚、韩衍、段祺瑞、孙毓筠、徐树铮、徐谦、冯玉祥、许世英、戴安澜、张治中、周学熙、江朝宗、王揖唐、江亢虎……他们或为晚清重臣，或为辛亥志士，或为北洋领袖，或为民国将军，或为商业精英，或为叛国汉奸……翻阅他们的作品，上至军国要务，下至身边琐事，所见所闻、所思所想，其价值显然已不仅仅在文学，更有研究民国史的重要意义。

　　不过，民国皖人文学著述令我深深感动的还不止这些。安徽自古民间著书、刻书风气极盛，民国期间，很多身处皖南大山中、皖北村庄里的著述人，或描述自身亲历的太平天国、辛亥革命、北伐战争、抗日战争，或记录新文化运动在安徽民间的影响，或朴朴实实写下皖地平民的日常生活……他们的作品大多版本简陋、印刷粗糙，有的甚至终身未得刊印。很多年了，这些书（书稿）默默地藏身于图书馆的角落，等待着见证历史的时机。当我拂去层层尘埃，小心翼翼地将这些珍贵作品一页一页翻开的时候，我觉得，自己俨然是一位历史宝藏的发现者。

　　就这样，六年之中，伴随四处奔波的艰难和时时发现的快乐，我与《民国皖人文学书目》融为一体。

　　编写这本书的时候，我不愿将文言文与白话文截然分开。新旧文学在发展过程中本就不能粗暴地划分为两个壁垒。你中有我，我中有你，才是它们的本然状态。今天的人们要将它们活生生地撕裂，看似是为了研究的方便，其实是违反了文学发展的自然规律。现在，本书以编年体形式将民国期间皖人文学著述呈现在大家面前，或许能帮助读者更清晰地看到新旧文学真实自然的生长过程。实事求是地说，我曾为这本书自豪，因为它是迄今为止第一次对民国皖人文学著述进行全面整理的文献书目。可是，今天，当书稿即将送往出版社的时候，我又十分不安——因为其中很多种书我还没能亲自看到——收藏分散，路途遥远，经费短缺，更要命的是有些书在图书馆只有目录，原书已踪影难觅。再加上近来不少图书馆开始大规模清理、维护民国图书，短时间内不再借阅，更让我束手无策。于是，我不得不将这份遗憾惴惴不安地交给读者，期待着在不久的将来，由我自己或与我同样深爱这片土地的朋友予以增补。此外，本书中更使我不安的还有《附录》中360余种书，我无法证实它们是否真的存在。无数次深夜灯下，我默默地对着它们发问：我该到哪里去寻找你们的踪影？

　　编写这本书的过程中，我得到了太多的帮助：来自亲人、同事、朋友、学生，来自各个图书馆的工作人员，这是一个太长太长的名单，原谅我不能一一致谢。

　　至于书中的遗漏、讹误，我诚挚地希望各位读者一一指出，多谢！

傅　瑛

2014年秋，写于相山